Karl Heinrich Rau

Lehrbuch der politischen Ökonomie

Zweiter Band. Grundsätze der Volkswirtschaftspolitik. Erster Teil. Fünfte Ausgabe

Karl Heinrich Rau

Lehrbuch der politischen Ökonomie
Zweiter Band. Grundsätze der Volkswirtschaftspolitik. Erster Teil. Fünfte Ausgabe

ISBN/EAN: 9783744696913

Hergestellt in Europa, USA, Kanada, Australien, Japan

Cover: Foto ©Suzi / pixelio.de

Weitere Bücher finden Sie auf **www.hansebooks.com**

Lehrbuch

der

politischen Oekonomie

von

Dr. **Karl Heinrich Rau**,

großh. bad. geh. Rath und Professor zu Heidelberg, Comthur des Zähringer Löwenordens mit dem Stern, Ritter des Preuß. rothen Adlerordens II. Classe, Ehrenmitglied der Universität St. Petersburg und der k. Akademie der Wissenschaften in Wien, correspondirendem Mitglied des k. Instituts in Paris, der Akademieen der Wissenschaften in Brüssel und Pesth, der statistischen Commission in Brüssel, der statistischen Gesellschaft in Paris, Mitglied der k. Leopoldinisch-Carolinischen Akademie der Naturforscher und der landwirthschaftlichen Vereine in Baiern, Würtemberg, Großh. Hessen, Florenz und Galizien ꝛc.

Zweiter Band.

Grundsätze der Volkswirthschaftspolitik.

Erste Abtheilung.

Fünfte vermehrte und verbesserte Ausgabe.

Mit großh. bad. Privilegium.

Leipzig und Heidelberg.
C. F. Winter'sche Verlagshandlung.
1862.

Grundsätze

der

Volkswirthschaftspolitik

mit

anhaltender Rücksicht auf bestehende Staatseinrichtungen

von

Dr. **Karl Heinrich Rau**,

großh. bad. geh. Rath und Professor zu Heidelberg, Comthur des Zähringer Löwenordens
mit dem Stern, Ritter des Preuß. rothen Adlerordens II. Classe, Ehrenmitglied der Universität
St. Petersburg und der k. Akademie der Wissenschaften in Wien, correspondirendem Mitglied
des k. Instituts in Paris, der Akademieen der Wissenschaften in Brüssel und Pesth, der statistischen Commission in Brüssel, der statistischen Gesellschaft in Paris, Mitglied der k. Leopoldinisch-
Carolinischen Akademie der Naturforscher und der landwirthschaftlichen Vereine in Baiern,
Würtemberg, Großh. Hessen, Florenz und Galizien ꝛc.

Erste Abtheilung.

Fünfte vermehrte und verbesserte Ausgabe.

Mit großh. bad. Privilegium.

Leipzig und Heidelberg.
C. F. Winter'sche Verlagshandlung.
1862.

Aus der Vorrede zur zweiten Ausgabe.

Der Verfasser war in diesem Bande bestrebt, die Volkswirthschaftspflege vollständiger darzustellen, als es von seinen Vorgängern geschehen war. Ein großer Theil ihrer Gegenstände mußte aus der Polizeiwissenschaft herübergenommen werden, in der sie zerstreut und ohne befriedigende Begründung standen. Die Volkswirthschaftspflege muß als ein eng verbundenes, eigenthümliches Ganzes anerkannt werden, welches aus einer Verbindung der volkswirthschaftlichen Gesetze mit den Zwecken des Staates in Bezug auf den Vermögenszustand des Volkes entspringt, sich aus obersten Grundsätzen entwickelt und sich ganz ungezwungen nach dem System der Volkswirthschaftslehre in wissenschaftlicher Ordnung gestaltet. Die Wissenschaft von der Volkswirthschaftspflege hat der Verf. mit dem Namen **Volkswirthschaftspolitik** bezeichnet. Mögen Andere sie immerhin der Polizeiwissenschaft im weiteren Sinne des Wortes zutheilen; dieß wird, woferne sie nur in dieser einen besonderen Hauptabschnitt bildet, für Theorie und Praxis weniger nachtheilig sein, als wenn man ihren Inhalt zerlegen und nur einen Theil desselben der Polizei einverleiben wollte.

In der Untersuchung der einzelnen Zwecke, welche die Regierung verfolgen, und der Mittel, welche sie hiebei anwenden soll, wird noch lange Zeit eine häufige Meinungsverschiedenheit stattfinden, und zwar weit mehr, als in der den sogenannten eracten Wissenschaften näher stehenden Erforschung der volkswirthschaftlichen Gesetze, d. h. in der Volkswirthschaftslehre oder Nationalökonomie. Die meisten Menschen können sich des starken Einflusses einzelner Wahrnehmungen, die ihnen zufällig näher vor Augen stehen, nicht erwehren, und es ist schon darum eine Abweichung der Ansichten über die von einer gewissen Maaßregel zu erwartenden Wirkungen nicht zu vermeiden, während man sich bei der Zurückführung gegenwärtiger oder früherer Erscheinungen auf ihre Ursachen immer leichter vereinigen kann. In einem noch so neu angebauten Felde berichtigen und läutern sich auch mit jedem Jahre die Erfahrungen, und je weiter man forscht, desto mehr überzeugt man sich, daß es nöthig ist, auf die in jedem gegebenen Falle obwaltenden Verhältnisse verschiedener Art Rücksicht zu nehmen. Die allgemeinen Grundsätze werden darum nicht aufgegeben oder verläugnet, man erkennt aber, daß sie zahlreicher sind, als man sonst glaubte, daß sie vielfach in einander greifen und sich wechselseitig beschränken. Dieß ist in allen praktischen Wissenschaften, z. B. der Medicin, der Erziehungslehre, der Kriegswissenschaft, der Fall; dieselben werden in ihrem Fortgange verwickelter, aber was sie an Einfachheit einbüßen, das gewinnen sie an Zuverlässigkeit und Vollständigkeit. Jeder erfahrene Staatsmann wird es bestätigen, daß er bei der Durchführung eines gewissen Grundsatzes sehr oft wegen der Einwirkung anderer politischer oder wirthschaftlicher Erwägungen und wegen der Macht, die das Bestehende ausübt, Schwierigkeiten fand und sich genöthigt sah, das theilweise sich Widerstreitende durch eine Vermittlung in Einklang zu bringen.

Die häufigen Hinweisungen auf die Verordnungen und Einrichtungen in den wirklichen Staaten, durch die der Verf. einem Bedürfniß der Geschäftsmänner zu entsprechen suchte, konnten nur beispielsweise geschehen, ohne einen Anspruch auf Vollständigkeit zu machen, die mit dem Zwecke dieses Werkes nicht vereinbar wäre.

Zur fünften Ausgabe.

Die erste Ausgabe der Volkswirthschaftspolitik erschien 1828, die zweite 1839, nachdem in der Zwischenzeit die erste zweimal unverändert abgedruckt worden war, die dritte 1844. Da diese ebenfalls schon einige Jahre vergriffen war und die Bearbeitung des ganzen Bandes viele Zeit in Anspruch nahm, so wurde derselbe bei der vierten Ausgabe in zwei Abtheilungen zerlegt, deren erste 1854, die zweite erst 1858 erscheinen konnte. Aus gleichem Grunde ist diese Trennung in zwei Abtheilungen auch jetzt beibehalten worden, nachdem beide schon einige Jahre im Buchhandel gefehlt hatten.

Bei der jetzigen neuen Bearbeitung ist die bisherige Anordnung unverändert geblieben, nur die Beifügung einer neuen dritten Abtheilung: „Unternehmungen," im allgemeinen Theil der Productionspflege ausgenommen. Auch die leitenden Hauptsätze glaubte ich fortwährend festhalten zu müssen, indem ich theils viele als ungerechtfertigt erscheinende Eingriffe der Staatsgewalt in die bürgerliche Gewerbthätigkeit widerrieth, theils aber viele fördernde Maaßregeln empfahl und der bisweilen auftretenden Ansicht, daß die Regierung nur Hindernisse entfernen, sonst aber Alles den Einzelnen überlassen solle, nicht beipflichten konnte. Die herrschende Meinung hat in dieser Hinsicht mehrmals zwischen beiden Extremen geschwankt, so daß Derjenige, der einen Mittelweg betritt, bald mehr gegen die Unthätigkeit von Seite der Staatsgewalt, bald mehr gegen das übermäßige Bevormunden zu sprechen hat, in der letzten Richtung aber häufiger als in der ersten. Manche anfangs lebhaft bestrittene Sätze sind allmälig anerkannt und in der Praxis berücksichtigt worden. In der Volkswirthschaftspolitik ist während der letzten Jahrzehende eine große Regsamkeit sowohl der Schriftsteller als der Staatsbehörden entstanden, es sind neue Gesetze, Verordnungen und Anstalten, neue Vorschläge und Erfahrungen zum Vorschein gekommen und in Bezug auf die letzteren hat die Statistik viel besseren Beistand geleistet als früher. Auch bei der gegenwärtigen Ausgabe wie bei den früheren suchte ich den reichen Anwachs des Stoffes zu benutzen und zu verarbeiten, auch zufolge fortgesetzter Forschungen die im Texte der Paragraphen niedergelegten einzelnen Lehrsätze zu vervollständigen, besser zu begründen und hie und da zu berichtigen. Es konnte nicht ausbleiben, daß die Fortschritte, die unser Zeitalter in diesem wichtigen Gebiete gemacht hat, sich in den verschiedenen Ausgaben des Lehrbuches kundgeben, ohne daß darum der Verf. den Vorwurf einer grundsatzlosen Wandelbarkeit befürchten müßte.

Ich werde mir Mühe geben, die zweite Abtheilung sobald als möglich zu liefern.

23. April 1862.

R.

Inhalt.

	Seite
Einleitung. §. 1	1
1. Buch. Beförderung der unmittelbar hervorbringenden Thätigkeit oder der Stoffarbeiten	21
1. **Abschnitt.** Sorge für die Bedingungen der Hervorbringung im Allgemeinen, §. 10	21
1. **Abtheilung.** Sorge für die Arbeit überhaupt	22
1. **Hauptstück.** Maaßregeln in Bezug auf die Zahl der Arbeiter, §. 11 (Bevölkerungspolitik)	22
2. **Hauptstück.** Fleiß und Geschicklichkeit der Arbeiter, §. 18	40
2. **Abtheilung.** Sorge für das Capital im Allgemeinen, §. 22. (Insbesondere Brandversicherungen, §. 24 ff.)	46
3. **Abtheilung.** Unternehmungen, §. 29 a	65
2. **Abschnitt.** Pflege der einzelnen Classen von Stoffarbeiten	70
Einleitung, §. 30	70
1. **Abtheilung.** Pflege des Bergbaues, §. 33	72
2. **Abtheilung.** Pflege der Landwirthschaft	89
Einleitung, §. 44	89
1. **Hauptstück.** Pflege des landwirthschaftlichen Gewerbes im Allgemeinen, §. 45	91
I. Maaßregeln in Bezug auf die Ländereien	93
A. Rechtliche Verhältnisse.	
1. Bäuerliches Verhältniß, §. 46	93
a. Art des bäuerlichen Nutzungsrechts, §. 47	95
b. Jährliche bäuerliche Lasten	106
A. Im Allgemeinen, §. 52	106
B. Einzelne Arten der bäuerlichen Lasten	123
a. Frohnen, §. 62	123
b. Zehnten, §. 66	129
c. Gülten und Grundzinse, §. 71	142
2. Dienstbarkeiten, §. 72	142
3. Gesetzliche Bestimmungen, welche die Veräußerung und Erwerbung von Ländereien betreffen, §. 76	152
4. Gemeindeländereien, §. 84	184
5. Art der Verpachtungen, §. 96	203
B. Lage und Beschaffenheit der Ländereien	204
1. Zusammenhängende Lage, §. 97	204
2. Urbarmachung und Bodenverbesserung, §. 102	218

	Seite
II. Landwirthschaftliches Capital	226
A. Landwirthschaftliche Versicherungsanstalten, §. 105	226
B. Landwirthschaftliches Creditwesen, §. 110	239
III. Landwirthschaftliche Arbeiter, §. 120 c	260
IV. Absatz der landwirthschaftlichen Erzeugnisse	262
Einleitung, §. 121	262
A. Auswärtiger Handel mit Bodenerzeugnissen, §. 123	265
B. Innerer Verkehr mit Bodenerzeugnissen, §. 133	284
C. Maaßregeln bei ungewöhnlich hohen und niederen Getreidepreisen, §. 139	295
V. Belehrung und Ermunterung, §. 144	301
2. **Hauptstück.** Pflege einzelner Zweige des landwirthschaftlichen Gewerbes	311
Einleitung, §. 148	311
I. Feldbau, §. 148 a	311
II. Gartenbau, §. 151	322
III. Waldbau, §. 153	326
IV. Thierzucht, §. 167	358

Einleitung.

§. 1.

Die Volkswirthschaftspflege (Wohlstandssorge, Wirthschaftspolizei) ist die unmittelbar auf den guten Erfolg der Volkswirthschaft oder auf den Volkswohlstand gerichtete Thätigkeit der Regierung. Sie bildet vermöge der Eigenthümlichkeit dieses Zweckes sowie der angewandten Mittel einen besonderen Theil der Regierungsgeschäfte, einen zusammenhängenden Inbegriff von Regierungsmaaßregeln. Die wissenschaftliche Darstellung der Regeln, nach denen diese Thätigkeit eingerichtet werden soll, ist die Volkswirthschaftspolitik (a). Die Nothwendigkeit einer Sorge der Staatsgewalt für die Volkswirthschaft ergibt sich aus folgenden Sätzen:

1) Das Wohl des Volkes wie der einzelnen Bürger wird zum Theil von einem günstigen Vermögenszustande oder von dem Wohlstande bedingt. Je beträchtlicher das Volkseinkommen ist und je besser es sich vertheilt, desto eher kann die Gerechtigkeit, die Grundlage der Sittlichkeit, wurzeln, desto mehr Mittel zur Erreichung mannichfaltiger Vortheile und zur Beförderung jeder Art von menschlicher Ausbildung bieten sich dar, desto mehr Sinn für höhere Güter des Lebens wird herrschend, und desto reichlichere Hülfsquellen fließen der Regierung für ihre eigenen Bedürfnisse zu, I. Bd. §. 14. Der Wohlstand des Volkes gehört demnach unter die Bedingungen der Staatswohlfahrt, oder unter die Staatszwecke (b).

2) Schon das Bestehen der Staatsverbindung und der auf das allernächste Bedürfniß derselben, den Schutz der Personen

und Sachen, abzielenden Einrichtungen ist für den wirthschaftlichen Zustand des Volkes höchst förderlich. Die Sicherheit vor allen inneren und äußeren Störungen giebt eine mächtige Ermunterung zum Fleiße, zur Sparsamkeit und zu vielen Unternehmungen, die man unter den entgegengesetzten Umständen wegen der ihnen drohenden Gefahren scheuet, §. 18. Alles, was die gesetzliche Ordnung im Staate befestiget, wirkt daher auch mittelbar günstig auf die Volkswirthschaft. Indessen bleiben, auch wenn diese Staatseinrichtungen auf das Beste getroffen sind, noch mancherlei Hindernisse, Schwierigkeiten und Mißverhältnisse in der Volkswirthschaft übrig, die nur beseitigt werden können, wenn die Regierung sich näher mit den Bedingungen des Volkswohlstandes bekannt macht und dieselben, soweit es nicht von den Einzelnen selbst geschehen kann, durch eine unmittelbare Einwirkung herzustellen sucht.

(*a*) Andere Benennungen sind Staatswirthschaftslehre, worunter jedoch Mehrere (z. B. Krug) auch die Finanzwissenschaft begreifen, sowie auch Loß unter der angewandten Staatswirthschaftslehre — Staatswirthschaftslehre im engern Sinn (v. Rotteck), — Staatsnationalwirthschaftslehre (Gr. Soden) — Pflege der bürgerlichen Wirthschaft (Schön) — Theorie der Wirthschaftspolizei (Oberndorfer).

(*b*) Ueber den Zweck (die Bestimmung) des Staates sind zwar verschiedene Lehren aufgestellt worden, aber aus jeder derselben kann die Nothwendigkeit der Volkswirthschaftspflege leicht abgeleitet werden und fast Niemand hat dieselbe einem Zweifel unterworfen. Die Erfahrung zeigt an vielen Beispielen, daß die Blüthe der Gewerbe und der Wohlstand der Völker durch beharrliche und einsichtsvolle Pflege der Volkswirthschaft sehr befördert, durch Vernachlässigung dieser Sorgfalt aber geschwächt werden. Das Bedürfniß einer solchen Thätigkeit der Staatsgewalt wird in unserem Zeitalter mit vorzüglicher Klarheit begriffen, und die volkswirthschaftlichen Angelegenheiten haben angefangen, unter den Rücksichten der Staatskunst den gebührenden, lange verweigerten Rang einzunehmen.

§. 2.

Welcher Zustand der Volkswirthschaft für den Staat am günstigsten ist, dieß läßt sich, wenigstens in seinen allgemeinen Umrissen, aus der Volkswirthschaftslehre leicht entnehmen: ein gutes Ebenmaaß und eine vollständige, zweckmäßige Benutzung aller vorhandenen Güterquellen, — eine kunstmäßig betriebene und reichliche Erzeugung mannichfaltiger Güter, sowohl zur eigenen Versorgung des Volkes, als zum Eintausch fremder Waaren, —

ein lebhafter innerer und auswärtiger Verkehr, — ein leichter Geldumlauf, — ein festbegründeter und wohlbenutzter Credit, — ein großes reines Einkommen und eine Vertheilung, die sowohl der Erzeugung als dem Verbrauche der Güter die nützlichste Richtung gibt und insbesondere die Lage der arbeitenden Classe günstig gestaltet, — eine, die Bedürfnisse des Volkes vollständig befriedigende und in wirthschaftlichem Sinne geleitete Verzehrung. Nur dieß ist weiter zu untersuchen, wie sich die Regierung in Bezug auf die wirthschaftlichen Bestrebungen der Einzelnen zu verhalten und in welchen Fällen sie namentlich mit Zwang zu wirken habe (a). Die Auflösung aller Einzelwirthschaften in eine einzige große, von der Regierung verwaltete Wirthschaft, die nur in einem sehr kleinen Staate versucht werden und nur bei hoher Sittlichkeit haltbar sein könnte, muß hier sogleich außer Betracht bleiben, weil sie die Grundzüge der ganzen Volkswirthschaft, die Selbständigkeit der Familien, das Sondereigenthum und die aus dem Erwerbseifer entspringenden Bestrebungen des Mitwerbens vernichten und der Regierung eine unendlich schwere Aufgabe, sowie eine große, dem Mißbrauche zu leicht ausgesetzte Gewalt zutheilen würde (b).

(a) Rau, Ueber Beschränkungen der Freiheit in der Volkswirthschaftspflege, Heidelb. 1847. — Man kann in der Geschichte der Staaten viele Beispiele sowohl eines zu weit getriebenen Eingreifens, als einer zu geringen Sorgfalt der Regierung in diesem Gebiete nachweisen.

(b) Das von Zachariä sogenannte System der **Erwerbsgemeinschaft**, nach den Lehren der Socialisten und Communisten I, §. 45 a.

§. 3.

Wenn man, auch ohne soweit zu gehen, der Regierung zumuthen wollte, die ganze Volkswirthschaft mit Hülfe von Zwangsmaaßregeln zu regeln und zu leiten (a), so müßte man voraussetzen, daß entweder 1) die Bestrebungen der Einzelnen, ihren Vermögenszustand zu verbessern, durchgängig nicht wirksam genug seien, oder 2) die Einzelnen, indem sie ihren eigenen Vortheil verfolgen, oft dem Gemeinwohle entgegen handeln und deßhalb durch die Staatsgewalt gelenkt und gezügelt werden müssen.

Es ist aber, was 1) betrifft, der Eifer der Einzelnen, ihr Vermögen zu erhalten, zu vermehren und zu Genüssen (persönlichen Gütern) zu verwenden, in der Volkswirthschaft die Haupttriebfeder (I. §. 7. 13), aus welcher ein angestrengter Fleiß, Nachdenken, Aufsuchen der besten Erwerbsgelegenheiten und Verlangen nach den hiezu dienlichen Kenntnissen von selbst hervorgehen. Meistens weiß der einzelne Bürger sehr wohl, was ihm den größten Vortheil verspricht, und er wendet die dazu erforderlichen Mittel gerne an, wenn ihm keine Hindernisse im Wege stehen. Fehlt es an Kenntnissen oder Thatkraft, so ist darum wenigstens kein zwingendes Verfahren nothwendig, und ein unnöthiger Zwang widerstreitet der Gerechtigkeit; überdieß könnte man noch in die Gefahr kommen, aus Irrthum die Gewerbsthätigkeit in eine unvortheilhafte Richtung zu drängen.

Zu 2) sind auch die Fälle eines Widerstreites zwischen dem allgemeinen und dem Privatvortheile nicht für so häufig zu halten, als es bei der früheren Bevormundung der Volkswirthschaft vorausgesetzt wurde. Der Wetteifer, der sich in der Erzeugung vieler Güter, in der Verbesserung ihrer Beschaffenheit und in der Verminderung der Erzeugungskosten äußert, kommt zugleich der Gesammtheit zu statten, ja nicht selten hat diese von seinem Erfolge noch mehr Nutzen, als die Einzelnen, von denen er ausgeht. Zudem wirken noch andere und höhere Triebfedern mit. Wohlthätige Gesinnung und Gemeingeist der Bürger gründen nützliche Anstalten, die von blos selbstsüchtigen Antrieben nicht zu Stande gebracht würden, und überheben hierdurch die Regierung mancher schwierigen Veranstaltung, I. §. 16 (*b*).

(*a*) System der Erwerbsbevormundung nach Zachariä's Bezeichnung. — Vgl. auch Schön, Neue Unters. S. 201. — Bülau, Staatswirthschaftslehre, S. 18. — Dieses System würde noch am ersten auf eine ethische Ansicht der volkswirthschaftlichen Angelegenheiten im Sinne der Alten (I. §. 29) gestützt werden können, die aber mit den neueren Begriffen von bürgerlicher Freiheit unvereinbar ist. Das Verlangen nach freier Bewegung in wirthschaftlichen Angelegenheiten ist neuerlich bisweilen als tadelnswerthes „atomistisches" Bestreben, als Mangel an Hingebung des Einzelnen an die Gesammtheit, als Selbstsucht dargestellt werden, z. B. bei Dupont-White, L'individu et l'état, P. 1857, s. Journal des Econ. 2. Ser. XIII, 375. Die wirthschaftliche Wohlfahrt des Volkes muß allerdings mehr gelten, als der Vortheil eines Einzelnen, allein das, was die Mitglieder des Volkes zur Vermehrung ihres Vermögens unternehmen, dient in der Regel zugleich zur Erhöhung des Volkswohlstandes und es ist nur eine Ausnahme, wenn dieser mit den Bestrebungen Einzelner in Widerstreit steht, §. 4.

§. 4.

Die Staatsgewalt muß demnach darauf verzichten, die ganze Erzeugung, Vertheilung und Verzehrung der Sachgüter in einem Volke durch Befehle und Verbote zu beherrschen und vielmehr nur da eingreifen, wo ohne ihren Beistand ein wichtiger volkswirthschaftlicher Erfolg gar nicht, oder nur spät oder in geringem Maaße erreicht werden würde, sie muß ferner da, wo ihre Mitwirkung Bedürfniß ist, in der Anwendung von Zwangsmitteln behutsam sein. Doch sind Gebote und Verbote in manchen Fällen nothwendig, wo die unbeschränkte Handlungsweise der Einzelnen gemeinschädlich wirken kann (*a*). Es giebt Gewinnste, die nicht aus der Vermehrung der Güter, sondern aus der Vertheilung derselben, also auf Kosten anderer Personen herfließen und bei denen bisweilen der Schaden für einen Theil des Volkes höher anzuschlagen ist, als die Gewinnste Weniger (*b*). Ferner kann der augenblickliche Vortheil Einzelner mit Nachtheilen oder wenigstens mit Besorgnissen für die Zukunft verknüpft sein (*c*), endlich können die gesetzlichen Rechte Einzelner im Fortgange der Zeit der Einführung oder Verbesserung von Productions= oder Verkehrsmitteln in dem Grade hinderlich werden, daß eine Beschränkung der ersteren unvermeidlich wird (*d*).

(*a*) Sartorius, Abhandlungen, I, 199—222. — Graf Buquoy, 1. Nachtrag. — Sismondi, Nouv. princ. I, 196. — Malthus, Principles, S. 18. — Revue encyclop. Juill. 1823. S. 49. — Quarterly review. Vol. XXVIII. No. 56. S. 448. — Diejenigen, welche alles gebieterische Eingreifen des Staates aus volkswirthschaftlichen Gründen unbedingt verwerfen, haben sich vielleicht den ganzen Umfang der zur Volkswirthschaftspflege gehörenden Regierungsgeschäfte nicht deutlich vergegenwärtiget. Wie es eine anerkannte Befugniß des Staates ist, die persönliche Freiheit und das Eigenthumsrecht der Bürger aus Gründen der Sicherheit zu beschränken, so kann dasselbe auch aus dem nicht minder wichtigen Zwecke der Versorgung mit sachlichen Gütern Bedürfniß werden. Man mag bei einzelnen Gegenständen darüber streiten, ob eine Zwangsverordnung entbehrlich sei oder nicht, man wird im Zweifel sich immer zu Gunsten der Freiheit entscheiden müssen, im Vertrauen auf die unberechenbare Kraft und Einsicht der Einzelnen, vermöge deren die Volkswirthschaft, gleich einem belebten Organismus, aus sich selbst im Stande ist, Uebel zu heilen; nur darf nicht durch einen auf erfahrungswidrige Voraussetzungen gebauten allgemeinen Grundsatz dasjenige verworfen werden, was sich aus besonderen Gründen vollkommen vertheidigen läßt. — Say glaubt, die politische Oekonomie dürfe nicht einmal einen Rath geben, sie solle blos den Zusammenhang von Ursachen und Wirkungen erklären (Lottres à M. Malthus, S. 72); er tadelt, daß die deutschen Schriftsteller die Verwaltung (Administration) in die politische Oekonomie aufnehmen; jene sei eine Kunst (art), die aus verschiedenen Wissenschaften ihre Regel schöpfen müsse; Handbuch, VI, 283. — Senior, Outline of the science of political economy, S. 129, verweiset die praktischen Lehren aus der politischen Oekonomie in die Gesetzgebungswissenschaft. — Die neueren französischen Schriftsteller brauchen wie Say den Ausdruck art für die aus der Anwendung der volkswirthschaftlichen Gesetze auf Zwecke des Staats hergeleiteten Verwaltungsregeln. Courcelle Seneuil erklärt, die politische Oekonomie sei sowohl science als art und theilt sie in einen theoretischen Theil, den er ploutologie, und einen praktischen, den er ergonomie nennt (also Volkswirthschaftslehre und Volkswirthschaftspolitik), s. §. 9 (a).

(b) Z. B. bei Privatlotterien, Hasardspielen, Zinswucher, erkünstelter Vertheuerung. Sartorius, a. a. O. S. 211—218.

(c) Z. B. unzweckmäßige Waldrodung, Raubbau in Bergwerken; derselbe Grund spricht für Erfindungspatente, ohne welche viele Erfindungen unterbleiben würden.

(d) Z. B. bei Anlegung von Landstraßen, Canälen, Eisenbahnen, bei Entwässerungen u. dgl., wo das sogenannte jus eminens des Staates anerkannt ist; ebenso bei grundherrlichen Rechten.

§. 5.

Demnach ist auch das System einer unbeschränkten Erwerbsfreiheit (a), obschon das leichteste, nicht befriedigend. Man soll jedoch, weil jedes Zwangsmittel schon als solches ein gewisses Uebel ist und zu manchen Störungen der Nahrungsverhältnisse Anlaß geben kann, — sich nicht ohne reifliche Abwägung der Vortheile und Nachtheile hiezu entschließen. Die Bedingungen, unter denen eine zwingende Maaßregel in diesem Gebiete gerechtfertigt werden kann, sind diese:

1) Es muß außer Zweifel sein, daß dieselbe zur Abwendung eines beträchtlichen volkswirthschaftlichen Nachtheils oder zur Erzielung eines erheblichen Vortheils nothwendig ist. Der Nutzen für einzelne Personen oder die Entfernung einer vorübergehenden Unbequemlichkeit ist zur Rechtfertigung nicht genügend.

2) Zur Beseitigung jeder Willkür und eines Wechsels in den, von Staatsbehörden und Beamten befolgten Grundsätzen muß, so weit es thunlich ist, die Volkswirthschaftspflege durch Gesetze geregelt werden.

3) Es muß in Fällen, wo Jemand zur Aufgebung eines Privatrechtes verpflichtet wird, voller Ersatz des Verkehrs-

werthes gegeben und hiezu ein genau geregeltes, vor Mißbrauch schützendes Verfahren vorgeschrieben werden (b).

4) Die beschränkenden Maaßregeln dürfen nicht weiter ausgedehnt werden, als es Bedürfniß ist (c).

Wo die Privatbestrebungen genügend sind, oder wo ein gewisser Zweck mit andern Mitteln ohne Beschränkung der Freiheit zu erreichen, oder wo derselbe nicht so wichtig ist, daß er die Beförderung durch Zwang verdiente, da muß dieser vermieden werden (d).

In der neuesten Zeit sind viele Unternehmungen im wirthschaftlichen Gebiete, die für die Mittel einzelner Personen zu groß und schwierig waren, durch vereinigte Kräfte zu Stande gekommen. Die nützlichen Wirkungen solcher Vereine und Gesellschaften (Associationen) liegen am Tage. Wenn aber auch auf diesem Wege der Staatsgewalt manche Bemühung erspart (§. 3), ja mancher Zweck besser erreicht wird, so darf doch hieraus nicht gefolgert werden, daß nach und nach die ganze Volkswirthschaftspflege des Staates entbehrlich werde, denn viele gemeinnützige Anordnungen können nur von der Staatsgewalt ausgehen und auch bei dem, was in den Wirkungskreis von Privatvereinen fällt, ist in vielen Fällen eine Thätigkeit der ersteren nothwendig, bald zur Unterstützung, bald um aus höheren Rücksichten die auf Gewinn gerichteten Unternehmungen in gewissen Schranken zu halten.

(a) Dasselbe ist aus den Grundsätzen des physiokratischen und auch des Smithischen Systems abgeleitet worden. Zu demselben neigen sich besonders Lotz, Handbuch, II, 10. der 2. Ausg. — J. Bentham, Théorie des peines et des récompenses, réd. par Dumont. II, 246, Lond. 1811. — Zachariä, Vierzig Bücher vom Staate, 2. Ausg. VII, 78 ff. (1843), doch mit einigen Ausnahmen, S. 83. 104.

(b) Diese Zwangsabtretung für öffentliche Zwecke (expropriation pour cause d'utilité publique) kommt nur bei unbeweglichem Vermögen, bei dinglichen und Gewerbsrechten vor. Die Nothwendigkeit der Abtretung ist nach volkswirthschaftlichen, wie in anderen Fällen nach militärischen oder polizeilichen Erwägungen nach reiflicher Prüfung von der obersten Staatsbehörde auszusprechen. — Vgl. Courcelle Seneuil, Traité, II, 22.

(c) Schön, N. Unters. S. 208, räth zur Vermeidung des unnöthigen Einmischens, daß man der Gemeinde, als einer ökonomischen Association, in der Leitung der wirthschaftlichen Angelegenheiten Vieles überlasse und dem Staate nur das vorbehalte, „was über die Communen hinausgeht". Allein diese Gränze ist schwer zu ziehen; es ist nicht zu erwarten, daß die Gemeindevorstände sich hinreichend auf einen allgemein-volkswirthschaftlichen Standpunct stellen würden, und es wäre schädlich, wenn in den verschiedenen Gemeinden nach verschiedenen Ansichten und Regeln gehandelt würde.

(d) Viele Meinungsverschiedenheiten bei einzelnen Gegenständen rühren daher, daß man bald von der Anschauung der Volkswirthschaft als eines Ganzen ausgeht, für welches die Einzelnen manches Opfer bringen müssen, bald von den Einzelwirthschaften als selbständigen Theilen eines Ganzen. Jede von beiden Ansichten hat eine gewisse Berechtigung und beide beschränken sich gegenseitig, vgl. §. 3 (a).

§. 5 a.

Außer den Verboten und Geboten sind in der Volkswirthschaftspflege noch mancherlei andere Maaßregeln anwendbar. Dahin gehören:

1) Belehrung, wo die Kenntniß der Bürger über gewisse gewerbliche Angelegenheiten mangelhaft ist;

2) Ermunterungen, um den Gewerbfleiß auf solche Unternehmungen und Leistungen hinzulenken, zu denen der Erwerbseifer noch nicht hinreichend antreibt; hiezu dienen bald ehrende, bald Geldbelohnungen, bald andere Begünstigungen;

3) Hinwegräumung von Hindernissen, welche von den Einzelnen nicht gehoben werden können, weil dazu entweder überhaupt eine Vereinigung vieler Kräfte, oder insbesondere die Hülfe der Staatsgewalt erfordert wird;

4) Errichtung, Pflege und Leitung oder Beaufsichtigung verschiedener Hülfsanstalten, welche durch die Mitwirkung der Regierung erst ihre volle Nützlichkeit erreichen.

§. 6.

Die Volkswirthschaftspolitik ist, wie es schon ihr Name andeutet, ein Theil der Staatswissenschaft oder Politik im weiteren Sinne des Wortes (I, §. 22) und zwar desjenigen Theiles derselben, der sich mit den Klugheitsregeln für die Verwirklichung der allgemeinen Vernunftgebote über den Staat in gegebenen Zeit= und Raumverhältnissen beschäftigt (Politik im engeren Sinne). Die verschiedenen Zweige der Regierungsthätigkeit, deren jedem ein eigener Theil der Politik in diesem engeren Verstande entspricht, wie Justiz=, Militär=Politik ꝛc. bilden die Glieder eines großen Ganzen, sie müssen gut ineinander greifen, sich wechselseitig unterstützen und nach gleichförmigen höheren Grundsätzen geleitet werden. Man darf keinen einzelnen Staatszweck so ausschließlich verfolgen, daß man darüber andere Seiten des Staatslebens aus dem Auge verliert und vielleicht einen anderen Theil der allgemeinen Wohlfahrt beeinträchtigt. Daher können auch die auf die Erhöhung des Volkswohlstandes berechneten Regeln bisweilen aus anderen Staatsrücksichten einer Einschränkung unterliegen. Solche Fälle, in denen ein Widerstreit zwischen einzelnen Staatszwecken stattfindet, sind indeß, wenn diese richtig aufgefaßt werden, nicht häufig und ihr Eintreten muß unter gegebenen Umständen durch genaue Erforschung dargethan werden, ehe sie sich geltend machen können.

§. 6 a.

Die Volkswirthschaftspflege ist sowohl ihrer Bestimmung als der Beschaffenheit ihrer Mittel nach wesentlich von der Polizei im engeren Sinne, der Sicherheits- oder Schutzpolizei verschieden (*a*). Diese gehört zu der erhaltenden Staatsthätigkeit, welche die dem Staate angehörenden Personen (*b*) im Besitze ihrer persönlichen und sachlichen Güter zu schützen sucht und sowohl eine Beschädigung als eine Entziehung dieser Güter zu verhindern hat. Die Polizei wirkt für diesen Zweck durch vorbeugende Maaßregeln gegen jede im Innern des Staates zu befürchtende Sicherheitsstörung, d. h. gegen jedes Ereigniß, welches die Verfügung einer Person über die ihr zustehenden (in ihr Rechtsgebiet fallenden) Güter hemmen kann. Solche Störungen können aus menschlichen Handlungen oder aus natürlichen Vorgängen entstehen. Da, wo der Einzelne sich nicht selbst ebensogut sichern kann, muß die beschützende Thätigkeit der Staatsgewalt in den meisten Fällen durch Wachsamkeit und kraftvolle Gegenmittel geübt werden. Die Volkswirthschaftspflege ist dagegen zu den fördernden oder gütermehrenden Regierungszweigen zu zählen (*c*). Sie setzt die Volkswirthschaft als etwas ohne Zuthun der Staatsgewalt Entstandenes voraus und muß gegen dieselbe schonend, mit großer Behutsamkeit verfahren, auch sowohl die Gesetze der Volkswirthschaftslehre als die gewerblichen Betriebsregeln sorgfältig berücksichtigen. Diese Betrachtungen haben den Wunsch erweckt, daß eigene Behörden und Beamte für die Volkswirthschaftspflege angeordnet werden möchten (d), was jedoch, mit Ausnahme der höchsten Behörde (§. 7), nicht rathsam ist, weil es die Kosten vermehrt und weil manche Geschäfte dieses Faches mit polizeilichen Verrichtungen in genauem Zusammenhange stehen (e). Aber wenn die Polizei im weiteren Sinne, welche außer der eigentlichen Polizei auch die Volkswirthschafts= und Volksbildungspflege in sich begreift (f), auch noch mit dem Richteramte verbunden ist, so muß nothwendig einer oder der andere Theil von Regierungsgeschäften verkürzt werden.

(a) Rau im Archiv, III, 238. und in der staatswissenschaftlichen Zeitschrift, 1853, 3. Heft. Auch Andere nehmen die Polizei in diesem engeren Sinne, z. B. Harl, Handbuch der Polizeiwissenschaft, 1807. — Gr. Soden, Staatspolizeiwissenschaft. S. 40. (Aarau, 1817.) — v. Salza, Handbuch des Polizeirechts, I, 4. (Leipzig, 1825.) — Funke, Das Wesen der Polizei, 1844. S. 28. — Zimmermann, Die deutsche Polizei des 19. Jahrh., 1845. I, 133. (Der Verfasser bedient sich, wie manche ältere Schriftsteller, des unbestimmten Wortes Ordnung, um diesen Zweck zu bezeichnen.) — Behr, Allg. Polizeiwissenschaftslehre, 1, 28. (1848.) — Im Ganzen genommen gehört hieher auch Bart. Fiani, Della polizia considerata come mezzo di preventiva difesa. Firenze, 1853.

(b) Darunter auch die Staatsgewalt selbst.

(c) Es giebt wirthschaftliche Uebel, die darum keinen Gegenstand der Schutzpolizei bilden, weil sie nur in dem ungünstigen Ausgang eines den Erwerb bezweckenden Unternehmens oder in einer unvortheilhaften Vertheilungsart des Gütererzeugnisses bestehen. Weder der hohe Preis eines nothwendig zu kaufenden Gutes, noch die Wohlfeilheit eines abzusetzenden Erzeugnisses oder die Unzulänglichkeit des Einkommens einer Person gehören in die Polizei, wohl aber Diebstahl, Betrug, Fälschung, Feuer= und Wasserschaden, Thierkrankheiten.

(d) Gr. Soden, Nationalökon. VI, 82.

(e) Die Aufstellung der sogenannten Polizeitaxen z. B. hat einen volkswirthschaftlichen Zweck, aber die Aufsicht auf das richtige Gewicht des Brodes und Fleisches, auf den Gebrauch vorschriftsmäßiger Maaße u. dgl. ist polizeilich, weil sie Betrug zu verhüten dient.

(f) Was in diesem weiteren Sinne, der noch jetzt in der Praxis allgemein gilt, die Polizei sei, das läßt sich nicht durch eine förmliche Definition sagen, weil unter den dahingerechneten Regierungsgeschäften keine innere Einheit besteht. Man kann nur historisch erklären, wie sich dieses Geschäftsgebiet gebildet hat und wie man ihm den Namen gab, der, als er gegen das Ende des Mittelalters zuerst aus dem Griechischen genommen worden war, eine Zeit lang eine unbestimmte Bedeutung gehabt hatte. Rau, Ueber die Kameralwissenschaft, S. 7. — Negativ kann man die Polizei der Praxis bequem so bezeichnen, daß sie alle diejenigen inneren Regierungsangelegenheiten umfaßt, welche weder ins Justiz= noch ins Finanzwesen gehören. Soll aber ihr Inhalt angegeben werden, so muß man sich mit der Aufzählung der Zwecke, für welche sie wirkt, begnügen. So lange die Wissenschaft sich ihrer Befugniß begiebt, aus der Gesammtheit der Staatsverwaltungsobjecte den Wirkungskreis der Polizei systematisch zu entwickeln, so lange sie blos aus der Praxis die Regel schöpfen will, was Polizeisachen seien, kann kein geordneter, den Denkgesetzen gemäßer Begriff von Polizei gegeben werden; daher klagten schon de la Mare (1729) und Schreber (1739) über die Menge der verschiedenen Erklärungen, und neuerlich haben sich dieselben dergestalt vermehrt, daß es nöthig wurde, sie mühsam zu sammeln, z. B. v. Berg, Handbuch des deutschen Polizeirechts, I, 4. — Butte, Versuch der Begründung eines Systems der Polizei, 1. Bd. — Gr. Soden, a. a. O. S. 41. — Vgl. Zimmermann, I, 121.

§. 7.

Zur wirksamen Ausübung der Volkswirthschaftspflege sind zweckmäßige Organe (Beamte und Behörden) erforderlich (a).

1) Die oberste Leitung geschieht in den meisten Ländern vom **Ministerium des Innern**, in welchem häufig eine besondere Abtheilung (Section) für diesen Gegenstand gebildet ist (b). Einige Staaten haben den Wirkungskreis, der sonst dem Ministerium des Innern anzugehören pflegt, unter mehrere Ministerien vertheilt, deren einem dann die Volkswirthschaftspflege ganz oder (minder zweckmäßig) theilweise zugewiesen ist (c). Auch giebt es Beispiele von besonderen, unabhängigen Oberbehörden (Ministerien), die blos die Volkswirthschaftspflege, oder sogar nur Theile von ihr zu besorgen haben (d).

2) Als Mittelbehörden in den größeren Abtheilungen des Staatsgebietes, (Provinzen, Regierungsbezirken, Kreisen) (e), dienen die in vielen Staaten sogenannten **Regierungen** (Bezirks- oder Kreisregierungen, Regierungscollegien), welche theils blos für die Polizei im gewöhnlichen weiteren Verstande, theils auch zugleich für das Finanzwesen bestellt sind (f). Einige Staaten haben statt dieser collegialischen Behörden einzelne Beamte, welche die Verwaltung eines solchen größeren Landestheiles mit Hülfe von Untergebenen leiten; Büreauverfassung (g).

3) Die Ausführung der Regierungsmaaßregeln in einem kleineren Bezirke, mit anschaulicher Kenntniß der örtlichen Verhältnisse wird von den, für die Polizeiverwaltung im weiteren Sinne angeordneten **Beamten** (h), mit dem Beistande der Gemeindevorstände, Armencommissionen und dgl. besorgt.

4) Einige Zweige des gesammten Geschäftsgebietes sind wegen der erforderlichen technischen Kenntnisse und des genauen Zusammenhanges finanzieller und volkswirthschaftlicher Zwecke theils den Finanzbehörden (*i*), theils einer besonderen kunstverständigen (technischen) Oberbehörde übertragen (*k*).

(*a*) v. Malchus, Politik der inneren Staatsverwaltung, I. Bd. 2. Abschn. (1826). — Deff. Statistik und Staatenkunde, S. 508 ff.

(*b*) Rußland: Expedition (Section) der Staatsökonomie, im Ministerium des Innern. — Diese Einrichtung darf in kleineren Staaten als die beste angesehen werden. Die Ministerialsection der Volkswirthschaftspflege, mit den erforderlichen technischen Räthen für die Hauptclassen von Gewerben versehen, würde auch am besten zu der Leitung der statistischen Arbeiten befähigt sein, so daß das statistische Büreau ihr untergeben werden könnte. Sie empfindet am meisten das Bedürfniß statistischer Kenntnisse, und ist am besten im Stande, dieselben zu sammeln, zu prüfen, und zu verarbeiten.

(*c*) Frankreich: Ministerium der Landwirthschaft und des Handels (dem auch die Pflege der Gewerbe übergeben ist), und Ministerium der öffentlichen Arbeiten (hauptsächlich Finanzgeschäfte); — Niederlande: Ministerium des öffentlichen Unterrichts, der Nationalindustrie und der Colonieen. — Baden seit 1860: Handelsministerium, auch für Landwirthschaft, Gewerbe und Verkehrsanstalten. — In Preußen bestand 1817—25 ein Handels-, 1834—38 ein Ministerium des Innern für Gewerbeangelegenheiten, und neuerlich ist dort wieder ein Ministerium für Handel, Gewerbe und öffentliche Arbeiten, ferner eines für landwirthschaftliche Angelegenheiten anzutreffen, ebenso war in Oesterreich bis 1859 ein Ministerium des Handels und der öffentlichen Bauten neben einem Ministerium für Landescultur und Bergbau. — Baiern: Ministerium des Handels und der öffentlichen Arbeiten, dem auch die Pflege der Landwirthschaft und der Gewerbe obliegt. — Der neuerlich in Gebrauch gekommene Ausdruck öffentliche Arbeiten kann in verschiedenem Sinne verstanden werden. Man bezeichnet damit gewöhnlich theils die Betreibung von Staatsgewerben, wie die Post, den Telegraphen, die Benutzung der Eisenbahnen, den Bergbau, — theils die Herstellung großer und kostbarer Verkehrsmittel, den Straßen-, Wasser- und Eisenbahnbau. In Belgien werden alle genannten Verrichtungen zu den travaux publics gerechnet, in Frankreich ist die Post und der Telegraph davon ausgeschlossen und überhaupt hat man sich hiebei weniger durch einen Begriff, als durch die Zweckmäßigkeit der Verbindung gewisser Geschäfte bestimmen lassen.

(*d*) Sachsen: die frühere Landesökonomie-, Manufactur- und Commerzdeputation. — England: Rath (board) für Handel und Colonieen. — Schweden: Handelscollegium. — Toscana: Kammer des Handels, der Handwerke und Fabriken. — Spanien: Junta für alle Zweige des Gewerbswesens, 1824 errichtet.

(*e*) Diese Ausdrücke werden nicht gleichförmig gebraucht. Was in Baiern, Würtemberg, Baden Kreis genannt wird, das entspricht dem preußischen Regierungsbezirk, der kurhessischen, großh. hessischen, niederländischen 2c. Provinz, dem französischen Departement. Der Kreis in Preußen und Kurhessen kann mit dem großh. hessischen Landrathsbezirk, dem baierischen Landgericht, dem würtembergischen Oberamte und dem badischen Amte verglichen werden.

(*f*) Ersteres bei den Regierungen in Würtemberg, Baden und Kurhessen, so wie bei den Landdrosteien in Hannover, letzteres bei den österreichischen, preußischen und baierischen Regierungen, von denen aber die beiden letzteren 2 Abtheilungen, für Inneres (Polizei) und Finanzwesen haben, ein Theil der preußischen auch mehr als zwei.

(*g*) Präfecten in Frankreich, Amtleute in Dänemark, Landshauptleute in Schweden, Gouverneurs in den Niederlanden und in Rußland.

(*h*) Landräthe in Preußen und Weimar, Kreishauptleute in Oesterreich und Sachsen, Oberamtmänner in Würtemberg und Baden, Kreisräthe im Gr. Hessen, Unterpräfecten in Frankreich, Landcommissäre in der baier. Pfalz. Die Befugnisse und Geschäfte dieser Beamten sind in den einzelnen Staaten nicht gleichförmig. Die Amtmänner in Hannover und Nassau, so wie die Landrichter in Baiern sind zugleich Justizbeamte. — S. von Richthofen, Handbuch für Landräthe (d. h. preußische). 2. Aufl. Breslau 1834.

(*i*) Z. B. Pflege des Bergbaus, Zollwesen, Münzwesen.

(*k*) In einigen Staaten (Baiern, Würtemberg, Baden ꝛc.) besteht eine Direction der Verkehrsanstalten, vgl. (*e*).

§. 8.

Allgemeine Bemerkungen über die Volkswirthschaftspflege.

1) Dieselbe äußert sich, wie überhaupt die Regierungsthätigkeit, sowohl in der Aufstellung allgemein verbindlicher Vorschriften (Gesetzgebung), als in der Behandlung einzelner Fälle nach den Gesetzen oder wenigstens in der gesetzlichen Weise (Vollziehung). Wo viele einzelne Fälle unter eine für alle zweckmäßige Regel sich bringen lassen, da ist es nützlich, dieselbe als Gesetz oder Verordnung aufzustellen, so daß im gegebenen Falle nur eine einfache Anwendung der allgemeinen Vorschrift nöthig ist. Dieß beseitigt die Willkür und sichert ein gleichförmiges Verfahren. Allein bei manchen Maaßregeln muß für jedes einzelne Geschäft besonders untersucht werden, was zweckmäßig sei, weßhalb die Gesetze und Verordnungen nur allgemeine Richtpuncte und Gränzen festsetzen können, den vollziehenden Beamten und Behörden aber mehr Spielraum überlassen werden muß. Dieß ist die verwaltende Thätigkeit im Gegensatze der einfachen Gesetzesvollziehung (a).

2) Außer den Gesetzen, Einrichtungen und Maaßregeln, welche ausschließlich auf die Beförderung des Volkswohlstandes gerichtet sind, muß dieser Zweck auch bei solchen Anordnungen

berücksichtiget werden, die zunächst zu anderen Staatszwecken dienen. So kommen bei der bürgerlichen Rechtsgesetzgebung, bei der Polizei im eigentlichen Sinne und bei der Volksbildungssorge manche Rücksichten auf die Bedürfnisse der Volkswirthschaft vor, welche die Volkswirthschaftspolitik gleichfalls zu entwickeln hat (*b*).

3) Dagegen kann in dem Hinblick auf andere Staatszwecke Manches als rathsam erscheinen, was in ausschließlicher Beziehung auf den Wohlstand des Volkes nicht empfehlenswerth wäre. Die Volkswirthschaftspflege muß sich als Theil der gesammten Regierungsthätigkeit in den ganzen Staatsorganismus gut einfügen und allgemein staatlichen Erwägungen auf ihren eigenen Gang Einfluß gestatten, §. 6.

4) Die in der Volkswirthschaftspolitik zu entwickelnden Mittel zur Beförderung der Volkswirthschaft lassen sich nicht überall und allezeit in gleichem Umfange, in gleicher Stärke und Richtung gebrauchen. Es ist vielmehr nothwendig beim Vollzuge jener von der Wissenschaft im Allgemeinen empfohlenen Maaßregeln in gegebenen Staaten und Zeitpuncten auf die besonderen Umstände zu achten, die zwar nicht die obersten Grundsätze selbst, wohl aber die Art und den Umfang ihrer Befolgung abändern können und deren richtige Beurtheilung ebenso wichtig als schwierig ist. Zu diesen Umständen sind hauptsächlich nachstehende zu zählen:

a) **allgemein-staatliche**: der Grad von Macht oder von Gefährdung von Seite anderer Staaten, — die Bedingungen der Selbstständigkeit und Beschützung des Staates (z. B. Schifffahrt zur Verbindung mit den Colonieen), — der herrschende Grad von geistiger und sittlicher Bildung des Volks, — Neigung und Geschicklichkeit der Bürger, ihre Angelegenheiten in kleineren oder größeren Vereinen selbst zu verwalten, oder Gewohnheit, sich auf die Regierung zu verlassen ꝛc.

b) **volkswirthschaftliche Umstände**: Größe des Landes, Beschaffenheit und Manchfaltigkeit seiner Erzeugnisse, — die gewerbliche Entwickelungsstufe, auf der ein Volk im Allgemeinen steht und die sich in der mehr oder weniger vollständigen Benutzung des Landes, in der Manchfaltigkeit der betriebenen Gewerbe, in dem Grade des darin herrschenden

Kunstfleißes, in der Bevölkerung und der Größe des Capitals kund giebt, — Vorherrschen der einen oder anderen Gewerbsclasse, der Erdarbeit, der Gewerke, des auswärtigen Handels oder einzelner Zweige derselben, — Vorliebe und Fähigkeit der Einwohner zu dem einen oder anderen, — Neuheit oder Alter einer Gruppe von Gewerben, — Leichtigkeit oder Schwierigkeit des Verkehrs mit dem Auslande und dgl. (c). Die Volkswirthschaftspolitik gestaltet ihre Regeln hauptsächlich im Hinblick auf den gegenwärtigen Zustand der Staaten, jedoch ist es lehrreich, auch frühere Perioden der Volkswirthschaft zu vergleichen und sich die noch bevorstehenden Schritte in der ferneren Ausbildung zu vergegenwärtigen. Jene Wissenschaft bedarf einer genauen und vollständigen Statistik des ganzen wirthschaftlichen Gebietes. Obgleich die Veranstaltungen zum Einziehen, Sammeln, Prüfen und Zusammenstellen der statistischen Nachrichten in einem Staate eine allgemeine, keinem Regierungszweige ausschließlich angehörende Maaßregel bilden, da es z. B. eine Justiz-, Schutzpolizei-, Kirchen-, Schulstatistik ꝛc. giebt, so ist doch die volkswirthschaftliche Statistik ein besonders reichhaltiger und wichtiger Theil der allgemeinen, weßhalb in mehreren Staaten das statistische Amt (bureau) dem Ministerium der Volkswirthschaftspflege zugetheilt worden ist.

(*a*) Z. B. Erbauung und Wahl der Richtung einer Straße oder Eisenbahn, Genehmigung einer Zettelbank, Errichtung einer landwirthschaftlichen Musteranstalt ꝛc.
(*b*) Z. B. Berg-, Handelsrecht ꝛc.
(*c*) Die Wissenschaft kann nicht alle solche mögliche oder wirkliche Verschiedenheiten der gegebenen Umstände, wohl aber die wichtigsten derselben berücksichtigen. Die Erforschung des Einflusses, den solche, aus der Geschichte und Statistik zu erkennende Umstände auf die Volkswirthschaftspflege üben müssen, verdient sorgfältig fortgesetzt zu werden, indeß wäre es zu weit gegangen, wenn man der Volkswirthschaftspolitik wegen der Verschiedenheit in den örtlichen und zeitlichen Verhältnissen die Berechtigung bestreiten wollte, allgemeine Grundsätze aufzustellen. Uebrigens ist die geschichtlich nachzuweisende große Verschiedenheit der im Laufe der Zeit angewendeten Regierungsmaaßregeln nicht allein aus den Veränderungen in jenen Umständen, sondern auch aus dem höchst ungleichen Maaße von volkswirthschaftlicher Einsicht zu erklären. Zwar ist manche Einrichtung der Staatsgewalt bei einem gewissen Zustande zweckmäßig, bei einem anderen überflüssig oder schädlich, aber man darf nicht glauben, daß Alles, was in einer früheren Zeit verordnet worden ist, damals gut oder sogar nothwendig war.

§. 9.

Bei den ersten Bearbeitern der Staatswissenschaft von dem Ende des 16. Jahrhunderts an finden sich meistens nur allgemeine und unbestimmte Lehren für die Beförderung des Volkswohlstandes (*a*) und wo einzelne Klugheitsregeln aufgestellt wurden, da waren sie größtentheils den Grundsätzen des Handelssystems (I, §. 37) entsprechend. Später verbreiteten sich Schriftsteller, die in den Verwaltungsgeschäften bewandert waren, etwas mehr über die zur Volkswirthschaftspflege gehörenden Anordnungen, doch fehlte sowohl Vollständigkeit als tieferes Eindringen in die Gegenstände und ein irregeleiteter Eifer führte zu einer übermäßigen Einmischung in die Gewerbsangelegenheiten nach vorgefaßten Meinungen (*b*). Als in Deutschland im 18. Jahrhundert die Kameralwissenschaft, ein Inbegriff von Gewerbslehren und Regeln der inneren Staatsverwaltung (mit Ausschluß des Justizwesens) eifrig gepflegt wurde, suchte man auch die Regeln der Volkswirthschaftspflege mit mehr Ordnung und Zusammenhang darzustellen. Da man noch keinen Ueberblick des ganzen Gebietes hatte, so wurde ein Theil dieser Regeln in der Polizeiwissenschaft eingereiht (§. 6 a), ein anderer von einigen Schriftstellern unter dem Namen Staats-Commercien- und Staats-Handlungswissenschaft vorgetragen (*c*). Die italienischen Schriftsteller des 17. und 18. Jahrhunderts erläuterten einzelne Abschnitte und es ist in ihnen der Uebergang von dem Handelssystem zu richtigeren Ansichten, zur Empfehlung der Handelsfreiheit und einer sorgfältigen Landwirthschaftspflege deutlich zu erkennen (*d*). In dem nämlichen Sinne wirkten seit der Mitte des 18. Jahrhunderts in Frankreich und Deutschland die Physiokraten, namentlich in Bezug auf die Freigebung des Getreidehandels, des Handwerksbetriebes u. dgl. I, §. 38. A. Smith, dessen Entwickelung der volkswirthschaftlichen Grundgesetze allgemeine Anerkennung erlangte, bekämpfte in Uebereinstimmung mit den Physiokraten und mit noch größerem Erfolge als diese die herrschende Vorliebe zur Bevormundung der ganzen Gewerbsthätigkeit im Volke. Durch ihn wurden viele Zweige der Volkswirthschaftspflege in helleres Licht gesetzt und feste Grundsätze für dieselben aufgestellt. Andere Theile erhielten später, vorzüglich in Deutschland, eine weitere Ausbildung. Nach dieser Bearbeitung der ganzen Volkswirthschaftspolitik erschien diese als ein angewandter (praktischer) Theil der politischen Oekonomie, der sich an die Volkswirthschaftslehre als den theoretischen Theil eng anschließt. Nachdem von Smith und seinen ersten Nachfolgern, sowie von mehreren Neueren einzelne Abschnitte der Volkswirthschaftspolitik in die Volkswirthschaftslehre an verschiedenen passend scheinenden Stellen eingeflochten worden waren (*e*), fing man später an, sie von der letzteren zu trennen und abgesondert als ein wissenschaftliches Ganzes abzuhandeln. Dieß ist darum zu empfehlen, weil der Erforschung der verschiedenen Regierungsmaaßregeln die Kenntniß aller volkswirthschaftlichen Gesetze vorausgehen muß, weil den einzelnen Regeln allgemeine Grundsätze über das Verhalten der Staatsgewalt in Beziehung auf die Volkswirthschaft vorangestellt werden müssen (§. 3 ff.), weil überhaupt staatswissenschaftliche Lehren häufig eingreifen und die Klugheitsregeln für die besten Mittel zur Beförderung des Volkswohlstandes nicht die Allgemeingültigkeit und die strengen Schlußfolgen der Volkswirthschaftslehre zulassen. Außer den, der Volkswirthschaftspolitik ausschließlich gewidmeten Werken (*f*) und den Schriften über die Polizeiwissenschaft im weiteren Sinne (*g*) ist viel lehrreicher Stoff zur Prüfung und zur Erweiterung jener Wissenschaft aus den in einzelnen Staaten bestehenden Gesetzen und Einrichtungen zu schöpfen, welche man aus zahlreichen Sammlungen und Verarbeitungen kennen lernt (*h*), sowie aus den sehr zahlreichen Schriften über einzelne Gegenstände der Volkswirthschaftspflege, theils mit, theils ohne Beziehung auf bestimmte Länder (*i*). Die Geschichte der Volkswirthschaftspolitik ist noch wenig bearbeitet (*k*).

(*a*) Z. B. Fr. Bodinus, De republica, vgl. I, §. 37 (*b*). Am ausführlichsten ist das Münzwesen behandelt, 6. Buch 3. Cap. — Pa. Paruta (Della perfettione della vita politica, Venez. 1579) berührt nur den Nutzen des Reichthums, hauptsächlich von moralischer Seite. — Petr. Gregorius Tholos. De republica, zuerst 1595. Die Cap. 7—9 im 4. Buche handeln de mercatoribus et negotiatoribus in rep. conservandis, de agricolis u. de artificibus in rep. necessariis. — H. Conring (De civili prudentia, 1672) spricht nur darüber, wie sich die Erwerbelehre oder Chrematistik zur Politik verhalte. Hier wie in seinen

Dissertationen (z. B. De importandis et exportandis 1665, De vectigalibus 1665, De commerciis et mercatura 1666) geht er immer von den Grundgedanken des Aristoteles aus. Die erstgenannte Abhandlung lehrt, die Staatsgewalt müsse die Aus= und Einfuhr genau regeln, Gegenstände eines übermäßigen Luxus sollen ausgeführt, ihre Einfuhr und ihr Gebrauch soll erschwert oder verboten werden 2c.

(*b*) J. B. L. von Seckendorf, Der teutsche Fürstenstaat, zuerst 1656. Er lehrt, der Staat solle für Nahrung und Vermögen der Unterthanen sorgen. Daher solle dahin gewirkt werden, 1) daß es Niemand an der Nothdurft fehle, indem Landwirthschaft und Handwerke befördert und der Verkehr erleichtert werden, gute Ordnung gehalten wird, daß kein Stand den anderen beeinträchtige und jedes Gewerbe so viel Leute beschäftige, als nöthig und nützlich sei, 2) daß auch eine gute Anwendung des Ueberflusses statt finde.

(*c*) v. Justi (Staatswirthschaft I, 61) braucht den ersten, v. Sonnenfels (Grundsätze der Polizei, Handlung und Finanz II, 3) den zweiten dieser Namen. Der Ausdruck Commercien, Handlung, wird hiebei in einem weiteren Sinne genommen, so daß er den ganzen Verkehr und die sämmtlichen Gewerbe bedeutet. Justi's Grundfeste zu der Macht und Glückseligkeit der Staaten oder ausführliche Vorstellung der gesammten Polizeiwissenschaft, Königsberg u. Leipzig, 1760 und 1761, II Bde. 4°. enthält im 1. Bande größtentheils eine für die damalige Zeit verdienstliche und viel benutzte Abhandlung der Volkswirthschaftspolitik, der nur wenige fremdartige Gegenstände (z. B. Medicinalwesen) beigemengt sind. Er handelt I, von der Sorge für die unbeweglichen Güter, den Boden des Landes, 1) von dem Anbau des Landes, 2) von der Vermehrung der Einwohner, 3) von dem Anbau und Wachsthum der Städte und Dörfer, 4) von Anstalten zur Bequemlichkeit und Zierde (Landstraßen, Post, Fuhrwesen, Ströme, Canäle 2c.), II, von der Sorge für die beweglichen Güter, — Fabriken, Handwerke, Commercien, Absatzmittel, Geld, Credit, — Freiheit des Gewerbfleißes, Taxen 2c.

(*d*) Vgl. I, §. 37 (*d*). 43 (*c*). — Verri (1771) hält noch die Geldausfuhr für verderblich, verlangt aber schon Aufhebung der Zünfte und Freigebung der Ausfuhr, namentlich von Getreide. Sein Hauptgrundsatz der Volkswirthschaftspflege ist, daß man die Zahl der Verkäufer mehren, der inländischen Käufer vermindern solle, um dadurch niedrigen Preis, starke Ausfuhr und Production zu bewirken. Er wie Filangieri (1780) nähert sich den Physiokraten.

(*e*) Hieher gehören die in 1, §. 45 angeführten Schriften, besonders Smith, Lueder, v. Jakob, Storch, Schön, Riedel, Schütz, Roscher, Ricardo, Will, Say, Simonde de Sismondi, Rossi u. A. — Nach Roscher's Tadel der von ihm sogenannten idealistischen Methode der Nationalökonomik im Gegensatze der historisch=physiologischen (Grundlagen I, 33 ff.) würde eigentlich die Volkswirthschaftspolitik ganz aufgegeben werden müssen; die Nationalökonomik hätte sich darauf zu beschränken, die Naturgesetze der Volkswirthschaft und den Erfolg der bisherigen Gesetze und Anordnungen der Staatsgewalt zu untersuchen, während es dem Praktiker überlassen bliebe, sich hieraus nach den jedesmaligen Umständen die Regeln für sein Verhalten zu suchen. Die Verschiedenheit und den häufigen Wechsel der Meinungen über das, was die Regierung erstreben soll, sowie manche Verirrungen kann man freilich nicht in Abrede stellen, aber darum ist doch das wissenschaftliche Nachdenken über die unter den heutigen Verhältnissen zu empfehlenden Staatseinrichtungen nicht zu verwerfen. Aus gleichem Grunde könnte man allen Zweigen der Politik (Polizeiwissenschaft, Justizpolitik ꝛc.) ihre Berechtigung bestreiten, die Wissenschaft dürfte nur in die Vergangenheit blicken, ohne sich mit den Mitteln zu einer Verbesserung des gegenwärtigen Zustandes zu beschäftigen.

(*f*) Chr. v. Schlözer, Anfangsgründe der Staatswirthschaft, II, 8. (Hier trägt die Lehre von der Volkswirthschaftspflege den Namen Industriepolitik.)
Kraus, Staatswirthschaft. V. Band 1817.
Gr. Soden, Staatsnationalwirthschaft, oder VI. Band der National-Oekonomie 1816.
A. Costaz, Essai sur l'administration de l'agriculture, du commerce, des manufactures et des subsistances. Paris, 1818.
Fr. C. Lotz, Handbuch der Staatswirthschaft, II. B. 2. Ausg. 1538.
J. C. Leuchs, Gewerb- und Handelsfreiheit. Nürnb. 1827. Zweite Ausgabe 1831.
K. Fr. Schenk, Die Grundsätze der Volkswirthschaftspflege. Stuttgart 1831.
F. Bülau, Handbuch der Staatswirthschaftslehre, Leipzig, 1835.
J. A. Oberndorfer, Theorie der Wirthschaftspolizei. Sulzbach, 1840.
Kudler, Grundlehren der Volkswirthschaft, II. Br. Wien, 1846.
Courcelle-Seneuil, Traité théorique et pratique d'écon. politique II. Bd. Ergonomie. P. 1859.
M. Wirth, Nationalökonomie, II. Bd. 1859.
Zum Theile gehören hierher auch: Sartorius, Abhandlungen, die Elemente des Nationalreichthums betreffend, I, 199. Rüdiger, Staatslehre, S. 277. (Halle, 1795.)
Auf einzelne Länder sich beziehend sind:
Petro Rodriguez Campomanes, Discurso sobre el fomento de la industria popular. Madrid, 1774. — Deutsch: Abhandl. von der Unterstützung der gemeinen Industrie in Spanien. Stuttgart, 1778.
Samuel Crumpe, Preisschrift über die besten Mittel, dem Volke Arbeit und Verdienst zu verschaffen. Uebers. mit Anmerk. (von physiokratischer Richtung) v. Wichmann. Leipzig, 1796.
C. Th. Kleinschrod, Ueber die Beförderung der Agricultur und des Gewerbwesens in Frankreich. München, 1829.
Derselbe, Großbritanniens Gesetzgebung über Gewerbe, Handel und innere Communicationsmittel. Stuttg. 1836.

(*g*) Eisenhuth, Polizei oder Staatseinwohnerordnung, II. B. (Neumarkt, 1808.)
v. Jakob, Grundsätze der Polizeigesetzgebung. II. B. 1809.
v. Mohl, Die Polizeiwissenschaft, Tübingen. 1845. 2. Ausg. II. B.
Sehr viel hierher Gehöriges in Bergius, Polizei- und Kameral-Magazin, Frankfurt a. M. 1767—1777. IX. B. 4°. — Dessen Neues Polizei- und Kameral-Magazin, Leipzig, 1775—60. VI. B. 4°. — S. auch Bensen, Materialien zur Polizei-, Kameral- und Finanzpraxis. Erlangen, 1800—1803. III. B.

(*h*) Da bisher die Volkswirthschaftspflege der Polizei einverleibt war, so muß man die zu ihr gehörenden Einrichtungen größtentheils in Sammlungen von Polizeivorschriften aufsuchen.

2*

Bergius, Sammlung teutscher Landesgesetze zum Polizei- und
 Kameralwesen, fortgesetzt von Beckmann, 1761—1793.
 XIV. B. 4°.
v. Berg, Handbuch des teutschen Polizeirechts, Band III, VI, zweite
 Abtheilung, und VII. Hannover, 1808. (Vorzüglich brauchbar.)
Eschenmaier, Lehrbuch über das Staatsökonomierecht. II. B. Frank-
 furt a. M. 1809.
Borowsky, Abriß des praktischen Cameral- und Finanzwesens in
 den k. preuß. Staaten. 3. Ausg. 1805. Frankf. a. O. II. B.
v. d. Heyde, Repertorium der Polizeigesetze in den k. preuß. Staaten.
 III. B. Berlin, 1820.
Zeller, Systemat. Lehrbuch der Polizeiwissenschaft nach preußischen
 Gesetzen. Quedlinburg, 1828 ff. XIV. B.
v. Rönne und Simon, Das Polizeiwesen des preuß. Staates.
 1840. II. B.
Döllinger, Repertorium der Staatsverwaltung des Königr. Baiern.
 II. B. München, 1815.
Pözl, Lehrbuch des baier. Verwaltungsrechts, München, 1856.
Rettig, Die Polizeigesetzgebung des Gr. Baden. 4. A. von Gue-
 rillot. Karlsruhe, 1853.
Eigenbrodt, Handb. d. großh. hessischen Verordnungen, III. B.
 Darmstadt, 1917.
v. Stubenrauch, Handbuch der österreich. Verwaltungsgesetzkunde.
 Wien, 1852. II. 2. Ausg. 1857.
Élouin, Trébuchet et Labat, Nouveau dictionnaire de police.
 Paris, 1835. II. B.
Block, Dictionnaire de l'administration française. Paris, 1856.
Dessen Annuaire de l'administr. seit 1858.

(i) Sie sind bei den einzelnen Abtheilungen angeführt.

(k) Dareste de la Chavanne, Histoire de l'administration de France
 depuis le règne de Phil. Auguste jusqu'à la mort de Louis XIV.
 Paris 1848. II. B.

Erstes Buch.

Beförderung der unmittelbar hervorbringenden Thätigkeit oder der Stoffarbeiten.

Erster Abschnitt.
Sorge für die Bedingungen der Hervorbringung im Allgemeinen.

§. 10.

Es giebt Maaßregeln, welche von der Staatsgewalt zur Beförderung der gesammten Gütererzeugung im Allgemeinen, ohne Bezug auf einzelne Gewerbszweige, vorgenommen werden. Dieselben können theils die Bedingungen jeder Production (die Güterquellen, I, §. 85), theils die Benutzung der letzteren in dem Betriebe der Gewerbe oder in den Unternehmungen betreffen. Bei den Güterquellen ist zu untersuchen, was die Regierung zur Erhaltung und Mehrung derselben, zur günstigsten Beschaffenheit und dem vortheilhaftesten Verhältniß derselben beitragen könne. Die Volkswirthschaftslehre unterscheidet vier Arten solcher Bedingungen der Gütererzeugung, I, §. 85. Da jedoch die Naturkräfte für sich allein keine Einwirkung zulassen, sondern erst durch die Arbeit nutzbar werden, da ferner das, was in Bezug auf die Grundstücke geschehen kann, nicht alle Zweige der Production, sondern allein die Erdarbeit betrifft, so bleiben nur die Arbeit und das Capital als allen Gewerben gleich nothwendig und als Gegenstände der allgemeinen Vorsorge des Staates übrig.

Erste Abtheilung.
Sorge für die Arbeit überhaupt.

Erstes Hauptstück.
Maaßregeln in Bezug auf die Zahl der Arbeiter.

§. 11.

Eine Vermehrung der mit hervorbringender Arbeit in einem Lande beschäftigten Menschen ist hauptsächlich von der Zunahme der ganzen Volksmenge zu erwarten, I, §. 111. Mit dem Anwachse derselben bei gleichbleibender Größe des Landes steigt auch die Dichtigkeit der Bewohnung, d. h. die Bevölkerung (*a*). Man hat es schon vor längerer Zeit für eine wichtige Aufgabe der Regierung angesehen, auf die Volksvermehrung eifrig hinzuwirken, 1) weil mit der Einwohnerzahl zugleich die Anzahl der waffenfähigen Männer und somit die Kriegsmacht des Staates anwächst, 2) weil schon dann, wenn die Gütererzeugung nur in gleichem Schritte mit der Volksmenge zunimmt, die Hülfsquellen für das Staatseinkommen und folglich für die Thätigkeit der Regierung sich erweitern, 3) weil man wahrnahm, daß, wenigstens bis zu einer gewissen Gränze mit der Volksvermehrung eine Steigerung des Gewerbfleißes und eine Erhöhung des Wohlstandes verbunden ist. Deßhalb glaubte man in einer hohen Bevölkerung sowohl die Ursache, als das Kennzeichen der Macht und Blüthe eines Staates zu erkennen (*b*). Die Sorgfalt der Regierung für die Erhaltung und Vermehrung der Einwohnerzahl wurde gewöhnlich mit dem Namen Bevölkerungspolitik oder -polizei bezeichnet (*c*). Da indeß die Staatsbürger nicht als bloße Mittel für die Zwecke der Regierung betrachtet werden dürfen, vielmehr diese nur dazu bestimmt ist, das Zusammenleben der ersteren zum Behufe einer allseitigen Entwickelung zu lenken, so darf die Volksvermehrung nicht unbedingt für nützlich angesehen werden, sondern nur insoferne, als durch sie der wirthschaftliche Zustand des Volkes verbessert oder mindestens nicht verschlechtert wird.

Es ist daher überhaupt ein richtiges Verhältniß zwischen der Volksmenge und dem Volkseinkommen zu wünschen, und der genannte Theil der Staatsklugheitslehre muß folglich in der Volkswirthschaftspolitik seine Stelle finden. Die Regeln für das Verfahren der Regierung in diesem Gebiete setzen voraus, daß man mit Hülfe der Erfahrung erforscht, in welchem Zusammenhange die Bevölkerung und die Volksvermehrung mit der Ausdehnung der Gütererzeugung und des Gütergenusses stehen (*d*).

(*a*) **Bevölkerung** im eigentlichen Sinne (**relative Bevölkerung** nach der Bezeichnung der franz. Schriftsteller, **Volksdichtigkeit**) ist das Verhältniß der Einwohnerzahl zu dem Raume, auf dem sie sich befindet. Die Volksmenge von Baden z. B., gegen 1,360000, getheilt durch den Flächeninhalt, 278 Quadratmeilen, giebt die Bevölkerung von 4805 Menschen auf der O.-Meile. Neuerlich braucht man oft unpassend das Wort **Bevölkerung**, wo man **Volksmenge** (eines Landes) oder **Einwohnerzahl** (eines Bezirkes oder Ortes) meint. Die Mehrzahl **Bevölkerungen** statt **Einwohner** ist undeutsch und stammt aus der Nachahmung des Spanischen.

(*b*) Vorzüglich verbreiteten v. Justi und v. Sonnenfels diese Ansicht. Die hohe Bevölkerung, lehrte der letztere, sei zwar nicht schon von selbst der Staatszweck, enthalte aber alle zur Erreichung desselben dienlichen Mittel. Grundsätze der Polizei, Handlung und Finanz, I, 26—31 (7. A. 1804.) und dessen Handbuch der inneren Staatsverwaltung, I, §. 29 ff. (Wien, 1798.)

(*c*) Zu diese hat man auch manche Maaßregeln gezählt, die zwar die Volksvermehrung begünstigen, aber zunächst aus dem Zwecke der Beschützung (Sicherheit) der Personen geboten sind, wie die Gesundheitssorge des Staates.

(*d*) Eine ebenso schätzbare als verdienstliche Geschichte der Lehre von der Volksvermehrung giebt R. von Mohl, Geschichte und Literatur der Staatswissenschaften, III, 411. 1858. — Aeltere Schriften über die Politik der Volksvermehrung: Bergius, Magazin, I, Art. Bevölkerung. — Comte de Herzberg, Huit dissertations tenues pour l'anniversaire du roi Frédéric II. S. 181. (Berlin, 1787; nur in Beziehung auf Preußen lehrreich). — v. Justi, Polizeiwissenschaft, I, 173. — Rüdiger, Kurzer Lehrbegriff der persönlichen Polizei und Finanzwissenschaft. S. 33—40. (Halle, 1795, Anhang zu der in §. 9 genannten Schrift.) — v. Berg, Polizeirecht, II, 19. — Gr. Soden, Nationalökonomie, I, 175. Deff. Staatspolizei. S. 120. — Weber, Handb. der Staatswirthschaft, I. Bd. 2. Abth. S. 1 ff. (Berlin, 1805.)
Eine den früheren gewöhnlichen Vorstellungen entgegengesetzte Richtung schlug Malthus ein: Versuch über die Volksvermehrung, aus dem Engl. v. Hegewisch, Altona, 1807, II. B. Er lehrte, daß die Volksvermehrung nur in gewissen Gränzen, soweit sie nämlich mit der Zunahme der Nahrungsmittel gleichen Schritt halte, unschädlich sei. Dieß war zwar schon früher, aber ohne Einfluß auf die Ansichten der Zeitgenossen, von Lodov. Ricci (Riforma degl' istituti pii della città de Modena, 1787, in den Scrittori classici di Econ. p., vorzüglich in Bezug auf unüberlegte Armenunterstützung) und von Giamm.

Ortes, (f. I, §. 43 (c)) behauptet worden. Malthus fand vorzüglich in England lebhafte Gegner, unter anderen Gray, The happiness of states, London, 1815. — Weiland, Principles of population and production, London, 1816. — Purves, The principles of population and production, L. 1818. — Goodwin, Inquiry on population, 1818. II. — Everett, New ideas on population, Boston, 2. ed. 1826. franz. von Ferry, Paris, 1826. — Sadler, The law of population, London, 1830. II. — Die Malthus'schen Lehren, obschon mancher Berichtigung bedürftig, haben doch im Ganzen Anerkennung gefunden und auf die Wissenschaft mächtigen Einfluß gewonnen. Vgl. Lowe, Zustand von England, übers. v. Jakob, S. 364. — Sismondi, Nouveaux principes, II, 7. Buch. — Wijsgeerige Verhandelingen van de hollandsche maatschappij der wetenschappen te Haarlem, I. deel 2. stuk. 1821. (3 Preisschriften über die Frage, ob die Armuth, von der mehrere Staaten Europas gedrückt sind, einer Uebervölkerung zuzuschreiben ist, 1) von Scherenberg und. Tydemann, 2) von K. H. Rau, 3) von Graf Skarbeck). — Allg. Encyklopädie von Ersch und Gruber, Art. Bevölkerung (von Rau). — v. Mohl, Polizeiwissenschaft, I, 72. — Bülau, Der Staat und die Industrie, S. 1. — Deff. Staatswirthschaftslehre, S. 22. — De Villeneuve-Bargemont, Économie politique Chrétienne, P. 1834. (Bruxelles 1837) Liv. I. ch. 7. — Hoffmann, Ueber die Besorgnisse, welche die Zunahme der Bevölkerung erregt, Berlin, 1835. 4. — Schmidt, Untersuchungen über Bevölkerung, Arbeitslohn und Pauperism. 1836. — Senior, Outline, S. 140. — Ch. Archinard, De la population considérée dans ses rapports avec la société civile et le pouvoir qui la dirige, Lausanne, 1838. — Oberndorfer, S. 146. — Roscher, Volksw. I, 434. (Die Unterscheidung der Verhältnisse bei rohen, bei entwickelten und bei sinkenden Völkern ist sehr lehrreich, wie denn der Verf. den Gegenständen überhaupt viele neue Seiten abgewinnt, wenn auch manche theoretische Betrachtungen für die vorzüglich auf die Bedürfnisse der heutigen europäischen Staaten gerichtete Volkswirthschaftspolitik weniger praktisch anwendbar sind.) — A. Messedaglia, Della teoria della populazione. I. Verona, 1858. (enthält die Beleuchtung der Malthus'schen Theorie).

§. 12.

Ueber die Bedingungen der Volksvermehrung und die Ursachen der ungleichen Bevölkerung der Staaten können, auf den Grund allgemeiner und besonderer Erfahrungen (a), folgende Sätze aufgestellt werden:

1) Die Hinneigung der beiden Geschlechter zu einander und die Stütze des Familienlebens sind so mächtig, daß sie in der Regel eine starke Vermehrung der Volksmenge verursachen würden, wenn keine äußeren Hindernisse obwalteten (b). Diese sind hauptsächlich wirthschaftlicher Art und liegen in der Schwierigkeit, für eine vermehrte Zahl von Einwohnern Unterhalt zu finden. Sie äußern sich sowohl in der Besonnenheit und Vorsicht in Bezug auf Zeugungen, namentlich bei der

Verheirathung (c), als in der größeren Sterblichkeit derjenigen Menschen, deren Bedürfnisse nicht hinreichend befriediget werden können. Je weniger jene Ueberlegung verbreitet ist, desto unvermeidlicher ist es, daß auf diesem gewaltsameren Wege, durch Noth, Seuchen ꝛc., das Gleichgewicht der Volksmenge und der Unterhaltungsmittel sich herstellt (d).

2) Da die arbeitende Classe bei weitem die zahlreichste ist, und in dieser auch jene Hindernisse am stärksten wirken, so hängt das Maaß der Volksvermehrung am meisten davon ab, wie hoch der Arbeitsverdienst steht und welche Gütermenge sich der Arbeiter mit jenem verschaffen kann, worüber wieder das bestehende Verhältniß zwischen der Zahl von Arbeitern und dem zur Beschäftigung derselben bestimmten Capitale entscheidet, I, §. 195. Die Langsamkeit, mit der sich der auf den Unterhalt von Arbeitern verwendbare Gütervorrath von Jahr zu Jahr vergrößert, muß nothwendig auch der Zunahme der Volksmenge eine Gränze setzen.

3) Mit dem Anwachs der Volksmenge steigt in gleichem Verhältniß der Güterbedarf zur Verzehrung, es ist aber nicht gleich sicher, daß auch die Gütererzeugung in dem nämlichen Maaße zunehmen werde, weil hiezu auch das Vorhandensein der erforderlichen anderen Güterquellen (Land und Capital) und Gelegenheit zum Absatze gehören (e). Ohne eine entsprechende Erweiterung der Production würde jener Anwachs weder wohlthätig noch dauernd sein. Die Vermehrbarkeit der Lebensmittel in einem Lande, vorzüglich der Nährstoffe, bildet jedoch nicht für sich allein die Gränze der Volksvermehrung (f). Wenn die Gewinnung einer größeren Menge von Nährstoffen beträchtlich kostbarer wird, so kann sie dadurch verhindert werden, daß es an Mitteln zum Ankaufe gebricht, indem z. B. die Unternehmer wegen Mangels an Capital oder Absatzgelegenheit nicht mehr Arbeit begehren und somit der Lohn nicht steigt. Ueberdieß lassen sich Nährmittel vom Auslande einführen, wenn man im Stande ist, sie zu bezahlen; man darf daher die Einwohnerzahl, die ein Land mit seinen eigenen Erzeugnissen zu nähren vermag, nicht mit derjenigen verwechseln, welche sich daselbst gut fortbringen kann; doch ist die Abhängigkeit von der Zufuhr der nöthigsten Nahrungsstoffe mit einiger Gefahr

verbunden und die leichte Erweiterung des Bodenertrages ohne starke Vermehrung der Erzeugungskosten eines Centners ꝛc. ist daher allerdings der Volksvermehrung günstig. Es läßt sich kein allgemeines Gesetz über das Zahlenverhältniß aufstellen, in welchem eine solche Vergrößerung des Erzeugnisses an Lebensmitteln erfolgen kann, weil es dabei auf den gegebenen Zustand des Landbaues, auf die noch unbenutzten Flächen, auf die Gelegenheit zu Verbesserungen des Bodens und Betriebes ꝛc. ankommt (*g*).

(*a*) Die Untersuchung der allgemeinen Zahlenverhältnisse, welche in den Geburten, Sterbefällen, Heirathen ꝛc. der Menschen, ungeachtet der Verschiedenheiten in einzelnen Zeiten, Ländern, Volksclassen ꝛc. zu erkennen sind und der Ursachen dieser Verschiedenheiten, bildet den Inhalt einer besonderen Wissenschaft, welche neben der Volkswirthschaftslehre zu stehen verdient und der Physiologie des Menschen verwandt ist. Sie nimmt ihren Stoff aus der Statistik jener zählbaren Vorgänge im menschlichen Leben, der sog. Bewegung der Bevölkerung. Quotelet, Sur l'homme et le développement de ses facultés, ou essai de physique sociale, 1835. II Bände. — Bernoulli, Populationistik oder Bevölkerungswissenschaft, Ulm, 1840, 1841. II B. Nachtrag. 1843. — Wappäus, Allgemeine Bevölkerungsstatistik. II B. Göttingen, 1859. 1860.

(*b*) Bei 5 Proc. Geburten und 2 Proc. Todesfällen, was nur unter sehr günstigen Umständen möglich wäre (I, §. 196 (*b*)), also bei einer jährlichen Vermehrung von 3 Proc. würde die Verdopplung in nicht voll 24 Jahren erfolgen. Ist diese Vermehrung

jährlich 2 Proc., so erfordert die Verdopplung 36 Jahre
„ 1½ „ 47 „
„ 1 „ 70 „
„ ½ „ 150 „

(*c*) Das vorbeugende Hemmniß nach Malthus, preventive check.

(*d*) Das von Malthus sog. positive Hemmniß der Uebervölkerung positive check. Es können übrigens noch manche andere Ursachen, die mit dem Lohne und dem Vorrathe von Lebensmitteln nicht zusammenhängen, die Fruchtbarkeit der Ehen und die Volksvermehrung schwächen, z. B. ungesunde Luft, Ausschweifungen ꝛc. Auch reiche Familien sterben aus. Hicks (Westminster & foreign quart. Rev. Oct. 1849) glaubt, daß ein starker Zuwachs von einer Vermischung verschiedener Völkerstämme durch Wanderungen bedingt werde. Doubleday (The true law of population, 1840, 3. A. 1854) hatte früher die durch Wohlhabenheit entstehende Wohlgenährtheit der Menschen für ein Hemmniß der Volksvermehrung angesehen.

(*e*) Dieß ist die Meinung der sog. Populationisten, der Gegner von Malthus.

(*f*) Malthus glaubte, daß durch Ausdehnung und Vervollkommnung des Landbaues die Lebensmittel von Zeit zu Zeit nur etwa im Verhältniß der Zahlenreihe 1, 2, 3, 4, 5, . . . vermehrt werden können, während die Volksmenge, wenn jenes Hinderniß nicht vorhanden wäre, in den nämlichen Zeitabschnitten nach der geometrischen Progression

1, 2, 4, 8, 16, ... anwachsen könnte. Als **Malthus** mit seiner Lehre auftrat, fehlte es noch sehr an statistischen Thatsachen über die Volksvermehrung der verschiedenen Länder. Die Annahme einer geometrischen Reihe für den Anwachs der Volksmenge (I, §. 196 (*b*)) ist jedoch der Natur der Sache angemessen, weil die jährliche Zahl der Geburten von der der Lebenden bedingt wird und also, wenn keine zufälligen Schwankungen von Jahr zu Jahr einträten, alljährlich nicht eine gleiche Anzahl von Menschen, sondern eine gleiche Quote, z. B. gleichviel Procente der Lebenden hinzukommen würde. Wird der Zuwachs der Volksmenge v mit $\frac{z}{100}$. v bezeichnet, so ist die Volksmenge v' nach n Jahren $= \left(\frac{100+z}{100}\right)^n . v.$

(*g*) Schon **Justi** (Polizeiwiff. I, 177) ungeachtet seines Eifers für die Volksvermehrung erkannte, daß dieselbe, wenn sie nicht mit gutem Anbau des Bodens verbunden ist, ein Uebel wäre und daß sie durch die Gelegenheit, sich zu nähren, bedingt ist; er widerlegt aber **Mirabeau's** Behauptung, daß jene insbesondere von dem Getreidebau des Landes abhänge. — Die ansehnliche Vergrößerung des Bodenertrages der meisten europäischen Länder in den letzten 60 Jahren läßt für die nächste Zukunft noch keine Besorgniß aufkommen, und ungeachtet der starken Volksvermehrung seit 1815 ist doch das Erzeugniß von Nahrungsmitteln noch völlig zureichend.

§. 12 a.

4) Ob eine gewisse Bevölkerung als übermäßig gelten müsse, dieß hängt nicht sowohl von ihrem Zahlenausdruck für sich, als vielmehr von ihrem Verhältniß zu der Gütererzeugung und dem Capitale, also zu den vorhandenen Mitteln des Unterhaltes ab. Eine und dieselbe Zahl kann in dem einen Lande oder Zeitpuncte schon zu groß, in dem anderen noch schwach erscheinen und ein Uebermaaß der Bevölkerung kann ebensowohl durch gesteigerte Gütererzeugung als durch Verminderung der Volksmenge gehoben werden. Statistische Kennzeichen geben hierüber wenigstens Vermuthungen (*a*).

5) Die Volksvermehrung sowohl durch inneren als äußeren Zuwachs pflegt da am schnellsten zu erfolgen, wo die Gelegenheit zur Ausdehnung der Production und zum Anwachse des Capitals am günstigsten ist. Bei hoher Bevölkerung geschieht der Anwachs gewöhnlich langsamer und es ist eine beruhigende Wahrnehmung, daß mit der größeren Bildung der Völker und der Gewöhnung an ein größeres Maaß von Bedürfnissen viele Ehen später und behutsamer abgeschlossen zu werden pflegen, was auch schon aus der abnehmenden Zahl von Heirathen zu erkennen ist (*b*).

6) Die Bevölkerung ist, abgesehen von anderen nicht volkswirthschaftlichen Ursachen, gewöhnlich am niedrigsten

a) da wo die europäische Gesittung erst seit Kurzem Wurzel geschlagen hat und folglich die Volksmenge noch nicht Zeit hatte, sich in Gemäßheit der natürlichen Hülfsquellen zu vergrößern; sog. neue Länder. Hier pflegen aber die Fortschritte am raschesten zu sein (c);

b) da wo die Erwerbung des Unterhaltes für eine neue Familie am schwersten ist. Dieß kann hauptsächlich von folgenden Ursachen herrühren:

α) Ungünstige Beschaffenheit und Lage des Landes. Kältere Länder und Gebirgsgegenden bringen weniger Nahrungsmittel hervor (I, §. 87) und werden, besonders, wenn sie von den Sammelpuncten des Verkehrs entlegen sind, von den Unternehmern nicht häufig zur Anlegung von Capitalen gewählt (d).

β) Vorherrschende Landwirthschaft, die zum Theile für den auswärtigen Absatz betrieben wird und daher nur eine ziemlich gleichbleibende Anzahl von Arbeitern beschäftigt, mit geringer Ausdehnung der Gewerke, I, §. 365.

γ) Eine Regierung, welche der Betriebsamkeit nicht die nöthige Sorgfalt widmet oder widmen kann (e).

7) Abgesehen von großen Städten findet man die größte Bevölkerung

a) in sehr fruchtbaren und fleißig (intensiv) angebauten Gegenden,

b) da wo viele Gewerke getrieben werden und der Verkehr die meisten Erleichterungen findet (f).

(a) Große Sterblichkeit, — kurze Lebensdauer, insbesondere im frühesten Lebensalter, — größere Anzahl von Kindern in gleicher Anzahl von Lebenden, so weit diese Umstände nicht erweislich von anderen natürlichen Ursachen herkommen, — Häufigkeit des Verarmens ꝛc. sind Merkmale eines ungünstigen Zustandes. — In den einzelnen Theilen eines Landes ist die Bevölkerung zufolge der natürlichen und wirthschaftlichen Verhältnisse oft sehr verschieden und die Landestheile ergänzen einander gegenseitig.

(b) Freilich findet sich diese Ueberlegung bei den Dürftigen und Armen am wenigsten.

(c) Beispiele: Argentinische Republik 46, Brasilien 52, Uruguay 64, Bolivia 82, Peru 104, Mexiko 187, Chile schon 689 Einwohner auf der Q.-Meile, nordamericanische Union (1860) 243 und zwar Nebraska Terr. 1,8, Utah 4,5, Oregon 6, Missuri 383, Ohio 1244.

(d) Ausnahmen sind z. B. mehrere mit Fabriken reichlich versehene Gebirgsländer, wie Appenzell, Neuenburg ꝛc. vgl. I, §. 88 Nr. 2.

(e) Die ungleiche Bevölkerung der verschiedenen Länder und Landestheile beruht zwar meistens auf mancherlei zusammenwirkenden Umständen, doch kann man in vielen Fällen eine oder die andere Ursache als die mächtigste angeben. Dieß ist in den folgenden Beispielen durch Beisatz der, den obigen Sätzen entsprechenden Buchstaben α, β, γ geschehen. — Sibirien 16 α. — Europ. Rußland (1856) 686 α, β. Gouv. Archangel 17, Astrachan 103. — Norwegen 247 α. Finnmarken 43 α. — Schweden 464, Norbotten (min.) 69 α. — Hochschottland (1851) 531 α, Grafschaft Sutherland 290 α. — Salzburg 1127 α. — Tirol 1626 α. — Dalmatien 1740 α. β. Kärnthen 1845 α. — Dänemark 2155, Jütland 1403 α, β. Island 35 α. — Frankreich, beide Alpen-Dep. 1421 α, Dep. Landes 1822 α. — Preußen (1855) R.-Bez. Gumbinnen 2122 α, R.-Bez. Marienwerder 2038 α, R.-Bez. Köslin 1787 α Einw. auf die geogr. Q.-M.

(f) Beispiele mit ähnlicher Bezeichnung dieser beiden Ursachen: Beide Sicilien 4487 a. — Großh. Hessen 5526 a. b. Rheinhessen 9075 a. b. — Nordöstl. Frankreich 4600 a. b. Norddep. 11770 a. b. — Baierische Pfalz 5517 a. — Königr. Sachsen 7501 a. b. Kreisdir. Zwickau 9294. b. — Würtemberg 5041 a. b. Neckarkreis 8274. — Böhmen 4986 b. — Nassau 5402 a. — Baden 4804 a. b. Mittelrheinkreis 6039, Unterrheinkreis 5355. — Niederlande 5492 b. Nordholland 11558. — Belgien (1859) 8705 a. b. Ostflandern 14500, Brabant 13130. Westflandern 11866. — England u. Wales (1861) 7313. a. b. Gr. Stafford 13400. Warwick 13310. Lancashire 29200. — Preußen, Rheinprovinz (1858) 6357 a. b. Reg.-Bez. Düsseldorf (1851) 9550. b. Die Kreise Lennep, Solingen und Elberfeld insbesondere 15986. Reg.-Bez. Köln 7013 b. — Venetien 5355 a.

§. 13.

Die dauernd hohe Bevölkerung eines Landes deutet demnach in der Regel auf günstige volkswirthschaftliche Verhältnisse, auf reichliche Gütererzeugung, regen Gewerbfleiß, Capitalanhäufung und lebhaften Verkehr. Sie wirkt aber zugleich wieder auf die Volkswirthschaft vortheilhaft zurück, indem sie 1) die gute Benutzung des Bodens und der Capitale erleichtert und namentlich die Arbeitstheilung befördert, — 2) in der näheren Berührung vieler Menschen unter einander einen Anstoß zur Erweiterung der Bedürfnisse, zur Steigerung und Verbreitung der Kenntnisse und Einsichten, zur Vervollkommnung der Künste und zur Verstärkung des Fleißes darbietet, — 3) den Umlauf der Güter beschleunigt und an den Versendungskosten etwas erspart. Deßhalb wird in stark bevölkerten Ländern und Gegenden gewöhnlich den Einzelnen im Durchschnitte ein größeres Einkommen und ein reichlicherer Gütergenuß zu Theil (a), doch ist dieß nicht unbedingt, sondern nur bis zu einer gewissen Gränze der Fall; denn wenn die Volksmenge schneller als das Capital angewachsen ist, so muß die Lage der arbeitenden Classen sich verschlimmern, wobei dann ein Rückgang der Bevölkerung zu erwarten ist, I, §. 202 (b).

(a) Lowe, a. a. D. S. 367. — Moreau de Jonnès, I, 24. Mohl, Polizei, I, 76. Hiermit stimmen auch die über die Steuerfähigkeit verschiedener Gegenden eines Staates gemachten Erfahrungen überein, vgl. III, §. 290. — Aus den von Purves a. a. O., S. 455 gesammelten Zahlen über das mittlere Einkommen in den einzelnen Grafschaften von England kann man folgendes Ergebniß ziehen (Middlesex und Surrey wegen Londons nicht eingerechnet): In den 7 bevölkertsten Grafschaften (4900 Einw. auf der geogr. D.=Meile) hatte $1/34$ der Einwohner ein Einkommen von 60 £. St., $1/193$ eines von 200 £. und die Summe aller Einkünfte über 200 £. auf der D.=M. war 25118. In den 7 mittelbevölkerten Grafschaften (2230 Einw. auf der D.=M.) waren diese Zahlen $1/37$, $1/199$ und 12676; in den 5 schwachbevölkerten (1061 Einw.) waren sie $1/77$, $1/479$ und 2411 £.

(b) Ein Beispiel hievon giebt Irland (I, §. 206), dessen Volkszahl sich auch wirklich von 1841—1851 von 8·175124 auf 6·552300, also um 20 Proc. jener Zahl und bis 1861 wieder auf 5·764500 oder um 12 Proc. verringert hat. Die mittlere jährliche Abnahme nach der in 1, §. 196 (b) angegebenen Berechnungsweise ist in dem ersten Jahrzehend 2,^{2}, im zweiten 1,^{27} Proc.

§. 14.

Nach diesen Sätzen erscheint eine besondere Beförderung der Volksvermehrung durch Regierungsmaaßregeln als unnöthig. Sie kann sogar schädlich werden, wenn sie einen das Ebenmaaß der Unterhaltsmittel übersteigenden Anwachs, also Uebervölkerung, zunehmende Dürftigkeit und häufigere Armuth, verursacht. Es ist hinreichend, wenn die Regierung überhaupt durch sorgfältige Pflege des Gewerbfleißes darauf hinwirkt, daß eine größere Anzahl von Menschen ihr Auskommen finden kann, wenn sie Alles beseitiget, was den Erwerbseifer lähmen könnte (z. B. Bedrückungen jeder Art), und wenn sie zugleich die besonderen Hindernisse entfernt, welche sich dem natürlichen Anwachse der Volksmenge entgegenstellen. Dann wird dieser von selbst in gleichem Schritte mit dem vermehrten Capitale und Einkommen des Volkes erfolgen. Hieraus lassen sich leicht die Regeln abnehmen, nach denen die Regierung in Hinsicht auf diejenigen Veränderungen der Volksmenge zu handeln hat, welche in den Bereich des freien Willens fallen (a), also in Bezug auf die Heirathen, die Einwanderung und Auswanderung.

<small>(a) Die Verminderung der Sterbfälle und der Todtgebornen ist eine Aufgabe der Gesundheitspolizei, welche hierin in der neueren Zeit viel geleistet hat.</small>

§. 15:

I. In Ansehung des **Heirathens** ist man

1) über die Verwerflichkeit aller gesetzlichen Belastungen des ehelosen Standes einig (a).

2) Gebotene Ehelosigkeit zahlreicher Classen von Staatsbürgern, z. B. des Wehrstandes bei langer Dienstzeit, kann durch geänderte Staatseinrichtungen beseitigt werden' (b).

3) Aussteuercassen, welche aus den gesammelten Einlagen den angehenden Eheleuten bei ihrer Verheirathung eine Geldsumme zur Ausstattung geben, sind zwar nicht von bedeutender Wirkung, verdienen aber wenigstens, als Privatanstalten, wenn der Plan in der vorgängigen Prüfung kein Bedenken erregt, gestattet zu werden (c). Bei einer hohen Bevölkerung würden solche Anstalten als ein Anreiz zu vermehrten Heirathen nachtheilig werden können, hier ist aber auch ihre Errichtung nicht wahrscheinlich.

4) Die Gesetze, welche die Erwerbung des Grundeigenthums und die Betreibung von Handwerken erleichtern (d), sind zugleich wichtige Beförderungsmittel des Ehestandes.

<small>(a) Vorschlag, daß die Ehelosen im Erbrecht mehr beschränkt sein und mehr Abgaben entrichten sollen, v. Justi, Polizeiw. I, 218.

(b) Der Cölibat der katholischen Geistlichen ist dann in volkswirthschaftlicher Hinsicht nachtheilig, wenn die Anzahl derselben über das Bedürfniß der Seelsorge beträchtlich hinausgeht, was zugleich wegen der Verminderung der gütererzeugenden Arbeit nachtheilig ist, I, §. 111. 2000 Geistliche auf 1 Mill. Einwohner sind nach der Erfahrung zureichend.

(c) Ursprung in Italien. Nach der gewöhnlichen Einrichtung besteht der Vortheil der Casse darin, daß für jedes Mitglied schon von früher Jugend an jährliche Beiträge bezahlt werden, und die Antheile der bis zu einem gewissen Alter unverheirathet sterbenden Theilnehmerinnen der Anstalt heimfallen, wofür jeder sich verehelichenden eine unveränderliche, oder eine nach der Dauer der Theilnahme abgemessene Aussteuer bezahlt und den Ledigbleibenden eine ähnliche Summe ausgeliefert wird, sobald sie ein bestimmtes Lebensalter erreichen. Das Gedeihen solcher</small>

Anstalten hängt davon ab, daß sie auf richtige Erfahrungen über die Sterblichkeit und die Zahl der Heirathen gegründet sind. — v. Justi, Polizeiw. I, 221. — Bergius, Magazin I, Art. Brautcasse. — v. Berg, Polizeirecht, II, 32.

(*d*) S. den 2. Abschnitt.

§. 15 a.

5) Die Besorgniß, daß die Gründung neuer Familien öfters ohne Ueberlegung und Aussicht auf das Fortkommen erfolgen und zur Verarmung führen möchte, hat in vielen Staaten dazu geführt, die Erlaubniß hiezu von besonderen Bedingungen abhängig zu machen, in Ansehung deren sowohl die Meinungen als die Gesetze der einzelnen Staaten sehr von einander abweichen. In schwachbevölkerten Ländern, wo leicht mannichfaltiger Arbeitsverdienst zu finden ist, sind Beschränkungen der Ansässigmachung offenbar überflüssig, ebenso da, wo unter den Lohnarbeitern die gehörige Besonnenheit herrschend geworden ist. Ferner sind in Ländern, die einen großen, mit wechselndem Erfolge verbundenen Schwung des Fabrikwesens oder des Handels zeigen, beschränkende Maaßregeln der erwähnten Art ohne große Belästigung nicht anwendbar, vielmehr muß man die mit diesem Zustande verbundenen Gefahren für den Nahrungsstand vieler Familien als unvermeidliche Schattenseite ertragen. Unter anderen volkswirthschaftlichen Verhältnissen kann eher das plötzliche Freigeben der Ansässigmachung so lange Bedenken erregen, bis die Einzelnen sich an die verständige Ueberlegung gewöhnt haben, weil Leichtsinn und Unwissenheit wenigstens in einzelnen Orten oder Bezirken die häufige Eingehung von Ehen ohne gesicherten Unterhalt veranlassen und dann die Gemeinden eine Menge verarmter Familien, besonders hülfloser Wittwen und Waisen zu versorgen haben (*a*). Eine ängstliche Erschwerung der Ansässigmachung hat dagegen ebenfalls ihre Nachtheile, sie hindert die Fortschritte der Production und des Wohlstandes, treibt fleißige Arbeiter zur Auswanderung und vermehrt die außerehelichen Geburten (*a*). Die Ansässigmachung darf ohne Zweifel denen nicht versagt werden, welche eine Familie durch Landbau auf eigenen Grundstücken, ein anderes Gewerbe oder irgend eine andere Quelle des Einkommens ernähren können. Die bisher eingeführten Beschränkungen be-

ziehen sich hauptsächlich auf Lohnarbeiter, wie Gesellen, Fabrikarbeiter, Taglöhner, bei denen in jener Hinsicht mehr Ungewißheit besteht, es ist aber schwierig, das richtige Maaß der geforderten Bedingungen zu treffen (*b*).

a) Die Vorschrift, daß der angehende Bürger in der Regel ein gewisses Alter, wenigstens von 25 Jahren haben müsse, ist in dieser Beziehung zweckmäßig (*c*).

b) Ein Nachweis, daß der neue Bürger durch Lohnverdienst oder ein kleines Gewerbe eine Familie erhalten könne, ist in vielen Fällen nicht möglich, sondern nur eine größere oder geringere Wahrscheinlichkeit, deren Grade man nicht messen und über die man verschiedener Meinung sein kann, weil es hiebei nicht bloß auf die Fähigkeiten und Eigenschaften des Bewerbers, sondern auch auf äußere Umstände ankommt. Das Verlangen jenes Nachweises würde dem Gutdünken der Behörden, auch wohl ihrer Gunst oder Ungunst bei der Beurtheilung der Aussicht auf Erwerb in jedem einzelnen Falle ein weites Feld öffnen, es würden umständliche, langwierige Verhandlungen nothwendig und es wäre sehr drückend, die Erfüllung eines sehnlichen Wunsches von der Willkür oder Ansicht einzelner Personen abhängen zu sehen (*d*).

c) Läßt man es ganz auf die Entscheidung der Gemeindevorstände ankommen, so wird, weil diese ungerne volkswirthschaftlichen Rücksichten zu Liebe eine Gefahr übernehmen, solchen Personen, die in anderen Orten geboren sind, die Aufnahme zu leicht versagt (*e*).

d) Fordert man den Besitz eines gewissen beträchtlichen Vermögens, so werden leicht fleißige und geschickte Arbeiter, die sich gut würden fortbringen können, ohne Noth zurückgehalten. Ein kleines Vermögen giebt dagegen keine Sicherheit gegen das Verarmen einer Familie. Inzwischen gewährt eine geringe Summe, z. B. von hundert oder einigen hundert Gulden oder Thalern, immer eine gute Stütze zum Anfange eines Erwerbsgeschäfts und eine Aushülfe in Unglücksfällen. Ein solches Vermögen kann leicht durch Ersparnisse der ledigen Arbeiter, durch Erbschaft oder Verheirathung erlangt werden und diese Bedingung verdient deßhalb vor den anderen erwähnten den Vorzug, weil sie wenigstens eine feste gesetzliche

Regel bildet und leicht zu erfüllen ist. Das erforderliche kleine Vermögen kann für Stadt- und Dorfgemeinden, auch, nach den Umständen, zwischen den einzelnen Landestheilen, verschieden bestimmt werden, und man muß der Umgehung des Gesetzes (durch Borgen der Summe) vorzubeugen suchen (*f*). Es ist jedoch zweckmäßig, in einzelnen Fällen in Einverständniß mit der Gemeinde solchen Arbeitern, die jenes Vermögen nicht besitzen, diese Bedingung zu erlassen, wenn sie nach den Umständen unzweifelhaft als unnöthig erkannt wird (*g*). Unnütze Förmlichkeiten, hohe Gebühren und andere Erschwerungen müssen beseitiget werden (*h*).

Zur Beseitigung einer übermäßigen Anhäufung an einzelnen Orten ist es von großem Nutzen, wenn es den Bürgern einer Gemeinde gestattet wird, auch an anderen Orten Lohnarbeit zu verrichten oder ein Gewerbe zu betreiben, freilich mit der Verpflichtung, an ihrem gewählten Wohnorte zu den Gemeindelasten beizutragen. Hiedurch wird die Ausgleichung des Angebotes und des Bedürfnisses von Arbeitskräften erleichtert (*i*).

(*a*) **Rivet**, Ueber die außerehelichen Geburten, in **Rau** und **Hanssen**, Archiv, VI, 1.

(*b*) Ueber die hiebei eintretenden Erwägungen s. Verhandl. der K. der Abgeordneten in Baiern, 1834. VI, 231. XI, 276. XV, 46. 246. 316. Beil. VI, 254. — **Wernher**, Ueber Gemeindebürgerthum, Darmstadt, 1838. S. 189. — **Schübler**, Die Gesetze über Niederlassung und Verehelichung in den verschiedenen deutschen Staaten, Stuttg. 1855.

(*c*) Nach v. **Mohl** (I, 118) lieber 30 Jahre und eine Gebühr von dem Nachlaß einzelner Jahre.

(*d*) In mehreren teutschen Ländern bestehen solche Vorschriften für Personen, bei denen nicht schon durch ein genügendes Vermögen oder das Meisterrecht die Wahrscheinlichkeit eines gewissen Einkommens gegeben ist. Das bad. Gesetz v. 9. April 1851 §. 10. 22 fordert allgemein den „Besitz eines den Unterhalt der Familie sichernden Vermögens oder Nahrungszweigs." — Baier. Gesetz v. 1. Juli 1834 §. 2: wo nicht Grundbesitz oder Gewerbsrecht vorhanden ist, wird ein auf andere Weise „vollständig und nachhaltig gesicherter Nahrungsstand" erfordert. Dahin gehört auch der Lohnerwerb, „sofern dieser vermöge des örtlichen Bedarfs und im Gegenhalt zu der Zahl der bereits vorhandenen Lohnarbeiter als nachhaltige Nahrungsquelle betrachtet werden kann." Hannover, Verfügungen von 1840 (**Schübler**, S. 122): wenn der Bewerber arbeitsfähig, das Gewerbe nicht überfüllt ist, wenn jener die erforderliche häusliche Einrichtung und die Betriebsmittel besitzt, auch eine Wohnung gefunden hat. — Würtemb. Ges. v. 1833: der Gemeindebürger oder Beisitzer hat vor seiner Verehelichung einen genügenden Nahrungsstand nachzuweisen.

(e) Auch engherzige Rücksichten kommen bisweilen ins Spiel. Ein Magistrat begleitete die Abweisung eines Bewerbers mit der Bemerkung: „der Aufzunehmende sei ein sehr tüchtiger, geschickter Mann, zwei Bürger aber, die das nämliche Geschäft treiben, seien sehr unvollkommen in ihrer Kunst und würden durch die Aufnahme des Ortsfremden zu Grunde gerichtet werden." Verhandl. der 2. K. in Baden, 1831, XIII, 241. Gegen das den Gemeinden eingeräumte Widerspruchsrecht (veto) spricht die Betrachtung, daß der Staatsverband über der Gemeinde steht und die Regierung eine aus höheren Rücksichten zweckmäßige Ansässigmachung nicht durch die zufällige Weigerung der Gemeinden, Jemand in ihre Mitte aufzunehmen, ganz vereiteln lassen kann. Die Gemeinde ist nicht wie eine der vielen anderen Gesellschaften zu betrachten, denen die Aufnahme neuer Mitglieder freigestellt werden muß. — Schübler, a. a. O. sucht zu zeigen, daß man der Gemeindebehörde die Entscheidung überlassen solle, wie es in mehreren Staaten verordnet ist. Nach dem würtemb. Ges. v. 5. Mai 1852 kann der Heirathslustige, wenn ihn die Gemeinde abgewiesen hat, sich an das Bezirksamt wenden, welches eine von der Amtsversammlung gewählte Commission von 4 Männern befragt und ohne erhebliche Gründe von dem Gutachten derselben nicht abweichen darf, doch ist der Recurs an die Kreisregierung gestattet.

(f) Die kurerzkanz. V. v. 29. März 1805 fordert 200 fl. auf dem Lande, 3–400 fl. in den Städten, und zwar an Geld oder Grundstücken. Abgedr. in v. Berg, VI, 1. Abth. S. 101. Vgl. die f. löwenstein. Verordnungen von 1804, ebend. S. 111. In Nassau ist man von dem §. 2 der Verordnung vom 2. Febr. 1816, welcher ein gewisses Vermögen fordert, in der Praxis abgegangen; s. die folg. Note. — Baden, Gesetz über die Rechte der Gemeindebürger, 31. Dec. 1831, etwas abgeändert im Bürgerrechtsges. v. 9. April 1851. Zur Erwerbung des Bürgerrechts durch Aufnahme gehört ein den Unterhalt einer Familie sichernder Nahrungszweig und ein gewisses Vermögen, welches in den 4 größeren Städten aus 1000 fl., — in kleineren aus 700 fl. — in Städten unter 3000 Einw. und Landgemeinden aus 500 fl. besteht. Ausländer, mit Ausnahme der Unterthanen deutscher Bundesstaaten, müssen den doppelten Betrag nachweisen, die Gemeindebehörde darf von der Forderung dieses Vermögensbesitzes ganz oder theilweise nachsehen.

(g) Nach dem bair. Gesetz über die Anfässigmachung vom 1. Juli 1834 wird die Bürgeraufnahme in solchen Fällen, wo sie nicht wegen des Vorhandenseins einer der im Gesetze näher bezeichneten Bedingungen (Nr. I—III) bewilligt werden muß, sondern nur nach Untersuchung der Umstände gestattet werden kann (Nr. IV), von der Zustimmung der Gemeinde abhängig gemacht. Die Anfässigmachung wird überhaupt begründet I. durch einen schuldenfreien Grundbesitz, dessen Größe sich nach dem Steueranschlage richtet und 1) für Eingeborne der Gemeinde, 2) für ortsfremde Inländer und Unterthanen anderer Staaten, in denen ähnliche Begünstigung besteht, 3) für andere Ausländer verschieden ist. Das Steuer-minimum ist auf dem Lande 1 fl. — 1½ — 2 fl. Grundsteuer-simplum; in Städten 1½ — 2 — 3½ fl. Grundsteuer oder 2½ — 4 — 9 fl. Haussteuer-simplum; II. durch ein reales oder radicirtes, oder III. ein persönliches Gewerbsrecht; IV. durch einen auf andere Weise gesicherten Nahrungsstand (s. Note (d)). Bei Lohnarbeitern soll vorzüglich auf Fleiß und bewährte Tüchtigkeit Rücksicht genommen, ferner sollen unter sonst gleichen Verhältnissen ausgediente Soldaten und vieljährige Dienstboten vorgezogen werden, welche Beweise von häuslichem Sinne, z. B. durch namhafte Sparkassen-Einlagen, gegeben

haben. — Ein Simplum von 1 fl. wird neuerlich zu 1200 fl. Verkehrswerth angenommen, auch werden die Wirthschaftsgebäude nicht eingerechnet. Nach dem Gesetze vom 11. Sept. 1825 waren 45 kr. Grund-
steuer=simplum mit Einschluß der Gebäude genügend. — In den Verhandlungen wurde u. a. bemerkt, daß man da, wo eine Familie auf
einem Grundbesitze unter dem minimum sich schon ernähre, auch dem
Erben die Verehelichung auf demselben nicht wohl versagen könne.
Ueber die ungünstigen Folgen jenes Gesetzes s. Rivet, a. a. O. —
In Würtemberg hat derjenige ein Recht auf Annahme in einer Gemeinde, der a) die Befähigung zur Ausübung einer Wissenschaft oder
freien Kunst oder zum selbstständigen Betriebe eines Handwerks, der
Handlung oder der Landwirthschaft, b) ein schuldenfreies Vermögen und
c) rechtliche Unbescholtenheit besitzt; in anderen Fällen hängt die Aufnahme von der Gemeinde ab. Bürgergesetz v. 1S. April 1828. Das
neue Gemeindebürgergesetz v. 4. Dec. 1833 setzt das erforderliche Vermögen auf 1000—800 und 600 fl. Ausländer müssen das 1½fache
besitzen. — Kurhess. Gemeinde=O. v. 23. October 1834 (in Müller's
Archiv für die neueste Gesetzg. aller d. Staaten, VI, 177) §. 28:
Zur Aufnahme in das Ortsbürgerrecht gehört, daß man die Fähigkeiten
darthue, eine Familie zu ernähren, unbescholtene Aufführung und ein
nachgewiesenes Vermögen von 150 Rthlr. (in Landgemeinden unter
1000 Einw.) bis 1000 Rthlr. (in Kassel). Von diesen Erfordernissen
kann die Gemeinde etwas nachlassen.

(h) Die Aufnahmegebühr ist nach §. 7 des a. bair. Gesetzes in den
Städten erster Classe 60—100 fl., in Landgemeinden zwischen 1 und
25 fl. — Baden, §. 30 des a. Gesetzes, in den 4 größeren Städten
120 fl., in andern Gemeinden 10—8—5 Proc. des mittlern auf einen
Kopf treffenden Steuercapitals des ganzen Ortes, wozu noch eine besondere Vergütung für den Almendgenuß kommt, § 34. — Würtemberg: die Gebühr richtet sich nach dem Herkommen, darf aber in den
drei Classen der Gemeinden nicht über 120—50—25 fl. betragen.
Vgl. Eigenbrodt, Samml. heff. Verordn. II, 155.

(i) Dieß sollte auch zwischen den einzelnen deutschen Ländern eingeführt
werden, wozu eine Gleichförmigkeit der Anlässigkeitsbedingungen nützlich
wäre. Entwurf eines Heimathsgesetzes für Deutschland in diesem Sinne,
Verhandl. der d. Reichsvers. II, 693. Für diese Freizügigkeit auch
Wahlkampf, Ueber Heimathsgesetze, Frankfurt, 1848.

§. 16.

II. **Einwanderungen** fleißiger Menschen sind nur da
in beträchtlicher Menge zu erwarten und nützlich, wo wegen
niedriger Bevölkerung und einer Fülle von Productionsmitteln
der Lohn hoch und die Aussicht auf guten Erwerb günstig ist.
Hiezu trägt vorzüglich das Vorhandensein von vielem unbe-
nutztem fruchtbarem Lande bei (a). Indeß erscheint doch die
eifrige Anlockung von Fremden als sehr bedenklich. Arbeits-
scheue, unordentliche und leichtgläubige Leute entschließen sich
am leichtesten, im Auslande ihr Glück zu versuchen, leisten aber
zu wenig und können sich nicht gut durch Fleiß fortbringen.

Andere, die als Unternehmer aufzutreten wünschen, werden durch den Mangel an Capital gehemmt. Auch macht die Unbekanntschaft mit dem Klima, der Lebensweise, den Sitten, den Gewerbsverhältnissen ꝛc. den Fremden große Schwierigkeit, weßhalb viele Ansiedlungen mißlungen, manche andere nur langsam gediehen sind. Es ist also große Behutsamkeit in der Auswahl der Personen rathsam, wenn man der Einwanderung beträchtliche Begünstigungen, als Bezahlung von Reisekosten, Geldvorschüsse u. dgl. geben will, und es ist sicherer, wenn man sich darauf beschränkt, ihnen nur die Aufnahme in das Land zu erleichtern (b), und höchstens Unterstützung beim Häuserbau, Ueberlassung von Land unter leichten Bedingungen ꝛc. zu bewilligen (c). Vorzüglich ermunternd ist neben der günstigen Gewerbsgelegenheit der den Einwandernden gewährte Rechtsschutz, der die pünctliche Erfüllung aller Zusagen und die Sicherheit vor jeder Bedrückung in sich schließt.

(a) Z. B. die niederländischen Colonieen im Mittelalter in Norddeutschland, — Remonstranten aus Holland, die sich 1619 in Schleswig niederließen und 1621 Friedrichstadt bauten; — die nach der Aufhebung des Edicts von Nantes aus Frankreich ausgezogenen Hugenotten, deren gegen 11000 in die preuß. Staaten kamen; Waldenser aus Piemont, seit 1806 ebend. angesiedelt. Französische Hugenotten und Niederländer in Mannheim, Schönau, Friedrichsthal ꝛc., in Baden, in Erlangen und der Umgegend. — Salzburger Emigranten, die zum Theil Friedrich Wilhelm I. ansiedelte: Pfälzer, zu verschiedenen Zeiten ausgewandert, z. B. 1745, wo sie (statt nach Pennsylvanien zu gehen) auf der gocher Heide bei Cleve das Dorf Pfalzdorf gründeten; deutsche Bauern in Südrußland, Spanien, Brasilien; — starker Zuwachs in Canada, Australien und den vereinigten Staaten von Nordamerica.

(b) Z. B. durch Zollfreiheit für das eingebrachte Vermögen, unentgeldliche Ertheilung des Bürgerrechts. Auf letztere beschränkt sich die k. franz. Declaration v. 13. Aug. 1766, Art. 7.

(c) Brasilien ertheilt unentgeldlich ein Stück Land und 10jährige Steuerfreiheit. Edict v. 16. März 1820 bei Langsdorf, Bemerkungen über Brasilien, 1821. Das dort eingeführte Halbpachtsystem hat sich nachtheilig erwiesen und ist 1858 aufgehoben, zugleich ist verboten worden, sich bei einem persönlichen Dienstverhältniß über zwei, bei einem Pachtverhältniß über fünf Jahre zu verpflichten. — In Algier wird über den Mangel eines geregelten und einfachen Verfahrens geklagt, und die Versteigerung des öden Landes statt der üblichen Concession empfohlen. Duval, Concession et vente des terres de colonisation. Paris, 1857. = Journ. des Econ. Juli und Sept. 1857. — In Polen zollfreie Einfuhr des Mobiliars, Freiheit vom Kriegsdienst, 6jährige Befreiung von Abgaben; Landwirthe, die wenigstens 400 fl. rhein. besitzen, erhalten mindestens 30 preuß. Morgen Domänenland in Erbzins, mit 6—12jähriger Befreiung. Dagegen wird zur Niederlassung in Städten und auf Domänen besondere Erlaubniß erfordert,

und auch zur Ansiedlung auf Privatgütern gehört Auswanderungs-
erlaubniß der bisherigen Obrigkeit und Sittenzeugniß. Verordn. vom
28. April (10. Mai) 1833. — Die nordamericanischen Freistaaten enthalten sich aus obigen Gründen aller Begünstigungen dieser Art. —
Sehr bedeutende Ermunterungen gab Friedrich II.; er baute 539 Dörfer
und Weiler und siedelte 42 600 großentheils vom Auslande herbei-
gezogene Familien an. Ein Theil dieser Ansiedler ging zu Grunde,
wie dies unter ähnlichen Verhältnissen überall wahrgenommen wird;
inländische Colonisten gediehen im preußischen Staate besser. Von den
deutschen Colonisten, welche Olavides in Spanien einbürgerte, kehr-
ten die meisten wieder in ihr Vaterland zurück, aber die Colonieen
selbst, Carolina in der Sierra Morena, Carlotta und Luisiana zwischen
Cordova und Sevilla, sind nach manchem Ungemach in guten Stand
gekommen. — C. de Herzberg, a. a. O. S. 191. — Borgstede,
Beschreibung der Kurmark Brandenburg, I, 301 (Berlin, 1788). —
Holsche, Der Netzdistrict, S. 225 (Königsb. 1792). — Bourgoing, n. Reise durch Spanien, II Cap. 248. u. 260. — de Villeneuve-Bargemont, Liv. VII. ch. 5. — Nach Australien sind viele
europäische Einwanderer, die gute Zeugnisse vorlegten, unentgeltlich
geführt worden.

§. 17.

III. Auswanderungen sollten nicht mit Zwang verhindert werden, weil dieser weder gerecht, noch mit hinreichen-
dem Erfolge durchzuführen ist; doch muß der Auswandernde
alle seine besonderen Verbindlichkeiten erfüllen, weßhalb Anmeldung bei der Obrigkeit, Aufruf der Gläubiger, und nach der
Erledigung aller Anstände, die Ertheilung der Erlaubniß zum
Wegzuge erforderlich ist (a). Der gesetzliche Abzug von dem
Vermögen der Auswandernden ist fast durchgehends durch Frei-
zügigkeitsverträge zwischen den Staaten abgeschafft worden (b).
Solche Auswanderungen, die durch die Ungleichheit des
Lohnes und der Erwerbsverhältnisse beider Länder verursacht
werden, sind ein unvermeidlicher volkswirthschaftlicher Vorgang.
Gegen andere Veranlassungen lassen sich dagegen Verhütungs-
mittel anwenden, indem 1) Ursachen der Unzufriedenheit, welche
häufig zur Auswanderung bewegen, z. B. Bedrückung durch
Unterbeamte, religiöse Unduldsamkeit, zu große Belastung mit
Abgaben ꝛc., entfernt werden; 2) der Aufreizung zum Wegziehen durch Werber, die sich betrügerischer Vorspiegelungen
bedienen, entgegengewirkt wird, und die unrichtigen Vorstellungen von Vortheilen, die den Auswanderer in andern Ländern
erwarten sollen, vermittelst einer auf Thatsachen gegründeten
Belehrung berichtigt werden (c).

(a) Vgl. von Berg, Polizeirecht, II, 51. — Merkwürdig die fürstlich speier- (bruchsal-) sche Verordn. v. 2. März 1765, „daß keinem sich meldenden Supplicanten, der von gutem Aufführen, ein guter Arbeiter und sonst von hinlänglichen Mitteln ist, das gerichtliche Attest zu seinem unzeitigen Vorhaben (nämlich auszuwandern) corroborirt werde" (!), erneuert 1. Juli 1784. Sammlung der f. speierischen Gesetze III, 276. IV, 328 (1788).

(b) Auswanderungsfreiheit und Freiheit von Abzugsgeld (gabella emigrationis), aber blos innerhalb der deutschen Bundesstaaten, nach Art. 18 lit. b. u. c. der Bundesacte.

(c) Verblendungen dieser Art haben beigetragen, viele Auswanderungen aus dem südwestlichen Deutschland zu bewirken. Die Besorgniß, daß die leichtsinnig Wegziehenden verarmt wieder zurückkehren, sogar ehe sie nur ihren Bestimmungsort erreicht haben, macht es rathsam, den Nachweis des erforderlichen Reisegeldes und der Aufnahme in dem anderen Staate, falls diese zweifelhaft ist, zu verlangen; auch hat öfters ein Staat, um sich vor einem unwillkommenen Zulaufe zu schützen, andere Regierungen aufgefordert, den Auswanderungslustigen nur unter besonderen Bedingungen, z. B. Nachweis eines gewissen Vermögens, Pässe zu ertheilen. Die Androhung, daß man die Zurückkommenden nicht wieder in ihrem alten Vaterlande aufnehmen werde, hat sich nicht wirksam genug erwiesen, und ist ohne Härte nicht ausführbar. Fürstl. speierische Verordnungen hierüber von 1709—1764 a. a. O. — Die Leitung der Auswanderungen zur Unterbringung der Nahrungslosen gehört in die Armenpflege.

§. 17 a.

Wo die Zahl der kirchlich gebotenen Feiertage in einem Lande größer ist, als es die Hauptfeste des Religionsbekenntnisses und das Bedürfniß der Erholung von den Beschwerden der Arbeit erfordern, da liegt in diesem Umstande ein volkswirthschaftlicher Nachtheil, der nicht blos in einer Verminderung der Arbeitsleistungen, wie bei einer Verminderung der Arbeiterzahl, sondern auch in der Versuchung zu einer stärkeren Ausgabe an den Festtagen besteht. Die Verminderung der Feiertage ist daher als eine erhebliche Beförderung der Gütererzeugung anzusehen (a). Diese Maaßregel kann ohne Eingriff der Staatsgewalt in die kirchlichen Angelegenheiten ausgeführt werden, weil zur äußerlichen Beobachtung der Feiertage ein obrigkeitlicher Befehl und eine polizeiliche Aufsicht erforderlich ist.

(a) Benedict IV. verminderte die gebotenen Feiertage, an denen man wenigstens die Kirche besuchen muß, auf 41, was mit den 52 Sonntagen ein Viertel des Jahres ausmacht. Diese sog. halben Feiertage sind schon für den Gewerbfleiß sehr störend, auch zeigt die Erfahrung, daß die Menge der kirchlichen Feiertage zur innerlichen Frömmigkeit und zur Sittlichkeit keineswegs beiträgt. In evangelischen Ländern sind ungefähr

58 Sonn= und Feiertage oder 15,⁸ Procent. Der Unterschied beträgt 9 Proc., und wenn man den Minderertrag der Arbeit und die vermehrte Verzehrung der Festtage täglich nur zu ⅔ fl. anschlägt, so macht dieß für je 100000 Arbeiter 2⅓ Mill. fl. Verlust. Vergl. I, §. 193.

Zweites Hauptstück.
Fleiß und Geschicklichkeit der Arbeiter.

§. 18.

Der Eifer, mit welchem die hervorbringenden Beschäftigungen sowohl von Lohnarbeitern, als von Arbeitern auf eigene Rechnung (Unternehmern) betrieben werden, wird verstärkt, wenn man alle Umstände entfernt, welche die Arbeiter verhindern können, die Früchte ihrer Bemühungen in vollem Maaße zu genießen, I, §. 112, Nr. 1. Hiezu dient vor Allem die **Befestigung des Rechtszustandes und der gesetzlichen Freiheit im Staate**. Die Sicherheit der Rechte wird durch Willkür und Gewaltthätigkeit gefährdet, sie mögen von den Regierenden (a) oder von den Unterthanen (b) ausgehen. Wo die Rechtspflege (Justizwesen) und die eigentliche Polizei (§. 6) ihre Aufgabe unvollkommen lösen, wo die Sicherheit der Person und des Eigenthums häufig verletzt wird, da muß der Erwerbseifer gelähmt, der Credit zerstört werden, da unterbleiben solche Unternehmungen, welche der widerrechtlichen Gewalt am meisten ausgesetzt sind, da verbirgt sich der Reichthum, Capitale werden ins Ausland gesendet, viele nützliche Bürger verlassen ihr Vaterland, und der hohe Zinsfuß (I, §. 226) drückt diejenigen, welche genöthigt sind, zu borgen (c). Unter solchen Umständen kann ein Volk nicht wohlhabend werden, und wenn dieselben erst neu eintreten, so wird der früher erworbene Wohlstand bald zerstört und die Bevölkerung nimmt ab (d).

(a) Z. B. Erpressungen der Beamten, wie sie von den türkischen Pascha's geübt werden, — parteiische Rechtspflege.

(b) Raub, Diebstahl, Betrug. Wenn man die vielen Befehdungen im Mittelalter, die Beraubungen der Kaufleute durch den Adel ꝛc. bedenkt, so muß man sich nur wundern, daß der Handel nicht noch mehr litt.

Man sehe z. B. die Berichte über die Befehdungen, denen die Nürnberger im 14. und 15. Jahrhundert blos gestellt waren, in **Roth**, Geschichte des Nürnberg. Handels, I, 58, 236. — Die Regierung muß stark genug sein, um widerrechtliche Unternehmungen sowohl von Einzelnen, als von Verbindungen, Parteien ꝛc. zu verhindern.

(c) Das deutlichste Beispiel giebt das türkische Reich. Heutige Entvölkerung von Kreta, Rhodus, Cypern, Kleinasien, Syrien; viele Städte sind ganz verschwunden, die Seidenzucht ist in Verfall ꝛc. S. besonders **Walpole**, Memoirs relating to European and Asiatic Turkey. Lond. 1820 — **Minerva**, Jan. 1821. — Neuere Bemühungen der Pforte, diese Gebrechen zu heilen, haben noch nicht genug gefruchtet, insbesondere sind die betriebsameren christlichen Einwohner (Rajahs) noch nicht genug geschützt.

(d) Die freisinnige, fest eingewurzelte Verfassung von Großbritannien wird mit Recht unter die Ursachen des Reichthums dieses Landes gezählt. Die ungezügelte Willkür, sei es eines Einzelnen oder einer Volksherrschaft, verscheucht überall den Gewerbfleiß. Weitere Betrachtungen hierüber bei **Lotz**, Handbuch, II, 15. — **Mac Culloch**, Statistical account, II, 35. — **List**, Das nationale System der polit. Oekon. S. 170.

§. 19.

Auch die **Unfreiheit der arbeitenden Classe** ist der Wirksamkeit der Arbeitskräfte hinderlich, weil je nach dem Grade der Abhängigkeit von einem Herren auch der Fleiß und Erwerbseifer des Arbeiters schwächer ist. Zu den allgemeinen Grundsätzen des Rechts und der Sittlichkeit, die für jedes Mitglied des Volkes ein gewisses Rechtsgebiet fordern (a), gesellen sich deßhalb wichtige volkswirthschaftliche Gründe, um die Aufhebung jeder Art von Unfreiheit dringend zu empfehlen. Geht dieselbe bis zur wahren **Sklaverei**, so daß die Unfreien ohne alle Rechtsfähigkeit sind und wie Sachgüter betrachtet werden, so sind solche Sklaven zwar wohlfeiler zu unterhalten, leisten aber auch viel weniger als freie Arbeiter und müssen durch kostbaren Zukauf ergänzt werden (b). Die plötzliche Aufhebung dieses Verhältnisses wäre nicht ohne eine sehr kostbare Entschädigung der Herren aus der Staatscasse ausführbar und ließe auch besorgen, daß die freigegebenen Sklaven sich in ihre neue Lage nicht zu finden wissen und die Lohnarbeit verschmähen, es ist daher ein allmäliger Uebergang als Lehrzeit rathsam (c). **Leibeigene (Hörige)**, welche gegen Entrichtung eines Zinses für sich arbeiten dürfen, oder die ein ihnen zur Benutzung verliehenes Landgut auf eigene Rechnung bewirthschaften und zu bestimmten Leistungen, z. B. Frohnen, an den

Gutsherrn verpflichtet sind, haben eine viel erträglichere Lage, sind jedoch noch immer in einer höchst lästigen Beschränkung und in Gefahr vielfacher Bedrückungen (*d*). Es ist also nöthig, darauf hinzuarbeiten, daß die Unfreiheit ganz aufhöre, wobei die bisherigen Herren für die Verluste, welche bloß aus dieser Ursache, abgesehen von dem Besitze von Grundstücken, entstehen, aus der Staatscasse entschädigt werden, zugleich aber die bisherigen Leibeigenen Gelegenheit erhalten, Land zu erwerben, §. 47 a (*c*). Es finden daher hier die Regeln, welche für die Aufhebung der Frohnen und die Verleihung des Eigenthums an die Bauern gelten (§. 47. 62), ihre Anwendung.

(*a*) Hiezu kommen die in sittlicher Hinsicht verderblichen Wirkungen auf die Eigenthümer der Sklaven, die der großen Versuchung zur Hartherzigkeit schwer widerstehen.

(*b*) Raynal, Histoire philosophique et politique des établissements et du commerce des Européens dans les deux Indes, Liv. XI. Chap. 22—30. — v. Jakob, Ueber die Arbeit leibeigener und freier Bauern. St. Petersburg, 1815. — Storch, II, 276, 462. — In den französ. Colonieen wird ein Sklave im Durchschnitt auf 1163 Fr. (1152 Fr. Moreau de Jonnès) geschätzt, für einen Sklaven von 18—40 Jahren kann man (nach Gasparin) 1350 Fr. Preis annehmen, nach Moreau de Jonnès 1500 Fr., für ein Kind 500 Fr.

(*c*) Noch besteht die Sklaverei in einem Theile von America und einem Theile der westindischen Inseln. Der Sklavenhandel ward zuerst in Dänemark, dann 1807 in England verboten, 1811 ward hier Strafe der Felonie darauf gesetzt. In den nordamerikanischen Freistaaten war schon 1805 beschlossen worden, daß 1808 die Einfuhr von Negern ganz aufhören sollte. England bemühte sich, andere Staaten zu gleichem Entschlusse zu bewegen; es wurden hierüber Verträge geschlossen mit Portugal, mit Frankreich (erster Pariser Friede 1814, die Abschaffung des Sklavenhandels sollte 1820 geschehen), mit Spanien 1814 (ebenfalls bis 1820), den Niederlanden (1818). In den Verträgen mit Spanien, Portugal und den Niederlanden ist gegenseitig den Kriegsschiffen das Durchsuchen der Kauffahrter gestattet worden, so auch im Vertrage mit Frankreich 1831, erweitert 1841, und mit Neapel 1838. Nordamerica gab dieß nicht zu. Mexico und die Republik am Plata-Strome verboten 1824 den Sklavenhandel. Diese Beschlüsse, so wie die Wachsamkeit englischer und americanischer Schiffe haben bisher noch nicht verhindern können, daß dieser Handel von der africanischen Küste nach America und Westindien immer fortdauert, zum Theil unter französischer Flagge. Colonieen in Africa, um dort den Verkauf der Sklaven durch Civilisation zu verhindern, und zugleich den befreiten Sklaven eine Unterkunft zu verschaffen. Die englische Colonie in Sierra Leona (seit 1787) hatte 1834 schon 33 400 Einwohner, entsprach aber den gehegten Erwartungen nicht, sie ist zugleich sehr kostbar, und wegen des Klima's den Europäern verderblich. Nordamericanische Colonie Liberia am Cap Mesurado, zu gleichem Zwecke, 1817 beschlossen, 1821 zu Stande gekommen. Auch der Landtransport der africanischen Sklaven nach Marocco, Algier ꝛc. und Aegypten müßte verhütet werden. Vgl. Simonde, De l'intérét de la France à l'égard de la traite des nègres. Par. 1814. — Wilberforce, Lettre à M. le Prince Talleyrand au sujet de la traite des nègres, Trad. de l'angl. 1814. — Minerva, Febr. 1815. — Ueberlieferungen, 1818. IX, 1821. XI. — Revue encyclop. L. 45. p. 538. L. 58, p. 216. — Edinburgh Review. Octob. 1824. — Quarterly Rev. Oct. 1825. — Nach einer bedeutenden Verbesserung in der Lage der Sklaven auf den britischen Antillen durch Regierungsbeschlüsse im J. 1824, z. B. mildere Strafen, Ermunterung zum Heirathen, Erleichterung des Loskaufens, hob die Parlamentsacte vom 1833 (3. u. 4. Will. IV, Cap. 73, bei Mac Culloch, Handb. f. Kaufleute, Suppl. S. 1080) die Sklaverei der britischen Besitzungen vom 1. Aug. 1834 auf, die Eigenthümer erhielten 20 Mill. L. St. Entschädigung, die Sklaven wurden einstweilen Lehrlinge (apprentices), mit der Verpflichtung, den bisherigen Herren noch einige Zeit ein bestimmtes Maaß von Arbeit zu leisten, landbauende Sklaven bis 1840, andere bis 1838. Die mit eigenen Ständeversammlungen ausgestatteten Colonieen hoben 1838 die Lehrzeit völlig auf. Bis Ende 1841 hatten auf Jamaika schon 7848 ehemalige Sklaven aus ihren Ersparnissen Grundeigenthum erworben, Stanley im Unterhause, 22. März 1842. Dagegen hat sich der Anbau von Zucker und Kaffee sehr vermindert. — Die nordamericanischen Freistaaten hatten 1850 in 15 Staaten unter 9·613 000 Einw. 3·200 000 oder ⅓ Sklaven. Das in den 16 nördlichen Staaten herrschende Bestreben, die Aufhebung der Sklaverei zu bewirken, hat eine leidenschaftliche Aufregung in den südlichen Staaten gegen die sog. Abolitionisten und die Gefahr einer Trennung der Union in 2 Staaten hervorgerufen. Will. Jay, Slavery in America, Lond. 1835. — Ch. Dickens, American notes, Cap. 17. (Schilderung der Unmenschlichkeiten, die man gegen die Sklaven begeht.) — Die ergreifende Darstellung der mit der Sklaverei nothwendig verbundenen Uebel in Uncle Tom's Cabin von Fr. Beecher-Stowe (1852) mußte einen großen Eindruck hinterlassen, ebenso die statistischen Nachweisungen über die in vielen staatlichen Beziehungen wahrzunehmenden Nachtheile der Sklaverei bei Helper, The impending crisis of the South, Newyork 1857. Die Zahl der Sklaveneigenthümer wird nur zu 186 500 angegeben, der Verkehrswerth der Sklaven zu 1280 Mill. D. Der Mittelpreis des Acre ist in den Sklavenstaaten 5⅓, in den anderen 28 Doll. — Man nimmt an, daß auf jeden Cent, den das Pfund Baumwolle gilt, ein Negersklave gegen 100 Doll. Verkehrswerth hat, also z. B. bei 10 Ct. Baumwollenpreis 1000 D. (1858). — Die französischen Colonieen hatten im J. 1835 260 000 Sklaven, oder 77 Proc. ihrer Einwohnerzahl. Vorschläge zur allmäligen Befreiung der Sklaven in diesen Colonieen durch den Ertrag der Nebenarbeit von A. de Gasparin, Esclavage et traite. P. 1838. — Moreau de Jonnés, Recherches statistiques sur l'esclavage colonial. P. 1842. — de Montvéran, Essai de statistique raisonnée sur les colonies européennes des tropiques, 1833, S. 15. 37. Das Ges. v. 18. Juli 1845 und die V. v. 18. Mai, 4. und 5. Juni 1846 sorgten für bessere Behandlung, Schulunterricht der Sklaven und einen freien Arbeitstag in der Woche. Nach der Februarrevolution wurde die Sklaverei auf den französischen Besitzungen aufgehoben (22. April 1848) und durch Gesetz v. 23. April 1849 eine Entschädigung von 90 Mill. Fr. für die bisherigen Eigenthümer bewilligt. Molinari iu Dictionn. de l'Econ. pol. I, 712.

(d) Kraus, Staatsw. V, 56. — Vgl. Mittermaier, b. Privatrecht, §. 90 ff. — Ueber die Abschaffung der Leibeigenschaft Storch, III, 190. 481. Inzwischen ist 1820 auch in Mecklenburg dieser Schritt geschehen. Selbst die gemilderte Leibeigenschaft, die sich nur in der Abgabe des mortuarium (Besthaupt) und der zu dem Wegziehen von dem Gut erforderlichen Erlaubniß des Gutsherrn äußert, kann drückend sein, wenn von diesen Befugnissen unbilliger Gebrauch gemacht wird. Die Verpflichtung des Gutsherrn, den Leibeigenen im Nothfall zu ernähren oder zu unterstützen, bewirkt, daß der letztere nicht die Thätigkeit entwickelt, welche das Vertrauen auf eigene Kraft hervorruft. Uebrigens hängt das bei der Aufhebung der Leibeigenschaft zu beachtende Verfahren zugleich mit den bäuerlichen Verhältnissen genau zusammen, s. §. 47 a. — In Schleswig und Holstein erfolgte die gänzliche Aufhebung der früher schon auf einem Theile der Güter beseitigten Leibeigenschaft am 19. Dec. 1804. Der Gutsherr mußte denjenigen Leibeigenen, welche nicht auf den bisher benutzten Landstellen blieben, eine lebenslängliche Unterstützung, und denen, welche ihre Pachtstellen verloren oder nicht durch Landstellen abgefunden waren, freie Wohnung mit einem Gemüsegarten geben. Hanssen, Die Aufhebung der Leibeigenschaft in den H. Schleswig und Holstein. Gekrönte Preisschrift. St. Petersb. 1861. S. 53. — In Würtemberg (Edict v. 18. Nov. 1817. Nr. II. Ges. v. 29. Oct. 1836), Baden (B. v. 5. Oct. 1820), Nassau ꝛc. wird der Gutsherr für die Leibeigenschaftsgefälle aus der Staatscasse entschädiget; in Baiern (Constitution v. 1808, Tit. I. §. 3. Edict v. 31. Aug. 1808) und Preußen (Edict v. 9. Oct. 1607. §. 12. Publicandum v. 3. April 1809. §. 8. 9.) sind die aus der persönlichen Unfreiheit herrührenden Lasten (mortuarium, Abzugsgeld ꝛc.) ohne Ersatz aufgehoben, während natürlich die auf den Besitz von Grundstücken sich beziehenden fortbestanden. — Die ungarischen Bauern erhielten 1790 die Erlaubniß von ihren Gütern wegzuziehen, und hörten also auf, leibeigen zu sein, durften aber nicht in eigenem Namen vor Gericht auftreten (welche Beschränkung jedoch in der neuesten Zeit auf eine für sie günstige Art modificirt worden ist), kein Grundeigenthum erwerben, und genossen folglich nicht volles Bürgerrecht. Ihre Lage wurde 1836 und später noch weiter verbessert. In Oesterreich ist durch das Patent vom 1. Nov. 1781 die Leibeigenschaft in eine sehr gemäßigte Unterthänigkeit verwandelt worden, wobei der Bauer jede beliebige Beschäftigung ergreifen und ohne Abfahrtsgeld an einen anderen Ort ziehen konnte. Das Patent vom 7. Sept. 1848 hob die Unterthänigkeit im ganzen Kaiserstaat auf. Vgl. von Berzeviczy in Europ. Annal. 1816, IX, Nr. 2. — Schopf, Landw. des öster. Kaiserstaats, I, 52 (1835). — Das europäische Rußland hat ohne Polen, die 3 Ostseeprovinzen und Finnland 52 Mill. Einwohner, die Zahl der Leibeigenen ist gegen 21½ Mill. oder 41 Proc., aber so ungleich vertheilt, daß in der Mitte des Landes (z. B. Tula, Smolensk, Mohilew, Kaluga, Kiew) bis 73, in den äußeren Gegenden viel weniger getroffen werden, z. B. in Astrachan und Caucasien zwischen 3 und 4 Proc. Die Leibeigenen sind theils im Hause des Herrn als unfreies Gesinde, theils suchen sie gegen einen vom Herrn beliebig festgesetzten Zins (Obrok) einen Erwerb, vorzüglich in Städten, theils bauen sie ein Landgut und haben 3 Tage wöchentlich Frohn zu leisten oder geben ebenfalls Obrok. Der Preis einer „männlichen Seele" mit dem zugehörigen Lande (in der Regel 4 Dessjätinen = 12 bad. M.) ist gegen 60—120 Rub. Die „Kronbauern" auf den Staatsgütern sind schon frei und nach dem Ukas vom October 1857 ist auch die Befreiung der jetzigen Leibeigenen Gegenstand vieler Berathungen geworden, indem es als unabweisbare Forderung der Gerechtigkeit und Bildung betrachtet wird, die Bauern in einen gesicherten Rechtszustand zu versetzen. Der Ukas v. 19. Febr. 1861 und die zugehörigen Gesetze stellen die Grundsätze für den Vollzug dieser großen Maaßregel auf. Die Bauern treten sogleich in den Genuß der allgemeinen bürgerlichen Rechte, verfügen frei über ihr Eigenthum, können nicht mehr versetzt oder in fremde Dienste gegeben werden ꝛc. Kleine Eigenthümer, d. h. die unter 21 männl. Leibeigene und zu wenig oder gar kein Land haben, erhalten, wenn das Bedürfniß nachgewiesen wird, eine Unterstützung vom Staat, und wenn ihre Leibeigenen bisher kein Land hatten, so können sie auf den Staatsländereien angesiedelt werden. Die Gerichtsbarkeit und Polizei geht auf die Vorgesetzten der neu zu bildenden Gemeinden und Bezirke (Wolosti) über. Die meisten Vorschriften dieser Gesetze beziehen sich jedoch auf den Landbesitz der Bauern. Affranchissement des serfs. Traduction de documents officiels etc. St Pétersbourg, 1861.

§. 20.

Die Geringschätzung der Gewerbtreibenden war lange Zeit der Betriebsamkeit nachtheilig, weil sie viele Menschen, besonders aus den höheren Ständen, abhielt, sich productiven Beschäftigungen zu widmen, und manche begüterte Gewerbsleute bewog, ihr Gewerbe aufzugeben. Die Regierung vermag zwar nicht durch Zwang die öffentliche Meinung zu beherrschen, aber sie kann die Ursachen jenes schädlichen Vorurtheils zu entfernen suchen. Die verschiedenen Stände der Gesellschaft müssen in ein solches Verhältniß zu einander gesetzt werden, daß nicht ein Theil derselben, z. B. in der Gelangung zu Aemtern, Würden und Auszeichnungen, ausschließliche Vorzüge genießt, welche für den andern Theil demüthigend sind. Auch die einzelnen Gattungen von Gewerben müssen von Allem befreit werden, was eine Abneigung vor ihrem Betriebe unterhalten kann (a). Die Theilnahme des Nährstandes an der Gemeindeverwaltung und an der Volksvertretung hat viel dazu beigetragen, das Selbstgefühl desselben und die Achtung, die er bei den andern Ständen genießt, zu verstärken und in der neuesten Zeit hat die Gewerbsarbeit ihre volle Anerkennung gefunden (b).

(a) Z. B. die Frohnen der Landleute, die mit der Erlernung eines Handwerks verbundenen Beschwerden. — Im alten Aegypten konnte wegen der Geringschätzung der Schiffer der auswärtige Handel nicht gedeihen.

(b) Möser's Aufsatz: Reicher Leute Kinder sollen ein Handwerk, lernen in dessen Patr. Phantas. I, 27.

§. 21.

Die Geschicklichkeit der Arbeiter wird von ihren Kenntnissen, der Schärfung des Verstandes und der eifrigen

Uebung in Gewerbsverrichtungen bedingt. Der Staat befördert die Bildung der Gewerbtreibenden, wenn er gute Unterrichtsanstalten für den ganzen Arbeiterstand in hinreichender Anzahl aufstellt. Außer den bei den einzelnen Gewerbsclassen zu erwähnenden besonderen Schulen für Landwirthschaft, Forstwesen, Bergbau, Gewerke, Baukunst, Schifffahrt und Handel sind hieher die **Volks- (Elementar-) Schulen** zu rechnen, deren Güte, wie sie überhaupt auf den sittlichen und geistigen Zustand eines Volkes mächtigen Einfluß übt, so auch den verständigen Betrieb der Gewerbe, die Empfänglichkeit für jede weitere Belehrung, die geschickte Benutzung der Umstände und die Ordnung im Haushalte der Familien befördert. Von ihnen verschieden sind die hauptsächlich für die künftigen Lohnarbeiter bestimmten **Arbeits-** oder sogenannten **Industrieschulen**, in denen der gewöhnliche Schulunterricht mit der Unterweisung und Uebung in Handarbeiten verbunden wird. Die Vortheile dieser Einrichtung sind: Gewöhnung an nützliche Thätigkeit, — Erhöhung der Körperkraft und Gelenkigkeit, — frühe Erlernung solcher Vorrichtungen, welche die Zöglinge späterhin als Erwachsene zu treiben haben. Hiezu kommt der Erwerb aus den Arbeiten, der zwar für die unbegüterten Aeltern eine willkommene Zugabe ist, aber nicht auf Kosten der körperlichen Entwicklung zum Hauptzwecke gemacht werden darf. Die Arbeiten müssen mit Rücksicht auf die Gesundheit der Schüler und auf ihr künftiges Bedürfniß ausgewählt werden, weßhalb sowohl die Verschiedenheit der Geschlechter, als der städtischen und Landschulen beachtet wird (a).

(a) Die Gefahr des Mißbrauches und die Schwierigkeit, gute Lehrer zu finden, stehen der Verbreitung solcher Schulen entgegen.

Zweite Abtheilung.
Sorge für das Capital im Allgemeinen.

§. 22.

Sowohl die Ansammlung von Capitalen durch Ersparnisse, als das Herbeiziehen derselben vom Auslande muß in der

Regel den Bürgern überlassen bleiben (a) und das Hinaussenden von Capitalen darf nicht verboten werden. Die Verhütung von Verlusten an den einzelnen Bestandtheilen des Capitals durch Zerstörung, z. B. Feuer- und Wasserschaden, Viehseuchen, sowie durch Beraubung, durch Diebstahl, Betrug ꝛc. ist Aufgabe der Schutzpolizei. Daß aber die vorhandenen Capitale von denjenigen Eigenthümern, welche sie nicht selbst hervorbringend anlegen können oder wollen, bereitwillig den Unternehmern anvertraut werden, dieß kann durch Staatsmaaßregeln befördert werden, welche die Sicherheit der Gläubiger vor Verlusten an Zins und Stamm erhöhen und zugleich die Gefahr langwieriger und beschwerlicher Streitigkeiten vermindern. Obgleich hier ein Verlust der Gläubiger oft den Schuldner in bessere Lage setzt und also für das Volksvermögen im Ganzen gleichgültig scheinen könnte, so gebietet doch die wirthschaftliche Staatsklugheit eben so sehr wie die Gerechtigkeit, daß man die Zinsgläubiger vor Schaden und Beschwerden beschütze, weil dieß sie ermuntert, ihre Capitale bei inländischen Gewerben anzulegen, weil daraus ein größerer Reiz zum Uebersparen entsteht und auch Ausländer bewogen werden, bewegliches Vermögen im Lande anzulegen, wodurch die Gewerbsthätigkeit erweitert und der Zinsfuß ermäßiget wird.

(a) Eine Ausnahme hievon, welche die Ersparnisse der Lohnarbeiter betrifft, findet bei den Sparkassen statt, s. 3. Buch.

§. 23.

Zu dieser Sicherung der Gläubiger bei Leih- und anderen Forderungen dienen vorzüglich (I, §. 226) mehrere Anordnungen im Gebiete der Rechtspflege, bei denen die Anforderungen der Gerechtigkeit durch die angegebenen volkswirthschaftlichen Rücksichten (§. 22) verstärkt werden und die letzteren auch auf die Wahl der einzelnen Maaßregeln Einfluß äußern. Hieher gehören

1) gute Gesetze in Ansehung des **Bankbruches** (Bankerott), welche dahin abzwecken, daß kein muthwilliger oder betrügerischer Bankerottirer der gebührenden Strafe entgehe,

2) strenge Handhabung dieser Gesetze, so wie überhaupt

pünctliche Rechtshülfe bei den Klagen der Gläubiger gegen ihre Schuldner,

3) gute Einrichtung des Hypothekenwesens (a). Die Haupterfordernisse desselben sind: Oeffentlichkeit aller erworbenen Unterpfandsrechte, — Specialität, welche darin besteht, daß nur bestimmte Forderungen und auf bestimmte Grundstücke eingetragen werden, — und die Anordnung der größten Sorgfalt bei den Tarationen.

(a) Mittermaier, Grundsätze des Privatrechts, §. 262.

§. 24.

Ist ein Theil des Capitals trotz der polizeilichen Verhütungsmaaßregeln zerstört worden, so läßt sich der hierin liegende Schaden in seinen volkswirthschaftlichen Folgen sehr mildern, wenn die vernichtete Gütermenge vermittelst der Beiträge vieler Einzelner dem Eigenthümer vergütet wird, so daß derselbe im Stande ist, die verzehrten Capitale wieder herzustellen (a). Dieß ist bei den, alle Arten von Capitalen bedrohenden Feuerschäden die Bestimmung der **Feuerversicherungen, Brandassecuranzen** (b). Die Beitragenden bestreiten die Ausgabe leicht aus ihrem jährlichen Einkommen, jeder Theilnehmer findet sich folglich vermittelst einer geringen jährlichen Ausgabe mit einer Gefahr ab, deren Verwirklichung ihn sonst schwer treffen würde (c). Die Versicherungsanstalten erscheinen wegen der Größe der dem Feuer ausgesetzten Gütermasse als höchst wohlthätig und verdienen von Seite des Staats befördert zu werden (d). Sie werden eingetheilt

1) in Bezug auf die versicherten Gegenstände in Gebäude- und Fahrniß- (Mobiliar-) Versicherungen, doch giebt es auch Anstalten, welche bewegliches und unbewegliches Vermögen zugleich aufnehmen,

2) nach dem Verhältniß zur Staatsgewalt in reine Privat-Versicherungsanstalten, bei denen nur die Satzungen vor der Genehmigung geprüft werden und die Beobachtung derselben überwacht wird, die Verwaltung aber selbständig von gewählten Vorstehern geschieht, — und in Landes-Versicherungsanstalten, die für ein ganzes Staats-

gebiet oder eine ganze Provinz bestimmt sind und unter der näheren Leitung einer Staatsbehörde stehen, auch manche Begünstigungen von Seite der Regierung genießen, z. B. Post- und Stempelfreiheit, ohne jedoch die Natur von Privatanstalten ganz abzulegen (*e*),

3) in Bezug auf das Verhältniß zwischen den Versicherten und Versicherern in wechselseitige und in Prämien-Versicherungen. Bei jenen bilden alle Eigenthümer der zu versichernden Gegenstände eine Gesellschaft, deren Mitglieder jährlich den auf einzelne unter ihnen fallenden Brandschaden gemeinschaftlich durch eine Umlage unter sich vertheilen. Bei den Prämienversicherungen dagegen ist eine Actiengesellschaft vorhanden, welche mit jedem einzelnen Versicherten einen Vertrag abschließt und gegen eine ausbedungene feste Vergütung (Prämie) die Feuersgefahr übernimmt. Die Gesellschaft betreibt also die Versicherungen als ein Gewerbsgeschäft, um einen Gewinn zu ziehen.

(*e*) Das Nämliche gilt von den verbrannten Genußmitteln.
(*b*) Die Entstehung der Brandversicherungen ist ins 18. Jahrhundert zu setzen, obschon der Gedanke derselben schon im Anfang des 17. gehegt wurde. Beckmann, Beiträge zur Geschichte der Erfindungen, I, 219. Die von Beckmann erwähnte Pariser Brandcasse von 1745 ist jedoch nicht die älteste; schon 1705 wurde in der Mark Brandenburg eine „Feuercasse" errichtet, und 1706 erging sogar ein Verbot, wider dieselbe zu sprechen (Mylius, Corpus Constitut. March. V. Th. 1. Abth. S. 174. 191.) Die Feuercassen der damaligen Zeit unterscheiden sich von den heutigen wechselseitigen Assecuranzen blos dadurch, daß der Beitrag von Jahr zu Jahr gleich war. Eine „Feuersocietät" von der noch jetzt bestehenden Art entstand zu Berlin im Jahr 1718. Bergius, Kameralistenbibliothek. S. 151. Deff. Magazin III, 40 (in Betreff der Feuercassen). In Sachsen entstand 1729 eine allgemeine Brandcasse, in Würtemberg wurde 1754 die erste Assecuranz von einer Privatgesellschaft errichtet, in Baden 1758 die Landesassecuranz. — Ueber diese Anstalten siehe v. Berg, Polizeirecht, III, 68—75. — Günther, Versuch z. e. Entwurf einer revidirten Ordnung für die Gen. Feuercasse in Hamburg, 1802. 4. — Vincens, De la législation commerciale, III, 337—378. (1831.) — Lotz, Handb. II, 191. — Mittermaier, Grundsätze, §. 302. — Mohl, Polizeiwissensch. II, 90. — Bülau, Staatswirthsch. S. 402. — Mac-Culloch, Handb. II, 907. — Rau in s. Archiv, II, 408, III, 142, 320. — Masius, Lehre der Versicherung und statist. Nachweis. aller Versich.s Anstalten in Deutschland, Leipzig, 1846 (nur die Privatanstalten betreffend). — Oberländer, Die Feuerversicherungsanstalten vor der Ständeversammlung des K. Sachsen. Leipz. 1857. — Viel schätzbare Beiträge enthalten die Verhandl. der 2. Kammer in Baden, 1837. (besonders der Commissionsbericht von Regenauer im 3. Beilagenheft), und die Verhandl. der beiden bad. K. von 1839, 1840 u. 1851.

(c) Dieses Zusammenstehen der Einzelnen gegen eine Gefahr, die Jeder zu fürchten hat, ist eine schöne Frucht des gesellschaftlichen Verbandes. Ehe man die förmlichen Brandversicherungen kannte, suchte man den nämlichen Zweck durch freiwillige Gaben der Nachbarn oder Standesgenossen zu erreichen, welches zwar für die Erregung der Wohlthätigkeit vortheilhafter, aber in Ansehung des Erfolges unvollkommener war. In Oesterreich wurden Sammlungen für Beschädigte von den Staatsbehörden bewilligt und veranstaltet. Patent vom 3. April 1750 und spätere Verordn. — Schopf, Landw des österr. Kaiserstaats, I, 175. — Zu den Vortheilen der Gebäudeversicherungen gehört, daß die Unterpfandgläubiger der Hauseigenthümer weit weniger gefährdet sind, daß folglich diese leichter unter billigen Bedingungen Darleihen erhalten, d. h. sich eines größeren Credits erfreuen.

(d) Die versicherte Summe betrug 1849 im britischen Reiche 756¼ Mill. L. St. oder 324 fl. auf den Kopf, 1854 aber 941¾ Mill. oder 393,⁵ fl. auf den Kopf. In Baden belief sich 1849 der Anschlag der versicherten Gebäude auf 340 Mill. fl. oder 250 fl. auf den Kopf, 1858/59 nur auf 324,⁷ Mill., aber da nach dem jetzigen Gesetz nur ⅘ des Werthes versichert werden dürfen, so muß man, um beide Zahlen zu vergleichen, der letzteren ¼ zusetzen, so daß man 405,⁸ Mill. erhält (302 fl. = 172 Thlr. auf den Kopf) und der mittlere jährliche Zuwachs 1,⁹⁶ Proc. beträgt. — Masius, a. a. O. schlägt die versicherte Summe von Gebäuden und Fahrniß in Deutschland auf 4632 Mill. Thlr. = 8107 Mill. fl. an. — Nach den Angaben bei Hübner (Jahrb. 1859 S. 91) war in den deutschen Bundesstaaten 1856 die versicherte Summe 5532 Mill. Thlr., worunter ohne Zweifel auch Versicherungen in den nicht deutschen Provinzen von Oesterreich begriffen sind. Von jener Summe machen die preußischen Hausversicherungen 1203 Mill. Thlr. oder 70,⁷ Thlr. auf den Kopf aus (1828—37 707½ Mill., 1846 1195 Mill.), die baierischen 393 Mill. (83,⁶ Thlr. auf den Kopf), die sächsischen 272 Mill. (128 Thlr. auf den Kopf), die württemberg. 242 Mill (142 Thlr. auf den Kopf). Staat Newyork 1854 617⅓ Mill. Doll. oder 205,⁷ D. — 273 Thlr. auf den Kopf. — In Belgien schätzte man 1849 die versicherten Gebäude auf 1093, die übrigen auf 2122 Mill. Fr., zusammen 350 fl. auf den Kopf. — Die Angaben über die österreichischen V.-Anstalten gestatten keine Ausscheidung der Gebäude.

(e) Ihr Vermögen wird als ein Privatvermögen, wie das einer Gemeinde oder Stiftung, betrachtet, was für den Fall eines Kriegsunglücks von großem Vortheile ist.

§. 25.

Die Landes-Versicherungsanstalten sind in den meisten deutschen Ländern errichtet worden, aber allein für Gebäude, auf welche sich damals die Feuerversicherung beschränkte. Sie waren gewöhnlich mit einem Zwang zur Theilnahme für alle Hauseigenthümer verbunden. Die durch sie bewirkte Versicherung ist eine wechselseitige. Die Vortheile solcher Anstalten sind 1) die wohlfeile Verwaltung (a), 2) die günstige Wirkung auf den Credit der Hausbesitzer, weil keine Versicherung abgelehnt werden darf und die Entschädigung unweigerlich bezahlt wird, 3) die durch die große Ausdehnung der Anstalt bewirkte gute Ausgleichung der Brandschäden, während kleinere Gesellschaften von einem einzelnen großen Verluste schwer betroffen und erschüttert werden können; 4) die größere Leichtigkeit, eine einzige Anstalt zu beaufsichtigen und mancherlei Mißbräuche und Unregelmäßigkeiten zu verhüten, im Vergleich mit der schwereren Ueberwachung mehrerer theils in=, theils ausländischer Anstalten. Auf der anderen Seite muß aber auch dieß erwogen werden: Es kann in den Satzungen und in der Verwaltung der Landesanstalten eine mangelhafte Einrichtung lange fortdauern, ohne daß den Versicherten ein Weg freisteht, Abhülfe zu bewirken. Die Erfahrung lehrt, daß bei diesen Versicherungen bald die Beiträge im Ganzen höher sind, als bei freien Privatanstalten, bald wenigstens ein Theil der Versicherten höher belastet wird, als es nöthig wäre. In mehreren großen Staaten, wie Großbritanien, Frankreich, Oesterreich, befinden sich keine Landes-Versicherungsanstalten und sie werden dort nicht vermißt. Man kann folglich dieselben nicht als Bedürfniß ansehen und es ist nicht rathsam, daß die Regierung die Beschwerde und Verantwortlichkeit einer unnöthigen Einmischung übernehme (*b*). Wo jedoch diese Einrichtung schon länger besteht, da läßt sich die Fortdauer der bisherigen Landesanstalt wohl in Schutz nehmen, wenn dieselbe nach dem Beispiele der freien Gesellschaften vervollkommnet wird und sich ohne ausschließliche Berechtigung neben denselben behauptet. Es müssen dann zugleich die Bedingungen aufgestellt werden, unter denen andere Versicherungsanstalten zugelassen werden sollen. Dieß setzt eine Prüfung der Satzungen voraus, auch ist eine Kenntnißnahme von der Geschäftsführung nothwendig, um Mißgriffe rügen zu können. Ausländische Gesellschaften müssen Geschäftsführer im Lande bestellen, bei denen allein die Versicherungen genommen werden dürfen.

(*a*) Die Verwaltungskosten der badischen Landesanstalt waren von 1846—49 i. D. gegen 26000 fl. bei 347 Mill. fl. Versicherungssumme, $0{,}^{074}$ per mille, 1858/59 20000 von 325 Mill. fl. oder $0{,}^{061}$ per mille. Die Gothaische Gesellschaft dagegen hatte 1843 $0{,}^{1}$ p. m., 1859 $0{,}^{13}$ p. m. Kosten, die Elberfelder im ersteren Jahre $0{,}^{13}$, der Phönix $0{,}^{38}$ p. m., die Aachener Gesellschaft freilich 1826—43 nur $0{,}^{047}$ p. m.

(b) In Belgien wurde 1846 und 1850 über den Vorschlag berathen, dem Staat das ganze Versicherungswesen als Monopol (Regal) zu übertragen und daraus eine Quelle von Einkünften zu machen. Man erkannte leicht, daß dies nur bei der Feuerversicherung ausführbar sei, und sehr wenig Gewinn verspreche. Bulletin de la commiss. de Statist. IV, 240.

§. 25 a.

Der den Hauseigenthümern auferlegte Zwang, ihre Gebäude versichern zu lassen, wird theils aus den gemeinnützigen Wirkungen der Versicherung (§. 24), theils aus der Absicht, die Haussteuer ungeschmälert zu erhalten, in Schutz genommen (a). Die Gründe gegen diese gesetzliche Maaßregel sind jedoch im Allgemeinen, abgesehen von den besonderen Verhältnissen einer schon bestehenden Landes-Versicherungsanstalt (§. 25), überwiegend, indem 1) die Hausbesitzer selbst am meisten gefährdet sind und daher aus eigenem Antriebe die Versicherung suchen werden, auch Niemand zu seinem eigenen Besten genöthigt zu werden braucht, 2) Hypothekengläubiger die Versicherung zur Bedingung der Darleihe machen können und dieß ohne Zweifel thun werden, wenn sie nur auf das Hinwegfallen des allgemeinen Zwanges aufmerksam gemacht werden (b), 3) das Gebot zum Eintritt leicht durch einen ganz niedrigen Anschlag unwirksam gemacht werden könnte, wenn man nicht auch die Größe der Versicherungssumme in jedem Falle obrigkeitlich feststellte, wodurch den Staatsbehörden eine große Bemühung auferlegt wird, 4) die freie Wahl jedem Hausbesitzer die Gelegenheit giebt, vom Mitwerben verschiedener Gesellschaften Nutzen zu ziehen und sich an diejenige zu wenden, welche ihm die vortheilhaftesten Bedingungen anbietet. Bei Verwaltern von fremdem Vermögen, z. B. Vormündern, Gemeinde- und Stiftungsvorstehern, ferner bei gemeinschaftlichem Eigenthum ist übrigens der Zwang ganz zweckmäßig.

(a) v. Berg, Handb. III, 71. Baumgärtner, Bericht in der badischen 2. Kammer v. 1839. — Unbedingter Zwang zum Eintritt in die Landesanstalt ist z. B. in folgenden Versicherungsordnungen vorgeschrieben: Kurmark (plattes Land), V. v. 7. Sept. 1765, 11. April 1771 und 19. August 1825. — Hildesheim, 12. Dec. 1765. — Hessendarmstadt, 1. Aug. 1777 und 18. Nov. 1816. — Löwenstein, 1. Oct. 1803. — Kalenberg-Grubenhagen, 20. Mai 1803 (in v. Berg, VI 2. Abth. S. 773). — Großh. Posen, 5. Jan. 1836. — Zürich, 24. Jan. 1832. — Schaffhausen, 27. Nov. 1835. — Würtemberg,

14. März 1853. (Die älteren dieser Gesetze findet man in Bergius, Samml. deutscher Landesgesetze.) — In Baden wurde der Zwang erst im Ges. v. 29. Dec. 1807 eingeführt, da nur wenige Gemeinden sich noch nicht angeschlossen hatten. — Freie Wahl gestatten z. B. Kur-Mainz, 15. Jul. 1780. — Bremen-Verden, erneuert 23. Dec. 1825. — Preuß. Rheinprovinz und Westfalen, 5. Jan. 1836. — In Baiern (23. Jan. 1811 und 1. Jul. 1834) ist die Theilnahme an einer ausländischen Versicherungsanstalt untersagt, der Vertrag ist nichtig und es wird eine Strafe von 5 Proc. der Versicherungssumme zu Gunsten der inländischen Anstalt angedroht.

(*b*) Nach der hess. V. v. 1777, §. 13. und der kurmainz. Art. I, 15 soll auf ein nicht assecurirtes Haus gar keine Hypothek gegeben werden. Aber es ist genug, wenn der Gläubiger nur weiß, daß der Schuldner nicht schon gesetzlich zur Versicherung genöthigt ist.

§. 26.

Die wechselseitigen Versicherungsgesellschaften (§. 24, Nr. 3), in denen jeder Theilnehmer gegen alle übrigen zugleich Versicherter und Versicherer ist, sollen keinen Gewinn abwerfen, vielmehr sollen die Beiträge nur die Brandschäden und Verwaltungskosten decken, daher können sie etwas niedriger ausfallen, als bei den Prämiengesellschaften. Es wird entweder jedes Jahr gerade der Bedarf zur Bestreitung jener Ausgaben eingefordert, oder es wird ein etwas größerer Beitrag von den Mitgliedern erhoben und der in jedem Jahre erübrigte Theil zurückerstattet. Ungewöhnlich große Verluste müssen die Beiträge beträchtlich erhöhen und dieser Umstand giebt wieder den Prämiengesellschaften einen Vorzug, weil den Versicherten angenehm ist, nur die verabredete gleichbleibende Prämie zu entrichten. Die letztgenannten Gesellschaften bestehen nur aus den Actienbesitzern, welche leichter durch gewählte Vorsteher, einen überwachenden Ausschuß u. dgl. für eine gute Einrichtung und Verwaltung sorgen können. In einer wechselseitigen Gesellschaft ist die Vertretung der einzelnen Mitglieder viel schwieriger. Hieraus ist es zu erklären, daß beide Arten von freien Privatversicherungen sich leicht neben einander erhalten. Ihr Wetteifer kommt den Versicherten zu Gute, indem er dazu antreibt, diesen mehr Bequemlichkeit und Sicherheit zu geben und auch die Beiträge mäßig zu stellen, und dieß Mitwerben hat auch die Prämiengesellschaften genöthigt, sich mit einer mäßigen Dividende zu begnügen (*a*).

(a) **Bernoulli** (Ueber die Vorzüge der gegenseitigen Brandaffecuranzen vor Prämiengesellschaften, Basel, 1827) spricht mehr zu Gunsten der letzteren. Dieselben übertreffen auch im Umfange ihrer Geschäfte die wechselseitigen. Im Staat Newyork hatten 1854 die 65 Actiengesellschaften (stock capital comp.) 464¹/₃, die 45 wechselseitigen 192²/₃ Mill. Doll. Versicherungssumme, bei jenen betrugen im genannten Jahr die Prämien 0,⁸¹, die Schäden 0,⁵⁶ Proc., bei diesen die Schäden 0,⁰⁸ Proc. In Deutschland beliefen sich 1856 die Versicherungen der Actiengesellschaften auf 5095, der wechselseitigen Mobiliar-Ges. auf 668,⁹ Mill. Thlr. In Frankreich waren 1852 bei den Prämiengesellschaften 25667 Mill., bei den wechselseitigen 9706 Mill. Fr. versichert, zusammen 982,⁶ Fr. = 458 fl. auf den Kopf.

§. 26 a.

Es ist gerecht und zweckmäßig, die Beiträge der Versicherten nach der **Größe der Gefahr** abzustufen. Die Prämiengesellschaften stellen gewöhnlich einen allgemeinen Tarif für den Betrag der Prämie bei verschiedenen Graden der Feuersgefahr auf (a). Dieß sollte auch bei den wechselseitigen Versicherungen berücksichtiget werden, weil sonst die Eigenthümer feuerfester und überhaupt weniger gefährdeter Gebäude übervortheilt werden, während die Besitzer der stärker bedrohten einen unverdienten Gewinn ziehen. Die Abmessung der Beiträge nach der Stärke der Gefahr ermuntert zu einer feuersicheren Bauart und beschwichtiget die Beschwerden derjenigen Landestheile, die, weil eine solche bei ihnen herrscht, verhältnißmäßig weniger Brandschäden haben und deßhalb mehr beitragen müssen, als sie an Entschädigungen empfangen (b). Gegen diese Einrichtung ist hauptsächlich dieses eingewendet worden (c):

1) Die Größe der Feuersgefahr hänge von einer Menge von Umständen ab, Bauart, Lage, Verwendung eines Gebäudes, Güte der Löschanstalten, Vorsicht der Bewohner u. dgl. Da es unmöglich ist alle diese Umstände genau in Anschlag zu bringen, so sei es willkürlich, wenn man nur den einen oder anderen derselben vorzugsweise beachten will (d). Allein eine sorgfältige Statistik der Brandschäden wird künftig zu einer genaueren Abstufung, als sie jetzt möglich ist, den Anhalt liefern. Einstweilen kann man aber ohne Ungerechtigkeit auf die wichtigsten und dauerndsten Ursachen der Verschiedenheit Rücksicht nehmen, wenn man nur die Stufensätze der Beitragspflicht nicht zu stark steigen läßt.

2) Die nicht feuerfesten Gebäude gehören größtentheils den
dürftigeren Einwohnern des Landes, den Landleuten und Gebirgs-
bewohnern, denen eine Erleichterung wohl zu gönnen sei, während die Städter manche andere Vortheile genießen. Jene
Behauptung ist zwar einigermaßen gegründet, trifft aber doch
in vielen Fällen nicht zu, auch dürfte eine Begünstigung der
minder begüterten Hauseigenthümer wenigstens in einer Anstalt
mit erzwungenem Beitritte nicht vorkommen, weil hier strenge
Gerechtigkeit herrschen muß.

(a) Z. B. bei der Elberfelder Gesellschaft (1825 gegründet) wird bezahlt:
von massiven Gebäuden mit steinernem Dache 1—1½ per mille, mit
Holzdach 2—3½, mit Strohdach 3⅓—5 p. m., bei Häusern von
ausgemauertem Fachwerk mit steinernem Dach 1¼—2 p. m., mit Holzdach 3—5, mit Strohdach 5—8 p. m., bei Fachwerk von Lehm, je
nach den Dächern 1½—3—3½—5½—8½ p. m. — Französische
Phönix-Gesellschaft, 1. Sept. 1819: Steinerne Gebäude mit Steindach 1 per mille, — von Fachwerk 1½, mit Holzdach 2½, massiv
mit Strohdach oder Holzwerk mit Ziegeldach 4, Holzwände mit Holz-
oder Strohdach 6 p. m. — Sun fire office in London in 3 Classen
⅜—1¼—2¼ p. m. — Deutsche Phönix-Prämiengesellschaft, bei
Wohngebäuden aus Stein 1¼ p. m., — meistens aus Stein 1½, —
meistens aus Holz 2, — ganz aus Holz 3½ p. m.

(b) Beschwerden hierüber in den Verhandl. der 2. Kammer in Baiern,
1819, III, 29. 1822, III, 102. Vgl. Rudhart, über den Zustand
des K. Baiern, I, 43. Im jetzigen baier. Unterfranken (Bisthum
Würzburg) waren sonst in 45jährigem Durchschnitt die Kosten jährlich
nur ⅓ per mille. Der baierische Rezatkreis hat im Jahre 1828/29
19 Proc. aller Beiträge bezahlt und nur 11,4 Proc. empfangen, der
Unterdonaukreis hat in dem nämlichen Jahre 8,8 Proc. gegeben und
10 Proc. empfangen. In Baden war im Durchschnitt von 1845—49

	Seekreis.	Mittelrheinkreis.
	fl.	fl.
Beitrag	597 874 = 1,8 p. m.	924 245 = 1,8 p. m.
Empfang	1·079 422 = 3,25 ,	581 081 = 1,13 ,
Unterschied . . .	+ 481 548	— 343 164
oder im Verhält- niß zum Beitrage	+ 80 Proc.	— 37 Proc.

In einzelnen Aemtern war die Ungleichheit noch viel größer, z. B.

	Beitrag.	Entschädi- gung.	Unterschied
	fl.	fl.	fl.
Amt Hüfingen .	40 200	258 615	+ 218 415 = 543 Proc.
Stadt Freiburg	61 483	1 265	— 60 218 = 95 ,

(c) Stroh- und Holz- (Schindel-) Dächer haben nicht allein mehr Brand-
fälle, sondern es ist auch der Schaden bei jedem im Durchschnitt

größer, wegen der größeren Schwierigkeit des Löschens. Im Durchschnitt 1844—49 war in Baden der Schaden bei einem Brandfall
mit Ziegeldächern 1302 fl.
mit Strohdächern 1786 fl.
mit Schindeldächern 2292 fl.
Im Oberrheinkreise sind 1833 und 34 12 Menschen und 104 Stück Vieh im Feuer umgekommen, sämmtlich in Häusern mit Strohdächern. In Würtemberg ermittelte man 1843, daß während eines gewissen Zeitraums auf dem platten Lande die Besitzer versicherter Mobilien in Wohnungen mit Strohdächern 22, mit Ziegeldächern 8,³ p. m. Entschädigung erhalten haben. Im Canton Bern haben in 23 Jahren die Häuser mit Strohdächern 252 351 Fr. mehr empfangen, als beigetragen, die steinernen Gebäude mit Ziegeldächern aber 177 350, die hölzernen mit Ziegelbedachungen 47 758, und die Gebäude mit Schindeldächern 28 912 Fr. mehr bezahlt als empfangen. Bericht über die Staatsverwalt. des Cantons Bern, 1832. S. 496. Die Verschiedenheit zwischen den Beiträgen und Entschädigungen der Landestheile, welches auch ihre Ursache sein mag, bringt unvermeidlich den Wunsch der zuviel beitragenden Gegenden hervor, daß die allgemeine Landesversicherungsanstalt aufgelöst und in besondere Provincial-, Kreis- ic. Anstalten zertheilt werden möge. Dieß wäre jedoch nur in großen Staaten ohne erhebliche Nachtheile, weil in einem kleinen Bezirke, z. B. von ½ Mill. Einw., ein einzelner großer Brandschaden, wie z. B. der Brand der Stadt Hof im J. 1823 mit 1 Mill. fl., die Beiträge auf eine lästige Höhe treibt. In einem großen Staate kann die Verschiedenheit in der Bauart, der Feuerpolizei, den Gewohnheiten ic. die Anordnung von Provincial-Versicherungen nothwendig machen. Sonst aber haben große Versicherungsanstalten entschiedene Vorzüge, weil die Verwaltungskosten bei ihnen niedriger sind und die Zahl der Unglücksfälle von Jahr zu Jahr weniger ungleich ist.

(c) S. besonders die Begründung des bad. Gesetzentwurfes von 1839 zu §. 12, auch Baumgärtner a. a. O. Deßhalb ist in Baden, ungeachtet des im J. 1827 von beiden Kammern ausgesprochenen Wunsches einer Classeneintheilung, doch das Gesetz von 1840 ohne eine solche vorgelegt und angenommen worden, mit der Ausnahme (§. 16), daß Kirchen mit Blitzableitern nur ¼, Gebäude mit größeren, besonders gefährlichen Einrichtungen das 2fache, mit höchst gefährlichen Einrichtungen das 3fache des auf ihren Anschlag fallenden Beitrags bezahlen. Aufzählung der in beide Classen gehörenden Gebäude, V. v. 20. März 1841. Für höchst gefährlich gelten Theater, Krappfabriken mit Wärmeöfen, Cichorienfabriken mit Darröfen, Zuckerfabriken ohne Dampfsieden, Runkelrübentrocknungen, Maschinenspinnereien, Bierbrauereien mit Malzdarren über offenem Feuer.

(d) Alte Strohdächer sind z. B. weniger gefährlich als neue.

§. 26 b.

Die Verschiedenheiten der Feuergefährlichkeit sind auf mehrfache Weise beachtet worden.

a) In vielen Assecuranzordnungen wurden Pulver- und Lohmühlen, Schmelz-, Ziegel- und Glashütten, Darrhäuser und dgl. ganz von der Theilnahme ausgeschlossen, oder es wurde doch die Versicherung nicht für den vollen Preis gestattet (a).

b) Angemessener, obgleich noch immer nicht genügend, war die Bestimmung, daß bei den mehr gefährdeten Gebäuden nicht der ganze versicherte Anschlag im Falle des Schadens zu vergüten sei, was die Folge hatte, daß hier der Beitrag zu der zu hoffenden Entschädigung in einem anderen Verhältnisse steht, als bei Gebäuden von geringerer Gefahr (b).

c) Man hat auch versucht, für verschiedene Classen von Gebäuden die Beiträge aus den zugehörigen Beschädigungen besonders zu ermitteln, so daß eigentlich mehrere von einander getrennte, nur unter einer Verwaltung stehende Gesellschaften vorhanden sind (c).

d) Am besten ist es, mehrere Classen der Gefährlichkeit aufzustellen und Zahlen für die Abstufung der Beiträge festzusetzen (d). Es ist hiebei zu erwägen,

α) wie viele Classen man aufstellen, und wie man die Grade der Feuergefährlichkeit bestimmen solle, zunächst nach der Beschaffenheit der Wände und Dächer, — sodann nach dem Freistehen oder Anstoßen an andere Gebäude, — ferner allenfalls auch nach der Bestimmung eines Gebäudes, z. B. Branntweinbrennereien, Brauereien, oder zur Aufbewahrung leichtentzündlicher Stoffe. Hiebei muß man alle vorhandenen Erfahrungen zu Hülfe nehmen, sich aber hüten, die Sache allzu verwickelt zu machen (e);

β) in welches Verhältniß man die Beiträge der verschiedenen Classen setzen soll. Während die Analogie der Prämien-Gesellschaften dafür spricht, das Verhältniß genau nach dem der Gefahr anzusetzen, empfehlen die obigen Rücksichten (§. 26 a) und die Neuheit dieser Maaßregel eine geringere Abstufung der Classensätze (f).

(a) Z. B. Kalenberg-Grub. §. 11 und Bremen-Verden §. 14, daß Häuser mit Schindeldächern nur zu ²/₃ ihres wahren Preises eingetragen werden dürfen. Dieß ist unzureichend, denn es überhebt die sämmtlichen Theilnehmer nicht der Nothwendigkeit, eine größere Gefahr ohne größeren Beitrag zu übernehmen. — Das würtembergische Gesetz schließt auch Casernen, Marställe, Theater, Pulvermühlen, Eisenwerke, Porzellanfabriken, Ziegelhütten, Kalköfen, Brauhäuser mit Holzdach ꝛc. aus.

(b) Hessen-Darmst. V. v. 1777, §. 5. Bei Wasch-, Back- und Brauhäusern, Schmiede-, Schlosser ꝛc. Werkstätten werden nur ⁹/₁₀ der

Entschädigungssumme, die sonst zu bezahlen sein würde, ausgeliefert. Dieß bestätigt die B. v. 1816, §. 4, und fügt hinzu, daß bei Pulvermühlen, Hüttenwerken, Ziegelöfen ꝛc. nur ²/₃ der nach dem Schaden ausgemittelten Entschädigungssumme bezahlt werden. Die Eigenthümer dürfen, um die volle Entschädigung zu erhalten, ihre Gebäude dieser Art um ¹/₅ oder ¹/₁₀ höher eintragen lassen.

(c) Kurmärk. B. v. 1825 unterscheidet 4 Claffen: 1) massiv mit Stein- oder Metalldach, 2) ebenso, aber mit einer Brauerei oder Brennerei, oder auch nicht massiv, aber mit Stein oder Metall gedeckt; 3) mit Vegetabilien gedeckt, oder nicht massiv mit Steindach und einer Brauerei oder Brennerei; 4) Schmieden, Ziegeleien, Mühlen, Gebäude mit Dampfmaschinen ꝛc. Jede Classe trägt allein die in ihr vorfallenden Schäden. Die Beiträge beliefen sich 1833 in diesen vier Classen auf ⅓ per mille, — 2⅔ – 4⅓ p. m. — 1⅛ Proc. — Schon früher war eine ähnliche Einrichtung im Großh. Posen getroffen worden.

(d) Spur hievon in der kurmainzischen B. §. 13: Häuser mit Stroh- und Schindeldächern werden um ¼ höher eingetragen, als ihr Preis, und nur dieser wird vergütet. Nach diesem Grundsatze sind eingerichtet die Gesetze von Weimar (1826), Baiern (1834), Zürich und den 3 preuß. Provinzen (1835), ferner die Gesellschaft des Dep. Niederrhein (1820). — Die Erfahrungen der Prämien-Gesellschaften können hiebei benutzt werden. So würde man z. B. mit Rücksicht auf den Tarif der franz. Phönix-Gesellschaft die zu versichernde Summe bei einem ganz steinernen gewöhnlichen Gebäude einfach, bei einem massiven Wirthshaus 1¼ mal, bei einer massiven Brauerei 1½ fach, bei einer massiven Oelmühle am Wasser doppelt, bei einer massiven Zuckersiederei 4fach in Ansatz bringen, um die Summe zu erhalten, welche bei einer gegenseitigen Versicherung der Vertheilung der Schäden zu Grunde gelegt wird. Eine auf 25,000 fl. geschätzte Zuckersiederei hätte also den Beitrag nach dem Ansatze von 100,000 fl. zu entrichten ꝛc. Rau in Oekon. Neuigkeiten, 1825. Nr. 48. — Bernoulli a. a. O. S. 21. 30.

(e) Der Einfluß der Lage ist schwer zu bestimmen, indem z. B. schon ein Zwischenraum von 10 Fuß die Gefahr mindert, aber die einsame Lage das Eintreffen der Hülfe sehr verzögert, s. Verh. d. l. K. in Baden von 1837. In Rücksicht auf die Bauart sind für die preuß. Rheinprovinz 7 Classen angenommen, deren jede wieder nach der gewöhnlichen oder der besonders gefährlichen Lage oder Benutzung 2 Unterabtheilungen hat. Für Westfalen sind 8, für Posen 7 Classen aufgestellt, bei denen auch die isolirte oder nicht isolirte Lage mit in Betracht kommt. Ein massives Gebäude ist isolirt, wenn es 5 Ruthen von anderen entfernt ist, andere bei 10–20 Ruthen Entfernung. — Baiern, 4 Classen: 1) Wände und Dach massiv, 2) Wände Fachwerk, Dach massiv, 3) massive Wände mit Holz- oder Strohdach, 4) nicht massiv mit dergl. Dach. — Weimar, 3 Classen. — Zürich: 1. Classe enthält alle Gebäude, welche nicht in die beiden anderen fallen; 2. Cl. Spinnereien, Kattundruckereien, Ziegelbrennereien; 3. Cl. Rothfärbereien, Trockengebäude mit Heizung, chemische Fabriken, Schmelz-, Gieß- und Glashütten. In Würtemberg (f) kommen Häuser mit steinernen Wänden und Dächern in der Regel in die 3. Classe, aber wenn sie mindestens 20 Fuß von anderen Gebäuden entfernt sind, in die 2. Cl. Häuser mit verbrennlichem Dach oder Holzwand gehören zur 4. Classe, außer wenn sie 400 oder mehr Fuße von anderen Gebäuden abstehen. Es sind hierbei auch nähere Regeln nöthig, was für massiv zu erachten und wie es beim Zusammenstoßen verschiedenartiger

Gebäude zu halten sei, ferner wieviel für eine feuergefährliche Bestimmung zugesetzt werden solle.

(*f*) In Baiern sollen sich die Beiträge von gleicher versicherter Summe in den 4 Classen verhalten wie 9. 10. 11. 12. In diesen Classen war 1837/38 für ein Gebäude im Durchschnitt der wirkliche Beitrag $58,^{2}$ Kr. — $25,^{8}$ Kr. — $52,^{8}$ Kr. — 23 Kr.; ohne Classenabstufung hätte der allgemeine Beitrag $6,^{53}$ Kr. ausgemacht und jedes Gebäude der 4 Classen hätte bezahlt 1 fl. 16 Kr. — $27,^{4}$ Kr. — $50,^{7}$ Kr. — $20,^{3}$ Kr. Man sieht, daß zwar die massiven Gebäude durch die Classification eine beträchtliche Erleichterung erhalten, die anderen aber nur wenig mehr zu tragen haben. — In der preuß. Rheinprovinz ist das Verhältniß der Classen: 1—2 u. 3—3 u. 4—4 u. 6—6 u. 8—8 u. 12—10 u. 14, in Westfalen 1 bis 7 nach der Zahlenfolge, in Posen 1 — $1\frac{1}{3}$ — $1\frac{2}{3}$ — 2 — $2\frac{1}{3}$ — $2\frac{2}{3}$ — 3 (jene beiden Anordnungen offenbar mit zu großer Steigerung). — Weimar und Zürich: 1 — $1\frac{1}{2}$ — 2. — Société d'assurance mutuelle pour le dép. du Bas-Rhin $1\frac{1}{2}$ und 2 für die beiden Classen. — London insurance corporation (seit 1720), jetziger Tarif: gewöhnliche Gefahr $1\frac{1}{2}$ Schill. Proc. = $0,^{75}$ p. m., größere $2\frac{1}{2}$ Schill. = $1,^{25}$ p. m., größte $4\frac{1}{2}$ Schill. = $2,^{25}$ p. m. — Würtemb. Gesetz v. 14. März 1853 und Vollzugsverordnung vom nämlichen Tage: 6 Classen, in denen das Beitragsverhältniß = $\frac{1}{2}$ — $\frac{3}{4}$ — 1 — $\frac{5}{4}$ — $2\frac{1}{2}$ — 4 ist. In die 1. Classe kommen Kirchen mit Blitzableiter, steinernen Wänden und unverbrennlichem Dach. Im Canton Bern fand man für die wirkliche Größe der Gefahr folgendes Verhältniß: ganz massive Gebäude 10, hölzerne mit Ziegeldach $19,^{3}$, steinerne oder hölzerne mit Schindeldach $27,^{83}$, Häuser mit Strohdach $63,^{3}$. Die bad. Commission der zweiten Kammer hatte für 3 oder 4 Classen folgende Verhältnisse vorgeschlagen: 1 — $1\frac{1}{3}$ — $1\frac{2}{3}$ — 2 oder 3 — 4 — 5 — 6. — Das bad. Gesetz v. 29. März 1852 §. 62 schlägt einen ganz neuen Weg ein. Es werden 4 Classen gebildet, in welchen der einfache Umlagesatz 1 fach ($\frac{3}{3}$), — $\frac{4}{3}$ fach, — $\frac{5}{3}$ und 2 fach entrichtet wird. Jährlich werden die Gemeinden neu in diese 4 Classen eingereiht, je nachdem im letzten Jahre die Brandschäden innerhalb der Gemeinde nicht über 1 p. m., — über 1 p. m. bis $\frac{1}{2}$ Proc., — über $\frac{1}{2}$ bis $1\frac{1}{2}$ Proc., — über $1\frac{1}{2}$ Proc. des versicherten Anschlages betragen haben. Hat z. B. die bei weitem zahlreichste erste Classe in einem Jahre 1 p. m. oder 6 Kr. von 100 fl. zu entrichten, so bezahlen die 3 anderen Classen 8 — 10 — 12 Kr. Hiebei kommt also die ungleiche Gefahr nicht in Betracht, nur der im vorhergehenden Jahre zufällig eingetretene Schaden. Diese Einrichtung hat für sich, daß sie eine keiner Meinungsverschiedenheit unterworfene Thatsache der Abstufung zu Grunde legt, gegen sich aber 1) daß das Beitragsverhältniß jährlich wechselt und neu ermittelt werden muß, 2) daß hier dem Zufall ein großer Einfluß eingeräumt wird und Orte, in denen ein starker Brand war, stark getroffen werden, während sie schon ohnehin sehr leiden, 3) daß für alle Gebäude in einer Gemeinde gleichviel beizutragen ist und die Besitzer feuerfesterer Häuser die schlechtere Bauart ihrer Nachbarn büßen, ferner daß auch sehr gefährdete Gebäude in den Jahren, wo es zufällig an einem Orte nicht gebrannt hat, nicht mehr entrichten als die sichersten. Die nach diesem Gesetze wahrgenommene Verminderung der Feuerschäden ist nicht aus diesem Beitragsverhältniß, sondern aus anderen Bestimmungen zu erklären. Im J. 1857 hatten die zur 1. Classe gehörenden Gemeinden $92,^{2}$, die der 2. $9,^{8}$, der 3. $1,^{6}$, der 4. nur $0,^{79}$ Proc. aller Versicherungsanschläge. 1858/59 beliefen sich die Schäden auf $0,^{61}$ p. m. der Versicherungen, die 4 Classen hatten 4 — $5\frac{1}{2}$ (statt $5\frac{1}{3}$) — 7 (statt $6\frac{2}{3}$) — 8 kr. von 100 fl. zu bezahlen.

§. 27.

Andere hiebei in Betracht kommende Puncte:

1) **Anschlag des versicherten Gebäudes.** Derselbe darf nicht höher sein, als der zu seiner Wiederherstellung im Falle der gänzlichen Zerstörung erforderliche Kostenaufwand, weil sonst eine Versuchung zur Brandstiftung entsteht (*a*). Ist ein Gebäude nicht mehr neu, so muß für den durch Abnützung zerstörten Theil des Werthes ein verhältnißmäßiger Abzug an dem Ueberschlage der Erbauungskosten gemacht werden, der schon aus dem muthmaßlichen mittleren Kaufpreise (Verkehrswerth) eines Gebäudes erkannt wird. Da die Gebäude sich von Jahr zu Jahr etwas verschlechtern, wenn nicht beträchtliche Herstellungen vorgenommen werden, so muß nach nicht zu langen Zwischenzeiten eine Prüfung und Berichtigung der Anschläge veranstaltet werden (*b*). Ist man hierin vorsichtig, so ist es unnöthig, die Versicherung auf einen gewissen Theil der Baukosten, z. B. $4/5$ oder $9/10$ derselben zu beschränken (*c*). Eine niedrigere Versicherung kann dem Eigenthümer aus den nämlichen Gründen gestattet werden, welche gegen den Zwang zur Theilnahme sprechen, §. 25 a, (*d*). Die Versicherung eines Gebäudes bei zwei verschiedenen Anstalten ist nur zulässig, wenn die Gesellschaft, bei der die spätere Versicherung genommen wird, von der früheren durch den Versicherten benachrichtigt wird (*e*).

2) **Ausmittlung des Schadens.** Sogleich nach jedem Brande wird die Größe desselben abgeschätzt. Der zu leistende Ersatz ist der ebensovielste Theil der versicherten Summe, als der Schaden von dem vollen Preise oder Kostenbetrage des Gebäudes, woferne der Brand nicht, nach richterlichem Erkenntniß, von dem Eigenthümer verschuldet ist (*f*).

(*a*) Was unzerstörbar ist, z. B. der Bauplatz, die Gerechtsamen, die Grundmauern, das darf nicht mit angerechnet werden. — Viele Verordnungen brauchen den unbestimmten Ausdruck **Werth, wahrer Werth**. **Bauwerth** ist ein unrichtiger Ausdruck für Baukosten.

(*b*) Hätte man hinreichende Erfahrungen über die Werthverringerung der Gebäude bei jeder Art der Baustoffe und in jedem Alter, so könnte man eine allgemeine Erniedrigung des Anschlags aller derjenigen Gebäude, an denen keine künstliche Veränderung vorgenommen worden ist, etwa alle Jahrzehnte verordnen. — Nach dem bad. Ges. v. 1852

§. 28 u. 33, sowie nach dem würtemb. Ges. v. 1853 §. 12 soll der Gemeinderath jährlich untersuchen, wo eine neue Schätzung nöthig ist, auch werden von Zeit zu Zeit allgemeine Revisionen im ganzen Lande angeordnet.

(c) Nach dem bad. Ges. v. 1852 §. 35 werden nur ⅘ des Schadens ersetzt, es ist jedoch erlaubt, das letzte ⅕ bei einer anderen Anstalt zu versichern.

(d) Wo der Eintritt frei ist, da wird gewöhnlich die Versicherungssumme von dem Eigenthümer beliebig bestimmt, wo Zwang stattfindet, da wird meistens auch diese Summe durch Taxation von Sachverständigen ausgemittelt; doch muß dem Eigenthümer freistehen, eine neue Schätzung zu verlangen. Bauveränderungen erfordern in diesem Falle eine Abänderung des Anschlages. Ausnahmen: löwensteinische V. §. 6: der Eigenthümer braucht nicht über die Hälfte des Werthes versichern zu lassen. Nach der hess. V. v. 1816, §. 12 darf die versicherte Summe höchstens ⅓ unter dem Werthe sein, nach dem würtemberg. Ges. §. 6 um ¼ unter demselben.

(e) Z. B. Bremen-Verden'sche V.: Strafe von 100 Rthlr. und Verlust der Entschädigung. Baden, §. 11: Strafe bis 500. fl. und Verlust der Entschädigung, doch ohne Nachtheil für die Unterpfandgläubiger, §. 13.

(f) Das bad. Ges. v. 1840 §. 6 bestimmt auch für diesen Fall, daß der, den Unterpfandgläubigern zukommende Theil der Entschädigung ungeachtet der Verschuldung des Eigenthümers ausbezahlt werden soll, vorausgesetzt, daß dieser nicht andere Mittel hat, die Gläubiger zu befriedigen. Ebenso Gesetz von 1852. Dieß verordnen auch die Satzungen mehrerer Privatanstalten, z. B. der Colonia und des deutschen Phönix, und zwar so, daß der Anspruch des befriedigten Gläubigers auf die Gesellschaft übergeht.

§. 28.

3) **Schadenersatz.** Für die Beschädigten ist es höchst nützlich, den Ersatz bald zu empfangen. Es muß daher bei wechselseitigen Assecuranzen, wenn kein baarer Vorrath in der Casse ist, die nöthige Summe einstweilen verzinslich aufgenommen werden, bis sie durch die eingehenden Beiträge wieder vergütet wird. Die gewöhnliche Vorschrift, daß die Entschädigung nur dann ausbezahlt wird, wenn das zerstörte Gebäude wieder aufgebaut wird, widerstreitet dem Wesen der Versicherung und ist unnöthig, denn man hat nicht zu besorgen, daß es überhaupt an Gebäuden fehlen werde (a).

4) Die **Beiträge** werden von Prämiengesellschaften jährlich nach dem ausbedungenen Fuße forterhoben, wobei durch eine ungewöhnliche Menge von Brandschäden das Angreifen des zur Sicherheit von den Actionären eingeschossenen oder ver-

schriebenen Capitals nöthig werden kann. Bei wechselseitigen Versicherungen werden die Beiträge gewöhnlich jährlich ausgeschrieben, so daß sie die eingetretenen Schäden und die Verwaltungskosten decken. Die Unbequemlichkeit, daß hiebei die jährlichen Zahlungen sehr ungleich ausfallen (b), läßt sich vermindern, wenn man einen festen ordentlichen Beitrag anordnet, von dem in guten Jahren etwas erübrigt wird, um einen Hülfsvorrath zu sammeln oder den Mitgliedern einen Theil zurückzuzahlen, §. 26. In ungünstigen Jahren wird nur nach Erschöpfung des Hülfsvorrathes noch ein außerordentlicher Beitrag eingefordert (c). Oefters hat man in sehr schweren Jahren, um die Beiträge nicht auf eine lästige Höhe steigern zu müssen, einen Theil des Jahresbedarfes geborgt, in der Absicht, die Schuld aus den Ueberschüssen der folgenden Jahre zu tilgen, ein Verfahren, welches bei mangelhaften Einrichtungen zu einer schweren Schuldenlast Anlaß geben kann (d).

5) Ueber die Führung der Feuerversicherungsbücher (Kataster) sowie über das bei der Entwerfung und Prüfung der Versicherungsanschläge und bei der Abschätzung der Brandschäden zu beobachtende Verfahren sind ausführliche Geschäftsanweisungen (Instructionen) aufzustellen (e).

(a) Auch die Furcht vor der leichtsinnigen Verzehrung der Summe ist überflüssig. Der Hauptgrund zur Festsetzung obiger Bedingung ist die Besorgniß, daß ohne die Nöthigung zum Wiederaufbau mehr Brandstiftungen aus Gewinnsucht vorkommen möchten, wenn die Hausbesitzer ihr Vermögen anderweitig anzulegen beabsichtigen. Dieß müßte jedoch durch die Vorsicht gegen übermäßige Versicherungsanschläge verhütet werden. — Von der Verpflichtung, wieder auf der nämlichen Stelle zu bauen, wird eine Dispensation nach billigem Ermessen gestattet, bad. Ges. von 1840 §. 52.

(b) Der Betrag der Brandschäden und der Jahresbeiträge in Verhältniß zu der versicherten Summe ist sowohl in verschiedenen Zeiten als in mehreren Gegenden sehr ungleich, was nicht blos von der Bauart und Feuerpolizei, sondern auch von den durch mangelhafte Einrichtungen begünstigten Brandstiftungen abhängt. Beispiele von Durchschnitten: Im preußischen Staat waren die Schäden 1857: Schlesien $1,^4$, Ostpreußen $2,^3$, Westpreußen 4 p. m., Kur= u. Neumark Städte $2,^8$, Land $4,^7$, Sachsen Städte $3,^9$, Land $4,^3$, Reg.=Bez. Gumbinnen Stadt $1,^3$, Land $5,^3$ p. m. — Baden, Betrag der Entschädigungen 1810—14 i. D. $^1/_5$ p. m., 1815—19 $0,^{84}$ p. m., 1820—24 $0,^9$, 1825—29 $1,^{61}$, (viele Brandstiftungen!), 1830—34 $1,^{69}$, 1835—39 1, 1840—44 $1,^{25}$, 1845—49 $1,^{76}$, und zwar in diesen 5 Jahren durchschnittlich im Seekreis $3,^{94}$, im Oberrheinkreise $1,^{77}$, Unterrh. $1,^3$, Mittelrh. $1,^{43}$ p. m. Im D. 1853—58 waren die Schäden $0,^{67}$ p. m., die Beiträge $0,^{77}$ p. m. der versicherten Summe.

Im J. 1856 beliefen sich die Schäden nur auf 0,⁴⁶⁷ p. m. — Oesterreich, Größe der Beiträge i. D. 1848 u. 49: Mähren u. Schlesien 5, Böhmen 4,⁹⁰, Oesterr. unter der Enns 4,¹⁶, Steiermark, Kärnthen, Krain 2,⁷⁶, Tirol 2,⁸⁷ p. m. — Canton Bern 1807—30 0,⁹¹ p. m. — Lucern 1517—25 0,⁵ p. m. — In Frankreich wird der mittlere Belauf der Prämien zu 0,⁸⁵ p. m. angenommen. — Sachsen, wo die Beiträge alle 3 Jahre neu ausgeschlagen werden, i. D. 1840—48 2,⁴ p. m. — Würtemberg 1842—45 1,²³ p. m. — In Belgien hatten die 7 großen Prämiengesellschaften im J. 1848 bei einer Versicherungssumme von 1428 Mill. Fr. 0,⁴⁶ Prämie, 0,⁴⁶ Entschädigungen, 0,²⁹⁰ p. m. Kosten und 0,⁰⁰³ Gewinn, der also 10,⁸ Proc. der Prämien ausmachte. Das Jahr 1822 zeichnete sich (wegen der Trockenheit) durch zahlreiche Brandschäden aus. Sie beliefen sich im Großh. Posen auf 11, in Ostpreußen auf 9,⁴, in Baiern auf 4,⁷, in Baden auf 2,⁵⁶ p. mille.

(c) J. B. Löwenstein, § 12. Jährlich wurden 3 Kr. von 100 fl. erhoben. Aehnlich die älteren Feuercassen, s. §. 24 (a), und Lotz, a. a. O. — Der ordentliche Beitrag ist von 100 rl. in Rheinpreußen ⁵/₉, in Westfalen ¹/₃, in Posen 2 p. m. in der ersten Classe.

(d) J. B. Kurmark, 1765, §. 28, und Kur-Mainz, §. 10, daß in keinem Jahr über ¹/₃ Proc. aufgelegt werden soll. Vgl. Vincens, S. 572. Die bad. Versicherungsanstalt hatte zu Ende des Jahres 1836 eine Schuld von 762 000 fl. bei einem Gebäudeanschlag von 194½ Mill. fl., es wäre also ein Beitrag von 3,⁹ per mille oder 23,⁴ Kr. von 100 fl. nöthig gewesen, um die Schuld in einem Jahre abzutragen. Sie ist seitdem abgezahlt worden.

(e) Bemerkenswerth ist die Bestimmung des würtemb. Ges. §. 49, daß alle 3 Jahre aus jedem Oberamte ein Hauseigenthümer gewählt wird und die aus diesen Abgeordneten gebildete Versammlung über den Zustand der Landes-Versicherungsanstalt beräth.

§. 29.

Auch die Versicherung von beweglichem Vermögen (Fahrniß) ist von unzweifelhaftem Nutzen. Für sie, als die viel neuere, hat man nirgends allgemeine Landesanstalten für nöthig gehalten (§. 24) und auch den Beitritt nie erzwungen. Die zur Versicherung kommenden beweglichen Gegenstände sind nach Menge und Verkehrswerth häufigen Veränderungen unterworfen, weßhalb die Anschläge leichter als bei den Häusern in der Absicht, eine Brandstiftung vorzunehmen, übermäßig erhöht werden können, auch kann bei einem Brandschaden leichter Betrug vorgehen, indem der Versicherte gerettete Sachen verheimlicht, um größeren Ersatz zu erlangen (a). Außer den auch bei Hausversicherungen nöthigen Anordnungen, daß den Unterthanen nur bei gewissen benannten Gesellschaften die Versicherung gestattet ist, daß auswärtige Gesellschaften verantwortliche, unter der Aufsicht der Staatsbehörden stehende Geschäftsführer im Inlande aufstellen müssen, daß kein Gegenstand über seinem mittleren Verkehrswerthe angeschlagen, oder ohne Anzeige doppelt versichert werden dürfe, ist es rathsam noch weiter vorzuschreiben

1) daß jede Versicherung von Fahrniß der Obrigkeit angezeigt und der Anschlag einer Prüfung durch die Gemeindevorsteher unterworfen werde,

2) daß bei einer eingetretenen Verschlechterung des versicherten Gegenstandes über einen gewissen Betrag hinaus der Versicherte selbst Anzeige machen und seinen Anschlag herabsetzen solle (*b*).

(*a*) Daher ist die Ausmittlung des Schadens hier weit schwieriger. Dieß giebt bei der Fahrniß=Versicherung den Prämiengesellschaften den Vorzug, weil es hier den Unternehmern freisteht, solche Bedingungen aufzustellen, welche die meiste Sicherheit versprechen. Vincens, S. 576. Viele Prämien=Gesellschaften versichern auf Gebäude und bewegliches Vermögen zugleich. Die Pariser Gesellschaften hatten zu Ende des Jahres 1832 eine Summe von 10170 Mill. Fr. versichert, wovon die Schäden 0,⁶³ Procent betrugen; die Aachen=Münchener Gesellschaft hatte zu Ende 1843 eine versicherte Summe von 371˙824 000 rl., Ende 1851 527˙981 000, 1857 aber 859¹/₂ Mill. Thlr., die Magdeburger 1857 695,⁴ Mill., die Colonia 540, die Elberfeder 318,⁵, der deutsche Phönix 1843 294 Mill. Thlr. — Die 1819 errichtete sogenannte Versicherungsbank zu Gotha ist eine wechselseitige, bei welcher jährlich der Ueberschuß der Prämien über die Kosten den Versicherten erstattet wird. Sie hatte 1859 371¾ Mill. Thlr. Versicherungssumme, erhob in diesem Jahre im D. 3,⁰⁴ p. m. festen Beitrag und vergütete davon wieder aus dem Ueberschusse der Vorjahre 10 Proc. Die Kosten waren 0,¹³ p. m. — Die Rückerstattung („Dividende") war 1821—31 i. D. 37,⁹, 1843—52 55 Proc., 1854 0 (Brand v. Memel!) 1857 und 1858 60, 1859 70 Proc. der Beiträge, welche ebenfalls Prämien genannt werden.

(*b*) Bad. Verordnungen vom 4. Mai 1829, 2. April und 2. Mai 1835, und 25. April 1836. Ges. vom 30. Juli 1840. Ueber jede Mobiliar-Versicherung ist der Gemeinderath zu vernehmen. Ausländische Gesellschaften müssen eine Caution dafür stellen, daß sie im Falle eines Streites bei inländischen Gerichten Recht nehmen wollen. In Baiern dürfen Mobilien nur versichert werden bei der Aachen=Münchener Gesellschaft, welche von ihrem Gewinn die Hälfte an gemeinnützige Anstalten abgeben muß, ferner bei der V. der baierischen Bank und bei der Nürnberger gegenseitigen Anstalt. — Das preuß. Gesetz vom 8. Mai 1837 verbietet Versicherung über den „gemeinen Werth", mehrfache Versicherung eines Gegenstandes, unmittelbare Versicherung bei einer ausländischen Gesellschaft ohne Mitwirkung eines inländischen Agenten; es ist eine Prüfung der Anschläge sowohl als der Entschädigungsberechnung durch die Polizeibehörde vorgeschrieben. Brüggemann, Die Mobiliarversicherung in Preußen nach dem Ges. v. 8. Mai 1837, Berlin, 1838. (Enthält auch die Verordnungen vieler anderer Länder.)

Die Brandschäden betrugen im J. 1856: Magdeburger Ges. 2,⁴ p. m. (1857 1,⁵), — Elberfeld 1,⁴, — Colonia 0,⁹⁹, — Aachen=München 0,⁷⁵ p. m. — Gotha 1856 0,⁹⁷, 1857 0,⁹⁹, 1859 0,⁷⁵ p. m.

Drittes Hauptstück.
Unternehmungen.

§. 29 a.

Die zur Betreibung eines jeden und insbesondere auch jedes hervorbringenden Gewerbes erforderlichen sachlichen Mittel und Arbeitskräfte werden von dem Unternehmer zusammengebracht und mit einander in Verbindung gesetzt, I, §. 136. Die Gründung von Gewerbsunternehmungen, sowohl von fortdauernden als von solchen, die nur auf beschränkte Zeit beabsichtigt sind, muß in der Regel dem freien Willen der Bürger überlassen werden, damit jeder diejenige Art und Ausdehnung des Gewerbbetriebes wählen könne, die seinen Neigungen und Fähigkeiten, seinen Mitteln und seinen Erwartungen eines gewissen Erfolges am meisten entspricht. Nur bei dieser Freiheit der Gewerbe wird das ganze Gebiet derselben vollständig angebaut und die beste Benutzung der persönlichen Kräfte bewirkt. Beschränkungen, welche entweder die Ergreifung eines Gewerbes an gewisse Bedingungen knüpfen oder ganz verhindern, oder für die Betreibung von Gewerben Verbote und Gebote aufstellen, mögen in einzelnen Zweigen der Gewerbthätigkeit durch besondere Umstände zu rechtfertigen sein, sind aber doch als Ausnahmen von obigem Grundsatze zu betrachten und sollen nicht weiter ausgedehnt werden, als das Bedürfniß fordert. Die Staatsgewalt soll die freie Bewegung des Gewerbfleißes weder zu Gunsten ihrer eigenen Unternehmungen (durch Regalien, III, §. 166.) noch auch durch Vorrechte für einzelne Privatpersonen (Privilegien, Monopole) weiter einengen, als es durch Rücksichten des Gemeinwohles rathsam gemacht wird.

§. 29 b.

Unternehmungen, für welche das Vermögen eines Gewerbsmannes nicht zureicht, können mit Hülfe des Credits, d. i. mit geborgtem Capitale betrieben werden. Da jedoch der Credit des Unternehmers eine Gränze hat, sowie dieser auch nicht geneigt ist, eine sehr beträchtliche Wagniß auf sich zu nehmen, so werden die meisten großen Unternehmungen von Mehreren gemeinschaftlich, mit zusammengelegtem Capitale, veranstaltet, wobei die Theilnehmer sich auch in irgend einem Grade die Mitwirkung zu den Betriebsgeschäften ausbedingen. Sie theilen sich in den Gewinn, haben dagegen auch die Verluste zu tragen. In neuerer Zeit sind solche gemeinschaftliche Unternehmungen sehr häufig geworden, weil man die aus der Anwendung eines großen Capitals zu erzielenden Vortheile aus zahlreichen Erfahrungen kennen gelernt hat. Es haben sich daher auch verschiedene Arten der Gemeinschaft gebildet, zwischen denen je nach der Beschaffenheit der Gewerbe und den persönlichen Verhältnissen der Theilnehmer gewählt werden kann. Das bürgerliche (Privat‐) Rechtsgesetz hat die bei solchen Gewerbsgesellschaften eintretenden Rechte und Verbindlichkeiten zu regeln, dabei aber auch volkswirthschaftliche Zwecke zu berücksichtigen (a). Es ist nämlich darauf Bedacht zu nehmen, daß

1) die Theilnehmer einer Gesellschaft sowie andere, mit derselben in Vertragsverhältniß tretende Personen vor Verlusten geschützt werden, die ihnen aus einer fehlenden Handlungsweise der Geschäftsführer zugefügt werden können,
2) daß jedoch die Gründung und Verwaltung solcher Gesellschaften nicht mehr erschwert werde, als es zu dem in 1) angegebenen Zwecke nöthig scheint.

Bei einem Theile der Gesellschaften ist eine gewisse Aufsicht der mit der Volkswirthschaftspflege beauftragten Staatsbehörden nöthig, doch soll dieselbe auf das in der Natur der Sache begründete Bedürfniß beschränkt werden.

(a) Solche Rechtsbestimmungen sind zuerst für die Handelsgesellschaften aufgestellt worden, müssen aber von allen Gewerbsgesellschaften gelten, denn es giebt solche für die manchfaltigsten Zwecke, z. B. Bergbau, Landwirthschaft (Entwässerungen ıc.), Gewerke, Versicherungen, Fortschaffung (Rhederei, Eisenbahnen, Omnibus, Lohnkutschen ıc.) und Dienstgewerbe (Theater, Bäder ıc.).

§. 29 c.

Die Hauptformen der Gewerbsgesellschaften sind

1) Die offene Gesellschaft, aus einer kleinen Zahl von Mitgliedern bestehend, welche die Geschäfte gemeinschaftlich

besorgen und wie ein einzelner Unternehmer mit ihrem ganzen Vermögen für die übernommenen Verbindlichkeiten haften. Sie erfordern nur die Anzeige des Geschäftsnamens (Firma) und der Mitglieder.

2) Größere Gesellschaften, bei denen nicht alle Mitglieder an der Besorgung des Betriebes Theil nehmen können und also die geschäftführenden von denen unterschieden sind, welche nur Capital eingeschossen haben. Manche Unternehmungen sind nur vermittelst solcher Gesellschaften ausführbar oder wenigstens einträglich. Es ist jedoch in den letzten Jahrzehenden viel Capital in diesen großen Gesellschaften verloren gegangen, weil die Verwaltung derselben leichtsinnig, ohne hinreichende Kenntniß und Sorgfalt geführt wurde, bisweilen sogar Unredlichkeit Einzelner in eigennütziger Absicht sich einmischte. Die Staatsgewalt hat nicht den Beruf, solche Mißgriffe zu verhüten, welche die Mitglieder selbst bei gehöriger Aufmerksamkeit verhindern können und die Capitalisten müssen lernen, bei der Theilnahme an gewerblichen Unternehmungen die nöthige Vorsicht und Wachsamkeit auszuüben. Doch ist hier auch eine stärkere Fürsorge der Regierung anzuwenden. Die großen Gesellschaften theilen sich wieder in zwei Arten:

a) Die anonyme oder Actiengesellschaft, in welcher das einzulegende Capital in eine Anzahl gleicher Theile zerlegt wird und in gleicher Weise auch der Reinertrag vertheilt wird. Hier ist es nothwendig, daß der Gesammtheit der Theilnehmer (Actionäre) die wichtigeren Beschlüsse und Handlungen vorbehalten bleiben und daß von derselben zur fortlaufenden Führung der Geschäfte gewisse, der ganzen Gesellschaft verantwortliche Personen (Vorstand, Directoren) bestellt werden. Nützlich ist es, als Mittelglied noch einen größeren Ausschuß (Aufsichtsrath) zu ernennen, der den Vorstand überwacht und die öftere Zusammenkunft aller Mitglieder entbehrlich macht. Es ist ein fast allgemein angenommener Grundsatz, daß für die Errichtung einer solchen Gesellschaft besondere Genehmigung einer volkswirthschaftlichen Staatsbehörde erfordert wird, der eine Prüfung der vorgelegten Vertragsbestimmungen (Satzungen, Statuten) vorausgeht (a). Der Beweggrund zu dieser Anordnung liegt in der Gefahr ansehnlicher Verluste von Capital oder anderer volkswirthschaftlicher Nachtheile, welche durch die Stiftung unzweckmäßig eingerichteter und verwalteter Gesellschaften verursacht werden könnten. Die Erlaubniß soll aber nicht willkürlich oder bloß wegen der Vermuthung, daß die Unternehmung nicht einträglich genug sein werde, verweigert werden und es ist deßhalb rathsam, die Bedingungen bekannt zu machen, unter denen neue Actiengesellschaften auf Zulassung rechnen können. Es ist streitig, ob es besser sei, die Theilnehmer nur bis zum Belaufe ihrer Einlagen, oder mit ihrem ganzen Vermögen für die aus dem Betriebe herrührenden Verbindlichkeiten haftbar zu machen. In den meisten Staaten ist nach dem Beispiel des französischen Handelsrechtes jene beschränkte Haftbarkeit eingeführt worden, welche eine viel stärkere Ermunterung zur Errichtung solcher Gesellschaften darbietet, als die entgegengesetzte Anordnung, aber zur Verhütung des Mißbrauches der geringeren Verantwortlichkeit zu gewagten Unternehmungen strengere Vorsichtsmaaßregeln erheischt (b). Werden Actien auf den Inhaber (au porteur) zugelassen, so ist dafür zu sorgen, daß nicht die Unterzeichner ihre Absicht lediglich auf den Gewinn am Preise der Actien richten und sich alsbald durch den Verkauf ihrer Antheile zurückziehen (c).

b) Die **gemischte Gesellschaft, Commandite**, in welcher neben den geschäftführenden, unbedingt haftbaren Mitgliedern noch andere (**stille**) vorhanden sind, die bloß Capital einschießen und einen Antheil am Gewinn anzusprechen haben, aber nur bis zu dem Betrage ihrer Einlagen haften. Für die stillen Gesellschafter (Commanditisten) kann die Theilnahme nach Actien festgesetzt werden (d) (e).

(a) In Großbritanien ist nur die Einschreibung des Vertrages in ein Verzeichniß durch einen Beamten des Handelsamtes (board of trade) erforderlich. (Gesetz vom 14. Jul. 1856, 19. und 20. Vict. C. 47), mit Ausnahme von Eisenbahn-, Wasser-, Gas-Gesellschaften und mehreren anderen. Schwebemeyer, Das Actiengesellschafts-, Bank- und Versicherungswesen in England, 1859. S. 18. — Auch das deutsche Handelsgesetzbuch §. 207. 214 fordert in der Regel zur Errichtung einer solchen Gesellschaft sowie zur Abänderung der Statuten die Staatsgenehmigung, gestattet aber den Landesgesetzen, hievon abzugehen. — Gewöhnlich bedingt die Staatsgewalt bei der Ertheilung der Erlaubniß, daß ihr Gelegenheit gegeben werden muß, von dem Gang der Geschäftsführung Kenntniß zu nehmen, um gegen eine Verletzung der Satzungen von Amtswegen einschreiten zu können. In Großbritanien ist im genannten Gesetze nur bestimmt, daß ¹/₅ der Mitglieder, wenn sie zugleich ⅛ der Actien besitzen, eine Untersuchung der Geschäftsführung entweder durch besondere Beauftragte oder durch das Handelsamt verlangen können.

(*b*) In Großbritannien wurde erst 1855 gesetzlich gestattet, daß Gesellschaften von mehr als 25 Mitgliedern mit einer, auf die Einlagen beschränkten Haftbarkeit (limited liability) geschlossen werden dürfen. Das ang. Gesetz v. 1856 erlaubt dieß schon bei 7 Mitgliedern, es muß aber dann bei jeder Gelegenheit diese Eigenschaft der Gesellschaft ausgesprochen und in Erinnerung gebracht werden.

(*c*) §. 207. 222 des deutschen Handelsrechtes gestattet Actien auf Inhaber, sie werden aber nicht vor vollständiger Einzahlung ausgegeben, die Interimscheine müssen auf Namen lauten und die Unterzeichner der Actien haften unbedingt für die Einzahlung von 40 Proc. — In Großbritanien sind nur Actien auf Namen zulässig.

(*d*) Das deutsche Handelsrecht §. 150. 250 unterscheidet zwischen Commanditgesellschaften, die eine Eintragung in das Handelsregister erfordern, und stillen Gesellschaften, welche keine schriftliche Abfassung oder andere Förmlichkeiten nöthig haben. Bei den ersteren kann mit Staatsgenehmigung das Capital der Commanditsten in Actien zerlegt werden, §. 173. 174.

(*e*) Im österreichischen Staat waren 1857 121 Gesellschaften für Gewerke, Handel, Bäder u. dgl., von denen 84 ein Actiencapital von 23·371 000 fl. Conv. und 6·912 000 Lire hatten, ferner 27 Gesellschaften für Eisenbahnen, Brücken ꝛc., deren 16 ein Capital von 200⅓ Mill. fl. und 180 Mill. Lire besaßen, 5 Creditgesellschaften mit 263 Mill. fl. Capital, dazu die Nationalbank, die Versicherungsgesellschaften ꝛc. v Stubenrauch, Statistische Darstellung des Vereinswesens in K. Oesterreich, Wien, 1857.

Zweiter Abschnitt.

Pflege der einzelnen Classen von Stoffarbeiten.

Einleitung.

§. 30.

Bei den zu Gunsten einzelner Classen und Gattungen von Gewerben zu ergreifenden Maaßregeln ist eine Abstufung der stärkeren und der schwächeren Beförderung möglich. Wie weit man hierin zu gehen habe, dieß sollte weder durch den Zufall, noch durch eine individuelle Vorliebe bestimmt, sondern nach volkswirthschaftlichen Grundsätzen bemessen werden. Zunächst ist auf das Ebenmaaß zwischen der Erdarbeit, den Gewerken und dem Handel Bedacht zu nehmen, weil diese drei Classen von Gewerben zur reichlichen Versorgung des Volkes mit Sachgütern gleich nothwendig sind (I, §. 102—105) und einander wechselseitig unterstützen. Eine Begünstigung des einen Zweiges, die dem Emporkommen der anderen hinderlich würde, wäre fehlerhaft und selbst für den bevorzugten Gewerbszweig auf die Dauer nicht zuträglich, weil sie wie ein künstliches Reizmittel mehr Kräfte zu ihm hinleitete, als er anhaltend zu beschäftigen vermag, und weil ihm der kräftige Beistand der anderen Gewerbe entginge. In früherer Zeit hat man öfters den Gewerken oder dem Handel einen solchen Vorzug eingeräumt, doch fehlt es auch nicht an Beispielen der entgegengesetzten Einseitigkeit, nämlich einer fast ausschließlichen Vorliebe für die Landwirhschaft, wobei man übersah, daß dieselbe erst dann sicheren und reichlichen Absatz findet, wenn auch die Gewerke und der Handel neben ihr beträchtliche Ausdehnung erreicht haben, I, §. 365.

§. 31.

Es ist jedoch keine Verletzung dieses Ebenmaaßes, wenn die Regierung eines Landes sich eines Theiles der hervorbringenden Thätigkeit darum mit besonderem Eifer annimmt, weil derselbe bisher in seiner Ausbildung hinter den anderen zurückgeblieben ist. Eine solche Erscheinung rührt theils von früheren mangelhaften Staatseinrichtungen, theils von zufälligen Umständen her, die in der Geschichte und dem Charakter eines Volkes oder der natürlichen Ausstattung des Landes aufzusuchen sind. Bisweilen erleidet auch ein Gewerbe durch unabwendbare Ereignisse, z. B. Veränderungen in der Ein- und Ausfuhr, eine Bedrängniß, deren Ueberwindung verdoppelte Anstrengungen nothwendig macht. Ist eine Classe von Unternehmungen längere Zeit hindurch blühend gewesen, so daß die Geschicklichkeit in ihrer Betreibung sich verbreitete und steigerte und allmälig die zu ihr erforderlichen Hülfsmittel sich sammelten, so bleibt der Regierung, die überall nur die Privatbestrebungen ergänzen soll, weniger für jene zu thun und sie muß sich mehr mit den noch darniederliegen Gewerben beschäftigen. Doch kann nicht in allen Ländern und Zeiten ein und dasselbe Verhältniß zwischen den verschiedenen Gewerben erstrebt werden, indem bald für das eine bald für das andere günstigere Bedingungen des Betriebes und Absatzes sich vorfinden, vgl. §. 8 a.

§. 32.

Die zur Gewerbsbeförderung bestimmten Staatseinrichtungen dürfen nie blos den Vortheil einzelner Bürger oder einer kleinen Anzahl derselben zum Zwecke haben, sie müssen gemeinnützig wirken und ihre wohlthätige Wirkung muß, so viel es möglich ist, dauernd sein. Die Gütererzeugung im Ganzen geht dem augenblicklichen Gewinn eines oder des anderen Staatsbürgers vor. Auch im natürlichen Gange der Volkswirthschaft treten bisweilen Störungen in einem Gewerbe, Verluste einzelner Unternehmer, Bedrängnisse von Arbeitern, die ihre gewohnte Beschäftigung nicht mehr fortsetzen können, und ähnliche Uebelstände ein. Solche Mißverhältnisse, wenn sie nicht weit um sich greifen, werden durch die Anstrengungen der Bürger wieder überwunden. Deßhalb darf auch eine große Verbesserung, wenn nur ihr Erfolg für das Ganze und auf die Dauer sicher ist, wegen der augenblicklichen Nachtheile für Einzelne nicht unterlassen werden; jedoch läßt sich in der Art und Weise der Einführung Manches thun, um die lästigen Folgen für einen Theil der Bürger zu mildern (a).

(a) So darf man sich von der Grabung eines Canals oder der Verbesserung einer Landstraße nicht durch die Klagen der Fuhrleute und Eigenthümer von Vorspannspferden abhalten lassen. Es ist schwer, bei den Klagen einzelner Classen von Gewerbsleuten zu unterscheiden, ob bei einem vorgeblichen Uebelstande die Schuld in ihrer eigenen Trägheit und Beschränktheit, oder in fehlerhaften Einrichtungen liege. Man wird leicht getäuscht, weil diejenigen, welche einigen Nachtheil empfinden, sich laut und ungestüm zu beklagen pflegen, während die Gewinnenden sich ganz ruhig verhalten. Daher ist immer eine genaue Untersuchung der Umstände und ein Nachfragen bei vielen Sachverständigen nothwendig, ehe man sich zu einem entscheidenden Schritte entschließt. — Die Regierung muß in diesem Gebiete ihrer Wirksamkeit, wie in anderen, sich bemühen, im rechten Sinne erhaltend (conservativ) und fortschreitend (progressiv) zugleich zu sein.

Erste Abtheilung.
Pflege des Bergbaues.

§. 33.

Der Bergbau, wie mehrere andere Gewerbe, ist in doppelter Hinsicht Gegenstand der wirthschaftlichen Fürsorge der Staatsgewalt, nämlich theils als ein wichtiger Zweig der hervorbringenden Arbeit (I, §. 350), theils als eine Quelle von Staatseinkünften, III, §. 172. Hiezu gesellt sich noch eine andere nicht wirthschaftliche Seite, nämlich die mit den Grubenarbeiten verbundenen Lebensgefahren, welche verschiedene polizeiliche Vorkehrungen nothwendig machen, §. 38. Diese eigentliche Bergwerkspolizei pflegt der erforderlichen genauen Gewerbskenntniß wegen den mit der wirthschaftlichen Leitung beauftragten Bergwerksbehörden ebenfalls übertragen zu werden. In dem wirthschaftlichen Wirkungskreise der letzteren sind die obengenannten zweierlei Zwecke genau zu unterscheiden, denen auch wesentlich verschiedene Grundsätze und Maaßregeln entsprechen, nur daß diese beiden Regierungsgeschäfte in gleichem Maaße Kunstverständniß (technische Kenntnisse) und Erfahrungen voraussetzen. So lange die volkswirthschaftliche Pflege und die finanzielle Benutzung des Bergbaues von einerlei Behörden geübt werden, muß man wenigstens sorgfältig verhindern, daß die für jene anzuwendenden Mittel durch den Einfluß finanzieller Rücksichten gelähmt werden (*a*). Die Anerkennung der großen Nützlichkeit des Bergbaues und die Beachtung der Eigenthümlichkeiten desselben haben schon längst zu Maaßregeln geführt, welche von dem bei der Pflege anderer Gewerbe üblichen Verfahren sehr abwichen (*b*). Die Beweggründe hiezu lagen in folgenden Umständen:

1) Der Bergbau kann meistens nicht mit Vortheil in kleinen Unternehmungen betrieben werden. Wenn die nutzbaren Mineralien in beträchtlicher Tiefe unter der Erdoberfläche liegen, so erfordern sowohl die Zugänge (Stollen, Schachte), als die Vorrichtungen zur Bewältigung der Grubenwasser (Wasserlosung), zur Entfernung der ungesunden Dünste (Wetterlosung), zur Herausschaffung (Förderung) und zum weiteren Transporte der gewonnenen Stoffe ein so großes stehendes Capital, daß die Zinsen und Erhaltungskosten desselben durch ein geringes Erzeugniß bei schwachem Betriebe nicht erstattet werden könnten, I, §. 353 (*c*).

(*a*) Die französische und belgische Oberbergbehörde (conseil des mines) ist größtentheils für die volkswirthschaftliche und polizeiliche Aufsicht, nur nebenher für die Finanzgeschäfte bestimmt. Belg. Ges. v. 2. Mai 1837, Organisationsverordnung v. 30. Dec. 1840. Visschers in Foelix, Revue étrangere et franç. de législation, V, 338. 663. — Der Bergbau der Privatgesellschaften und der Regierung stand sonst in den deutschen Ländern in enger Verbindung, so daß beide in mancher Hinsicht wie ein Ganzes betrachtet wurden.

(*b*) Ueber die allgemeinen Regeln der Bergbaupflege Bergius, Neues Magazin, I, 229. — Carthäuser, Grundsätze der Berg-Polizeiwissenschaft. 1776. — von Cancrin, Berg-Polizei- und Berg-Cameralwiss. Frankf. 1791. — Franck, System der landwirthschaftl. Polizei, II, 329—372 (1791). — von Berg, T. Polizeirecht, III, 384. — Eschenmaier, Staatsökonomierecht, I, 452. — de Villefosse, De la richesse minérale, I, 449 (1810). — Karsten, Archiv für Bergbau und Hüttenwesen, I, 71. — Mittermaier, Grundsätze des deutschen Privatrechts, I, §. 211. — Schenk, II, 703. —

Martins, Bemerkungen über die neuesten Bergwerksgesetz-Entwürfe, Halle, 1850. — Dictionnaire de l'écon. polit. Art. Mines (von Legoyt), II, 178.

(c) Die belgischen Bergwerke hatten 1858 840 Dampfmaschinen und 30 Pferdegöpel. Auf jedes der 193 in Betrieb stehenden Kohlenbergwerke kamen i. D. 382 Arbeiter jedes Alters und Geschlechts, 466760 Fr. Jahresausgaben, wovon 274000 Arbeitslohn, 536600 Fr. Rohertrag.

§. 34.

2) Zur guten Benutzung aller Güterquellen eines Landes wird erfordert, daß die aufgefundenen Lagerstätten nutzbarer Mineralstoffe zweckmäßig bearbeitet und auch späteren Geschlechtern zugänglich erhalten werden. Hiezu ist aber ein hoher Grad von Kunst und Vorsicht nöthig. Durch fehlerhaftes Verfahren kann eine Grube dergestalt verderbt werden, daß die Fortsetzung des Baues entweder ganz verhindert oder doch sehr kostspielig gemacht wird. Auch ohne solche Fehler geräth eine Grube schon durch die längere Einstellung der Arbeiten leicht wegen des Eindringens des Wassers oder des Einstürzens der Zugänge in einen solchen Zustand, daß die Wiedereröffnung große Schwierigkeiten hat. Es muß daher auf die Erhaltung der bestehenden Werke größere Sorgfalt verwendet werden, als sie für diesen Zweck bei einem anderen Gewerbe vorkommt (a).

(a) Wird ein Landgut schlecht bewirthschaftet, oder bleibt es einige Zeit unbebaut liegen, so sind die Folgen bei weitem nicht so schädlich und dauernd.

§. 35.

3) Das Streben eines Unternehmers, von seinem Capitale den größten Gewinn zu ziehen, kommt im Bergbau bisweilen mit den allgemeinen volkswirthschaftlichen Zwecken in Widerstreit. Zwar ist keine Fortsetzung eines Baues nützlich, bei welchem die Mineralien höher zu stehen kommen, als im Einkauf aus anderen Gegenden, oder der ein für die jetzigen Vermögensverhältnisse des Volkes zu großes Capital in Anspruch nimmt; aber es sollte wenigstens die gegenwärtige Nutzung nicht der späteren Fortsetzung des Gewerbes hinderlich werden und also das jetzige Geschlecht nicht des augenblicklichen Ge-

winnes willen den Nachkommen die Versorgung mit mineralischen Schätzen erschweren. Es giebt deßhalb Fälle, wo der einzelne Unternehmer, der nur ein gewisses beschränktes Capital zur Verfügung hat und seine Berechnung nur auf eine bestimmte Zeit anstellt, abgehalten werden muß, seinen Vortheil auf gemeinschädliche Weise zu verfolgen. Wenn aber eine solche Beschränkung weiter ginge, als sich aus dem angegebenen Grunde rechtfertigen läßt, so würde sie mehr schaden als nützen, denn sie würde den Eifer der Unternehmer lähmen und die Capitalisten abgeneigt machen, ihr Vermögen auf den Bergbau zu verwenden.

§. 36.

Daß der Bergbau schwer in Aufnahme kommen würde, wenn jeder Grundeigner ausschließlich über die unter seinen Ländereien enthaltenen nutzbaren Mineralien zu verfügen hätte, leidet keinen Zweifel, weil es den Grundeigenthümern an Geschicklichkeit, Capital und Neigung zu bergmännischen Unternehmungen sehr häufig fehlt, und wo auch dieß nicht der Fall ist, doch die Zerstückelung der Ländereien und die Schwierigkeit einer Vereinbarung mehrerer Eigenthümer die Betreibung des Bergbaues oft verhindern würde (a). Es war daher zweckmäßig, das Recht auf die Benutzung der bergmännisch zu gewinnenden Mineralien (b) von den Ausflüssen des Grundeigenthums auszuscheiden und den Grundeigenthümern die Verbindlichkeit aufzulegen, daß sie Anderen, freilich gegen volle Entschädigung, einen Theil der Oberfläche zum Aufsuchen von Erzen, sowie zur Anlegung von Stollen, Schachten, Tagegebäuden, Wasserleitungen ꝛc. überlassen (c). Damit aber diese Belästigung nicht größer werde, als es der angegebene Zweck erfordert, und damit durch sie ein gemeinnütziger Erfolg hervorgebracht werde, darf die Berechtigung zum Betriebe des Bergbaues nur durch besondere Erlaubniß der Regierung ertheilt werden, und zwar nur unter solchen Bedingungen, von denen sich ein guter Betrieb mit Sicherheit erwarten läßt (d).

(a) Der Grundeigner hat bei tiefen Lagerstätten große Mühe, die Mineralien, die unter der ihm gehörenden Oberfläche sich befinden, in seine physische Gewalt zu bringen.

(b) Diese Gründe sind nur auf Erze, Stein- und Braunkohlen und Steinsalz in vollem Maaße anwendbar, nicht auf Mauersteine, Lehm, Mergel, Gyps ꝛc., weßhalb diese auch gewöhnlich nicht zu dem Bergregale gehören; doch ist das positive Staatsrecht nicht überall diesem Grundsatze treu geblieben. Das franz. Gesetz v. 21. April 1810 unterscheidet von den mines, die nur nach einer Verleihung durch die Regierung benutzt werden, die minières, die der Grundeigenthümer nach erhaltener Staatserlaubniß bauen darf (Alluvial-Eisenerze, Schwefelkiese, Alaunerde) und die dem Eigenthümer ganz frei gegebenen Mineralien (carrières), die jedoch bei unterirdischem Bau ebenfalls unter Staatsaufsicht gestellt werden. — In England ist der Grundeigenthümer auch Herr über die Mineralien. Dieß ist dort weniger hinderlich, weil das Grundeigenthum meistens große Flächen umfaßt und die Unternehmer sich nur mit einem einzigen Eigenthümer abzufinden haben, dem sie gewöhnlich einen Theil des Rohertrages als Pachtzins zusichern; v. Carnall, Zeitschr. I, 65.

(c) Die Gesetze müssen das Rechtsverhältniß zwischen dem Bergwerksunternehmer und dem Eigenthümer des Grundes genau regeln. Als eine besondere Vergütung für die Beschränkung des Eigenthumes sind die Freikure des Grundeigenthümers (Ackertheile, Erbkure) anzusehen. In Belgien (Ges. v. 2. Mai 1837) erhält der Grundeigenthümer eine feste Entschädigung und 1—3 Proc. des Reinertrags.

(d) Daß der Staat die Bergwerke auf eigene Rechnung baue, ist zum Gedeihen des Bergbaues keineswegs nothwendig, vielmehr genügt es, daß von ihm die Genehmigung zu jeder bergmännischen Unternehmung erholt werden muß. — In Belgien darf die Regierung keine Verleihung gegen den Antrag des Oberbergcollegiums vornehmen, wohl aber gegen denselben sie verweigern. — Die in den folgenden §§. aufgestellten Regeln stimmen größtentheils mit der deutschen Bergwerksverfassung überein, welche, wenn gleich einzelner Verbesserungen fähig, doch im Ganzen durch die Erfahrungen von Jahrhunderten als zweckmäßig erprobt ist. Auch im Auslande ist ihre Güte anerkannt, vergl. z. B. Journal des mines, Vol. XIX, S. 277 und Villefosse, a. a. O. Die Bergordnungen einzelner deutscher Länder gehen bis ins 13. Jahrhundert zurück; mährische B.-O. von 1249 unter Wenceslaus I; Salzburgische v. 1342; Fischer, Geschichte des teutschen Handels, II, 115. 341. Die böhmischen und mährischen Bergwerke wurden von herbeigezogenen deutschen Arbeitern gebaut, die dortigen Gesetze aber wieder in anderen deutschen Ländern nachgeahmt. So wurden z. B. der Stadt Goldkronach ohnweit Baireuth 1365 die Bergfreiheiten von Iglau zugesichert, und die baireuthische B.-O. von 1506 ist eine Nachahmung der Iglauischen. Dürrschmidt, Beschreibung von Goldkronach. Baireuth, 1800, S. 121. 170. — Mittermaier, §. 242. Später diente die Joachimsthalische B.-O. v. 1548 zum Vorbilde für viele andere, selbst außerdeutsche Gegenden. — Die neuesten Gesetze sind: allg. Berggesetz für das Kaiserthum Oesterreich v. 23. Mai 1854. — Nassauische Berg-O. v. 18. Febr. 1857.

§. 37.

Die Entdeckung neuer Lagerstätten von nutzbaren Mineralien wird am besten durch die **Freierklärung** des Bergbaues befördert. Die Regierung erlaubt nämlich Jedem auf seine

Anmeldung an jeder Stelle nach Mineralien, die unter das Bergwerksregal fallen, zu suchen, d. h. zu schürfen, wenn er sich mit dem Grundeigenthümer abgefunden oder wenigstens für die Entschädigung desselben Sicherheit geleistet hat (*a*), und sie giebt dem Finder vor anderen Bewerbern die Erlaubniß zur Anlegung eines Bergwerkes, wenn er in kurzer Frist nach dem Funde darum nachsucht, **muthet** (*b*). Zur Belebung des Eifers sind den Findern bisweilen auch besondere Prämien verheißen worden (*c*). Die Bildung von Gesellschaften (**Gewerkschaften**, I, §. 353) zum Baue neuer oder älterer verlassener Gruben verdient Begünstigung (*d*). Die Erlaubniß wird für einen genau bestimmten Raum (**Zeche, Grubenfeld**) ertheilt, wozu besondere Flächenmaaße eingeführt sind. Vor Alters beging man häufig den Fehler, die Zechen so klein festzusetzen, daß große, kostbare Unternehmungen nicht mit Vortheil ausführbar waren (*e*).

(*a*) Der Schürfzettel (die schriftliche Erlaubniß zum Schürfen) darf also Niemanden von den Bergämtern verweigert werden, doch ist es zweckmäßig, nicht mehrere Personen nahe an einander schürfen zu lassen. Daß auch der Grundeigenthümer selbst, wenn er graben will, einen Schürfschein haben muß, ist unnöthig, nur geht ihm, wenn er ohne diesen Schein schürft, ein Anderer, der um die Erlaubniß nachgesucht hatte, beim Muthen vor, Naff. B.=O. §. 6. — In Hausgärten, Höfen, Friedhöfen, in der Nähe von Wegen ꝛc. darf nicht geschürft werden.

(*b*) Z. B. vier Wochen, preuß. Land=R. Th. II, Tit. 16. §. 155; drei Tage, baier. Berg=O. von 1784, Art. 2. — Der Muthende muß das Dasein eines Mineralvorrathes (**Aufschluß**) nachweisen. — Nach der franz. Berg=O. (Loi sur les mines et minières, 21. April 1810, Art. 14—16) gibt die Regierung die Concession nicht gerade dem Finder, sondern demjenigen Bewerber, der in Ansehung des erforderlichen Vermögens den Vorzug zu verdienen scheint; nur muß der Finder von dem Concessionirten entschädigt werden. Vgl. Karsten, Archiv a. a. O.

(*c*) Tarif dafür in den baier. Berg=Privilegien, 1784, Art. 17. 18. **Bergius**, Landesges. XIII, 231.

(*d*) In Deutschland ist es üblich, 128 Actien (Kuxe) zu machen.

(*e*) Ueber die in verschiedenen Ländern üblichen Grubenmaaße **Lempe**, Magazin für die Bergbaukunde, VII, 157. — Im 16. Jahrhundert war in Sachsen die Fundgrube nur 7 Lehn zu 7 Lachter ins Gevierte. — Das preuß. Landrecht a. a. O. §. 156, 157 bestimmt die Fundgrube nach der Beschaffenheit der Lagerstätte bei Gängen, Stockwerken und Lagern von mehr als 15° Fall auf 42 Lachter Längenmaaß, bei geringerer Steigung auf 42 □. Lachter (18,400 □. F.); bei Flötzen auf 60 Lachter ins Gevierte (110,889 □. F.); daneben kann der Muthende noch bei Gängen 12 Maaße zu 28 Lachtern

Länge oder 20 M. zu 28 Q. Lachtern (691,920 Q. F.), bei Flötzen sogar bis auf 1200 Maaße zu 14 Q. Lachtern (10·375,200 Q. Fuß oder 400 Morgen) erhalten. — Oesterreich: wenigstens ein Grubenmaaß von 12,544 Q. Klaftern. — Nassau: Längenfeld 84 × 7 Lachter, Verticallagerungsfeld 84 × 84 = 7056 Q. Lachter. — In Belgien hatte 1858 jedes verliehene Kohlenbergwerk i. D. 432 Hekt. — Vgl. auch Bergius, N. Magazin, I, 246. Mittermaier, §. 247. — In Frankreich sind neuerlich viele kleine Kohlengruben in der Gegend von St. Etienne (Rhonethal) durch Ankauf in die Hände einer einzigen Gesellschaft gekommen, welche zwar einen besseren Betrieb eingeführt, aber auch der Besorgniß einer monopolistischen Vertheuerung der Kohlen Raum gegeben hat, so daß über den Nutzen und Schaden dieser Vereinigung eine Meinungsverschiedenheit entstand. Für dieselbe Blanqui, Compte rendu, XVIII, 313, Nov. 1850. Eine solche „Consolidation" soll nicht ohne Zustimmung der Staatsbehörde vorgenommen werden dürfen, Ges. 3. Oct. 1852. — In Steiermark hat die Vereinigung der Eisenhüttenbesitzer (Radmeister) im Vordernberg zur gemeinschaftlichen Betreibung des Eisenbergbaues sich als sehr vortheilhaft erwiesen, nachdem vorher die einzelnen Gruben wegen ihrer zu kleinen Felder schlecht betrieben worden waren. Seit 1829 besteht eine Bergwerksdirection für sämmtliche Gruben. Die Gesellschaft besitzt 41,851 Joch Wald zur Gewinnung der Kohlen für die Hüttenwerke. Rossiwall, Eisenindustrie des H. Steiermark, 1860. S. 187.

§. 38.

Bei der schwierigen Frage, wie weit die Einwirkung der obrigkeitlichen Bergbeamten auf die Betreibung der Privatbergwerke sich erstrecken soll, kann man, abgesehen von der im strengeren Wortsinne polizeilichen Verhütung von Verletzungen der Menschen (a), eine zweifache Abstufung der Staatsaufsicht unterscheiden.

I. Die niedrigere Stufe derselben ist allgemein nothwendig; es muß nämlich dafür gesorgt werden, daß die Privatunternehmungen nicht ihren augenblicklichen Vortheil auf eine, der Volkswirthschaft schädliche Weise verfolgen. Die Befugniß der Regierung, dieß zu verlangen, beruht auf den allgemeinen Bedingungen, unter denen nach den Gesetzen (Bergordnungen) die Belehnung für jede einzelne Grube ertheilt wird, denn nach den obigen Sätzen (§. 33—35) darf denjenigen, welchen die Benutzung eines gewissen Mineralvorrathes vorzugsweise gestattet wird, die Verpflichtung auferlegt werden, sich in dem Betriebe durch Rücksichten auf die volkswirthschaftlichen Zwecke zu beschränken. Ein solches, die Fortbauer des Bergbaues gefährdendes Verfahren, welches aus den angegebenen Gründen nicht gestattet werden darf, wird mit dem

Namen **Raubbau** bezeichnet. Es ist nicht leicht, die Merkmale eines Raubbaues richtig anzugeben und die Fälle zu bezeichnen, in denen durch obrigkeitliche Gebote oder Verbote in den Privatbergbau eingegriffen werden darf; dennoch ist es nöthig, allgemeine Verordnungen hierüber aufzustellen, damit den Staatsbeamten nicht zu viel überlassen werden müsse. Die Erfahrung giebt ebensowohl Beispiele einer unnöthigen, die Privatunternehmungen belästigenden und entmuthigenden Einmischung der Staatsbeamten, als schädlicher Mißgriffe von Unternehmern, denen ein zu weiter Spielraum gelassen wurde (*b*). Indeß ist heutiges Tages mehr Neigung zu Actienunternehmungen und mehr Geschicklichkeit in der Führung derselben herrschend geworden, weßhalb den Bergwerksgesellschaften eine freiere Bewegung verstattet werden kann, wenn ihre Organisation und Verwaltungsweise bessere Bürgschaften darbieten (*c*). Ohnehin muß es den Unternehmern zu jeder Zeit freistehen, ein Bergwerk ganz aufzugeben, wobei sie dann der Verleihung an Andere oder dem Bau auf Staatsrechnung kein Hinderniß entgegensetzen dürfen.

(*a*) Nach der franz. Bergwerksverfassung steht den Staatsbeamten wenig mehr als jene polizeiliche Vorbeugung zu, und auch nur in sehr beengtem Maaße. Der ingénieur aux mines darf nur den Präfecten des Departements, oder im Falle dringender Gefahr die Localbehörde auffordern, die Abstellung schädlicher Verrichtungen ꝛc. zu bewirken. Die Fälle einer solchen Einschreitung sind: si l'exploitation compromet la sûreté publique, la conservation des puits, la solidité des travaux, la sûreté des ouvriers mineurs ou des habitations de la surface. Ges. v. 1810, Art. 50, Decret v. 3. Jan. 1813; beide u. a. in Fournel, Lois rurales de la France, 1, 171. Inzwischen ist das Ungenügende dieser Anordnungen auch in Frankreich häufig bemerkt worden und man hat durch einzelne Verordnungen theilweise zu helfen gesucht, de Villefosse, a. a. O. — Kleinschrod, Ueber die Beförderungsmittel der Agricultur in Frankreich, S. 60. — Die Sicherheit erfordert mancherlei Maaßregeln, z. B. Anstalten zur Lufterneuerung in den Gruben (Wetterschächte, Wetteröfen), — zum Wahrnehmen der nicht athembaren Luft in den Gruben (der bösen Wetter), wie die Davy'sche Sicherheitslampe, — Verfertigung zuverlässiger Grubenrisse, — Beobachtung des nöthigen Abstandes zur Verhütung des Einsturzes, — Anbringung von Leitern zum Ein- und Ausfahren statt des Hinablassens u. dgl. — In den britischen Kohlengruben ist der Mangel guter Grubenrisse und Beschreibungen die Ursache vieler Unglücksfälle gewesen. Es sind neuerlich 6 Oberaufseher in England aufgestellt worden, die aber nicht zureichen um eine wirksame Aufsicht zu führen. Es ist bemerkenswerth, daß man den Mangel einer thätigen Fürsorge der Staatsgewalt in Großbritanien deutlich empfindet. Edinb. Rev. Nr. 185, 62. (Jan. 1850). Dingler, Polyt. J. CXXVI, 60.

(*b*) de Villefosse, I, 463. Hausmann, Ueber den gegenwärtigen Zustand des hannöv. Harzes, 1832, S. 110.

(*c*) Preuß. Ges. 12. Mai 1851 über die Verfassung der Bergwerksgesellschaften; Abstimmung nach Antheilen (Actien), — Bestimmung, wo einfache Mehrheit oder ³/₄ der Stimmen erforderlich ist, — Berufung auf ein Schiedsgericht, — Bestellung eines einzelnen Bevollmächtigten oder eines Grubenvorstandes aus mehreren Personen zur Leitung der ganzen Verwaltung, während das Bergamt bloß überwacht. Instr. vom 6. März 1852. — Oesterr. Berggef. §. 144.

§. 38 a.

Von den einzelnen, auf vorstehenden Grundsätzen beruhenden Bestimmungen sind folgende die wichtigeren (*a*):

1) Die Gruben und die Arbeiten dürfen zu jeder Zeit von den Bergbeamten des Staates besichtiget werden und dieß muß auch wirklich öfters geschehen.

2) Die Betriebspläne müssen den Staatsbeamten zur Prüfung vorgelegt und dürfen nach erhaltener Genehmigung nicht einseitig abgeändert werden. Die Aufsichtsbeamten dürfen solche Maaßregeln untersagen, welche die künftige Bearbeitung der tieferen oder entfernteren Theile einer Grube verhindern oder gefährlich machen. Die Eigenthümer können dagegen die höheren Staatsbehörden anrufen, aber die eigenmächtige Nichtbeachtung des Verbotes muß mit einer Strafe bedroht werden (*b*).

3) Die Bergordnungen erklären es gewöhnlich auch für Raubbau, wenn man die reichen oben liegenden Mineralmassen, die mit den geringsten Kosten zu gewinnen sind, zuerst hinwegnimmt, woraus dann die Besorgniß entsteht, daß späterhin wegen der zunehmenden Kosten des tieferen Baues die Grube desto eher verlassen werde (*c*). Würde man jene oberen Theile des Mineralvorrathes nur allmälig angreifen und zugleich weiter in die Tiefe bringen, so wäre der Gewinn anfangs schwächer, dauerte aber desto länger fort. Indeß wird das Gebot einer solchen nicht auf technischen, sondern nur auf wirthschaftlichen Erwägungen beruhenden Selbstbeschränkung ganz besonders lästig empfunden, es kann die Benützung günstiger Preise zu einem stärkeren Betriebe verhindern und neue Capitale von der Anwendung auf den Bergbau abwenden.

Die den Unternehmern bei der Verleihung auferlegte Verpflichtung, das ganze Lager vollständig auszubeuten, läßt sich nicht durchführen, wenn die Gesellschaft beschließt, das Bergwerk ganz aufzugeben, §. 38. Eher ist die Vorschrift zu rechtfertigen, daß von einer reichlichen Dividende ein gewisser Theil als Hülfsvorrath für die Zeit, wo die Ausbeute stark abnimmt, zurückgelegt werde.

4) Die gewöhnliche Verordnung, daß eine Grube fortgesetzt bearbeitet werden müsse und daß nach mehrmaliger Unterbrechung das Recht der bisherigen Eigenthümer verloren gehe, das Bergwerk also ins Freie falle, wäre zu streng, wenn man nicht billige Rücksicht auf solche Hindernisse nähme, welche die Fortsetzung des Grubenbaues einstweilen unmöglich oder schwierig oder sehr unvortheilhaft machen (*d*).

5) Das in den tieferen Stellen der Bergwerke sich sammelnde Wasser bildet ein großes Hinderniß des Grubenbaues. Ein Hauptmittel zur Entwässerung ist die Anlegung tiefer, ins Freie ausmündender Abzüge (Erbstollen, tiefer Stollen), die noch unter den Gruben hinlaufen. Die Anlegung derselben ist oft für die Eigenthümer einer einzelnen Grube zu kostbar, wenn deren Grubenfeld nicht sehr weit und reich ist. Eine Verbindung mehrerer Grubenbesitzer zur gemeinsamen Erbauung eines Erbstollens kommt schwer zu Stande, und es ist deßhalb nützlich, wenn diese Maaßregel als eine abgesonderte Unternehmung vom Staate ausgeführt wird, indem die Besitzer der entwässerten Bergwerke gesetzlich verpflichtet werden, dem Erbauer des Stollens eine Vergütung abzugeben (*e*).

6) Jede Bergwerksgesellschaft muß einem einzelnen Mitgliede oder einem Ausschuß mehrerer die Leitung der Verwaltungsgeschäfte übertragen, damit die Staatsbeamten demselben die nöthigen Weisungen ertheilen können, §. 38 (*c*).

7) Die Ernennung zum Werkführer (technischen Vorsteher) einer Grube (Steiger) muß von der Staatsbehörde bestätigt werden, damit nur Männer von erprobter Geschicklichkeit gewählt werden (*f*).

8) Ueber die bei jeder Grube beschäftigten Arbeiter wird ein Verzeichniß geführt (*g*).

(a) Preuß. Landrecht Th. II, Tit. 16, auch abgedruckt in von Berg, Polizeirecht, VII, 410. — Beispiel einer Concession in Belgien mit solchen Bedingungen: Compte rendu des travaux de l'administrat. des mines pendant l'année 1840, S. XLVII.

(b) Hierher gehört z. B. das Wegnehmen der zur Stütze dienenden Theile des Gesteins (Bergfesten, Stollenpfeiler), das Verschütten (Verstürzen) oder Verhauen der tieferen Höhlungen in einem Bergwerke, wodurch die Fortsetzung des Baues erschwert wird, — das Unterhöhlen der horizontalen Zugänge (Stollen, Strecken), unter denen der Sicherheit wegen eine Erdschicht (Mittel) von gewisser Dicke (4—6 Lachter, preuß. L.=R. a. a. O. §. 207) unversehrt (unverritzt) bleiben muß u. dgl. Näheres bei Martins, S. 64. — Die alten Bergordnungen waren in diesen Puncten sehr streng, z. B. Berg=O. für das Zinnbergwerk zu Altenberg in Sachsen von 1568, Art. XV: „Wo es aber beschehe, so sollen dieselbigen, welche die Zechen also verhauen und verstürzen, gefänglich eingezogen und nicht herausgelassen werden, sie verbürgen denn genugsam, denselben Bergk an Tag zu fördern;" Lempe, N. Magazin, IX, 147. — In den englischen Kohlengruben hat man neuerlich mit größtem Vortheile gelernt, die früher für nöthig erachteten Pfeiler aus Kohlen durch andere Stützen entbehrlich zu machen, Porter, Progress of the nation, S. 274 der Ausg. v. 1851. — Oesterr. B.=Ges. §. 170: Der Hauptgrubenbau muß fahrbar erhalten werden, der Abbau möglichst vollkommen und so geschehen, daß der weitere Aufschluß nicht unnöthiger Weise verhindert oder erschwert werde. — Nassauische B.=O. §. 76: Raubbau ist untersagt, die Hülfsbaue sind zu erhalten, Hülfs= und Versuchsarbeiten zur Ausdehnung des Betriebes befohlen. Es ist verboten, die obere Teufe auszubauen und die Arbeiten und Anlagen für den Tiefbau zu unterlassen ꝛc.

(c) de Villefosse, 1, 576 legt dem Staate die Pflicht auf, de maintenir l'équilibre entre l'intérêt des exploitans, qui doit être un gain prompt, et l'intérêt de l'état, qui doit être la conservation des sources du gain, c'est-à-dire leur emploi raisonnable. — Rücksicht auf Vorrath und Preis des Brennstoffes oder die Besorgniß einer Preiserniedrigung der Erzeugnisse haben bisweilen die obrigkeitliche Verfügung veranlaßt, daß nur ein gewisses Erzquantum jährlich gefördert werden darf, indeß geht diese Bevormundung zu weit, es müßte denn die gewerbliche Einsicht der Unternehmer noch sehr mangelhaft sein.

(d) Preuß. L.=R. §. 193: in jeder Fundgrube 1 Hauer und 1 Schlepper täglich eine 8stündige Schicht. — Bair. B.=O. Art. 13: 1 Mann. — Oesterr. B.=G. §. 174: eine nach der Beschaffenheit des Orts und dem Zwecke des Betriebes erforderliche Anzahl von Arbeitern, mit 8stündiger täglicher Arbeitszeit. — Bei unverschuldeten Hindernissen wird eine Frist gegeben.

(e) Ueber die Rechte und Verbindlichkeiten solcher Stollener s. preuß. L.=R. a. a. O. §. 221 ff. 367 ff. Der Unternehmer eines solchen Stollens erhält 1) nach seiner Wahl den Hieb der in den Gränzen des Stollens brechenden nutzbaren Gesteine oder den Ersatz von ⅕ der Kosten, welche die Treibung des Stollens durch das Feld einer Grube gekostet hat, 2) ⅑ von dem ganzen rohen Ertrage der durch den Stollen entwässerten Gruben, nach Abzug der Bergzehnten. — Mittermaier, I, §. 248. — Das Bedürfniß ähnlicher Anordnungen wird auch in Frankreich empfunden; der 1837 den Kammern vorgelegte Gesetzentwurf beschäftiget sich größtentheils mit diesen Erbstollen. — Bestimmung über Revierstollen, welche überhaupt den

Abbau eines ganzen Revieres irgendwie erleichtern, im österr. B.-G. §. 90—97. Die Verbindlichkeiten der Besitzer schon bestehender Gruben werden durch Uebereinkommen mit dem Unternehmer des Revierstollens bestimmt.

(*f*) A. preuß. Instruct. Art. V. Minist. V. 30. Mai 1852.
(*g*) Belgische V. v. 30. Dec. 1840 über die, von den Bergknappen zu führenden Arbeitsbücher (livrets), in denen ihr Eintritt und Austritt, die Bedingungen bei der Annahme und die etwa hinterlassenen Schulden eingetragen werden. Das Circular des Minist. der öffentl. Arbeiten v. 4. Jan. 1841 schildert die Vortheile dieser Einrichtung, welche anfangs von den Arbeitern unwillig aufgenommen wurde.

§. 39.

II. In manchen Ländern bestand bisher eine **höhere Stufe** von Einwirkung der Staatsgewalt, nach welcher die Staatsbeamten an der ganzen Verwaltung fortwährend thätigen Theil nahmen. Sie beriethen die Betriebspläne sowie alle Veränderungen in denselben, neue Einrichtungen rc. mit den Unternehmern oder deren Vertretern und den aufgestellten Beamten derselben, wobei sie jedoch nicht eigenmächtig Beschlüsse fassen durften, sondern im Einverständniß mit jenen handeln mußten, so weit nicht jene volkswirthschaftlichen Gründe eines amtlichen Einschreitens (§. 38. 38 a.) vorhanden waren. Diese Mitwirkung der öffentlichen Bergbeamten kann zugleich die Privatunternehmer vor nachlässiger oder untreuer Geschäftsführung ihrer Beamten sichern, auch diese zur Sparsamkeit und Ordnung anhalten, sie erspart ferner den Gewerkschaften, deren Mitglieder entfernt wohnen, die Kosten einer besonderen Ueberwachung. Daher werden die Bergbeamten verpflichtet, die Rechnungen der gewerkschaftlichen Verwalter (Schichtmeister) sich vorlegen zu lassen und zu prüfen, für richtige Leistung der Zahlungen Sorge zu tragen, die Austheilung des vierteljährigen Gewinnes (Ausbeute) auf jeden Kur (Actie), oder im schlimmeren Falle des einzufordernden Zuschusses (Zubuße) zu untersuchen und überhaupt das Beste der Gewerkschaften zu befördern (a). Diese Oberleitung des ganzen Privatbergbaues geht jedoch weiter, als der Staat im Allgemeinen in die Gewerbsthätigkeit der Bürger eingreifen darf; sie sollte daher nicht geboten, sondern es sollte den Privatunternehmern freigestellt werden, ob sie sich derselben unterordnen wollen, wofür sie eine besondere Vergütung zu entrichten haben. Es ist also dann keine erzwungene Bevormundung, sondern nur das Anerbieten des Beistandes der vom Staate aufgestellten Sachkundigen vorhanden.

(a) Die Bergbeamten haben mehrere Bücher über den gewerkschaftlichen Bergbau zu führen, z. B. das Gegenbuch, in welchem sämmtliche Inhaber der Kure, die Veräußerungen, Verpfändungen der letzten ꝛc. eingetragen werden, das Schürf=, Muthungs=, Fristen= (§. 37) Buch und dgl. — Die mannichfaltigen rechtlichen Verhältnisse, z. B. der Kur=Inhaber gegen ihre Verwalter, oder mehrerer Gewerkschaften gegen einander, deren Zechen nahe beisammen liegen und dgl., sind Gegenstände der bürgerlichen Rechtsgesetzgebung.

§. 40.

Der gute Erfolg des Bergbaues wird zum Theil von dem Beistande der Wissenschaft und der Geschicklichkeit bedingt. Von dieser Seite vermag die Regierung auf doppeltem Wege fördernd zu wirken,

1) indem sie die Erforschung der geologischen Beschaffenheit des Landes und die Verbreitung der hierdurch gewonnenen Kenntnisse veranstaltet (a),

2) indem sie für die gute Vorbereitung der Staatsbergbeamten, der Werkführer (Steiger) und selbst der untergeordneten Arbeiter sorgt. Hiezu dienen besondere Lehranstalten und zwar sowohl wissenschaftliche (höhere) Bergschulen (b), als Unterrichtsanstalten für die Bergknappen und Steiger (c), ferner Reisegelder für ausgezeichnete Zöglinge. In Ländern, die wenig Bergwerke haben, wären wissenschaftliche Lehranstalten zu kostspielig, man muß sich folglich darauf beschränken, theils hoffnungsvolle junge Leute in auswärtige Anstalten zu schicken, theils aber von Zeit zu Zeit gründlich gebildete Bergbeamte vom Auslande herbeizuziehen.

(a) Geologische Reichsanstalt in Oesterreich, zur Untersuchung des ganzen Staatsgebietes bestimmt, mit einer Sammlung (Museum) und einem Archiv verbunden, um die Ergebnisse dauernd aufzubewahren, 15. November 1849. v. Stubenrauch, Handb. I, 77. — Veranstaltung ausführlicher geognostischer Landeskarten.

(b) Z. B. Bergakademie zu Freiberg seit 1765, die Schule des Bergbaues für die ganze Erde; — Clausthal, — Schemnitz in Ungarn, — École des mines in Paris; Bergschule zu Bogota seit 1823.

(c) Eine solche Schule gründete A. v. Humboldt zu Steben im baier. Fichtelgebirge. — Siegen, — St. Etienne in Frankreich ꝛc. — Klagen über die Unwissenheit der Uebernehmer von Bergwerksarbeiten (Contractors) in Staffordshire; Report of the commissioners appointed to inquire … into the state of the population in the mining districts, 1850. Die Rohheit, Trunksucht ꝛc. der Bergknappen fügt den englischen Bergwerksbesitzern viel Nachtheil zu, veranlaßt öftere Arbeitseinstellungen (strikes, vgl. I, §. 201 b.) und dgl. Man sucht durch Einführung von Tags- und Abendschulen mit Leihbibliotheken, Erbauung von Kirchen, Gesangunterricht, Gartenbau ꝛc. zu helfen.

§. 41.

Die Vorliebe für den Bergbau hat zahlreiche Begünstigungen (a) desselben veranlaßt, um theils die Capitalisten, theils die Arbeiter zu demselben anzureizen. Solche Mittel würden wahrscheinlich weniger nöthig erschienen sein, wenn nicht dagegen die Staatsabgaben von den Privatbergwerken (III, §. 182) so lästig gewesen wären, daß man das Bedürfniß empfunden hätte, ihre nachtheilige Wirkung durch ein Gegengewicht wieder aufzuheben. Die Ermäßigung dieser Abgaben, vorzüglich des Bergzehnten, macht jene anderen Begünstigungen zum Theile entbehrlich, von denen einige mit dem Geiste der Gesetzgebung in unserem Zeitalter unvereinbar sind, z. B. die Steuer- und Conscriptionsfreiheit (b) und die eigene Jurisdiction der Bergleute, andere aber, wie die Lieferung von Holz aus den Staatswaldungen um sehr niedrige Preise, aus finanziellen Gründen unpassend erscheinen.

(a) Vgl. Mittermaier, §. 256. — Baier. Bergfreiheiten, 6. Mai 1784, in 30 Artikeln.

(b) Wenn gleich die gänzliche Befreiung der Bergarbeiter vom Kriegsdienste der Gleichheit vor dem Gesetze widerstreitet und die Gründe, mit denen man sie vertheidigt, auch auf andere Gewerbe passen würden, so läßt sich doch die Art des Waffendienstes so einrichten, daß die Bildung guter Arbeiter durch denselben nicht unterbrochen wird. Vgl. v. Voith, Vorschläge zur Verbesserung des Berg- und Hüttenwesens in Baiern, Sulzb. 1822. S. 9.

§. 42.

Andere Beförderungsmittel, welche jenen Bedenklichkeiten (§. 41) nicht unterliegen, sind (a):

1) Veranstaltungen, die die Fortschaffung der Mineralien, der Brennstoffe ꝛc. in der Nähe der Bergwerke erleichtern (b), z. B. Kunststraßen, Canäle;

2) Uebernahme von Kuren der Zubußgruben, die von den Besitzern aufgegeben worden sind, auf die Staatscasse, falls man Hoffnung einer baldigen Vermehrung des Erzeugnisses hegen kann;

3) Vorschüsse an solche Gruben, deren Ausgaben eine Zeit lang eine außergewöhnliche Höhe erreichen. Hiezu ist in mehreren Ländern eine besondere Bergcasse vorhanden, welche ihre Einkünfte aus den Abgaben der Privatbergwerke bezieht (c); es ist jedoch bei solchen Vorschüssen große Vorsicht rathsam;

4) die Unternehmung solcher Bauten, welche für mehrere Bergwerke von großem Nutzen sind, auf Rechnung des Staates, wenn sich keine Privaten dazu geneigt finden. Hieher ist vorzüglich die Anlegung von **Erbstollen** zu zählen (§. 38 a.), welche wegen der Kostbarkeit und technischen Schwierigkeit am besten vom Staate geschehen kann (d).

(a) Privatvereine vermögen auch hier der Regierung manchen Schritt zu ersparen. Geognostisch-montanistischer Verein für Innerösterreich zu Gratz, um die Entdeckung von Mineralien zu befördern, das Muthen zu erleichtern ꝛc.; gestiftet 1842.

(b) Ob diese Maaßregel vom Staate ausgehen muß, oder den Privatbergwerken überlassen werden kann, dieß hängt davon ab, wie groß die Bergwerksunternehmungen sind, ob jene Fortschaffungsmittel nur einem Werke oder mehreren nützen, und ob im letzteren Falle ein Zusammenwirken der Grubenbesitzer zu erzielen ist. Canal des Herzogs von Bridgewater bei Worsley, der in verschiedenen Armen 24 engl. Meilen unter der Erde in die Kohlengruben reicht. — Aehnlicher unterirdischer Canal in der Fuchsgrube bei Waldenburg (Schlesien). — Schiffbarer Stollen auf dem Harz unter den Clausthaler Gruben, Hausmann, a. a. O. S. 101. — Ostmann's Preisschr. im Hannöv. Magazin, 1824. Nr. 3—5. — Eisenbahnen.

(c) Cassen dieser Art in Frankreich, Sachsen, Hannover. Auf dem Harz hatte der Staat 1807 eine Forderung von 3·408 774 fl. an die Zubußgruben. Villefosse, I, 77. Die unbeibringlichen Vorschüsse wurden neuerlich (nach 1834) niedergeschlagen. Lehzen, Hannovers Staatshaushalt, I, 115. — In Baden war sonst eine Summe von 10 000 fl. jährlich zu Prämien für solche Privatbergwerke bestimmt, welche Zubuße haben.

(d) Der tiefe Georgenstollen auf dem Harze, 1775—99 erbaut, ist 9713 Lachter oder gegen 2½ Meilen lang. Er kostete 762 462 fl. Die „tiefe Wasserstrecke" (vgl. (b)), 60 Lachter unter dem Georgstollen, wurde 1803—8 ausgeführt und dann bedeutend verlängert. 1851 hat der Bau des „tiefsten Stollens" begonnen, welcher in der Ebene der tiefen Wasserstrecke liegen und fast 2 Meilen Länge erhalten soll und gegen ½ Mill. Rthlr. kosten wird. Lehzen, a. a. O. I, 125. — Josephi II. Erbstollen zu Schemnitz kostete 1 Mill. fl. — Begonnener Erbstollen im preuß. Bergrevier Mützen. Vorschlag von Herders zu einem 11 360 Lachter langen Erbstollen, der die Freiberger Gruben auf Jahrhunderte hinaus trocken legen, aber 3.600 000 Rthlr. kosten würde (1841). — Auch die Herbeileitung von Wasser zum Bewegen der Maschinenräder ist bisweilen so schwierig, daß sie von Einzelnen nicht wohl unternommen werden kann. Der Rehberger Graben, der den Gruben bei Andreasberg (Harz) das Aufschlagwasser zuführt, ist 18828 Fuß lang, und kostete mit dem Damme, der den Oderdeich bildet, in den Jahren 1692—1722 die Summe von 97 000 fl.

§. 43.

Auch in Hinsicht auf den Zustand der Arbeiter sind mehrere Anordnungen dienlich (*a*).

1) Die öfteren Unglücksfälle, durch welche Bergarbeiter beschädigt oder getödtet werden (*b*), erfordern wegen der Vermögenslosigkeit dieser Arbeiter, wegen der Schwierigkeit, andere Nahrungsquellen aufzufinden, und wegen des geringen Arbeitslohns im Bergbau (I, §. 354) eine besondere Vorsorge. Daher wurden schon in den älteren Bergordnungen die Unternehmer verpflichtet, den in ihrem Dienste beschädigten Arbeitern eine Zeit lang den Unterhalt zu reichen. Noch wirksamer ist Errichtung von Knappschafts- oder Bruder-Cassen, welche kranke, gebrechliche und sonst arbeitsunfähige Bergleute, so wie deren Wittwen und Waisen zu unterstützen bestimmt sind. Die Einnahmen fließen aus vorschriftsmäßigen Beiträgen sämmtlicher Arbeiter, die ihnen sogleich am Lohne abgezogen werden, — aus Abgaben der Unternehmer (*c*), — aus Strafgeldern, — aus verschiedenen zum Besten der Casse betriebenen Unternehmungen (*d*). Solche Cassen sind höchst empfehlenswerth. Sie werden gewöhnlich von Bergbeamten unter Aufsicht der höheren Behörden verwaltet, es ist aber zweckmäßig, einen gewählten Ausschuß der Arbeiter theilnehmen zu lassen (*e*).

2) Wo man voraussteht, daß die Theuerung des Holzes, die Erschöpfung der Lagerstätten, das nachtheilige Mitwerben anderer Länder ꝛc. eine Einschränkung der Arbeiten nothwendig machen werden, da ist es dringend nöthig, bei Zeiten den Arbeitern in dem Aufsuchen neuer Nahrungszweige behülflich zu sein, damit sie nicht in Noth gerathen (*f*).

(*a*) Auf dem Harze wird den Arbeitern in den Silber-, Berg- u. Hüttenwerken das Getreide aus den Kornhäusern zu Osterode, Goslar und Herzberg um einen billigen Preis, der Himten Roggen zu ⅔ Thlr. Cassengeld (der preuß. Scheffel zu 2 fl. 22 kr.) abgegeben. Den hiezu nöthigen Zuschuß trägt größtentheils der Staat, der mit den Gewerkschaften in einem sehr verwickelten Verhältniß steht. 1801—19 betrug dieser „Magazinschaden" im Durchschnitt jährlich 57000 Thlr. Hausmann, S. 80. 117. — Das Verbot, Kinder und Frauen in den Gruben arbeiten zu lassen, ist mehr aus Gründen der Sittlichkeit (Volksbildungssorge) und Gesundheit abzuleiten. Nach dem brit. Ges. v. 10. Aug. 1842 (5. u. 6. Victor. C. 99.) dürfen nach dem 1. März 1843 nur männliche Arbeiter von 10. J. an angestellt werden. Der Lohn darf nicht im Wirthshause ausbezahlt werden.

(b) 1858 wurden in den belgischen Bergwerken 223 Arbeiter getödtet, 48 verwundet.

(c) Zubußgruben sind gewöhnlich von der Entrichtung frei.

(d) Z. B. die Benutzung gewisser Rückstände von den gepochten Erzen.

(e) Bergius, a. a. O. S. 274. — v. Berg, S. 401. Diese Einrichtung ist alt; s. z. B. hannov. Verordnungen für den Harz von 1524 und 1538, trierische V. von 1564, altenbergische Zinnbergwerks-Ordnung v. 1568, Art. 42: Von Büchsenpfennigen, — Brudercasse zu Tarnowitz in Schlesien v. 1599 ꝛc. In Belgien gab August Visschers durch die Schrift: De l'établissement de caisses de prévoyance en Belgique en faveur des ouvriers mineurs. Liège, 1838, zur Stiftung solcher Cassen den Anstoß. Sie wurden von 1839 an in den verschiedenen Bergwerksbezirken gegründet. Jedem Arbeiter wird ½ Proc. seines Lohnes abgezogen, und gleichen Betrag schießen die Unternehmer selbst hinzu (also zusammen 1 Proc.), auch der Staat giebt einen Beitrag. Der Verwaltungsrath wird von beiden Theilen gewählt. Die Unterstützungen sind ordentliche oder außerordentliche, jene wieder fortdauernd oder vorübergehend ꝛc. Im Anfang des Jahres 1847 befanden sich unter 48300 Bergleuten 44697 Theilnehmer einer solchen Casse. Im Jahre 1846 waren die Einkünfte der 6 Cassen 325441 Fr., wovon 232993 Fr. in dem 1 Proc. des Lohns bestanden, die Ausgaben 203966 Fr., wovon 1903 Personen unterstützt wurden. Visschers, De l'état actuel & de l'avenir des caisses de prévoyance en faveur des ouvriers mineurs en Belgique. Bruxelles, 1847.

(f) Erwägungen dieser Art auf dem Harze, s. I, §. 351 (a). Man hat daselbst auf die Verfertigung von Kinderspielzeug und anderen Holzschnitzwaaren, auf die Verarbeitung des Tafel- und Griffelschiefers und dgl. gerechnet, indessen haben wegen der Abneigung der Bergleute diese Gewerke noch wenig Verbreitung gefunden. Ostmann, a. a. O. Hausmann, S. 72.

Zweite Abtheilung.

Pflege der Landwirthschaft.

Einleitung.

§. 44.

Die anfängliche Gestaltung der Landwirthschaft, in welcher dieselbe hauptsächlich als Mittel zur eigenen Versorgung der Landbauenden diente, erscheint als höchst unvollkommen, wenn man sie mit einem kunstmäßigen Betriebe vergleicht, welcher wissenschaftliche Kenntnisse, reichliches Capital und großen Fleiß zu Hülfe nimmt. Für das Verhalten der Staatsgewalt in Bezug auf die Landwirthschaft im Allgemeinen lassen sich folgende einleitende Sätze aufstellen.

1) Die Landwirthschaft erfüllt ihre Bestimmung in der Volkswirthschaft am vollkommensten, wenn sie dem Lande mit Hülfe der Kunst die größte Menge werthvoller, zur Befriedigung verschiedener Bedürfnisse dienender Pflanzen- und Thierstoffe abgewinnt (*a*). Ihre Ausbildung ist eine wichtige Bedingung des Volkswohlstandes (I, §. 361) und muß daher von der Regierung als höchst erwünscht betrachtet werden.

2) Die Landwirthschaft ist nirgends so vollständig ausgebildet, daß sie nicht bald in einzelnen Zweigen, bald in einzelnen Landestheilen noch beträchtlicher Fortschritte fähig wäre. In vielen Ländern und Gegenden aber wird sie mit einem geringen Grade von Kunst, Fleiß und Capitalaufwand betrieben, die natürlichen Kräfte werden mangelhaft benutzt und der Ertrag des Bodens ist weit kleiner, als er leicht sein könnte (*b*).

3) Das wünschenswerthe Fortschreiten der Landwirthschaft erfolgt aber, wenn dieselbe sich selbst überlassen bleibt, ziemlich langsam. Manche Hindernisse stehen im Wege, die nur durch die Regierung beseitigt werden können. Die Mehrzahl der Landwirthe ist nicht von regem Wetteifer in der Ausbildung

der Betriebsart erfüllt und bei der massenhaften Erzeugung fällt das angestrengte Mitwerben hinweg, welches in anderen Gewerben zwischen den einzelnen Unternehmern besteht. Daher hängt der Zustand der Landwirthschaft in einem Lande großentheils von den Regierungsmaaßregeln ab, die ihr Schutz und Unterstützung gewähren, und die Erfahrung zeigt, daß nicht gerade die von der Natur am meisten gesegneten, sondern die am besten regierten Länder am schönsten angebaut sind (c). Die Pflege der Landwirthschaft durch die Regierung ist auch in neuerer Zeit in den meisten Ländern, namentlich in Deutschland, mit vorzüglicher Sorgfalt geübt worden, indem wissenschaftliche Forschungen und Erfahrungen von vielen Seiten mit einander in Verbindung gesetzt wurden (d).

(a) Die hohe Entwicklung der Landwirthschaft drückt sich sowohl in der Größe des rohen als des reinen Ertrages von einer gegebenen Fläche aus.

(b) Die landwirthschaftliche Statistik liefert zu diesen Sätzen zahlreiche Belege, z. B. in der Menge des Brachlandes, in der Größe des Viehstandes, in dem Ernteertrage eines Morgens Acker und Wiese. Mehrere deutsche Länder haben 2100—2200 Stück Rindvieh auf der O.-Meile.

(c) Jovellanos, a. a. O. S. 14—16. — Ein auffallendes Beispiel hievon giebt Portugal, wo ungeachtet eines höchst milden Klimas doch die eine Hälfte des Landes öde liegt, die andere grossentheils nur schlechte Gemeinweiden enthält. Balbi, Essai statistique sur le royaume de Portugal, I, 73, 109, 148, 236.

(d) 1) Ueber die Landwirthschaftspflege im Allgemeinen: Dithmar, Polizei des Ackerbaues, herausg. von Schreber. Leipzig, 1770 — A. Young, Politische Arithmetik, aus dem E. Königsb. 1777 (gehört dem Inhalte nach hieher). — Frank, System der landwirthschaftlichen Polizei. Leipzig, 1789—91. III. B. — Rüdiger, Staatslehre, II, 22. — v. Berg, Handbuch III, 243. — Lips, Principien der Ackergesetzgebung, I. B. Nürnberg, 1811. — de Jovellanos, Gutachten der ökonom. Gesellschaft zu Madrid über die ihr vorgelegten Entwürfe zu einer landwirthschaftlichen Gesetzgebung, übers. von H. v. Beguelin. Berlin, 1816 (1825). — Steinlein, Agriculturae laus, incrementa et impedimenta. Landish. 1825. — Bülau, Der Staat und der Landbau, Leipzig, 1834. — Elsner, Politik der Landw. Stuttg. 1835. II. — Roscher, Volkswirthschaft, 2. Bd. 2) Ueber Gesetze und Einrichtungen einzelner Staaten: von Berg, Handb. VII, 1—410. — Moser in dessen Nationalökonomen, II. Jahrg. 2. B. S. 449. — Schrader, Agraria der preuß. Monarchie, d. i. Zusammenstellung aller über Landescultur.... ergangenen Gesetze und Verordnungen. Magdeburg, 1821. — Kretzschmer, Concordanz der preuß. agrarischen Gesetze. Danzig, 1830. — Danz, Die agrarischen Gesetze des preuß. Staats. Leipzig, 1836—40. V B. in VI Theilen. — Hering, Ueber die agrarische Gesetzgebung in Preußen. Berl. 1837. — Dönniges, Die Landculturgesetzgebung Preußens. Berl. 1842. — Koch, Die Agrargesetze des preußischen Staats, 3. Ausg. 1843. — Lette und v. Rönne, Die Landesculturgesetzgebung des preußischen

Staates. Berlin, 1853. III B. — Schopf, Die Landwirthschaft in den deutschen, böhmischen und galizischen Provinzen des österr. Kaiserstaats in ihrer gesetzlichen Verfassung dargestellt. Wien, 1835, III. — v. Closen, Krit. Zusammenstellung der baier. Landesculturgesetze. München, 1818. — v. Hazzi, Sendschreiben über den Entwurf des Gesetzes für landw. Cultur. München, 1822. — Rudhart, Ueber den Zustand des K. Baiern, I, 165. — v. Bose, Sammlung der wicht. Landesculturgesetze des K. Sachsen, Dresd. 1850. (alphabetisch geordnet). — Reuning, Die Entwicklung der sächsischen Landw. in den Jahren 1845—54. Dresd. 1856. — Goldmann, Die Gesetzgebung des Gr. Hessen in Beziehung auf Befreiung des Grundeigenthums 2c. 2c. Darmst. 1831. — Fournel, Lois rurales de la France, éd. 5me par Rondonneau. Paris, 1823. II B. — Chevrier-Courcelles et Puvis, Observations sur les principales questions qui doivent faire partie du code rural. P. 1836. — Gevers Deynoot, De summi imperantis Belgici cura ad promovendam agriculturam. Lugd. 1830. — Stolle, Studien über die Hebung der Landescultur im K. Belgien, 1850. — Vorzüglich lehrreich sind die Verhandlungen der landwirthschaftlichen Congresse in Frankreich, welche seit 1844 jährlich in Paris gehalten werden, §. 45 (e). — Die Verhandlungen des Congresses von Abgeordneten deutscher landwirthschaftlicher Vereine zu Frankfurt im Nov. 1848 sind in Darmstadt 1849 in Druck erschienen. — v. Lengerke, Bericht über den Congreß der Vertreter der landw. Hauptvereine aller preuß. Provinzen, Berlin, 1850. II B. auch als Supplement von des Verf. Annalen (wird in den folg. §§. als Pr. Congreßbericht angeführt).

Erstes Hauptstück.

Pflege des landwirthschaftlichen Gewerbes im Allgemeinen.

§. 45.

Als die allgemeinsten Mittel zur Pflege der Landwirthschaft verdienen folgende genannt zu werden:

1) Errichtung einer obersten Staatsbehörde für dieß Geschäftsgebiet (Abtheilung eines Ministeriums), in der Männer von gründlicher staatswissenschaftlicher, volkswirthschaftlicher und gewerblicher Kenntniß wirken (a).

2) Dieser Oberbehörde muß eine Anzahl von Landwirthschaftskundigen berathend zur Seite stehen, welche entweder von der Regierung ernannt (b), oder von den Landwirthen gewählt sind, oder theils ernannt, theils gewählt werden.

3) Sehr vortheilhaft hat sich eine Vertretung des landwirthschaftlichen Gewerbes gezeigt, indem von Zeit zu Zeit,

besonders wenn Maaßregeln sehr eingreifender Art beabsichtigt werden, einsichtsvolle, aus den verschiedenen Landestheilen gewählte Sachverständige zu einer Versammlung einberufen werden (c). Aus dieser können sodann auch Mitglieder in den fortdauernden Rath (2) gewählt werden.

4) Herstellung einer genauen und vollständigen landwirthschaftlichen Statistik des Landes (d).

Die besonderen Beförderungsmittel der Landwirthschaft im Ganzen lassen sich in eine geordnete Uebersicht bringen, wenn man die verschiedenen Erfordernisse dieses Gewerbes, — Land, — Capital, — Arbeitskräfte, — Absatz, — als Gegenstände einer staatlichen Mitwirkung der Reihe nach betrachtet und hierauf die aus der Vereinigung aller dieser Bedingungen hervorgehende Richtung der Unternehmungen ins Auge faßt.

(a) In kleinen Staaten würde allerdings eine besondere Oberbehörde zu kostbar und nicht hinreichend beschäftigt sein. In Preußen besteht ein eigenes Ministerium der landwirthschaftlichen Angelegenheiten.

(b) Als Beispiel dient das sog. preußische Oekonomie=Collegium, welches theils dem Ministerium als sachkundige Stelle und zur Ausführung von Aufträgen behülflich ist, theils die landw. Vereine unterstützt, Cabinetsbefehl v. 16. Jan. 1842. V. des Ministeriums v. J. 2. März, Regulativ v. 25. März 1842. Neues Regul. v. 24. Jun. 1859. Das Oekonomie=Collegium ist die Centralstelle der landw. Technik und hat die Bestimmung, das Ministerium der Landwirthschaft zu unterstützen. Zu den außerordentlichen Mitgliedern gehören die Präsidenten der landwirthschaftlichen Provincialvereine. Das Collegium steht lediglich mit dem genannten Ministerium in Geschäftsverkehr. Die Verhandlungen dieses obersten Landwirthschaftsrathes werden regelmäßig mitgetheilt in den Annalen der Landw. ꝛc. seit 1842, herausgegeben zuerst von v. Lengerke, dann von Lübersdorff, seit 1860 von A. Salviati.

(c) Preuß. Congreßbericht, I, 301. 492, II, 344. 413. Jährlicher Congrès central d'agriculture in Paris seit 1844. — Belgischer oberster Landwirthschaftsrath aus 18 Mitgliedern, deren je 2 von jedem landwirthschaftlichen Provincialausschuß gewählt werden. Verordn. v. 30. Aug. 1850. — Sächsischer Culturrath.

(d) Preuß. Congreßbericht, I, 40. II, 91 (Entwurf einer solchen Statistik). — Vorzüglich schätzbar sind die amtlichen landw. Beschreibungen einiger franz. Dep. seit 1843 und die belgische Statistik der Landwirthschaft nach dem Zustande v. 1846.

I. Maaßregeln in Bezug auf die Ländereien.

A. Rechtliche Verhältnisse.

1. Bäuerliches Verhältniß.

§. 46.

Die meisten kleineren Landwirthe in Deutschland und vielen anderen europäischen Ländern befanden sich seit Jahrhunderten in Beziehung auf die Ländereien, die sie bewirthschaften, in einem mittleren Zustande zwischen bloßer Zeitpacht und vollem Eigenthum, indem sie zwar ein dauerndes Recht auf ihr Land hatten, aber durch die Befugnisse eines Guts= und Zehntherrn mehr oder weniger beschränkt waren (a). Ein solches Verhältniß entstand theils in einer Zeit, wo es für die Zeitpacht noch an Capital und Geldverkehr fehlte, dadurch, daß reiche Grundbesitzer einen Theil ihres Landes unter der Bedingung gewisser Leistungen an Arbeiterfamilien überließen, theils auch, indem manche anfangs freigewesene Grundeigner allmälig in Abhängigkeit von mächtigen Grundherren geriethen und folglich die Lage vieler Bauern sich im Laufe der Zeit verschlimmerte. Mit den privatrechtlichen Befugnissen der Gutsherren verband sich eine obrigkeitliche Stellung derselben, indem ihnen namentlich eine Gerichtsbarkeit und Polizeigewalt zustand, auf die sie schon wegen des mehr gesicherten Eingehens der bäuerlichen Leistungen Werth legen mußten (b). Während es der Geschichte und Wissenschaft des bürgerlichen Rechts obliegt, die verschiedenen Abstufungen und Gestaltungen dieses bäuerlichen Verhältnisses in einzelnen Ländern, Gegenden oder Ortschaften zu erforschen (c), muß die Volkswirthschaftspolitik dagegen die gegebenen Verhältnisse der Bauerngüter nach ihrem Einfluß auf die Production würdigen und den Weg bezeichnen, auf welchem die darin vorkommenden Uebelstände in einer gerechten und zweckmäßigen Weise beseitigt werden können. Dieser großen, wichtigen und schwierigen Maaßregel ist im jetzigen Jahrhundert von den europäischen

Regierungen sehr viel Fleiß und Nachdenken zugewendet worden, und in Folge der auf diesen Zweck gerichteten Gesetze ist das alte bäuerliche Verhältniß schon größtentheils verschwunden. Die Kenntniß des Weges, der hiezu in verschiedenen Ländern eingeschlagen worden ist und der theils wirklich befolgten, theils empfehlenswerthen Grundsätze muß in der heutigen Volkswirthschaftspolitik noch eine Stelle einnehmen, wenn gleich das Werk größtentheils schon ganz vollbracht ist, weil dieß noch nicht überall geschehen ist und weil manche Nachwirkungen der Ablösung noch eine Zeit lang die Behörden beschäftigen (d).
Die Abhängigkeit der bäuerlichen Wirthe von anderen Personen kann sich beziehen

1) auf die Verfügung über das Gut und dessen Vererbung, d. i. auf das Nutzungsrecht,
2) auf die jährlichen Leistungen an einen Guts- oder Zehntherren, welche bestehen
    a) in der Verrichtung von Arbeiten, — Frohnen,
    b) in Abgaben, welche den Berechtigten zum Theilnehmer an dem Reinertrage machen.

(a) Auch außer Europa findet sich dieser Zustand, z. B. in Mingrelien, am Indus, in Canada ꝛc.
(b) Namentlich durch Ausbildung der Erbunterthänigkeit.
(c) Mittermaier, Grundsätze, §. 80. 480 ff. — Zu den Untersuchungen über die bäuerlichen Verhältnisse von rechtlicher und volkswirthschaftlicher Seite gehören unter anderen: Stüve, Ueber die Lasten des Grundeigenthums in Rücksicht auf das Königr. Hannover, 1829. — Lünzel, Die bäuerlichen Lasten im Fürstenth. Hildesheim. 1830. — v. Hodenberg, Welche Gründe verlangen die Aufhebung des Zehnt-Meiernexus? Hannover, 1832. — Sommer, Handbuch über die bäuerlichen Rechtsverhältnisse in Rheinland-Westphalen, I, 1830. — Zachariä, Der Kampf des Grundeigenthums gegen die Grundherrlichkeit. Heidelberg, 1832. — Moser, Die bäuerlichen Lasten der Würtemberger. Stuttgart, 1832. — Bernhardi, Versuch einer Kritik der Gründe, die für großes und kleines Grundeigenthum angeführt werden. 1847, S. 522 (Frankreich) und 577 (England). — Welsch, Ueber Stetigung und Ablösung der bäuerlichen Grundlasten. Landshut, 1849. — Lette, Einleitung zum I. Bande des §. 44, (b) Nr. 2 genannten Buches. — Roscher, Volksw. II, 150.
(d) Die aus diesem Zweck hervorgegangenen gesetzlichen Maaßregeln werden neuerlich öfters mit dem Namen Agrargesetze belegt. Die in §. 44 Note (a) Nr. 2) angeführten Schriften beschäftigen sich größtentheils mit diesem Gegenstande. — In mehreren deutschen Staaten sind neuerlich Gesetze über die Umgestaltung oder Ablösung aller dieser bäuerlichen Verhältnisse zugleich erlassen worden. Diese Hauptgesetze, die in den folgenden §§. nur mit dem Namen des Landes bezeichnet

werden, sind: **Preußen**, neues Gesetz v. 2. März 1850. (Frühere Hauptbestimmungen 1) für nicht erbliche Bauerngüter, Edict vom 14. Mai 1811. 2. Abschn. §. 35 ff., 2) für erbliche aber nicht eigenthümliche, ebb. 1. Abschn., 3) für eigenthümliche Güter, Ges. 7. Jun. 1821.) — **Baiern**, Ges. 4. Jun. 1848 (Erläuterung desselben in Dollmann, Die Gesetzgeb. des Königr. Baiern unter Maximil. II. 2. Heft, 1852). — **Würtemberg**, 14. April 1848. — **Hannover**, Ablösungsgesetz v. 23. Jul. 1833. — **Sachsen**, 17. März 1832. — **Weimar**, 3. Jun. 1848. — **Oesterreich**, Patente v. 17. Sept. 1848 und 4. März 1849 und die Grundentlastungsgesetze für einzelne Provinzen, Böhmen und Mähren 26. Jun. 1849, Schlesien 10. Jul., Tirol 15. Aug., Galizien 15. Aug., Istrien 7. Sept., Steiermark, Kärnthen, Krain, 12. Sept., Oester. ob der Enns 4. Oct. 1849, Niederösterr. 13. Febr. 1850. — **Oldenburg**, Ges. v. 14. Oct. 1848 (für die aus dem guts- und schutzherrlichen Verbande herrührenden Lasten der Hofhörigen und Heimfallspflichtigen) und 11. Febr. 1851 (für andere Lasten). — **Nassau**, 14. April 1849. — In anderen Ländern, z. B. Baden, sind mehrere Gesetze über einzelne Theile des bäuerlichen Verhältnisses zu verschiedenen Zeiten erlassen worden. — Judeich, Die Grundentlastung in Deutschland seit 1830 in Leipz. Zeitung, Beilage 1859. Nr. 86. 1861 Nr. 23.

a. Art des bäuerlichen Nutzungsrechts.

§. 47.

Das Nutzungsrecht der Bauern auf ihre Ländereien ist bald ein wahres, aber belastetes Eigenthum, bald schließt es nur solche Bestandtheile desselben in sich, die im deutschen Rechte als Nutzeigenthum betrachtet und dem Obereigenthum des Gutsherrn entgegengesetzt werden (*a*), — bald endlich kann es nicht mehr als Eigenthum gelten. In Hinsicht auf Vererbung und Verfügungsgewalt lassen sich folgende Abstufungen annehmen:

1) Manche Bauerngüter sind dem Rechte nach nicht erblich und werden dem Besitzer nur auf Lebenszeit (*b*), oder auch nicht einmal so lange belassen (*c*), ohne doch darum bloße Pachtgüter zu sein, weil der Uebergang an die Erben unter gewissen lästigen Bedingungen gewöhnlich gestattet wird, weil ferner kein einfacher Geld- oder Naturalpachtzins, sondern die üblichen bäuerlichen Leistungen vorkommen (*d*), und weil das Einziehen der Bauerngüter den Gutsherren meistens nicht erlaubt ist.

2) Es findet Vererbung in eingeschränktem Maaße statt, z. B. auf eine gewisse Zahl von Geschlechtern (*e*), so daß unter gewissen Umständen der Heimfall oder die Einziehung vorbehalten ist (*f*), oder

3) die Vererbung ist zwar unbedingt, aber die Verpfändung und Veräußerung von der Genehmigung des Gutsherrn abhängig und bei Erb= und Kauffällen die Entrichtung einer in einem gewissen Theil des Gutswerthes bestehenden Gebühr (Handlohn) vorgeschrieben.

(a) Mittermaier, Priv. R. I, §. 156.
(b) Viele norddeutsche Meier waren bisher ohne Erbrecht; so auch die baierischen Leibrechtsgüter, die jedoch nach herkömmlicher Weise auf einen Erben gingen. Die Vererbung der bad. Schupflehengüter war bisher ebenfalls nicht gesichert, da der Lehenbrief immer den Heimfall nach dem Tode des Lehenmannes oder seines nächsten Erben ausdrücklich vorbehielt, indeß ist hiervon fast nie Gebrauch gemacht worden. von Gaisberg, Beleuchtung der Rechtsverhältnisse bei Schupflehen. Stuttgart, 1823. Verhandlungen der beiden Kammern in Baden von 1833.
(c) Güter auf Herrengunst; Freistift in Baiern.
(d) Sie sind entweder fest, oder der Eigenthümer hat Befugniß, sie beim Wechsel des Besitzers zu steigern. Bezeichnung dieser Classe von Gütern im preußischen Edict vom 14. Sept. 1811. §. 35.
(e) Z. B. die pfälzischen Erbbestände, die auf drei Generationen vererbt wurden, und die pfälzischen Leibgedingsgüter, die nur auf einen einzigen Besitzer, oder auf ein Ehepaar, oder auch auf die namentlich aufgeführten Kinder desselben verliehen wurden, und bei deren Verkauf oder neuer Verbriefung für ein Kind und dessen Familie ¼ oder ⅓ des Gutswerthes als Gebühr gefordert wurde, und bisweilen sogar die Hälfte, wenn der Heimfall nahe bevorstand. Es waren meistens Weinberge, bei denen statt eines festen Zinses ein gewisser Theil des Rohertrages (⅓) entrichtet wurde. Natürlich ist es, daß sie in der letzten Zeit vor dem Heimfall oder der Erneuerung sehr vernachlässiget wurden. Vogelmann in Rau, Archiv V, 137. — In Mecklenburg wird der Bauernhof dem ältesten Sohne, oder wenn dieser kein tüchtiger Wirth ist, einem jüngeren, oder wenn Söhne fehlen, einem Tochtermann übertragen, Seitenverwandte werden nicht berücksichtigt. Bollbrügge, Das Landvolk im Großherzogthum Mecklenburg. 1835. S. 34. — Die uneingekauften Bauerngüter in Böhmen, Mähren, Galizien, österr. Schlesien vererbten sich nur an Kinder, durften aber nicht veräußert oder verschenkt werden. Schopf, 1, 82.
(f) Z. B. in Bremen und Verden durfte der Hof eingezogen werden, wenn ihn der Gutsherr zur Wohnung brauchte, und derselbe hatte bei dreijährigem Rückstande das Ejectionsrecht. Stüve, S. 135. — In Mecklenburg wird derjenige vom Gehöfte entsetzt, welcher eine schlechte Wirthschaft führt und seine Obliegenheiten nicht erfüllt. — Der ungarische Bauer durfte vertrieben werden, wenn er die auf seinem Gute ruhenden Abgaben nicht zu tragen vermochte oder wiederholt widerspenstig oder ausschweifend war. Der eingezogene Hof mußte jedoch einem anderen Bauer übergeben werden.

§. 47 a.

Der große Nutzen eines gesicherten erblichen Besitzes mit genau bestimmten Rechtsverhältnissen kann keinem Zweifel unterliegen. Wo der Bauer sich einer willkürlichen Steigerung der jährlichen Entrichtungen ausgesetzt sieht (a), oder wo er nicht die Gewißheit hat, daß das Gut auf seine Erben kommen werde, oder vollends wo er nicht einmal selbst auf lebenslänglichen Besitz rechnen kann und im Falle der Vertreibung aus demselben sich nicht als Pachter auf anderen Gütern fortzubringen weiß, da sinkt er leicht in Muthlosigkeit, Erschlaffung und Müßiggang; er scheut jede Ausgabe und Bemühung, deren Früchte nicht in kurzer Frist zu reifen versprechen; er wird weder Bäume pflanzen, noch Sümpfe austrocknen, steile Abhänge in Terrassen bringen, Wasserleitungen anlegen, Erde aufführen, seine Gebäude in besseren Stand setzen ꝛc. I, §. 376, 378 — (b). Dieser Zustand ist für die Gütererzeugung in hohem Grade nachtheilig, zugleich aber ist bei einem auf erblichen Gütern ansässigen Bauernstande mehr Anhänglichkeit an das Vaterland, mehr Sinn für gesetzliche Ordnung, mehr Biederkeit und Zuverlässigkeit zu erwarten, sowie derselbe sich auch eines gesicherten, dauernden Wohlstandes erfreut (c). Während bei reinen Zeitpachtungen den Eigenthümern nicht zugemuthet werden darf, den Pachtern ein über die gewöhnliche Pachtzeit hinausreichendes Recht auf die Benutzung des Landes zu verleihen (d), ist dieß da zulässig, wo offenbar ein bäuerliches Verhältniß vorliegt, wo die Vererbung schon häufig vorkommt und der Gutsherr das Bauerngut nicht zu eigener Benutzung an sich ziehen darf (e). Unter solchen Umständen darf gesetzlich bestimmt werden, daß von den Bauern für eine gewisse Entschädigung des Gutsherrn das volle Erbrecht erworben und alle Heimfälligkeit (Caducität) aufgehoben werden könne (f). Ist nur die Veräußerung und Verpfändung an die Zustimmung des Gutsherrn gebunden (§. 47, 3)), so muß dieß gleichfalls als eine lästige Beschränkung betrachtet werden, die jedoch nicht ohne die Ablösung oder Umwandlung der jährlichen bäuerlichen Lasten zu beseitigen ist. Uebrigens sprechen obige Gründe auch für die Umwandlung der Ritterlehen in freies Eigenthum (Allodificirung), welche nach gleichen Regeln gestattet werden kann (g).

(a) Bei den Meiergütern im Fürstenthum Göttingen konnte nach 3, 6 oder 9 Jahren der Zins gesteigert werden, und dennoch waren sie keine bloßen Pachtgüter. Stüve, S. 119. — Aehnlich in Mecklenburg, Bollbrügge, S. 33.

(b) Klagen über die Trägheit der mecklenburgischen Bauern; — „eine fortdauernde Indolenz, welche der Einführung vollkommener Wirthschaftseinrichtungen und dem Aufblühen eines sicherer begründeten Wohlstandes in dieser Classe allenthalben in den Weg tritt. Die Ursache dieser betrübenden Erscheinung ist der Mangel gesetzlicher Normen über die bäuerlichen Verhältnisse"; v. Lengerke, Darstellung der Landwirthschaft in dem Großh. Mecklenburg. 1831. I, 110. — Bollbrügge, S. 37.

(c) Die bloße Aufhebung der Leibeigenschaft, wenn dem Bauer nicht zugleich ein Anrecht auf das Gut verschafft wird, ist eher eine Verschlimmerung als eine Verbesserung seiner Lage, weil er nun neue, vielleicht lästigere Verträge mit dem Gutsherrn eingehen muß und dieser nicht mehr schuldig ist, den verarmten Bauer zu unterstützen. Vgl. v. Cöln, Der Bauer in Preußen, in Europ. Annal. 1816. VI, S. 239. — Ueber den schlechten Zustand der preuß. Laßgüter s. Thaer, Ann. des Ackerb. Febr. 1805. — Vgl. Simonde, Nouv. princ. I, 158. 165. — Obiger Uebelstand wird auch in den russischen Ostseeprovinzen empfunden. Die Bauern sind Zeitpachter geworden, deren Leistungen anfänglich in Frohnen bestanden, neuerlich aber meistens in einen Pachtzins umgewandelt wurden, und stehen unter der Polizeigewalt der Gutsherrn. Die Schrift: „Zur Emancipationsfrage des russ. Volkes. Die Zustände des freien Bauernstandes in Kurland" (Leipz. 1860) entwirft ein düsteres Gemälde, dessen thatsächliche Unrichtigkeiten widerlegt werden von Neumann, Zur Berichtigung einiger der auffallendsten Unrichtigkeiten ꝛc. Mitau, 1860. — Auch im eigentlichen Rußland ist es als nothwendig anerkannt worden, bei der Aufhebung der Leibeigenschaft den Bauern zugleich erblichen Grundbesitz für eine angemessene Gegenleistung zu verschaffen. Nach den russischen Gesetzen vom 19. Februar 1861 (vgl. §. 19 (d)) erfolgt die Umwandlung des bäuerlichen Verhältnisses in zwei Schritten nach einander. 1) Der Gutsherr behält das Eigenthum, der Bauer erhält aber den Hof und eine gewisse Fläche Land zur erblichen Nutzung gegen Uebernahme einer bestimmten Menge von Frohnen oder einen Geldzins, Obrok. Zum Hof (enclos) gehören Gebäude, Gärten, Hanf- und Hopfenstücke, Hofplätze ꝛc. Die zu überweisende Landfläche ist nach den Landestheilen verschieden, es ist ein maximum bestimmt, $^1/_3$ desselben bildet das minimum. Das bisher benutzte Land bleibt dem Bauern, wenn es das max. nicht übersteigt. Beträgt es unter dem min., so wird es bis zu diesem vermehrt oder die Gegenleistung des Bauern vermindert. Dem Gutsherrn soll $^1/_3$ des ertraggebenden Landes verbleiben, nur dürfen die Bauern nicht unter das min. kommen. Das max. geht in einigen Steppengegenden bis 7, 10 und 12 Desjätinen, meistens ist es 3—5, nur in 2 Bezirken unter 2 Dess. für jede männliche Seele (1 Dess. = 3 bad. — 4,^{273} pr. M.). Dem max. des Landes entspricht ein max. des Obroks von 8—12 Rub. von der männl. Seele oder 40 Manns- und 30 Frauenfrohntagen jährlich, und zwar $^3/_5$ dieser Zahl im Sommer. — 2) Der Bauer kann das Eigenthum erwerben und damit aus dem Zustande des *provisorisch Verpflichteten* (temporairement obligé) in den eines *freien Bauern mit Eigenthum* übergehen. Zum Ankauf des Hofs ist er berechtigt, wenn er von dem auf diesen kommenden Theil des Obroks (1$^1/_2$ bis 3$^1/_2$ Rub. für die männl. Seele) das 16$^2/_3$fache bezahlt. Der Ankauf des übrigen Landes hängt in der Regel von der Zustimmung des Gutsherrn ab. Der Staat übernimmt es, demselben das 16$^2/_3$fache des

Obroks in 5proc. Schuldbriefen auszuliefern, wofür die Bauern 6 Proc. der Summe an Zins und Tilgebetrag entrichten. Geht der Vertrag der Gemeinde mit dem Gutsherrn auf eine größere Ankaufssumme, so ist das Weitere Gegenstand der Uebereinkunft beider Theile.

(*d*) Die häufige Vertreibung der Pachter in Schottland und Irland, wie früher in England, um die Güter zu vergrößern und eine andere Bodenbenutzung, insbesondere Schafzucht einzuführen, oder sogar Wildparke anzulegen, hat zu vielen Klagen Anlaß gegeben, wobei jedoch zu bedenken ist, daß das Klima des schottischen Hochlandes den Ackerbau sehr erschwert und von Alters her dort Armuth einheimisch war. Edinb. Review Nr. 216. S. 461. — Roscher, II, 183. Trauriger Zustand der kleinen irländischen Zeitpachter, deren Mitwerben bei der raschen Volksvermehrung den Pachtzins unmäßig steigerte, I, §. 377 (*e*). Neuerlich ist dort ein lebhaftes Verlangen nach einem unveränderlichen Pachtzinse rege geworden. Würden die Grundeigenthümer in eine Maaßregel willigen, welche den Landleuten ein erbliches Nutzungsrecht mit festem Zinse verschaffte, so wäre dieß von unberechenbar wohlthätigen Folgen. — Aehnliche Pachtverhältnisse auf den azorischen und den canarischen Inseln.

(*e*) Dieß sog. Niederlegen der Bauernhöfe ist durch viele Landesgesetze untersagt. In Schleswig und Holstein bestimmt das Ges. v. 19. Dec. 1804 (über die Aufhebung der Leibeigenschaft), daß die Zahl der bäuerlichen Stellen auf jedem Gute erhalten werden soll. Um einzelne Grundstücke zum Hoffeld zu schlagen, ist obrigkeitliche Genehmigung und der Beweis erforderlich, daß die verkleinerten Stellen noch als ganze, halbe *c.* Hufen betrieben werden können.

(*f*) Wie die Entschädigung des Gutsherrn abzumessen sei, dieß läßt sich nur nach den gegebenen Umständen beurtheilen, z. B. nach der Größe der Summe, mit der man den Fortgenuß des Gutes erkaufte. Die Gesetze müssen genau bestimmen, bei welchen Gütern die Eigenthumsverleihung stattfinden solle, wie die Entschädigungssumme auszumitteln sei *c.* Wo vom Heimfall selten Gebrauch gemacht wurde, so daß keine brauchbaren Anhaltspuncte zur Berechnung vorhanden sind, da ist auch die in mehreren Staaten neuerlich vorgekommene unentgeldliche Aufhebung zu rechtfertigen. — Das baier. Edict vom 28. Juli 1818 hob §. 81—83 die Heimfälligkeit (Caducität) der Zinsgüter auf und räumte dem Gutsherrn blos die Klage auf Schadenersatz in Fällen, die sonst den Heimfall begründet hatten. Nach der V. v. 27. Juni 1803 und späteren konnte der Besitzer eines Leibrechtsgutes (wo nur der Grundholde lebenslänglichen Besitz hat), eines Neu- und Freistiftsgutes (in jenem ist nur der Besitz auf Lebenszeit des Gutsherrn gesichert, in diesem ist er völlig widerruflich), wenn der Staat das Obereigenthum hat, gegen Entrichtung von 1/3 des Gutswerths das Eigenthum erlangen und zugleich das Handlohn beseitigen; übereinstimmend ist §. 59 des Culturgesetz-Entwurfes in Rudhart a. a. O. S. 202. — Im preuß. Staate wurde den Bauern auf den Domänengütern in Ost- und Westpreußen und Litthauen das Erb- und Dispositionsrecht unentgeldlich verliehen, V. v. 27. Juli 1808. Das Edict über die Regulirung der bäuerlichen Verhältnisse v. 14. Sept. 1811 und die zugehörige Declaration vom 29. Mai 1816 ordnen auch die Umwandlung der nicht erblichen Bauerngüter in erbliche an, und das Einziehen durch den Gutsherrn ist (§. 77 des 2. Edicts) nur erlaubt, wenn ein Bauernhof erledigt ist, so daß seiner Person ein rechtlicher Anspruch auf sie zusteht. Mehrere Verordnungen verbieten das willkürliche Einziehen (Danz, II, 141 ff. Koch, S. 66). Doch hat sich schon obige

Befugniß zum Einziehen aller erledigten Höfe durch den ausgedehnten Gebrauch, den man von ihr gemacht hat, als nachtheilig erwiesen. Das Edict von 1811 erlaubte nur das Einziehen der im Kriege verödeten Höfe. Hering, Ueber die agrar. Ges. in Pr., S. 112. Uebrigens bezieht sich das Edict nur auf solche Bauerngüter, welche als Ackernahrungen gelten, d. h. deren Hauptbestimmung es ist, ihren Inhaber als selbstständigen Ackerwirth zu ernähren, im Gegensatz von Taglöhnerstellen; das Unterscheidungsmerkmal ist, daß Spannvieh gehalten wird. Declarat. vom 29. Mai 1816. Art. 4. 5. Bei der speciellen Ausmittlung der bäuerlichen Verhältnisse wurde der Heimfall erblicher Güter mit 5 Proc., nicht erblicher mit 7½ Proc. vergütet, Decl. A. 69. 82, vgl. Rescr. v. 16. Juni 1821, bei Koch, S. 61. In den ehemals westfälischen und bergischen Landestheilen wurde der Heimfall mit einer Rente von 2 Proc. des reinen Ertrages abgelöst, Ges. v. 25. Sept. 1820. Das neue Ges. v. 1850 hebt §. 2 das grund- und gutsherrliche Heimfallsrecht und das Obereigenthum des Guts-, Grund- und Erbzins-Herren, sowie das Eigenthum des Erbverpachters ohne Entschädigung auf und bestimmt, daß auch bei ländlichen Stellen mit einem anderen Nutzungsrechte, ohne Rücksicht auf Umfang und Beschaffenheit der Besitzung, das Eigenthum unentgeldlich erworben wird, wenn die Regulirung der übrigen Verhältnisse vor sich geht, §. 74. 57. — In Baden wurde bei den Domanial-Erblehen, die auf Leibeserben und Seitenverwandte des ersten Erwerbers gehen, 1 Proc., bei solchen, die nur auf Nachkommen gehen, für den Heimfall (außer wenn derselbe nahe ist) 3 Proc. des reinen Gutswerthes bezahlt ꝛc. Bei Domanial-Schupflehen richtete sich die Summe nach dem Alter des Lehnmannes, V. v. 11. Mai 1826 und 11. Jan. 1827. Die badischen Privatschupflehen werden erblich, wo die Wiederverleihung schon erweisliche Observanz war, aber die jährlichen Leistungen des Lehnmannes werden auf ³/₂ des Reinertrages erhöht, wenn sie noch nicht so viel betrugen; Ges. v. 15. Nov. 1833. Nach dem Ges. v. 21. April 1849 werden alle Erblehen (Erbbestände) und die nach dem Ges. von 1833 der Familie des letzten Besitzers wieder zu verleihenden Schupflehen allodificirt; der Heimfall wird bei Erblehen mit 1—6 Proc. je nach der Art der Vererbung, bei Erbbeständen mit 3 Geschlechtsfolgen mit 4, 7 und 11 Proc. nach der Zahl der noch übrigen Geschlechtsfolgen, bei Schupflehen mit 4 Proc. berechnet. — Nach Stüve's Vorschlag wären für den Heimfall 1 oder 1½ Proc. zu bezahlen, je nachdem die Vererbung blos auf männliche oder auch auf weibliche Nachkommen und Seitenverwandte geht, a. a. O. S. 173. — Hannover, §. 50: für den Heimfall bezahlt man eine jährliche Rente von ½ Proc. des Reinertrages, wenn die Wiederverleihung ohne Erhöhung der Lasten geschehen mußte, oder von 1 Proc., wenn die Lasten gesteigert werden durften oder die Wiederverleihung gar nicht nothwendig war; in beiden Fällen wird das Doppelte gegeben, sofern auch in Concursen ein Heimfall statt fand. — Sachsen: der Erbpachter kann das Eigenthum erlangen, wenn er den jährlichen Kanon um 5 Proc. erhöht, ebenso der Erbzinsmann durch Zulage von 3 Proc. des Erbzinses. — Der russische Ukas von 1842 gestattet den Gutsherren, mit ihren (leibeigenen) Bauern über ein Erbpachtsverhältniß übereinzukommen und also denselben einen erblichen Besitz zu geben. — Im österreichischen Staate war den Besitzern der uneingekauften Güter (§. 47 (e)) der Einkauf gestattet, und die Regierung ermunterte hiezu. Der Preis für die Erwerbung des erblichen Nutznießungsrechtes wurde durch Uebereinkunft mit dem Gutsherrn bestimmt und gewöhnlich unverzinslich in 20jährigen Fristen bezahlt. Schopf, II, 144. Jetzt gehört das Heimfallsrecht zu den Bestandtheilen des unentgeldlich auf=

gehobenen Unterthansverbandes, Schutzverhältnisses ꝛc. A. Patente und die einzelnen Grundentlastungsgesetze. — Ebenso Baiern Art. 15, Oldenburg, revidirtes Staatsgrundgesetz, Art. 6, §. 2.

(*g*) Das Lehnsverhältniß hat längst seine Bedeutung verloren, und die Heimfälligkeit ist für die adeligen Gutsbesitzer auf gleiche Weise lästig, wie für die bäuerlichen. Die Größe der Entschädigung, welche dem Lehnsherrn bei der Umwandlung in freies Eigenthum gebührt, muß sich nach der Art der Belehnung (Manns- oder Weiberlehen) und nach der Anzahl erbberechtigter Verwandten richten. Vgl. Gr. Soden, Der baier. Landtag von 1819, S. 315 (Nürnberg, 1821). — Baiern: Sohn- und Töchterlehen werden mit 1 Proc. des Gutswerthes, Mannslehen mit 3 Proc., heimfällige (die auf 4 Augen in 50jährigem Alter stehen) mit 10 Proc. zu Eigenthum gemacht.

§. 48.

Das Handlohn (§. 47, Nr. 3), welches bei Veränderungen im Besitze bäuerlicher Grundstücke (Kauf, Erbfall) von dem neuen Erwerber an den Gutsherrn entrichtet werden muß, hie und da auch bei Veränderungen in der Person des Gutsherrn, besteht in gewissen Procenten des Gutswerthes, gewöhnlich 5—10, bisweilen auch mehr, bis zu $1/3$ (*a*). Da die Besitzveränderungen in ungleichen Zwischenzeiten auf einander folgen, so ist die Einnahme des Gutsherrn von Jahr zu Jahr verschieden und derselbe kann nur dann einigermaßen darauf zählen, wenn er viele Handlohnpflichtige hat; auch ist das Ergebniß der jedesmaligen neuen Schätzung veränderlich. Für die Grundholden ist die Unregelmäßigkeit des Eintreffens noch schädlicher, und wenn zufällig die Abgabe nach kurzer Frist sich wiederholt, so entzieht sie den Landleuten einen beträchtlichen Theil ihres Vermögens (*b*). Das Erbhandlohn insbesondere, da es in einem Zeitpuncte gegeben werden muß, wo der neue Besitzer seine Verwandten hinauszuzahlen, sein Hauswesen einzurichten und mancherlei andere Ausgaben zu bestreiten hat, stürzt denselben häufig sogleich in Schulden. Das Kaufhandlohn, da es gewöhnlich den Verkaufspreis erniedriget, folglich genau betrachtet dem Verkäufer zur Last fällt, hält von manchen nützlichen Veräußerungen ab und zieht, wie jenes, Capitale in das gewöhnlich zu unproductiver Verzehrung bestimmte Einkommen der Berechtigten. Weil die Grundrente und somit der Preis der Ländereien im Laufe der Zeit zu steigen pflegt, so erhöht sich auch der Betrag des Handlohns.

(*a*) 3. B. in einigen Gegenden des badischen Oberlandes, doch beträgt die sog. Drittelsgebühr jetzt nicht überall noch ¹/₃. Andere Namen laudemium, Lehnwaare, Möhrschaft, Heerbrecht, Ehrschatz, Antrittsgeld, ehemals relevium (franz. relief); das Sterbhandlohn heißt auch Sterbfall, Fallgeld ꝛc.; Rau in Verhandl. der bad. 1. K. v. 1837, Beil. I, 146 — deff. Archiv, III, 334. — In Osnabrück zog der Gutsherr beim Tode des Bauern die Hälfte des beweglichen Vermögens. Stüve, S. 141. — Im ehemaligen Fürstenthum Ellwangen gab es Güter, wo der Erbe mit seiner Frau den Besitz mit ¹/₃ des Gutswerths erkaufen mußte und bei dem Tode des einen Ehegatten verfiel dem Gutsherrn der halbe Werth! Moser, S. 254. — Vom Handlohn ist zu unterscheiden 1) die ehemalige Abgabe vom beweglichen Vermögen beim Tode eines Leibeigenen (Besthaupt), 2) die Abgabe, mit der man die Nachfolge in dem Besitz eines nichterblichen Gutes erkauft und welche deßhalb von dem Gutsherrn beliebig festgesetzt wird.

(*b*) Gr. Soden (Staatsnat. W. L., 3. 90 und Baier. Landtag, S. 308) nimmt das Handlohn in Schutz.

§. 49.

Aus diesen Gründen ist es für beide Betheiligte und auch in volkswirthschaftlicher Hinsicht nützlich, wenn das Handlohn in eine jährliche, gleichförmige Abgabe umgewandelt wird. Es muß zu diesem Behufe aus der Erfahrung eines langen Zeitraums erforscht werden, wie oft im Durchschnitt jede Art des Handlohns fällig wird (*a*), um hieraus nach Maaßgabe des bestimmten Entrichtungsfußes (Quote) sowie aus dem Preisanschlage des Gutes die jährliche Abgabe berechnen zu können. Das Eintreten eines Erbfalles steht unter natürlichen Gesetzen, Kauffälle aber ereignen sich höchst unregelmäßig. Die Umwandlung hat jedoch eigenthümliche Schwierigkeiten. Der Pflichtige ist oft schon darum derselben abgeneigt, weil er hofft, daß durch Gunst der Schätzer die Abschätzung des Gutswerthes niedrig ausfallen werde, so daß er z. B. statt 10 vielleicht nur 7 oder 8 Procent des wahren Werthes zu bezahlen hätte. Der Berechtigte dagegen hofft, daß günstige Verhältnisse im Allgemeinen und landwirthschaftliche Verbesserungen den Preis der Güter erhöhen werden. Diese Erwartungen stehen jedoch einander dergestalt entgegen, daß beide Theile bei reifer Ueberlegung die Umwandlung für nützlich anerkennen müssen.

(*a*) Würt. 2. Edict vom 18. Nov. 1817, u. Ges. v. 1848: Alle 25 Jahre wird ein Handlohn angenommen. — Preuß. Ges. 25. Sept. 1820, §. 46, u. Ablös.-O. 7. Juni 1821, §. 33: auf 100 Jahre 3 Erbfälle und 2 Veräußerungsfälle. Neues Ges. §. 42: nie über 3 Fälle im Jahrhundert. — Bad. Ges. 5. Oct. 1820: alle 30 Jahre ein Fall. — Sachsen §. 84, wie im preuß. Ges. v. 1821; nie über 8 Fälle im Jahrhundert. — Hannover: 3 Erb= und 1 Veräußerungsfall im Jahrhundert. Ebenso Oldenburg, 1848, Art. 35, mit mehreren weiteren Bestimmungen. — Oesterreich, Böhmen, §. 65: alle 25 Jahre ein Fall; findet das Handlohn nur bei entgeldlicher Uebertragung statt, so wird angenommen, daß auf 3 Besitzveränderungen 1 solche komme.

§. 50.

Erheblicher ist der Umstand, daß der Besitzer eines handlohnpflichtigen Gutes abgeneigt ist, eine jährliche Last zu übernehmen, weil er für seine Person keinen entsprechenden Vortheil davon zu erwarten hat. Das Erbhandlohn trifft ihn in keinem Falle mehr und er unterwirft sich ungern zu Gunsten seiner Erben einer Aufopferung, zumal da er, wenn er das Gut ererbte, schon einmal Handlohn gegeben hat. Den Eintritt eines Verkaufes denkt er sich als ungewiß und entfernt, und macht sich auch wohl nicht klar, daß bei der Veräußerung sein Erlös durch das Handlohn verkürzt werden wird. Wenn die Gesetze auf diesen Umstand nicht Rücksicht nehmen, so wird die Umwandlung durch den freien Willen der Betheiligten nicht häufig zu Stande kommen; sie aber zu erzwingen, ist kein zureichender Grund vorhanden.

§. 51.

Dieses Hinderniß würde beseitiget, wenn man den Anfang der Ablösung bei jedem einzelnen Handlohnpflichtigen so lange aussetzte, bis ein Handlohn fällig geworden ist (a). Hiebei ist es jedoch lästig, daß die Regulirung langsam von Statten geht und ihre Beendigung lange hinausgeschoben wird, weshalb man versucht hat, die Ablösungsrente früher beginnen zu lassen und selbst Nachzahlungen für verflossene Jahre anzuordnen (b). Die Besitzer werden sich entschließen, unter billigen Bedingungen von jetzt an jährlich eine geringe Entrichtung zu übernehmen, um von dem nächsten fälligen Handlohn schon einen Theil zu tilgen, was ihnen wenigstens bei dem Kaufhandlohne offenbaren Vortheil bringt, wofern die Rente desto niedriger gesetzt wird, je kürzere Zeit seit dem letzten Handlohnsfall verstrichen ist. Die Berechnung wird freilich hierdurch verwickelt, doch läßt sie sich mit Hülfe von Tabellen erleichtern (c). Der Preis eines Gutes, von welchem das Handlohn eine Quote ist, sollte nicht allein nach der gegenwärtigen Schätzung, die oft etwas Zufälliges hat, bemessen werden, sondern aus dem Durchschnitte derselben und der Ansätze von mehreren früheren Fällen (d). Statt einer Jahresrente könnte die Handlohnpflicht auch mit einem entsprechenden Capitale abgekauft werden (e). Wo die Umwandlung nicht zu Stande kommt, da muß wenigstens das Maaß und die Berechnungsart des Handlohns durch das Gesetz genau und billig bestimmt werden (f).

(a) Wenn alle 33 Jahre eine Entrichtung von 100 fl. angenommen wird, so ist bei einem Zinse von 4 oder 3 Proc. der jetzige Werth aller nach 33, 66, 99 ... Jahren fälligen Handlöhne $36^2/_3$ oder $58^2/_3$ fl., und mit dem neu fälligen zusammen $136^2/_3$ oder $158^2/_3$ fl., wovon der Zins $5,{}^{466}$ oder $4,{}^{76}$ fl. beträgt.

(b) Die preuß. V. v. 25. Sept. 1820 und die Ablös.-O. von 1821 §. 50 verlangten Nachzahlungen der Rente seit dem letzten Entrichtungsfalle. Das neue Ges. §. 45 hebt dies wieder auf. — Nach dem sächs. Ges. §. 89 beginnt die Ablösungsrente des Handlohns in der Hälfte der angenommenen Zwischenzeit seit dem letzten Falle (also z. B. $16^1/_2$ Jahre bei dem Erbhandlohn), und wenn diese Hälfte schon verflossen ist, so findet Nachzahlung statt, jedoch nur bis zum Belaufe eines Handlohns. — Weimar, §. 71: die Rente beginnt nach dem letzten Falle mit Nachzahlung, jedoch nur des halben Betrages für die verflossenen Jahre, und wenn es über 25 Jahre sind, des vierten Theiles, und nicht über ein volles Handlohn. — Baiern: Anfang bei der nächsten Besitzveränderung, wobei ein ganzer Handlohnsbetrag entrichtet und für den Rest eine 4—5 proc. Rente angesetzt wird.

(c) Hiebei lassen sich verschiedene Wege einschlagen, wenn man die Leistungen jedes Einzelnen genau nach dem Zeitpuncte der letzten Handlohnszahlungen abmessen will. 1) Man könnte einstweilen eine jährliche Rente anordnen und später bei dem nächsten Anfall berechnen, wieviel durch sie schon abgezahlt ist. Dieß ist wegen der Nothwendigkeit einer nochmaligen Ausmittlung nicht empfehlenswerth. 2) Man kann die gesetzlich angenommene durchschnittliche Zwischenzeit zu Grunde legen und für die vom letzten Anfalle an jetzt noch fehlenden Jahre eine gewisse Rente festsetzen, worauf dann nach Verfluß der ganzen Zwischenzeit die dauernde Rente eintritt. Sind z. B. 25 Jahre angenommen und hat Jemand vor 18 Jahren Handlohn gegeben, so fehlen noch 7 Jahre. Werden für 100 fl. Handlohn 4 fl. jährlich entrichtet, so wachsen sie in 7 Jahren zu $32,{}^{85}$ fl. an, wovon die Zinsen mit $1,{}^{314}$ fl. von der in (a) berechneten Rente von $5^1/_2$ fl. abgehen, so daß sie von nun an nur $4,{}^{185}$ fl. beträgt. Alle Grundholden, die das letzte Handlohn in einem und demselben Jahre bezahlt haben, müßten in Ansehung der Rentenzahlung auf gleichen Fuß gesetzt werden, damit die Berechnung leichter werde. 3) Man kann die jährliche Zahlung sogleich von jetzt an sich gleich bleiben lassen und

sie nach der seit der letzten Entrichtung verstrichenen Zeit bestimmen. Dieß hat den Vorzug der Einfachheit. Wenn z. B. auf alle 30 Jahre ein Handlohn trifft, so ist die immerwährende Rente, welche in 30 Jahren zu 100 anwächst, 1,^{716} fl. Hat Jemand vor 13 Jahren ein solches entrichtet, so giebt die genannte Rente in 17 Jahren erst 42,^{1916} fl., es fehlen also zum ersten Handlohn noch 57,^{7084} fl., deren jetziger Werth 29.^{7237} fl. ist und für welche also eine Rente von 1,^{189} fl. hinzukommt, so daß im Ganzen von jetzt an 2,^{905} fl. zu entrichten sind. Hätte Jemand erst vor 3 Jahren bezahlt, so brauchte er nur eine Rente von 1,^{0375} fl. zu übernehmen. So ist die Vorschrift in § 12 des a. bad. Ges. v. 5. Oct. 1820, wozu die Verordn. v. 21. August 1821 gehört, ferner Oldenburg 1851 Art. 23 und Anlage B.
4) Man könnte auch das Alter des Ablösenten und seine wahrscheinliche Lebensdauer zu Grunde legen, um den muthmaßlichen jetzigen Werth des nächsten einfallenden Handlohns und der späteren auszumitteln. Dieß ist in Beziehung auf das Erbhandlohn den individuellen Verhältnissen in jedem Falle genauer entsprechend. 100 fl. Handlohn geben demnach, wenn man annimmt, daß vom nächsten Eintritte an alle 20 Jahre ein weiterer Fall sich ereignen werde,

bei 20 jährigem Alter ein Capital von 55,3 fl.
: 30 : : : : 71,4 fl.
: 40 : : : : 95,7 fl.
: 50 : : : : 126,8 fl.

Für diese Art der Regulirung Gebhard, Grundsätze für die Ausmittlung des Capitalwerthes der Laudemien. Erlangen, 1828.

Die Auseinandersetzung wäre leichter, wenn man alle Handlohnpflichtigen ohne Rücksicht auf die Zeit der letzten Entrichtung gleich behandeln wollte, auch wäre dieß für die Gutsherren nicht nachtheilig, wohl aber für einen Theil der einzelnen Grundholden unbillig. — Vergl. die Schrift: Unter welchen Bedingungen ist die Ablösung der Gilten ꝛc. vortheilhaft? Nürnberg, 1822. — Steinlein, a. a. O. S. 23. — Rudhart, S. 203 u. 221.

(*d*) Ang. sächs. Ges. §. 56: es wird der jetzige übliche Preis zu Grunde gelegt und davon ⅛ abgezogen. — Ang. preußische Gesetze: Durchschnitt der letzten 6 Zahlungen. Neues Ges. §. 44: Geschieht die Einrichtung nach Procenten, so werden ⅘ des abgeschätzten gemeinen Kaufwerthes angenommen, bei Gebäuden und Inventarienstücken die Hälfte. — Weimar, §. 68: ⅔ des abgeschätzten Werthes — Böhmen, §. 63: volle Schätzung.

(*e*) Preuß. Gesetze, namentlich neues Ges. §. 46: Die Rente ist 1 Proc. der auf 1 Jahrhundert fallenden Beträge, also bei der Annahme von 3 Handlohnsfällen in 100 Jahren 3 Proc. eines Handlohns. Diese Rente ist (zu 4 Proc. Zins) 75 Proc. eines Handlohns werth, und ein Capital von 75 wächst mit Z. und Z. Z. in 15 Jahren auf 136,^{6} an, welches beiläufig der Werth der verschiedenen Handlohnszahlungen von je 100 Jahren in dem Augenblicke ist, wo die erste fällig wird (s. (*a*)). Man hat demnach jene Ablösungsrente aus der Annahme berechnet, daß noch 15 Jahre bis zum nächsten Anfalle verfließen würden. — Ebenso Hannover §. 36, Sachsen §. 87, Weimar §. 69, Württemberg, Oldenburg 1848 Art. 34. In Baiern (Ges. §. 15) geschieht die Ablösung des Obereigenthums und des Laudemiums bei Leibrecht und Neustift (s. §. 47 (*e*)) mit dem Doppelten, bei Freistift und Erbrecht mit dem 1½ fachen Laudemium.

(*f*) Z. B. daß nur das unbewegliche Vermögen berechnet, und nicht über eine gewisse Zahl von Procenten gefordert werden solle. — In Baiern konnte (V. v. 19. Juni 1832, Reg.=Bl. Nr. 23) für die Grundholden des Staates das Handlohn fixirt werden durch Uebereinkunft der Betheiligten, nach dem Durchschnitt der letzten 3 Schätzungen, und zwar so, daß entweder bei jedem Anfall die festgesetzte Summe bezahlt wird, oder regelmäßig nach bestimmten Zeiträumen. Eine Erläuterung dieser baier. V. giebt E. Wittmann, Anleitung zur Fixirung und Ablösung des unständigen Handlohns. Ansb. 1839.

b. Jährliche bäuerliche Lasten.

A. Im Allgemeinen.

§. 52.

Bei den jährlichen bäuerlichen Entrichtungen (§. 46, Nr. 2), die als Reallasten auf den Ländereien des Landwirthes liegen, muß man die allgemeine Beschwerde für denselben, daß er seine Grund- und Hausrente mit einem anderen Berechtigten theilen muß, von den einer jeden einzelnen Art solcher Lasten eigenthümlichen Nachtheilen unterscheiden. Diese bestehen bald in einer für den guten Betrieb der Landwirthschaft schädlichen Beschränkung der freien Benutzung des Bodens und der Zeit, bald in der sehr veränderlichen Größe der Leistungen und der Art, wie dieselbe bemessen wird, bald in einer mit Kosten und Verlusten verbundenen Entrichtungsweise u. dgl. — Während die Beseitigung dieser Mängel ein bringendes Bedürfniß ist, steht es nicht in der Macht der Regierung, die erstgenannte allgemeine Wirkung des bäuerlichen Verhältnisses aufzuheben, weil dasselbe der bestehenden Vertheilung des Vermögens angehört und daher so wenig als die Verschuldung des Grundeigenthums ohne Rechtsverletzung gegen die Guts- und Zehntherren abgeändert werden kann. Die Regierung muß also zunächst die bäuerlichen Lasten dergestalt umzuwandeln suchen, daß sie von jenen besonderen Nachtheilen frei sind und den guten landwirthschaftlichen Betrieb nicht beengen. Das Recht des Staates, den Guts- und Zehntherrn zu einer solchen Umänderung gegen völlige Entschädigung anzuhalten, ist bei offenbar schädlichen Arten von Lasten darum nothwendig anzuerkennen, weil der beabsichtigte Vortheil für die Landwirthe zugleich der ganzen landwirthschaftlichen Gütererzeugung und hieburch der Gesammtheit der Staatsbürger zu Gute kommt; es tritt also hier der nämliche Grund ein, der eine erzwungene Abtretung des Eigenthums für einen Staatszweck (Expropriation) gegen volle Schadloshaltung rechtfertiget. Die Berechtigten haben nichts als diese Entschädigung anzusprechen, wenn sich aber ohne Schmälerung derselben eine Gelegenheit darbietet, die Lasten der Bauern zu verringern und ihnen eine Verbesserung ihres Vermögenstandes zu erleichtern, so ist es rathsam, eifrig auf einen solchen gemeinnützigen Erfolg hinzuwirken. Es wäre übrigens fehlerhaft, die Umgestaltung des bäuerlichen Verhältnisses zu übereilen und sie da zu gebieten, wo beide Theile mit dem bisherigen Zustande zufrieden sind. Die Regierung hat genug gethan, wenn sie die Mittel darbietet, um jenen Zweck zu erreichen; von denselben früher oder später Gebrauch zu machen, muß den Betheiligten anheim gestellt bleiben.

§. 53.

Die gänzliche Lösung des gutsherrlichen Verbandes wird durch den Umstand erschwert, daß bäuerliche Landwirthe gewöhnlich nicht genug bewegliches Vermögen besitzen, um sogleich die Entschädigung der Berechtigten bezahlen zu können. Weil jedoch jene Leistungen, wie man sie auch umgestalten mag, immer mit Ungleichheiten von Jahr zu Jahr verbunden sind und die Landleute ein lebhaftes Verlangen nach der Befreiung von allen solchen Lasten empfinden, so ist es zweckmäßig, auf dieselbe hinzuwirken. Die Aussicht auf jene Befreiung befeuert den Landmann, seine Kräfte mehr anzustrengen und sein Gewerbe vollkommener zu betreiben. Zudem ist der gutsherrliche Verband, der in früheren Zeiten wohlthätig gewirkt haben mag, in Bezug auf das persönliche Verhältniß zwischen den Grundherren und ihren bisherigen Grundholden der heutigen Stellung der Stände gegeneinander nicht mehr angemessen; das Schutzbedürfniß hat aufgehört und die staatsbürgerlichen Rechte, die aus Gründen der Gerechtigkeit und Staatsklugheit dem Bauernstande nicht mehr vorenthalten werden dürfen, sind mit einer Unterordnung desselben unter eine gewisse Gewalt anderer Staatsbürger unverträglich. Die Entfernung der bäuerlichen Reallasten muß folglich in Hinsicht

auf die allgemeinen gesellschaftlichen Verhältnisse als von volks=
wirthschaftlicher Seite für nützlich erachtet werden (a). Die
Mittel, welche überhaupt von den Pflichtigen für diesen Zweck
angewendet werden können, sind:
- I. Abkauf
  - a) mit einer Geldsumme;
  - b) mit einem Theil der Grundstücke;
- II. Umwandlung in eine Rente und zwar
  - a) eine dem bisherigen Reinertrage des Berechtigten entsprechende fortdauernde einfache Rente, oder
  - b) eine Zeitrente, welche nach einer gewissen Zeit die Tilgung der ganzen Verbindlichkeit bewirkt.

(a) Die Gründe, welche man gegen diese Maaßregel anführt, sind ver=
schiedener Art. Die politische Theorie, nach welcher, weil „der Landbau
die Wurzel der Monarchie" ist, der Gutsherr Vater, Freund, Erzieher
und Beschützer seiner Bauern sein soll (z. B. bei Ad. Müller, Die
Gewerbspolizei in Beziehung auf den Landbau. Leipzig, 1824.), setzt
eine idealische Vorstellung von dem gutsherrlichen Verbande voraus,
welcher schon die Erfahrung früherer Zeiten widerspricht und die mit
der heutigen Staatsordnung ganz unverträglich ist. Wie manche nord=
deutsche Anhänger alterthümlicher Verhältnisse, so äußerten sich auch
in Baiern Gr. Seinsheim und Moy in diesem Sinne; möge der
landwirthschaftliche Vortheil auch unzweifelhaft sein, so sei die Um=
wandlung doch politisch bedenklich, sie hebe die „persönliche Wechsel=
beziehung von Gnade und Ergebenheit" auf und setze an ihre Stelle
ein festes Rechnungsverhältniß ohne alle persönliche Beziehungen (Moy).
Protokolle der K. d. Abgeordneten in Baiern, 1840, XVII, 250. —
Erheblicher sind die Einwendungen, welche sich auf die Schwierigkeiten
der Ablösung beziehen und zeigen sollen, daß der Zustand der Land=
wirthschaft für diese noch nicht reif sei. In der That läßt sich kein
einzelnes Verfahren als unbedingt anwendbar betrachten, und die
Rücksicht auf die besonderen Umstände, die in jeder Gegend obwalten,
darf nicht vernachlässigt werden, doch fallen jene Bedenklichkeiten bei
den besseren Ablösungsarten zum Theile hinweg. Vgl. Ge. v. Aretin,
Die grundherrlichen Rechte in Baiern, eine Hauptstütze des öffentlichen
Wohlstandes. Regensb. 1819. — Ueber die bei der Ablösung vor=
kommenden Taxationen: v. Honstedt, Anleit. zur Aufstellung und
Beurtheilung landwirthschaftlicher Schätzungen, zunächst in Bezug auf
die Ablös. der grund= und gutsh. Lasten im K. Hannover, 1834.

§. 54.

I, a. Der Abkauf vermittelst einer Geldsumme
vermeidet alle Schwierigkeiten, die sich bei der Festsetzung fort=
während Renten zeigen (§. 58), er ist einfach und schnell
auszuführen. Bei einem geringen Betrage der Leistungen

verdient er unbedingt den Vorzug, aber er darf nicht geboten werden. Wenige Bauern haben ausgeliehenes Vermögen, welches zu diesem Zwecke benutzt werden kann, den meisten wird es schwer, die erforderliche Summe aufzubringen, auch werden sie durch den Abkauf von der Anwendung neuer Capitale auf die Verbesserung der Landwirthschaft abgehalten und dadurch wird gerade die Hoffnung, daß die Bauern nach der Ablösung der gutsherrlichen Lasten ihre Wirthschaft vollkommener betreiben würden, länger hinausgeschoben. Muß der Pflichtige das Ablösungscapital borgen und verzinsen, so ist in Vergleich mit einer gleichförmigen ablösbaren Geldrente nichts gewonnen, es müßte denn ein niedrigerer Zinsfuß zu erlangen sein, oder die Tilgung der Schuld besonders erleichtert werden, §. 60. Doch ist es in jedem Falle nützlich, den Pflichtigen den Abkauf möglich zu machen, indem das Gesetz die ausgemittelte Rente für ablöslich erklärt und ausspricht, wie vielfach dieselbe abzukaufen sei (a).

(a) Stüve, a. a. O., S. 165. — Man hat befürchtet, die Gutsherren möchten bei dieser Anordnung öfters für die Abkaufsgelder keine gute gleich sichere Anwendung finden, was auch Oberndorfer S. 325 geltend macht. Aber schon die Tilgung ihrer Schulden wird ansehnliche Summen hinwegnehmen, und auch steht ihnen der Ankauf von Ländereien, das Leihen auf solche und die Verbesserung ihrer Güter frei; endlich können sie auch mit den Bauern ausbedingen, daß die angesetzten Renten ganz oder theilweise eine gewisse Zeit lang nicht abkäuflich sein sollen. Der Zinsfuß wird durch den Abkauf nicht fallen, denn die in die Hände der Berechtigten gelangenden Capitale sind keine neuen, sondern werden nur aus der bisherigen Anlegung zurückgezogen, für welche andere Summen begehrt werden. Die Ländereien können wegen der häufigen Ankäufe etwas steigen, allein es wird auch zum Behufe der Ablösung mehr Land als gewöhnlich zum Verkaufe angeboten. Das Hinausgehen der Summen, um Grundbesitz im Auslande zu erwerben, wäre eine minder gemeinnützige Folge, die jedoch nicht häufig vorkommen wird. Vgl. Vogelmann, Das bad. Zehntgesetz, S. 91. — Wo die Wahl ganz frei ist und keine besonderen Erleichterungsmittel des Abkaufes angewendet werden, kann derselbe nicht schnell von Statten gehen, weil ein Theil der Bauern ihn nur mit den angesammelten Ersparnissen vornehmen wird. — Nach dem preuß. Edict v. 14. Sept. 1811 §. 12 setzte der Abkauf mit einer Geldsumme gütliche Vereinbarung voraus; bei eigenthümlichen Erbzins- und Erbpachtgütern durfte die Ablösungsrente nach vorheriger 6 monatlicher Kündigung mit dem 25fachen abgetragen werden, Ges. v. 7. Jun. 1821. §. 16. 26, und dasselbe wurde in §. 17 auch für Renten, in Folge späterer Edicte vom 1811 bestimmt. Nach dem n. Ges. §. 64 kann der Abkauf durch Baarzahlung des 18fachen geschehen, der Berechtigte aber das 20fache verlangen, wobei dann der Staat eintritt. Berechtigungen der Kirchen,

Schulen, frommen und wohlthätigen Stiftungen sind von der Ablösung ausgeschlossen und werden in Renten nach Roggenpreisen umgewandelt, Ges. 15. April 1857. — Das bad. Ges. v. 5. Oct. 1820 giebt bei Gülten und Zinsen auch dem Berechtigten die Befugniß, den Abkauf zu verlangen, aber dann erhält er weniger, als wenn es auf Begehren der Pflichtigen geschieht. Vgl. §. 55 (a). — Sachsen: Naturalrenten sind nach 12 Jahren auf einseitigen Antrag ablösbar, Geldrenten jederzeit. §. 32. 42. — Nach der hannov. Ablösungs-O. hat der Pflichtige die Wahl des Ablösungsmittels, ebenso nach der weimarschen §. 241. — Oldenburg 1851 Art. 12. 15: wenn keine Vereinbarung zu Stande kommt, so wird auf Antrag des Pflichtigen mit einem Capitale abgelöst.

§. 55.

Bei dem Abkaufe in Geld muß festgesetzt werden, welches Vielfache der angesetzten Rente (§. 57) als Ablösungssumme zu berechnen sei. Da die gutsherrlichen Gefälle in Hinsicht auf die Sicherheit sich am besten mit den Zinsen eines auf Ländereien geliehenen Capitales vergleichen lassen, so muß man den in solchen Fällen landüblichen Zins zum Anhaltspuncte nehmen. Auf mögliche künftige Veränderungen des Zinsfußes läßt sich keine Rücksicht nehmen, und es ist nicht zu verhüten, daß späterhin, wenn der Zinsfuß gestiegen oder gefallen ist, der vollzogene Abkauf vielleicht für zu wohlfeil, oder dagegen für zu theuer gehalten wird. Indeß kommen bei der Wahl der Vervielfachungszahl auch die besonderen Umstände jeder Art von Leistungen in Betracht. Wo z. B. die Gefälle in kleinen Abtheilungen, in verschiedenartigen Gegenständen eingehen und dem Empfänger eine Bemühung verursachen, da ist die Annahme eines höheren Zinsfußes angemessen, weil in diesen Fällen der Werth der Leistungen für den Gutsherrn kleiner ist, als der ausgemittelte Geldbetrag vermuthen läßt; dasselbe gilt von anderen, mit gewissen Leistungen verknüpften Nachtheilen (a).

(a) Auch die allgemeinen staatlichen Verhältnisse, wie sie zur Zeit der Aufstellung eines Ablösungsgesetzes bestehen, wirken unvermeidlich auf die Festsetzung des Ablösungsfußes ein, und derselbe ist in Zeiten allgemeiner Aufregung niedriger bestimmt worden, als in Perioden, wo große Erschütterungen weder kürzlich eingetreten noch zu befürchten waren. Westfäl. Ges. vom 18. August 1809 (Bulletin von 1809, III, 291): Geldzinsen werden mit dem 20fachen, die übrigen Prästationen mit dem 25fachen Betrage abgekauft. — Preuß. Gesetze, s. §. 54 (b). — A. bad. Ges. von 1820: wenn der Grundholde die

Ablösung fordert, 18facher Betrag (dieß entspricht einem Zinsfuße von 5,⁵⁶ Procent), wenn der Gutsherr die Ablösung verlangt, nach den Umständen, hauptsächlich nach der Größe jeder einzelnen Entrichtung 11—16fach (9—6¼ Procent). Bad. Zehntablösungsgesetz v. 15. Nov. 1833, §. 2: 20fach. — Weimar, §. 30: in der Regel 20fach, nur Fruchtzinsen je nach der Art der Körner 16 und 18 fach, auch Frohnen 18fach. — Nassau, Baiern (Ges. vom 4. Juni 1848) 18fach. — Oesterr. Patent vom 4. März 1849 und einzelne Gesetze: Von dem ermittelten Geldbetrage der bäuerlichen Entrichtungen werden nur die genau im Einzelnen berechneten Gegenleistungen des Gutsherrn abgezogen, dann aber wird von der so erhaltenen Rente ⅓ abgestrichen, „als eine Pauschal-Ausgleichung" für Gefällsteuer, Erhebungskosten und Ausfälle des Berechtigten, die andern ⅔ werden mit dem 20fachen abgelöst und zwar zur Hälfte von dem Pflichtigen, zur Hälfte aus Mitteln der Provinz. — Oldenburg, 1848 Art. 26. und 1851, Art. 16: bei verschiedenen Arten der Leistungen 16—25fach. — Hannover, Sachsen §. 35, braunschweig. Ablös.-O. v. 20. Dec. 1834: 25fach, ebenso Stüve, S. 171. — Würt. Ges. über Beeden und ähnliche ältere Abgaben vom 27. Oct. 1836, Art. 11: der Berechtigte erhält den 20—22½fachen Betrag, je nachdem die Abgabe unter 5 fl. oder mehr ausmacht. Neues Ges. 1818 §. 9: 16facher Betrag, bei Handlohn, Theilgebühren und Blutzehnten 12facher. — Bemerkenswerth ist die gesetzliche Ermäßigung der bäuerlichen Lasten in solchen Fällen, wo sie eine drückende Höhe erreicht hatten. Preuß. Edict v. 14. Sept. 1811, §. 8—10: die Entschädigung für die Lasten bei erblichen Bauerngütern darf ⅓ des Gutswerthes nicht übersteigen. Neues Ges. v. 2. März 1850 §. 63: Der Besitzer jeder Stelle kann fordern, daß ihm ⅓ des Reinertrages derselben verbleibe. Der Reinertrag wird so berechnet, daß man 4 Proc. des abgeschätzten gemeinen Kaufwerthes (Verkehrswerthes) nimmt und dazu die sämmtlichen Lasten schlägt. — Würtemberg. 2. Edict von 1817. Nr. III. §. 14: Gülten dürfen nicht über ⅓ des reinen Ertrages wegnehmen. Schon in der Grundsteuergesetzgebung Kaiser Josephs II. v. 1785 kommt eine Beschränkung der gutsherrlichen Gefälle vor, indeß wurde nach wenigen Jahren von Leopold II. die ganze Anordnung wieder aufgehoben, III, §. 326. Vgl. Rudhart a. a. O. S. 197, 205. — Der Beweggrund jener gesetzlichen Bestimmung in Preußen ist, daß erfahrungsmäßig nur bei einem solchen Antheil am Reinertrag der Bauer sich auf seinem Gute (Stelle) behaupten und die ihm obliegenden Lasten sowie die Steuern tragen könne. Die Rücksicht auf die Steuerfähigkeit allein könnte dieß Gesetz nicht rechtfertigen, weil, je weniger der Bauer Steuer zu geben vermag, desto mehr von dem Berechtigten als Gefällsteuer erhoben werden kann, und auch bloße Pachter bestehen können. Jener Erfahrungssatz ist daher so zu nehmen, daß das ⅓ dem Bauer als Gewerbs- und Arbeitsverdienst unentbehrlich und eine darüber hinaus schmälernde Belastung auch bisher schon dem Gutsherrn nicht vollständig zugeflossen sei. Vgl. Wulsten, Die neuen Agrargesetze des pr. Staates S. 76 ff. Vgl. Klebe, Grundsätze der Gemeinheitstheilung I, 246.

§. 56.

I, b. Der Abkauf durch Grundstücke hat manche Vorzüge; er giebt dem Gutsherrn einen seiner bisherigen Berechtigung nahe verwandten Gegenwerth, gewährt die Aussicht auf einen steigenden Ertrag und vermeidet die mit der Aufbringung eines Capitals verbundenen Schwierigkeiten. Allein es sind in vielen Fällen auch beträchtliche Nachtheile zu besorgen: 1) Die den Bauern übrig bleibenden Ländereien können zur Betreibung einer guten Wirthschaft und zur vortheilhaften Benutzung der Arbeitskräfte sowie der vorhandenen Gebäude zu klein werden, weshalb dies Mittel hauptsächlich nur in schwach bevölkerten Gegenden empfehlenswerth ist, wo die Bauerngüter sehr groß sind. 2) Es wäre für den Gutsherrn zu beschwerlich, wenn er seine einzelnen Entschädigungsstücke in der Gemarkung zerstreut annehmen müßte. Er kann also nur dann auf dies Verfahren eingehen, wenn entweder eine ganz neue Flureintheilung stattfindet, oder ihm vermittelst eines Austausches eine zusammenhängende Fläche oder doch einige größere Massen von Ländereien zugewiesen werden. 3) Aber selbst in diesem Falle kann es dem Gutsherrn eben sowohl schwer fallen, das neu zugewiesene Land gehörig zu bewirthschaften, wenn sein Capital, seine Wirthschaftsgebäude ꝛc. hiezu unzureichend sind, als es ohne Schaden zu verkaufen. Deßhalb ist es rathsam, die Wahl dieses Mittels der Vereinbarung beider Theile zu überlassen (a). Die Ländereien müssen von zuverlässigen Sachkundigen abgeschätzt werden, damit dem Gutsherrn eine dem Geldanschlage der Lasten entsprechende Fläche zugetheilt werden könne (b).

(a) A. Young empfahl diese Art des Abkaufes bei dem Zehnten. Polit. Arithmetik, S. 29. Ueber dieselbe s. vorzüglich Stüve, S. 95. — Moser, Die bäuerlichen Lasten, S. 351. — Zachariä, Der Kampf ꝛc., S. 60: „die dem Verluste einerseits und dem Gewinne andererseits allein vollkommen zusagende Entschädigung des Grundherrn ist in Grundstücken." — Sie wurde im preuß. Staate durch das a. Edict von 1811, §. 13—21 eingeführt. Declaration dieses Edicts vom 29. Mai 1816, §. 15—29. Ges. vom 8. April 1823, die gutsherrl. Verhältnisse im Gr. Posen betr., §. 40. — In den nordöstlichen Provinzen des preuß. Staates war dieß Mittel wegen der geringeren Bevölkerung und des niedrigeren Verkehrswerthes leichter ausführbar, besonders wo die Bauern noch kein Eigenthum hatten und sich eine Zuweisung anderer Grundstücke gefallen lassen mußten. Das n. Ges. erwähnt die Entschädigung in Land nicht, überläßt sie also der freien Uebereinkunft.

(b) In den a. preuß. Gesetzen v. 1811 und 1816 war als Regel angenommen, daß der Bauer, je nachdem er Erbrecht hat oder nicht, durch Abtretung von ⅓ oder der Hälfte seines Landes an den Gutsherrn sich das unbelastete Eigenthum des Ueberrestes erkaufen kann. Indeß konnte der Pflichtige bei einem niedrigeren Betrage der Lasten auf eine geringere Entschädigung antragen, so wie im entgegengesetzten Falle der Guts=herr auf eine höhere, und es wurde dann eine specielle Ausmittelung vorgenommen. Statt der Landabtretung durfte auch eine Geld= oder Getreide=Rente, oder ein Geldabkauf gewählt werden. Der Gutsherr hatte zu wählen, doch entschied im Falle eines Streites die Staats=behörde. Die Landabtretung sollte zwar in der Regel vorgezogen werden, doch nur bei Gütern über 50 Morgen Mittelboden, oder die noch 1 Gespann Zugochsen beschäftigen. Der Berechtigte mußte wo möglich ein zusammenhängendes Stück erhalten, auch konnten nöthigen=falls einzelne Bauern auf andere Theile der Feldmark, ja selbst auf ein benachbartes zugehöriges Vorwerk versetzt werden; s. besonders §. 12. 20. 21. 30 des Ges. v. 1811. Art. 17. 47. 66 ff. der Decla=ration v. 1816. — Hannov. Ablös.=O. v. 1831, §. 25, Ges. v. 1833, §. 87: es darf höchstens $1/3$ des Landes zur Zehntablösung abgetreten werden. Reicht dieß nicht hin, so muß mit Capital oder Rente das Fehlende ergänzt werden. — Sachsen, §. 31, Weimar, §. 23: Land=abtretung darf von den Betheiligten gewählt werden.

§. 57.

II, a. Die Umwandlung der bäuerlichen Lasten in eine festbestimmte Rente hat mit der bisherigen Art der Leistung die meiste Aehnlichkeit, ist leicht ausführbar, bringt in den Vermögensverhältnissen der Bauern keine Störung her=vor und beseitiget doch zugleich alle schädlichen Wirkungen, die an den bisherigen Arten der bäuerlichen Lasten haften. Es ist daher angemessen, diese Einrichtung als Regel aufzustellen, so daß sie auf Begehren des Berechtigten oder des Pflichtigen angeordnet werden muß und die völlige Ablösung früher oder später nachfolgen kann (a). Um eine solche Rente zu finden, werden

1) die schuldigen Leistungen jeder Art von jedem Grund=stücke oder ganzem Gute je nach ihrer Beschaffenheit und ihrem Durchschnittsbetrage während eines gesetzlich bezeichneten Zeit=raums ausgemittelt.

2) Um diesen Betrag in Geld auszudrücken, werden die Durchschnittspreise aller Gegenstände der Leistungen aus jenem Zeitraum in jeder Gegend aufgesucht. Wo die Preise der ver=schiedenen Bezirke wenig von einander abweichen, da ist ein gleichförmiger Preis für das ganze Land hinreichend, zumal bei Dingen, die immer nur in kleinen Mengen entrichtet werden, als Geflügel, Eier, Butter ꝛc. (b).

3) Die Gegenleistungen des Berechtigten werden in ähnlicher Weise ermittelt und abgezogen.

4) Hat derselbe Erhebungskosten und Verluste, z. B. Nachlässe, zu tragen, welche bei einer festen Rente (Grundzins) hinwegfallen, so ist sein Entschädigungsanspruch lediglich auf den reinen Ertrag beschränkt, den ihm diese Abzüge übrig lassen (§. 52), und es könnten nur andere billige Rücksichten einen Beweggrund abgeben, diese Abzüge nicht nach ihrer vollen Größe in Rechnung zu bringen.

(a) Zum Ablaufe sollte der Pflichtige nicht gezwungen werden. Aber die Ansetzung einer festen Rente ändert in den Wirthschaftsverhältnissen beider Theile so wenig, daß man in einem für beide gleichmäßig sorgenden, gerechten Gesetze auch beiden das Recht bewilligen kann, die Umwandlung zu verlangen (Provocationsrecht), besondere Umstände ausgenommen, unter denen die Ausübung dieses Rechtes gegen den einen Theil eine Unbilligkeit wäre. Vgl. Stüve, S. 88. — So z. B. das sächs. Ablösungsgesetz, §. 23. 24. Nach der Ablös.=O. für Reallasten im ehemal. K. Westfalen vom 13. Jul. 1829 steht jedem Theile die Provocation und dann dem anderen Theile die Wahl der Ablösungsart zu. — Nach der hannov. Ablös.=O. von 1833 darf nur der Pflichtige die Ablösung fordern, ausgenommen das Handlohn, wo auch der Berechtigte eine Rente verlangen darf. — Nach dem bad. Zehntgesetz ist 1) von 1833—37 der Abkauf dem freien Uebereinkommen beider Theile überlassen worden, 2) von 1838 an konnte sie die zehntpflichtige Gemeinde, 3) von 1842 an auch der Zehntherr fordern. — Nach dem preuß. Edicte von 1811, §. 5. 41 sollte, wenn keine gütliche Vereinigung erfolgt, nach 2 Jahren die Auseinandersetzung von Amtswegen erfolgen. Die Declaration Art. 9 und 90 hebt dieß auf, giebt aber jedem der beiden Theile das Provocationsrecht, ebenso h. Ges. §. 94, Sachsen §. 3, Weimar §. 9, aber mit der Beschränkung, daß mit Ausnahme von Weiderechten und Geldrenten der Berechtigte erst nach 8 Jahren prov ociren darf. — Nach den österr. Grundentlastungsgesetzen geschieht die Auseinandersetzung sogleich von Amtswegen und die Berechtigten haben ihre Ansprüche vorzulegen. — Baier. Ges. §. 8: Die Umwandlung aller Gefälle in eine Rente (Fixirung) ist geboten. — Würtemb. §. 7: Gefälle an Privatberechtigte hören sogleich auf und die Verzinsung der Ablösungssumme beginnt. Gefällpflichtige des Staats und der Körperschaften können die Ablösung verlangen, sowie die Verwaltungen der Berechtigten. — Da dem Gutsherrn bei den meisten Leistungen nicht zugemuthet werden darf, die Ablösung theilweise zu gestatten, zugleich aber diese wohlthätige Maaßregel unüberwindliche Hindernisse fände, wenn sie nur durch einstimmigen Beschluß der Pflichtigen in einer Gemeinde zu Stande kommen dürfte, so muß verordnet werden, daß die Mehrheit der Pflichtigen in einer Gemeinde die Ablösung beschließen kann. Preuß. V. über die Organisation der General=Commissionen vom 20. Jun. 1817, §. 82: Mehrheit, nach der Größe der Antheile berechnet. — Bad. Zehntges. §. 23: Ueber ½ der Zehntpflichtigen, die mindestens die Hälfte der zehntbaren Güter besitzen. — Hannov. Ablös.=O. v. 1833, §. 223. 224: Mehrheit der Stimmen, nach dem Umfange des Beitragsverhältnisses zu der Last bemessen. — Würt. Beede=Ges. v. 27. Oct. 1836.

§. 6: die Schuldner von ⅔ der Abgaben können beschließen. Würt. Frohngesetz vom 28. Oct. 1836, §. 20. 21: bei persönlichen Frohnen einfache Stimmenmehrheit, bei dinglichen ⅔ der Pflichtigen.

(b) Preußen: Fruchtleistungen werden nach dem 24jährigen Durchschnitte der Martinipreise angeschlagen, wobei die 2 höchsten und die 2 niedrigsten Jahrespreise ausgelassen werden. Martinipreise werden aus dem Durchschnitt der beiden Wochen gebildet, von denen Martini (11. Nov.) die Mitte ist. Bei festen Getreideabgaben werden 5 Proc. wegen der schlechteren Beschaffenheit des Zinsgetreides abgezogen, bei andern Gegenständen werden Normalpreise für einzelne Bezirke mit Rücksicht auf die Preise der letzten 20 Jahre angenommen. N. Ges. §. 19 ff. 30. 67 ff. — Sachsen, §. 94: die Preise der letzten 14 Jahre, aus denen die 2 höchsten und die 2 niedrigsten gestrichen werden, geben den Durchschnitt; §. 95: bei Getreide wird für jedes Jahr der Preis der Martiniwoche und der darauf folgenden zu Grunde gelegt. — Bad. Zehntges. §. 32. 33: bei Getreide der Durchschnitt der Preise v. 1818—32, und zwar aus dem Zeitraum vom 1. Nov. bis zum 1. März jedes Jahres, mit verhältnißmäßigen Abzügen oder Zuschlägen, soferne der Preis des nächsten Marktortes für eine gewisse Gemeinde, z. B. wegen der Entfernung, nicht völlig maaßgebend ist, vgl. I, §. 177. N. (b). — Hannover, §. 13. 14: Durchschnitt der November- und Decemberpreise aus den letzten 24 Jahren. — Würt. Beedegesetz, §. 12 und n. Ges. v. 14. April 1848 §. 11: fixe Preise für das ganze Land. — Weimar, §. 54. 55: Mittelpreis von October bis December aus 24 Jahren, mit Weglassung der 2 höchsten und 2 niedrigsten Jahrespreise. — Oesterr. Patent v. 4. März 1849 §. 9: Die bei der Grundsteuerregulirung angenommenen Preise. Dieß sind die sehr niedrigen Preise des Jahres 1824, Linden, Grundsteuerverfassung der österr. Monarchie I, 320. 345.

§. 58.

Die Ablösungsrente kann auf mehrfache Weise festgesetzt werden.

1) Eine unveränderliche Rente in Bodenerzeugnissen (Naturalrente), insbesondere in Getreide, oder die Entrichtung des jedesmaligen Marktpreises einer gewissen Menge Getreide (a) ist wegen der Ungleichheit in den Ernten und Fruchtpreisen der einzelnen Jahre nicht zweckmäßig. In theueren Jahren bildet sie einen so großen Theil des ganzen geminderten Ertrages, daß man sie schwer erschwingen kann, während sie in wohlfeilen Jahren dem Berechtigten eine geringe Geldeinnahme verschafft. Diese Verschiedenheiten gleichen sich zwar in einer längern Jahresreihe aus, aber ihre augenblicklichen Wirkungen sind dennoch zu beschwerlich. I, §. 177 (b).

2) Auch eine unveränderliche Geldrente ist nicht frei von Nachtheilen, weil der Preis der edlen Metalle sich mit der

Zeit verändern kann (I, §. 169. 170), sodann weil in wohlfeilen Zeiten der ganze Erlös der Landwirthe so weit herabsinken kann, daß eine gleiche Geldabgabe sehr beschwerlich wird, I, §. 160.

3) Eine jährliche Geldabgabe, welche den Durchschnittspreis eines Getreidequantums aus dem nächst vorausgegangenen Zeitraume bildet (c), beseitiget den ersten jener beiden Nachtheile (Nr. 2); es bleibt aber die Unbequemlichkeit, daß der Marktpreis des einzelnen Jahres bisweilen von dem Durchschnitte weit abweicht und daher bald der Verpflichtete die Zahlung schwerer aufbringt, bald der Berechtigte in theuren Jahren mit der nach Mittelpreisen abgemessenen Geldsumme wenig ausrichten kann.

(a) S. B. großh. heff. V. vom 15. August 1816 über die Ablösung der Zehnten, §. 8. (Eigenbrodt, II, 238.) Baier. V. v. 8. Febr. 1825, Umwandlung der Zehnten des Staates betr. §. 4. — Rudhart, S. 201.

(b) Commissionsbericht v. Kern in den Verhandl. der bad. 2. Kammer, 1819, IV, 165.

(c) Genau genommen müßte es immer der Durchschnitt der unmittelbar vorhergegangenen Jahre sein, der Bequemlichkeit willen aber geht man meistens hievon ab und wendet z. B. während eines Jahrzehntes den Durchschnittspreis der vorigen 10jährigen Periode an. So wurde es nach der preuß. Declaration von 1816, §. 46 für die unter das Edict von 1811 fallenden Regulirungen gehalten, vgl. §. 57 (b).

§. 59.

4) Da die unter 1) und 3) genannten Arten der Festsetzung gerade entgegengesetzte Nachtheile haben, ist es zweckmäßig, beide mit einander zu verbinden, so daß ein Theil der Geldabgabe nach dem Durchschnitte des zurückgelegten Zeitraumes, ein anderer Theil nach dem Marktpreise des einzelnen Jahres angesetzt wird. Dieß hat den Vortheil, daß die Rente zwar in wohlfeilen Jahren geringer, in theuern größer ist, aber doch nicht mit so großem Unterschiede, wie er sich in den Marktpreisen zeigt; auch hat man die Wahl, nach Erwägung aller örtlichen Umstände die Entrichtung zum größeren Theile nach dem einen oder anderen Preise einzurichten (a).

Wäre zu vermuthen, daß die Ablösungsrenten wenigstens zum Theile lange fort entrichtet würden, so würde das letztgenannte Verfahren den Vorzug verdienen. In den neueren Gesetzen ist jedoch auf die Erleichterung eines baldigen Abkaufes Bedacht genommen worden und wo dieser in Aussicht steht, da kann man sich mit der Ansetzung einer Geldrente begnügen, die offenbar einfacher ist.

(a) Man könnte z. B. $^{2}/_{5}$, $^{1}/_{2}$, $^{3}/_{5}$ oder sogar $^{2}/_{3}$ des festgesetzten Getreidequantums nach dem Durchschnittspreise und das Uebrige nach dem Marktpreise entrichten lassen, so daß der hieraus sich ergebende Normalpreis der jährlichen Entrichtung zwischen jenen beiden Preisen steht. Es sei z. B. eine Rente in Körnern auf 10 Scheffel Roggen berechnet worden, was nach einem Durchschnittspreise von 2 fl. die Summe von 20 fl. ausmacht. Wird sie aber 1) ganz nach den jährlichen Marktpreisen, oder 2) zu $^{3}/_{5}$ nach diesem und $^{2}/_{5}$ nach dem Durchschnitt, 3) zur Hälfte nach beiden, oder 4) zu $^{2}/_{5}$ nach dem Marktpreise angesetzt, so ist

bei einem Preise des Scheffels von	Betrag der Rente. 1)	2)	3)	4)
$1^{1}/_{4}$ fl.	12,5 fl.	15,5 fl.	16,25 fl.	17 fl.
$1^{3}/_{4}$ „	17,5 „	18,5 „	18,75 „	19 „
$2^{1}/_{2}$ „	25 „	23 „	22,5 „	22 „
3 „	30 „	26 „	25 „	24 „
4 „	40 „	32 „	30 „	28 „
5 „	50 „	38 „	35 „	32 „

Es erhellt, daß bei der vierten Berechnungsart die Entrichtung von Jahr zu Jahr am wenigsten Ungleichheit darbietet.

§. 60.

II, b. Eine Zeitrente, welche nach einer Reihe von Jahren die ganze Schuldigkeit des Grundholden tilgt, ist für diesen vorzüglich nützlich, weil er auf die leichteste Weise mit Benutzung des Zinseszinses durch eine geringe Mehrausgabe sich befreit, ja bisweilen sogar ohne eine solche, wenn nämlich die Rente durch Abzüge (§. 57, 2) um so viel gemindert wird, als der Tilgebetrag ausmacht (a). Dem Berechtigten darf eine solche Art der Abtragung nicht aufgedrungen werden, weil er die Entschädigung in vielen kleinen jährlichen Theilzahlungen empfangen würde, die mit den Zinsen vermengt sind und die er nicht sogleich zweckmäßig anlegen kann. Die Regierung kann sich bei den Domanial-Grundgefällen eine Zeitrente leicht gefallen lassen, weil diese von der großen Menge der Pflichtigen jährlich zu einer ansehnlichen Summe anwächst, für die es an einer guten Anlegung, z. B. zur Schuldentilgung, nicht fehlen kann. Dasselbe gilt von Corporationen, welche viele gutsherrliche Gefälle haben. Um auch den Grundholden von Privatpersonen diese Ablösungsweise möglich zu machen, sind Cassen erforderlich, die den Pflichtigen die Geldsummen zur Befriedigung der Berechtigten vorstrecken und ihnen die allmälige Tilgung nach einem bestimmten Plane gestatten. Auf diese Weise wird der Vortheil des Gutsherrn und der Pflichtigen in gleichem Maaße gewahrt. Solche Cassen können von Privaten (*b*) oder vom Staat gegründet werden, §. 61 Nr. 6.

(*a*) Es sei das Ablösungscapital eines Bauern auf 1000 fl. bestimmt, wovon der Zins zu 4 Proc. 40 fl. ausmacht. Wenn derselbe nun jährlich entrichtet:
  5 Proc. oder 50 fl., so wird er frei in 40½ Jahren.
  6 : : 60 : : 28½ :
  7 : : 70 : : 21 :
  8 : : 80 : : 17¼ :
  9 : : 90 : : 15 :
In der neuesten Zeit sind die Zeitrenten sehr häufig in mancherlei Verhältnissen angewendet worden.

(*b*) Z. B. Creditvereine, die nicht bloß zu diesem besonderen Zwecke Vorschüsse auf Unterpfand vermitteln, §. 118. Vgl. Stüve, S. 118.

§. 61.

Die Ablösung der bäuerlichen Lasten sowie die Umwandlung der Bauerngüter in volles Eigenthum (§. 47) kann in verschiedenem Grade durch Regierungsmaaßregeln befördert werden.

1) Die Erklärung, daß diese Veränderung gestattet sein solle, pflegt sehr langsamen Erfolg zu haben, weil eine ganz freiwillige Uebereinkunft schwer zu Stande kommt (*a*).

2) Wirksamer ist es, wenn die Regierung mit der Ablösung auf den Staatsgütern vorangeht. Sie könnte zwar hier leichtere Bedingungen gestatten, als sie den berechtigten Privaten zumuthen darf, indeß läßt sich dieses finanzielle Opfer nur dann rechtfertigen, wenn es nöthig ist, um zu einer großen Verbesserung die Bahn zu brechen. Ueberdieß bringt die mildere Behandlung der Domanial-Grundholden zwischen diesen und den übrigen bäuerlichen Wirthen eine Rechtsungleichheit hervor, die man zu vermeiden suchen sollte.

3) Besser ist daher die Aufstellung von Regeln, nach welchen die Ablösung da, wo keine gütliche Vereinbarung erfolgt, und einer von beiden Theilen darauf anträgt, auf amtlichem Wege ausgeführt werden muß (b).

4) Anordnung besonderer Commissionen, welche die Regulirung mit Hülfe der aus der Erfahrung gesammelten Zahlenverhältnisse leiten und die dabei entstehenden Streitigkeiten schlichten, wodurch das Geschäft schneller, gleichförmiger und besser erledigt wird, als von den gewöhnlichen Beamten. Das Verfahren ist einfach, in der Regel mündlich. Vor der Entscheidung bestrittener Puncte wird ein Versuch gütlicher Vereinbarung gemacht (c).

5) Wenn die Staatscasse einen Theil der Ablösungssumme zuschießt, so wird hiedurch die Beseitigung der bäuerlichen Lasten sehr erleichtert und beschleunigt. Allein es entsteht hiebei (wie in Nr. 2) der Zweifel, ob es gerecht sei, allen Staatsbürgern als Steuerpflichtigen einen Theil der Last aufzulegen. Dieß ist nur zu billigen, a) wenn die aufzuhebende Last nicht eine rein privatrechtliche ist, sondern nachweislich zum Theile aus dem öffentlichen Rechte stammt, d. h. aus der landesherrlichen Gewalt aufgelegt wurde, b) wenn ihre Aufhebung mit so großen gemeinnützigen Vortheilen, namentlich für die Vermehrung des Bodenertrages, verbunden ist, daß jenes Opfer als ein wohlangewandtes erscheint, c) wenn die Pflichtigen erweislich im Laufe der Zeit, etwa bei dem Hinzukommen von Staatsabgaben, überbürdet worden sind (d). Hierüber muß die Natur der bäuerlichen Lasten in jedem Lande, sowohl nach ihrer Geschichte, als nach ihrem gegenwärtigen Zustande entscheiden (e). Durch das folgende Mittel (6) hat man in der neuesten Zeit die Ablösungen auch ohne Staatszuschuß sehr zu erleichtern gewußt.

6) Sehr nützlich ist es, wenn von der Regierung eine Leihcasse errichtet wird, welche den Pflichtigen die Ablösungssumme vorschießt, §. 60 — (e). Die Vermittlung durch die Staatsgewalt kann noch weiter ausgedehnt werden, indem dieselbe die Befriedigung der Berechtigten übernimmt und dafür durch die Verzinsung und allmälige Abzahlung von Seite der

Pflichtigen entschädigt wird. Dieß stellt die Berechtigten sicher und überhebt sie mancher Unbequemlichkeit, erfordert auch dann keinen Vorschuß, wenn die Berechtigten nicht baar, sondern in verzinslichen Staatsschuldbriefen abgefunden werden (*f*).

(*a*) Vgl. Rudhart, a. a. O. S. 210. — In Oesterreich wurde durch V. v. 9. Oct. 1819 die Ablösung grundherrlicher Abgaben gestattet, doch mußte der Vertrag von der Verwaltungsbehörde bestätiget werden, damit keine anderen Berechtigten, z. B. Gläubiger, in Nachtheil kommen. Schopf, II, 131. 322. — In Ungarn wurde erst 1841 die Ablösung erlaubt.

(*b*) Hierin ging die k. westfälische Regierung voran; Gesetz v. 18. Aug. 1809, aufgehoben durch die kurfürstl. heff. V. v. 5. Sept. 1815. — Mehrere neuere Gesetze sprechen sogleich die Aufhebung der gutsherrlichen Rechte aus und fügen Vorschriften für die Ausmittlung der Entschädigung hinzu, z. B. österr. Patente v. 7. Sept. 1848 und 4. März 1849. Dieß widerstreitet den in §. 52 aufgestellten Sätzen, mag sich jedoch unter besonderen staatlichen Verhältnissen in Schutz nehmen lassen, die ein vorzüglich kraftvolles Verfahren erfordern.

(*c*) Preuß. V. vom 20. Juni 1817 über die Errichtung von Generalcommissionen. Die Organisation ist folgende: 1) Das Hauptgeschäft, die Untersuchung an Ort und Stelle und den Entwurf der Auseinandersetzung besorgen Special-Commissare, zu deren Wirkungskreise eine Vereinigung gründlicher landwirthschaftlicher und guter juridischer Kenntnisse gehört. (Es scheint, als ob jene bisweilen zu wenig beachtet worden seien, s. Hering a. a. O. S. 274 ff.) Man nahm hiezu vornehmlich Oekonomie-Commissare, doch durften auch (§. 63) Justizbeamte gebraucht werden, die in Ermanglung der erforderlichen landwirthschaftlichen Kenntnisse Sachverständige bei streitigen Fällen zu Rathe ziehen mußten, wie dagegen zur Unterstützung des Oekonomie-Commissars in jedem Kreise ein Justizbeamter aufgestellt wurde. 2) Für die einzelnen Provinzen sind General-Commissionen errichtet worden, bestehend aus 1 General-Commissar, 1 vorzüglich landwirthschaftskundigen Ober-Commissar und 2 Rechtsgelehrten, die aber auch mit der landwirthschaftlichen Gewerbslehre vertraut sein müssen, nebst einem Hülfspersonal von Assessoren, Referendaren und Oekonomie-Commissaren. Hier werden erheblichere Streitigkeiten entschieden und die Auseinandersetzungs-Verträge bestätiget. Es bestehen jetzt 7 solche General-Commissionen. In der Provinz Preußen, in der Rheinprovinz und der Neumark vertreten die Regierungen ihre Stelle. 3) Als dritte Instanz dienten in den einzelnen Provinzen 8 Revisions-Collegien. Jetzt (V. v. 22. Nov. 1844) ist für den ganzen Staat ein einziges Revisionscollegium vorhanden, welches lediglich als Gerichtshof über Streitigkeiten entscheidet. Koch, S. 184. Danz, III, 6. Lette und v. Rönne, II, 11—26. Streitige Angelegenheiten können auf schiedsrichterlichem Wege erledigt werden, wozu die V. vom 30. Juni 1834 und die Instruction vom 12. Oct. 1835 dient, Koch, S. 283. Danz, II, 316. In jedem Kreise werden 2—6 Sachkundige gewählt, aus denen 2 für jedes Geschäft als Schiedsrichter mit 1 Obmann ernannt werden. — Obgleich einzelne Mißgriffe vorgegangen und einzelne drückende Wirkungen eingetreten sein mögen, so hat doch im Ganzen diese große Maaßregel sehr heilsame Folgen gehabt. Ergebnisse bei Weber, Handb. der staatswirthsch. Statistik

der preuß. Monarchie. S. 374 u. Fortf. 1843, S. 104. — Kotel=
mann, Die preuß. Landw. S. 204 (1853). Bis Ende 1855 wurden
auf Privatgütern und Domänen 80 704 neue Eigenthümer mit 5·429 000
Morgen Land angesetzt, daneben die Leistungen von 1 Mill. anderen
Pflichtigen regulirt, 6¼ Mill. Spann= und an 23 Mill. Hand= Frohn=
Tage aufgehoben. Die Entschädigung beträgt 30·645 000 Rthlr. Ca=
pital, nebst 4·894 000 Rthlr. Geldrenten, 251 000 Scheffel Roggen=
renten und 1·608 000 Morgen Land. Dieterici. Handb. S. 316.
(Ohne die Landentschätigung gegen 136 Mill. Rthlr.) — Zur Ver=
gleichung dient das Ergebniß der Grundentlastung in Oesterreich.
Ende 1660 war die ganze hiedurch entstandene Schuld 570·803 774 fl.
(380 Mill. Thlr.) mit Einschluß von 77 Mill. fl. capitalisirten Rück=
ständen ꝛc. Es waren schon 513·581 660 fl. Obligationen ausgegeben
und hievon 13·388 300 fl. wieder getilgt; v. Czörnig, Statist.
Handbüchlein für die österr. Monarchie, 1861. — In Sachsen sind
angeordnet: 1) Specialcommissionen für jedes Auseinandersetzungs=
geschäft, aus 1 Rechtsgelehrten und 1 Wirthschaftsverständigen, 2) eine
Generalcommission, aus 1 Präsidenten, 2 juridischen und 2 landwirth=
schaftlichen Räthen, 3) in dritter Instanz entscheiden die Justizcollegien. —
Hannover: 1) Bezirkscommissionen. Der Commissarius ist ein Rechts=
kundiger, die beiderseitigen Betheiligten können ihm Beisitzer beigeben
und die Commission kann einen ökonomischen Beistand zu Hülfe
nehmen, 2) die Landdrosteien, 3) eine von dem Ministerium zu er=
nennende oberste Stelle. — Nassau: Commission für Zehnten und a.
Lasten, s. unten §. 70 (c). — Oesterreich: in jeder Provinz eine
Landescommission, unter welcher Bezirkscommissionen stehen.

(d) Ein Staatszuschuß kommt in verschiedenen badischen Ablösungsgesetzen
vor, §. 64—69. — Würtemberg. Beede=Gesetz v. 27. Oct. 1836:
Bei gewissen Abgaben, die zwar bisher noch neben den Steuern
entrichtet wurden, aber doch einigermaßen den Steuercharakter an sich
tragen, tragen die Pflichtigen das 10—16fache, die Gefällberechtigten
erhalten von der Staatscasse das 20—22½fache. — Oesterreich, s.
oben §. 55 (a). Das Drittheil, welches die Provinz übernehmen
muß, wird nöthigenfalls vom Staate vorgeschossen.

(e) Sächsische Landrentenbank, nach dem Gesetz vom 17. März 1832, am
1. Jan. 1834 eröffnet. Die Ablösungsrenten können durch die Ver=
mittlung dieser Casse bezahlt werden und man zieht sie mit den Steuern
ein. Die Berechtigten erhalten Rentenbriefe, die nur 3⅓ Proc. Zins
tragen. Die übrigen ⅔ Proc. sollen Kosten und Verluste decken,
auch daneben einen Tilgefond bilden (dazu betragen sie zu wenig).
Jeder Rentenpflichtige kann in kleinen Posten bis zu 12½ rl. herab
seine Schuld abtragen, muß es aber immer ½ Jahr vorher anzeigen. —
Besser die bad. Zehntschuldentilgungscasse, die von dem Personal der
Staatsschuldentilgungscasse verwaltet wird, den zehntpflichtigen Ge=
meinden auf Verlangen die Ablösungscapitale leiht und dieselben hiezu
nöthigenfalls gegen unauffündbare Rentenscheine aufnimmt. Die
Schuldner müssen der Casse nicht blos (der Verwaltungskosten wegen)
¼ Proc. Zins mehr bezahlen, als sie selbst zu geben hat, sondern
noch außerdem 1¾ Proc. jährlich zur Tilgung, die jedoch
auch beliebig schneller veranstaltet werden kann. Zehntges. §. 78—82.
V. v. 27. Mai 1836. Der Zinsfuß für neue Anleihen wird von
Zeit zu Zeit bestimmt, vom Anfang des J. 1852 an ist er 4¾ Proc.,
folglich haben die Schuldner mindestens 6½ Proc. jährlich zu geben. —
Großh. hess. Gesetz v. 27. Juni 1836, V. v. 10. Jan. 1637: die

Staatscasse streckt den Pflichtigen das Capital gegen eine Zeitrente von mindestens 4 Proc. vor, wobei nur 3 Proc. als Zins berechnet werden, also die Tilgung in 43 Jahren erfolgt. — Hannov. Creditanstalt für Ablösungen, 8. Sept. 1840. Die Schuldner zahlen 3½ Proc. Zins, ¼ für die Verwaltungskosten, mindestens ½ Proc. Tilgung, zusammen 4¼ Proc. — Nassau, Landescreditcasse, 22. Jan. 1840, jedoch nicht blos zu den Ablösungen, sondern für Grundeigenthümer überhaupt bestimmt. Tilgung wenigstens 1 Proc. jährlich. Zur Aufbringung der Summen wird auch das Ausgeben von Papiergeld zu Hülfe genommen. Rau im Archiv, V, 117. — In Preußen wurden ähnliche Tilgecassen mit einem Staatszuschuß 1835, 1839 und 1845 für einzelne kleinere Landestheile errichtet. Nach dem n. Ges. wurden in allen Provinzen Rentenbanken gegründet. Wenn der Pflichtige nicht den Abkauf wählt, so wird von Amtswegen die Ablösung vorgenommen. Der Berechtigte erhält 4 procentige Rentenbriefe für das 20fache der Rente, dem Pflichtigen wird ¹/₁₀ der ausgemittelten Rente erlassen, ⁹/₁₀ derselben hat derselbe 56¹/₁₂ Jahre fort zu entrichten und hiedurch erlangt er die Befreiung, weil ⁸/₁₀ schon die 4 proc. Zinsen decken und das weitere ½ Proc. in jener Zeit die Schuld tilgt. Will er statt ⁹/₁₀ die volle Rente bezahlen, so wird er in 41¹/₁₂ Jahren frei. Er kann auch früher abzahlen. Entrichtet er sogleich das 18fache an eine Staatscasse, so befreit er sich, der Berechtigte erhält wie im vorigen Falle die Rentenbriefe und der Staat liefert der Rentenbank jährlich 4½ Proc. jener eingezahlten Summe, die zur Tilgung von Staatsschulden verwendet wird. Die Rentenbank hat die Rentenbriefe genau nach der Regel zu tilgen. Mit Ende 1859 hörte die Ueberweisung neuer Renten auf. Die Pflichtigen, die noch später ablösen wollen, haben das 25fache zu entrichten. Am 1. October 1858 waren 3½ Mill. Thlr. übernommen (davon 3·115000 Thlr. ⁹/₁₀ des vollen Betrages), die Berechtigten hatten 77·605000 Thlr. Rentenbriefe und 77 000 Thlr. baaren Zuschuß erhalten, von denen 3·732000 Thlr. schon getilgt waren. Dieterici, Handb. der Statist. des pr. Staates, S. 314. — Würtemberg. Ges. v. 14. April 1848. Instructionen v. 1. Sept. und 23. Oct. 1848. Die Ablösung geschieht längstens durch 25jährige Zeitrenten an die Ablösungscasse, während den Berechtigten 4procentige Obligationen eingehändigt werden. Besondere Zehntablösungscasse, Zehntgesetz vom 13. Juni 1849, V. v. 26. Sept. 1850. — Baiern: a. Ges. v. 4. Juni 1848. Der Berechtigte kann die Gefälle an den Staat abtreten und empfängt dafür das 20fache in 4 proc. Schuldbriefen, der Pflichtige hat die 4 Proc. dieses Capitals an die Staatscasse bis zur Abtragung zu entrichten, es steht ihm jedoch frei, die in Geld bestimmte Rente 34 Jahre hindurch, oder ⁹/₁₀ derselben 48 Jahre lang an den Staat zu bezahlen und sie durch die Schuld zu tilgen. Nach Moser (Die bäuerlichen Lasten, S. 338 ff.) soll der Pflichtige ½, der Staat ¼ der Entschädigungssumme tragen und der Berechtigte ¼ nachlassen, S. 349. Dieser Nachlaß wäre aber gerechter Weise nicht zu verlangen und der Pflichtige gegen die anderen Stände zu sehr begünstiget.

(*f*) So geschah es mit den Feudalleistungen auf der Insel Sardinien im Jahr 1838, s. v. Raumer, Italien, I, 365. — Wo der Staat ohnehin einen beträchtlichen Zuschuß giebt, da liegt diese Anordnung nahe. Würtemberg. Beede=Gesetz vom 27. October 1836. Mehrere Ablösungsgesetze der neuesten Zeit enthalten diese Bestimmung. Note (e).

B. Einzelne Arten der bäuerlichen Lasten.

a. Frohnen.

§. 62.

Die Ueberlassung von Land an bäuerliche Landwirthe gegen gutsherrliche oder Herren-Frohnen, Schaarwerke, Dienste, Robothen war in frühen Zeiten ein gutes Mittel, dem Gutsbesitzer bei der Bewirthschaftung seines in eigener Verwaltung stehenden Hofgutes die erforderliche Menge von Arbeitskräften auf leichte Weise zu liefern, da es an Taglöhnern fehlte. Bei einer mehr ausgebildeten Landwirthschaft erscheint aber diese Frohnpflicht als schädlich. Dieß läßt sich so nachweisen (*a*):

1) Der Landmann wird durch die Verpflichtung zu Hand- und Spanndiensten empfindlich in seinen Wirthschaftsgeschäften gehindert, und zwar oft dann, wenn er denselben wegen der Witterung oder anderer Umstände alle Kräfte widmen sollte. Mit einem kunstmäßig betriebenen Landbau ist die Dienstpflicht unvereinbar (*b*).

2) Da der Frohnarbeiter durch keine Aussicht auf einen Vortheil angefeuert wird, so arbeitet er mit Unlust und leistet nicht mehr, als er durchaus muß, I, §. 112. Daher gewöhnen die Frohnen an Trägheit, die auch leicht in die übrigen Verrichtungen übergeht.

3) Deßhalb schaden die Frohnen den Dienstpflichtigen mehr als sie den Berechtigten nützen, denn es muß zu jeder Verrichtung eine größere Zahl von Frohnleuten aufgeboten werden, als man Dienstboten und Taglöhner nöthig haben würde. Dieser Unterschied ist ein Verlust an hervorbringenden Kräften, welcher das Volkseinkommen schmälert. Zugleich darf man solche Geschäfte, bei denen die nachlässige Verrichtung schaden kann, den Frohnleuten wegen ihrer geringen Sorgfalt nicht auftragen (*c*).

(*a*) **Westfeld**, Ueber die Abschaffung des Herrendienstes. Lemgo, 1773. — Gedanken von Abstellung der Naturaldienste. Göttingen, 1777. — **Wichmann**, Ueber die natürlichsten Mittel, die Frohndienste aufzuheben, 1795. — **Meyer**, Ueber Herrendienste und deren Aufhebung. Celle, 1803. — **Hüllmann**, Histor. und staatswissenschaftl. Untersuchungen der Naturaldienste der Gutsunterthanen. Berlin, 1803. — **Abel**, Ueber den Ursprung der Frohnen. Gießen, 1823. — **Bensen**, Materialien, I, 303. — Verhandl. der 2. Kammer des Großh. Baden, IV, 8—38. — **Floret**, Darstellung der Verhandl. der Ständeverf. des Großh. Hessen in den J. 1820 u. 21. Gießen, 1822, S. 283. — **Steinlein**, a. a. O. §. 47 ff. — **Goldmann**, S. 111. — **Moser**, S. 61. — **Hering**, S. 43. 69 (führt ältere Aeußerungen an). — Vgl. die Literatur in **Eschenmaier**, Staatsökonomierecht, I, 147 ff., und **Mittermaier**, Grundsätze, §. 189 ff. — Ueber die Entstehung der Frohnen **Roscher**, II, 151. 299.

(*b*) Die Zahl der Hand- und Spannfrohntage war oft so groß, daß daraus ein großer Nachtheil entstand. In Rußland hat jedes erwachsene männliche Mitglied einer leibeigenen Familie da, wo der Herr ein Landgut besitzt, auf demselben 3 Tage wöchentlich zu arbeiten. Vgl. §. 64 (*b*).

(*c*) Vgl. **Thaer**, Rat. Landw., I, 151. — In Oesterreich sind auf den Staats-, geistlichen Gütern und den Besitzungen der Städte die Frohnen in Gemäßheit des Patents v. 1. März 1777 abgelöst, auf denen der gutsherrlichen (Dominien) wurde diese Maaßregel anempfohlen. „Von dieser Epoche beginnt eigentlich die merkliche Verbesserung der Landescultur, welche dem österr. Staate seine innere Kraft für immer sichert." **Schopf**, Landw. des österr. Kaiserstaats, I, 75.

§. 63.

Die gegen die Ablösung der Frohnen erhobenen Bedenken verdienen zwar Berücksichtigung, sind aber doch nicht erheblich genug, um im Allgemeinen von jener Maaßregel abhalten zu können.

1) Man wendet ein, der Bauer leiste leichter Arbeit, als er Geld abgebe, weil er dieses erst durch den, bisweilen nicht leichten Absatz seiner Erzeugnisse erwerben müsse, während er Zeit übrig habe, um die Frohnen ohne Nachtheil für seine eigenen Geschäfte zu verrichten (*a*). Der Verkauf von Bodenerzeugnissen ist jedoch nur in einzelnen Zeitpuncten oder einzelnen Gegenden eines Landes schwierig und muß um so leichter werden, je mehr Manchfaltigkeit in der landwirthschaftlichen Production herrscht, je gleichmäßiger die Bevölkerung in allen Theilen eines Staatsgebietes vertheilt ist, und je mehr die Fortschaffungsmittel sich vervollkommnen. Man kann sich hierin auf das gesunde Urtheil der Landleute verlassen, welche auf die Ablösung der Frohnen nur da eingehen werden, wo sie die freie Benutzung der Zeit hoch genug anzuschlagen wissen. Es

genügt also, wenn nur die Umwandlung nicht ohne Einwilligung der Dienstpflichtigen vorgenommen wird, wie es ohnehin angemessen ist (*b*). Sind die aufgestellten Bedingungen billig, so werden nur in wenigen Fällen die Frohnen dauernd beibehalten werden.

2) Daß die Besitzer großer Güter durch die plötzliche Ablösung der Frohnen in Verlegenheit gerathen können, indem sie in schwach bevölkerten Gegenden nicht genug Taglöhner finden, ist nicht in Abrede zu stellen. Dieser Uebelstand kann jedoch beseitigt werden a) durch die Ansetzung von Taglöhnerfamilien, welchen man kleine Stücke, z. B. 2—3 Morgen, in Zeit- oder Erbpacht giebt und die man das ganze Jahr hindurch mit Lohnarbeit beschäftigen kann (*c*); b) durch besondere Uebereinkunft mit den Dienstpflichtigen, daß gewisse Arbeiten gegen ausbedungene Vergütung noch eine Zeit lang fortgeleistet werden sollen (*d*).

(*a*) Gr. Soden, VI, 131.

(*b*) Ebel, a. a. O. S. 139.

(*c*) Nöldechen, Oekonom. und staatswirthsch. Briefe über das Niederoberbruch. Berlin, 1800, S. 67. 104. — Thaer, Vermischte Schriften, I, 421. — Annalen der mecklenb. landw. Gesellsch., I, 140. II, 216. — Vgl. Sinclair, Grundgesetze des Ackerbaus, S. 93. — Ueber die Instleute in Ost- und Westpreußen: v. Harthausen, Die ländliche Verfassung in der preuß. Monarchie, 1839, I, 105. — Die Instleute in Holstein und Schleswig erhalten 2—3 Tonnen Land (g. 4¼—6,7 pr. Morgen) und werden das ganze Jahr gegen bestimmten Geldlohn beschäftigt. Für Wohnung und Land bezahlen sie meistens einen Zins in Geld. Hanssen, Aufhebung der Leibeigenschaft in Schleswig und Holstein, S. 106.

(*d*) Nach den preuß. Gesetzen kann die General-Commission auf Antrag des Gutsherrn solche Hülfsdienste auf 12 Jahre anordnen; Edict vom 14. Sept. 1811, §. 16. Declaration von 1816, §. 38—41. Gesetz vom 7. Juni 1821, §. 22. In der Regel sollen nur zugelassen werden: bei Spannbauern 10 dreispännige Spann- und 10 Mannshandtage, bei Handdienstpflichtigen 10 Manns- und 10 Frauentage. Die Vergütung eines Tages ist für das Pferd 2, für den Mann 2, für die Frau 1½ Metzen Roggen. Für die spätere Ablösung dieser vorbehaltenen Hülfsdienste sollen feste Normalpreise aufgestellt werden, V. v. 26. Oct. 1835. — Sachsen, §. 55: Es können neue Verträge über Dienste geschlossen werden, jedoch mit Kündigungsrecht.

§. 64.

Ungemessene Dienste, d. i. solche, bei welchen die Zahl der Arbeitstage in jedem einzelnen Falle von dem Berechtigten abhängt, sind für die Pflichtigen so sehr drückend, daß man sie vor Allem in ein festgesetztes Maaß bringen muß (*a*). Dieses ergiebt sich theils aus dem Durchschnittsbetrage der bisherigen Leistung, theils aus dem Zwecke, zu welchem die Frohnen angeordnet sind (*b*). Bei den herkömmlich oder durch neue Festsetzung **gemessenen** Frohnen kann sodann die Ablösung befördert werden, nur muß sie von allen Grundholden eines Gutsherrn in einer Gemeinde zugleich geschehen. Die **persönlichen** Frohnen, die nicht auf gewissen Grundstücken liegen, sondern aus einem Rechte des Gutsherrn gegen alle Gemeindemitglieder fließen, eignen sich wegen ihres Zusammenhanges mit dem öffentlichen Rechte zu einer Beihülfe der Staatscasse (*c*). Auch bei den **dinglichen** oder **walzenden** Frohnen ist in einigen Staaten aus ähnlichen Rücksichten ein solcher Staatszuschuß, jedoch in geringerem Maaße, bewilligt worden (*d*). Häufig verständigen sich beide Theile ganz von selbst über ein Maaß des Abkaufspreises oder der jährlichen Vergütung (**Dienstgeld**), so daß auch beide dabei gewinnen. Wo dieß nicht gelingt und daher die Ablösung einer obrigkeitlichen Entscheidung bedarf, da muß die Ablösungssumme auf folgende Weise ermittelt werden:

1) Ist die Zahl der Tage von Hand- und Spanndiensten bestimmt, so werden sie nach dem gewöhnlichen Lohne zu Geld angeschlagen, und es wird wegen der geringeren Leistung der Frohnarbeiten (§. 62) ein Abzug gemacht (*e*).

2) Bei solchen Frohnen, die zu einem gewissen Zwecke, insbesondere zu landwirthschaftlichen Verrichtungen auf dem Gute des Berechtigten bestimmt sind, ist darauf Rücksicht zu nehmen, wie viele Lohnarbeiter nach allgemeinen landwirthschaftlichen Erfahrungen und den örtlichen Umständen zur guten Erreichung des Zweckes nöthig sein würden (*f*).

3) Bei Baufrohnen wird der Bedarf an Diensten zum Unterhalt und zum Neubau nach Größe und Beschaffenheit der Gebäude und dem Maaße der Verpflichtung erforscht (*g*).

4) In jedem Falle wird die vorgeschriebene Gegenleistung des Berechtigten, z. B. die Beköstigung, abgerechnet.

(a) Manche Frohnen, die dem Mißbrauche zu sehr ausgesetzt sind, werden daher billiger Weise unentgeltlich aufgehoben, z. B. nach dem preuß. Ges. v. 2. März 1850 §. 3, Nr. 7 u. 8, Frohnen zur Bewachung gutsherrlicher Gebäude und Grundstücke, zu persönlichen Bedürfnissen der Gutsherren und ihrer Beamten.

(b) Rudhart, a. a. O. S. 216. — Mittermaier, §. 195. — Sachsen §. 174: 6jähriger Durchschnitt der bisherigen Frohnleistungen, doch mit der Rücksicht, daß Menschen und Thiere nicht über Kräfte angestrengt werden und die Fröhner im Stande bleiben, ihre eigene Wirthschaft fortzuführen. — Baden, Frohn=Gesetz v. 28. Dec. 1831, §. 10: Durchschnitt der Leistung von 1822—31. — Hannover §. 99 ff.: Ist die bisherige Größe der Leistung im Durchschnitte der letzten 18 Jahre nicht zu ermitteln, so wird die Zahl der Diensttage von Sachverständigen mit Rücksicht auf den Bedarf des Berechtigten und die Leistungsfähigkeit des Pflichtigen festgesetzt. — Würtemberg. Frohnablösungsgesetz vom 28. Oct. 1836, §. 7—10. 29: wenn kein bestimmtes Maaß der Frohn zu erweisen ist, so nimmt man den Durchschnittsbetrag der stattgehabten Leistung; fehlt dieser, oder ist er wegen einer neuerlichen Veränderung nicht passend, so entscheidet eine Schätzung; ein Uebermaaß in Verhältniß zu dem Zweck des Berechtigten oder zu den Kräften des Pflichtigen ist auf das richtige Maaß zurückzuführen. — In dem österreichischen Kaiserstaate wurden schon durch Patente von 1771—86 für die einzelnen Provinzen die Frohnen auf ein bestimmtes Maaß gebracht. Schopf, I, 115. In österr. Schlesien und Galizien waren für die Besitzer einer ganzen Hube 156 Frohntage höchstens erlaubt (3 Tage wöchentlich), in anderen Provinzen weniger, in Oesterreich ob der Ens nur 14, in der Bukowina höchstens 12. Springer, I, 311. In Ungarn ruhten auf einem ganzen Bauerngute (sessio, Ansäßigkeit) von 16—50 Joch (die Joche von 11—1300 □. Klafter) 52 Spann= oder 104 Handrobbottage; der Häusler hatte 18, der Taglöhner ohne Haus 12 Tage. — Oldenburg §. 59: Entschädigung fällt hinweg, wenn in den letzten 30 Jahren nichts geleistet worden ist. — Genaue Bestimmung über die nach der Aufhebung der Leibeigenschaft von den russischen Bauern zu leistenden Frohnen im Règlement sur l'organisation territoriale des paysans v. 1861 §. 187—236, vgl. oben §. 47 a. (c).

(c) Die preuß. Regierung hat in den ehemaligen k. westfälischen, bergischen und hanseatischen Landestheilen die persönlichen und die ungemessenen Frohnen als Folgen der Leibeigenschaft oder Erbunterthänigkeit für aufgehoben erklärt. Ges. v. 25. Sept. 1820, §. 3. 4. — Bad. Ges. vom 28. Dec. 1831, §. 2: der Berechtigte erhält bei persönlichen Frohnen den 12fachen Betrag des mittleren Werths, nach Abzug der Gegenleistungen, wovon nach §. 4 die eine Hälfte aus der Staatscasse, die andere aus der Gemeindecasse bestritten wird. Das Gesetz v. 5. Oct. 1820, §. 7 hatte nur bestimmt, daß die persönlichen Frohnen 15fach abgelöset werden könnten, ohne einen Staatszuschuß zu verheißen. — A. würt. Ges. §. 14: der Berechtigte erhält das 20fache, und zwar halb vom Staate, halb von den Pflichtigen. Frohnen, die erweislich aus der Leibeigenschaft herstammen, werden nach dem Ges. v. 29. Oct. 1836 ganz vom Staate abgelöst. — Das baier. Ges. v. 4. Juni 1848 Art. 2 hebt alle Naturfrohnen ohne Entschädigung auf.

(d) Baden, a. Ges. v. 1831: der Berechtigte erhält das 18fache (nach dem Ges. v. 1820 das 20fache), wovon die Staatscasse ⅓ trägt.

Würtemberg: der Pflichtige zahlt den 16fachen, der Staat den 4fachen Betrag.

(e) Bad. Gesetz v. 1820, §. 6 und Gesetz v. 1831, §. 18: Der Werth der Spanndienste wird mit 7/10 des ortüblichen mittleren Fuhrlohnes, der Handdienste mit der Hälfte des Tagelohnes angeschlagen. — Sächs. Ablös.-Ges. §. 71: Abzug von 1/3 des üblichen Lohnbetrages. — In Würt., a. Ges. §. 14, wird bei Spanndiensten 1/5, bei Handdiensten 1/3 des im Wege der Verdingung erforderlichen Lohnes abgezogen. — Oldenburg, §. 73: bei Spanndiensten werden 2/3, bei Handdiensten 3/4 des üblichen Lohnsatzes berechnet. Hier ist auch in §. 69 eine Verminderung der Zahl von schuldigen Frohntagen verordnet, z. B. wo eigentlich 2 Tage gearbeitet werden soll, werden nur 45 Spann- und 54 Handtage jährlich angenommen. — Oesterr. Patente: nie über 1/3 des Werthes der freien Arbeit. — Hiebei verdient auch der von den Frohnpflichtigen aus anderen Orten zurückzulegende Weg beachtet zu werden, besonders bei Spannfrohnen.

(f) Westfäl. Decret v. 18. Aug. 1809 §. 6. — Preuß. V. v. 25. Sept. 1820 §. 42, vom 7. Juni 1821 für Erbzins- und Erbpachtsgüter, §. 8—12: Dienste bis zu 50 Handarbeitstagen (indem die Spanntage auf jene reducirt werden) werden nach dem üblichen Lohne, höhere nach dem Bedürfniß des Gutsherrn geschätzt. Ges. v. 2. März 1850, §. 11: wird schiedsrichterlich festgesetzt, wie viel Kosten der Berechtigte aufzuwenden hat, um die Arbeit durch bezahlte Arbeiter vornehmen zu lassen. — So auch Sachsen, §. 72, Oldenburg, §. 76. Weimar, §. 78: man ermittelt die Kosten 1) für eigene Gespanne und Gesinde, 2) für gedungene Arbeiter oder Geschirre, und legt die kleinere der beiden Summen zu Grunde. Nach dem bad. Ges. v. 1820 §. 5 ist bei Frohnen, die in einer bestimmten Arbeit bestehen, abzuschätzen, wieviel sie in Lohn kosten würden, und von diesem Betrage bei Spanndiensten 1/5, bei Handdiensten 2/5 abzuziehen, ebenso nach dem Ges. v. 1831, §. 17. Da jedoch bei manchen Arbeiten in dem Nutzen für den Berechtigten kein Unterschied liegt, so ist das würtemb. Ges. §. 11 billiger: bei Frohnen, die eine bestimmte Arbeitsaufgabe zum Gegenstande haben, soll unterschieden werden, ob der Erfolg von der Art der Arbeitsleistung abhängt oder nicht. Als Beispiele des letzten Falles werden Hauen und Fahren des Holzes nach der Klafterzahl und andere Fuhren genannt. Im ersten Falle soll ein Abzug, wie nach dem bad. Gesetz, gemacht werden. Hannover, §. 109: wenn es nicht ganz einfache Dienste sind, wie Transport, so soll auf die Beschaffenheit der Dienstarbeit Rücksicht genommen werden. — Die von Ebel empfohlene Ausmittelung des Bedarfes nach der Größe der gutsherrlichen Ländereien, wie sie zur Zeit war, als die Dienste aufkamen, ist unausführbar. — Im Großh. Hessen sind für einen Geldwerth abgelöster Frohnen von 61 815 fl. nur 5 585 fl. Ersatzrente festgesetzt worden, so daß die Frohnpflichtigen in 264 Gemeinden 10/11 ersparen. Allein dieß ist nur so zu bewirken gewesen, daß der Staat durch Verträge mit einzelnen Grund- und Standesherren die Frohnrechte an sich brachte, jene entschädigte und den Pflichtigen jene geringe Rente auflegte.

(g) Die Dienste zum Neubau werden, wenn ihr jedesmaliger Betrag festgesetzt ist, auf ihren jetzigen Werth, je nach der Zeit, die bis zum 1., 2. Neubau ec. verstreicht, zurückgeführt und davon wird der Zins berechnet. Hiezu kommen die Ausbesserungsdienste. Weimar, §. 85. Anderes Verfahren, Sachsen, §. 76.

§. 65.

Die Nachtheile der Staatsfrohnen (a) sind zwar bei der gewöhnlichsten Art, den Straßenbaufrohnen, wenn dem Frohnpflichtigen eine gewisse Verrichtung, z. B. das Beiführen einer bestimmten Menge von Baustoffen, aufgegeben wird, etwas geringer, weil sein eigener Vortheil ihn antreibt, mit der Vollbringung zu eilen. Dagegen treffen die Frohnen die Pflichtigen sehr ungleich und fallen den Anwohnern an einer neuen Straße desto schwerer, je geringer die Bevölkerung ist. Nur in Kriegszeit oder in Kriegsgefahr sind die Frohnfuhren nicht ganz zu entbehren, sie sollten aber dann, wenn man sie in Anspruch nehmen muß, nach dem üblichen Lohnsatze vergütet werden; die Straßen-, Jagd- und andere Staatsfrohnen können ganz beseitigt werden. Die Ausführung dieser für die Landwirthschaft sehr wohlthätigen Maaßregeln hängt von der Auffindung eines zureichenden Ersatzes für die Staatscasse ab, und greift daher in das Finanzwesen ein.

(a) Verhandl. der 2. Kammer in Baden, 1819, IV, 19, der 1. Kammer das. 1823, I, 170. 355. 560. Bad. Gesetz v. 28. Mai 1831: die Straßenbau-, Militär- und Gerichtsfrohnen sind aufgehoben. — Ebel, S. 107.

b. Zehnten.

§. 66.

Der Zehnte besteht in der Abgabe eines gewissen, gewöhnlich des zehnten Theiles von den Erzeugnissen der Landwirthschaft, also in einer von Jahr zu Jahr veränderlichen Entrichtung von Pflanzen- und Thierstoffen (a). Zwar ist er nach seinem Ursprung und nach der Person des Berechtigten gewöhnlich von den aus dem gutsherrlichen Verbande herrührenden Reallasten verschieden, aber seiner wirthschaftlichen Natur zufolge darf er zu den bäuerlichen Lasten gezählt werden. Die Untersuchungen über die Entstehung des Zehnten (b) haben gezeigt, daß derselbe auf mancherlei Weise, bald privatrechtlich als eine bei der Ueberlassung von Grundstücken vorbehaltene Entrichtung, bald als Steuer oder als kirchliche Abgabe eingeführt worden ist; diese verschiedenen Entstehungsarten sind aber für jede einzelne Gegend nicht mehr nachzuweisen und haben auf die heutige Natur des Zehnten, der wie die übrigen Reallasten eine dem Privatrechte angehörende Schuldigkeit bildet (c), keinen Einfluß mehr. Abgesehen von der Eigenthümlichkeit des Zehnten, sich nach dem rohen Ertrage zu bemessen, ist er auch eine große Abgabe. Ist z. B. der Reinertrag der Ländereien ungefähr 20—40 Proc. des rohen, so nimmt der volle Zehnte von 10 Proc. die Hälfte oder mindestens $1/4$ des reinen Ertrages hinweg, oder wenn man für die Einsammlungskosten $1/5$ des Zehnten (2 Proc.) abzieht, doch wenigstens $2/5 - 1/3$ der Grundrente (d). Diese Größe der Zehntlast bildet zwar eine unerwünschte Vertheilungsart des aus den Ländereien fließenden Einkommens, muß aber als eine nicht abzuändernde Thatsache angenommen werden, weil die Zehntrechte gleichen Schutz wie alle anderen Rechte ansprechen können.

(a) Es ist nicht immer gerade der zehnte Theil des Rohertrages. In den rheingauischen Rebbergen war er $1/12$, in Nassau hie und da $1/15$, $1/20$ bis $1/44$. Der ungarische Bauer giebt $1/10$ an die Geistlichkeit und vom Reste $1/9$ an den Gutsherrn, also zusammen $1/5$. — Ueber den Zehnten A. Young, Polit. Arithmetik, S. 24. — Ad. Smith, V. B. 2. Cap. 2. Abth. 1. Abs. IV, 183 Bas., S. 377. Ausg. von Mac Culloch. — Thaer, Engl. Landw., III, 86. — Sinclair, Grundgesetze des Ackerbaues, S. 63. — Lips, Ackergesetzb. S. 109. — Craig, Politik, III, 57. — Verhandl. des engl. Unterhauses am 22. Mai 1816, in Europ. Annalen, 1818, X, 112. — Verhandl. der 2. Kammer in Baden, 1819, I, 93, IV, 158, V, 104. Verhandl. der 1. und 2. Kammer v. 1831 und 33. — Verhandl. der nassauischen Deput. Vers. 1821, S. 126. 174. — Kröncke, Ueber die Nachtheile des Zehnten. Darmstadt, 1819. vgl. mit Floret, Darstellung der Verhandl. d. hess. Ständeversamml., S. 296. — Klebe, Grunds. der Gemeinheitstheilung. I, 225. — Weindel, Ueber den Zehnten. Heidelb. 1828. — Kröncke, Ueber Aufhebung, Ablösung und Verwandlung der Zehnten. Darmst. 1831. — v. Sensburg, Die Abschaffung der Zehnten. Heidelberg, 1831. — K. S. Zachariä, Die Aufhebung, Ablösung und Umwandlung des Zehnten. Heidelb. 1831. — v. Babo und Rau, Ueber die Zehntablösung ebend. 1831. — Ruef, Ueber die Aufhebung des Zehnten. Freiburg, 1831. — Moser, Die bäuerl. Lasten, S. 266. — Elsner, Politik der Landw., I, 184. — Lotz und Regenauer in Rau's Archiv, I, 287. 298. — Mac Culloch, Statist. account. II, 403. — Vogelmann, Die Zehntablösung im Gr. Baden. Karlsruhe, 1838. — Mathy, Der Zehnte wie er war, wie er ist und wie er nicht mehr sein wird. Biel, 1838 — Für den Zehnten: Thibaut in Verhandl. der bad. 1. Kammer, 1819 (Uebers. der ständ. Verhandl. v. 1819, II, 37). — v. Seyfried und Föhrenbach, in Verhandl. der 2. Kammer, 1819, V, 110. 126. — Müller, Einige Worte über den Entwurf der Zehnten-Ablösung, Freiburg, 1831.

(b) Zehnte bei den Aegyptern, Karthaginensern (in den Herkulestempel zu Thyrus), bei den Hebräern, zum Unterhalte der Leviten, nach 3. Buch Mos. Cap. 27. V. 30–33, mit mancherlei kleinlichen Bestimmungen der Mischna, um die Verkürzung der zehntberechtigten Priesterkaste zu verhüten. Jahn, Bibl. Archäologie, III, 417 (1805). — Reynier, Econ. public. et rur. des Arabes et des Juifs, S. 214. Der Zehnte der Hebräer hat wahrscheinlich in den christlichen Staaten die Einführung der nämlichen Abgabe veranlaßt. — Römische Staatsländereien (ager publicus), durch Eroberungen sehr vermehrt, an die Nutznießer (possessores) um den zehnten Theil der Feldfrüchte oder $1/5$ des Obsts und Weins überlassen; die spätere Fortdauer dieses Verhältnisses ist jedoch zweifelhaft, da die Grundstücke der Städte im römischen Staate auf Zins (vectigal) ausgethan wurden und für die kaiserlichen Privatgüter die emphyteusis üblich wurde. Gewiß ist das Vorkommen des Zehnten im oströmischen Reiche unter Justinian II. Für die Ableitung des Zehnten aus den römischen Einrichtungen Birnbaum, Ueber den Ursprung des Zehnten, 1831, und dessen: Die rechtliche Natur des Zehnten, 1831, vgl. Vuy, De originibus et natura juris emphyteutici. Heidelb. 1838. Im fränkischen Reiche wird der Zehnte schon im Jahre 560 erwähnt, als Abgabe an die Kirche, Birnbaum, S. 125. Das Capitulare von 801 bei Baluz. I, 356, verordnet, daß $1/4$ des Zehnten den Bischöfen, $1/4$ den unteren Geistlichen, $1/4$ den Armen zukommen, das letzte $1/4$ für die Kirchengebäude und Zubehör verwendet werden solle. Neben den kirchlichen kamen auch fortdauernd weltliche Zehnten vor. Kirchenzehnten in England, wahrscheinlich mit dem Christenthum selbst eingeführt, von Offa, König von Mercia, zuerst gesetzlich vorgeschrieben. Erst nach der normannischen Eroberung hörte die bisherige Freiheit des Grundeigenthümers auf, den Zehnten jedem Geistlichen nach Gefallen zu geben. Blackstone, Handb. des engl. Rechts, übers. von v. Colditz, I, 254, vgl. aber Birnbaum, S. 191, Mac Culloch, a. a. O. — Unter der Herrschaft der Venezianer in Morea (1685 bis 1715) wurden Ländereien, die vorher von den Türken besessen worden waren, zum Theil gegen den Zehnten auf 5 bis 8 Jahre verpachtet, Ranke, Histor. polit. Zeitschr. II, 3. 1835. — Außer Feldfrüchten und Thieren wurden hie und da auch andere Dinge dem Zehnten unterworfen, z. B. Seefische in einigen Orten von Cornwall, zu Gunsten der Geistlichkeit, die auch in Yarmouth $1/20$ der eingefangenen Heringe, nach Abzug der Kosten, bezieht. — Bretterzehnte in Norwegen, 1545 bald nach der Einführung der Sägemühlen angeordnet, Beckmann, Beiträge zur Geschichte der Erfindungen, II, 271. — Bergzehnte. — S. noch (Heder) Kurze Geschichte der Entstehung des Z.-Rechts, Karlsruhe, 1822. — Moser, Die bäuerl. Rechte, S. 40. — Kühlenthal, Die Geschichte des deutschen Zehnten, Heilbronn, 1837. — Mittermaier, D. Privatrecht, §. 181. — Roscher, II, 295.

(c) Der Zehnte ist im Privatverkehre, er wird verkauft, er ist ferner unveränderlich und hat die Steuernatur ganz verloren.

(d) Auf schlechtem Boden, wo die Aussaat ungefähr nur dreifältig geerntet wird, macht der Zehnte sogar gegen $2/3$ des Reinertrages und wird daher in einzelnen Fällen höher verpachtet, als der zehntbare Acker. Meyer, Gemeinheitstheil. I, 114, s. auch Moser, S. 268.

§. 67.

Der Zehnte empfiehlt sich allerdings wegen seiner großen Einfachheit und des sicheren Eingehens, auch kann man ihn keine ungerechte Last nennen, zumal da die zehntbaren Grundstücke verhältnißmäßig wohlfeiler erkauft werden. Er war in früheren Zeiten, bei einem kunstlosen Betriebe der Landwirthschaft und ganz fehlendem oder schwierigem Absatz der über den eigenen Bedarf gewonnenen Bodenerzeugnisse eine zweckmäßige Abgabe, aber er hört mit der Zeit auf, dieß zu sein. Seine Nachtheile **für den Zehntpflichtigen** und **für die Volkswirthschaft** sind hauptsächlich diese:

1) Er ist eine zunehmende Last. Steigt sein Geldbetrag mit den Preisen der landwirthschaftlichen Erzeugnisse, so ist dies keine stärkere Beschwerde für den Zehntpflichtigen, weil dessen ganze Einnahme gleichmäßig anwächst. Rührt aber die Zunahme des Zehnten von der Vermehrung des Naturalertrages her, so ist diese meistens auch mit einer Vergrößerung der Kosten verbunden, wobei von einem gewissen Zustande des Anbaus an jeder weitere Ertragszuwachs eine geringere Quote des Reinertrags übrig läßt (I, §. 215 a), den der Zehnte noch weiter vermindert und endlich ganz aufzehrt (*a*). Dieß findet hauptsächlich bei einem solchen Capitalaufwande statt, dessen Wirkung sich nur auf kürzere Zeit erstreckt, so daß die jährlich zu erstattenden Kosten nicht allein, wie bei dauernden Grundverbesserungen, den Zins- und Gewerbsverdienst, sondern auch einen Theil oder den ganzen Betrag des verwendeten Capitals enthalten und folglich der Zehnte einen Theil dieses Capitalersatzes verschlingt (*b*). Dieser Nachtheil wird desto lebhafter empfunden, je mehr die Landwirthe in ihrem Gewerbe den Ertrag und die Kosten zu berechnen pflegen; er ist erheblicher im großen Betriebe, als bei kleinen Gütern, wo der Landwirth Zeit übrig behält und seine eigenen Arbeiten nicht gerade nach dem Geldlohne in Anschlag bringt (*b*); er ist ferner größer bei Gewächsen, die viele Arbeit erfordern, als bei Getreide und Futterkräutern (*c*). Der Neubruch- (Noval-) Zehnte ist in dieser Hinsicht der verderblichste, so wie auch

der **Blutzehnte** der Viehzucht sehr schädlich ist. Manche unergiebige Grundstücke bleiben des Zehnten willen unangebaut.

2) Die mit dem Einsammeln und Heimführen des Zehnten verbundenen Kosten und Verluste sind eine dieser Art von Abgaben eigenthümliche Schmälerung des ganzen Volkseinkommens, welche bei einer anderen Entrichtungsform hinwegfällt (*d*).

3) Die Entrichtung des Zehnten beschränkt den Landwirth in der Anwendung des besten Verfahrens, da er z. B. nicht auf einzelnen Theilen eines Grundstückes wegen der ungleichzeitigen Reife der Gewächse zu verschiedenen Zeiten ernten darf, in der Benutzung günstiger Witterung gehindert ist und dgl. Der Weinzehnte veranlaßt den Zwang zum gleichzeitigen Lesen der in einem Flurbezirk liegenden Rebgärten (*e*). Auch Veränderungen in der Bodenbenutzung (Culturveränderungen) finden in der Einsprache des Zehntherrn oft ein Hinderniß (*f*).

4) Der Verlust des Strohes der Zehntgarben schadet der Düngererzeugung in der Wirthschaft des Zehntpflichtigen.

(*a*) Beispiel. Der Centner eines Pflanzenstoffes gelte 3 fl. In der folgenden Tafel bedeutet E die Ernte eines Morgens, K die Anbaukosten eines Centners, R den Reinertrag, r denselben, wenn vom Rohertrage der Zehnte entrichtet wird. Es ist daher vielleicht

E	K	R	r
14 Ctr.	2 fl.	14 fl.	9,⁸ fl.
16 =	2,¹ =	14,⁴ =	9,⁶ =
18 =	2,¹⁸ =	14,⁷⁶ =	8,⁶ =
20 =	2,³ =	14 =	8 =
22 =	2,⁵ =	11 =	4,⁴ =
24 =	2,⁷ =	7,² =	0 =

Auf zehntfreiem Felde nimmt erst bei mehr als 2,¹⁸ fl. Kosten der Reinertrag wieder ab, auf dem zehntpflichtigen verschwindet er bei 2,⁷ fl. Kosten und 24 Ctr. Ertrag.

(*b*) Werden 100 fl. auf dauernde Meliorationen gewendet, so genügt ein jährlicher Mehrertrag von 8—10 fl. (I, §. 131), wovon der Zehnte nur ⅘—1 fl. wegnimmt. Würden aber die 100 fl. auf stärkere Düngung verwendet, so daß die Wirkung nicht über 3 Jahre dauerte, so müßte der gesammte Mehrertrag in diesem Zeitraum die 100 fl. nebst Zinsen und Gewinn einbringen, also ungefähr 124—130 fl. Hievon gehen aber 12,⁴—13 fl. für Zehnten ab, wodurch der Ueberschuß über die erstatteten 100 fl. auf 3,⁷³—3,⁹ Procent vermindert wird. Wenn vollends die aufgewendeten 100 fl. sich nur in einer einzigen Ernte wirksam zeigten, so müßte diese das Capital sammt Zinsen und Gewinn, d. h. gegen 108—110 fl. einbringen. Da aber der Zehnte dieses Mehrertrages sich auf 10,⁸—11 fl. beläuft, so hat der Unternehmer noch Schaden. Es liegt demnach im Interesse der Zehntpflichtigen, sich vor der Vergrößerung der Jahresauslagen zu hüten. In England kam der Krappbau erst auf, nachdem eine Parlamentsacte die Naturalerhebung des Krappzehnten abgeschafft hatte. Crumpe, Ueber die Mittel dem Volke Arbeit zu verschaffen, S. 94. In der Pfalz wurde 1778 für Krapp und Hopfen ein fires sehr mäßiges Geldsurrogat eingeführt. In Oesterreich sind die Futtergewächse, welche nach 2 Ernten im dritten (Brach=) Jahre auf einem Felde gebaut werden, zehntfrei. Schopf, II, 357.

(c) So erklärt sich, daß der Anbau ungeachtet der Zehntpflicht Fortschritte gemacht hat; er würde aber ohne sie noch weit mehr verbessert worden sein.

(d) Die schwäbischen Bauern verlangten im Bauernkriege, daß ihnen kein anderer Zehnte, als von Getreide, auferlegt würde, s. die zwölf Artikel bei Sleidanus, De statu religionis etc. Lib. V. S. 128. Die rheingauischen Bauern wollten nur 1/30 statt des Zehnten entrichten.

(e) Man hat diese Kosten auf wenigstens 1/8, auch wohl auf 1/5 — 3/10 berechnet. Der Körnerverlust beim Zusammentragen der Zehntgarben auf dem Felde wurde im Großh. Baden (zu hoch!) auf 400 000 fl. geschätzt.

(f) Beispiele bei Schopf, II, 355. In Oesterreich muß sich der Zehntpflichtige, wenn er zehntfreie Früchte auf zehntbarem Lande bauen will, vorher mit dem Zehntherrn abfinden.

§. 68.

In Beziehung auf den Zehntherrn hat der Zehnte den Nachtheil, daß die Zehntpflichtigen stets in Versuchung sind, durch unredliches Verfahren den Antheil des ersteren zu schmälern. Die zahlreichen, gegen solche Betrügereien ergangenen Verordnungen lassen schon auf die Häufigkeit des Uebels schließen. Eine feste Rente ist nicht so gehässig wie der Zehnte, weil sie bei einer durch den Fleiß des Landwirthes errungenen Vermehrung des Ertrages nicht größer wird. Dagegen hat derselbe auch einige Vorzüge, die den Zehntherrn einer Ablösung abgeneigt machen; dahin gehört die Aussicht, ohne alle Mühe durch Erhöhung der Preise oder Ausdehnung des Anbaues eine größere Einnahme zu genießen, und der Umstand, daß bei dem Zehnten wegen der Erhebung bei der Ernte keine Ausstände vorkommen und der Pflichtige immer im Stande ist, die Abgabe zu leisten. Diese Vortheile müssen bei einer Ablösung gleichfalls berücksichtiget werden.

§. 69.

Die Größe der Zehntlast (a) macht den Abkauf in Geld besonders schwierig, wenn er nicht von der Regierung erleichtert wird (§. 61), und die Befreiung des Zehntpflichtigen kann deßhalb nur langsam erfolgen (b). Die Abtretung von Land wird aus demselben Grunde in den meisten Fällen unpassend, weil sie dem Zehntpflichtigen einen zu großen Theil des Bodens entzieht (c). Es ist also auch hier, wie im Allgemeinen (§. 57 ff.), die Umwandlung in eine Rente, besonders in eine tilgende Zeitrente (§. 62) vorzuziehen. Man hat dagegen erinnert, daß beim Zehnten die Entrichtung des Schuldners immer im gleichen Verhältniß zu seiner Zahlungsfähigkeit stehe, indem er bei reichen Ernten viel, bei schlechten wenig gebe, während eine gleiche Rente in theuren Jahren höchst drückend sei (d). Dieß gilt jedoch hauptsächlich nur von einer Rente in Körnern, weniger von einer in Geld oder nach Getreidepreisen angelegten Rente (§. 59) und der Nachtheil hebt sich hier schon dadurch auf, daß wegen der Abzüge vom rohen Ertrage, die dem Zehntpflichtigen zu Gute kommen, seine künftige Leistung geringer ist, als der Zehnte, ohne daß der Berechtigte etwas verliert (e). Bei einer nach Getreidepreisen regulirten Rente hat derselbe sogar die Aussicht, daß mit diesen Preisen auch seine Einnahme zunehmen werde. Auch zeigt die Erfahrung den guten Erfolg der Zehntumwandlung (f). Der gesammte Bodenertrag muß zunehmen, sowohl durch bessere Benutzung des bisherigen Ackerlandes, als durch Urbarmachung von Weiden und Oedungen, und hiedurch wird der wachsenden Volksmenge der Bedarf an Bodenerzeugnissen ohne Erhöhung des Preises geliefert. Eine Preiserniedrigung der Bodenerzeugnisse ist dagegen nicht so sicher und nur in geringem Grade zu erwarten, denn sie kann nur stattfinden, wenn man im Stande ist, mehr und zugleich mit geringeren Kosten zu gewinnen (g).

(a) In Baden wurde vor der Ablösung der Rohertrag des Zehnten auf 2·103 000 fl. und mit Einrechnung des Strohes auf 2½ Mill. Gulden angeschlagen, Kosten, Steuern, Abgänge und Einheimsungskosten auf 30 Proc., also der Reinertrag auf 1·500 000 fl. Von dem obigen

Zehntertrage bezogen das Domänen-Aerar die Hälfte, Kirchen und Schulen über 22 Procent, Standes- und Grundherren 21 Procent, s. Verhandl. der 1. Kammer v. 1833, I. Beilage. — Die Aufhebung des Zehnten ohne Ersatz kann als widerrechtlich hier nicht in Betracht kommen; Frankreich 1789 (doch nicht alle Zehnten); Spanien, Cortesbeschluß vom 29. Juli 1837; der spanische Z. gehörte der Kirche und wurde auf 400 Mill. Realen (= 50 Mill. fl.) jährlich angeschlagen. de Tejada, Voto Particular y discursos sobre el diezmo. Madrid, 1840. S. 16.

(*b*) In Baden ist mit der Ausmittlung des Reinertrages sogleich auch der Abkauf verbunden. Zur Erleichterung dieser Ablösung dienen 1) der Staatszuschuß von 1/5 der Entschädigungssumme, der noch überdieß für die später Ablösenden vom 1. Jan. 1834 an 10 Jahre hindurch zu 4 Proc. verzinset wurde. Da übrigens auf die Zehntpflichtigen ein großer Theil der Steuern fällt, so müssen sie von dem Staatszuschusse auch einen solchen Theil selbst aufbringen. 2) Die Errichtung der Zehntschuldentilgungscasse, s. oben §. 60 (*b*); vgl. §. 54 (*a*).

(*c*) Sie ist in England öfters vorgekommen, s. Brougham's Rede, oben §. 66 (*a*). — Vgl. Herzog, Staatswirthschaftliche Blätter, II, 24. (St. 1820.) — Gegen dieses Mittel: Ueber die Zehntverhältnisse im Fürstenth. Halberstadt. Quedlinburg, 1839.

(*d*) S. die in §. 66 (*a*) am Ende angeführten Stellen, und Herzog, S. 22, auch die von Moser S. 287 mitgetheilten Auszüge.

(*e*) Daher kann der Zehnte selbst zur Tilgung benutzt werden. Betragen z. B. die Abzüge 20 Proc., so hat der Zehntherr von 100 fl. bisheriger Zehntschuldigkeit nur 80 anzusprechen. Werden aber fernerhin 100 aufgewendet, so dienen die letzten 20 zur Abtragung der Ablösungssumme von 1600 fl. und mit 1¼ Proc. wird dieselbe in etwas mehr als 32 Jahren getilgt.

(*f*) In Schottland ist unter Karl I. die Umwandlung in eine Naturalrente vorgenommen worden, mit der man zufrieden ist, vielleicht weil die hiebei möglichen Unbequemlichkeiten dort wegen der großen Erweiterung des Landbaues nicht empfunden wurden. Im Großh. Hessen wurden nach der V. vom 15. Aug. 1816 (Eigenbrodt, III, 236) viele Staatszehnten in Körnerrenten umgewandelt, nach dem 18jährigen Durchschnittsertrag und nach Abzug aller Kosten. Eine Anzahl von Zehntpflichtigen konnte mit einer Rente von 106000 fl. die bisherige auf 236000 fl. angeschlagene Zehntlast ablösen. Bis Ende 1830 waren in 320 von 604 Gemeinden die Ablösungen vollzogen. — Ueber die Zehnt-Fixirungen in Baiern s. III, §. 163.

(*g*) I, §. 216. Es seien die Erzeugungskosten eines Centners Waizen in vier verschiedenen Fällen (z. B. Feldern verschiedener Güte ꝛc.) 2 fl. — 2½ fl. — 3 fl. — 3½ fl., und der Preis sei 3⅓ fl. Die Aufhebung des Z. wirkt wie eine Verringerung der Kosten um 1/10 des Preises oder ⅓ fl, also sind diese nunmehr 1⅔ — 2⅙ — 2⅔ — 3⅙ fl. Wird nun das Angebot vergrößert, so kann dadurch der Preis bis auf 3⅙ fl. herabgedrückt werden. Müßte man aber, um mehr zu erzeugen, zu schlechterem oder entlegnerem Lande, oder überhaupt zu einem kostbareren Anbaue greifen, wobei der Centner mit dem Zehnten etwa auf 3,7 fl. käme, so kann derselbe auch jetzt nicht unter 3⅓ fl. erzielt werden. — Eine Erhöhung der Grundrente ist deshalb unausbleiblich. Von einer Gemeinde von Rheinhessen sagt Moser, S. 356 nach Reeb: „Der größere Theil der Gemarkung liegt auf Höhen bis zu

1 Stunde Entfernung und ist von sehr mittelmäßiger Güte. So lange der Z. bestand, wurden diese entfernten Felder fast niemals gedüngt, nur überjährig bebauet und mit leichteren Sommerfrüchten bestellt. Die Abschaffung des Z. änderte das ganze Ackersystem." Man düngte nun diese Felder, ihr Preis stieg und es wurde im Ganzen mehr geerntet.

§. 70.

Die Umwandlung und Ablösung des Zehnten ist in einigen Ländern abgesondert, in anderen als Bestandtheil des ganzen Ablösungsgeschäfts der bäuerlichen Lasten unternommen worden. Die für sie geltenden besonderen Regeln sind hauptsächlich folgende (a):

1) Die Zehntpflichtigen sollten zwar nicht zur Ablösung gezwungen werden, aber die Minderzahl derselben in einer Gemeinde muß sich dem Beschluß der Mehrzahl unterordnen, weil man keinem Zehntherrn zumuthen kann, sich die Umwandlung anders als von allen Pflichtigen in einer Gemeinde zugleich gefallen zu lassen (b). Kommt eine Vereinbarung unter den Betheiligten über die Entschädigung zu Stande, so ist dieß sehr erwünscht, weil dabei alle Beschwerden und aller Zwang hinwegfallen, auch das Geschäft leichter und wohlfeiler ist (c).

2) Es wird der durchschnittliche Ertrag des Zehnten in dem verflossenen Zeitraum berechnet, §. 57. Muß hiebei der Pachtzins von verpachteten Zehnten benutzt werden, so ist es billig, daß sowohl den Zehntherren als den Pflichtigen gestattet wird, Berichtigungen des Pachtzinses zu verlangen, indem sie beweisen, daß er zu niedrig oder zu hoch gewesen sei (d). Wo keine zuverlässigen Aufzeichnungen aus dem bestimmten Zeitraum (Normalperiode) vorhanden sind, wird eine Abschätzung mit Zuziehung von Sachverständigen zu Hülfe genommen (e).

3) Von dem rohen Ertrage werden die Kosten und Verluste abgezogen, welche den Zehntherrn treffen, bis der Zehnte in seinen Besitz und in eine, die Aufbewahrung gestattende Form gebracht ist, also die Ausgaben für die Einsammlung, das Einführen, das Dreschen, Keltern ꝛc., für Geräthschaften, Scheunen, Keltern ꝛc., sodann Abgänge und Nachlässe (f). Der Zehntherr hat nur auf den reinen Ueberschuß Anspruch,

auch ist zu erwägen, daß der Zehntpflichtige wenigstens einige dieser Kosten künftig selbst zu bestreiten hat, wenn ihm der volle Ertrag verbleibt (*g*).

(*a*) Beispiele: K. westfäl. V. vom 18. August 1809. — Großh. heff. V. vom 15. August 1816 (fiscalische Z.) und vom 13. März 1824 (Privat-Z.). — Preuß. Ges. v. 7. Juni 1821 über die Lasten eigenthümlicher Grundst., §. 30 ff. — Baier. V. vom 8. Februar 1825 Ges. v. 4. Juni 1848 Art. 8 ff. — Bad. Ges. v. 25. Nov. 1833. — Hannover, §. 63 ff. — Würtemberg, Gesetz vom 17. Juni 1849. Hauptinstruction vom 22. März 1850. — Engl. Gesetz vom 13. Aug. 1836 (6. und 7. Wilh. IV. Cap. 71), dazu einige Nachträge im Ges. v. 15. Juli 1837 (1. Vict. Cap. 69) und Report of the tithe Commissioners for England and Wales, 1. Mai 1838, s. auch Jelinger C. Symons, Plain rules for commutation of tithes. London, 1839. Der Z. wird in eine Rente umgewandelt; doch darf einem geistlichen Zehntherrn auch eine Landentschädigung mit seiner Zustimmung gegeben werden, aber nicht über 20 Acres. Die Zehnt-Commission in London besteht aus 3 Mitgliedern, deren eines der Erzbischof von Canterbury ernennt. Sie ist befugt, sich Assistenten, bis auf 10, beizugesellen (assistant commissioners). Peel entwickelte schon im März 1835 seine Ansicht, daß man ohne Zwang die freiwillige Ablösung befördern solle, die schon in 2000 Gemeinden gelungen sei, aber wegen der jedesmal erforderlichen Parlamentsacte (private bill) sehr viel Kosten verursache. — Die Umwandlung des Z. in Irland ist nach mehrjährigen vergeblichen Versuchen durch die Parlamentsacte vom 15. Aug. 1838 (1. & 2. Vict. C. 109) beschlossen worden. Der Z. gehört in Irland der Geistlichkeit der anglicanischen (bischöflichen) Kirche, und seine Beitreibung von den meisten katholischen Zehntpflichtigen war ein Anlaß vielfacher Erbitterungen. Die große Zersplitterung des Landes in kleine Pachtgüter und die Gewohnheit, dem Pächter den Zehnten aufzubürden, machte den Einzug schwierig. Man fand z. B. 20 Gemeinden, in denen 7005 Zehntpflichtige lebten, und von diesen hatten 2344 unter 9 Pence (27 Kr.) zu geben. In der Grafschaft Londonderry war eine Gemeinde von 1243 Pflichtigen, welche im Durchschnitt nur 6 Pence entrichteten, Littleton, Unterhaus, 20. Februar 1834. Nachdem das Gesetz von 1823 nur die Fixirung auf je 2 Jahre zugelassen hatte, forderte das von Stanley vorgeschlagene Gesetz von 1832 (2. & 3. Will. IV. C. 119) eine fortwährende Umwandlung des Zehnten durch Uebereinkunft (composition), so daß die Entrichtung der Geldrente alle sieben Jahre nach den Kornpreisen geregelt würde. Wegen der häufigen Verweigerung des Zehnten wurde 1833 ein Staatsvorschuß von 1 Mill. Pfd. St. zur Unterstützung der bedrängten Zehntherren bewilligt. — Die Schwierigkeit einer Vereinbarung beider Häuser über eine durchgreifende Maaßregel lag in der sog. Appropriations-Clausel, nach welcher die, das Bedürfniß der anglicanischen Kirche übersteigenden Einkünfte ohne Rücksicht auf Confessionen zu Zwecken des Unterrichts ꝛc. verwendet werden sollten. Wegen des Widerspruches der Tories wurde diese Clausel, deren Gegenstand ohnehin nicht sehr von Belang war, 1838 vom Unterhause aufgegeben. Der Zehnte wird mit Abzug von 25 Proc. des nach dem Gesetz von 1832 bestimmten bisherigen Firums in einen festen Grundzins umgewandelt, den der Grundeigenthümer entrichten muß, aber von seinen Pachtern zurückfordern kann, wenn diese nach dem Pachtvertrage den Zehnten zu tragen haben. Die der

Geistlichkeit seit mehreren Jahren, so lange die Zehnterhebung stockte, vorgeschossenen Summen wurden unter gewissen Bedingungen nachgelassen.

(*b*) Vgl. §. 57 (*a*). — Nach der westfäl. V. §. 13 sollte die der Ablösung abgeneigte Minorität die Wahl haben, den Uebrigen den Zehnten in natura zu entrichten, oder die Ablaufssumme zu verzinsen. Baden, §. 21. 22: der Wiesen-, Garten-, Obst- und Holzzehnte kann für sich allein abgelöst werden, andere Zehntgefälle eines und desselben Berechtigten nur in einer ganzen Gemeinde oder auf einem geschlossenen Hofgute. Vgl. oben §. 57 (*a*). — England, Art. 17: Die Eigenthümer von ²/₃ des zehntbaren Landes in einer Kirchengemeinde und von ²/₃ des großen und kleinen Zehnten binden durch ihre Uebereinkunft die anderen. — Würtemberg, §. 2: Domanial- und Kirchenzehnte wird auf Verlangen eines der beiden Theile, anderer Zehnten unbedingt nach dem Gesetze abgelöst. §. 6: Bei den Zehntpflichtigen entscheidet der Beschluß der Besitzer des größeren Theiles der Fläche.

(*c*) In Baden und Würtemberg wird zuerst die gütliche Vereinbarung versucht, und wenn sie nicht gelingt, auf Verlangen das gerichtliche Verfahren eingeleitet. — In Nassau findet kein Zwang statt, aber eine Zehntablösungs-Commission leitet und vermittelt die Ablösung durch beiderseitige Einwilligung der Betheiligten, V. v. 29. Jan. 1840. Medicus in Rau und Hanssens Archiv, N. F. II, 319. — England: Wenn bis zum 1. Oct. 1838 keine Uebereinkunft zu Stande kommt, so darf die Zehnt-Commission von Amtswegen die Rente festsetzen. Man hat jedoch beschlossen, dieß nur in gewissen Fällen zu thun, wo es besonderes Bedürfniß ist.

(*d*) Bad. Ges. §. 30. 31. — Hannov. A.-O. §. 64: der 24 jährige Pachtertrag wird gesucht. Jeder von den beiden Theilen kann aber dieß Mittel verwerfen. — Würtemberg: Ertrag von 18 Jahren. — England: Der Zehntertrag in den 7 letzten Jahren. Auf schriftliche Beschwerde von den Besitzern des halben Zehnten oder zehntbaren Landes dürfen die Commissäre ihren Anschlag bis ¹/₅ höher oder niedriger setzen. — Der Pachtzins ist bisweilen zu hoch, bei einem leidenschaftlichen Hinaufbieten der Steigerer, bisweilen zu niedrig, wenn Verabredungen (Complotte) unter jenen stattfanden.

(*e*) Hess. Gesetz v. 1824, §. 5. Wo solche Aufzeichnungen vorhanden sind, da hat der Zehntherr die Wahl, ob er sie zu Grunde legen oder eine Schätzung verlangen will. — Bad. Ges. §. 29. — Ueber das bei der Schätzung zu wählende Verfahren s. v. Honstedt, Anleit. S. 69. — Vgl. §. 57 (*b*).

(*f*) Bad. Gesetz §. 36. — Hannover, §. 83. — Oldenburg, 1. Gesetz Art. 57: auch 1 Procent für Eintrocknen der Früchte. In Baden ist man von der Meinung ausgegangen, alle auf die spätere Verwaltung der Zehntfrüchte sich beziehenden Kosten gehörten nicht zum Abzuge. — England: Kosten des Einsammelns, Zurichtens zum Verkaufe und des Verkaufens, Art. 37. — Bei den Keltern finden bisweilen manche verwickelte Verhältnisse statt, Würtemb. Gesetz §. 6, Instr. §. 28—36.

(*g*) Gr. hess. V. 1824: §. 9—11: Bei Privatzehnten wird nicht blos der Reinertrag für den Zehntherrn, sondern auch die Hälfte der Erhebungskosten erstattet. Gegen diese Bestimmung Goldmann, a. a. O., S. 72. In Rücksicht auf die dem Zehntherrn entgehende Vermehrung des Zehnertrages wäre es zwar billig, ihm an dem Nutzen der Kosten

ersparung einen Antheil zu vergönnen, aber dagegen spricht die Nothwendigkeit, jene große und schwierige Maaßregel zu erleichtern, und
die Erwägung, daß schon seit Jahrhunderten das Zehntrecht viel ein-
träglicher geworden ist.

§. 70 a.

4) Auf dem Zehnten ruhen viele Lasten, am häufigsten die
Verbindlichkeit zur baulichen Unterhaltung und zum Neubau
der Kirchen- und Schulgebäude (*a*). Diese Last kann nach der
Umwandlung oder Ablösung schon darum nicht länger dem
bisherigen Zehntherrn obliegen, weil sie allmälig mit der Zunahme der Volksmenge und der Vertheurung der Baustoffe ꝛc.,
anwächst, während das Steigen des Zehntertrages aufhört.
Es muß also ein den Lasten entsprechender Theil der Zehnt-
rente oder der Ablösungssumme von dem Zehntherrn an denjenigen abgegeben werden, welcher künftig die Last übernimmt,
z. B. die Kirchspiels-Gemeinde. Bei der Verpflichtung zum
Neubau muß von Bauverständigen die muthmaßliche Dauer
sowohl des jetzt vorhandenen als des später neu zu erbauenden
Gebäudes bestimmt und der Betrag der Baukosten nach den
gegenwärtigen Preisen angeschlagen werden (*b*). Aus diesen
Angaben wird der jetzige Werth dieser künftigen Ausgaben
nach den Regeln des Zinseszinses ermittelt, wobei die Billigkeit fordert, einen niedrigen Zinsfuß zu Grunde zu legen (*c*).

5) Wenn die Rente längere Zeit fortentrichtet werden soll
(§. 59), so ist es rathsam, sie bei dem Feldzehnten mit Rücksicht auf die Getreidepreise anzusetzen, der Wein- und Blutzehnte aber wird am besten in eine einfache Geldrente verwandelt (*d*).

6) Die Gesammtheit der Zehntpflichtigen in der Gemeinde
haftet dem Zehntherrn für die Bezahlung der Rente an einem
bestimmten Termine bald nach der Ernte und erhält dagegen
die nöthige Gewalt, die Rentenbeiträge von den einzelnen Mitgliedern einzutreiben (*e*).

7) Es kann den Gemeinden freigestellt werden, diese Beiträge unter ihren Mitgliedern nach einem andern Maaßstabe
umzulegen, als dem Rohertrage der zehntbaren Grundstücke (*f*).

8) Nach erfolgter Umwandlung erlischt der Anspruch auf
Neubruchzehnten (*g*).

(*a*) Auf den bad. Zehntrechten hafteten nach dem Ueberschlage im J. 1833 jährlich gegen 74 662 fl. Baulasten, 263 687 fl. Besoldungen von Pfarrern und Schullehrern (Competenzen), 22 410 fl. Unterhalt von Faselvieh (Zuchtstieren und Schweinen) und 14 106 fl. andere Verpflichtungen, zusammen 374 665 fl. oder 18 Proc. des Rohertrages (ohne Einschluß des Strohes.)

(*b*) Weil der Preis eines späteren Zeitpunctes ganz unerforschlich ist und auch der Zehnertrag nach den gegenwärtigen Mittelpreisen angeschlagen wird.

(*c*) Ausführliche Bestimmungen im bad. Ges. §. 38 ff. Instruction vom 25. März 1841. Es werden Bauverständige als Taratoren aufgestellt. Beide Theile sollen sich über die Wahl der Schätzer vereinigen. Ist z. B. ermittelt, daß etwa nach 40 Jahren eine Kirche neu gebaut werden muß, was sie kosten, und daß sie 200 Jahre dauern wird, so wird berechnet: 1) wie groß die Rente sein muß, die während der Dauer von je 200 Jahren, zu 2½ Proc. mit Zinseszins zu dem erforderlichen Baucapitale wächst (Neubaurente, Reädificationsbetrag); 2) wie viel noch wegen des früheren Eintrittes des nächsten Baues an Capital zugelegt werden muß, weil nach den ersten 40 Jahren der angesammelte Reädificationsbetrag noch nicht zureicht, und zwar wird der jetzige Werth dieses Capitales mit Abzug von 5 Procent Zinsen und 2½ Proc. Zinseszinsen gesucht. — Würtemberg. Gesetz §. 32 ff., Beilage VII zur Hauptinstruction, ferner Instr. des Minist. des Innern v. 28. Juni 1850. Die Neubaurente wird unter Annahme eines Zinsfußes von 3 Proc. berechnet und ebenso das Ergänzungscapital aus dem Anwachs der Neubaurente seit dem letzten Neubau. Man unterscheidet die Vorperiode und die ordentliche Bauperiode.

(*d*) Unhoch, Ansichten über die Ablösung des Zehnten überhaupt und des Weinzehnten insbesondere. Würzburg, 1825. — In England wird die Rente nach dem 7jährigen Durchschnitt zu gleichen Theilen in Waizen, Gerste und Haber angesetzt und halbjährig nach den Marktpreisen bezahlt. A. 57. 67.

(*e*) Hess. Ges. v. 1824, §. 19. — Bad. Ges. §. 16. Bleibt die Gemeinde selbst in Rückstand, so hat der Zehntherr oder der Gläubiger, der die Ablösungssumme vorgeschossen hat, das Recht, wieder den Zehnten zu erheben.

(*f*) Dieß ist der natürlichste Maaßstab. Hess. Gesetz §. 20. Bad. Gesetz §. 15. — Würtemberg, §. 16: nach Größe und Ertragsfähigkeit der zehntbaren Grundstücke. — England: Das Umlegen der Rente geschieht von vereideten Schätzern, entweder nach der von der Versammlung der Zehntpflichtigen beschlossenen Regel, oder nach eigenem Ermessen, mit Rücksicht auf den zehntbaren Ertrag und die Ergiebigkeit der Grundstücke, Art. 33. — In der Feldmark von Heidelberg hat man auf den Morgen der 5 Bodenclassen das Ablösungscapital nach Abzug des Staatszuschusses auf 40 — 30 — 20 — 15 — 7½ fl. berechnet, im Durchschnitt auf 31 fl. 25 kr., oder mit dem Staatszuschuß und dessen Verzinsung ungefähr 42 fl.

(*g*) So bestimmt es auch das preuß. Gesetz v. 2. März 1850 §. 35. Für diese Maaßregel Floret, Hess. Ständeversamml. S. 276. — Aufhebung des Neubruchzehnten ohne Ersatz, bad. Ges. v. 28. Dec. 1831, würtemb. Ges. v. 14. April 1848 Art. 18. — Der Blutzehnte wurde durch ein bad. Ges. vom nämlichen Tage gegen Ersatz des 15fachen Reinertrages, wovon die Staatscasse die Hälfte übernahm, aufgehoben.

c. Gülten und Grundzinse.

§. 71.

Die verschiedenen unveränderlichen Abgaben von landwirthschaftlichen Erzeugnissen mancherlei Art (Gülten), z. B. von Früchten, Federvieh, Eiern, Butter ꝛc. sind für beide Theile unbequem, weil sie in kleinen Quantitäten von vielerlei Dingen gegeben und empfangen werden, auch der Pflichtige dadurch öfter genöthigt wird, eine gewisse Art von Erzeugnissen zu bauen, bei der er sein Capital und seine Ländereien nicht auf die vortheilhafteste Weise benutzt. Die Umwandlung ist leicht auszuführen, da man nur nöthig hat, die Abgaben nach den für jeden Ort ausgemittelten Durchschnittspreisen in Geld auszudrücken und die etwa vorkommende Gegenleistung des Berechtigten und die demselben obliegenden Erhebungskosten abzuziehen (a). Sind diese Gülten in Geldrenten, mit oder ohne Bezug auf Getreidepreise, umgewandelt, so kann der Abkauf den Pflichtigen überlassen werden. Dasselbe gilt von festen Geld-Grundzinsen.

(a) Wegen der gewöhnlich schlechteren Beschaffenheit des Gültgetreides ist ein Abzug vom Marktpreise zulässig, z. B. 3 Proc., Hannover §. 18.

2. Dienstbarkeiten.

§. 72.

Unter den Dienstbarkeiten (Servituten), die der besseren Benutzung des Landes im Wege stehen (a), ist das Weiderecht auf fremden Grundstücken am meisten verbreitet und als eine erhebliche Beschränkung des Eigenthümers in der Benutzung seines Landes ein wichtiger Gegenstand der Volkswirthschaftspflege (b). Dasselbe kommt auf verschiedenen Arten von Grundstücken vor.

1) Die Weide auf Ackerland bestand von Alters her in vielen solchen Gemeinden, wo die Wohnungen nahe beisammen und die Felder der einzelnen Ortsbürger durch einander (im Gemenge) lagen, während bei zerstreuten Höfen jeder Eigen-

thümer seine Ländereien selbst beweiden konnte. Die übliche Dreifelderwirthschaft und die ihr entsprechende Abtheilung der ganzen Ackerfläche eines Dorfes in 3 Fluren gab eine gute Gelegenheit, die Getreidefelder nach der Ernte (die Stoppelfelder) und die Brachflur bis zur Aussaat im Herbste zu beweiden (c). Sehr oft stand das Weiderecht der Gemeinde zu, so daß die Mitglieder eine gegenseitige Weidepflicht hatten und die Weide entweder für das den einzelnen Ortsbürgern gehörende, in eine Heerde vereinigte Vieh benutzt, oder von der Gemeinde verpachtet wurde, nicht selten hatte jedoch ein größerer Gutsbesitzer, meistens der Gutsherr des Ortes, das Weiderecht auf der Gemeindemarkung erlangt (d). So lange die erwähnte Fruchtfolge mit Brache (I, §. 382) besteht, da ist die Weide, wenn sie unter gewissen Einschränkungen ausgeübt wird, für den Feldbau unschädlich und für die Viehzucht nützlich; sie wird aber schädlich, wenn man die Brache abschaffen, Stoppelfrüchte bauen, überhaupt das Land vollständiger benutzen oder eine andere Fruchtfolge einführen will. Wo solche Verbesserungen durch das Weiderecht verhindert werden, da ist der Nachtheil desselben für den Grundeigenthümer größer, als der Nutzen für den Berechtigten, überdieß giebt die Beweidung vielen Anlaß zur Beschädigung der bestellten Felder, die auch durch sorgfältige Aufsicht nicht ganz zu verhüten ist. Am schädlichsten ist es, wenn auf den nämlichen Grundstücken mehrere Weiderechte zusammentreffen, wobei natürlich die Berechtigten in der stärksten Benutzung der Weide mit einander wetteifern. Das Weiderecht eines außer der Gemeinde Ansässigen oder einer anderen Gemeinde (Uebertriebsrecht) hat deßhalb große Nachtheile. Die Befürchtungen, die man bei der Beseitigung der Weiderechte besonders in Hinsicht auf die Schaafzucht gehegt hat, sind unbegründet, denn a) dieselbe muß nicht nothwendig leiden, weil die Grundeigenthümer nach der Ablösung der Dienstbarkeit selbst ihr Land beweiden lassen können, wobei sie im Stande sind, alle Mißbräuche zu verhüten, Weide auf Futterfeldern zu Hülfe zu nehmen und den Dünger ihren Ländereien zuzuwenden, weil ferner die bisherigen Weideberechtigten ihren Heerden auf andere Weise eine Nahrung verschaffen können, die ergiebiger und zuträglicher ist (e).

b) Sollte aber auch die Zahl der Schaafe abnehmen, wie dieß bei der Zunahme der Bevölkerung und der Sorgfalt in der Bodenbenutzung überhaupt zu geschehen pflegt, so bietet die Vermehrung des Rindviehstandes einen genügenden Ersatz dar, und das Rindvieh kann mit Hülfe der Stallfütterung leicht ohne Weiden erhalten werden. Die älteren Gesetze zeigen eine zu weit gehende Vorliebe für die Schäfereien.

(a) Außerdem kommt, vorzüglich in Norddeutschland, der Heide- und Plaggen- (Rasen-) hieb, ferner der Torfstich vor. — Von einigen Waldservituten insbesondere s. §. 161,

(b) Frank, Landw. Pol. I, 196—212. — Lips, S. 141. — Moser, a. a. O. S. 30. — Wochenblatt für Land- und Hauswirthschaft, 1834, Beil. Nr. 3. (Stuttgart). — Karbe und Knaus, Ueber Schaafweideablösungen. Zwei gekrönte Abhandlungen. Stuttg. 1840. — Seelig, Die Ablösung der Weideberechtigungen auf fremden Grundstücken, Gött. 1851. — Roscher, II, §. 85. — Berichte über den württemberg. Gesetzentwurf in Betreff der Weiderechte von M. Mohl und v. Varnbüler, 1861.

(c) Die Brachweide ist so unergiebig, daß man sie insgemein nur mit Schaafen benutzt, und auch diese finden auf ihr öfters weder gesunde noch reichliche Nahrung. Dieß gilt besonders dann, wenn die Felder, dem Zwecke der Brache gemäß, mehrmals bearbeitet werden, wobei der Hauptnutzen der Brachweide nur bis zur ersten Pflugarbeit im Frühjahr dauert. — Block (Landw. Erfahr. III, 410) schätzt die Brachweide bis zum 24. Juni auf dem pr. Morgen (0,7 bad. M.) des besten Landes zu 3 Centnern Heuwerth. Die Stoppelweide von demselben Lande wird zu 36 Pfd. Heu angenommen. Nach Thaer kann man die Brachweide etwa zu $^3/_5$ der Weide des ersten Dreeschjahres (auf Ackerland, welches zu Weide niedergelegt wird) annehmen, die Stoppelweide nach Meyer etwa zu $^1/_{10}$ der jährlichen Dreeschweide. Den Ertrag des letzteren schlägt Block auf dem besten Lande zu 1000, auf dem schlechtesten zu 25 Pfd. Heu an. Der Bedarf einer Kuh mittlerer Größe (von 6 Centnern) ist 20 Pfd. Heuwerth, eines Schaafes gegen 2 Pfd. täglich. Nach Block's obigen Zahlen kann, da ein Schaaf in drei Monaten 180 Pfd. Heu braucht, eine Fläche von 100 Morgen der besten Brachweide bis zum 24. Juni etwa 239 Schaafe oder 23—26 Kühe völlig ernähren. Von Stoppelweide, 2 Monate hindurch, sind wenigstens $3^1/_3$ M. für 1 Schaaf, oder etwa 33 für 1 Kuh erforderlich. Nach Meyer braucht bei der Stoppelweide, wenn sie den August und September hindurch dauert, auf Boden, der die Aussaat sechsfach erstattet, 1 Kuh 23,[6] preuß. Morgen, auf Land von fünffachem Körnerertrage 34,[88] Morgen. Ueber die Gemeinheitstheilung III, 33. — v. Honstedt. S. 118.

(d) Die älteren deutschen Gesetze erwähnen kein Weiderecht eines einzelnen Gutsbesitzers auf den Ländereien der Gemeindemitglieder, dasselbe mag folglich später entstanden sein, hat aber darum nicht weniger Anspruch auf die Anerkennung von Seite der Staatsgewalt. — In Württemberg besteht in 1502 Ortschaften Schaafweide, die in 1195 Orten ($791/_2$ Proc.) der Gemeinde, in 101 einer Genossenschaft, in 94 ($6^1/_4$ Proc.) einem Dritten zusteht, in 82 Orten getheilt ist. Mohls a. Bericht. Eine Merkwürdigkeit war das in Württemberg geltende sog. Landgeführt, d. i. das Recht der Kammer- (Domanial-) Schäfereien, die fremden Gemarkungen in der offenen Zeit (vom 11. November bis 1. März) zu befahren, eine Art Regal, aufgehoben 1828.

(e) **Karbe und Knaus a. Schrift.** — Wenn der Berechtigte mit Land entschädigt wird, so liegt schon hierin ein Mittel, das nöthige Futter zu gewinnen. Das Bestehen, ja die Blüthe der Schaafzucht ist in keinem Lande an die Brachweide gebunden, weil man, auch abgesehen von der zwar ausführbaren, aber meistens nicht einträglichen Stall- oder Hortenfütterung, 1) die öden trockenen Weideplätze, die nicht zur Urbarmachung taugen, vorzüglich in Berg- und Hügelgegenden, mit Schaafen besetzen kann und gerade die Gegenden, in denen sich viel solches Land findet, für die Schaafzucht am meisten passen, 2) weil man sich auch auf dem Acker durch künstlichen Futterbau weit bessere Aushülfe verschaffen kann. 1 bad. Morgen Klee, nur zu 30 Centner Heu oder 150 Ctr. frischem Futer, giebt, da 8 Pfd. auf den Tag für 1 Schaaf zureichen, 1875 Tagsrationen, während der Morgen Brach- und Stoppelweide nur höchstens 480 Pfd. Heu oder ungefähr 300 Tagsrationen hervorbringt. Im preußischen Staate hat sich ungeachtet der vielen Weideablösungen die Zahl der Schaafe vermehrt und insbesondere hat die Menge der feinwolligen zugenommen, wie dieß folgende Zahlen beweisen:

	1816	1831	1855
Merinos und ganz veredelte Schaafe	719 200	2·397 171	4·600 392
halbveredelte	2·368 010	5·301 385	6·977 466
grobwollige Landschaafe	5·174 186	4·053 047	3·293 567
Zusammen	8·261 396	11·751 603	15·071 425

Beispiel eines Dorfes Granzow, in welchem nach der Ablösung der Weideservitut die eigene Heerde der Gemeinde um 1842 Stück, die des Berechtigten um 1300 Stück zugenommen hat und im Ganzen 5829 statt 2687 gehalten wurden, bei **Karbe und Knaus**, S. 52. — Uebermäßige Ausdehnung des Weiderechts (mesta) in Spanien, wo die wandernden Schaafheerden den Sommer in den Gebirgen, den Winter in den wärmeren Ebenen zubringen; **Jovellanos**, a. a. O. S. 96—118. Tableau de l'Espagne moderne, par J. Fr. **Bourgoing**, I, 92 ff. **Roscher**, II, §. 85. 8. Das Wandern der Schaafheerden im Frühling und Herbst kam schon im Alterthum vor und es wurden öffentliche Triftwege (callae publicae) gehalten, um den Schaafen auf ihrem Gange Nahrung zu geben. **Magerstedt**, Bilder aus der römischen Landwirthschaft II, 132. In Würtemberg und Baden werden viele Schaafheerden, die in den Ebenen oder niedrigen Hügelgegenden überwintern, im Frühling auf die Hochflächen der oberen Donaugegend getrieben und es besteht deshalb in Würtemberg die Berechtigung dieser Wanderheerden, unterweges in den Gemarkungen der Orte zu weiden, die sie durchziehen. — In Frankreich wird noch fortwährend sehr über die nachtheiligen Folgen der Weiderechte geklagt, z. B. Congrès central d'agric. 1844, S. 410.

§. 73.

2) Die Weide auf Wiesen nach der Heuernte verhindert solche Verbesserungen, wodurch es möglich wird, noch einen weiteren Grasschnitt zu nehmen, d. h. die einschürigen zwei-

und die zweischürigen dreischürig zu machen. Die Frühlings=
weide, wenn sie in die warme Jahreszeit fortdauert, verursacht
einen beträchtlichen Verlust am Grase (a). Auf feuchten Wiesen
ist das Weiden von größerem Vieh wegen des Eintretens
nachtheilig, sowie auch die Einrichtungen zur Bewässerung da=
durch beschädigt werden. Wenn, wie bei den Uebertriebsrechten,
die Thiere nicht auf den beweideten Flächen übernachten, so
entgeht denselben der Ersatz der entzogenen Nährstoffe durch
den Dünger (Pferch).

3) Die **Waldweide**, für die Landwirthe in waldigen
Gegenden ein schwer zu entbehrendes Hülfsmittel zur Ernäh=
rung ihres Viehstandes, ist zwar nicht unbedingt schädlich,
und ihre gänzliche Beseitigung würde in denjenigen Fällen,
wo das Weidevieh ohne Nachtheil für die Holzzucht eine Nah=
rung auf dem Waldboden findet, ein volkswirthschaftlicher
Verlust sein, aber sie kann doch leicht dem Holze verderblich
werden, sowohl durch die Art des eingetriebenen Viehes (vor=
züglich Ziegen), als durch das Behüten der jungen Bestände
und die Beschädigung an den nicht zum Beweiden bestimmten
Schlägen.

(a) Das Abfressen des ersten Grastriebes bewirkt eine Verspätung des
Wuchses und entzieht dem Eigenthümer mehr, als die dem Weide=
berechtigten zukommende Futtermenge beträgt. Klebe, Gemeinheits=
theil. I, 220. — Schenk, Abhandl. über den Wiesenbau, S. 70
(1826). Wird der ganze jährliche Graswuchs zu 1000 angenommen,
so kommen nach norddeutschen Erfahrungen auf die Zeit

bis zum 1. April	. . 3 Theile	v. 15 Mai bis 31. Aug.	770 Theile
vom 1—15. =	. . 6 =	im September . . .	85 =
= 15—30. =	. . 11 =	im October	47 =
= 1—15. Mai	. . 60 =	vom 1. Nov. an . .	18 =

v. Honstedt, S. 121., und hannov. Verordn. v. 27. März 1843,
§. 46. Nach dem Klima von Süddeutschland werden diese Zahlen
einige Abänderung erfordern. (Aelteste Ausmittlung dieser Art bei
Meyer, Gemeinh. III, 27.)

§. 74.

Nach den vorstehenden Sätzen ist es ohne Zweifel noth=
wendig, durch gesetzliche Anordnungen dafür zu sorgen, daß
die Vervollkommnung des Feldbaus durch die Weiderechte ferner=
hin nicht mehr gehindert, daß folglich der Weidegang, der
bildlich sogenannte „wilde Hirtenstab", mehr und mehr

eingeschränkt werde. Es ist aber in den Fällen, wo das Weiderecht einem einzelnen Gutsbesitzer zusteht, schwierig zu entscheiden, wieweit dasselbe nach Rechtsgrundsätzen ohne Entschädigung vermindert werden dürfe. Mehrere neuere Gesetze haben zu Gunsten des Anbaus bestimmt, daß die Weiderechte da ohne Ersatz weichen müssen, wo sie der besseren und vollständigeren Benutzung des Bodens im Wege stehen (a). Man ist hiebei wahrscheinlich von der Betrachtung geleitet worden, daß jene Rechte nur in der Voraussetzung zugestanden, oder thatsächlich angesprochen werden konnten, es bleibe ein Theil des Landes von dem Eigenthümer unbenutzt, daß folglich mit dem Wegfallen dieser Voraussetzung das darauf gestützte Weiderecht nicht mehr im bisherigen Umfang fortbestehen könne. Indessen ist man in manchen Ländern von einer anderen rechtlichen Auffassung ausgegangen, nach welcher bei Dienstbarkeiten nicht zu verlangen ist, daß sie dem Pflichtigen gar keine Störung auferlegen, wenn sie nur, als Nebennutzung, die dauernde regelmäßige Hauptnutzung nicht hindern (b). Man muß also bei diesem Gegenstande in jedem Lande davon ausgehen, wie sich nach dem einen oder anderen Grundsatze das Rechtsverhältniß zwischen den Weideberechtigten und Verpflichteten gestaltet hat. Die vollständigste Benutzung des Landes durch den Eigenthümer wird in vielen Fällen nicht ohne Vergütung für den Weideberechtigten auszuführen sein, namentlich solche, bei denen sich keine feste Gränze für die Ausübung des Weiderechtes als landwirthschaftlich nothwendig bezeichnen läßt. Folgende Beschränkungen dürfen wenigstens dem Weideberechtigten ohne Entschädigung auferlegt werden:

1) Auf dem Ackerlande soll die Weide erst nach der Ernte beginnen und man soll diese nicht zu übereilen brauchen (c), der Umbruch der Stoppeln im Herbste, die Düngung und die Bracharbeiten sollen ungehindert vorgenommen werden können, auch die Kleefelder nicht bei nasser Winterwitterung behütet werden (d).

2) Bei den Wiesen müssen die Tage, an welchen die Herbstweide anfangen, die Frühlingsweide aufhören soll, mit Rücksicht auf den Graswuchs und das mehrmalige Mähen des Grases, nach dem Klima jeder Gegend festgesetzt, feuchte Wiesen

von Rindvieh und Pferden gar nicht beweidet, auch Wässerwiesen geschont werden (e).

3) Bei Waldungen muß dem Holzwuchs der unentbehrliche Schutz gegeben werden, §. 162.

Andere gesetzliche Anordnungen müssen bestimmen, a) daß Rebland, Gärten, Baumpflanzungen ꝛc. von der Weide frei bleiben, b) daß neue Weiderechte nicht mehr verabredet werden dürfen, c) daß bei der Beweidung alle Veranlassungen zur Beschädigung der angebauten Gewächse vermieden werden.

(a) Nach der baierischen V. vom 15. März 1808 wird die Weide „als bereits gesetzlich erklärter Mißbrauch" betrachtet; übereinstimmend Rubhart S. 189. Ebenso baier. Gesetz v. 4. Juni 1849 Art. 5 und Ges. v. 28. Mai 1852 (Beilage IX) §. 1: Weide auf Aeckern während der Fructification und auf Wiesen während der Heegezeit ... wird ohne Entschädigung aufgehoben. Bad. V. v. 12. Mai 1818, §. 4: Die in ununterbrochener Cultur stehenden Felder dürfen in der Regel nur in der Zeit von der Ernte bis zur neuen Feldbestellung von den Schaafen betrieben werden. Ausgenommen sind Kleefelder, deren Beweidung bei trockenem gefrornen Boden vom 16. Oct. bis zum 1. März erlaubt ist, §. 5. In der Brachflur muß dem Schäfer ein 12 Fuß breiter Weg frei bleiben, §. 6. — Großh. hess. Gesetz v. 7. Mai 1849 Art. 2—5.

(b) J. V. v. Closen, S. 74. Es versteht sich übrigens, daß nur für die auf einem erweislichen Rechtstitel (Vertrag, Verjährung ꝛc.) beruhenden Weiderechte eine Entschädigung verlangt werden kann. Am sichersten ist der Anspruch auf dieselbe, wenn eine Gegenleistung des Berechtigten neben dem Berechtigten seine Grundstücke selbst beweiden dürfe, hierüber weichen die Rechtsgesetze einzelner Länder von einander ab. In Frankreich ist es z. B. gestattet, Block, Annuaire, 1858, S. 305. — Koburg. Gesetz vom 2. Jan. 1832, §. 42—47: Gegen eine fire Abgabe darf jeder einen Theil seiner Brache umbauen (besommern), und zwar, wer in jeder Flur über ¼ Hufe besitzt, die Hälfte, wer aber weniger besitzt, die ganze Brache. Die Abgabe wird von der Regierung bestimmt, darf aber 8 Gr. vom Acker nicht übersteigen.

(c) Würt. Schäfereigesetz vom 9. April 1828, §. 3: der Schäfer muß sich vor dem Befahren der Stoppeln bei dem Ortsvorsteher melden. — Frankreich: erst 2 volle Tage nach vollendeter Ernte, und hievon ist der Eigenthümer mit seinem Vieh nicht ausgenommen, Ges. 6. Oct. 1791, Cassationshof 13. Jan. 1844. Der Grund hievon ist die Begünstigung der Stoppellese.

(d) Das nach der a. bad. V. von 1818 gestattete Abweiden derselben bei trockenem Froste ist ebenfalls nicht ohne Nachtheil.

(e) Baier. V. v. 15. März 1805 u. Ges. v. 28. Mai 1852 §. 2: Wiesen sollen nur bis zum 1. April behütet werden, außer wo schon ein kürzerer Termin besteht. Neu angelegte und umgebaute Wiesen sind 3 Jahre von der Beweidung mit Schaafen, 5 Jahre mit anderem Vieh befreit. — Preuß. V. vom 19. Mai 1770, in Bergius, Landesgesetz I, 265, daß alle Frühlingsweide auf den Wiesen aufhören solle, gegen Entschädigung des Weideberechtigten. Preuß. Land=R. Th. I, Tit. 22, §. 4, Befreiung nasser, durchbrüchiger Wiesen. — Ang. bad. V. von 1818, §. 8: vom 11. Nov. an und nicht länger als bis zum 1. April. Wo schon eine kürzere Weidezeit besteht, wurde deren Aufrechthaltung verordnet (18. Juni 1819), und wo ein örtliches Bedürfniß vorhanden war, beschränkte man die Wiesenweide bis auf den 1. März. — Großh. hess. Ges. Art. 6: Schaafweide vom 15. Oct. bis 22. Febr. oder so lange harter Frost anhält, Art. 7: anderes Vieh nur vom 1. bis 15. Oct. — Nach der Annahme des gregorianischen Calenders ist in mehreren Gegenden die Weide ungebührlich bis auf den „alten Maitag", den jetzigen 12. Mai, ausgedehnt worden, in anderen Gegenden hielt man sich zum Vortheil des Wiesenbaues an den neuen 1. Mai. — Vgl. v. Berg, Handb. III, 297.

§. 75.

Die völlige Ablösung der Weiderechte, auch nachdem dieselben auf ein gewisses Maaß zurückgeführt worden sind, verdient von der Regierung erleichtert zu werden. Hiebei sind folgende Hauptregeln zu beobachten (a).

1) Die Ablösung kann von beiden Theilen begehrt werden, jedoch von einem einzelnen Grundeigenthümer nur auf einer zusammenhängenden Fläche und wenn die Aufhebung der Weide von seinen Ländereien allein ohne Unbequemlichkeit für den Berechtigten ist, sonst nur für den ganzen Weidebezirk von der Mehrzahl der Belasteten in einer Gemeinde, welche zugleich den größeren Theil der weidepflichtigen Grundstücke besitzen (b).

2) Damit die Berechtigten in ihren Wirthschaftseinrichtungen nicht gestört werden, kann man eine längere Frist festsetzen, nach welcher erst die Weide aufhören soll, oder anordnen, daß dieselbe nicht auf einmal in der ganzen Fläche aufgehoben wird (c). Uebertriebsrechte und Weiderechte Mehrerer auf dem nämlichen Raume (§. 72) sollten am schleunigsten beseitigt werden (d).

3) Zum Behufe der Ablösung ist zuvörderst die Ausdehnung und Beschaffenheit des Weiderechts genau zu erforschen, also die Dauer der Weidezeit, die Art und Zahl des Viehes, sodann die Größe des Weidebezirks. Ist die Zahl der von jedem Berechtigten aufzubringenden Viehstücke nicht in der Berechtigung bestimmt, so entscheidet die bisherige Benutzung im Durchschnitte eines gewissen Zeitraums, und wenn diese nicht zu ermitteln wäre, die Größe des Viehstandes, für welche

Jeder das Winterfutter baut (*e*). Steht die Zahl des aufzutreibenden Viehes fest, so wird der Nahrungsbedarf für dieselbe erforscht. Weil jedoch bisweilen eine Weide zu stark besetzt ist und den Thieren nur eine kärgliche Nahrung gewährt, so muß man in solchen Fällen auch die Ergiebigkeit der Weide nach Bodenart, Fruchtfolge ꝛc. abschätzen und auf Heu zurückführen, um nöthigen Falles jedem Berechtigten verhältnißmäßig einen Abzug zu machen. Treffen mehrere Weiderechte auf einer Fläche zusammen, so ist zu unterscheiden, ob sie sämmtlich bemessen sind oder nur ein Theil derselben oder keines von ihnen. Im ersten Falle wird untersucht, ob die ganze Zahl von Thieren ihre Nahrung findet, im dritten Falle, wie viel Vieh sich ernähren kann, im zweiten Falle wird zuerst die Entschädigung für die bemessenen Berechtigungen ausgemittelt und dann erforscht, wieviel Weide für die anderen Berechtigten übrig bleibt (*f*).

4) Von dem Ertrag der Weide für den Berechtigten werden die von demselben aufzuwendenden Kosten abgezogen, um den Reinertrag zu finden, welcher mit einer gewissen Zahl vervielfacht (§. 55) die Ablösungssumme bildet. Der Ertrag, der dem Berechtigten aus dem Pferche zufließt, wird in gleicher Weise ermittelt und bei der Festsetzung des Ablösungscapitals mit berücksichtigt (*g*).

5) Die Abtretung von Land, besonders eines Weidestückes, ist für den Berechtigten die zweckmäßigste Ablösungsart, weil sie ihn der Nothwendigkeit einer anderen Feldeintheilung überhebt. Ist sie nicht anwendbar, so werden die anderen oben betrachteten Ablösungsmittel (§. 53) zu Hülfe genommen (*h*).

6) Wechselseitige Weiderechte der Gemeindemitglieder auf ihren Ländereien werden, so weit sie mit der Größe der Besitzungen eines Jeden in Verhältniß stehen, gegen einander aufgehoben, insofern sie aber bei Einigen darüber hinaus gehen, wie die Weiderechte Auswärtiger behandelt (*i*).

7) Die Ablösung der Waldweide erheischt noch größere Vorsicht, damit die Landwirthe keine nachtheilige Störung empfinden, §. 163.

8) Grundeigenthümer, welche die Weideberechtigung eines Einzelnen abgelöst haben, dürfen auf ihren Ländereien eine

gemeinschaftliche Weide einführen, wobei es ihnen frei steht, dieselbe so einzurichten, daß eine andere Bodenbenutzung nicht darunter leidet. Hiezu giebt in futterarmen Gegenden schon der Nutzen der Pferchdüngung Anlaß.

(a) Verhandl. d. 2. K. in Baden, 1837. Beil. IV, S. 27. (Commissionsbericht von Mittermaier.) — Angef. Berichte von M. Mohl und v. Varnbüler.

(b) Uebereinstimmend sächs. A. O. §. 109. 110. — Weimar, §. 91. 92: Die Stimmen der belasteten Eigenthümer werden nach der Größe ihres Besitzes berechnet, ebenso baier. Gesetz v. 1852 §. 8. — Koburg, Ges. v. 22. Jan. 1832 §. 1. 2: Mehrzahl der Pflichtigen, ebenso baier. Ges. v. 4. Juni 1848 Art. 5. — Bad. Ges. v. 1848 §. 4: Die Besitzer einer Fläche, deren Grundsteueranschlag die Hälfte des ganzen Anschlags der weidepflichtigen Ländereien beträgt. — Hess. Ges. §. 20: Die Besitzer von mehr als der Hälfte der Fläche. — Gegen das dem Berechtigten einzuräumende Recht, die Ablösung zu verlangen Mohl, a. a. O. S. 31. — Das Gesetz muß auch aussprechen, nach welchem Verhältniß die einzelnen Pflichtigen zu der Ablösungssumme beizutragen haben, wenn sie sich nicht über einen anderen Maaßstab vereinbaren. Der reine Ertrag der Ländereien ist der gerechteste Fuß; übereinst. bad. Ges. v. 31. Juli 1848 §. 30 (nach dem Steuercapital), gr. hess. Ges. Art. 34, baier. Ges. 1852 §. 22.

(c) Nach dem preuß. Cultur-Edict vom 14. Sept. 1811 §. 11 darf einstweilen jede Gemeinde ⅓ ihrer Feldmark gegen Entschädigung von der Weide befreien, s. auch Gemeinheitstheil.-O., §. 181 ff. — Württ. Ges. v. 9. April 1828 §. 9 und bad. Ges. v. 31. Juli 1848 §. 2: 3jährige Frist nach der Aufkündigung. — Hannov. Ges. vom 5. Juli 1848: Der Weideberechtigte darf die mit Futterkräutern bestellten Felder 1 bis 4 Wochen lang vor dem Umbruche beweiden lassen. Seelig, S. 13. — Baier. Ges. v. 1852 §. 24: die Behörde kann die Fortsetzung der Weide auf höchstens 3 Jahre gestatten, wenn der Berechtigte es verlangt und Sachverständige sich dafür aussprechen.

(d) Die Uebertriebsrechte der Gemeinden (parcours) sind gewöhnlich wechselseitig. Nach der A. bad. V. v. 12. Mai 1818 §. 12 sollten die Uebertriebsberechtigungen binnen 6 Jahren von den Betheiligten beseitigt werden, späterhin soll auf Anrufen eines Theils die Auseinandersetzung obrigkeitlich erfolgen. Als Mittel werden vorgeschlagen: a) Verpachtung der Weide an einen Dritten und Theilung des Pachtzinses, b) Abtheilung der Gemarkung unter die Berechtigten zur Beweidung, c) Ablösung in Geld. Diese Bestimmungen waren von geringem Erfolge. — Nach dem württ. Ges. §. 6. 8 sind ablösbar: Weiderechte auf einer fremden Markung (Uebertrieb), auf einem geschlossenen Gute in der nämlichen Markung, ferner des Inhabers eines solchen Gutes auf dem übrigen Theile der Markung.

(e) Sachsen, §. 122. 124. Weimar, §. 102. 103.

(f) Durch die Unterscheidung dieser verschiedenen Fälle zeichnet sich das a. bad. Ges. aus, §. 14—16.

(g) Eine Gemeinde in Würtemberg (Münsingen) zog 1822 20000 fl. jährlich aus Weidepacht und Pferchverkauf, eine andere 11000; 1500 bis 2000 fl. kamen häufig vor.

(h) Seelig, a. a. O. zeigt, wie nothwendig es sei, den Abkauf mit einer Geldsumme zuzulassen. — Baier. Ges. von 1852 §. 17: eine

Rente, welche wie die von den bäuerlichen Lasten herrührende behandelt wird.

(*i*) Seelig, a. a. O. S. 55. — Lüneb. Gemeinheitsth.-O. §. 124. — Preuß. Gemeinheitstheilungs-O. v. 7. Juni 1821, §. 82. — Baier. Ges. v. 1652 §. 37 ff. — Das Wort Gemeinheitstheilung, engl. inclosure, bezeichnet nicht allein 1) die Aufhebung dieser gemeinschaftlichen Weide und aller anderen Weiderechte sowie der anderen Dienstbarkeiten auf den Privatländereien, sondern auch 2) die Vertheilung der öden Weideplätze einer Gemeinte (commons, communaux). Beide Unternehmungen haben Manches gemein, ihr Ergebniß ist völlig weidefreies Grundeigenthum einzelner Personen, sie sind aber doch wieder so sehr verschieden, daß es nützlich ist, sie in der Betrachtung von einander zu trennen, was in den Schriften über Gemeinheitstheilung auf Kosten der Deutlichkeit nicht gehörig beobachtet worden ist, §. 65 (*a*). Die Befreiung der Aecker und Wiesen von der Weide ist keine Theilung, man sollte sie deßhalb, wie schon Thaer vorschlug, zur Vermeidung von Mißverständnissen ausschließend Verkoppelung nennen. — In Großbritannien erfordert jede solche Maaßregel einen besonderen Parlamentsbeschluß, dessen Kosten sich leicht auf 1000 Pfd. St. belaufen können. Thaer, Engl. Landw. II, 2. Abth. S. 329 ff.

3. Gesetzliche Bestimmungen, welche die Veräußerung und Erwerbung von Ländereien betreffen.

§. 76.

Die Vertheilung des Grundeigenthums in jedem Lande wird nicht bloß von der Naturbeschaffenheit und den allgemeinen wirthschaftlichen Umständen bestimmt, sondern steht auch unter dem Einfluß der Staatseinrichtungen. Diese sind theils solche Verfassungs- und bürgerliche Rechtsgesetze, welche, obgleich auf anderen Gründen beruhend, doch auch auf die Anzahl von Grundeigenthümern einwirken, z. B. das Erbrecht, — theils sind es gesetzliche Vorschriften, welche absichtlich dazu gegeben worden sind, um eine Wirkung dieser Art hervorzubringen. Eine plötzliche gewaltsame Veränderung der bestehenden Vertheilung ist offenbar mit der Achtung des Rechtszustandes unvereinbar, es können folglich nur solche Anordnungen in Betracht kommen, welche gewisse für nachtheilig gehaltene Veränderungen zu verhindern oder andere erwünschte zu befördern dienen. Während die Volksvermehrung, insbesondere die Zunahme der Landbauenden und die Gewohnheit einer sorgfältigen Benutzung des Landes zur Verkleinerung der Grundbesitzungen antreiben, kann dagegen die Uebermacht eines einzelnen Standes, wie sie in früheren Zeiten vorkam, oder die Anhäufung des Capitals in den Händen Weniger die Bildung großer Massen von Grundeigenthum verursachen. Die Staatsgewalt hat, je nachdem die eine oder andere dieser Erscheinungen mehr Besorgnisse erregte, in verschiedenen Zeiten und Ländern in entgegengesetzter Richtung gewirkt (a), doch ist die Verhütung der Theilungen weit häufiger und dauernder Gegenstand der Staatsvorsorge gewesen. Das wichtigste in dieser Hinsicht angewendete Mittel ist die **Gebundenheit der Bauerngüter**, d. h. das Gebot, daß letztere nur im Ganzen vererbt oder veräußert werden dürfen (b). Bei dem bäuerlichen Verbande ist die Untheilbarkeit der Bauerngüter dem Gutsherrn erwünscht, weil er die ihm gebührenden Leistungen leichter von wenigen größeren Bauern als von vielen kleinen, sicherer von wohlhabenden als von dürftigen beziehen kann. Daher war es schon frühzeitig allgemein eingeführt, daß ohne dessen Zustimmung Bauerngüter, die in einem Nutzeigenthums-, Lehns-, Erbpachts-, oder wenigstens einem Zins- und Frohn-Verhältniß und dergl. standen, nicht verkleinert werden durften, und diese Erlaubniß wurde sehr oft verweigert (c). Die Staatsgewalt fand sich späterhin in den meisten Ländern ebenfalls bewogen, die Zertheilung der Bauerngüter von besonderer Erlaubniß der Staatsbehörde abhängig zu machen oder allgemein zu untersagen (d). Hiezu bestimmten sie hauptsächlich **volkswirthschaftliche Gründe**, nämlich die Besorgniß, daß durch Theilungen die Güter zu klein würden, um einer Familie ein gutes Auskommen zu gewähren und einen guten Betrieb der Landwirthschaft zu gestatten, — daß die landbauende Classe zu zahlreich würde, der Bodenertrag abnähme, Verarmung eintrete und zugleich für die übrigen Volksclassen nicht genug Lebensmittel übrig bleiben. Hiezu kam die Rücksicht auf das **Steuerwesen**. Man scheute die beschwerlichere Einforderung der Grundsteuer von einer vermehrten Zahl von Grundeigenthümern, und weil diese Steuer auf die Güter im Ganzen gelegt war, so wollte man die Mühe des Umlegens auf die einzelnen Stücke nicht anwenden. Mit der gesetzlichen Gebundenheit der Bauerngüter stehen folgende Einrichtungen in Verbindung:

1) Ungleiches Erbrecht, indem derjenige Erbe, der das Gut übernimmt, (der Anerbe), gesetzlich oder herkömmlich gegen seine Miterben durch einen ermäßigten Gutsanschlag begünstigt wird (*e*).

2) Unterscheidung mehrerer Classen von Bauerngütern nach ihrer Größe, wobei nach uralter Gewohnheit ein gewisses Maaß von Ländereien als Grundlage einer vollständigen bäuerlichen Nahrung festgesetzt wurde und daneben halbe, auch wohl Viertheilsgüter ꝛc. vorkamen, das volle Gut aber nach Gegenden oder Orten verschiedenen Umfang hatte (*f*).

3) Unterscheidung der zu den gebundenen Gütern gehörenden und der frei veräußerlichen, sogenannten walzenden Stücke, welche jedoch nicht überall vorhanden sind (*g*).

(*a*) In den alten Freistaaten führte das Streben, die Gleichheit des Vermögens zu erhalten oder selbst neu einzuführen, zu Eingriffen in die Privatrechte, welche den heutigen Vorstellungen von den Befugnissen der Regierung widerstreiten. Neue Vertheilung der Grundstücke in Lacedämon durch Lykurg, mit der Anordnung, daß die erhaltenen Antheile unveräußerlich sein sollten (39000 Theile, Plutarch. in Lycurgo, Polybius, Histor. VI, 43. 46). Mißlungene Versuche, dasselbe später zu wiederholen (Plutarch im Agis und Cleomenes). Auch die Erbtheile von 2 jugeris, die im römischen Staate den Ansiedlern auf erobertem Lande gegeben wurden, waren unveräußerlich, Varro, de re rust. I, 10. Aehnliches Verbot, die Antheile zu verkaufen, in Lokri (Aristot. Politicor. IV, 4), auch in Deutschland noch vor den Karolingern (Anton, Geschichte der d. Landwirthschaft, I, 51). — Dagegen kamen auch Verbote vor, mehr als ein gewisses Maaß von Ländereien zu besitzen (— et apud alios est lex, quae vetat possidere tantum agri, quantum quis velit. Aristot. Polit. II, 5). — Die römischen leges agrariae bezogen sich nur auf die Staatsländereien (ager publicus) in den eroberten Ländern. Es war gestattet, das unbebaute Land ohne Eigenthumsrecht, aber gegen den Zehnten zu benutzen, was hauptsächlich von den Patriciern geschah, und diese possessores sollten nicht über 500 jugera besitzen, dieß wurde jedoch nicht pünktlich beobachtet. Vgl. Laboulaye in Wolowski Revue de législat. 1846, Aug. u. Sept. — Schütz, Ueber den Einfluß der Vertheilung des Grundeigenthums auf das Volks- und Staatsleben, 1836, S. 3. — Dupuynado in Foelix, Revue étrangère et franç. de législation et d'économ. polit., IX, 857 (1842). — Roscher, II, §. 101. — So lange der Bauernstand kein gesichertes Erbrecht hatte, kam das Einziehen bäuerlicher Ländereien zur Vergrößerung der Besitzungen des Gutsherrn (das sog. Legen der Bauern) häufig vor und die Gesetze verschiedener Länder enthielten Verbote dieses Mißbrauches. Die als volkswirthschaftlich verderblich geschilderten Latifundien im römischen Reich mögen wohl nicht ohne Ungerechtigkeiten gegen die bisherigen Eigenthümer zusammengebracht worden sein.

(*b*) Die Untheilbarkeit der Rittergüter beruhte auf der Lehenverfassung und den in den Familien errichteten Fideicommissen. — Von der Gebundenheit ist die Geschlossenheit, d. h. das Beisammenliegen der zugehörigen Ländereien, so daß sie ein räumliches Ganzes bilden, zu unterscheiden; beide Ausdrücke werden jedoch von Einigen als gleichbedeutend angesehen. Die Lösung des bisherigen Verbandes kann 1) eine Zerlegung in zwei oder mehrere kleinere Güter (**Theilung im engeren Sinne**), 2) eine Abtrennung einzelner Theile (**Verkleinerung**), 3) eine Zerlegung in viele Stücke (**Zertrümmerung, Zerschlagung, Dismembration**) sein. Das Wort **Theilung** ist übrigens hier im weiteren Sinne genommen worden. Die Untersuchung über den Nutzen der Gebundenheit hat die Nationalökonomen sehr viel beschäftigt, und ist noch bis auf diesen Tag in lebhafter Anregung. Der Zwiespalt der Meinungen entspringt größtentheils aus der Verschiedenheit der örtlichen Verhältnisse und der davon herrührenden Versuchung, das als allgemeine Regel aufzustellen, was nur besonderen Umständen entspricht, auch wirken neuerlich allgemeine politische Rücksichten ein. In Frankreich wird im Allgemeinen die Freiheit, in Großbritanien die Gebundenheit und das große Grundeigenthum vorgezogen. Frank, Landw. Polizei II, 240. — Winkler, Ueber die willkürliche Verkleinerung der Bauerngüter. Leipzig, 1794. — v. Benzel, Gedanken über die willkürliche Vertheilung der Bauerngüter. Erfurt, 1795. 4°. — Meerwein, Ueber den Schaden, der aus einer willkürlichen Verkleinerung der Bauerngüter entstehen muß. Karlsruhe, 1798. — v. Berg, Polizeirecht, III, 276. — Gr. Soden, VI, 70. — Bemerkungen über das Zerschlagen der Bauerngüter. Nürnb. 1819. — Gebhard, Bemerk. zur Schrift des Gr. von Soden: der baier. Landtag vom Jahre 1819. Erlangen, 1822. — Rudhart, Zustand des K. Bayern, I, 228. — v. Bincke, Bericht ... über die Zerstückelung der Bauernhöfe ... in der Pr. Westfalen, 1824 (als Handschrift gedruckt). — Morel de Vindé, Considérations sur le morcellement de la propriété territoriale en France. P. 1826. — Bibl. univ. Agric. XI, 145. — v. Ulmenstein, Ueber die unbeschränkte Theilbarkeit des Bodens. 1827. — Möglin'sche Annalen, XIX, 140. — Droz, Econ. pol. 89—104. — Stüve, Ueber die Lasten des Grundeigenthums S. 20. Deff. Wesen und Verfassung der Landgemeinden und des ländl. Grundbesitzes in Niedersachsen und Westfalen, Jena, 1851. — Bülau, Der Staat und der Landbau, S. 21. — Moser, Die bäuerl. Lasten, S. 26. — Schüz, a. Schrift und Nationalökonomie S. 150. — Hering, Ueber die agrar. Gef. S. 118. — De Villeneuve-Bargemont, Ec. pol. chrétionne, L. I, ch. 10; L. VII, ch. 4. — Hermann in den Münch. gel. Anz. 1836, Nr. 258 ff. — Riedel, Nationalökon., II, 58. — Funke, Die aus der unbeschränkten Theilbarkeit des Grundeigenthums hervorgehenden Nachtheile, 1839. Derf., Die heillosen Folgen der Bodenzersplitterung, Göttingen, 1854. — Grävell, Der Baron und der Bauer, 1840. — Kreyßig, Die Vertheilung des landwirthschaftlich nutzbaren Bodens, 1840. — Vogelmann in Rau, Archiv, IV, 1. (Ueber die Hofgüter im Schwarzwalde). — Hanssen, ebend. IV, 432. — Rosegarten, Betrachtungen über die Veräußerlichkeit und Theilbarkeit des Landbesitzes. Bonn, 1842. — v. Sparre, Die Lebensfragen im Staate in Beziehung auf das Grundbesitzthum, I, 1542. — Amtlicher Bericht über die sechste Versammlung deutscher Land- und Forstwirthe zu Stuttgart, 1842, S. 151—171. (Verhandlungen mit obige Frage mit Vorträgen, in denen die Ansichten sehr von einander abweichen.) A. Bericht über die siebente Versamml. 1843, S. 240. — Bacacca, Sulla divisione della proprietà territoriale, Palormo, 1843. — Dupynade, a. a. O. — Kolb in Rau u. Haussen, Archiv, VI, 84. — Rau, ebend. S. 116. Schneer, ebend. VIII, 1. (enthält auch eine reiche Literatur des Gegenstandes.) — Tebaldi (Beibtel),

Die Geldangelegenheiten Oesterreichs, Leipzig, 1847, S. 192. — Reichensperger, Die Agrarfrage, Trier, 1847. — Bernhardi, Versuch einer Kritik der Gründe, die für großes und kleines Grundeigenthum aufgeführt werden, St. Petersburg, 1848. — Seelig in Zeitschr. für die ges. Staatswissensch., 1851, S. 537. — Helferich ebend. 1853, S. 183. 415. 1854, S. 123 (mit sorgfältiger Beleuchtung der Verhältnisse in Würtemberg). — Riehl, Die bürgerl. Gesellschaft, Stuttg. 1851. — Schenck, Ueber die Folgen der Güterzersplitterung, Wiesb. 1853. — Wißmann im Archiv für Landeskunde der preuß. Monarchie III, 78. 1856. — Reichensperger, Die freie Agrarverfassung, Regensb. 1856. — Reuning, Die Entwicklung der sächs. Landw. S. 21. 1856. — Wolowski in Séances et travaux, XXII, 95. 1857. — Roscher, Volksw. II, 369. — Lette, Die Vertheilung des Grundeigenthums im Zusammenhange mit der Geschichte ꝛc. Berlin, 1858. Ders., Die Vertheilungsverhältnisse des Grundbesitzes und die Gesetzgebung in Betreff der Theilbarkeit ꝛc. Berlin, 1859. — Vorlagen der landw. Abtheilung des 3. Congresses deutscher Volkswirthe, Berlin, 1860. (herausgegeben von Lette). Unter diesen Schriftstellern sind Winkler, Gebhart, Rudhart, Morel de Vindé, v. Ulmenstein, Bülau, Moser, Hering, de Villeneuve, Riedel, Kreyßig, Busacca, Kolb, Schüz, Schneer, Reichensperger, Seelig, Schenck, Wolowski, Lette für die Freiheit der Verkleinerungen, welcher Meinung auch die meisten der im §. 368 Note (a) des 1. Bandes angeführten Verfasser beitreten. Für die Gebundenheit oder überhaupt für beschränkende Einrichtungen sprechen vorzüglich Meerwein, v. Vincke, Funke, Kosegarten, v. Sparre, Bernhardi, Beidtel, Helferich, Riehl, Stüve, Funke, Reuning. Ueber die rechtlichen Verhältnisse Mittermaier, II, §. 493.

(c) Auch der alte Verband mehrerer Höfe mit einem Haupthofe war nach dem Hofrechte der Vorzeit ein Hinderniß der Vertheilung, weil diese von der Gemeinde ungern gesehen wurde. Bei den mit bürgerlichen Lasten belegten Gütern waren es unter anderen die Spannfrohnen, die eine Abneigung der Gutsherrn gegen die Zertheilungen veranlaßten, wegen der Besorgniß, daß die Erhaltung des erforderlichen Viehstandes gefährdet sei.

(d) Diese Verfügung wurde häufig seit dem Erstarken der Polizeigewalt gegen Ende des Mittelalters getroffen. Neuere Landesordnungen wiederholten gewöhnlich die Bestimmungen der älteren in diesem Gegenstande. Z. B. gräfl. Erbach'sche Landes-O. v. 1552 Tit. 12. 14 bei Beck und Lauteren, Landrecht der Grafschaft E., Darmst. 1824 S. 98. — Altenburg. Landes-O. v. 1556, Kresse, Gesch. d. Landw. des altenb. Osterlandes, 1845, S. 75. 95. — Pfälz. Landes-O. von 1700, Tit. XI. Nr. 11. nach alten Bestimmungen. — Bad. Landes-O. von 1715, S. 121. — Würtemb. Landes-O. v. 1567 und Landrecht von 1610, allein dieses Verbot schädlicher Theilungen wurde in der Praxis nicht beachtet und es stellte sich allmälig völlige Freiheit her, Helfrich, a. a. O. S. 242. — Vertrag des Herzogs und der Stadt Braunschweig v. 1553, Lüneburg. Polizei-O. v. 1618, bei Struben, De jure villicorum, S. 91. 100. Münster. Edict de non dismembrandis praediis v. 1680. — Altenburg, Landes-O. v. 1705, Koburg. Landes-O. v 1556. — Den Beamten war in der Regel gestattet, die Zertheilung in einzelnen Fällen nach ihrem Ermessen zuzugeben, weßhalb sich sehr ungleiche Zustände bildeten. — In mehreren Ländern blieb die Zertheilung fortwährend frei, z. B. in den Marschgegenden des K. Hannover und in Schleswig-Holstein; in Süddithmarschen ist die freie Theilbarkeit 1766 bestätigt, in Norddithmarschen 1729 befohlen worden, soviel Land zu behalten, als zur Weide von 2 Kühen gehört. Im jetzigen Jahrhundert wurde in vielen Ländern die Gebundenheit aufgehoben: Preußen (Ges. 9. Oct. 1807. 14. Sept. 1811), Baiern, Baden, Würtemberg (in den neuen Landestheilen), Großh. Hessen (V. 14. Febr. 1811) ꝛc.

(e) Wie in Großbritanien sich das Grundeigenthum ab intestato in der Erstgeburt vererbt und kein Kind einen Pflichttheil fordern kann. Indeß machen die meisten nicht zum hohen Adel gehörenden Eigenthümer ein Testament, s. §. 81 d (a). — Das gebundene Gut pflegt dem Erben um einen Anschlag übergeben zu werden, der ansehnlich unter dem Verkehrswerthe steht (kindlicher Anschlag) und meistens noch von dem Vater festgesetzt wird. Auch wo das Erbrecht gleiche Theilung fordert, bildete sich doch bei gebundenen Höfen eine abweichende Gewohnheit. In Baden wurde durch Gesetz vom 23. März 1808 bei geschlossenen Hofgütern die Untheilbarkeit beibehalten und verordnet, daß da, wo es Ortssitte ist und von der Gemeinde gewünscht wird, das Vorzugsrecht des Erben, der das Gut übernimmt, fortbestehen soll; der kindliche Anschlag soll nicht über $^8/_{10}$ oder $^9/_{10}$ des Werthes sein, darf aber bis $^3/_4$ herabgesetzt werden. Dieß ist die sog. Vortelsberechtigung der Schwarzwälder. Im Jahre 1837 wurden im bad. Oberrheinkreise 2488 geschlossene Hofgüter gezählt. Hier erbt der jüngste Sohn wie in Altenburg (was nach Stüve, Wesen ꝛc. S. 240, auch im Königreich Hannover oft vorkommt, nach Struben, a. a. O. S. 313 in Bremen, Verden und Braunschweig), im Odenwalde wie in Oesterreich und vielen anderen Ländern der älteste. Haben die Aeltern die Wahl, so entsteht leicht Unfrieden in der Familie, weßhalb eine feste Regel beliebter ist, obgleich sie dazu beiträgt, daß der künftige Anerbe leicht verwöhnt und träge wird. Vgl. v. Vincke S. 44. — Auf Jersey hat der älteste Sohn das Haus und ungefähr 2 Acres des naheliegenden Landes voraus, ferner $^1/_{10}$ des ganzen Landes voraus, vom Rest erben die Söhne $^2/_3$, die Töchter $^1/_3$. Lelorme in Journal of the R. Soc. XX, 35.

(f) Hieher gehören die Hufen, Huben (hobae), Höfe, auch Pflüge, Voll- Halb- und Viertelsgüter. Bei der Vertheilung des früher gemeinschaftlich gewesenen Landes pflegte man in jeder Gemeinde die Antheile gleich groß zu machen, die z. B. im Odenwald noch jetzt Huben heißen und von Ort zu Ort in der Größe verschieden sind. Die Größe der Hufe wurde darnach bestimmt, wie viel Ackerland man mit 1 Gespann versehen kann, was begreiflich nach der Bewirthschaftungsart (z. B. mit oder ohne Brache), nach der Länge des Winters ꝛc. nicht die nämliche Fläche sein kann; in Norddeutschland gegen 30 preuß. oder kalenberg. Morgen. Eine Hube von 30 Morgen kommt schon 779 vor, Anton, Gesch. der d. Landw. I, 291. Drei Hufen gaben nach dem Sachsenspiegel die Fähigkeit Schöffe zu werden. Stüve, Wesen ꝛc. S. 24, vgl. auch III, §. 316 (g). Die Ansäßigkeit (sessio) in Ungarn begreift 16—50 Joch zu 1100 bis 1300 □. Klaftern, im Durchschnitt gegen 36 Joch = 60$^1/_2$ pr. M.; es kamen aber fortgesetzte Halbtheilungen bis auf $^1/_8$ und mehr vor. In Niederösterreich besteht ein Ganzlehen (Hube) aus 36 österr. Joch = 81 pr. M. Ueber Hube und Mansus vgl. Landau, Die Territorien, S. 4. 1854. — v. Maurer, Einleitung zur Geschichte der Mark-, Hof-, Dorf- und Stadtverfassung, S. 127. 1854. — Langethal, Gesch. der deutschen Landw. I, 139. 1847.

(g) In Oesterreich werden Haus- und Ueberländgründe unterschieden.

§. 77.

Durch die gesetzliche Gebundenheit wird die gegenwärtige, zum Theil aus alten Zeiten herrührende und durch mancherlei zufällige Umstände bestimmte Größe der Bauerngüter aufrecht erhalten. Diese gebotene Unzertrennlichkeit der Landgüter bildet eine auffallende Beschränkung des Eigenthumsrechtes. Bei anderen Vermögentheilen, namentlich beim Capitale, könnte eine solche Anordnung nicht einmal versucht werden. Sie ist deßhalb nach allgemeinen Grundsätzen nur dann zu billigen, wenn sie zur Verhütung von erheblichen volkswirthschaftlichen Uebelständen als nothwendig erscheint. Indeß wird sie in manchen Ländern oder Gegenden durch die herrschenden Vorstellungen und Sitten unterstützt und ihre Fortdauer wird, wie jede Erhaltung eines althergebrachten Zustandes, von vielen Menschen schon darum in Schutz genommen, weil man an sie gewöhnt ist und die guten wie die schlimmen Seiten genau kennt, während man die Folgen der Theilbarkeit noch nicht übersehen kann. Bei einer gründlichen Untersuchung dieses Gegenstandes können heutiges Tages eine Menge von Erfahrungen zu Hülfe genommen werden, die zur Berichtigung einseitiger Auffassungen dienen. Nicht dieß ist zu untersuchen, ob überhaupt oder unter gegebenen Umständen eine Theilung der Bauerngüter nützlich sei, sondern ob es zulässig ist, die Eigenthümer so stark zu bevormunden, daß ihnen keine Entschließung hierüber gestattet ist. Es lassen sich mehrere Nachtheile dieser Gebundenheit angeben, wobei es jedoch in der Natur der Sache liegt, daß dieselben in verschiedenen Zeiten, Ländern und einzelnen Fällen in sehr ungleichem Grade zum Vorschein kommen und unter gewissen Umständen ganz hinwegfallen können.

1) Viele Bauerngüter sind für das beschränkte Maaß von Capital, Umsicht, Geschicklichkeit und Thatkraft der Eigenthümer zu groß, sie werden daher mangelhaft benutzt und bringen einen geringeren rohen und reinen Ertrag, als wenn sie verkleinert würden (I, §. 370), überdieß enthält schon die gesicherte behagliche Lage des großen Gutsbesitzers eine Versuchung zum nachlässigen Betriebe des landwirthschaftlichen Gewerbes, wie

dieß nicht selten wahrzunehmen ist, obgleich zahlreiche Beispiele des Gegentheils vorhanden sind, daß nämlich die größeren Landwirthe unterrichtet und unternehmend sind und ihre Güter zweckmäßig bewirthschaften (a).

2) Muß der Anerbe das Gut nach seinem vollen Verkehrswerthe übernehmen, so bringt ihn die Abfindung mehrerer Miterben in beträchtliche Schulden, woferne nicht ein ausgeliehenes Vermögen vorhanden ist. Solche oder auch aus anderen Veranlassungen herrührende Schulden könnten, wenn es nicht untersagt wäre, durch den Verkauf einzelner Stücke, die dann vielleicht in anderen Händen besser benützt würden, am bequemsten abgetragen werden (b).

3) Wird dagegen der Anschlag für den Anerben niedriger gemacht (§. 76 (e)), so entsteht eine Verkürzung der Miterben, namentlich der Geschwister. Freilich wird diese Bevorzugung der Anerben da, wo die Landleute einer Gegend an dieselbe als an ein für die Erhaltung des väterlichen Gutes nothwendiges Opfer gewöhnt sind, nicht als Unrecht empfunden, so lange sie ein billiges Maaß einhält, aber dieß wird zufolge übertriebener Sorgfalt der Aeltern häufig überschritten und dann hat ein Theil der Geschwister Mühe, mit dem geringen Erbtheil einen anderen guten Nahrungszweig zu finden, ein Theil von ihnen oder wenigstens ihre Nachkommen vermehren die Zahl der dürftigen Lohnarbeiter (c). Jene Einrichtung verleitet auch oft die Aeltern, sich durch Uebergabe des Gutes an den Anerben zu früh zurückzuziehen, wobei dann ihre lebenslängliche Rente den Antheil der Miterben unnöthig schmälert (d). Wo das herrschende Rechtsgefühl eine gleiche Behandlung der Geschwister verlangt, da wird die Begünstigung des Anerben mit Widerwillen betrachtet.

4) Die Gebundenheit erschwert die Ansiedlung neuer landbauender Familien und verhindert da, wo nicht viele walzende Stücke sind, die Taglöhner, Dorfhandwerker ꝛc., Ländereien an sich zu bringen, deren Besitz sie fleißiger und eifriger machen würde. Die Erfahrung bestätigt es, daß in der Lage der Feldarbeiter mit der Erwerbung von Grundbesitz nicht blos eine wirthschaftliche, sondern auch eine sittliche Verbesserung vorgeht, und es ist nützlich, wenn es zwischen den Eigenthümern an-

sehnlicher Hofgüter und den vermögenslosen Taglöhnern eine Mittelstufe giebt (e). Bei freier Theilung kann der Vater seinen Kindern bei der Verheirathung einstweilen Theile seines Gutes eigenthümlich übergeben, bei deren Bewirthschaftung sie sich in Fleiß, Nachdenken und Sparsamkeit üben, bis sie später mehr erhalten.

Hiebei ist endlich zu erwägen, daß der Zweck der Gebundenheit durch Verpachtung eines Gutes in einzelnen Stücken leicht vereitelt werden kann und doch ein Verbot solcher Stückpachtungen allzu lästig sein würde (f).

(a) Ueber die Wichtigkeit eines zureichenden Capitals und die daraus zu erklärenden Vortheile der Gutsverkleinerung s. die Bemerkung von Gasparin in Rau, Archiv, VI, 120. Man kann viele Erfahrungen von schlechter Bewirthschaftung großer Güter nachweisen, s. z. B. die Auszüge aus den Berichten mehrerer würtemb. Oberämter bei Moser a. a. O. Daher ist die Behauptung, daß allenthalben auf größeren Gütern besser gewirthschaftet werde (v. Lengerke, Ann. XIV, 245), nicht erweislich. In Flandern wie in Frankreich findet man das Gegentheil, I, §. 370 (e). Tandis qu'en France la petite propriété, riche de ses bras nombreux et d'une connaissance parfaite du terrain, qu'elle cultive, est parvenue à en obtenir la production la plus élevée, la grande propriété menace de disparaître entièrement par l'incurie profonde de ceux, entre les mains desquels elle est placée. Nivière im amtlichen Bericht über die 3. Versammlung der deutschen Landwirthe (in Potsdam, 1839) S. 45. — „Es liegt mehr als eine Erfahrung vor, daß ein unter zwei Söhne getheiltes Gut doppelten Ertrag gegen früher lieferte, und es ist längst bekannt, daß nicht die Größe der Fläche, sondern die darauf verwendete Arbeit, der bessere Bau als Maaßstab des Ertrages anzunehmen ist." Jäger, Die Land- und Forstw. des Odenwaldes, S. 28 (1843). — Rau in der Festschrift für die 2. Versammlung der deutschen Land- und Forstwirthe S. 395. 1860. — Im Zillerthale (Tirol) wird über die entsittlichenden Wirkungen der großen Güter geklagt, „indem sie (die Größe) nur wenigen Personen häusliches Glück, häusliche Unabhängigkeit gestattet." Weber, Das Land Tirol, 1837, III, 513. — Man findet auch den Besitzer eines wohlfeil übernommenen großen Gutes keineswegs immer in einer guten Lage, weil es nicht selten an Fleiß und Sparsamkeit fehlt. Der Wohlstand vieler Hofbauern im Schwarzwalde beruht auf dem gestiegenen Holzpreise in ihren Waldungen. Man darf die großen Güter nicht betrachten, wie sie behandelt werden könnten, sondern wie sie wirklich benutzt werden. Gute Bemerkungen hierüber bei Bernhardi, S. 419. — In der Kurmark waren 1827 die Rittergüter zu 7/9, die Bauerngüter nur zu 21 Proc. ihres Werths verschuldet. Überhaupt zeigt die Vergleichung mehrerer Länder, daß die Verschuldung des Grundeigenthums desto größer ist, unter je wenigere Familien sich dasselbe vertheilt findet. — A. Young (Reisen durch Frankreich, II, 201 der deutschen Uebersetzung 1794) wurde hauptsächlich durch den Anblick der englischen Güter zu der Vorliebe für große Landgüter hingeführt und durch seine Beobachtungen in Frankreich hierin bestärkt. Er hatte aber hier nur die von Feudallasten, Straßenfrohnen und Steuern gedrückten Bauern und die Halbpachter vor Augen. Seine

Aussprüche sind lange Zeit hindurch als unwiderleglich angesehen worden. Vor ihm hatten schon die Physiokraten die großen Güter vorgezogen, weil sie weniger Bewirthschaftungskosten verursachen würden; Quesnay (Maximes générales Nr. 15) glaubt sogar, sie seien der Volksvermehrung günstiger.

(b) L. Rau, Studien über süddeutsche Landw. 1852, S. 94: „Dieses Herauszahlen bürdet dem Uebernehmer eine oft nicht zu erschwingende Schuldenlast auf und veranlaßt ihn, soviel von den überkommenen Feldern zu veräußern, bis er schuldenfrei ist; nun erst beginnt er munter zu arbeiten und erwirbt endlich wieder mehr Feld, als er angetreten hat." — Solche Fälle sind auch in der badischen Pfalz nicht selten.

(c) Im Altenburgischen ist bei den größeren Gütern in 2 Dörfern der Anschlag i. D. 57, bei den kleineren 72 Proc., nach den Angaben im amtl. Bericht über die 7. Versamml. der b. Landw. S. 254. — Bei 13 größeren Gütern im Schwarzwald war der kindliche Anschlag im Durchschnitt 44, bei 3 kleineren 71 Proc., im Odenwalde bei 20 Gütern im Durchschnitt 45 Proc., in einzelnen Fällen sank er bis ¼ des muthmaßlichen Verkehrswerthes herab. Hiebei ist jedoch immer der Auszug zu beachten, s. (d). Bei Gütern von geringerem Umfange oder bei vorhandenen Schulden pflegt der Vater den Vortheil des Anerben geringer zu machen, weil sonst auf die anderen Erben zu wenig kommt. Die Geschwister, die nicht auf einen anderen Hof heirathen können, ergreifen Handwerke, treiben einen kleinen Handel und dgl. oder bleiben bei dem Anerben, der ihnen auch sonst in Nothfällen Beistand leistet.

(d) Dieser sog. Auszug, Leibgeding, Altentheil ꝛc., aus Naturalien, Nutznießung vorbehaltener Grundstücke, Wohnung und dgl. bestehend, sollte nach der mittleren Lebensdauer des Vaters angeschlagen werden. Bei 60 Jahren ist dieselbe ungefähr 13,⁶ J., und der gegenwärtige Werth einer solchen Rente ist zu 4 Proc. das 10⅓fache, zu 3 Proc. das 11fache. Ein Leibgeding eines 60jährigen Vaters von 350 fl. ist demnach 3616—3850 fl. werth. Ist der Vater 55 Jahre alt, so beträgt die mittlere Lebensdauer 15 Jahre, die 15jährige Rente ist (zu 4 Proc.) das 11¹⁄₀fache werth. Im Odenwald scheint der Auszug im Durchschnitt eine Anzahl von einzelnen Fällen 2—3 Proc. des vollen Gutswerths zu betragen, sein anfänglicher Werth ist also 23—33 Proc. des Gutes. Wenn nun der väterliche Anschlag die Hälfte ausmacht, so beläuft sich die ganze Last des Gutserben auf 73—83 Proc. des Verkehrswerthes und sein Vortheil ist nur 27—17 Proc. Da man aus Unkenntniß der Sterblichkeitsgesetze insgemein solche Berechnungen nicht vornimmt, so vermag man die Größe des Vortheils nicht genau zu erkennen. Mehrere Landesgesetze verbieten die Gutsübergabe vor einem gewissen Alter, wovon jedoch wegen Kränklichkeit ꝛc. oft abgegangen werden muß. — Im badischen Odenwalde ist die Häufigkeit dieser Leibgedinge eine der Ursachen des gesunkenen Wohlstandes. Im Jahre 1847 zählte man in 8 Ortschaften von ungefähr 2900 Einw. und 538 Bürgern 122 Leibgedinge. — In Altenburg wird im Durchschnitte eine 10jährige Dauer des Leibgedinges angenommen, die auf eine Gutsübergabe bei 65jährigem Alter schließen läßt.

(e) La tendance des habitans de la France est évidemment celle de posséder un toit, une vigne et un champ, c.-à-d. qu'après la guerre c'est la vie rustique qu'ils préférent et qu'ils estiment. Lullin de Chateauvieux in Bibl. univ. Genève, Sept. 1836, S. 3. Dieß läßt sich, mit Ausnahme Großbritaniens, von den meisten Ländern sagen. — Der Vorliebe mancher Staatsmänner für die Gebundenheit der Bauerngüter liegt der Wunsch zu Grunde, lieber eine kleinere Anzahl von Familien in sorgenfreier Lage, als mehrere in mühsamem Ringen um den Unterhalt begriffen zu sehen, ferner die Betrachtung, daß der landwirthschaftlichen Kunst auf einem größeren Gute ein weiterer Spielraum gegeben ist, sodann der wohlthätige Eindruck, den der Anblick des Bauernstandes auf untheilbaren großen Besitzungen, z. B. in Norwegen, Oldenburg, auf den dänischen Inseln, in Sachsen, manchen Theilen des K. Hannover, im Herzogthum Altenburg ꝛc. in Bezug auf gemächliches Auskommen, Bildung, Zucht und Sitte, Wohlthätigkeit ꝛc. gewährt. Im letztgenannten Lande sind Bauerngüter selten feil, sie bleiben lange in einer und der nämlichen Familie, und die Besitzer erwerben oft noch ausstehendes bewegliches Vermögen. Güter mit zwei Pferden haben dort ungefähr 20—30 Acker (50—75 preuß. —35—53 bad. Morgen). Schmalz, Die altenb. Landw., S. 218. — Linke, Die sächs. und altenburg. Landw., S. 108, — auch List, in D. Viertelj. Schr. 1842. IV, 140. — Indeß giebt es auch Beispiele entgegengesetzter Art, und je größer die Wirthschaften sind, desto zahlreicher sind auch die bloßen Taglöhner, die sich oft in einer kümmerlichen und hoffnungslosen Lage befinden. Man darf weder den Boden, noch eine gewisse Betriebsform des landwirthschaftlichen Gewerbes als Hauptsache ansehen, sondern muß den wirthschaftlichen Zustand der Staatsbürger im Ganzen erwägen. — In Hildesheim haben 15 600 Häusler nur 670 Kühe und dagegen 11 800 Ziegen, Festgabe für die 15. Verf. der deutschen Landwirthe, Hannover, 1852. S. 152.

(*f*) Ueberhaupt ist die Bewirthschaftungsfläche oft von der Eigenthumsfläche verschieden. Einzelne irländische Gutsbesitzer haben hunderte von kleinen Pachtern, dagegen suchen kleine Grundeigenthümer sehr häufig durch Pachten sich eine vollständige Beschäftigung zu bereiten. Hierauf ist in der belgischen Statistik genau geachtet worden. Man zählte 1846 572 550 Landwirthschaften (exploitations), welche sich so vertheilen: 119 312 oder 20,⁶ Proc. waren ganz von Eigenthümern oder Nutznießern betrieben, 234 964 oder 41 Proc. ganz von Pachtern, 91 914 oder 14,³ Proc. bestanden über die Hälfte aus eigenthümlichen Stücken der Landwirthe, 136 360 oder 23,²² Proc. über die Hälfte aus Pachtstücken. Die ganz eigenthümlichen Wirthschaften betrugen in Luxemburg 39,⁶ Proc. (max.), in beiden Flandern nur 12,⁶ und 12,³ Proc. (min.). Westflandern hatte an 75 Proc. reine Pachtwirthschaften. Stat. de la Belg. Agric. Recensement général. Résumés, S. LX.

§. 78.

Nachdem in manchen Ländern schon lange die Freiheit der Gütertheilungen eingeführt war, hat man sich neuerlich unter dem Eindruck der vorstehenden Betrachtungen in der Wissenschaft, wie in der Gesetzgebung der einzelnen Staaten häufig für jene Maaßregel entschieden. Die von derselben erwarteten günstigen Folgen sind in vielen Fällen zum Vorschein gekommen, das Land ist fleißiger angebaut, die Rente desselben erhöht und unter Mehrere vertheilt worden und man hat in der größeren Zahl von Eigenthümern des Bodens einen erwünschten Zuwachs an Bürgern erhalten, die dem Vaterlande und der rechtlichen Ordnung anhänglich sind (a). In der neuesten Zeit sind jedoch manche Schriftsteller und Staatsbeamte bald nach allgemeinen Schlußfolgen, besonders aus allgemein staatswissenschaftlichen Vordersätzen, bald von einzelnen Erfahrungen bestimmt worden, die in §. 76 angedeuteten Besorgnisse nachtheiliger Wirkungen der Theilungsfreiheit wieder mehr hervorzuheben. Es ist behauptet worden, daß diese Freiheit unvermeidlich zu einem Uebermaaße, zur Zersplitterung des Grundeigenthums führen werde (I. §. 372. 373), daß der Viehstand sich vermindern und verschlechtern, statt der Bearbeitung mit Spannvieh der kostbarere Spatenbau nothwendig werden, der zu rasch anwachsenden Volksmenge Beschäftigung und Verdienst fehlen, aus schlechten Ernten und Unfällen sogleich Verarmung entstehen und bei der herannahenden Noth selbst Bildung und Rechtssicherheit gefährdet werden müssen (b).

(a) In Preußen legte schon das Edict vom 9. October 1807 den Grund zur freien Verfügung über das Landeigenthum. Weitere Vervollständigung bewirkte das Edict vom 14. September 1811 zur Beförderung der Landcultur, dessen §. 1 eine gehaltreiche Begründung beigefügt ist. — Die Wirkungen waren im Allgemeinen sehr gut (Dieterici, Der Volkswohlstand im preuß. Staate, 1846, S. 45. 251. Dessen Handbuch der Statistik des preuß. Staates, 1861, S. 328. — Reichensperger, S. 337. — Kotelmann, Die preuß. Landw. 1853, S. 302) und die Meinungsverschiedenheit darüber, ob die Theilungen nicht zu weit gegangen seien, bezieht sich hauptsächlich nur auf Theile der Rheinprovinz. Für die verneinende Meinung Schneer, a. a. O. und Reichensperger a. a. O. S. 403. — Aus den von Dieterici gesammelten, auch bei Kotelmann abgedruckten Tabellen ergiebt sich, daß die Landvertheilung der einzelnen Provinzen überaus ungleich ist, vgl. §. 60 (i). Von sämmtlichem Acker=, Wiesen= und Weideland kommt auf einen Eigenthümer die unter A. stehende Morgenzahl, welcher unter B. die auf 1 Stück Rindvieh treffende Zahl von Morgen Acker beigesetzt ist.

	A.	B.
Provinz Pommern	105 M.	11,3 M.
= Preußen	90 =	10,6 =
= Westfalen	22 =	5,9 =
= Rheinland	8,7 =	5,1 =
Die Extreme sind:		
Reg.=Bezirk Köslin	122 M.	13 M.
= Coblenz	5,6 =	4,2 =

Der Viehstand ist also verhältnißmäßig desto stärker, je kleiner die Besitzungen; vgl. I, §. 370 (d). Von 1837—51 hat sich zwar die Anzahl der Rittergüter etwas vermindert, aber die anderen Landgüter

11*

mit Spannvieh haben sich um etwas über 1 Proc. vermehrt, während die Güter ohne Zugvieh sich um 21 Proc. vermehrten. Der mittlere Umfang der beiden letzten Classen von Gütern hat sogar noch etwas zugenommen, er war bei den Spanngütern 100,⁵² und 100,⁷⁰ M., bei den kleineren 8,⁵⁸ und 8,⁶⁹ M., was aus neuen Urbarmachungen zu erklären ist, Dieterici, Handb. S. 317. ff. In der badischen Pfalz kommen bei den Pferdegütern etwa 5½—7 Morgen, bei den Kuhgütern 4—5 M. auf 1 Stück Großvieh, Rau in der a. Festschrift S. 305 ff. — Im Bezirk Windischgratz (Steiermark) kamen auf 1 Pferd, Ochsen, Kuh bei Gütern unter 10 Joch im D. 0,⁹⁹ Joch Acker, bei größeren 1,⁴⁷ Joch. v. Czörnig, Statist. Darst. der Vertheilung des Grundbesitzes im Bezirke W. 1860. S. 39. 54. — In Frankreich und Belgien ist vollkommene Freiheit. Si l'on parcourt les contrées agricoles de la majeure partie de la France, celles même où les terres sont le plus divisées, on y trouvera peu d'indigents, peu de mendiants, peu do bras inoccupés. Là encore la population est plus robuste, l'instruction n'y est pas moins répandue et les bonnes mœurs sont mieux conservées. — Le problème à résoudre est de maintenir le principe de la division des terres dans de justes bornes. Il nous semble résolu par le fait. De Villeneuve-Bargemont, I. ch. 10. — In Belgien kamen 1846 durchschnittlich 3 Heft. — 11,⁷ pr. Morgen Acker, Garten, Wiese und Weide auf eine Bewirthschaftung; was die einzelnen Provinzen betrifft, so ist das Maximum in Namur mit 4,¹² H., sodann folgen Limburg mit 3,⁹⁹ und Luxemburg mit 3,⁷ H., das Minimum ist Ostflandern mit 2,⁴² H., sodann Hennegau mit 2,⁵², Antwerpen mit 2,⁷⁵ H. Der Viehstand im Verhältniß zum Acker ist wirklich in Namur am schwächsten, aber in Luxemburg ist er wegen der vielen Wiesen noch stärker als in Ostflandern und Antwerpen und in Hennegau ist er schwach. — Der starke Viehstand mancher Gegenden, besonders in Gebirgen, rührt davon her, daß viel zum Graswuchse vorzüglich taugliches Land vorhanden ist; die ansehnliche Größe der Güter ist hievon die Folge.

(b) S. vorzüglich Bernhardi, S. 474.

§. 79.

Diesen Befürchtungen können mehrere Gründe entgegengestellt werden (a).

1) Die Gefahr einer allgemeinen Zersplitterung des Grundeigenthums in kleine, zur guten Bewirthschaftung und zur Ernährung einer Familie unzureichende Stücke ist in den meisten Gegenden schon darum entfernt, weil die Volksvermehrung gewissen Gesetzen zufolge einen langsamen Gang hat. Wird auch bisweilen ein Gut unter 3 oder 4 Geschwister getheilt, so werden auch wieder Erbtheile durch Verheirathungen und Vererbungen in der Seitenlinie zusammengelegt (b).

2) Verschiedene Ursachen wirken auf die Erhaltung größerer, d. h. solcher Güter hin, die noch ohne Nachtheile verkleinert werden könnten. Dahin gehören folgende:

a) Die Naturbeschaffenheit des Landes. In Berggegenden z. B. muß zu den nöthigen Fuhren starke Bespannung (vielleicht sogar mit 4 Zugthieren) gehalten werden, die zu einem Hofe gehörenden Grundstücke liegen meistens beisammen und die höheren dürfen schon der Wege und Wasserableitung willen nicht von den tieferen getrennt werden, überdieß machen Klima, Lage und Bodenbeschaffenheit einen schwunghaften (intensiven) Anbau unzweckmäßig. Daher bleiben in solchen Gegenden die Güter durch freien Entschluß und Gewohnheit in der Regel ungetheilt (c). Im Niederungsland kann das Bedürfniß starker Gespanne für die Unterhaltung der Dämme (Deiche) oder die übliche Benutzung des Graslandes zu Weiden gleiche Wirkung äußern (d), sowie anderswo auch das Vorhandensein von großen Strecken eines unfruchtbaren, nur zur Beweidung tauglichen Landes, z. B. Heiden.

b) Die Gelegenheit und Geschicklichkeit, große stehende Capitale mit Vortheil anzuwenden, z. B. auf Maschinen, bessere Viehrassen, oder zu Grundverbesserungen, die im Großen mehr Vortheil bringen.

c) Die Hochschätzung des großen Grundbesitzes, weil mit ihm Ansehen und Wohlstand verbunden sind, und das daraus hervorgehende Streben, ihn in den Familien zusammen zu halten und selbst noch zu erweitern. Ganz besonders zeigt sich dieß in Gegenden, die nicht durch die Nähe größerer Städte oder Fabriken in einen lebhaften Verkehr gezogen werden und in denen sich die alten Gewohnheiten mehr fortpflanzen (e), weßhalb man hier auch die Begünstigung des Anerben durch einen niedrigen Anschlag leichter erträgt. Beispiele von schädlich gewordenen Theilungen dienen zur Warnung, erworbenes bewegliches Vermögen wird mit Vorliebe zum Ankauf von Land verwendet (f). Daher trifft man fast überall größere und mittlere Güter zwischen den kleineren (g) und wenn die Vertheilung nicht nach der Zahl der Eigenthümer, sondern nach Procenten der ganzen Fläche berechnet wird, so erscheint die Zerstückelung viel weniger stark (h).

3) Je einsichtsvoller und unterrichteter die Landwirthe sind, desto eher vermögen sie zu erkennen, welche Bewirthschaftungsfläche unter den gegebenen Verhältnissen für sie die nützlichste

ist und bei welcher Morgenzahl insbesondere die Verkleinerung anfängt nachtheilig zu werden. Diese Einsicht muß wenigstens zur Verhütung von Mißgriffen dienen, wenn sie gleich für sich allein nicht schon die Herstellung der vortheilhaftesten Größe der Güter bewirken kann. Die Freiheit der Theilungen ruft aber erst das Nachdenken hierüber hervor (*i*).

4) Die Verkleinerung eines Gutes ist so lange unschädlich, als es den Besitzern an Mitteln, Kenntniß und Neigung zu einem guten Anbau, ferner an Absatz und vollständiger Beschäftigung und folglich auch an einem genügenden Einkommen nicht fehlt (*k*). Daher kann z. B. ein Spanngut (Gut von 1 Pflug) ohne Nachtheil auf einen kleineren Umfang gebracht werden, wenn ein schwunghafterer Anbau (I, §. 371) mit Nutzen ausführbar ist und folglich das Gespann noch hinreichend zu arbeiten hat; es kann auch die Theilung noch weiter herabgehen, wo die Arbeit mit Kühen gut ausführbar ist (*l*), wo die Handarbeit einträgliche Anwendung findet (*m*) oder Gelegenheit zu anderem Verdienste vorhanden ist, z. B. durch Taglohn auf größeren Gütern, Handwerks oder Fabrikarbeit, Steinbrechen, Torfstechen, Holzhauen, Lohnfuhren u. dgl.

5) Wenn mit einer weit gehenden Theilung ungünstige Erscheinungen zusammen treffen, so sind diese bisweilen anderen Ursachen zuzuschreiben, z. B. einer raschen Volksvermehrung, die aus einem unabhängig von den Gütertheilungen wirkenden Antriebe entsteht und auch bei gebundenen Gütern die Zahl der Nahrungslosen vergrößern würde, besonders wenn ein häufig betriebener Nahrungszweig in Verfall geräth (*n*).

(*a*) Sehr oft hat man die Verkleinerung des Grundeigenthums mit der Zertheilung der einzelnen Grundstücke (**Stücktheilung**) verwechselt, welche mit jener nicht nothwendig zusammenhängt und füglich beschränkt werden kann. Viele der 50 von **Sparre** a. a. O. S. 279 namhaft gemachten Nachtheile der Verkleinerung betreffen nur diese Parcellirungen.

(*b*) Die Annahme, daß z. B. die jetzigen Güter von 40 Morgen in der zweiten Hand durchschnittlich auf 10, in der dritten auf 2½ Morgen zerstückt würden u. s. f., ist daher unstatthaft. Denkt man sich 1000 Familien mit Gütern von 40 Morgen und nimmt man an, daß jene in gleichem Schritt mit der Volksvermehrung jährlich um 1 Proc. zunehmen, so würde der Zahl der Familien in 15 Jahren erst auf 1160, in 33 auf 1398, in 66 auf 1928, in 100 Jahren auf 2704 anwachsen und wofern das Land gerade im Besitze dieser Familien bliebe, würde der mittlere Umfang eines Gutes in denselben Zeiträumen auf 34,⁴, — 28,⁸, — 20,⁷, — 14,⁴ Morgen sinken. In der ganz vermögenslosen Classe pflegt die Volksvermehrung schneller zu sein.

(c) Die oben erwähnten badischen Hofgüter mit Vortheilsgerechtigkeit (§. 76 (e)) liegen im Schwarzwalde. Im hessischen und badischen Odenwalde schneidet der Rand der Höhen die durch freien Entschluß beisammen bleibenden Güter ab, in mehreren der Ebene nahen Thälern wird aber schon getheilt (was freilich auch in manchen Gebirgsorten geschieht), ja ein Dorf (Niederhambach bei Heppenheim) hat im oberen Theile Hofgüter, im unteren Zertheilung.

(d) In der Marschgegend an der Niederelbe hat die Theilbarkeit nicht geschadet, weil man von ihr wenig Gebrauch macht. Man sucht 4 bis 6 Pferde zu halten. Auch in Ostfriesland wird selten ein Hof zerstückt. Festgabe f. die 15. Vers. S. 119. 226. Das Nämliche ist auch in vielen anderen Gegenden wahrgenommen worden.

(e) Bezeichnend dafür ist die Beibehaltung der alterthümlichen Bauerntracht.

(f) Beispiel: die ehemaligen Stockgüter in der Eifel (Kreis Prüm), mit sehr geringer Abfindung der Miterben und sehr früher Verheirathung des Anerben (des ältesten Sohnes); aber sie werden nachlässig bewirthschaftet. Schwerz, Beschreibung der Landw. in Westfalen und Rheinpreußen, 1836, II, 129. — Reichensperger, S. 323. — Untheilbare Bauerngüter im Kreise Tecklenburg, v. Lengerke, Annal. IV, 341. — In Südtirol, unter den Landleuten von italienischer Abkunft, wird ebenfalls dieser zusammenhaltende Familiensinn bemerkt, Weber, Tirol, II, 498. — Ebenso in Belgien und anderen Ländern.

(g) In Oberbaiern kommen noch jetzt 47 baier. (62²/₃ preuß. — 44¹/₂ bad.) Morgen Acker, Wiese, Garten und Weide auf einen Eigenthümer, den Wald nicht gerechnet. — Alle statistischen Nachrichten aus Ländern, in denen die Gütertheilung frei ist, liefern Beweise hiezu, Kolb, a. a. O. und die folgende Note. — Lambsheim in der baier. Pfalz, ein Dorf in blühendem Zustande und vortrefflichem Anbau, hat unter 436 Familien 16 von 50—300 Morgen, 59 von 20—50 M., 71 von 10—20 M., 88 von 5—10 M., 202 von 5 M. und weniger. (Der dortige Morgen ist = 24 Aren = 0,⁴⁷ pr. Morgen.)

(h) In Belgien betragen die Wirthschaften verschiedener Größe in Procenten (die letzte Spalte nur nach ungefährem Anschlage)

	der ganzen Zahl von Gütern.	der ganzen Fläche.
unter 1 Hekt.	55,⁵⁴	7
von 1— 5 ⹂	28,⁹⁹	20
⹂ 5—10 ⹂	7,⁴⁷	18
⹂ 10—20 ⹂	4,⁶³	14
⹂ 20—50 ⹂	2,⁶²	22
⹂ 50 u. mehr ⹂	0,⁷⁵	19

also bestehen 36 Proc. der Fläche aus Gütern von 1—4 Pflügen, 19 Proc. aus noch größeren. In 2 Gemeinden des Kreises Bonn haben nur an 4 und 6 Proc. der Eigenthümer Güter über 50 Morgen, diese machen aber 42 und 39 Proc. der Fläche aus, Güter von 20 bis 50 Morgen sind 7,⁸ und 10 Proc. der Anzahl, 21 und 23½ Proc. der Fläche; aus den Angaben bei Hartstein, Topographie des Kr. Bonn, 1850, S. 199. Im Landcommissariat Frankenthal (baierische

Pfalz) befinden sich 38 Proc. Besitzungen bis zu 1 baier. Morgen, welche aber nur 2⅔ Proc. des Landes einnehmen, 49 Proc. sind Güter von 1 bis 10 M. — 30 Proc. der Oberfläche, die Güter über 100 Morgen nehmen 14 Proc. der Fläche ein, obgleich sie der Zahl nach nur etwas über ⅓ Proc. sind. Ueberschlag nach den Zahlen bei L. Rau, Studien S. 84. — In Sachsen haben 45,[37] Proc. der Eigenthümer unter 3 Acker = 6½ pr. M., 20 Proc. 3—10 Acker, 10,[4] Proc. 10—20 Acker, 17,[58] Proc. 20—50 Acker, 5,[32] Proc. 50 bis 100 und 1,[29] Proc. über 100, mit Einrechnung des Waldes (Neuning). Allein die drei letzten Classen besitzen ungefähr 36,[93] und 23 Proc., zusammen 81 Proc. der Fläche, die Eigenthümer von 21⅔ bis 43,[3] pr. M. nur 8,[6] Proc. ic.

(*i*) Es wäre lehrreich, die Ursachen zu erforschen, welchen die Verschiedenheit in der Größe der Landgüter von einem Ort oder Bezirk zum andern zuzuschreiben ist. Sie liegen bald in natürlichen Umständen, bald in der Geschichte der Ansiedlungen, bald in anderen wirthschaftlichen und staatlichen Umständen, die hier dem Antriebe zum Zusammenhalten des Eigenthums, dort der Neigung zum Zertheilen das Uebergewicht geben. Indeß hat ohne Zweifel die deutliche Ueberlegung oder das dunkle Gefühl des Landwirthschaftlich=Nützlichen mitgewirkt.

(*k*) Le canton de Vaud tout entier est un pays de petite propriété. Les partages s'y multiplient de plus en plus, et cependant jamais il ne fut plus riche et plus prospère. Sa population s'est accrue et s'augmente chaque jour dans une proportion qui n'a rien d'inquiétant, puisque l'aisance s'accroit avec elle et que la main d'oeuvre y est tout aussi chèrement payée qu'autrefois. Cette population est mieux nourrie, mieux vêtue, mieux logée qu'auparavant etc. Biblioth. univers. Agricult. XI, 95 (Mai, 1826). — Dennoch wäre es zu bedauern, wenn nicht auch mittlere und größere Güter übrig blieben.

(*l*) Diese Kuhgüter sind in vielen Gegenden in gutem Stande und ihre Eigenthümer in günstiger Lage, I, §. 372 und Rau, Ueber den kleinsten Umfang eines Bauerngutes, 1851, S. 13, auch im Archiv, N. F. IX. Bd. Die großen Abweichungen in den Urtheilen über den Zustand solcher kleinen Wirthschaften können nicht allein aus unrichtiger Auffassung erklärt werden, sondern zeigen an, daß die Erscheinungen wirklich sehr verschieden sind.

(*m*) Der Spatenbau ist bei so kleinen Gütern nicht nothwendig, weil man sich durch Lohnpflügen oder Zusammenspannen einzelner Kühe helfen kann, aber zum Anbau mancher Gewächse ist jener vortheilhaft, und der Lein (Flachs), Tabak, Hopfen, Krapp, die Rebe, Gemüse und Obst nehmen viele Hände in Anspruch. Freilich können diese Gewächse sowohl des erforderlichen Klimas als des beschränkten Absatzes willen nicht in einem ganzen Lande gebaut werden, was schon von Bernhardi S. 451 bemerkt worden ist. — Schilderung ganz kleiner Landstellen mit Spatenbau bei v. Riedesel, Ueber parcellenweise Verpachtung größerer Güter, 1846, auch in deff. Drei landwirthschaftl. Abhandlungen, Anklam, 1853. — In der badischen Pfalz wird für Halmfrüchte kein Spatenbau angetroffen.

(*n*) Nachweisungen hierüber bei Seelig a. a. O. — Die Schilderungen aus Würtemberg bei Helferich a. a. O. rühren aus einem Zeitpuncte her, in dem die Nachwirkungen schlechter Weinjahre und anderer Umstände noch sehr fühlbar waren. Der Wohlstand hat sich seitdem wieder gehoben. Vgl. Lette, Vertheil. S. 111 ff.

§. 80.

Die Erfahrungen aus vielen Gegenden bestätigen das, was aus den vorstehenden Sätzen gefolgert werden muß, daß nämlich die Freiheit der Theilungen jenes Uebermaaß der Verkleinerungen keineswegs so häufig, als man befürchtet hat, nach sich zieht. Die Verschuldung des Grundeigenthums zeigt sich sogar oft in Gegenden, die mehr große Güter haben, stärker als bei stärkerer Zertheilung (a). Indeß läßt sich nicht bestreiten, daß hie und da in einzelnen Orten oder Bezirken eine zu große Zertheilung zum Vorschein gekommen ist (b). Hiezu tragen folgende Ursachen bei.

1) Die Gewohnheit gleicher Erbtheilungen unter den Landleuten, die man leicht beibehält, auch wenn man schon an der Gränze angelangt ist, wo eine weitere Zerlegung nicht mehr nützlich ist; denn der Uebernehmer eines so kleinen Gutes, wenn ihm nicht zufällig ein bewegliches Vermögen zu Gebote steht und wenn er nicht mit Hülfe von Verbesserungen den Reinertrag zu erhöhen vermag, hätte zur Befriedigung der Miterben eine allzu schwere Schuldenlast zu tragen. Die Kaufpreise einzelner Stücke werden in volkreichen Ortschaften von dem starken Mitwerben so sehr in die Höhe getrieben (I, §. 371), daß die Käufer, um sich nur eine selbstständige und dauernde Beschäftigung zu sichern, mit einem sehr niedrigen Gewerbs- und Arbeitsverdienst vorlieb nehmen müssen und daher, wenn sie verschuldet sind, die Zinsen nur bei höchst spärlicher Lebensweise oder mit dem Beistande von Nebenverdiensten erschwingen können (c).

2) Leichtsinn und Unwissenheit oder das Beispiel anderer Gegenden, in denen die Theilungen nützlich gewesen sind. Man kann hiedurch verleitet werden, die Bedingungen des guten Auskommens nicht gehörig zu überlegen und sich die Steigerung des Bodenertrages oder den Nebenerwerb zu leicht und sicher vorzustellen (d).

3) Die durch mangelhafte Staatseinrichtungen vermehrte Schwierigkeit des Wegziehens aus der Gemeinde und des Ergreifens neuer Erwerbszweige, wodurch nach und nach die Ansprüche und Bedürfnisse der Landleute auf ein niedrigeres Maaß herab gedrängt werden.

4) Der gewerbemäßig betriebene Ankauf größerer Güter zum Behufe des Wiederverkaufs in kleineren Massen oder einzelnen Stücken wird ebenfalls hieher gerechnet, weil diese Unternehmung nicht aus den eigenen Wirthschaftserfahrungen großer Gutsbesitzer hervorgeht, sondern nur auf dem Preisunterschiede des Morgens bei großen und kleinen Flächen beruht. Die Verkleinerung mag hiedurch beschleunigt werden, aber sie würde, wenn gleich langsamer, auch ohne Einmischung von solchen Güterhändlern vor sich gehen, wenn große Güter sich in den Händen solcher Personen befinden, welche dieselben nicht gut bewirthschaften wollen oder können (e).

Die natürliche Abhülfe gegen übermäßige Zertheilungen besteht im Zusammenkauf einzelner Stücke, um größere Güter neu zu bilden. Dieß setzt, den Fall einer Auswanderung in andere Länder oder Gegenden ausgenommen, voraus, daß die Kleinbegüterten weniger Rente ziehen, als der Zins des ihnen gebotenen Kaufpreises beträgt und folglich mit Hülfe des letzteren sich von Schulden befreien und einen einträglicheren Erwerb ergreifen können (*f*).

(*a*) Lette, Vertheil. des Grundeigenthums S. 81. In England soll die Verschuldung 50 Proc., in Frankreich nur 10 Proc. sein.

(*b*) Statistische Nachrichten müssen mit Vorsicht benutzt werden, weil sie nicht selten mit einer vorgefaßten Meinung erhoben oder benutzt werden. Unbestimmte, mehrdeutige oder unerwiesene Angaben können nicht entscheiden. Die Merkmale, aus denen die Ueberschreitung der gemeinnützigen Gränze der Theilungen vermuthet werden kann, sind: unvollständige Beschäftigung der arbeitsfähigen Familienmitglieder, — Abnahme des Großviehes auf gleicher Fläche, besonders des Nutzviehes, schlechtere Düngung, geringerer Ertrag des Landes, — Zunahme der Dürftigkeit, der Armuth, der Vergantungen, wenn zugleich keine fremdartige Ursache im Spiel ist. — Man hat sich oft auf Frankreich als Beispiel im Großen berufen und den höchst übertriebenen Satz wiederholt, den Reichensperger S. 373 aus dem Journal des Débats mittheilt: le territoire français semble tomber en poussière. Die Unvollkommenheit des Anbaues in einem Theile des Landes, die weiten unbenutzten Oedungen, das Fortbestehen der Brache in den meisten Gegenden rc. lassen schon vermuthen, daß dort das Uebermaaß der Zerstückelung nur theilweise in einzelnen Gegenden bestehen könne. Man hat die Zahl der Grundeigenthümer bisweilen auf mehr als 10 Mill. angegeben, was aber schon darum unrichtig sein muß, weil auf 3½ Köpfe nicht schon 1 Grundbesitzer kommen könnte. Zwar zeigte das Kataster 1815 10 Mill. Besitznummern (Cotes foncières), die sich 1855 auf 12·522 738 vermehrt haben, aber hierunter sind 1) solche Besitzer von überbauten Flächen, welche kein anderes Grundeigenthum haben, mit aufgezählt, 2) diejenigen, welche in zwei oder mehr Gemeinden zugleich angesessen sind, zwei- oder mehrmals aufgeführt, weshalb jene Zahl unbrauchbar ist, Rau, Archiv, IV, 251. Wolowski in Séances et travaux Oct. 1857. — Legoyt in Journal des Econ. Jul. 1857. — Man hat früher 4·800000 (Daru, Moniteur von 1826, Nr. 97), oder 4·300000 (Lullin de Chateauvieux, Bibl. univ., Oct. 1825) oder 4·832998 (f. I, 400) Eigenthümer angenommen, neuerlich rechnet man 5—6 Millionen. De Lavergne, Economie rurale de la France, 1860, S. 433, rechnet, daß es 3 Mill. kleine Grundeigenthümer, durchschnittlich von 1 Hektar, 2 Mill. von durchschnittlich 6 Hekt. (23,⁴ pr. M.) und 1 Mill. große und mittlere von 25 Hekt. (97½ pr. M.) im Durchschnitt gebe, den Wald nicht eingerechnet, also im Ganzen 6⅓ Hekt. = 26 pr. M. durchschnittlich. Man glaubt, daß 24—26 Mill. Menschen der mit Landbau beschäftigten Classe angehören (Schnitzler, De la création de la richesse, I, 15), also (zu 5 Köpfen) gegen 4⅘ bis 5⅓ Mill. Familien. Das Rebund Gartenland beträgt 4 Mill. Hekt., die schon viele Arbeitskräfte beschäftigen. Die Seidenzucht wird in 12 südlichen Dep. stark betrieben; schon der Ertrag der Maulbeerbäume wird auf 42¾ Mill. Fr. angeschlagen. Schon vor 1789 war in einzelnen Theilen des Landes das Grundeigenthum sehr verkleinert und es wurden Klagen darüber vernommen, der Wohlstand und der Bodenertrag hat sich aber im Ganzen genommen vermehrt. Uebrigens wird nur etwa die Hälfte des Landes von Eigenthümern angebaut, Bernhardi, a. a. O. S. 552. Block, Des charges de l'agricult. 1851. S. 49. Nach diesem Schriftsteller sind an 14 Proc. der Fläche in großen Wirthschaften (grande culture), 59 Proc. in mittleren, an 27 in kleineren Wirthschaften enthalten. — Der Viehstand ist schwach, aber es ist nicht erwiesen, daß er sonst größer war. Nach der amtl. Statistik kamen in der Nordhälfte 2,²⁹ Hekt. — 8,⁰³ pr. Morgen Acker (die Brache eingerechnet), Garten- und Rebland auf 1 Stück Rindvieh jedes Alters, in der Südhälfte 3,¹¹ Hekt. — 12,¹³ pr. Morgen. Bei den Verhandlungen des landwirthschaftlichen Congresses in Paris (1844 und 1850) über die Verkleinerung der Grundstücke erhob sich keine Stimme gegen die Freiheit der Veräußerungen und Theilungen des Eigenthums. Nach de Lavergne, Econ. rurale de la France S. 164 ff. wird im D. Niederrhein über zuweit getriebene Theilungen geklagt, die Volksmenge sei schneller als der Bodenertrag gewachsen, es herrsche eine fureur de la propriété und es bestehe eine insuffisance de la production par rapport aux bras qu'elle emploie, S. 166. Zugleich soll die Stücktheilung sehr ins Uebermaaß gehen. — Die Zahl der Grundeigenthümer in England ist merkwürdiger Weise nicht genau bekannt, allein die der Landwirthe wird auf etwa 236000 angegeben, was 108 Acres Garten, Acker, Wiese und Weide — 170 pr. M. für jeden Landwirth giebt. In dieser Zahl sind 121460, welche Lohnarbeiter beschäftigen und zwar 744407, also jeder im D. 5,² Arbeiter. Es ist überhaupt unpassend, andere Länder gerade nach Großbritanien zu beurtheilen, dessen landwirthschaftliche Verhältnisse wegen des großen Capitals, der leichten Absatzgelegenheit u. dgl. ganz eigenthümlich sind. — Die preuß. Staatsbehörden fanden nach genauer Untersuchung, daß die behaupteten Uebelstände im Ganzen nicht vorhanden seien und der Bauernstand sich nicht in Verfall befinde, Lette, Vertheil. S. 18. 30. 40. — Helferich (Zeitschr. 1853 S. 215) weist allerdings eine größere Zahl von Gantfällen in einigen würt. Aemtern nach, die eine stärkere Vertheilung haben, 1 auf 206 Familien in 2 Amtsbezirken, dagegen 1 auf 337 in 2 anderen. Jene haben 6100, diese 3710 G. auf der O. M., vgl. aber §. 79 (m). — In Tirol, wo die Theilungen von den Aemtern bisher sehr bereitwillig zugegeben wurden, soll hie und da das Uebermaaß derselben zur Verarmung geführt haben. Klagen aus der Umgegend des Iselbergs (bei Innsbruck) und aus Vorarlberg, besonders dem Bregenzerwald, bei Weber, Das Land Tirol, III, 158. 581, Staffler, Tirol und Vorarlberg, 1839, I, 181. In Vorarlberg werden jedoch viele Fabriken betrieben. — Im K. Hannover wird der Zustand von Göttingen und Grubenhagen als ungünstig geschildert, Stüve, Wesen und Verfass. der Landgemeinden, S. 210 ff. Festgabe. S. 171. Es soll namentlich zu wenig Nutzvieh vorhanden sein, indem z. B. im Amte Duderstadt auf 15 kal. M. 1 Pferd, aber erst auf 28 M. 1 Kuh komme und es wird versichert, daß regelmäßig mit dem Umfange des gebundenen Grundbesitzes die Menge des Nutzviehes auf gleicher Fläche steige, vgl. §. 79 (a). Verständig betriebene Kuhwirthschaften würden vielleicht viel ändern. (Verdient genauere Untersuchung!) — Das bei v. Sparre S. 381 beschriebene arme Dorf Hochheim im Kr. Wetzlar hat erst auf 10,³ M. Acker 1 Stück Großvieh. — Das Dorf Seehof bei Lorsch (Großh. Hessen) mit 1200 hess. Morgen Land war ehemals im Besitz von 4 Erbpächtern. Nach der Ablösung dieses Erbpachtsverhältnisses mehrte sich die Zahl der Familien bis auf 80, die vielen kleinen Grundeigenthümer geriethen in Schulden und verkauften ihre Grundstücke an 2 reiche Capitalisten zum Behufe einer Wiesenanlage. Zeller, Zeitschrift f. d. landw. Vereine, 1858. S. 75. Festgabe für die XXI. Versammlung der d. Landw. 1860. S. 376. — In Baden wie in anderen Ländern enthalten die Berichte der Behörden bisweilen Schilderungen schädlicher Folgen aus den Theilungen. Eine Verringerung des Viehstandes ist jedoch selten nachzuweisen, eher an einzelnen Orten mangelnde Arbeitsgelegenheit und Dürftigkeit. In der Rheinebene insbesondere, wo die Landleute ungemein fleißig und auf Verbesserungen bedacht sind, wo Reben und Handelsgewächse viele Arbeit erfordern und die Besitzer zu kleiner Güter durch Pachtungen ihre Arbeitsfläche ergänzen, ist der Zustand nicht beunruhigend und der Wohlstand steigend. Größere und mittlere Güter erhalten sich neben den kleinen, die Spanngüter nehmen nicht ab. Rau in der Festschrift für die XXI. Vers. S. 296. Auf der Hochebene des östlichen Odenwaldes, zwischen Neckar und Main, sind diejenigen Gemeinden wohlhabender geblieben, in denen man die Güter zusammengehalten hat. Hier hat es den Bewohnern dieser abgelegenen Gegend bisher an Fleiß und Betriebsamkeit gefehlt und zu den Ursachen des gesunkenen Wohlstandes gehört die leichtsinnige Verwüstung der Privatwaldungen.

(c) Der höhere Preis der einzeln verkauften Grundstücke hat zwei Ursachen (I, §. 371), deren Wirkungen schwer zu sondern sind, nämlich theils den bei guter kunstmäßiger Benützung möglichen größeren Reinertrag des Landes, theils das stärkere Mitwerben. Indeß findet die Wirkung der zweiten Ursache ihre Gränze, weil der Preis nicht über das Verhältniß des Pachtzinses hinausgehen kann, welchen der kleine Landwirth oder Taglöhner noch zu bezahlen im Stande ist. Es sei der Rohertrag eines Morgens 70 fl., die eigene Arbeit der Familie 20 fl., der übrige Kostenaufwand 30 fl., so bleibt ein Reinertrag von 20 fl., der einem Preise von 500 fl. (zu 4%) entspricht. Es wird offenbar einem kleinen Pachter schon schwer werden, 25 fl. zu geben, wobei der Preis auf 625 fl. stiege, wohlhabende Käufer werden aber nicht theurer kaufen, weil sie auf den Pachtzins Rücksicht nehmen.

(d) Der Taglohnverdienst vermindert sich, sowie die größeren Güter kleiner oder ihre Eigenthümer fleißiger und sparsamer werden. Die Einführung landwirthschaftlicher Maschinen hat ähnliche Wirkung.

(e) In Frankreich wird über die „schwarze Bande" geklagt, welche adelige Güter zerschlug und alle Bestandtheile so einträglich als möglich zu

benutzen suchte. Dieß Gewerbe ist die in Würtemberg sogenannte Hof=
metzgerei, Hofschlächterei in Norddeutschland. Wo die Erlaub=
niß zur Zerschlagung schwierig zu erlangen ist, da verlegen sich begreif=
lich gewandte, geschäftskundige Leute auf diese Unternehmung, die dann
besonders gewinnbringend ist. Sind die Theilungen frei, so werden
sie unaufhaltsam da erfolgen, wo sie Vortheil bringen, es sei nun
durch den bisherigen Besitzer oder durch einen Käufer. — Fr. v. Ried=
esel (a. a. O. S. 59) fand, daß auf seinem Gute von 640 pr. M.
ein Theil der Grundstücke keinen Reinertrag gab und am besten durch
Stückverpachtung benutzt wurde. Dieß ist ein häufiger Fall, den man
nur wegen mangelhafter Buchführung nicht leicht herausfindet.

(s) Dieß Zusammenkaufen kommt öfters vor, z. B. in der baier. Rhein=
pfalz, Kolb a. a. O. — Bernhardi S. 481 erinnert an die
Entstehung von Latifundien durch Auskauf der kleinen Eigenthümer
mit dem Untergang des Bauernstandes in Italien, in zwei verschie=
denen Zeitpuncten. Dieß steht bei den heutigen volkswirthschaftlichen
Verhältnissen nicht zu erwarten. In den östlichen Provinzen des preuß.
Staates wie in England sind jedoch viele Bauerngüter von den großen
Gutsbesitzern ausgekauft worden, s. z. B. Wentzel in v. Lengerke,
Ann. IX, 330.

§. 81.

Die gesetzliche Untheilbarkeit würde nach allgemeinen Grund=
sätzen (§. 5) in Schutz genommen werden können, wenn sie
erweislich die bessere Bodenbenutzung und die vortheilhaftere
Lage der Landleute sicherte. Dieß ist jedoch nicht der Fall.
Die Gebundenheit ist unter gewissen Umständen unschädlich,
nämlich da, wo die Naturbeschaffenheit der Güter sowie die
persönlichen Eigenschaften und das Capital der Eigenthümer
der jetzigen Ausdehnung der Besitzungen entsprechen und durch
walzende Stücke auch für die Wenigbegüterten gesorgt ist.
Allein unter diesen Verhältnissen ist der Zwang auch über=
flüssig, der dagegen in vielen anderen Fällen nachtheilig wirkt
und dem gesicherten, reichlichen Einkommen einer gewissen An=
zahl von Grundbesitzern die mögliche Erhöhung des Boden=
ertrages und die Zunahme fleißiger, ihr Auskommen findender
Familien zum Opfer bringt. Volksvermehrung, Steigerung
der landwirthschaftlichen Kunst und erleichterter Absatz erregen
einen Drang nach Verkleinerung der großen Güter, dessen
Befriedigung ganz unbedenklich ist, da ohnehin unter übrigens
gleichen Verhältnissen oft schon ohne alle üblen Folgen in der
einen Gegend die Vertheilung viel weiter fortgeschritten ist, als
in der anderen.

§. 81 a.

Die Gebundenheit ist schon von Alters her keine unbedingte gewesen, vielmehr durften die Gutsherren und die Staatsbehörden in einzelnen Fällen auf besonderes Nachsuchen Theilungen zugeben, und dieß ist sehr oft wirklich geschehen. Da es an allgemeinen leitenden Vorschriften hierüber fehlte, so blieb dem Ermessen derjenigen, welche die Entscheidung zu geben hatten, sehr viel überlassen und wenn sie auch Sachverständige zu Rathe zogen (a), so war doch je nach vorgefaßten Meinungen, nach Gunst oder Ungunst und mancherlei anderen einwirkenden Umständen das Verhalten der Obrigkeiten sehr ungleichförmig. Durch Aufstellung der Bedingungen, unter denen die Theilung zu erlauben sei, in einer Geschäftsanweisung (Instruction) wäre dieser Uebelstand nur zum Theil gehoben worden, weil bei der Anwendung solcher Vorschriften viel von der Beurtheilung der gegebenen Verhältnisse und der wahrscheinlichen Wirkungen einer gewissen Veränderung abhängt. Auf die Folgen einer einzelnen Theilung hat zum Theil die Persönlichkeit der Landwirthe Einfluß, die sich nicht genau bemessen läßt. In einer für das Schicksal der Familien so wichtigen Angelegenheit wird es aber sehr widrig empfunden, wenn man in seinen Entschließungen Hindernisse findet, die auf Willkür oder Unkunde schließen lassen; ohnehin ist das Geschäft für die Verwaltungsbehörden mühsam. Es ist daher schon ein Fortschritt, wenn durch gesetzliche Bestimmungen die Gebundenheit unter gewissen Voraussetzungen sogleich ganz beseitigt wird. Anordnungen dieser Art, die als Uebergang und Vorbereitung zur völligen Freigebung der Theilungen betrachtet werden können, sind z. B. nachstehende:

1) Aufhebung aller Beschränkungen in solchen Fällen, wo dieselben unzweifelhaft als unnöthig erscheinen, also in den Markungen der Städte, in der Nähe von großen Fabriken, Bergwerken und dgl., in Orten, wo Reb-, Obst- und Gemüsebau oder überhaupt ein gartenmäßiger Anbau des Landes verbreitet ist und dgl. Mit der Zeit wird sich dann von selbst das Bedürfniß der Erweiterung dieser freien Bezirke geltend machen.

2) Gestattung kleinerer Abtrennungen zur Aufführung von Gebäuden, für öffentliche Zwecke, zum Behufe von landwirthschaftlichen Verbesserungen, z. B. Trockenlegung, Bewässerung und dergl. (*b*).

3) Man hat versucht festzusetzen, daß ein gewisser Theil eines gebundenen Gutes ohne besondere Erlaubniß abgetrennt werden dürfe. Wegen der Ungleichartigkeit des Bodens würde eine gewisse Quote des Flächenraums unpassend sein, daher ist der Anschlag zur Grundsteuer als maaßgebend angenommen worden (*c*). Dieß hat jedoch Manches gegen sich. Die Größe der Landgüter ist so überaus verschieden, daß z. B. das eine ohne Nachtheil in 2 oder 3 gleiche Theile zerlegt werden könnte, während bei einem anderen die Abtrennung von $1/3$ schon unrathsam erscheint, auch läßt sich nicht annehmen, daß eine einmalige Verminderung des Gutsumfangs später weiter gehende Veränderungen verhüten werde.

4) Veräußerungen von einzelnen Stücken, die von anderen Eigenthümern erworben werden, könnten freigelassen werden, wenn auch Theilungen bei Gutsübergaben an die Kinder und bei Erbschaften, wo eine Vermehrung der ansässigen Familien stattfindet, noch einigermaßen erschwert bleiben sollten. Im ersten Falle erfolgt die Verkleinerung durch den freien Entschluß eines Einzigen, der seine Lage zu verbessern gedenkt, und die verkauften Stücke dienen zur Vergrößerung anderer Güter, in den letzteren Fällen dagegen ist der Einzelne, der ein gewisses Gut antritt, durch den Willen der Aeltern oder Miterben beschränkt und hier ist eher Gefahr vorhanden, daß die neuen Ansäßigmachungen nicht gut ausfallen (*d*).

5) Die Bestandtheile eines untheilbaren Gutes müssen von den zufällig in derselben Hand sich befindenden walzenden Stücken genau geschieden werden (*e*).

(*a*) Z. B. Hannover, V. vom 9. Mai 1823 für die Grafschaft Lingen, Gesetzblatt I, 195.
(*b*) Sächs. Gesetz vom 30. Nov. 1843 §. 4, bis zu $1/8$ des Gutes.
(*c*) Angef. sächs. Ges. §. 3: nur $1/3$, nach den Steuereinheiten berechnet, darf ein für allemal abgetrennt werden. Für dieß Gesetz Reuning, a. a. O. S. 31.
(*d*) Wenn die Theilungen dieser Art mehr als die anderen erschwert würden, so müßte man zugleich festsetzen, daß ein neu übernommenes Gut eine Zeit lang, z. B. 5 Jahre hindurch, nicht verkleinert werden dürfe,

weil sonst die Anordnung leicht zu umgehen wäre, indem ein Erbe das älterliche Gut übernähme und bald darauf Theile desselben verkaufte. Alle solche Vorschriften sind jedoch schon darum von sehr geringem Werthe, weil man das Verpachten einzelner Stücke nicht untersagen kann. — Das preuß. Ges. v. 3. Jan. 1845 enthält Bestimmungen über neue Ansiedlungen mit Errichtung neuer Wohngebäude. Sie können untersagt werden, wenn Gefahr für das Gemeinwesen zu besorgen ist, namentlich wenn die Ansiedlung entfernt oder sonst unpassend gelegen ist und nicht die Mittel zur Ernährung enthält, §. 27. Dieß ist hauptsächlich eine schutzpolizeiliche Rücksicht. Nach dem Gesetz v. 24. Mai 1853 aber ist eine neue Ansiedlung unzulässig, wenn die Ortsobrigkeit oder Gemeinde widerspricht und der Antragende nicht den Besitz eines hinreichenden Vermögens nachweist, §. 11.

(c) Zu diesem Behufe hat man sich bisher gewöhnlich darnach gerichtet, was vor Alters, so weit die Nachrichten reichen, zu dem Gute gehört hat.

§. 81 b.

Da die völlige Untheilbarkeit der jetzt vorhandenen Güter nicht haltbar ist, so hat man öfters vorgeschlagen und auch in der Ausübung versucht, eine **Untergränze (minimum)** aufzustellen, bis zu welcher die Verkleinerung unbedingt gestattet wird, während eine noch weitere Verkleinerung nicht, oder doch nur mit besonderer Erlaubniß nach vorausgegangener Prüfung der Umstände zulässig ist (*a*). Dieß ist allerdings eine erhebliche Erleichterung, die der freien Verfügung über das Grundeigenthum schon ein ziemlich weites Feld einräumt und die Staatsbehörden vieler mühsamen Geschäfte überhebt. Allein es zeigen sich hiebei doch auch mehrere Schwierigkeiten.

1) Eine einzige Theilungsgränze für Güter jeder Größe wäre nicht zweckmäßig. Man müßte daher wo nicht mehrere, doch wenigstens zwei Classen unterscheiden, nämlich **Spanngüter**, die noch ein Gespann erhalten und beschäftigen können, und kleinere, die einer Familie Arbeit geben (*b*). Aber auch bei diesen wird man, um eine unnöthige Härte zu vermeiden, oft noch weitere Verminderungen zulassen müssen, namentlich da wo Nebenverdienst leicht ist oder Pachtstücke hinzugenommen werden können. Für ganz geringe Besitzungen, die sog. Ackerstellen, ist jede Beschränkung unzweckmäßig.

2) Auch bei jeder dieser beiden Classen findet zwischen den einzelnen Gegenden eines Landes eine starke Verschiedenheit statt, weßhalb eine und dieselbe Untergränze hier noch zu groß wäre und viele nützliche Theilungen verhindern würde, dort

schon weiter ginge, als es verständige Landwirthe für rathsam halten. Sowohl die kleinste noch vortheilhafte Gespann= als die kleinste Arbeitsfläche ist nach Maaßgabe des Klima's, Bodens, der Absatzgelegenheit, der herrschenden mehr intensiven oder extensiven Betriebsart ꝛc. so ungleich, daß die gesetzliche Untergränze leicht in der einen Gegend zwei= oder dreimal so groß bestimmt werden muß, als in der anderen (c). Ueberdieß bedarf bei den Fortschritten des Anbaus das irgendwo aufgestellte Minimum bisweilen einer Herabsetzung. Demnach ist es rathsam, auf eine einfache gesetzliche Bestimmung einer Untergränze zu verzichten und im Gesetze nur vorzuschreiben, wie dieselbe unter Mitwirkung sach= und ortskundiger Männer, insbesondere der landwirthschaftlichen Vereine, der Gemeinderäthe und der Bezirksausschüsse, für jeden Landestheil auszumitteln sei. Hiedurch entsteht eine umständliche, vielen Anfechtungen ausgesetzte Einrichtung. Man wird immer mehr verschiedene Sätze für kleinere Bezirke und selbst einzelne Orte verlangen, häufige Veränderungen begehren und es wird endlich das Unnöthige der ganzen beschwerlichen Anordnung einleuchten.

Der Vorschlag, für jedes einzelne Gut einen untheilbaren Stamm oder Kern festzusetzen, neben welchem die anderen Bestandtheile walzend würden, wie dieß in manchen Gegenden schon üblich war (d), wäre ebenfalls nur da ausführbar, wo bisher die Gebundenheit bestand, würde große Mühe verursachen und mit Ausnahme geschlossener, abgesonderter Güter wegen des Mangels fester Anhaltspuncte die Grundeigenthümer von dem Gutdünken der Beamten (§. 81 a) abhängig machen.

(a) Die Vorschläge weichen überaus weit von einander ab; vgl. Stüve, Lasten des Grundeigenthums S. 20. — In Schweden darf ein Gut nur so weit verkleinert werden, daß es noch 3 Arbeiter, 1 Pferd und 2 Ochsen beschäftigt, dabei auch noch 3—4 Kühe und 5—6 Schaafe oder Ziegen das ganze Jahr hindurch ernährt. Hiezu sind 9—15 Tonnen Land (= 17,4—29 pr. M.) erforderlich, af Forsell, S. 103. — Nach dem sächs. Entwurf von 1843 sollte bei gebundenen Gütern von 150 und weniger Steuereinheiten (50 Thlr. = 87½ fl. Grundrente, im D. 10—12 Acker = 21,6—24 pr. M.) nichts abgetrennt werden, bei größeren höchstens die Hälfte des Ueberschusses über 150 Einheiten, Rau, Archiv, VI, 118; das Gesetz selbst lautet anders, §. 81b (b). — Nach dem hannov. Ges. v. 9. Mai 1823 für die niedere Grafschaft Lingen §. 27 ist nicht unter 40 kalenb. (41 preuß.) Morgen herab zu gehen. — Die preußischen Verordnungen bestimmen zum Behufe der Auseinandersetzung mit den Gutsherrn, welche Fläche zu einer Acker=

nahrung hinreiche. Während man in den Kreisen Mülheim, Waldbröl, Siegen, Gummersbach schon 20 M. genügend findet, fordert man in anderen 30, 40, 50, 60, 70, in den Kr. Paderborn, Warburg, Hörter, Hamm, Dortmund ꝛc. 80, in Bockum und Lüdinghausen 100, in Koesfeld und Steinfurt 100—150 Morgen f. die Bekanntmachungen bei Danz, II. Bd. — In Oesterreich wird nach der V. vom 16. Juni 1787 die Theilung in ebenen Gegenden bis auf 40 Metzen Aussaat (3 M. auf 1 Joch gerechnet, also 13⅓ Joch = 30 pr. Morgen) gestattet, andere Verordnungen empfehlen indeß die Berücksichtigung örtlicher Umstände, die älteren Vorschriften bestehen auch nach der Aufhebung des grundherrlichen Verbandes fort, V. vom 23. März 1850, v. Stubenrauch, II, 448—52. — Nach Wißmann (Archiv für Landeskunde der preuß. Monarchie III, 78. 1856) soll auf die sichere Ernährung einer Familie gesehen, Nebenverdienst als zufällig nicht berücksichtigt werden. Das minimum der Ernährungsfläche, für jeden Ort besonders zu bestimmen, sei in Thüringen im Durchschnitt 20 pr. Morgen.

(b) Es müßte zu diesem Behufe die **Arbeitsfläche** ausgemittelt werden, auf der etwa 3 Personen lohnende Arbeit finden. Die **Unterhaltsfläche** wäre, wenn überhaupt eine Gränze festgesetzt werden soll, schon zu klein, weil sie einen schuldenfreien Zustand voraussetzt. Ferner muß man sich darüber verständigen, ob man in den Zeitpuncten gehäufter Arbeit (Heu- und Kornernte u. dgl.) den Beistand von Taglöhnern voraussetzen will oder nicht. — Winter (Deutsche Vierteljahrsschrift, 1849, Nr. 45 S. 256) räth, eine größere Anzahl von Classen der Güter nach ihrem Umfange festzusetzen, etwa 6, deren Ausdehnung sich wie die Zahlen 1 — 2 — 4 — 8 — 16 — 32 verhalten, und dahin zu arbeiten, daß die Anzahl der vorhandenen Güter jeder Classe gerade das umgekehrte Verhältniß habe, also z. B. 32mal so viel kleinste als größte. Allein dieß wäre sehr schwer ausführbar und die empfohlene Zahlenregel ist nicht aus dem Wesen der Sache zu begründen; eine allgemeine Regel dieser Art giebt es nicht. Ueber die Schwierigkeiten bei einem minimum f. auch v. Vincke S. 36.

(c) Weil eine gewisse Morgenzahl offenbar nicht überall angemessen ist, so hat man in Baiern den Verkehrswerth oder vielmehr den Steueranschlag des Landes zu Grunde gelegt. Das baier. Gesetz vom 11. Sept. 1825 über die Ansässigmachung verordnet, daß jedes Gut bis auf ein Steuersimplum von 45 Kr. (welches einen Verkehrswerth von 600 fl. andeutet) verkleinert werden darf, ludeigene Güter auch unbedingt weiter, grundbare aber nur, wenn der Grundherr seine Zustimmung giebt. Das minimum ist zugleich die Bedingung der Ansässigmachung auf Grundbesitz. f. §. 15. — Das Gesetz Q. vom 11. Juli 1834 erhöht mit dieser Bedingung zugleich das minimum auf 1 fl. Grundsteuersimplum oder ungefähr 600 fl. Steueranschlag. (Gegen das frühere minimum wurde eingewendet, es sei für Taglöhner zu viel, für den Unterhalt einer Bauernfamilie in manchen Gegenden zu wenig.) — Allerdings ist der Anbau in der Regel desto schwunghafter, je höher die Rente und der Preis der Grundstücke steigt, doch trifft dieß nicht genau zu. Nicht selten ist die Bewirthschaftungsweise von Land verschiedener Güte und Rente die nämliche, so daß z. B. ein Spanngutsminimum von 30 Morgen bald auf 9000, bald auf 15000 oder 18000 fl. anzuschlagen ist. Es macht z. B. einen Unterschied, ob Weiden vorhanden sind, ob Handelsgewächse gebaut werden, Brache nöthig ist. — Die Arbeitsfläche für 3 Erwachsene kann, abgesehen von gartenmäßigem Anbau, bei gewöhnlicher Feldwirthschaft leicht von 9 pr. (6½ bad.) M. bis zu 20—25 M. verschieden sein. Beispiele in dem

§. 79 (*l*) genannten Aufsatze, Fortf. in Zeitschrift f. d. ges. Staatswissenschaft, 1856 S. 213. Nach Reinhardt in Würtemberg 15 bis 30 Morgen, a. Amtl. Bericht über die 6. Versamml., S. 167. Die für ein Gespann nöthige Ackerfläche wechselt von etwa 30—70 preuß. Morgen, wozu das Grasland kommt.

(*d*) v. Vincke a. a. O. Dieser untheilbare Stamm eines Gutes wird von dem Verf. mit dem westfälischen Namen Sohlstelle bezeichnet.

§. 81 c.

Wo die Theilungen schon längere Zeit hindurch frei waren, da würde die Wiedereinführung der Gebundenheit oder einer anderen Art von Beschränkung, selbst wenn die Regierung sie für nützlich hielte, sehr schwierig sein und auf das stärkste Widerstreben stoßen, weil sie die herrschende Gewohnheit verletzte und die Meinung der Landleute gegen sich hätte. Aber auch da, wo die Gebundenheit sich noch erhalten hat, ist es rathsam, auf ihre Beseitigung Bedacht zu nehmen, weil sie einen Zwang in sich enthält, dessen Bedürfniß nicht erweislich ist. Die Aufhebung kann plötzlich, oder allmälig, stufenweise geschehen. Letzteres verdient den Vorzug, wo die bestehende Einrichtung mit der Denk- und Empfindungsweise der Landbewohner zusammenhängt, so daß eine Vorbereitung für den verständigen Gebrauch der Freiheit nützlich ist, ehe dieselbe vollständig eintritt. Sind die Theilungsverbote hinweggefallen, so bleibt es doch möglich, durch andere Mittel auf die Verhütung unvortheilhafter Verkleinerungen hinzuwirken und es sind in dieser Hinsicht nachstehende Maaßregeln in Betrachtung zu ziehen.

1) Die Beförderung des Zusammenlegens (§. 97 ff.), weil der höchst einleuchtende Nutzen einer größeren zusammenhängenden Fläche oder vollends eines ganzen geschlossenen Gutes so fühlbar ist, daß er eine Abneigung gegen die Zerstückung hervorbringt.

2) Es sollte das Nachdenken der Landleute auf die Frage gelenkt werden, welche Größe eines Gutes unter gegebenen Verhältnissen die beste ist und wo die Verminderung unvortheilhaft zu werden anfängt. Hiezu können die landwirthschaftlichen Lehranstalten und Vereine, die Besprechungen in größeren Versammlungen, die zur Belehrung des Landmanns bestimmten Zeitschriften, aufgestellte Preisfragen und dgl. anregen. Das

Veröffentlichen statistischer Thatsachen, aus denen sich warnende Lehren ableiten lassen, trägt zur Aufklärung der herrschenden Meinungen bei.

3) Die neue freiwillige Errichtung bäuerlicher dauernder Stammgüter (Fideicommisse mit Majorat oder Minorat) sollte nicht zugelassen werden, weil ihr die gegen die Gebundenheit und gegen das ungleiche Erbrecht sprechenden Gründe entgegenstehen. Weniger bedenklich ist die gesetzliche Bestimmung, daß in den Familien das Beisammenbleiben eines gewissen Umfangs von Ländereien auf eine gewisse Zeit festgesetzt werden darf. Der seltene Gebrauch, der von dieser Anordnung gemacht wird, beweist übrigens, daß sie im Bauernstande nicht als Bedürfniß angesehen wird (a).

Bei Veräußerungen von Theilen eines Landgutes sind gewisse Förmlichkeiten nothwendig, um die Rechte dritter Personen, z. B. der Unterpfandsgläubiger, der Gefällberechtigten, der Staatscasse in Bezug auf Verkaufsabgaben und dgl. sicherzustellen und die Vertragschließenden vor Uebervortheilungen und Rechtsstreitigkeiten zu bewahren (b). Weitere Erschwerungen aber, die nur dazu dienen sollen, durch Verzögerung und Ermüdung einem nicht sehr festen Vorsatz entgegen zu wirken, sind der Staatsgewalt nicht würdig und können noch den Nachtheil haben, die Einmischung gewandter Mittelspersonen zu befördern. Gegen die sogenannte Hofmetzgerei (§. 80 b) genügt es, den Eigenthümern solchen Beistand entbehrlich zu machen, so daß sie die Zerschlagung allenfalls selbst veranstalten können. Zu einem Verbote dieser Unternehmung ist kein zureichender Grund vorhanden (c). Die in die Staatscasse zu entrichtende Gebühr von Veräußerungen trägt übrigens bei, von gewerblichen Zerschlagungen abzuhalten, weil sie dabei zweimal entrichtet werden muß.

(a) In England besteht keine Gebundenheit, aber jeder Grundeigenthümer kann nach dem Ges. 3. u. 4. Will. IV (1831) C. 41, welches die Fideicommisse (entails) aufhob, in einem letzten Willen verordnen, daß das Gut bis zur Volljährigkeit des ältesten, bei der Abfassung des Testaments noch nicht geborenen Sohnes des nächsten Erben (also mindestens 21 Jahre nach dem Tode des letzteren) unvermindert und unbelastet beisammen bleiben solle, und diese allgemein übliche Bestimmung (settlement) wird gewöhnlich von dem erwähnten Erben wieder erneuert. Für Geschwister und andere Verwandte wird aus gutem

Willen geforgt. Helferich in der a. Zeitschrift 1854. S. 143. Locke King schlug vergeblich im Unterhause gleiches Erbrecht vor, s. dessen The injustice of the law of succession. 1854. — Nach dem baier. Ges. 22. Febr. 1855 können Erbgüter errichtet werden bei einem schuldenfreien Grundvermögen von wenigstens 6 fl. Grundsteuersimplum oder 4500 fl. Grundwerth. Für dieselben besteht eine besondere Erbfolge, die nur auf Nachkommen, Geschwister und deren Kinder geht. In Ermanglung solcher Erben hört die Erbguteigenschaft auf. Ueber die Abfindung anderer Erben und den Vortheil des Gutserben sind verwickelte Bestimmungen aufgestellt, die das Gesetz künstlich und schwerverständlich machen. — Aehnlich im Großh. Hessen, Ges. 11. Sept. 1858. Es ist ein schuldfreies Vermögen in Grundstücken von 15000 fl. oder 60 Morgen erforderlich. — Empfehlung solcher Anordnungen von Weber in Zeller, Zeitschrift für die landw. Vereine im Gr. Hessen. 1858. S. 79.

(b) Schriftliche Abfassung vor einem Notar, Kenntnißnahme des Hypotheken- und Steueramtes sowie der Pfandgläubiger und anderer Berechtigter, damit alle Lasten gehörig vertheilt werden, preuß. Ges. v. 3. Jan. 1845, s. Lette und v. Rönne, I, 121. II, 122 ff. — Weitere Bedingungen im Ges. v. 24. Mai 1853 für die 6 östlichen Provinzen, z. B. daß der Vertrag vor dem Gerichte geschlossen werden, daß bei Versteigerungen der Richter anwesend sein soll, daß der Veräußernde, wenn er nicht seinen Besitztitel ins Hypothekenbuch eintragen ließ, ein Jahr in Besitz gewesen sein muß, ferner über neue Ansiedelungen. — Verbot eines gänzlichen Verzichtes auf die Reuzeit u. dgl. im würtemb. Ges. v. 23. Juni 1853.

(c) Angemessener verordnet §. 3 des ebengenannten würtemb. Gesetzes, daß die im Vertrage angegebenen Personen als Käufer einzuzeichnen werden sollen und eine nachträgliche Nennung eines anderen Käufers nicht zu beachten sei, d. h. daß dieß einen zweiten Vertrag erfordere. — Aber die Bestimmung (§. 11), daß der Käufer von mindestens 10 M. aus einer Hand vor Verlauf von 3 Jahren dieß Land nur im Ganzen oder nicht über ¼ der Fläche verkaufen dürfe, ist schon eine lästige Beschränkung. — Das baier. Gesetz v. 28. Mai 1852, Beil. XV zum Landtagsabschied, setzt eine Gefängnißstrafe bis zu 3 Monaten und eine Geldbuße von 100—1000 fl. auf die gewerbemäßige Betreibung der parcellenweisen Veräußerung landwirthschaftlicher Gutscomplere, ja sogar auf jede gewerbemäßige Vorschubleistung hiezu!

§. 82.

Mehrere frühere Beschränkungen in der Erwerbung liegender Gründe sind nachtheilig, und zwar sowohl für die Eigenthümer, weil diese zufolge des verengerten Begehres um niedrigeren Preis verkaufen müssen, als für die Landwirthschaft, weil der Uebergang der Ländereien an solche Personen, die sie am besten zu benützen im Stande sind, erschwert wird. Dahin gehört z. B. das Gesetz, daß städtische Handwerker keine Ländereien an sich bringen dürfen (a), daß kein Grundeigenthümer noch ein zweites Gut (Zubaugut) neben seinem früher besessenen erwerben solle (*b*), das Verbot der Erwerbung adeliger Güter durch Bürgerliche oder des Ankaufs von Liegenschaften durch Ausländer und dgl. (*c*).

(*a*) Preuß. Circular vom 5. October 1763, in Bergius, Landesgef. II, 391.

(*b*) Preuß. Circular vom 24. Dec. 1764, ebend., III, 31. — Baier. V. bei v. Closen, S. 269.

(*c*) In Preußen sind durch das Edict vom 9. Oct. 1807 alle Beschränkungen dieser Art aufgehoben worden und das Landescultur-Edict vom 14. Sept. 1811 §. 1 spricht aus, daß der Grundbesitzer über sein Land frei verfügen könne, so weit nicht Rechte anderer Personen ein Hinderniß bilden. — In Sachsen wurde das Verbot der Erwerbung von Rittergütern durch Personen vom Bauernstande im Gesetz vom 22. Febr. 1834 §. 5 aufgehoben, und nach dem Gesetz v. 13. Juni 1837 ist zur Erwerbung bäuerlicher Grundstücke durch Nichtbauern in keinem Falle mehr besondere Genehmigung erforderlich. — Auch in den süddeutschen Staaten sind solche Beschränkungen längst beseitigt. — In England ist der Verkauf der Grundstücke noch mit so vielen Förmlichkeiten beschwert, daß verschuldete Eigenthümer Mühe haben, sich durch den Verkauf einzelner Theile zu erleichtern und die Anleihen auf Unterpfand wenig beliebt sind, Caird, English agric. S. 496. — Das Gesetz v. 28. Juli 1849 (12. u. 13. Vict. c. 77) gestattet für Irland den Verkauf verschuldeter Güter (encumbered estates) unter erleichterten Formen, unter Aufsicht einer Commission, welche auch Theilungen und Austauschungen anordnen darf. Bedingung ist, daß die Schuldzinsen den halben Reinertrag übersteigen.

§. 83.

Sehr große Grundbesitzungen bilden zwar eine minder günstige Vertheilung des Vermögens, weil sie bewirken, daß die Grundrente in wenige Hände zusammenfließt und desto mehr andere Familien auf Lohn und Gewerbsverdienst beschränkt sind, und weil bei ihnen leichter eine sorglose unergiebige Bodenbenutzung stattfindet (*a*), allein wenn keine anderen Umstände hinzutreten (*b*), so dient schon die Freiheit der Zertheilung dazu, daß große Güter in mehrere Abtheilungen zertrennt werden, wenn sie hiebei eine höhere Rente abwerfen (*c*) und mit Vortheil veräußert werden können. Ein Zwang zur Verkleinerung großer Flächen wäre ein unzulässiger Eingriff in das Eigenthumsrecht, sowie auch ein Verbot des Zusammenkaufens nicht gebilligt werden könnte. Hiezu kommt, daß auch ohne Veräußerung durch Verpachtung kleinere Bewirthschaftungsflächen gebildet werden können. (*d*). Besondere Maaßregeln sind in gewissen Fällen erforderlich:

1) bei dem Grundvermögen der Körperschaften (Corporationen) und Stiftungen (der todten Hand, manus mortua), falls dasselbe so beträchtlich und in so schlechter Bewirthschaftung ist, daß daraus ein Verlust für die gesammte Production entspringt; unter solchen Umständen müßte man die weitere Anhäufung von Ländereien in der todten Hand verbieten und die Zertheilung derselben in Erbpachtgüter oder den Verkauf eines Theiles befördern (e);

2) in Ansehung der Stammgüter (Familien=Fideicommisse) des Adels. In mehreren Ländern ist die Ausdehnung der hiedurch untheilbar und unveräußerlich gemachten Ländereien ein so großes Hinderniß des guten Anbaues, daß es nöthig wird, die Errichtung neuer Fideicommisse zu beschränken, die Auflösung derselben durch Beschluß aller Betheiligten zu erleichtern, die Vererbpachtung in einzelnen Abtheilungen zu gestatten und dgl. (f).

(a) Gr. Soden, Das agrarische Gesetz. Augsb. 1797. — Dessen Nationalökonomie VI, 70. — In Spanien ist wegen der Unveräußerlichkeit eines großen Theils der Ländereien der Preis derselben so sehr gestiegen, daß man sie um das 66fache des reinen Ertrages bezahlen mußte. Jovellanos, S. 130.

(b) Wie z. B. Standesvorrechte der großen Grundeigenthümer die, zu Bedrückungen anderer Stände Gelegenheit geben oder diese schon für sich selbst belästigen.

(c) Von den Waldungen gilt dieß nicht.

(d) Wie in Großbritanien und Irland.

(e) Roscher, Volksw. II, §. 105. 106. — Beispiele dieses Uebelstandes in Neapel und Sicilien, Spanien und Portugal. Bei diesem Lande nennt Balbi als ein Haupthinderniß der Landwirthschaft l'immense étendue de terrains incultes, qui ... appartiennent aux communes, aux grands seigneurs, aux majorats, au clergé et à la couronne, et qui, ne pouvant se vendre, restent toujours incultes ou réduits à n'être que de misérables pâturages entre des mains insouciantes. Statistique, I, 162. — Aehnliches schildert Jovellanos in Beziehung auf Spanien, a. a. D. S. 118—154. — Schon die Besteuerung der geistlichen Güter trägt dazu bei, auf eine bessere Behandlung derselben aufmerksam zu machen. Wo das Kirchengut zweckmäßig bewirthschaftet wird, da ist dessen große Ausdehnung nicht in Hinsicht auf den Bodenertrag, sondern nur wegen der Verwendung eines ansehnlichen Theiles der Grundrente für eine, das Bedürfniß der Seelsorge übersteigende Menge von Geistlichen u. a. Zwecke nachtheilig.

(f) Die Erfahrung zeigt, daß die adeligen Geschlechter durch fideicommissarische Majorate nicht sicherer erhalten werden, als ohne sie. Der Hauptgrund für die Majorate ist in dem günstigen Einflusse zu suchen, den eine begüterte, gebildete und mit gemeinnützigen Bestrebungen beschäftigte Classe von Grundeigenthümern auf das Staats=

leben äußern kann, vorausgesetzt, daß ihre Stellung sie nicht in Versuchung setzt, ihren Vortheil auf Kosten der übrigen Classen zu verfolgen. Diese wohlthätigen Wirkungen lassen sich in Großbritanien nicht verkennen. In Staaten mit ständischer Verfassung erhalten die Majoratsherren die Befugniß, in der Volksvertretung eine hervorragende Stelle einzunehmen, und dieß ist ein Beweggrund zur Errichtung neuer Stammgüter. Doch werden dieselben nicht häufig neu gebildet werden, wenn hiezu ein bedeutendes Grundvermögen gefordert wird, z. B. nach dem gr. heff. Ges. v. 13. Sept. 1858 ein schuldenfreies Grundeigenthum von wenigstens 75 000 fl. Verkehrswerth. — Die vorhin (e) genannten Staaten zeigen auch die Nachtheile der vielen Majorate auf's deutlichste. Sicilien hatte bei 1·735 000 Einwohnern 50 Fürsten, 18 Herzöge, 20 Marchesen, 2 Grafen und 34 Barone im Parlamente. Vgl. Jovellanos, S. 154–183. — In Mecklenburg-Schwerin gehören 43.³ Proc. des Landes dem Domanium, 42,³ Proc. der Ritterschaft, 10,⁸ Proc. den Städten, 3,³ Proc. sind Clostergut, zusammen 244 Q.-M. Die Bauern sind Zeit- oder Erbpachter. Beiträge zur Statistik Mecklenburgs. I. 2. H. S. 121. 1859. — Das preuß. Edict vom 9. Oct. 1807 gestattet §. 5 die Vererbpachtung mit Vorwissen der Landespolizeibehörde, und erlaubt (§. 9) die Auflösung des Fideicommisses durch Familienbeschluß. Abweichend das baier. Edict über die Familien-Fideicommisse von 1818, nach welchem (§. 48) Verpachtungen auf mehr als 9 Jahre den Nachfolger nicht verbinden und die Auflösung schwieriger ist, §. 97. — Die deutschen Grundrechte (1849, §. 36) wollten die Aufhebung aller Fideicommisse.

4. Gemeindeländereien.

§. 84.

Aus der alten Gemeinschaft der Ländereien, die einer Gemeinde zugehörten, traten Acker- und Gartenland und Wiesen zuerst in das Sondereigenthum über, weil bei diesen Benutzungsarten das Bedürfniß eines mühsamen Anbaues oder doch einer gewissen Pflege und Schonung ganz einleuchtend war. Weiden und Waldungen blieben dagegen lange im Besitze der Gemeinden, und zwar jene in gemeinschaftlicher Benutzung, während diese auf Rechnung der Gemeinde verwaltet, jedoch ganz oder zum Theile zur unentgeltlichen Versorgung der Gemeindemitglieder mit Walderzeugnissen verwendet wurden. In manchen Fällen waren bis auf die neueste Zeit Weide- und Waldbezirke ein Miteigenthum mehrerer Gemeinden. Durch spätere Urbarmachungen verwandelten sich in vielen Orten diese Ländereien in Acker- und Wiesland. Es ist allgemein anerkannt, daß die Staatsgewalt über die Vermögensangelegenheiten der Gemeinden eine Oberaufsicht zu führen hat, damit die letzteren nicht durch Mißgriffe ihrer Vorsteher oder Mitglieder in dauernde, auf spätere Geschlechter sich fortpflanzende Verluste gebracht werden. Diese Oberaufsicht schließt die Befugniß und Verpflichtung in sich, dahin zu wirken, daß die Gemeindegrundstücke nicht allein für die Gütererzeugung im Allgemeinen, sondern auch für den Haushalt der Gemeinden und ihrer Mitglieder vortheilhaft und nachhaltig benutzt werden, doch sollen die Gemeinden in der Benutzungsart nur soweit beschränkt werden, als es die Ausführung jenes Grundsatzes nothwendig macht. Hiebei ist zunächst zwischen den Hauptformen der Bodenbenutzung, Acker, Wiese, Weide und Wald zu unterscheiden (a).

I. Bei Ackerland fällt der Grund, aus dem man sonst oft das Gemeindeland zu Privateigenthum vertheilt hat, hinweg, weil die Urbarmachung schon erfolgt ist, also die Hindernisse des Anbaus überwunden sind (b). Es ist rathsam den Gemeinden solches Eigenthum als eine Hülfe für mancherlei Fälle zu erhalten, dasselbe aber zur Bewirthschaftung zeitweise an Mitglieder der Gemeinde abzugeben. Dieß kann geschehen

1) was die Form betrifft, durch Verpachtung nach dem Meistgebot (c) oder durch Ueberlassung der einzelnen Stücke an die sämmtlichen Gemeindeglieder auf eine, für die gute Behandlung nicht zu kurze Zahl von Jahren (d) oder auf Lebenszeit unter gleichbleibenden Bedingungen. Hiebei muß, wenn nicht freiwillig eine Begünstigung der Dürftigen beschlossen wird oder eine Verschiedenheit in den Berechtigungen Statt findet, Allen gleichviel zugetheilt werden. Ist das Gemeindegut unzureichend, um jedem Mitglied ein nicht allzukleines Stück zu geben, so wird eine Reihenfolge nach dem Alter gebildet und die jüngeren Bürger rücken nach und nach ein, wie die älteren aussterben. Ein beträchtliches, auf diese Weise vertheiltes Gemeindeeigenthum giebt auf alle Zeiten den in Dürftigkeit oder Nahrungslosigkeit gerathenen älteren Familienvätern und Wittwen eine wohlthätige Unterstützung (e). Es ist hiebei nützlich,

a) mehrere Abtheilungen (Classen) zu machen, so daß die Gemeindeglieder schon nach kürzerer Zeit in den Genuß eines Stückes gelangen und allmälig mehr erhalten (f),

b) für eine starke Vermehrung der Bürgerzahl eine spätere Umänderung der Vertheilungsart vorzubehalten,

c) bei dem Heimfall nach dem Tode eines Nutznießers die auf den Nachfolger übergehenden Kostenverwendungen (Düngung, Grundverbesserungen) zu vergüten, damit nicht die Antheile alter Gemeindebürger schlechter bewirthschaftet werden (*g*).

2) Die Entrichtung des Nutznießers kann von der Uebernahme der bloßen Grundsteuer bis zu dem vollen Pachtzinse aufsteigen. Ihre Höhe ist in Bezug auf den Anbau ziemlich gleichgültig. Allein je mehr sie beträgt, desto weniger braucht zur Deckung des Gemeindeaufwandes durch Umlagen nach dem Steuerfuße aufgebracht zu werden und desto mehr ersparen die Reichen an der Umlage, während die Dürftigen mehr Nutzen haben, wenn sie eine stärkere Umlage tragen und dagegen ihre Almendstücke wohlfeil benutzen. Diejenigen, welche noch keinen Almendgenuß haben, werden freilich von der Umlage in vollem Maaße getroffen und sollten billigerweise eine Erleichterung erhalten (*h*).

II. Wiesen könnten wegen der einfachen Bewirthschaftung und der besser im Großen zu unternehmenden Trockenlegungs- und Bewässerungsarbeiten leicht von der Gemeinde selbst verwaltet werden, und im Falle der Ueberlassung zum Genuß der Bürger sollten wenigstens die genannten Verbesserungen von der Gemeinde veranstaltet werden, etwa gegen eine Entschädigungsrente der Nutznießer.

(*a*) Die Landesgesetze legen häufig die Unterscheidung der zum Besten der Gemeindecasse benutzten Grundstücke (sog. Kämmereigüter der Städte) und der einer gemeinschaftlichen Benutzung hingegebenen (Almenden) zu Grunde und verbieten die Verminderung oder gänzliche Vertheilung der ersteren. Indeß sind beide Verwendungsarten nicht scharf getrennt, indem z. B. die Abgabe für die Benutzung von Almendstücken höher oder niedriger angesetzt werden kann.

(*b*) Es fehlt im südlichen Deutschland nicht an Erfahrungen über die ungünstigen Folgen der Vertheilung solcher Gemeindeländereien zu Eigenthum, indem die Dürftigeren ihre Antheile nicht gehörig düngen konnten und nach wenigen Jahren dieselben um niedrigere Preise an die Reicheren verkauften; es wurde daher der Armuth nicht abgeholfen. Belege in Zeller, Zeitschrift für die landw. Vereine des Gr. Hessen, 1848. S. 62. 213. 269. — Nach der bad. Gemeinde-O. §. 92 ist eine Vertheilung zu Eigenthum erlaubt, wenn vorher für jeden Bürger 1 Morgen Acker oder Wiese zum lebenslänglichen Genuß hinweggenommen worden ist, auch sind $3/4$ der Stimmen hiezu erforderlich, §. 110.

(c) Hier ist nach den Umständen zu entscheiden, ob auch Auswärtige mitbieten dürfen; in der Regel ist ihre Ausschließung vorzuziehen. — Für die Verpachtung der franz. landw. Congreß von 1847, Zeller, Zeitschr. 1848, S. 227, ferner ebend. 1849. S. 283.

(d) Hierin wurde sonst sehr gefehlt. Reinhard (Vermischte Schriften, 6. Stück, 1767, S. 823) führt mißbilligend an, daß damals (im Badischen) Wiesen auf 1 Jahr, Aecker auf 3 Jahre an die Bürger ausgegeben wurden, nach Bergius Mag. IV, 46 pflegte man die Aecker auf 1—3 Jahre nach dem Loose auszutheilen. In Baden sind 105 012 Morgen Almendgut zum Genuß an die Bürger vertheilt und 95 098 Bürger (einschließlich Wittwen) haben Antheil. Die Gemeindewaldungen betragen 685 374 Morgen, die Holzabgaben 176 281 Klafter Scheitholz, 12 477 Klafter anderes Holz, 7 241 812 Wellen ꝛc., die an 159 382 Personen vertheilt werden. 522 Orte haben bloß Holz, 141 bloß Almentnutzungen, 556 beides. Die Zahl aller Gemeinden und Nebenorte mit besonderen Rechnungen ist 1842. Beiträge zur Statistik der innern Verwalt. IX. Heft. 1859. — In Frankreich kommt noch sowohl erblicher als lebenslänglicher Almentgenuß vor, welcher fortbestehen, aber nicht mehr neu bewilligt werden darf; die höchste erlaubte Dauer ist 30 Jahre. Block, Diction. S. 1209.

(e) In Baden ist diese Einrichtung die gewöhnliche. Die Vertheilungsart der Almenten kann durch Beschluß von ⅔ der Berechtigten mit Genehmigung der Regierung abgeändert werden, Gemeinde=O. von 1831 §. 85, doch wird in der Regel darauf gesehen, daß kein Mitglied in dem Genusse, den es bisher schon gehabt hat, verkürzt werde, B. vom 16. Juni 1834. In mehreren Orten der badischen Rheinebene steigt der volle Antheil eines älteren Bürgers auf 3, 4, in Heddesheim und Laudenbach auf 5, in Käferthal auf 7 Morgen, im heß. Marktflecken Birnheim auf 13 heß. oder 9 bad. Morgen.

(f) Es ist fehlerhaft, wenn die zuerst erhaltenen Stücke später beim Empfang anderer wieder abgegeben werden müssen, weil dieß von ihrer guten Behandlung abhält. In manchen Dörfern dauert es schon 25 und mehr Jahre, bis der Bürger in den vollen Genuß gelangt. — Nach dem großh. heß. Ges. v. 21. Juni 1852 sollen künftig die Antheile nicht unter ½ heß. Morgen betragen und aus einem einzigen Stück bestehen. Wenn ein Theil der Ortsbürger mehr berechtigt ist als die anderen, so findet beim Aussterben der ersteren ein Nachrücken nach dem Alter in den größeren Genuß Statt.

(g) Diese ungünstige Folge wird allerdings öfters wahrgenommen.

(h) Bad. Gemeinde=O. v. 1831 und Ges. v. 29. Aug. 1835 (Zusammenstellung v. 5. Nov. 1858 §. 69.) Es darf eine Auflage auf die Bürgernutzungen gemacht werden, soweit dieselbe dem Werthanschlage nach 1 Morgen Acker oder Wiese und 2 Klafter Gabholz übersteigt, die Auflage darf aber den halben Reinertrag der Nutzung nicht übersteigen.

§. 85.

III. **Weideland** war ehemals vor der Einführung der Stallfütterung ein nothwendiges Erforderniß, daher bestand ein ansehnlicher Theil der Oberfläche jedes Landes aus Weiden (Weideangern), die einer einzelnen Gemeinde oder mehreren derselben zugehörten oder auch im Miteigenthum mehrerer Privatpersonen sich befanden (a). Die gemeinschaftliche Benutzung hat gewöhnlich die Folge, daß die Weideplätze ohne Schonung und Pflege bleiben, weil Niemand es der Mühe werth findet, etwas für sie zu thun, jeder vielmehr nur den größten Nutzen für sich ziehen will. Daher sind die Gemeinweiden meistens zu stark und ununterbrochen mit Vieh besetzt, in schlechtem Zustande und deßhalb von geringem Ertrage (b). Am nachtheiligsten ist das Miteigenthum mehrerer Gemeinden, die begreiflich in der übermäßigen Benutzung der Weiden mit einander wetteifern. Eine Entfernung dieser Uebelstände ist deßhalb mit Recht als eine Aufgabe der Regierung anerkannt worden. Es kann jedoch da, wo die Beschaffenheit und Lage der Weideflächen der Umwandlung in eine andere Art der Bodenbenutzung im Wege steht, wie dieß besonders in Berggegenden oft der Fall ist (§. 87 (c)), weniger wirksam geholfen werden, denn es bleibt hier nichts übrig, als für bessere Behandlung der Weiden zu sorgen. Es muß den Gemeindevorstehern aufgetragen werden zu veranstalten, daß die Weiden geebnet, gereinigt, in mehrere Abtheilungen gebracht und abwechselnd behütet werden, daß die für jedes Weidestück passende Art der Thiere bestimmt werde, Schweine und Federvieh nur auf die schlechtesten Stellen kommen und dgl. (c). Ein beträchtlicher Theil der Gemeinweiden zeigt sich jedoch bei genauer und unbefangener Untersuchung tauglich, zu Acker oder Wiesen gemacht zu werden. Sind nun auch die anderen Bedingungen ihres guten schwunghaften Anbaus (Arbeitskräfte, Capital, Absatz) vorhanden, so kann durch denselben mit Hülfe der Stallfütterung und des Futterbaues auf dem Felde, soweit die Wiesen nicht zureichen, der Weidegang ganz abgeschafft und eine große Vermehrung des Bodenertrages bewirkt werden.

(a) Im preuß. Staate wurde nach längerer Ungewißheit über die Anwendung des §. 17 der G.-Th.-O. durch die Declaration v. 26. Juli 1847 verordnet, daß dasjenige Gemeindevermögen, dessen Nutzungen den Mitgliedern vermöge dieser ihrer Eigenschaft zukommen, so wenig als dasjenige, welches zur Bestreitung der Gemeindeausgaben dient, durch Theilung in Privatvermögen verwandelt werden darf. Ebenso G. Th. O. für die Rheinprovinz §. 3. (Die Theilung ist demnach nicht bei Gemeindevermögen, sondern nur bei gemeinschaftlichem Privatvermögen zulässig.)

(*b*) Verständige Landwirthe lassen nicht selten die ihnen gestattete Weide freiwillig unbenutzt, weil sie die spärliche Nahrung, den Düngerverlust, die Gefahren für die Gesundheit der Thiere ꝛc. bedenken. Anders verhält es sich, wenn Grasland sich im Privateigenthum befindet, wo nach Umständen das Beweiden dem Mähen vorgezogen werden kann, wie bei Fettweiden oder den Weideschlägen der Feldgraswirthschaft, I, §. 382. — Roscher, II, §. 80. — In Frankreich sind nach der amtlichen Statistik (Agriculture, 1841) noch 9 191 000 Hekt. Weideland vorhanden, deren Ertrag auf 82 Mill. Fr. (9 Fr. auf 1 Hektar oder 1 fl. auf den preuß. Morgen) angeschlagen ist. Nach Chevrier-Corcelles & Puvis, Observations, S. 10, wurden 6 Mill. Hekt. ödes Land angenommen, wovon mindestens 4½ Mill. baufähig. Das britische Reich soll nach Couling 1827 noch 15 Mill. Acres baufähiges ödes Land gehabt haben (wovon 3 454 000 Acres in England), welches 5 Mill. Pfd. St. einbrachte, Porter, Progress of the nation, 1851, S. 160. Dieß sind wahrscheinlich größtentheils Gemeindeweiden, commons. Der schlechte Zustand derselben ist der Gegenstand vieler Klagen. Sie sind wegen der Behütung bei nasser Witterung von Hufstritten durchlöchert, uneben, haben Pfützen von stehendem Wasser, schlechte Kräuter, Maulwurfshaufen, Fuhrwege und dergl. (Auf den englischen Gemeinde-Heiden trieben sich auch die Zigeuner herum.) Man hat angenommen, daß in England der Acre solcher Weiden nicht über 4 Schilling Ertrag giebt, und daß durch die Abschaffung des Weidegangs und bessere Benutzung der Rohertrag 40fach, die Rente 15fach werden könne. — Bergius, Polizey- u. Cameral-Magazin, IV, 48. — Frank, Landw. Polizei, II, 195. — Rees Cyclopaedia, IX, Art. Common. — Steinmüller, Schweiz. Alpenwirthschaft, I, 30. II, 287. 342. 415. — Ueber die bessere Benutzung des, größtentheils den Gemeinden gehörenden öden Landes in den Ardennen, welches theils zu Wald, theils zu Wiesen und Weiden gemacht werden könnte, s. V. Brona, Mémoire sur l'utilisation des terrains incultes de l'Ardenne. Liége, 1829. (Der Verfasser räth den Verkauf.)

(*c*) Frank, Landw. Polizei, II, 204—207. — Alps, S. 166. — Beispiel sorgfältiger Anordnungen hierüber in der schwytzer „Bauherrn oder Oberallmeind-Verordnung," gedruckt zu Einsiedeln, 1818. Durch Beschluß von 1816 wurde ein Oberallmeindgericht aufgestellt, um die Weideangelegenheiten zu besorgen. Der Oberallmeind-Seckelmeister wacht, daß die Weiden, Wege, Hütten und Häge in gutem Stande bleiben, daß die Allmeinden gesäubert und erweitert werden, der Dünger aus den Melkhütten auf die Weide geführt, die Kuhweiden von Schaafen und Ziegen befreit werden und dgl. — In der Schweiz, Tirol, dem bairischen Alpenlande ꝛc. sind viele Alpen Privateigenthum Einzelner oder Mehrerer. Bei den Gemeindealpen ist ausgemittelt, wie viel Stücke Vieh aufgebracht werden dürfen. Die besseren Weiden werden für milchgebende Kühe bestimmt und mit Sennhütten versehen, die schlechteren (Galtalpen) dem Jungvieh, den Pferden ꝛc. angewiesen. Vorschrift, die Almenden mit Bäumen bepflanzen zu lassen, Würtemb. Commun-O. v. 1. Juni 1758, 3. Cap. 4. Abschnitt. Weiden auf schlechtem Boden können auch zu Wald gemacht werden, §. 165.

§. 86.

Ein fleißiger Anbau des bisherigen Weidelandes ist am sichersten dann zu erwarten, wenn dasselbe zertheilt wird und in die Hände einzelner Gemeindebürger übergeht. Die Bemühungen vieler Regierungen sind daher hierauf gerichtet und mit dem besten Erfolge belohnt worden. Wenn jedoch zum Urbarmachen schwierige und kostbare Unternehmungen gehören, die besser und leichter im Großen auszuführen sind, so müssen dieselben vor der Zertheilung veranstaltet werden, entweder auf Rechnung der Gemeinden, oder von Privatgesellschaften, oder vom Staate. Sollte es den Gemeinden an Capital und Neigung zu solchen Unternehmungen fehlen, so wäre es am einfachsten, wenn sie die Weiden an den Staat verkaufen, der dann das Land nach den nöthigen Verbesserungen wieder veräußert (a). In den meisten deutschen Ländern hat man in der zweiten Hälfte des 18. und noch mehr im 19. Jahrhundert nach dem Beispiel von England (b) die Vertheilung der Gemeinweiden unter die Gemeindebürger zu Eigenthum befördert und diese mit großer Vorliebe betrachtete **Gemeinheitstheilung** (c) ist zum Gegenstande vieler gesetzlicher Vorschriften geworden (d). Der Beweggrund hiezu war die Erwägung, daß von den Eigenthümern der größte Eifer zu erwarten ist, die empfangenen Antheile in guten Stand zu bringen und einträglich zu benutzen. Neuerlich hat man angefangen, die Beibehaltung des Eigenthums solcher Gemeindeländereien vorzuziehen und sie so zu behandeln, wie das schon früherhin urbar gemachte (§. 84), d. h. sie zu verpachten oder zum lebenslänglichen Genuß an die Bürger zu vertheilen.

(a) Belgisches Gesetz v. 25. März 1847: die Gemeinden und die Miteigenthümer gemeinschaftlicher Weideflächen können zum Verkaufe derselben gezwungen werden, mit Zustimmung des Provinzialrathes, wobei den Käufern die Urbarmachung zur Bedingung gemacht wird. Auch eine Verpachtung zum Anbau auf höchstens 30 Jahre, aber mit der Aussicht auf Erneuerung des Pachtes, ist zulässig, Art. 11. Der Staat kann solche Flächen von den Gemeinden erkaufen und sie wieder verkaufen. Schon vor diesem Gesetze hatten mehrere Gemeinden der Heidegegend (Campine) in den Provinzen Antwerpen und Limburg Heideland an den Staat abgetreten, der die Bewässerung vorbereitete und das Land als Wässerwiesen verkaufte. In einem Falle (bei einer Fläche von 122 Hekt.) war der Erlös des Hekt. 395 Fr., die Kosten der Bewässerungsanlagen beliefen sich auf 155 Fr., also der Ueberschuß 240 Fr. Man nahm an, daß die Gemeinden 162896 Hekt. Heide besitzen. Hiervon wurden in 3 Jahren nach jenem Gesetze 8626 Hekt. mit der Verpflichtung zum Anbau verkauft, 603 verpachtet, 1920 vertheilt, 226 von den Gemeinden selbst angebaut und 4600 Hekt. zu Wald angelegt, zusammen 16 180 Hekt. Loi sur le défrichement des terrains incultes. Recueil des documens et des discussions, Brux. 1848. fol. — Situation du Roy. 1852. IV, 79. — Die Beweggründe zu jenem Gesetz lagen zum Theil in dem Mangel an Capital in den Gemeinden. Wollen diese die Urbarmachung selbst bestreiten, so steht es ihnen natürlich frei.

Auf entlegenen Weideplätzen ist die Anlegung von Höfen rathsam, welche auf lange Zeit verpachtet oder in Erbpacht gegeben werden. Vorschlag dieser Art für die großen Almenden des württemberg. Heubergs von Reinhardt, Corresp. Bl. des w. landw. B. 1847, S. 1. Chevrier-Corcelles et Puvis, Observations, S. 10. (Die Verfasser rathen, daß zur Weide nicht erforderliche Gemeindeland den dürftigen Feldarbeitern gegen einen geringen Zins auf 9 Jahre zu überlassen; für jede folgende 9jährige Pachtperiode müßte der Zins erhöht werden, ohne daß die Familie aus dem Besitz vertrieben würde.)

(b) Ueber die Bedeutung von inclosure und Gemeinheitstheilung s. §. 75 (b). Die erste inclosure bill kam 1710 zu Stande. Seitdem sind diese Unternehmungen sehr zahlreich geworden. Von 1760—1849 wurden 1·350 577 Acres, theils Gemeinweiden, theils weidepflichtiges Privateigenthum, von der Weide befreit (Porter, Progress. S. 157), wodurch ein großer Zuwachs des Bodenertrages bewirkt wurde, auch der Viehstand zunahm (Thaer, Engl. Landw. IIb. 357). Die Besorgniß einer Vertheuerung des Fleisches (z. B. in A political enquiry into the consequences of enclosing waste lands, 1785, S. 97) war unbegründet, denn das von der gemeinschaftlichen Weide befreite Land wurde zum Theil auch zur Gewinnung von Futter und selbst zu Weideschlägen verwendet. Nachtheilig war nur der Umstand, daß Häusler (cottagers) und Taglöhner ohne Grundbesitz, welche die Weide benutzt hatten, keine Antheile erhielten und daher in Bedrängniß geriethen. Das allgemeine Ges. v. 8. Aug. 1845 (8. u. 9. Vict. c. 118) erlaubt, den dürftigeren Arbeitern Stücke bis zu ¼ Ac. gegen einen Getreidezins zum Gartenbau zu geben, §. 75, 109. — In Schottland ist schon 1665 ein Gesetz ergangen, nach welchem die Abtheilungen leicht erfolgten, Thaer, IIb, 349.

(c) Wöllner, Die Aufhebung der Gemeinheiten in der Mark Brandenburg. Berl. 1766. — Reinhart, Verm. Schriften, VI, 835. — (v. Rebeur) Gedanken eines geübten Auseinandersetzungs-Commissarii über die schicklichste Verfahrungsart ꝛc. Berl. 1774. — Auszüge aus diesen beiden und mehreren anderen Schriften in Bergius, Neues Magazin, III, 5. — Frank, Landw. Pol. II, 199. — Meyer, Ueber die Gemeinheitstheilung. Celle, 1801—1805. III. B. 4°. — Gönner, Ueber Cultur und Vertheilung der Gemeindeweiden. Landshut, 1803. — Sturm, Kameralpraxis, II, 1. — Lips, Ackergesetzgebung, I, 148—168. — Burger und Schachermaier, Preisschriften über Zertheilung der Gem.=W. Pesth, 1818. — Klebe, Grundsätze der Gemeinheitstheil. Berlin, 1821. L. Bd. 4°. — Ueber die Gesetzentwürfe in Baiern s. v. Closen, S. 66. 201. Verhandl. der 2. Kammer von 1819, I, 452. (Allgem. Bemerk.) — Verhandl. der 2. Kammer von 1822. Beilagen, I, 178 (ministerieller Entwurf). IV, 146 (Gutachten des Ausschusses). — Rudhart, I, 190.

(d) Beispiele: Oesterr. Patent v. 5. Nov. 1768, Ges. v. 14. Oct. 1808. Schopf, I, 71, Stubenrauch, II, 475. — Hannov. Gemeinheits-theilungs-O. für das Fürstenthum Lüneburg, vom 25. Juni 1802, Verordnungen für die anderen Provinzen v. 30. April 1824 u. 26. Juli 1825. Ges. v. 30. Juni 1842 über das Verfahren in Gemeinheits-theilungs= und Verkoppelungssachen, Verordn. hiezu v. 27. März 1843,

f. Landes=Oekonomie=Gesetzgebung des K. Hannover, 3. Aufl. 1857. —
Gr. heff. G.=Th.=O. v. 7. Sept. 1814. — Gothaische G.=Th.=O.
v. 2. Jan. 1832. — Sächs. Ablös.=O. v. 17. März 1832. 5. Ab=
schnitt. — Bad. Gemeinde=Ordn. v. 31. Dec. 1831. 5. Abschnitt. —
Preuß. Gemeinh.=Th.=O. v. 7. Juni 1821, Ges. v. 2. März 1850.
Gem.=Th.=O. für die Rheinprovinz, Neuvorpommern und Rügen
v. 19. Mai 1851. — In Frankreich sind Theilungen des Gemeinde=
landes unbedingt verboten. Erklärung des Staatsraths 21. Febr. 1838.
Block, Dict. S. 1211.

§. 87.

Bei der Vertheilung der Gemeindeweiden ist vor=
züglich Folgendes zu berücksichtigen:
A. **Was zum Beschlusse einer Theilung erfor=
derlich sei.** Die Besitzer größerer Güter pflegen derselben
weniger geneigt zu sein, als die kleineren, daher ist ein ein=
stimmiger Beschluß der Weideberechtigten nicht leicht zu er=
warten, es muß also eine starke Mehrheit der Stimmen ent=
scheiden (a). Um keinen Theil in seinen Wirthschaftsverhält=
nissen zu belästigen und Streitigkeiten zu verhüten, ist es
dienlich denjenigen Gemeindegliedern, die es begehren, ihre
Antheile auszuscheiden, während die Anderen mit dem Ueber=
reste des Landes im Weideverbande bleiben; doch ist dieß nicht
unter allen Umständen ohne Nachtheile ausführbar und es
muß daher eine Untersuchung hierüber angestellt werden (b).
Ueberhaupt darf eine Zerschlagung nicht ohne Genehmigung
der Staatsbehörde geschehen, weil es Fälle giebt, wo die Urbar=
machung schädlich, oder auch aus anderen Gründen die Thei=
lung unvortheilhaft ist (c).
B. **Wer zur Benutzung berechtigt sei,** und wie
weit die Nutzungsrechte sich erstrecken, dieß ist durch genaue
Untersuchung in jedem einzelnen Falle zu ermitteln, wozu
Gemeindeordnungen, abgeschlossene Verträge, richterliche Er=
kenntnisse und Herkommen zu Stützpuncten dienen. Man muß
diejenigen Weideberechtigten, welche blos Entschädigung
zufolge einer Weidedienstbarkeit fordern können, von den Ge=
meindemitgliedern unterscheiden, deren wirthschaftliche Lage durch
die Theilung verbessert werden soll. Jene können sowohl
Auswärtige, als auch Gemeindemitglieder ohne Antheil an dem
Gemeindeeigenthume sein (d). Die Entschädigung wird in

Land geleistet. Sind Weiden im gemeinschaftlichen Eigenthume mehrerer Gemeinden, so muß die Abtheilung zwischen denselben vorausgehen, wozu die Art und Größe der bisherigen Benutzung zu erforschen ist (*e*). Um aber diese besonders unvortheilhafte Weidegemeinschaft (§. 85) zu entfernen, soll jede Gemeinde befugt sein, die Ausscheidung eines Theiles von dem gemeinschaftlichen Weidegrunde zu fordern (*f*).

(*a*) Lüneb. G.-Th.-O. §. 24 und Ges. für die anderen hannov. Provinzen: die Hälfte der Stimmen genügt, und diese werden nach Grundbesitzungen abgewogen, wenn die Theilnahme an der Gemeinheit darauf beruht, sonst nach Verhältniß des Genusses. — Preuß. Gem.-Th.-O. §. 4: Jeder Theilnehmer kann eine Gem.-Theilung verlangen; §. 17: Bei Gemeindegütern, deren Nutzungen den einzelnen angesessenen Mitgliedern gebühren, kann jedes nutzungsberechtigte Mitglied auf Theilung antragen. Dieses „Provocationsrecht" ist durch V. v. 28. Juli 1838 §. 1, Ges. v. 9. Oct. 1848 und v. 2. März 1850 §. 13 wenigstens in Ansehung solcher Theilungen, welche einen allgemeinen Ackerumtausch erfordern, so beschränkt worden, daß die Besitzer von ¼ der betheiligten Ländereien zustimmen müssen. G.-Th.-O. für die Rheinprovinz §. 2: Theilung eines gemeinschaftlichen Eigenthums kann jeder Miteigenthümer verlangen. Vgl. §. 84 (*a*). — Baier. Ges. P. v. 1. Juli 1834, §. 6: ¾ der Gemeindemitglieder, unter welchen ¾ aber die Großbegüterten und Schäfereiberechtigten begriffen sein müssen. — Bad. G.-O. v. 5. Nov. 1658 §. 126: zur Vertheilung müssen ¾ der Gemeindebürger zustimmen, aber es muß nach §. 113 1 Morgen auf jeden Bürger zum Almendgenusse vorbehalten werden. — Gotha, §. 3: ¾ der Mitglieder. — Gr. Hessen, §. 41: Mehrheit. — In Oesterreich sollten nach dem Patent von 1768 die Theilungen von Amtswegen betrieben werden, nach dem Ges. v. 14. Oct. 1808 hörte der Zwang auf, die Behörden sollten nur rathen und befördern. Nach dem Gemeindegesetz von 1849 ist jede Vertheilung untersagt, nur ausnahmsweise kann Staatserlaubniß erlangt werden; v. Stubenrauch a. a. O.

(*b*) Die großen Gutsbesitzer können nicht so schnell, als die kleinen, ihre Antheile urbar machen, daher müssen die Strecken, auf welche sie Anspruch haben, an einander stoßen, um einstweilen noch bequem beweidet werden zu können. Die a. baier. Gesetzentwürfe stimmen hiermit überein. — Baier. V. v. 11. März 1814: die Entscheidung, ob zu theilen ist, soll von einem Gutachten sachverständiger Landwirthe abhängen. — Lüneb. G.-Th.-O. §. 25: In besonderen Fällen, wo eine bedeutende Culturverbesserung zu erwarten ist, darf auch ein einzelnes Mitglied eine Ausscheidung seines Antheils verlangen, unter gewissen Bedingungen. — Sächs. Ablös.-O. §. 133: Jedes ansässige berechtigte Gemeindeglied kann auf Theilung antragen, um einen Antheil zu Eigenthum zu erhalten.

(*c*) Besonders an steilen Abhängen, deren Rasendecke nicht ohne Gefahr des Hinabschwemmens der Erde umgebrochen werden darf, oder an Strömen, deren Austreten man noch nicht zu verhindern im Stande ist. Beispiele von beiden Fällen im Arriège-Departement in Frankreich, Ballois, Annales de statistique, IV, 35 (1602). — Vorschlag Haus mann's, nach dem Neigungswinkel gesetzlich zu bestimmen, bis zu welchem Grade der Steilheit das Land noch als Acker angebaut werden dürfe; De rei agrariae et saltuariae fundamento geologico, S. 47. — Eine seichte Oberschicht über Steingrund verbietet ebenfalls den Anbau, so wie auch die Kleinheit des auf jedes Mitglied kommenden Antheils ein Abhaltungsgrund werden kann. Sächs. A.=O. §. 144: Es muß wenigstens die Hälfte der Theilnehmer jeder 10 O.=Ruthen = 1/14 pr. Morgen erhalten können.

(d) Sächs. Ablös.=O. §. 149.

(e) Man hat also zu untersuchen, welche Zahl von Stücken Vieh jeder Art auf jeden Weideplatz herkömmlich geführt werden darf, und welche Zeit hindurch. Hierüber werden Hirten und andere unterrichtete Personen vernommen, mehrere Arten von Vieh auf eine einzige umgerechnet u. s. w. — Man nennt diese Abtheilung zwischen mehreren Gemeinden die **Generaltheilung**, im Gegensatze der **Special-theilung** innerhalb einer einzelnen Gemeinde. Lüneb. G.=Th.=O. §. 100. 102.

(f) Bab. G.=O. §. 96. — Gr. heff. G.=Th.=O. §. 42.

§. 88.

C. **Vertheilungsmaaßstab in einer Gemeinde.** Hierüber besteht die größte Meinungsverschiedenheit und in der gesetzlichen Bestimmung desselben liegt die größte Schwierigkeit, jedoch nur da, wo weder in einer einzelnen Gemeinde, noch in einem ganzen Landestheile schon eine unzweifelhafte Regel besteht und auch eine Uebereinkunft unter den Betheiligten nicht zu Stande kommt. Der zu wählende Maaßstab muß nicht blos gegen alle Betheiligten gerecht, sondern auch von volkswirthschaftlicher Seite nützlich sein, d. h. die Landwirthschaft befördern. Die theils empfohlenen, theils wirklich angewendeten Maaßstäbe sind hauptsächlich folgende:

1) **Vertheilung nach dem bisherigen Viehstande.** Dieselbe (a) empfiehlt sich vorzüglich dadurch, daß sie der gegenwärtigen Nutzung des Weidelandes entspricht. Allein es ist zu erwägen: a) daß der Viehstand der einzelnen Gemeindebürger im Zeitpunct der Theilung etwas Zufälliges ist, indem leicht der Eine durch Unfälle einen Theil seines Viehes verloren hat, der Andere vorübergehend mehr besitzt, als er fortdauernd halten könnte, und selbst eine absichtliche Vermehrung vorkommen möchte, um nach derselben auf die Theilung anzutragen (b); — b) daß die Ausmittlung des in mehrjährigem Durchschnitte vorhandenen Viehstandes ungemein verwickelt und dennoch wegen der vorstehenden Gründe nicht unbedingt anwendbar ist (c); — c) daß, wenn man deshalb lieber unter-

suchen wollte, wie viel Vieh jeder nach seinen Wirthschafts=
verhältnissen halten könnte, dieß schon einem anderen Maaß=
stabe angehört (*d*).

(*a*) Runde, Beitr. zur Erörterung rechtlicher Gegenstände, I, Nr. 1. —
Meyer, I, 23. — Lüneb. G.=Th.=O. §. 58 ff. u. a. hannnoverische
O.: 10jähriger Durchschnitt; 2 Pferde, die nur bei Tag weiden,
gelten für 3 Kuhweiden; 8 Schweine, 10 halbedle und 7 edle Schaafe
= 1 Kuhweide. Dieser Maaßstab soll in der Regel bei General= und
in gewissen Fällen auch bei Specialtheilungen gebraucht werden, §. 100.
102. Sind die Berechtigungen in Ansehung der Hütungszeit ungleich,
so wird auch diese mit berücksichtigt, §. 79 ff. — Pr. Gem.=Theil.=O.,
§. 11—14: 5jähr. Durchschnitt. Alles Vieh wird auf Kühe reducirt,
indem 1 Ochse oder 2jähr. Stier, 1 Pferd, 8 Schweine, Schaafe,
Ziegen = 1 Kuh, aber 4 Fohlen oder Stücke Rindvieh unter zwei
Jahren = 3 Kühen gerechnet werden. Unglücksjahre werden aus=
geschlossen.

(*b*) Die pr. G.=Th.=O. bestimmt §. 33, daß der Viehstand verarmter Leute
auf das in ihrer Classe gewöhnliche Maaß erhöht, und ein unverhältniß=
mäßig großer herabgesetzt werden soll. Viele Vorschriften dieser Art
in den hannov. Gesetzen. Uebrigens dürfte dasjenige Vieh, welches
auf Privatweiden erhalten worden ist, nicht eingerechnet werden. Selbst
die Verschiedenheit in der Größe, Beschaffenheit und Fütterungsart der
Viehstücke müßte eigentlich in Betracht gezogen werden.

(*c*) Vgl. das Gutachten des berliner Kammergerichts von 1791, bei Meyer,
I, 40. — Wer z. B. vor einem Jahre sein halbes Gut verkauft hat
und daher jetzt viel weniger Vieh besitzt, als vorher, der erhält nach
dem Durchschnitte von 5 Jahren offenbar mehr als ihm gebührt.

(*d*) Gotha, §. 14: Hat Jemand in den 5 Jahren von seinem Recht keinen
oder einen geringeren Gebrauch gemacht, als er befugt gewesen wäre,
so wird auf ihn so viel Vieh gerechnet, als er durchwintern kann.

§. 89.

2) Durchwinterungsmaaßstab (*a*). Um die Zufällig=
keiten bei dem wirklichen Viehstande zu beseitigen, wird aus
der Größe und Fruchtbarkeit der einem jeden Weideberechtigten
gehörenden Aecker und Wiesen berechnet, wie viel Futter er
gewinnen und wie viel Vieh er damit den Winter hindurch
erhalten könne, und nach dieser Anzahl bestimmt man die An=
theile. Dagegen kann erinnert werden (*b*): a) Das Vermessen
und Abschätzen aller Grundstücke (wenn dieß nicht schon bei der
Steuerregulirung geschehen ist), so wie die hierauf zu gründen=
den Berechnungen sind mühsam und kostbar. b) Auf Gemeinde=
glieder, die blos ein Haus oder gar keine Liegenschaft haben
und dennoch einen Anspruch auf die von ihnen bisher benutzte
Weide machen können, ist dieser Maaßstab gar nicht anwend=

bar (c). c) Die Art der Fütterung und der Fruchtfolge ist so verschieden, daß die Grundsätze zur Berechnung schwankend werden. d) Es giebt Landwirthe und ganze Gemeinden, welche Futter zukaufen, und andere, die einen Theil ihres gewonnenen Futters verkaufen. Dieß macht wieder besondere Untersuchungen nothwendig.

(a) Preuß. Land=R. I, Tit. 32. §. 90. In der Gem.=Th.=O. §. 34 ff. wird ebenfalls dieser Maaßstab vorgeschrieben, wenn der bisherige Vieh= stand nicht zu ermitteln ist; ebenso Lüneburg, §. 105.
(b) Meyer, I, 7. 37. — Sturm, II, 18.
(c) Die pr. G.=Th.=O. §. 41. 42 legt denen, die keine Aecker haben, ein Nutzungsrecht von 1½ Kuhweiden bei, weil nämlich zur Befriedigung der nothwendigsten Bedürfnisse einer Familie so viel erforderlich sei.

§. 90.

3) Die Theilung nach der Größe des jetzigen Grundbesitzes (a) ist folgenden Einwürfen ausgesetzt: a) Der bloße Flächenraum dürfte nicht entscheiden, man müßte folglich zugleich auf die Güte des Landes Rücksicht nehmen, wodurch man zu der Theilung nach dem Güterertrage geführt würde (b). b) Die Benutzung der Weide steht mit der Größe und selbst mit dem Ertrage der Ländereien nicht in gleichem Verhältniß, indem die Besitzer ganz kleiner Güter auf gleicher Morgenzahl mehr Vieh halten, als die großen Bauern; auch die Dorfbewohner ohne Land bieten häufig Alles auf, um ein oder einige Stücke Vieh zu überwintern, die sie dann auf die Weide bringen (c). c) Wollte man auch zu Gunsten solcher Weideberechtigten besondere Fürsorge treffen, so würden doch die Großbegüterten öfters mehr Land erhalten, als sie bearbeiten und bedüngen können, während die Kleinen sehr geringe An= theile empfingen. Es würde daher der gute Anbau des Landes wenig gefördert, und den Kleinbegüterten, deren Lage am meisten der Verbesserung bedarf, nicht abgeholfen (d).

(a) Gr. v. Soden, I, 292. — Oberndorfer, Nationalök., §. 79. 80. deff. Wirthschaftspolizei. S. 277. — Steinlein, S. 83. — Schotti= sches Gesetz von 1665.
(b) Bensen, Materialien, II, 332. — Auf diese Weise entsteht der Contributionsfuß, welcher den Einwendungen b) und c) gleich= mäßig unterliegt. Besser wäre es, wenn man sich in jeder Gemeinde über die Festsetzung einiger Classen für jede Art von Ländereien vereinigte.

(c) Die hannov. G.-Th.-Ordnungen (§. 85 ff. der lüneb. ıc.) stellen als dritten Maaßstab den zur Haushaltung erforderlichen Viehstand auf, für solche Fälle, wo ein Theil der Weideberechtigten kein Land oder noch nicht genug besitzt, um das für das Familienbedürfniß nöthige Vieh ernähren zu können.

(d) Es seien z. B. in einem Dorfe 10 große Bauern, welche zusammen 2000 Morgen, 20 mittlere, welche 1200 Morgen, 30 kleinere, welche 900 Morgen, und 50 Köthner, welche 100 Morgen besitzen, und es sei ein Weideplatz von 210 Morgen zu vertheilen, so erhielte ein großer Bauer 10, ein mittlerer 3, ein kleiner $1\frac{1}{2}$, ein Köthner nur $\frac{1}{10}$ Morgen. Niemand wird behaupten, daß der Viehstand der 4 Classen von Landleuten sich wirklich wie die Zahlen 1 : 15 : 30 : 100 verhalte.

§. 91.

4) Das Verhältniß der Beiträge zu den Gemeindelasten ist darum empfohlen worden, weil sich nach demselben der Antheil jedes Mitgliedes am Gemeindevermögen richten müsse (a). Die Annahme dieses Maaßstabes erscheint aber aus dem Grunde bedenklich, weil die Abgaben der Gemeindeglieder zur Gemeindecasse sich keineswegs blos nach solchen Umständen richten, die auf das Futterbedürfniß Bezug haben, sondern bald für alle Mitglieder gleich, bald auch mit Rücksicht auf Wälder, Häuser, Gewerke und andere Erwerbsquellen angesetzt sind (b). Ferner bilden die Gemeindeweiden nicht das ganze Gemeindevermögen; die Kämmereigüter, öffentliche Gebäude ıc. würden allerdings nach andern Verhältnissen zu vertheilen sein.

(a) Rudhart, I, 194. — Commissionsgutachten der 2. Kammer in Baiern von 1822, Beil. IV, 161.
(b) In vielen Ländern werden sie nach den sämmtlichen Schatzungen (sog. directen Steuern) erhoben.

§. 92.

5) **Völlige Gleichheit der Antheile**, in so ferne nicht eine Verschiedenheit von ganzen, halben, Viertels- ıc. Gemeinderechten stattfindet, in welchem Falle nach diesem Rechte getheilt werden würde (a). Dieser Maaßstab entspricht genau dem Rechte der Benutzung, welches in der Regel gleich ist; ferner wird auf diesem Wege am besten für das Aufkommen der Dürftigeren gesorgt, §. 90. Dagegen hat es wirthschaftliche Nachtheile, wenn man die bisherige Ungleichheit der Benutzung ganz außer Acht läßt; die Geringbegüterten werden

sehr begünstigt, während die größeren Landwirthe nicht für ihren bisherigen Genuß entschädiget, sondern gezwungen werden, ihren Viehstand zu verringern oder Futter zuzukaufen oder einen größeren Theil ihres Landes dem Futterbaue zu widmen. Dieß ist zwar eine Verbesserung, aber die plötzliche Nöthigung zu einer solchen schwierigen Umänderung führt Störungen mit sich und sollte vermieden werden.

(a) Frank, II, 199. — Hazzi, Ueber das Rechtliche und Nützliche bei Cultur und Abtheilung der Weiden. München, 1802. — Gönner, a. a. D., S. 62. — Lips, S. 154—158. — Baier. V. vom 4. Juli 1805, nachdem schon früher unter lebhaftem Widerspruch der Landstände nach diesem Fuße getheilt worden war. — Bad. V. v. 24. Juli 1810. — Gr. heff. G.=Th.=O. §. 86: nach den Nutzungsrechten. — Sächs. Ablös.=O. §. 152—154: nach den Benutzungsrechten, wenn diese in einer Gemeinde durch Herkommen, Statuten, Vertrag oder richterliches Erkenntniß bestimmt sind. In Ermangelung einer solchen Norm wird 1) wo der größte Theil der Ländereien walzend ist, eine Berechtigung nach den Baustellen angenommen, 2) im entgegengesetzten Falle wird nach dem Verhältniß des, zu jeder Baustelle gehörigen Acker= und Graslandes, ohne Einrechnung der walzenden Stücke, getheilt, „wobei auf jeden Häusler oder Gärtner, der weniger als 2 Aecker besitzt, 2 Aecker gerechnet werden." — Bad. G.=O. v. 1858 §. 127: wenn von der Gemeinde nichts Anderes bestimmt wird, ohne Rücksicht auf den Genuß, nach Köpfen. Wittwen erhalten den Antheil statt ihres verstorbenen Ehemannes.

§. 93.

Da jeder dieser fünf Maaßstäbe für sich allein irgend einem Bedenken Raum läßt, so liegt der Gedanke nahe, mehrere von ihnen mit einander zu verbinden, um hiedurch den einen durch den andern zu verbessern. Dieß wäre auf mannichfaltige Weise ausführbar (a), am einfachsten so, daß die Antheile Aller zwar nicht ganz gleich, jedoch weniger ungleich werden, als es die Grundbesitzungen sind. Man könnte zu diesem Behufe

1) einen Theil der Weidestrecken nach dem Maaßstabe des Grundbesitzes (§. 90), den anderen gleichheitlich (§. 92) theilen, aber so, daß Jeder seinen Antheil in einem Stücke erhielte (b); — oder

2) die Gemeindeglieder nach der Ausdehnung und Fruchtbarkeit ihrer Ländereien in Classen ordnen, so daß auf ein Mitglied der untersten Classe ein einfacher, auf eines der zweiten ein anderthalbfacher oder doppelter Antheil käme u. s. f. (c).

(a) Nach dem a. Berichte des preuß. Kammergerichts sollen der wirkliche Viehstand und der Durchwinterungsmaaßstab in Vergleichung mit einander angewendet werden. — Oesterr. V. vom 5. Nov. 1768: halb nach den Grundstücken, halb nach den Häusern. — Die hannoverschen G.=Th.=Ordnungen stellen für General= und Specialtheilungen vier Maaßstäbe auf, zwischen denen nach den Umständen gewählt werden soll.

(b) In dem obigen Beispiele (§. 90 (c)) wäre, wenn jeder von beiden Maaßstäben zur Hälfte angewendet werden sollte, die Rechnung diese: 1) 105 Morgen in 110 gleiche Theile, giebt $0{,}954$ M.; 2) 105 M. nach dem Besitze eines Jeden, welches die Hälfte der a. a. O. gefundenen Zahlen ausmacht. Demnach erhielte im Durchschnitt ein großer Bauer $5{,}95$ M., ein mittlerer $2{,}45$, ein kleiner $1{,}7$, ein Köthner $1{,}15$ Morgen.

(c) Z. B. wer bis 3 Morgen incl. besitzt, erhält einen Theil, 3—10 M. $1^1/_2$ Theile, 10—25 M. 2 Theile, 25—26 M. $2^1/_2$ Theile, ... 100 und mehr M. 6 Theile. Die Zahl der Classen und die Fortschreitung der Sätze gestatten eine große Manchfaltigkeit. Ein Maaßstab, der allen Wünschen der Betheiligten entspräche, ist nicht denkbar, aber die beschriebene Methode vermeidet wenigstens die einseitige Begünstigung des einen Theils auf Kosten des andern. Die Classensätze könnten freilich nicht für alle Gemeinden gleich sein, es läßt sich aber durch Aufstellung allgemeiner Regeln, z. B. daß das maximum nicht über 5 oder 6 Antheile gehen, und die Unterschiede zwischen den Morgenzahlen der Classen von unten aufsteigen sollen, nachhelfen. Aehnlich im Fürstenthum Neuburg (8. Oct. 1771): ein ganzer Hof 1 Theil, ein halber und ein Viertelshof resp. $^1/_2$ und $^1/_4$, ein Söldner $^1/_8$ Theil. — Baier. V. v. 19. Oct. 1795: ganzer, $^3/_4$ und halber Hof erhalten 3 Theile, Viertels= und Achtelshof 2, die kleineren Güter 1 Theil. Vertheidigung dieses Gesetzes: Hoppenbichl, Verf. über die anwendbaren Grundsätze bei Culturprozessen. München, 1793

§. 94.

D. **Verschiedene Nebenpuncte.**

1) Es ist üblich und nützlich, einen Antheil zur Benutzung des Schullehrers in jeder Gemeinde vorzubehalten.

2) Die Antheile werden freies Eigenthum, nur mit einem geringen Zinse zum Besten der Gemeindecasse belegt.

3) Es muß für Wege gesorgt werden, um zu den vertheilten Stücken sowie zu dem etwa noch übrig gebliebenen Weideplatze bequem gelangen zu können. Am besten ist es, zugleich eine allgemeine Zusammenlegung der Privatländereien vorzunehmen (§. 98).

4) Die Kosten werden nach dem Verhältniß der Antheile umgelegt. Es ist zweckmäßig, die Gebühren für alle dabei vorkommenden Geschäfte genau zu regeln (a).

E. **Grundzüge der Ausführungsart.**

1) Das Theilungsgeschäft erfordert einen rechts- und landwirthschaftskundigen Beamten, dem man einen oder einige unterrichtete Landwirthe zugesellt (b).

2) Derselbe beginnt, nachdem ein Antrag auf Theilung erfolgt ist, mit der Untersuchung, wer betheiliget, und ob die Abtheilung zweckmäßig sei, worüber, nach Vernehmung der Interessenten, eine höhere Verwaltungsbehörde zu beschließen hat (c).

3) Ergeben sich streitige Rechtsfragen, z. B. über die Befugniß zur Theilnahme, und gelingt es nicht, sie vermittelst eines gütlichen Uebereinkommens oder eines schiedsrichterlichen Verfahrens zu erledigen, so müssen hierüber die Gerichte entscheiden.

4) Die Weide wird vermessen und, wenn sie nicht durchaus von gleicher Beschaffenheit ist, oder wenn es zur Abfindung eines Berechtigten erfordert wird, auch abgeschätzt (bonitirt).

5) Hierauf wird mit Rücksicht auf den anzuwendenden Vertheilungsmaaßstab ein Theilungsplan entworfen und mit den Betheiligten berathen. Es versteht sich, daß auf Stellen geringerer Güte desto größere Antheile gebildet werden.

6) Ist der Plan von der Mehrheit angenommen und von der höheren Behörde nach vorgängiger Prüfung der etwa erhobenen Einwendungen bestätigt, so wird er in Vollzug gesetzt, die Theilnehmer werden in ihre Antheile eingewiesen und es wird über diese ganze Schlußverhandlung ein ausführliches Protokoll aufgenommen, welches als Theilungs-Urkunde (Receß) dient.

7) Wo man sich über die Lage der einem Jeden anzuweisenden Stücke nicht vereinigen kann, läßt man das Loos entscheiden (d).

(a) Hannov. Ges. v. 30. Juni 1842, §. 150 ff.; Diäten, Reisekosten, Schreibgebühren, Lohn der Feldmesser ꝛc.

(b) Angef. hannov. Ges. §. 1—3: für jedes Geschäft eine Commission aus 1 Rechtskundigen und 1 Techniker, d. h. Landesökonomie-Beamten. — Sachsen, die auch für Ablösungen bestellte Specialcommission aus 1 Rechtsgelehrten und 1 Wirthschaftsverständigen, Ablös.-O. §. 207. Der Rechtsverständige wirkt in der Regel nur bei Streitigkeiten über

Rechte mit, §. 213. — Auf dem preuß. linken Rheinufer wird der Antrag an die Bezirksregierung gebracht, die, wenn sie ihn begründet findet, einen Commissar zum Versuch der Vereinbarung bestellt. Gelingt diese nicht, so muß das Theilungsbegehren als Klage an das Landgericht gehen, Ges. v. 19. Mai 1851. Nr. 3405.

(c) In Hannover hatte das 1602 errichtete Landesökonomie-Collegium die Oberleitung der Gemeinheitstheilungen; nach dessen Aufhebung durch V. v. 18. Sept. 1833 ging dieß Geschäft auf die Landdrosteien über.

(d) Ueber den großen Erfolg der Gemeinheitstheilungen im K. Hannover sind neuerlich statistische Nachweisungen bekannt geworden. Von 1803—31 wurden auf 1'160154 Morgen Theilungen durch das Landesökonomie-Collegium, auf 285156 M. durch einige Landdrosteien ausgeführt, zusammen 1'445340 M. Von 1832—1851 gingen in Folge von Specialtheilungen 1'019246 M. in Privatbesitz über, wovon 414845 M. allein in der Provinz Lüneburg, in Hildesheim nur 4044 M. s. Zur Statistik des K. Hannover, 3. Heft. 1853, vgl. Festgabe für die 15. Versammlung, S. 41.

§. 95.

IV. Bei den Gemeindewaldungen treten andere Rücksichten ein. Ihre Benutzung ist nicht gemeinschaftlich, sondern wird von dem Gemeindevorstande und der Staats-Forstbehörde geleitet, und die Einzelnen erhalten, soweit der Erlös aus den Walderzeugnissen nicht für die Gemeindeausgaben nöthig ist, jährliche Austheilungen von Holz (Gabholz) und Streu nach einem bestimmten Maaßstabe, häufig auch Bauholz im Falle des Bedürfnisses. Das, was die Gemeinweiden nachtheilig macht, fällt demnach hier hinweg. Kleine Waldstrecken lassen keine so gute, geregelte Bewirthschaftung zu, als größere, und sowohl darum, als wegen der sehr gewöhnlichen Sorglosigkeit kleiner Waldbesitzer werden die Antheile meistens schlecht behandelt, was die Staatsbehörde nicht so wirksam verhindern kann, als bei den Gemeindewaldungen. Die Erhaltung derselben ist ferner für den ganzen wirthschaftlichen Zustand der Gemeinde wohlthätig und gewährt, zumal bei steigenden Holzpreisen, für die dürftigeren Mitglieder eine sehr nützliche Hülfe, zu welcher auch das Raff-, Lese- und Stockholz, die Grasnutzung in trockenen Sommern ꝛc. gehören. Es ist daher zweckmäßig, die Gemeindewaldungen ungetheilt zu erhalten (a). Anders verhält es sich, wo eine Rodung (Ausstockung) als vortheilhaft erscheint. Wird eine solche in Antrag gebracht, so muß zuerst die Bauwürdigkeit des Bodens, die Möglichkeit, ihn mit den vorhandenen Kräften in guten, urbaren Stand zu setzen, die dabei zu erwartende Ertragsvermehrung, dagegen auch der jetzige Holzpreis, die Aussicht auf künftige Versorgung mit Holz durch Zufuhr und neue Waldanlagen ꝛc. untersucht, es muß die Forstbehörde gutachtlich vernommen und die Genehmigung der höheren Verwaltungsbehörde eingeholt werden. Für die Benutzung des Landes zu anderen Zwecken treten die oben (§. 84) angegebenen Regeln ein. Der Abtrieb der ganzen stehenden Holzmenge würde das Stammvermögen der Gemeinden verringern, wenn nicht dieß Holz verkauft und der Erlös zu dauerndem Nutzen der Gemeinde, z. B. zur Schuldentilgung ꝛc. angelegt würde (*b*). Waldungen, an denen mehrere Gemeinden Theil haben (*c*), können eher unter dieselben ohne schädliche Folgen vertheilt werden, weil die Antheile zu einer guten Bewirthschaftung gewöhnlich groß genug sind, auch das nämliche Personal die Verwaltung und Hütung besorgen kann. Zur Abtheilung wird eine genaue Ermittlung des bisherigen Nutzungsverhältnisses und eine Abschätzung des Waldes erfordert. Bei der Ausführung ist darauf zu sehen, daß jede Gemeinde die ihr zunächst liegenden Stücke, ferner wo möglich einen zusammenhängenden Antheil erhalte, daß aber auch nicht die eine blos junge, die andere blos alte, dem Hiebe nahe stehende Holzbestände annehmen müsse.

(*a*) Lüneb. G.=Th.=O. §. 146 und die anderen hannov. O.: Specialholztheilungen unter den einzelnen Mitgliedern einer Commune sind ... in der Regel nicht zu gestatten; ausnahmsweise kann auf Antrag des Landesökonomie=Collegiums vom Staatsministerium die Erlaubniß gegeben werden. — Preuß. G.=Th.=O. §. 109: „Die Naturaltheilung eines gemeinschaftlichen Waldes ist ganz oder theilweise nur dann zulässig, wenn entweder die einzelnen Antheile zur forstmäßigen Benutzung geeignet bleiben, oder sie vortheilhaft als Aecker oder Wiesen benutzt werden können." — Baier. Ges. P. v. 1. Juli 1834, §. 6: — „nur behufs der Abtreibung, und insofern als dieselben zur Waldcultur nicht geeignet erscheinen, oder als in der betreffenden Gegend der Ueberfluß an Waldbeständen, der Mangel an Acker= und Wiesengründen eine Theilung im Interesse der Cultur nöthig macht und der Gemeinde für Deckung gemeindlicher Verwaltungsbedürfnisse noch ein angemessener Waldbestand verbleibt." — Bad. V. v. 24. Juli 1810, Gem.=O. v. 1858 §. 113: Ausgenommen von aller Vertheilung sind die Gemeindewaldungen. — Im Odenwalde wurde in mehreren Gemeinden durch Waldvertheilungen der Wohlstand zerstört, z. B. in Unter=Schönmattenwaag (Gr. Hessen), wo der an 3400 heff. Morgen große Wald vorher alle Gemeindeausgaben deckte, den altberechtigten Bürgern Gabholz, den jüngeren wenigstens Leseholz, Streu und Weide gewährte. Die Antheile (zu 65 Morgen) wurden schlecht behandelt, die älteren Holzbestände abgetrieben, der Erlös wurde verzehrt, die Hälfte der Antheile an einen Auswärtigen verkauft und es ist nun eine schwere Umlage zu tragen.

(*b*) A. baier. Ges.: Jedenfalls muß die Abtreibung zu Gunsten der Gemeindecasse geschehen und sonach in diese der Erlös fließen.

(*c*) Wie die ehemaligen Markgenossenschafts= und Cent=Waldungen.

5. Art der Verpachtungn.

§. 96.

Die zweckmäßige Einrichtung des Pachtwesens trägt viel dazu bei, daß Personen, die zwar landwirthschaftliche Kenntnisse und einiges Capital besitzen, aber doch nicht begütert genug sind, um sich ein hinreichend großes Landgut zu kaufen, in den Stand gesetzt und geneigt gemacht werden, sich dem landwirthschaftlichen Gewerbe zu widmen. Auch wird man desto eher von übermäßiger Zerstückelung der Güter abgehalten, je mehr Sicherheit und Vortheil man bei größeren Pachtungen findet (*a*). Ohne hierin die Freiheit der einzelnen Grundeigenthümer zu beschränken, kann die Regierung

1) dieselben und die Landwirthe über die Vorzüge längerer Pachtzeiten zu belehren suchen, die Einführung derselben bei den unter staatlicher Oberaufsicht stehenden Gütern, z. B. der Stiftungen, befördern und auf den Kammergütern das Beispiel geben (*b*);

2) den Pachter durch Gesetze gegen die Nachtheile schützen, die er beim Verkaufe des Gutes von dem neuen Eigenthümer zu besorgen haben könnte (*c*).

Besondere örtliche Umstände machen bisweilen noch andere Maaßregeln in Bezug auf den angegebenen Zweck rathsam (*d*).

(*a*) Young, Polit. Arithm. S. 21. 186. — Sinclair, Grundgesetze, S. 44. 654.

(*b*) Man erklärt den besseren Anbau und die höhere Grundrente von Schottland im Vergleich mit England zum Theile aus der längeren Pachtzeit. Sehr viele englische Pachter sind nur von Jahr zu Jahr im Besitz des Guts gesichert und verlassen sich auf den guten Willen der Eigenthümer, der sie auch gewöhnlich lange unvertrieben läßt. Dieß Verhältniß verhindert aber doch bedeutende Verbesserungen. Kennedy and Grainger, The present state of the tenancy of land in Great Brit., London, 1828. 30. II. — Edinb. Rev. CXX, 387. — Caird, English agric. 2. Edit. 1852. S. 508.

(c) Zweckmäßig hierüber Code Nap. Art. 1743—1750. — Auch bei dem Todesfall des Eigenthümers kann der Pachter in Schaden kommen. Das brit. Ges. 14. u. 15. Vict. C. 25 verordnet, daß der Pachter das laufende Jahr hindurch das Gut behalten soll.

(d) Z. B. die häufige Afterpacht in Irland und der ebenfalls dort üblich gewesene Unfug, daß nach dem Tode des Pachters die Kinder desselben das Pachtgut unter sich zertheilten, auch daß der Unterpachter dem Grundherrn noch für den Pachtzins haftete, wenn er gleich denselben schon dem Hauptpachter entrichtet hatte und dieser zu Grunde ging. Die 1826 von Parnell vorgeschlagene und vom Parlamente angenommene Bill (subletting act) beseitigt diese Mißbräuche, indem sie verbietet, ohne schriftliche Erlaubniß des Gutsherrn ein Gut in Afterpacht zu geben. Vgl. Edinb. Rev., Jan. 1825, Dec. 1826.

B. Lage und Beschaffenheit der Ländereien.

1. Zusammenhängende Lage.

§. 97.

Für die gute Bewirthschaftung eines Landgutes ist es am besten, wenn die einzelnen Grundstücke ohne Unterbrechung durch fremdes Eigenthum beisammen liegen und die Wirthschaftsgebäude sich in der Mitte oder wenigstens bei dem Lande befinden. In manchen Gegenden, besonders bei schwacher Bevölkerung und großem Grundbesitz, ist diese zerstreute Lage der Höfe von altersher zu finden, allein meistens wohnen die Landleute in Dörfern beisammen, wobei in großen Gemarkungen unvermeidlich ein Theil der Ländereien weit von den Höfen entfernt ist (a). Hier hat sich zugleich im Laufe der Jahrhunderte durch häufige Veräußerungen sowie durch die Gewohnheit des Zerstückelns der Grundstücke sowohl bei Erbtheilungen als zum Verkauf der Uebelstand gebildet, daß fast jedes Landgut aus einer Menge zerstreut (im Gemenge) umher liegender, durch Besitzungen Anderer von einander getrennter Stücke besteht, die in stark bevölkerten Gegenden oft sehr klein sind. Dieser Zustand hat sehr erhebliche Nachtheile, die mit den Fortschritten des Anbaues in Fleiß und Kunst sich fortwährend vergrößern:

1) Das Gehen und Fahren vom Hofe zu den Grundstücken und zurück, sowie von einem Stück zum anderen, verursacht einen großen Zeitverlust, der die Wirthschaftskosten erhöht,

und desto größer ist, je mehr Arbeit man einem Grundstücke zuwendet (b).

2) Die Aufsicht des Landwirthes auf seine Arbeiter, die zweckmäßige Behandlung jedes einzelnen Grundstücks und die schleunige Abhülfe jedes Uebelstandes sind sehr erschwert.

3) Mancherlei Verbesserungen des Bodens und Betriebes, die erst auf einer größeren Fläche die Kosten belohnen, z. B. Entwässerungs= und Bewässerungsgräben, werden verhindert, wenn nicht etwa eine Vereinbarung der Nachbarn zu Stande kommt.

4) Die erforderlichen Wege und die Gränzen nehmen viel Raum hinweg, und wo es an jenen fehlt, da tritt ein noch empfindlicheres Uebel ein, indem die beliebige Benutzung der nicht durch Wege zugänglichen Grundstücke erschwert und auch den Besitzern der anstoßenden Stücke manche Belästigung und Beschädigung von Feldfrüchten zugefügt wird. Dieser Flur= zwang nöthigt den Einzelnen, sich der Fruchtfolge seiner Nach= barn anzuschließen, wenn sie ihm gleich mangelhaft erscheint (c).

(a) Es ist streitig, ob die zerstreuten Höfe oder die Dörfer älter sind, vgl. z. B. Roscher, II, §. 75. Wahrscheinlich kam in der ältesten Zeit in verschiedenen Gegenden beides vor. In vielen Gebirgsthälern schei= nen die vereinzelten Ansiedlungen uralt zu sein, ebenso in manchen anderen Gegenden, wo die Niederlassungen auf ausgewählten von ein= ander entfernten Stellen ungleichzeitig erfolgten. Der leichteren Be= wirthschaftung willen würde dieß überall geschehen sein, wenn nicht der Schutz gegen Feinde und Räuber, die Nähe einer Kirche, einer Land= straße, eines Flusses, eines Schlosses und dgl. einen überwiegenden Beweggrund gegeben hätte, das Wohnen in einem Dorfe vorzuziehen. Hiezu kam, daß der Grundherr seine Frohn= und Zinsleute gerne im Dorfe zusammenhielt. Wo das Bauland in festes Eigenthum der Landwirthe gelangt ist und zerstreut liegt, da ist es schwierig, aus dem Dorfe hinaus zu ziehen. — In sehr großen Feldmarken ist der Anbau weit umher liegender Stücke nur so lange leicht ausführbar, als dem Boden sehr wenig Arbeit zugewendet wird (extensive Bewirthschaf= tung). Beispiele bei Roscher a. a. O. Selbst in der stark bevöl= kerten Ebene der badischen Pfalz kommen Markungen bis zu 5500 bad. — 7750 pr. M. Acker und Wiesen vor (Mannheim).

(b) Es geht schon darum mancher Theil der Arbeitszeit verloren, weil man den Weg auf ein entlegenes Grundstück scheut, wenn man nicht lange auf demselben verweilen kann. Nach einer Berechnung für die badische Pfalz sind im Durchschnitt von 3 Jahren (Spelz — Gerste — Kar= toffeln) die Arbeitskosten auf 1 bad. Morgen bei $^{1}/_{4}$, $^{1}/_{2}$, $^{3}/_{4}$ und 1 Stunde Entfernung 15,^{80} — 19$^{1}/_{3}$ — 20,^{6} und 23,^{46} fl. (Hoff= acker) Die Anlage von Feldwegen, S. 11. 1858. — In dem Dorfe Großgottern (Reg.=Bez. Erfurt), wo 906 Bauern 4138 pr. Morgen in 13 200 einzelnen Stücken besaßen, wurde der jährliche Kostenaufwand und Ertragsverlust zufolge der Zerstreutheit und Kleinheit der Grundstücke auf 10 700 Thlr. angeschlagen. — Eine Berechnung des Zeitverlustes, den die Entfernung des ganzen Gutes von dem Gehöft verursacht, hat v. Thünen versucht (Der isolirte Staat. 2. Ausgabe. S. 96. 1842) mit Rücksicht darauf, daß einige landwirthschaftliche Arbeiten mehr durch die Entfernung verzögert werden, als andere. Er findet, daß bei einer Fläche von 70 000 □.-Ruthen, je 210 Ruthen (zu 16 lübeck'schen Fußen = 15,⁵ bad.) Entfernung die Grundrente um 19 Procent vermindern, so daß sie bei 1070 Ruthen ganz verschwindet, und zwar bei Land von 10fachem Körnerertrag. Diese Berechnung setzt voraus, daß man das entlegenere Land ebenso behandelt, wie das nahe, was allerdings nicht geschieht, der Unterschied in der Grundrente würde jedoch noch auffallender sein, wenn auch eine zerstreute Lage der einzelnen Stücke angenommen worden wäre. Nach Block (Landw. Mittheilungen III, 373) nimmt der Reinertrag eines pr. Morgens Acker bei je 100 Ruthen (1200 fuß) Entfernung vom Wirthschaftshofe bei Land 1. Classe um 4,⁶ pr. Metz. Roggen, 5. Cl. um 3,⁴ M., 8. Cl. um 2,⁸ M., 10. Cl. um 1,⁹ Metzen ab. Der Reinertrag ganz naher Felder wird bei diesen Classen auf 5 — 3 — 1½ — ⅓ Scheffel (zu 16 Metzen) angenommen. 100 Ruthen vermindern folglich den Reinertrag der 1. Classe um 5,⁷ Proc., der 10. um 23¾ Procente, und es muß der Reinertrag der 8. Classe in einem Abstande von 960 Ruthen, der der 10. in 420 Ruthen ganz verschwinden. — In Trarbach sollen 7129 pr. Morgen in mehr als 38000 Stücke zerfallen, in mehreren Kreisen des Reg.-Bez. Coblenz bestehen 57 153 Morgen Wiese aus 305 000 Stücken. In Schönbrunn, auf einer Hochebene der Neckargegend, ist ein Ackerstück im Durchschnitt 1/13 M., ein Wiesen- und Gartenstück 1/40 – 1/33 M. groß. In einem Dorfe bei Büdingen sind 15½ Proc. der Stücke unter 1/16 M. — Bei Reb- und Gartenland geht die Zerstückung noch viel weiter, wie denn z. B. in Argenteuil bei Paris Stückchen von ½ — ¼ Are (ungefähr 2 und 1 Proc. eines pr. M.) vorkommen, die nur etwa als Gemüsebeete nicht zu klein wären.) In Baiern beträgt 1 Parcelle im Durchschnitt 1 Morgen, in Oberbaiern 2, in der baier. Pfalz 0,⁴⁵, in Unterfranken nur 0,³⁶ Morgen (0,⁵ pr. M.), Landständischer Bericht v. Wiedenhofer 1861. In Würtemberg ist 1 Parcelle i. D. 1,²³⁶ M., im Neckarkreise nur 0,⁶⁸ M. (in 3 Aemtern unter ½ M.), im Donaukreise dagegen 2,⁹⁴ Morgen (zu 1,²³ pr.). Sid, Beiträge z. Statistik der Landw. des K. Würt. 1853, S. 25. 43. Diese Zahlen bezeichnen aber diese Zerstückelung nicht genügend, weil sie auch die Waldungen umfassen.

(c) Die Anstößer müssen sich das Fahren über ihr Grundstück und das Umwenden mit dem Pfluge gefallen lassen, der Eigenthümer des eingeschlossenen Stücks darf aber keine Gewächse bauen, bei welchen er seinen Nachbarn mehr als die unumgängliche Beschwerde zufügen. Die Gränzstellen der Felder werden schwächer gedüngt und tragen weniger. — Knaus, Der Flurzwang. Stuttg. 1843. — Art. in D. Viertelj. Schr. 1842. IV, 132.

§. 98.

Das Verbot, Acker- und Wiesenland unter einem gewissen Betrag, z. B. ¼ Morgen, zu zerstücken, vermag zwar der weiteren Zunahme des Uebels Einhalt zu thun, aber nicht dasselbe zu entfernen (*a*). Das einzige gründliche Gegenmittel ist die **Austauschung und Zusammenlegung** der Grundstücke, indem jeder Eigenthümer auf seine bisherigen Besitzungen ganz oder theilweise verzichtet, um eben so viel in einer zusammenhängenden Fläche oder in mehreren größeren Massen wieder zu erhalten. Diese Maaßregel wird auch **Zurundung, Arrondirung, Ackerumsatz, Schiftung, Grundtheilung, Consolidation, Verkoppelung** genannt (*b*). Sie geschieht weit leichter da, wo der Gutsherr noch berechtigt ist, seinen Bauern andere Grundstücke statt der bisher benutzten anzuweisen (*c*), als da wo die Landwirthe Eigenthümer sind und daher ihre Einwilligung erforderlich ist. Da geschlossene (gerundete) Landgüter und auch schon große Grundstücke mit weniger Kosten bewirthschaftet werden, als zerstreute Stücke, so erlangen jene auch einen höheren Preis, und dieser Ueberschuß, der den Theilnehmern an der Austauschung zufällt, ist ein mächtiger Antrieb zu derselben (*d*). Aus demselben Grunde liegt in der Zurundung, wenn sie vollzogen ist, ein Abhaltungsgrund vom Verkleinern der Landgüter, §. 81 d. Ueberdieß werden Feldfrevel und Gränzstreitigkeiten vermindert. Die noch in vielen Gegenden bestehende Abneigung gegen diese Verbesserung rührt von verschiedenen Ursachen her, die von der Regierung erforscht und berücksichtigt werden müssen, weil die Zusammenlegung den Grundeigenthümern nicht aufgebrungen werden soll. Dahin gehört:

1) Unkenntniß der Sache und daraus entspringendes Mißtrauen gegen die Absichten der Regierung. Gegen solche Vorurtheile richtet das Beispiel einer wohlgelungenen Austauschung am meisten aus, obgleich auch eine leichtverständliche Belehrung Nutzen leisten wird.

2) Die Erwägung, daß die Besitzer größerer zusammenhängender Flächen schwerer von Hagelschlägen betroffen werden, als wenn ihr Eigenthum in allen Theilen der Feldmark zerstreut ist. Dieß läßt sich nicht bestreiten, kann aber durch Versicherung gegen Hagelschaden unschädlich gemacht werden.

3) Das Verlangen, an jeder in der Feldmark vorkommenden Bodenart Antheil zu haben und dadurch gegen Mißernten besser geschützt zu sein.

4) Die Besorgniß, daß die Abschätzung der abzutretenden Stücke nicht genau genug sein werde. Diese beiden Abhaltungsgründe verschwinden, wenn die Vorschriften für das Verfahren gut sind und gut vollzogen werden.

5) Die in stark zertheilten Gemeindemarkungen bei freier Theilbarkeit bestehende Gewöhnung an häufigen Besitzwechsel und die Befürchtung, daß die größeren Flächen weniger leicht Käufer finden würden. Diese Erscheinung würde aber gerade beweisen, daß man die Vortheile des Zusammenlegens zu schätzen weiß (e).

Viele Erfahrungen lassen über die große Nützlichkeit dieser Maaßregel im Allgemeinen keinen Zweifel übrig (f), doch ist der Vortheil für große Grundeigenthümer am stärksten, für Besitzer weniger Morgen unerheblich.

(a) Für eine solche Bestimmung, aber so, daß sie nur einen Theil der Feldmark jedes Dorfes betrifft und die Größe, bis zu welcher man theilen kann, von jeder Gemeinde nach den örtlichen Verhältnissen festgesetzt wird, spricht der Commissionsantrag im Amtl. Bericht der Stuttgarter landw. Versammlung, S. 155, veranlaßt durch den Antrag von Knaus, ebend. S. 94. — Chevrier-Corcelles et Puvis, Observ., S. 55. schlagen vor, das minimum soll etwa 15—25 Aren (= 0,^{48}—0,^{97} pr. M.) betragen und je nach den Umständen für einzelne Gemeinden und größere Bezirke festgesetzt werden, aber erst nach einer gewissen Zeit eintreten. Nassauische Verordnungen v. 12. Sept. 1529 und 16. Aug. 1639: Ackerland darf nicht unter $^1/_2$ Morgen, Wiese nicht unter $^1/_4$ Morgen, abgesondert liegendes Gartenland nicht unter 15 Ruthen verkleinert werden (1 M. = 100 □.-Ruthen = 0,^{60} bad. = 0,^{97} pr. M.). Großh. hess. V. vom 18. Dec. 1834: Für Acker ist das min. je nach der Güte $^1/_2$ und 1 M., für Wiesen $^1/_4$ M. (Der hessische Morgen ist dem nassauischen gleich.) — Bad. Gesetz v. 6. April 1854: Wald, Reutfeld und Weide soll nicht in Stücke unter 10 M., Acker und Wiese nicht unter $^1/_4$ M. getheilt werden, außer zur Vereinigung mit einem angränzenden Stück und so, daß kein Stück unter jener Größe übrig bleibt.

(b) Leo, Die Vereinbarung der verstreuten Grundstücke in ihrer Nützlichkeit und in ihrer Möglichkeit, Coblenz, 1780 — Ephemeriden der Menschheit II, 429. — Lips, Ackergesetz. I, 193—216. — Thaer, in s. Annalen der Fortschritte der Landw. III, 612. — Gebhard, Ueber Güterarrondirung. Eine gekr. Preisschrift. München, 1817. — v. Hazzi, Gekr. Preisschrift über Güterarrondirung. München, 1818 (nur $^2/_3$ des 458 S. starken Buches handeln von der Arrondirung). — v. Closen, S. 91. 274. — Späth, Praxis der Güterarrondirung. Nürnberg. 1819. — Moser, Die bäuerl. Lasten, S. 75. — Bülau, Der Staat und der Landbau, S. 190. — Nebbien, Die Bewegung des Bodens oder die Vortheile und Nachtheile der Ablösungen und Zusammenlegungen der Felder. Leipzig, 1836. — Knaus, Der Flurzwang. Stuttgart, 1843. — Hanssen im Archiv, N. F. II, 52. — Seelig, Die Verkoppelungsgesetzgebung in Hannover, 1852.

Wißmann, Ueber das Consolidationswesen im H. Nassau, Wiesbaden, 1853. — Schenk in Hamm's Agronom. Zeitung, 1853. Nr. 46—48. — Wilhelmy, Ueber die Zusammenlegung der Grundstücke in der preuß. Rheinprovinz, Berlin, 1806. — Thudichum, Untersuchungen über die Nachtheile der Bodenzersplitterung, Frankfurt, 1857. — Hoffacker, Die Anlage von Feldwegen und die Güterzusammenlegung, Lahr, 1858. — Beck, Die Güterconsolidation in der pr. Rheinprovinz, Coblenz, 1859. — Schenk im Wochenblatt des Vereins nassauischer Landwirthe 1860. Nr. 32. 33. 1861. Nr. 15. — Amtl. Bericht über die XXI. Versamml. der d. Landw. S. 88. 104.

(c) Nach dem preuß. Regulirungsedict vom 14. Sept. 1811 §. 44 war bei nicht erblichen Besitzungen der Bauern eine Verlegung ganzer Höfe zulässig.

(d) Die Erhöhung des Verkehrswerths geht bis $\frac{1}{4}$, $\frac{1}{3}$, $\frac{1}{2}$ oder noch mehr, Wißmann, S. 10.

(e) Neuere Gegner der Zusammenlegung berufen sich auf den fleißigeren Anbau und höheren Reinertrag der im Gemenge liegenden Dorfmarkungen und besorgen bei jener Maaßregel eine von selbst sich einstellende Gebundenheit. Aber jene Erscheinung ist nicht allgemein und hängt mit anderen Ursachen zusammen, diese Besfürchtung fällt sogleich ganz hinweg, wo die Zusammenlegung nicht vollständig ist. Vergl. R. Mohl, Bericht über die Weiderechte in Württemberg. S. 102.

(f) Im vormaligen Hochstifte Kempten begann sie vermuthlich schon im 16. Jahrhundert, denn die früheste bekannte Jahreszahl bei der Gemeinde Moos ist 1576, bei zwei anderen Orten 1614. Im 18. Jahrhundert, vorzüglich von 1770 an, kamen zahlreiche Austauschungen vor, meistens ohne Einwirkung des Staates. v. Hazzi S. 250 (giebt nur das J. 1614 an). — Wochenbl. des landw. Vereins in B. Jahrg. V. S. 229 (enthält auch die Kempten'sche Instruct. v. 1799). Die Regierung des Oberdonaukreises erklärte im Landrathsbescheid vom 19. Oct. 1832: „Der beruhigende Zustand aller der Arrondirung sich erfreuenden Theile des Oberdonaukreises, ihr unerschütterliches Hervortreten in den Jahren beispielloser Ueberwohlfeilheit, das schnelle Aufblühen verarmter Bezirke schon in dem 1. Jahrzehend ihres Anschließens an das Arrondirungssystem, lassen den Wunsch des Landraths (Beförderung des Umlegens) als sehr billig und gegründet erscheinen." — Auch im württ. Oberamte Waldsee und in anderen Theilen von Oberschwaben, selbst in zwei badischen Gemeinden des Amtes Heiligenberg (Bad. Landw. Wochenblatt 1844. S. 90) ahmte man das Beispiel von Kempten nach. „Ein auffallender Wohlstand wurde heimisch. Die landwirthschaftliche Production hatte sich in Durchschnitte durch diese Vereinödung um $\frac{1}{3}$ vermehrt," s. den bei Moser S. 78 im Auszuge mitgetheilten amtlichen Bericht. — In Dänemark erging 1758 eine Verordnung über das Zusammenlegen, 1784 eine neue, in Schleswig 1766 und 1770, in Holstein 1768 und 1771 mit dem besten Erfolge. Hanssen im Archiv, N. F. II, 59. — Im Nassauischen rettete die Zusammenlegung (seit 1772) manche Bauern vom Concurs. Schlözer, Staatsanzeigen III, 129, IV, 359. Nassau-Dietz'sche V. und Instruction von 1784, in Bergius Landesges. IX, 270. (Nach §. 2 der V. soll von Amtswegen, selbst beim Widerspruch der ganzen Gemeinde, die Zusammenlegung geschehen.) Diese „Consolidationen" haben neuerlich in Nassau so guten Fortgang, daß sie sich im J. 1843 schon auf 100000 Morgen erstreckten, Knaus, S. 21. In 10 Gemeinden ist der Heuertrag von 1415 Morgen Wiesen von 14700 auf 31000 Centner gesteigert worden, Rau, Archiv, V, 298. Wohlgelungene Zurundung der Gemeinde

Roville im heut. Dep. Meurthe im J. 1770, veranlaßt durch den dortigen Grundherrn Ant. de Chaumont de la Galaisière, s. die königl. Lettres-patentes vom 7. Mai 1771 bei François de Neufchateau, Dictionnaire d'agriculture prat. 1827. I, S. XCIV der Einleitung. Diese Verfügung schildert treffend die bisherigen Uebelstände: — que le grand éloignement ne permet pas d'y apporter les engrais nécessaires; que de ce mélange de propriété naissent la facilité des usurpations, qui produisent des procès sans nombre, et l'impossibilité de pénétrer à un champ, sans passer sur les fonds d'un grand nombre de propriétaires, la faculté de ruiner les héritages voisins par la direction des eaux, que chaque propriétaire donne à son gré; la multiplicité des chemins tortueux, qui s'élargissent à mesure que le séjour des eaux les rend impraticables et qui occupent une quantité de terrain considérable; que la culture donnée indifféremment en tout sens, et le défaut d'observation des pentes dans la direction des sillons, produisent des ravins sans nombre et rendent infertiles, par le défaut d'écoulement des eaux privées, des contrées entières. Der Nutzen dieser Unternehmung hat sich erhalten und die Wahl Rovilles zum Sitze einer Musterwirthschaft durch Matth. von Dombasle ist zum Theile hiedurch bestimmt worden. Es wurde zugleich festgesetzt, daß kein Grundstück unter 3 Toisen Breite herab zertheilt werden solle. Aehnliches geschah in Nouvres (Dep. Côte d'or), und einigen andern französischen Gemeinden, Chevrier-Corcelles et Puvis, Observat. S. 54. — Neuerlich ist in mehreren Staaten diese Maaßregel eifrig befördert worden, §. 100 (a). In Sachsen wurde nach dem Ges. von 1834 in den Jahren 1835—54 in 450 Gemeinden die Zusammenlegung verlangt, 1855 sogar in 55. Die meisten Anträge (372) zeigte der Kreis Leipzig, Dresden nur 66, Bautzen 31, Zwickau keine, weil hier wegen der höheren Lage und der größeren Geschlossenheit weniger Bedürfniß besteht. — Im K. Hannover ist bis Ende 1852 die Verkoppelung in 1201 Gemeinden ganz, in 155 theilweise ausgeführt, in 391 vorbereitet worden, in anderen 1604 Gemeinden wird sie für thunlich gehalten. Zur Statistik des K. Hannover, III, 57. — Im Herzogthum Braunschweig wurden 1840—57 200 Specialseparationen mit Verkoppelung vorgenommen, 113629 Stücke in 36499 zusammengelegt. Die ganze betheiligte Fläche war 502760 Morgen. Festgabe für die XX. Versammlung der d. Landw. S. 260.

§. 99.

Bei der besseren Eintheilung der Feldfluren zur Beseitigung der erwähnten Mängel sind mehrere Abstufungen zu unterscheiden.

1) Die Zurundung ist vollständig, wenn jedes Landgut ein zusammenhängendes Ganzes bildet (a). Werden zugleich die Gehöfte aus den Dörfern in die Mitte der geschlossen beisammen liegenden Güter verlegt, so ist die Bewirthschaftung noch leichter, doch ist das Hinausbauen zu diesem Zwecke nicht überall Bedürfniß (b). Die Bedenklichkeiten, welche man in Hinsicht auf die Benutzung verschiedener geselliger Anstalten, z. B. der Schulen, oder wegen der geringeren Sicherheit gegen

widerrechtliche Handlungen bei einem solchen Verlegen der Wohnungen hegt, erscheinen als unerheblich, wenn man den Zustand derjenigen Gegenden betrachtet, wo die Dorfschaften schon längst aus zerstreuten Wohnungen bestehen (*c*). Indeß bewirken mehrere andere Gründe in vielen Fällen eine Abneigung gegen dieses Hinausrücken, z. B. die Nähe einer Landstraße, der Aufwand für das Abbrechen und Wiederaufführen der Gebäude, zumal wenn diese dauerhaft und kostbar angelegt sind (*d*), der Mangel an Trinkwasser an einzelnen Stellen der Gemarkung, die Bequemlichkeit und Annehmlichkeit des Beisammenwohnens und dergl. Bei mittleren und kleineren Bauerngütern treten überhaupt die Vortheile des Hinausbauens weniger hervor. In der Regel würde es genügen, wenn nur der kleinere Theil der Gehöfte versetzt würde, doch entschließen sich die Landbewohner oft auch hiezu nicht.

2) Es ist aber schon sehr vortheilhaft, wenn alle Ländereien eines Eigenthümers in wenige größere Massen zusammengelegt werden. Bei diesem Austausche ist Folgendes zu berücksichtigen: a) Wegen der erforderlichen Gelegenheit zum Bewässern kann man nicht aus jedem Acker eine gute Wiese, sowie auch aus vielen Wiesen keine gehörig trockenen Aecker machen (*e*). Daher ist die Zusammenlegung oft nur innerhalb beider Arten von Grundstücken ausführbar. b) Wo die Bodenbeschaffenheit in einer Gemarkung sehr ungleich ist, da ist es zweckmäßig, daß jedes Gemeindemitglied Land von verschiedenen Eigenschaften besitze, um z. B. in Jahren der Nässe oder Trockenheit weniger zu leiden, um mancherlei Gewächse anbauen zu können und dgl. (*f*). c) Wenn die Höfe in den Dörfern bleiben, so müssen der Billigkeit wegen jedem Bewohner sowohl nähere als entferntere Ländereien zugewiesen werden. Wird in Gemäßheit dieser Erwägungen in den Ortsmarkungen eine durch die Oertlichkeit bestimmte Anzahl großer Haupttheile gemacht, in deren jeder sämmtliche Grundeigenthümer ihre Antheile erhalten, so wird schon eine starke Verminderung der Einzelstücke (Parcellen) bewirkt und eine solche partielle Zusammenlegung ist nicht so schwer zu Stande zu bringen als eine vollständige (*g*).

3) Noch leichter ist es, die Feldmark nur zur Beseitigung des Flurzwanges umzugestalten, so daß die Grundstücke regel-

mäßige Figuren bilden und jedes wenigstens von einer Seite auf einen Feldweg stößt, auch die Wege wo möglich geradlinig geführt werden (*h*). Gegen diese Maaßregel wird von den Grundeigenthümern am wenigsten eingewendet, weil jeder seine Stücke ungefähr in gleicher Lage wieder erhält, allein der Nutzen ist viel größer, wenn man nicht bei diesem Schritte stehen bleibt, sondern zugleich auch die Zusammenlegung nach Nr. 2 damit verbindet, wobei die Kosten nicht sehr vermehrt werden.

(*a*) In Baiern heißt dieß Vereinödung.

(*b*) In kleinen Dörfern ist es ausführbar, daß die zusammenhängenden Güter wie Kreisausschnitte bis in die Nähe der Ortschaft reichen.

(*c*) Da immer ein Theil der Wohnungen in der Nähe der Kirche, der Schule, des Gemeindehauses bleiben wird, insbesondere die Handwerker, Krämer, Gastwirthe, Taglöhner das Dorf nicht verlassen wollen, und auch die hinausgerückten Höfe nicht weit entfernt zu sein brauchen, so ist die Vereinzelung nicht so groß, als man sich bisweilen vorstellt. Die Feuersicherheit gewinnt mehr, als sie durch die Verspätung der Hülfe verlieren kann, freilich muß aber der Staat gegen Raub und Diebstahl schützen. Was geistige und sittliche Bildung, Kirchen- und Schulbesuch und dgl. betrifft, so zeigen die Gegenden von Deutschland (z. B. in Westfalen, im Schwarzwalde rc.), der Schweiz, Norwegen, Nordamerica rc., wo man wenige Dörfer findet, daß gar nichts zu fürchten ist; überdieß kann man leicht mehrere Gehöfte nahe beisammen anlegen, wie dieß in vielen Gegenden die ältere Art des Anbaues war. Im Hochstift Kempten wurde ungefähr auf 10 in einem Dorfe enthaltene Wohnungen eine einzige hinaus gebaut. Vgl. Lips, a. a. O. von Hazzi, S. 255. — In England ist die gerundete Lage Regel.

(*d*) Z. B. steinerne Häuser mit gewölbten Kellern.

(*e*) In Gebirgsgegenden, wo die Grasfeldwirthschaft herrschend ist, ist dieß nicht schwierig; daher die häufige Vereinödung in der Illergegend, (um Kempten und Immenstadt).

(*f*) Dasselbe gilt, wenn ein Theil der Flur der Gefahr von Ueberschwemmungen ausgesetzt wäre.

(*g*) Im gr. hessischen Dorfe Achenbach waren beinahe 8000 Stücke, zusammen nur 641 M. betragend, welche auf 2200 vermindert wurden, Zeller, Zeitschr. 1848. Nr. 48. 49. — Ein anderes hess. Dorf hatte 3317 Wiesenstücke von 147 M. Gesammtinhalt, woraus man 549 Stücke machte. — In dem preuß. Dorfe Großengottern wurden die 16 100 Einzelstücke in 1594 zusammengezogen, insbesondere die 9 Rittergüter von 1484 M. und 860 Parcellen in 23 vereinigt, mit 3½ Thlr. Kosten auf den Morgen. In Kirchheim bei Erfurt wurden aus 5600 Stücken (= 3585 M.) 559 gebildet, wobei ein großes Gut von 647 M. nur aus 2 Stücken (Plänen) besteht. Wilhelmy, S. 79. — In Braunschweig erhielt Jeder 3—4, höchstens 6 Stücke (Pläne).

(*h*) Bürger, Abh. über die Umwandlung unregelmäßiger in regelmäßig abzutheilende Felder. Heidelb. 1825. Der Verf. hat als Feldmesser die bessere Eintheilung in einem Theile der großen Gemarkung von Seckenheim bei Mannheim ausgeführt. Die 95 bisherigen Flurtheile

(Gewanne), deren manche nur aus wenigen Aeckern bestanden, wurden in 9 große, durch Wege getrennte Massen verwandelt, aber eine Zusammenlegung wurde nur innerhalb einer jeden der 9 Gewanne eines 229 Morgen großen Flurtheils vorgenommen.

§. 100.

Die Zusammenlegung darf da, wo sie nicht mit anderen Veränderungen zusammenhängt, nicht befohlen, sie muß dem freien Willen der Gemeinden anheimgestellt, sie kann aber von der Staatsgewalt befördert und erleichtert werden, wozu Gesetze und Verordnungen erforderlich sind (a). Die nachdrücklichste Unterstützung dieses Unternehmens gewährt die gesetzliche Bestimmung, daß durch den Beschluß der Mehrheit der Grundeigenthümer in einer Gemeinde auch die Minderheit verpflichtet werden solle, die Zusammenlegung geschehen zu lassen. Es ist der Zweifel angeregt worden, ob ein solcher Zwang zum Vertauschen eigenthümlicher Grundstücke nach allgemeinen staatsrechtlichen Grundsätzen zulässig sei (b). Dagegen ist zuvörderst zu bemerken, daß durch die Beseitigung des Flurzwangs (§. 98) die freie Verfügung über das Eigenthum hergestellt und also jene Nöthigung vergütet wird. Ferner tritt hier ein Fall ein, wo die widerstrebende Minderheit den Uebrigen ein Hinderniß einer großen volkswirthschaftlichen Verbesserung in den Weg legt, wie bei Veranlassungen zur Zwangsabtretung. Die Vermuthung, daß nach dem nämlichen Grundsatze andere noch drückendere Eingriffe in das Eigenthumsrecht versucht werden könnten, ist nicht in Erfüllung gegangen, endlich läßt sich in der Ausführung viel thun, um die Wünsche der Gegner zu berücksichtigen und dadurch ihren Widerspruch zu beseitigen (c). Die Hauptregeln sind folgende:

1) Wenn der Antrag auf die Austauschung gemacht und ein vorläufiger Entwurf zu derselben vorgelegt worden ist, so werden alle Betheiligten amtlich vernommen. Erklärt sich hiebei die Mehrheit für die Unternehmung (d) und ist dieselbe von der Staatsbehörde nach genauer Untersuchung der Umstände sowie der etwa erhobenen Einwendungen zweckmäßig befunden worden, so wird die Ausführung genehmigt. Die Zusammenlegung kann auch blos in einem gut abgegränzten Theil der Markung vorgenommen werden.

2) Zur Entwerfung des Planes, zur Berathung und zur Ausführung desselben ist der Beistand eines sachkundigen und geübten Geschäftsmannes von großem Nutzen. Diesem wird ein von der Gemeinde bestellter Ausschuß und ein Feldmesser beigesellt (*e*).

3) Bauplätze, eingefriedigte Gärten, Rebland, Grundstücke, die zur Mineralgewinnung oder zu Gewerken benutzt werden, auch Waldungen bleiben ausgenommen.

4) Die Flur wird hierauf, wenn dieß nicht schon früher geschehen ist, vermessen, in Boden=Classen eingetheilt und jedes Grundstück mit Rücksicht auf alle eigenthümliche Umstände nach seinem Reinertrag und Verkehrswerth abgeschätzt, III, §. 332 (*f*).

5) Rechnet man den abgeschätzten Verkehrswerth aller jedem Einzelnen zugehörenden Grundstücke zusammen, so findet man die Summe, für welche er bei der Austauschung neue Ländereien zu fordern hat, d. h. seinen **Schätzungs=Anschlag**.

(*a*) Nassauische V. v. 12. Sept. 1829, (Verordn.=Bl. Nr. 11). Instruction v. 2. Febr. 1830 (V.=Bl. Nr. 5). — Großh. hess. Instruction vom 5. Dec. 1834. Reg.=Bl. Nr. 88. V. vom 22. März 1852. Ges. v. 24. Dec. 1857. — Sächs. Ges. v. 4. Juni 1834. — Braunschweig. Ges. v. 20. Dec. 1834. — Hannöv. Ges. v. 30. Juni 1842 über die Zusammenlegung (Verkoppelung) der Grundstücke. — Weimar. Ges. v. 25. Aug. 1848 (größtentheils mit den sächsischen gleichlautend). — Bad. Ges. v. 5. Mai 1856. V. v. 12. Juni 1857. (Die Zusammenlegung soll bei der neuen Vermessung des Landes von den Feldmessern befördert werden.) — Baier. Ges. v. 10. Nov. 1861. — Im preuß. Staat wird bei der Aufhebung der Weide und der Theilung der Gemeindeweiden auch auf die Zusammenlegung der Grundstücke und eine neue Feldeintheilung Bedacht genommen. Gemeinheitsthl.=O. §. 69—72. Ges. v. 7. Juni 1821 über die Ausführung der Gem. Theil. §. 9. Verordn. v. 26. Juni 1821 bei Koch, S. 161. Diese sogenannten Separationen sind daher in Preußen in größerer Menge als in jedem Lande vorgenommen worden, allein die angef. Vorschriften gelten nicht für diejenigen Gemeinden, in denen keine Dienstbarkeiten vorkommen, wie in der Rheinprovinz. — Würtemb. Gesetzentwurf 1861. — Auch in England ist durch das Gesetz v. 20. Aug. 1836 (6. & 7. Will. IV. C. 115) die Zusammenlegung der in Gemenge liegenden Grundstücke (open fields) befördert worden.

(*b*) J. B. bei Endemann, Ueber Geschlossenheit und Zwangsverkoppelung der ländlichen Güter, Cassel, 1860. S. 35.

(*c*) Die Geschicklichkeit der Feldmesser hat es z. B. im Algau (bair. Kreis Schwaben) dahin gebracht, auch ohne ein solches Gesetz viele Zusammenlegungen zu bewirken, indem selbst den launenhaften Forderungen Einzelner nachgegeben wurde. Daraus dürfte jedoch die Entbehrlichkeit des Gesetzes nicht gefolgert werden, denn ohne dasselbe würden doch viele wohlthätige Austauschungen unterbleiben.

(d) Nach dem Herkommen im Fürstenthum Kempten reichte die Einwilligung der Eigenthümer von ²/₃ der Flur hin. — Der Entwurf eines Acker-Gesetzbuches für Frankreich fordert dieselbe Bedingung, ferner die Einwilligung eines Schiedsgerichts von 9 Personen und den zustimmenden Ausspruch eines Gerichtes erster Instanz; von Hazzi, S. 440. — Nassau, §. 3 der a. V.: ²/₃ der stimmführenden Gemeindeglieder, welche wenigstens die Hälfte des Landes besitzen. — Hannov. §. 2: Mehrheit der Eigenthümer, welche wenigstens ²/₃ des Flächengehaltes und zugleich ²/₃ des Steueranschlages besitzen. Diejenigen, welche nicht über 2 Morgen haben, stimmen nicht mit, dagegen behalten sie entweder ihr Land oder empfangen den Ersatz in einer gleich günstigen Lage, §. 15. Empfehlung dieser Bestimmungen bei Seelig, S. 28. — Sachsen, §. 3: ²/₃ der Stimmen, welche nach Zahl und Größe der Parcellen berechnet werden (§. 11); für das bei Dienstbarkeiten und Gemeinheitstheilungen betheiligte Land reicht die einfache Mehrheit hin. — Engl. Ges. v. 1836: ²/₃ der Stimmen nach Zahl und Besitzstand. — Baden, §. 1: ²/₃ der Grundeigenthümer, welche zugleich ²/₃ des Steuercapitals haben. — Gr. Hessen, §. 1: über ½ der Eigenthümer, welche ²/₃ der Fläche und ½ des Steueranschlages besitzen. — Baiern: Besitzer von ⅘ der Fläche und des Steuercapitals.

(e) Hannover: Die Zusammenlegung (Verkoppelung) geschieht unter Leitung der für die Gemeinheitstheilungen bestellten Commissionen und nach ähnlichem Verfahren, a. Ges. v. 30. Juni 1842 vgl. oben §. 94 (a). — Nach der nassauischen (sehr ausführlichen) Instruction werden 3 verpflichtete Güterschätzer aufgestellt, die mit noch 3 anderen Landwirthen zu Rathe gehen. Im Falle einer Beschwerde werden drei neue, ebenfalls verpflichtete Schätzer ernannt, deren Ausspruch dann endgültig ist. — Baden, §. 7: Die Commission besteht aus einem von der Verwaltungsbehörde ernannten Vorsitzenden, dem Feldmesser und 1 oder mehreren Sachverständigen, welche, wenn die Betheiligten sich nicht vereinigen, ebenfalls von der Staatsbehörde ernannt wird. — Gr. Hessen, §. 20: ein Regierungscommissar, der Bürgermeister, drei unbetheiligte Sachverständige, der Geometer. — Würtemb. Entwurf §. 12: Die Vollziehungscommission besteht aus einem Rechtsgelehrten, einem Techniker und einem von den Grundeigenthümern der Gemeinde gewählten Landwirthe. Der Commission werden 1 Feldmesser, 3 Schätzer und 1 Verrechner beigegeben. Die Betheiligten ernennen ferner fünf Vertreter.

(f) Grundsätze dafür bei Gebhard, S. 95—119. — Können sich die Gemeindemitglieder selbst über die Classensätze und die Einschätzung der Stücke in die Classen vereinigen, so ist dieß das Beste. Sonst muß wenigstens jeder Betheiligte mit seinen Einwendungen gegen die Richtigkeit des Ansatzes gehört werden. — Je fleißiger eine Flur angebaut ist, je mehr die einzelnen Stücke durch gepflanzte Bäume, Bodenverbesserungen und dgl. Eigenthümlichkeit erhalten haben, desto mehr Sorgfalt erfordert die Schätzung. Nach dem hannov. Ges. §. 14 wird daher auch der jetzige Düngungsstand, die Mergelung ꝛc. berücksichtigt. Das sächs. Ges. §. 15 verordnet, daß der Düngungsstand bei der Schätzung außer Ansatz bleiben, aber mit Geld vergütet werden solle. Ebenso würt. Entwurf §. 34.

§. 101.

6) Der Plan zur neuen Feldeintheilung wird unter Mitwirkung des Feldmessers entworfen und durch Berathung und

Uebereinkunft der Gemeindemitglieder oder nöthigenfalls durch schiedsrichterliches Erkenntniß festgesetzt. Ist die Rundung keine vollständige, so muß nach der Oertlichkeit beurtheilt werden, wie viele Abtheilungen der Feldmark gemacht werden sollen, §. 99. Hiebei sollten aber nicht schon die bisherigen, oft aus zufälligen Ursachen entstandenen kleinen Flurtheile (Gewanne), sondern nur beträchtliche Verschiedenheiten in der Beschaffenheit und Lage entscheiden (a). Man giebt den einzelnen Antheilen regelmäßige Gestalt, sorgt für die erforderlichen Fahr- und Fußwege (b), und sucht überhaupt die ganze Gemarkung auf die vortheilhafteste Weise zu benutzen (c). Wird eine größere Anzahl von Flurbezirken gemacht, so läßt man über die Reihenfolge der einzelnen Antheile in jedem Bezirke das Loos entscheiden.

7) Man sucht wo möglich Jedem Land von ähnlicher Beschaffenheit wiederzugeben, wie seine früheren Besitzungen waren, um keine Störung in den Wirthschaftsverhältnissen zu verursachen (d). Kann ohne Zerreißen der nach dem Plane gebildeten Abtheilungen nicht Jeder ganz in Grundstücken befriedigt werden, so gleicht man den Unterschied durch baare Hinauszahlung aus (e). Ergiebt sich aus der Verminderung der Wege und Gränzfurchen ein Ueberschuß an Land, so wird derselbe verhältnißmäßig vertheilt oder zur Bestreitung der Kosten verwendet.

8) Die Vertauschung, soferne nicht baare Daraufgaben stattfinden, muß von den gutsherrlichen und Staatsabgaben befreit werden, welche sonst von Veräußerungen unbeweglicher Güter zu entrichten sind, z. B. Handlohn, Stempel- und Registrirungsgebühr (f).

9) Denen, welche ihre Wohnungen hinaus verlegen, wird eine Vergütung von den Uebrigen nach freier Uebereinkunft bewilligt. Man wählt hiezu die schadhaftesten oder geringsten Hofgebäude.

10) Die Kosten werden nach Verhältniß der Schätzungsanschläge auf die Grundeigenthümer umgelegt (g).

11) Die Weiderechte müssen vorher abgelöst sein, die gutsherrlichen Lasten und Hypotheken werden auf die neuen Antheile übertragen, welche überhaupt die Stelle der älteren

Besitzungen einnehmen. Auch über das Rechtsverhältniß der Eigenthümer zu den Pachtern sind Bestimmungen nöthig.

12) Die Regierung trägt Sorge, daß das ganze Geschäft mit dem geringsten Kostenaufwand und ohne unnöthige Verzögerung vollführt wird, sie sucht die Anerkennung seiner Vortheile zu verbreiten, und ermuntert auch sonst, wie sich Gelegenheit darbietet, zu demselben (*h*).

(*a*) Nach dem nassauischen sog. Consolidationsverfahren wird eine größere Zahl von Flurbezirken gebildet, nach dem preuß. Separationsverfahren sucht man wo nicht eine einzige, doch nur eine kleine Anzahl von Feld= und Wiesenmassen herzustellen und folglich die Zusammenlegung vollständiger auszuführen. Sind die Grundeigenthümer hinreichend belehrt worden, so muß ihnen die Wahl der einen oder anderen Ausführungsart mit Berücksichtigung der örtlichen Umstände freigelassen werden. Streit über die Vorzüge jener beiden Verfahrungsarten bei Beck und Schenk a. a. O.

(*b*) Nass. Instruction §. 19. 20: Hauptstraßen 2—2½ Ruthen breit, Nebenstraßen und Feldwege 1—1½ Ruthen, Fußpfade 3 Fuß. An der Gewanngränze bleiben auf jeder Seite 2½ Fuß zum Fahren frei. (Der nassauische Fuß ist = ½ Meter = 1⅔ bad. Fuß.)

(*c*) Ausfüllung von Hohlwegen, Geradeleitung von Bächen, Einrichtungen zur Trockenlegung, zur Bewässerung. — In einigen Dörfern der bad. Pfalz haben die Gemeinden sich entschlossen, die Almendstücke in unregelmäßiger Form anzunehmen, um den einzelnen Bürgern besser gestaltete Stücke anweisen zu können.

(*d*) Hannov. Ges. §. 19 und würt. Entwurf §. 35: Die Abweichung im Flächengehalte des eingeworfenen und wiedererhaltenen Landes darf ohne Einwilligung jedes Betheiligten nicht über 10 Proc. betragen. — In der Illergegend ziehen die sog. kleinen Leute eine größere Fläche von geringerer Bodengüte vor, weil sie Arbeitskräfte genug haben, um dieselben zu verbessern.

(*e*) Hannov. §. 13: ohne Einwilligung der Betheiligten darf die baare Entschädigung nicht über 3 Proc. ihres ganzen Schätzungsanschlages betragen. Sie wird in Rente oder Capital (25fach) geleistet. Würt. Entwurf 5 Proc.

(*f*) In Baden fällt (V. v. 1829) die Immobilienaccise von Arrondirungen hinweg.

(*g*) In der Gemeinde Echte (Seelig a. a. O.) wurden die früheren 3182 Parcellen der 211 Eigenthümer in 549 Antheile (Koppeln) zusammengelegt, mit 2½—2⅔ Thlr. Kosten auf den Morgen. — In Nassau wurden die Kosten auf 3 fl. vom Morgen, in Preußen (ohne Weganlagen u. dgl.) auf ½—1⅓ Thlr. vom Morgen angenommen. Wilhelmy, S. 42. 74. — In Braunschweig waren sämmtliche Separationskosten in den kleinsten Feldmarken 2⅖, in mittleren 1,⁸, in großen von 2600—3000 M. 1,⁶⁸ Thlr. vom Morgen.

(*h*) So könnte z. B. zugesichert werden, daß eine bestimmte Zahl von Jahren die Grundsteuer, ungeachtet der bewirkten Erhöhung der Grundrente, nicht gesteigert werden solle. Ein anderes Mittel ist, daß die Kosten der ersten Zusammenlegungen einer Gegend, die als Beispiele dienen, von der Staatscasse bestritten werden. Landleute und Beamte in eine Gegend reisen zu lassen, wo das Verfahren und der gute Erfolg dessen anschaulich erkannt werden kann, hat sich ebenfalls als nützlich erwiesen.

2. Urbarmachung und Bodenverbesserung.

§. 102.

Die Urbarmachung des öden und die Verbesserung des schon angebauten Landes erfolgen bei dem Anwachse der Volksmenge, der landwirthschaftlichen Kenntnisse und der Capitale in vielen Fällen nach und nach von selbst und können in der Regel dem Eifer der Grundeigenthümer überlassen werden, woferne nur die Hindernisse, die z. B. in den Weiderechten oder dem Gemeindeeigenthum liegen (§. 85) beseitigt werden (a). Belehrung, Beispiel und Aufmunterungen (b) reichen daher für einen Theil der Ländereien hin, auch könnte eine stärkere Beförderung des Urbarmachens (c) sogar nachtheilig werden, wenn nach den gegebenen Verhältnissen Arbeit und Düngemittel besser auf das schon urbare Land verwendet würden (d). Indeß treten auch Fälle ein, in denen ein Beistand der Staatsgewalt für diesen Zweck erforderlich ist, namentlich 1) wenn die Unternehmung nur im Großen, nach einem einheitlichen Plane durch Kunstmittel und mit Hülfe eines beträchtlichen Capitales auszuführen ist, oder wenn 2) die Rechte einzelner Grundeigenthümer die Anwendung der zweckmäßigsten Mittel verhindern.

(a) Auch der Novalzehnte verdient hier besondere Berücksichtigung; vergl. §. 67. — Die irländischen Sümpfe (bogs) können hauptsächlich wegen der Weiderechte der anstoßenden Pachter nicht urbar gemacht werden.

(b) 30jährige Steuerfreiheit des urbar gemachten Landes, holländ. V. vom 20. Jan. 1807. Verlängerung auf 50 Jahre, und eben so lange Befreiung vom Novalzehnten, V. vom 16. April 1809; Gevers-Deynoot, De summi imper. Belg. cura etc. S. 114.

(c) Bei starker Entvölkerung oder großen Gebrechen der geselligen Verhältnisse fand man es bisweilen rathsam, die Urbarmachung durch Beschränkung der Eigenthumsrechte zu begünstigen. So verordneten Valentinian II. und Theodosius, daß das von dem Eigenthümer unbenutzt gelassene Land nach zweijährigem Anbau dem neuen Anbauer verbleiben solle. L. 8. Cod. de omni agro deserto (XI, 58). Aehnlich die franz. V. v. 1766. Fournel, Lois rural. I, 106.

(d) Es giebt in jedem Lande Strecken, welche die Kosten der Urbarmachung überhaupt oder wenigstens bei den jetzigen Preisen der Bodenerzeugnisse nicht belohnen. Ist der Humusvorrath des öden Landes gering, so muß bald mit Düngung nachgeholfen werden, wozu stärkerer Viehstand und Futterbau gehören.

§. 103.

Zu denjenigen Unternehmungen, welche aus einem der beiden angeführten Gründe (§. 102) eine besondere Fürsorge der Staatsgewalt erheischen, sind hauptsächlich nachstehende zu zählen:

1) Das Trockenlegen der Sümpfe, wodurch wegen des gewöhnlichen Humusreichthums der nassen Niederungen eine Menge des fruchtbarsten Bodens gewonnen wird, weßhalb gelungene Entsumpfungen sehr wohlthätige volkswirthschaftliche Folgen zu äußern pflegen, zugleich aber auch die von den Ausdünstungen der Sümpfe herrührende Gefahr für die Gesundheit der nahen Ortschaften entfernen (a). Der Erfolg der Entwässerung wird vorzüglich durch die richtige Auswahl der Mittel, je nach den Ursachen der Nässe, bedingt, die bald von angesammeltem Regenwasser, welches auf einer undurchlassenden Erdschicht stehen bleibt, bald von Quellen, bald von Ueberschwemmungen oder unterirdischer Verbreitung einer nahen großen Wassermenge (Meer, Strom) herrührt (b). Auch in dem schon besser benutzten Lande finden sich Stellen, die fortdauernd oder zeitweise feucht sind und deren Trockenlegung den Bodenertrag beträchtlich vergrößert (c).

2) Die bessere Benutzung des Torflandes, für die es den Gemeinden und den einzelnen Grundeigenthümern meistens an Kenntnissen und Capital fehlt, besonders wo das Eigenthum stark zertheilt ist (d).

3) Die Urbarmachung und Verbesserung der Heiden. Läßt sich fließendes Wasser in Canälen herbeiführen, so kann das Heideland mit großem Nutzen in Wässerwiesen umgewandelt werden (e).

4) Die Anlegung neuer Ansiedelungen (Colonien) auf dem urbargemachten oder noch urbar zu machenden Lande, wenn die Entlegenheit oder die große Ausdehnung desselben den Anbau von den vorhandenen Ortschaften aus verhindert.

5) Die Herstellung der zum Bewässern der Wiesen erforderlichen Einrichtungen, §. 150.

(a) Die europäischen Länder enthalten noch viele Sümpfe, und zwar sowohl die niedrig gelegenen Ebenen, z. B. Norddeutschland, Ungarn, Polen, Italien, als die Gebirgsthäler wie in Oberbaiern (wenigstens 10½ Q.M.) und das höhere Flachland wie Niederbaiern.

(b) Kein Volk hat hierin so viel geleistet, als die Holländer, deren Entwässerungen an 200 Mill. fl. gekostet haben sollen. Von 1612—1631 wurden blos in Nordholland 5 große Binnenseen von 24474 Morgen, neben mehreren kleinen, ausgetrocknet, v. Wiebeking, Wasserbaukunst, II, 276 (1812). Zur Trockenlegung des 3,7 Quadrat-Meilen großen Harlemer Meeres, welches sich noch fortwährend auf Kosten des umliegenden Landes vergrößerte, wurde 1818 der Plan entworfen und der Kostenaufwand zu 7 Mill. fl. berechnet. van Lynden, Over de droogmaking van de Harlemer Meer. s'Gravenh. 1821. — Bibl. univ. Abth. Sciences et arts, XXIII, 156. Neuer Plan hiezu: B. de Stappers, Mémoire sur le desséchement du lac de Harlem. Brux. 1829. Der Verf. wollte mit 6 Mill. fl. ausreichen und den See in einen Wald umwandeln. Die Austrocknung mit Hülfe von drei großen Dampfmaschinen wurde 1848—54 ausgeführt und im letztgenannten Jahre die Fläche schon mit Raps besäet. — Unter Friedrich II. von Preußen wurde das Oderbruch vermittelst des Durchstiches von Güstebiese bis Hohensaaten 1747—1756 trocken gelegt, die Sumpfgegend an der Netze und Warthe zwischen Küstrin und Driesen 1767—1785 mit 1·028000 Thlr. Kosten entwässert, wobei man 4¼ Q.-M. gewann und 1750 Familien ansetzte, das Fiemerbruch bei Magdeburg (30000 M.), mehrere Sümpfe an der Stemme und Tanger (87000 M.), ein Theil des Madue-Sees in Pommern (14000 M.) und viele andere urbar gemacht, auch die Austrocknung des Drömmlings an der Ohre im Reg.-Bez. Magdeburg 1778 begonnen (1792 beendigt, 176800 M. gewonnen). Das havelländische Luch war schon 1718—1724 mittelst des 10¾ Meilen langen Hauptcanals bei Rauen und mehrerer anderen entsumpft worden. De Herzberg, Huit dissertations etc. — Nachricht von der Verwaltung und Urbarmachung der Warthebrüche. Berlin, 1767. — Entwässerungen in Baden, v. Drais, Baden unter Karl Friedrich, II, Beilage 8. — Die Austrocknung des an 4 Q.-Meilen großen Donaumooses in Baiern unter Kurfürst Karl Theodor seit 1778 geschah wegen des torfigen Untergrundes nicht mit völlig erwünschtem Erfolge, aber doch mit dem Gewinn eines 52000 baier. Morgen großen angebauten Landstriches, auf dem eine Anzahl von neuen Dörfern angelegt ist. Die Dürftigkeit und Nachlässigkeit der meisten Colonisten, Unkenntniß des zu ergreifenden Anbauverfahrens und verschiedene Mißgriffe trugen bei, die guten Wirkungen der Urbarmachung nicht in vollständigem Maaße zum Vorschein kommen zu lassen. Die Staatscasse hat 684000 fl. auf dieses Unternehmen verwendet. Zu den Nachtheilen der Versumpfung gehörte auch die Erschwerung des Verkehrs. Das Donaumoos nöthigte die Bewohner einiger Dörfer, die 3—4 Stunden von Neuburg entfernt sind, einen 7—8 Stunden langen Weg dahin zu nehmen; v. Schrank, Briefe über das Donau-Moor. Mannheim, 1795. 4°. — G. von Aretin, Actenmäßige Donaumoos-Culturgeschichte, ebend. 1795. 4°. — v. Pechmann, Geschichte der Austrocknung und der Cultur des Donau-Moores in Baiern. München, 1832. — Colonie Wilhelmsdorf auf einem, mit dem Beistande der württ. Regierung ausgetrockneten Sumpfbezirke im Oberamte Ravensburg, seit 1823. — Die Austrocknung der Sümpfe an der Linth oberhalb des Zürchersees, welche schon viele Krankheiten verursacht hatten, wurde 1807—1822 mit musterhafter Kunst und erfreulichem Gemeinsinn ausgeführt. Die Kosten betrugen 682000 fl. Der neue Linthcanal ist 73000 Fuß lang und es wurden gegen 20000 Juchart gewonnen. Officielles Notizenblatt, die Linthunternehmung betr., Zürich, 1827—1828. XXII Hefte in III B. — Rau, Uebersicht der Entwässerungsarbeiten an der Linth. Heidelb. 1825. — Begonnene Austrocknung der Sumpfstrecke bei Laibach in Krain, seit 1819. —

Wohlgelungene Entsumpfungen sind in den letzten Jahrzehnten in Ungarn ausgeführt worden; bei Sarviz 69000, am Sio und Kapos 86000, in der Gespannschaft Tolna 180000 J. In den Niederungen der Theiß (Südungarn) ist ein Ueberschwemmungsgebiet von 1²/₃ Mill. Joch der periodischen Versumpfung ausgesetzt. Zur Theiß-Regulirung (1656 beschlossen) durch Privatgesellschaften sollen 15 Mill. fl. unter Verbürgung des Staates aufgenommen werden. — Frankreich soll noch gegen 500000 Hekt. (1·960000 pr. M.) Sumpfland haben. Die am meisten einer Verbesserung bedürftenden Gegenden sind: 1) die Sologne, (Dep. Cher, Loiret, Loir und Cher) mit undurchlassender Erdschicht unter seichter Krumme: die neuerlich begonnenen Arbeiten sollen die sumpfigen Niederungen entwässern, das trockene höhere Land bewässern, auch die Beischaffung von Mergel erleichtern, mit Hülfe eines Canals, den schon Lavoisier 1786 vorgeschlagen hatte (de Lavergne, Econ. rurale de la France. S. 364.), 2) die gleich der Sologne sehr ungesunde Brenne (Dep. Indre), 3) die Bresse und Dombes (Dep. Ain), 4) die Camargue (Rhonedelta) mit 31260 Hekt. Sumpf. Becquerel, Des climats, 1853, S. 262. — An den pontinischen Sümpfen zwischen Cisterna und Terracina, 118000 pr. Morgen groß, wurde schon unter dem Consul Corn. Cethegus (582 a. u. c.) gearbeitet; Cäsar, Augustus, Trajanus, Theodorich und viele Päbste bemühten sich um ihre Austrocknung; Pius VI. bewirkte sie zum Theile mit 3²/₃ Mill. fl. Kosten, doch ist noch viel zu thun übrig. Prony, Description hydrographique et historique des marais Pontins. Paris, 1822. 4°. — An den Ufern des Meeres und der in dasselbe fließenden Ströme werden durch Eindeichung des abgelagerten fruchtbaren Bodens von Zeit zu Zeit neue Flächen für den Anbau gewonnen; die Polder in Holland, Belgien, Holstein, Schleswig. Geschichte der Polder an der Schelde von Kummer in Annales des travaux publics en Belgique, II, 1. 1844.

(e) Außer dem Geradeleiten (Rectificiren) eines Flusses und der Vertiefung des nach und nach durch Ablagerungen erhöhten Flußbettes ist hier vorzüglich die Entfernung des über einem wasserdichten Untergrunde stockenden Wassers durch bedeckte Abzüge zu erwähnen. Dieß Drainiren ist in den letzten Jahrzehnten in England sehr vervollkommnet und verbreitet worden. Rau, Die landwirthschaftlichen Geräthe der Londoner Ausstellung. S. 83. 155. Auch in Deutschland und anderen Ländern hat die Drainirung neuerlich Eingang gefunden und wird mit besonderer Vorliebe betrieben, die es wegen seines großen Erfolges vollkommen verdient. Es sind eine Menge von Schriften darüber erschienen, z. B. Vincent, Die Drainage, 3. Ausg. 1860. — Man hat angenommen, daß in Frankreich 6½—7 Mill. Hekt. Acker der Drainirung bedürfen, in Würtemberg 350000 w. Morgen. In Großbritanien (ohne Irland) sollen 22·890000 A. feuchtes Land sein, von denen 1855 1·365000 drainirt waren, der A. in D. mit 1,⁸⁵ L. Kosten. Tooke, History of prices, V, 189. — In Deutschland betragen die Kosten meistens zwischen 8 und 16 Thlr. auf den preuß. — 20 bis 40 fl. bad. Morgen, das dazu verwendete Capital trägt aber reichlichen Gewinn.

(f) Irland hat über 1½ Mill. engl. Acres Torfmoore (bogs), und man zweifelt sogar noch, ob sie urbar zu machen seien, Mac Culloch, Statist. account, I, 358. — In den Moorcolonien des nordwestlichen Deutschlands werden die Torfmoore entwässert, der Torf wird ausgestochen und auf Canälen zu Markt gebracht, sobann das Land zum Anbau zugerichtet. Die hannov. Moor-Colonien in Bremen und Verden (1720 begonnen) hatten im Jahre 1849 schon 13900 Einw.

und trugen jährlich der Domänencasse 7600, der Steuercasse 7033 Thlr. ein, ohne den starken Torferlös. Hannover soll 1·234000 M. Torfmoor haben (v. Raden). Schlözer, Staatsanz. III, 368. — Festgabe für die 15. Versamml. der Landw. S. 125. 130. — Baiern hat 183700 Tagwerke Torfgrund, wovon 35582 dem Staate, 141213 einzelnen Bürgern gehören, s. Die Forstverwaltung Baierns, 1861. S. 468. — Ueber die Benutzung des Torfs s. §. 164 (e).

(e) Entwürfe zur Austrocknung und Urbarmachung der Heiden (landes) zwischen Bordeaux und Bayonne, welche als Waldungen einen jährlichen Ertrag von 20 Mill. Fr. geben könnten, — durch mehrere Canäle. Des landes et du canal du Duc de Bordeaux. Bord. 1825. — J. B. B., Les landes en 1826. Bord. 1826. Im Jahre 1834 wurde eine compagnie d'exploitation et de colonisation für diese Heiden gestiftet. Eine zweite Gesellschaft unternahm 1838 die Führung einer Eisenbahn von Bordeaux bis la Teste, eine dritte kaufte 12000 Hekt., um die Entwässerung und den Anbau in einzelnen Gütern unter Verwaltern zu bewirken, Rau, Archiv, IV, 283. Die Dep. Landes und Gironde haben nach der amtl. Statistik 718000 Hekt. Oedung (pâtis, landes & bruyères), tacho immenso qui déshonore notre sol, De Lavergne, S. 311. Es ist Sand über einer undurchlassenden Erdschicht. S. auch Becquerel a. a. O., S. 287. — Sandwüste Crau in der Nähe der Rhonemündung, mit Kies bedeckt, 12000 Hekt. groß. De Lavergne, Econ. rurale de la France, S. 280. — In der belgischen Heidegegend (Campine) ist in den letzten Jahren viel geschehen s. §. 85 (d). Belgien hat 290000 Hekt. (1·157000 pr. M. — 75,° □.=M.) Heiden und ödes Land. Auch im nordwestlichen Deutschland befinden sich noch viele Heiden. — Die Urbarmachung des Flugsandes ist wichtiger, um das benachbarte Land vor dem Ueberwehen zu schützen, als wegen des Ertrages der sandigen Strecken, die noch am besten als Wald benutzt werden.

L. F.

§. 104.

Bei den für die genannten Zwecke dienlichen Maaßregeln ist es die Aufgabe der Staatsgewalt, die bessere Benutzung des Bodens mit der geringsten Beeinträchtigung des Eigenthumsrechtes zu bewirken.

1) Kann die Verbesserung von den Grundeigenthümern vorgenommen werden, so lassen sich nachstehende Beförderungsmittel anwenden:

a) Wenn die Entwässerung nur durch Einrichtungen möglich ist, die sich planmäßig über eine im Eigenthum Mehrerer befindliche Fläche erstrecken, so ist eine gesetzliche Bestimmung nothwendig, nach welcher die Besitzer des kleineren Theils sich dem Beschlusse der Mehrheit unterwerfen und an der gemeinschaftlichen Unternehmung theilnehmen müssen, wenn sie nicht lieber ihre Antheile an die Mehrheit verkaufen (a). In diesem

Falle ist eine Schätzung des gegenwärtigen Verkehrswerthes erforderlich, für welche eine Anleitung aufzustellen ist. Die Theilnehmer bilden eine Gesellschaft, welche aus ihrer Mitte einen Ausschuß zur Besorgung der Geschäfte erwählt (*b*). Eine Verwaltungsbehörde untersucht in jedem einzelnen Falle die Umstände und spricht aus, daß das Gesetz auf denselben anzuwenden sei, auch muß der Plan von kunstverständigen Staatsbeamten geprüft und sodann genehmigt werden (*c*).

b) Die Besitzer anderer Grundstücke werden gesetzlich verpflichtet, das zur Entwässerung erforderliche Land unter den für Zwangsabtretungen bestehenden Vorschriften abzugeben oder sich eine Belästigung in ihrem Eigenthum, z. B. zufolge des Durchgangs von Abzugsgräben, gegen volle Entschädigung gefallen zu lassen (*d*).

c) Zur Erleichterung solcher Unternehmungen ist es nützlich, wenn aus der Staatscasse für diesen Zweck Vorschüsse, die nach einer vorgeschriebenen Regel verzinst und allmälig getilgt werden, gegeben werden (*e*).

d) Bei Kunstmitteln, die noch nicht genug bekannt sind, ist es dienlich, Kunstverständige aufzustellen, von denen die Grundeigenthümer Rath und Beistand erhalten (*f*).

e) Auch kann den Grundeigenthümern die Anschaffung der nöthigen Hülfsmittel erleichtert werden (*g*).

2) Die Arbeiten an den größeren Flüssen und Meeresufern zur Verhütung der Ueberschwemmungen fallen ohnehin dem Staate zur Last, weil jene Gewässer sich in seinem Eigenthum befinden. Auch die Anlegung von größeren Canälen zur Austrocknung oder Bewässerung wird am leichtesten von der Regierung unternommen, entweder ganz auf Staatskosten (*h*), oder mit einem Beitrage von denjenigen Grundeigenthümern, die den Vortheil genießen, nachdem sie auf eine gesetzlich geregelte Weise ihre Zustimmung gegeben haben (*i*).

3) Wenn eine ansehnliche Fläche, die bis jetzt keinen oder nur geringen Ertrag gab, z. B. Sumpf, Heide, Flugsand ꝛc., durch die Urbarmachung ergiebig zu werden verspricht, die Eigenthümer aber sich hiezu nicht entschließen, so wird durch einen solchen großen volkswirthschaftlichen Vortheil die Ermächtigung einer Actiengesellschaft zu dieser Unternehmung

gerechtfertigt. Das Verhältniß der Gesellschaft zu den Grundeigenthümern muß für solche Fälle in einem Gesetze genau bestimmt werden und es ist darauf zu sehen, daß jene nicht verkürzt werden. Sie müssen jedoch verpflichtet werden, der Gesellschaft eine Vergütung zu leisten, welche die Kosten ersetzt und einen ermunternten Gewinn abwirft, aber doch den Eigenthümern noch den Vortheil einer weiteren Werthserhöhung übrig läßt, so daß beide Theile sich in den ganzen Nutzen theilen. Die Vergütung kann auch in der Abtretung von Land bestehen. Eine sachverständige Staatsbehörde (Wasserbau-Direction) und gewählte Taxatoren wirken bei der Festsetzung der Entrichtung mit (k). Für die zu Canälen, kleineren Gräben ꝛc. nöthigen Grundstücke findet Zwangsabtretung statt. Wenn übrigens der erwähnte Zweck vermittelst einer Actiengesellschaft nicht zu erreichen ist, so bleibt noch der Ausweg übrig, daß der Staat an die Stelle derselben tritt und unter ähnlichen Bedingungen das Werk ausführt.

(*a*) Franz. Ges. v. 16. Sept. 1807. — Bad. Ges. v. 13. Febr. 1851. §. 1: Besitzer von ⅔ der Fläche haben zu entscheiden. — Gr. hess. Ges. v. 2. Jan. 1858 (Mehrheit wie nach dem Zusammenlegungsgesetz).

(*b*) Fehlerhaft das franz. Gesetz, nach welchem die Syndics aus den Theilnehmern vom Präfecten ernannt werden.

(*c*) Dieß ist zweckmäßig, weil die Theilnehmer den Vortheil der Zwangsabtretung von Anderen genießen.

(*d*) Bad. Ges. §. 3. — Hess. Ges. §. 1. Hofplätze, Hausgärten und überbaute Räume bleiben verschont. — Franz. Ges. über das Drainiren v. 10. Juni 1854. Jeder Grundeigenthümer, der sein Land entwässern will, kann die Leitung des Wassers durch fremdes Land gegen Entschädigung verlangen, doch darf er dasselbe ohne besondere Erlaubniß nicht in die Gräben der Landstraßen führen, Verfügung des landw. Minist. v. 9. Nov. 1856, Block, Annuaire, 1858. S. 199. Vereine von Grundeigenthümern (ohne Zwang zum Beitritt) können vom Staatsrath für gemeinnützige Anstalten (établissements d'utilité publique) erklärt werden und folglich Zwangsabtretungen ansprechen.

(*e*) In Großbritanien wurden zum Drainiren 2 Mill. Pfd. St. Vorschuß für Großbritanien und 1 Mill. für Irland bestimmt, durch eine Zeitrente von 6½ Proc. zu verzinsen und in 32 Jahren zu tilgen, Gesetz v. 28. Aug. 1846 (9. & 10. Vict. c. 101). Später kamen noch 2½ Mill. und weitere 500 000 Pfd. St. hinzu, also zusammen 6 Mill. Nutznießer, die durch Erbberechtigung Anderer in der Verfügung beschränkt sind, erhalten die Erlaubniß, das Gut für obigen Zweck mit einer Unterpfandsschuld zu belasten, indem sie außer höchstens 5 Proc. Zins eine Zeitrente von 12—18 Jahren übernehmen. Auch Pachter können die Drainirung fordern gegen eine Zeitrente, die nicht über ihre Pachtzeit hinausreicht. Die Ausführung wird von einer Staatsbehörde

(Commission) durch bestellte Kunstverständige (engineers) besorgt. Gesetze seit 1833. Lois et documents relatifs au drainage (nämlich im brit. Reich) Paris, 1854. 4. — Die belgische Regierung bewilligte ebenfalls mehrmalige Vorschüsse zu ähnlichen Unternehmungen, z. B. 1851 450000 Fr. zum Urbarmachen und Wässern, 75000 Fr. zum Drainiren, 75006 Fr. zur Anschaffung von Kalk. — Franz. Ges. vom 17. Juli 1856: Es sind 100 Mill. Fr. zu Vorschüssen für Drainirungen bestimmt, durch 25 Zeitrenten mit 4 Proc. Zins zu tilgen (also 6,4 Proc. jährlich). Von dieser Summe ist jährlich ein Theil zu verwenden. Der Staat hat ein Vorzugsrecht auf die Ernten. — Später (28. Mai 1859) wurde verordnet, daß die société de crédit foncier diese Darleihen zu besorgen habe. Es ist von denselben wegen der lästigen Förmlichkeiten wenig Gebrauch gemacht worden, 1859 wurden 400000, 1860 382000 Fr. hiezu geliehen.

(*f*) Mehrere Regierungen haben Ingenieure in das Ausland geschickt, um sich dort im Drainiren zu unterrichten und dann den Landwirthen Beistand zu leisten, z. B. Belgien. — Die französischen Wasserbau=Beamten sind zu dieser Beihülfe verpflichtet, Umlaufschreiben des landw. Minist. v. 16. Aug. 1854.

(*g*) Die zur Verfertigung der Drainröhren dienenden Pressen sind neuerlich auf öffentliche Kosten in vielen Ländern eingeführt worden. Die Maschinen von Withehead, Williams und Clayton sind vorzüglich gut. Die belgische Regierung hat eine Anzahl Niederlagen von gebranntem Kalk gestiftet, zur Verbesserung der Felder. Die Lieferung in die Niederlagen wird einem Unternehmer um bestimmten Preis übertragen und der Staat schießt zu, um den Verkaufspreis für die Landwirthe niedrig zu machen. Auch im badischen Odenwalde wurden Kalköfen auf Staatskosten errichtet.

(*h*) So geschah es in mehreren der §. 103 erwähnten Fälle, z. B. in den Moorcolonien und der belgischen Campine, wo der Verbindungs=canal zwischen Maaß und Schelde zur Bewässerung benutzt worden ist, vergl. (*i*).

(*i*) Bad. Ges. v. 28. Aug. 1835, nach welchem zur Verhütung von Ueberschwemmungen und zur Verbesserung des sumpfigen Landes in der Nähe des Kaiserstuhls bei Freiburg 2 Flüsse rectificirt werden und ein Canal angelegt wird, wobei die Kosten ungefähr zu $3/7$ (300000 fl.) vom Staate, zu $4/7$ von den 16 Gemeinden zu tragen sind. Rau, Archiv, II, 113.

(*k*) Beispiele: Die pfalzbaier. Verordnungen in Ansehung der Donaumoos=Cultur, 11. Jan. 1790, 25. Oct. 1782, 10. Juni 1794, bei von Aretin a. a. O. — Nach der neuesten Bestimmung (V. v. 1794) wird 1) von Aeckern oder zweischürigen Wiesen, wenn sie a) freies Eigenthum sind, 10 Jahre lang jährlich 1 fl. vom Morgen bezahlt, oder $1/6$ der Fläche abgetreten, b) von lehnbaren Gründen resp. 2 fl. oder $1/3$ der Fläche; 2) von einschürigen Wiesen oder Weiden in ähnlicher Unterscheidung 1 fl. 30 kr. — 3 fl. oder $1/4$ — $1/2$ des Grundes. — Beschluß der Schweizer=Tagsatzung von 1804 in Betreff der Linth=Unternehmung: Die gänzlich unter Wasser stehenden und folglich für die bisherigen Eigenthümer verlorenen Ländereien wurden der Actiengesellschaft ganz zugesprochen, von den übrigen nahm dieselbe den ganzen bewirkten Werthüberschuß in Anspruch. — Franz. Gesetz vom 16. Sept. 1807 bei Fournel, Lois rurales, I, 117. — Block, Dict. S. 1088. Das Land wird nach seinem jetzigen Ertrage mit Rücksicht auf die verschiedenen Grade der Ueberschwemmung geschätzt, nach vollendeter Urbarmachung wird der neue Werth ermittelt. Wie der erzielte Werthsüberschuß zwischen der Gesellschaft und den Grundeigenthümern zu vertheilen sei, dieß soll in der jedesmaligen Concession bestimmt werden und statt der Geldabfindung kann Land nach der Taxe abgetreten werden. — Das belg. Ges. v. 25. März 1847 verpflichtet die Gemeinden, ihre öden Ländereien unter der Bedingung zu verkaufen, daß der Käufer die Urbarmachung vornimmt, s. §. 85 (*d*). Mehrere Gesellschaften haben solches Land erworben und in Wiesen umgewandelt. Zur Urbarmachung der 17 100 Helt. großen Heide von Kalmpthout an der holländischen Gränze, nordöstlich von Antwerpen, dachte man den Schlamm der Schelde zu benutzen, wozu ein Canal oder eine Eisenbahn in Vorschlag gekommen sind. **Désrichement des terres incultes**, Brux. 1850. fol. — **Kummer**, Création de prairies irrigables. Brux. 1851. fol. — Manche Gebirgsseen gestatten entweder eine gänzliche Trockenlegung oder doch eine Erniedrigung des Wasserspiegels durch Abzüge, so daß fruchtbares Land gewonnen wird. Die Tieferlegung des Lungernsees im Canton Unterwalden, Abtheilung Obwalden, wurde zuerst von den Eigenthümern der anstoßenden Grundstücke unternommen, dann mit dem Beistande einer Actiengesellschaft durchgeführt, welche 17 160 Fr. dazu verwendete. Die neugewonnenen Wiesen deckten aber die großen Kosten der Abzugsstollen nicht. In einem größeren Staat würde die Staatscasse geholfen haben, hier geschah es durch einen Theil der Actienbesitzer, welche auf einen Betrag von 14 890 Fr. (429 Actien zu 40 Fr.) zu Gunsten der Unternehmung und des Ortes verzichteten. Schlußbericht an die Actionäre . . . Luzern, 1841. — Beispiele noch bevorstehender Entsumpfungen im preuß. Staate: die Niederung an der Erst in Rheinpreußen (50 000 M., wovon 16 000 fast fortwährend versumpft, Ursache vieler Wechselfieber) — **die Gegend der Unstrut in Thüringen** (17594 M. Sumpf), **Wurffbain im Archiv für Landeskunde der pr. Monarchie**, 1856, I, 164. — **Gegend von Münster**, ebend. II, 306.

II. Landwirthschaftliches Capital.

A. Landwirthschaftliche Versicherungs-Anstalten.

§. 105.

Wie die Brandversicherungen zur Wiederherstellung des Capitals im Allgemeinen dienen (§. 24) so sind auch Anstalten errichtet worden, welche die stärksten in der Landwirthschaft vorkommenden Unfälle durch Versicherungsbeiträge vieler Theilnehmer vergüten sollen. Solche Versicherungen sind für zwei Ursachen von Verlusten, nämlich Hagelschlag und Viehsterben wegen der Häufigkeit und Größe des von ihnen verursachten Schadens vorzüglich wünschenswerth und auch schon häufig gegründet worden (*a*).

Eine Versicherung der Feldfrüchte gegen Hagelschaden (*b*) ist in vielen Ländern unternommen worden (*c*), hat aber die erwartete allgemeine Theilnahme der Landwirthe noch nicht gefunden. Die Ursachen hievon liegen theils in der Dürftigkeit vieler kleiner Grundeigenthümer, die den Jahresbeitrag schwer aufbringen und bei einem Hagelschlage auf mildthätige Unterstützung hoffen (*d*), theils in der ungleichen Größe der Gefahr, indem manche Gegenden weit öfter betroffen werden als andere und in den letzteren weniger Neigung vorhanden ist, sich versichern zu lassen (*e*), theils in der großen Verschiedenheit der Schäden von Jahr zu Jahr und der Unvollständigkeit der bis jetzt bekannten statistischen Thatsachen über den Hagelschaden, theils endlich in den Schwierigkeiten der Schätzung eines eingetretenen Schadens. Eine Prämienversicherung wird durch ungewöhnlich große Schäden leicht in ansehnlichen Verlust gebracht (*f*). Gegen den Vorschlag, die Hagelversicherung zur Staatsanstalt zu machen und den Beitritt zu befehlen (*g*) sprechen nicht allein die Gründe, welche einen solchen Zwang im Allgemeinen widerrathen (§. 5), sondern auch die angeführten Schwierigkeiten dieser Art von Versicherung und die unvermeidliche Benachtheiligung einzelner Landestheile gegen andere (*h*).

(*a*) Bei anderen Unfällen, welche die Ernten bedrohen, ist es zu schwer, eine Versicherung zu Stande zu bringen. Ueberschwemmungen finden (die Wolkenbrüche ausgenommen) nur in der Nähe größerer Gewässer statt; die Folgen des Mäusefraßes sind schwer auszumitteln; Mißwachs ist, wenn er sich ereignet, oft zu allgemein. Vorschläge zu einer Assecuranz gegen das Mißrathen des Weinbaues, aber unzureichend, in v. Berg, Staatsw. Verf. I, 189.

(*b*) Bergius, Kam. Mag. Art. Assecuranz. — Frank, Landw. Polizei I, 255. — v. Berg, Staatswissensch. Versuche, I, 59—340 (1795); deff. Polizeirecht, III, 299. — Cellische Nachrichten für Landwirthe, I, 1. St. S. 52. (1820). — Härlin, Darstell. der Ursachen der Verarmung, S. 51 (Stuttg. 1822). — Hellmuth, Ueber den Zweck und die Nothwendigkeit, Hagelschaden-Versicherungs-Anstalten zu errichten, Braunschw. 1823. — Correspondenzblatt des würt. landw. Vereins, 1831, II, 66. — Wochenblatt des bad. landw. V. 1834, S. 57 (Entwurf der Statuten). — Oberndorfer im Centralblatt des baier. landw. V. 1844. S. 468. — Helferich in der Zeitschrift für die Staatswiss. 1847, S. 243. — Walz in Rau u. Hanssen, Archiv, N. F. IX, 325, X, 1. — v. Lengerke, Ann. VII. Suppl. S. 84. IX, 230. — Zeller, Wirksamkeit der landw. Vereine S. 276.

(*c*) Beispiele. Gegenseitige Gesellschaften: Neubrandenburg (Mecklenburg) seit 1794. Nassau 1813. Holstein 1818. Halberstadt, Leipzig 1820.

Paris, Ord. v. 29. Jan. 1823. K. Sachsen 1824. Schweiz 9. März 1825, erneuerte Satzungen 7. April 1826. Würtemberg 1830. München 1833, neue Satzung 1859. Freiburg (Baden) 1835, neue Satzung 30. März 1841. Güstrow 1842. Darmstadt 1854. — Prämiengesellschaften: Berlin 1842. Baier. Pfalz 1843. Union in Weimar 1855. München 1856.

(d) Größere Landwirthe sind in der Regel mehr geneigt, an solchen Gesellschaften Theil zu nehmen, vgl. Cell. Nachr. a. a. O. S. 54.

(e) Die Landwirthe des Cantons Zürich glauben in geringerer Gefahr zu sein, als die in den flachen Gegenden von Bern und Aargau, Locher-Balber, Bericht über die Verhandl. der naturforschenden Gesellschaft in Zürich, 1826, S. 43. Der Canton Waadt trat 1831 aus der schweizerischen Gesellschaft, um eine eigene zu gründen, weil er in vier Jahren 1/3 mehr bezahlt als empfangen hatte. In Oberbaiern sind einzelne Striche dergestalt häufig von Hagelschlag heimgesucht, daß man drei solcher Schauerlinien anzugeben im Stande ist, in deren einer München selbst liegt. In bergigen Gegenden scheinen überhaupt die Hagelschläge häufiger zu sein als in ebenen, weßhalb im nördlichen Deutschland die Prämien niedriger sind als im südlichen. In 15 Jahren hatte der würtemb. Neckarkreis auf $1/78$, der Jartkreis auf $1/206$ der Fläche Hagelschaden. Die baierische Gesellschaft hatte in 13 Jahren durchschnittlich $1,^{73}$, die sächsische in 19 Jahren im D. $0,^{80}$ Proc., die hannoversche im 20 jähr. D. nur $0,^{6}$ Proc. Schaden.

(f) Die Berliner Gesellschaft, 1823 errichtet, wurde im Jahr 1831 aufgelöst, 1832 von Neuem errichtet. Die 1854 errichtete Gesellschaft Ceres in Magdeburg wurde 1857 von der Bezirksregierung aufgelöst und die Theilnehmer mußten auf jede Actie noch 40 Thlr. zulegen.

(g) Antrag von Loiset in Frankreich, Nationalverf. 31. Dec. 1849. — Vorschläge in Belgien, auch für Vieh- und Feuerversicherung. — Nach starken Hagelschlägen pflegt sich dieser Wunsch zu regen.

(h) Oberndorfer a. a. O. schlägt vor, statt einer Versicherung vielmehr aus jährlichen Beiträgen eine für jeden Theilnehmer besonders zu berechnende Summe anzusammeln, aus der denen, die einen Schaden leiden, ehe ihr Guthaben ausreicht, ein Vorschuß gegeben würde. Dieser müßte dann durch stärkere Jahresbeiträge ersetzt werden.

§. 106.

Für das Verhalten der Regierung in Bezug auf die Hagelschadenversicherungen gelten ähnliche Grundsätze, wie bei den Feuerversicherungen, §. 24. Es sind hier hauptsächlich folgende Regeln maaßgebend:

1) Die zu diesem Zweck bestimmten Gesellschaften sind Privatunternehmungen, die im Allgemeinen dem freien Entschlusse der Landwirthe anheimfallen. Eine Staatserlaubniß zu ihrer Errichtung nach vorgängiger Prüfung der Satzungen und eine Staatsaufsicht auf den Gang der Verwaltung ist jedoch rathsam

a) bei Prämienversicherungen, welche von Actiengesellschaften übernommen werden,

b) bei ausländischen Gesellschaften, denen die Annahme von Versicherungen im Lande gestattet wird und die, wenn man keine Vorsicht anwendet, leicht Uebervortheilungen der inländischen Theilnehmer nach sich ziehen können,

c) selbst bei inländischen wechselseitigen Gesellschaften, wenn sie auf Unterstützung durch die Staatsgewalt Anspruch machen. Es ist hiebei zu erwägen, daß große Gesellschaften wegen der besseren Ausgleichung der Unfälle sich leichter behaupten als kleine, daß aber bei jenen die einzelnen Theilnehmer noch schwerer im Stande und geneigt sind, durch gewählte Vertreter zur Ueberwachung des Geschäftsganges mitzuwirken und Mißgriffe zu verhüten.

Für alle diese Fälle a bis c ist es zweckmäßig, in einer allgemeinen Verordnung diejenigen Grundzüge bekannt zu machen, welche die Regierung als Erforderniß der Genehmigung der Satzungen solcher Gesellschaften betrachtet.

2) Bei der Prüfung der vorgelegten Satzungen ist vorzüglich auf eine gute Verfassung der Gesellschaft (*a*), auf Verhütung einer eigenmächtigen oder eigennützigen Handlungsweise einzelner Vorsteher, auf gewisse Bürgschaften ausländischer Gesellschaften (*b*) und auf die Verpflichtung zur regelmäßig wiederholten Veröffentlichung der Rechnungen zu sehen. Die Regierung muß Gelegenheit haben, von der Verwaltung fortwährend Kenntniß zu erlangen.

3) Den von der Staatsgewalt gebilligten Gesellschaften wird der Beistand der Gerichts- und Gemeindebeamten zu den Schätzungen zugesagt, was jedoch ohne Verwirrung und Belästigung nur dann ausführbar ist, wenn nicht in einem Lande oder Landestheile mehrere Gesellschaften mit einander in Mitwerben stehen.

4) Die wohlthätigen Wirkungen dieser Versicherungen rechtfertigen es, wenn einer Gesellschaft für die erste Zeit, wo sie noch keinen Hülfsvorrath gesammelt hat und durch starke Schäden leicht in Verfall gerathen kann, ein Zuschuß aus der Staatscasse bewilligt wird, der aber auswärtigen Mitgliedern nicht zu Gute kommen darf (*c*).

(*a*) Die berner Gesellschaft hat 1) einen Ausschuß, der aus den zwei Höchstversicherten jedes Bezirkes besteht und sich jährlich einmal versammelt (Art. 17—32), 2) eine Aufsichtscommission von 5 Personen (Art. 33—45), 3) eine Verwaltung, welche den Director (zugleich Cassirer), den Secretär und einen Commissär in jedem Bezirke in sich begreift (Art. 43. 52). Hiezu kommen die Taratoren. — Bad. Gesellschaft in Freiburg: 1) Director, 2) gewählter Ausschuß zur Ueberwachung des Directors, 3) Agenten in den Landesbezirken, 4) die jährliche Generalversammlung. Der Director wird (§. 29) nicht von der Gesellschaft gewählt und ist „bei treuer Verwaltung" unabsetzbar, eine fehlerhafte Einrichtung, mag auch das Verdienst des Gründers noch so groß sein. Eine Gesellschaft muß ihre Beamten wählen und zwar nur auf bestimmte Zeit.

(*b*) Dahin gehört die Aufstellung inländischer Geschäftsführer (Agenten) und die Zusicherung, in Streitigkeiten mit Inländern sich den Gerichten des Landes zu unterwerfen. — Dagegen ist eine Gesellschaft, welche Mitglieder in einem andern Lande annimmt, einigermaßen gefährdet, wenn nicht die Regierung desselben ihr Beistand zusichert. Sie muß z. B. Bezirksvorsteher haben und bei den Taxationen auf die Hülfe der Ortsobrigkeiten im Sinne der Statuten rechnen. — In großen Staaten können Gesellschaften für einzelne Landestheile gestiftet werden. Die Pariser Assecuranz erstreckt sich auf 11 Departements.

(*c*) Empfehlung dieser Maaßregel bei Helferich a. a. O. Die würtemb. Regierung giebt seit 1843 einen Jahreszuschuß von 15000 fl. — Als eine Beförderung der Theilnahme an der Versicherung ist auch die Abschaffung des Grundsteuernachlasses bei Beschädigungen angerathen worden, die jedoch in vielen Fällen zu hart wäre, besonders bei dem jetzigen unvollkommenen Zustande dieser Versicherungen.

§. 107.

Da die Regierung Gelegenheit hat, zur guten Einrichtung der Hagelversicherungen mitzuwirken (§. 106), so bedarf sie einer Kenntniß der für dieselben geltenden Regeln, von denen in folgenden Sätzen ein Ueberblick gegeben wird.

1) **Bestimmung der Gefahr.** Die verschiedenen Feld- und Gartengewächse sind sowohl nach ihrer Beschaffenheit als nach der Dauer ihres Standes auf dem Boden sehr ungleich gefährdet; es müssen deßhalb, um alle Versicherten mit gleicher Gerechtigkeit zu behandeln (*a*), mehrere Abtheilungen von Gewächsen gemacht werden. Man kann hiebei entweder für jede Abtheilung (Classe) eine abgesonderte Behandlung anwenden, so daß eigentlich mehrere getrennte, nur unter einerlei Verwaltung stehende Gesellschaften vorhanden sind (*b*), oder wenigstens das Beitragsverhältniß jeder Classe nach den bisherigen Erfahrungen ungleich festsetzen, wobei fortgesetzte Beobachtung mit der Zeit zu Berichtigungen Anlaß geben wird (*c*).

Dasselbe gilt von der Aufstellung verschiedener Beitragsansätze für verschiedene Gegenden, indem erst in längeren Zeiträumen die Ungleichheit der Gefahr mit Zuverlässigkeit zu erkennen ist (*d*).

2) Der **Anschlag** der zu versichernden Gewächse wird den Versicherten freigestellt. Jeder derselben hat jährlich (*e*) eine Erklärung einzureichen, in welcher Name, Lage und Größe jedes Grundstückes, — Art der auf jedem derselben stehenden Früchte, — muthmaßlicher Natural=Ertrag, — Geldansatz oder versicherte Summe, angegeben werden.

(*a*) Einige Gesellschaften schließen die mehr gefährdeten Gewächse ganz aus. Mecklenburg, §. 2: blos Halmfrüchte, Erbsen, Linsen, Wicken und Buchweizen. — A. Köthen, §. 3: außer diesen auch Bohnen, Rübsen und Raps, Mohn, Leindotter.

(*b*) Schweiz, §. 60: 1. Classe, Halm=, Schoten=, Oelfrüchte, Kleesamen, Hanf, Lein. 2. Classe: Reben, Hopfen, Tabak.

(*c*) Mailänder Gesellschaft: 4 Classen; die unterste für Gras in der Ebene, die höchste für Reben und Oelbäume in Gebirgen; Verhältniß der Beiträge in Classe 1 und 4 wie 3 zu 16. — Würtemberg: 1) Oel= gewächse, Hopfen, Reben, Flachs, Hanf, Obst, 2) Getreide u. a. Ge= wächse; Verhältniß 2 zu 1. — Freiburg, Baden, §. 39: 1) Hanf, Flachs, Tabak, Hopfen, 2) Reben, Obst, Raps, Mohn, 3) Halm= und Hülsenfrüchte, 4) Knollen=, Wurzel=, Küchen= und Futtergewächse. Das Beitragsverhältniß ist 1 — 2 — 3 — 4$^{3}/_{8}$. — Magdeburg: 1) Halm= und Hülsenfrüchte, Kartoffeln, Hackfrüchte, Kohlarten, 2) Oel= und Handelsgewächse, 3) Reben und Obst, 4) Hopfen und Tabak. Ver= hältniß der Beiträge ungefähr 1 — 1$^{3}/_{4}$ oder 2 — 3 — 4. — München, Prämiengesellschaft: Futterkräuter $^{1}/_{2}$ — 5 Proc., Getreide und Futter= wurzeln $^{3}/_{4}$ — 6 Proc., Hülsenfrüchte und Mais 1 — 7, Oel= und Handelsgewächse 1$^{1}/_{2}$ — 8, Tabak und Hopfen 2$^{1}/_{2}$ — 12, Wein und Obst 3 — 15 Proc.

(*d*) Wiener Ges.: 4 Classen, je nachdem seit 10 Jahren keine oder mehrere Hagelschläge stattfanden. — Freiburg, §. 53. Wenn in einer Gemar= kung in den letzten 10 Jahren vor der Aufnahme höchstens einmal Steuernachlaß oder Entschädigung Statt fand, so findet eine Ermäßi= gung des Beitrags statt, im Verhältniß 8 zu 7, in Classe 2—4 wie 5 zu 4. — In Magdeburg hat jede Abtheilung 6 Abstufungen, in welche der Versicherer je nach der Gefährlichkeit der Lage eingereiht wird. Der höchste Satz ist z. B. bei Getreide= und Oelgewächsen 2 Proc., bei Tabak 4. — Würtemberg: Wird eine Gemeinde in drei Jahren zweimal (in zwei verschiedenen Jahren) um $^{1}/_{3}$ der Ernte oder mehr beschädigt, so steigt die Prämie drei Jahre lang um $^{1}/_{3}$. — München, neue Ges. auf Prämien: 11 Abstufungen je nach den in den letzten 20 Jahren eingetretenen Hagelschlägen und der aus anderen Gründen erkennbaren gefährlichen Lage.

(*e*) Bei mehreren Gesellschaften muß man sich sogleich auf einige Jahre anheischig machen. Dieß ist zwar zur besseren Ausgleichung zweckmäßig, hält aber, wenn die Jahresbeiträge nicht fest sind, leicht von dem Beitritte ab. Besser ist es die Wahl freizulassen, ob man auf 1 oder auf 5 Jahre beitreten will, im zweiten Falle aber einigen Vortheil zu gewähren.

§. 108.

3) Die Abschätzung des Schadens muß so bald als möglich geschehen, weil sonst die Beurtheilung erschwert wird, daher hat der Beschädigte unverzüglich die Anzeige zu machen (a). Die wahre Größe des Schadens ist der Unterschied des vor dem Hagelschlage zu erwarten gewesenen und des noch vorhandenen Ertrages. Wenn aber jener größer war als die versicherte Summe, so kann der Ueberschuß als nicht versichert auch nicht vergütet werden. Das billigste Verfahren besteht darin, daß die Taratoren aussprechen, der wievielste Theil der vor dem Unfall vorhanden gewesenen Früchte durch den Hagel zerstört worden ist, und diese Quote des Versicherungsanschlags ersetzt wird (b). Wenn es zweifelhaft ist, ob sich die Gewächse noch bis zur Ernte ganz oder theilweise erholen können, so muß der Erfolg abgewartet und eine zweite Abschätzung vor der Ernte angeordnet werden. Kann nach dem Gutachten der Schätzer noch eine zweite Aussaat vorgenommen werden, so mindert sich der Schadenersatz um den wirklichen, oder, wenn der Beschädigte diese zweite Benutzung nicht anwendet, um den muthmaßlichen Ertrag derselben, nach Abzug der Bestellungskosten. Entsteht hierüber, oder über die Richtigkeit der Schätzung Streit, so entscheiden Schiedsrichter.

4) Was den Ersatz betrifft, so müssen die Prämiengesellschaften denselben je nach ihren Satzungen ganz oder theilweise leisten. Bei wechselseitigen Anstalten kommen zweierlei Einrichtungen vor:

a) Gesellschaften mit veränderlichen Beiträgen können die Schäden vollständig vergüten, indem nämlich der ebensovielste Theil des versicherten Anschlages ersetzt wird, als welcher von der muthmaßlichen Ernte zerstört worden ist, und darnach der geforderte Beitrag bemessen wird. Dieß ist dem Zwecke der Anstalt am meisten entsprechend, allein die Beiträge erreichen in ungünstigen Jahren, beim Mangel eines ersparten Hülfsvorrathes, leicht eine solche Höhe, daß sie schwer einzutreiben sind und viele Mitglieder zum Austritt bewogen werden, wie denn überhaupt eine veränderliche Prämie ungern übernommen wird. Es sind deßhalb bei den meisten Gesellschaften beschränkende Abänderungen angeordnet worden. Man hat gewöhnlich einen gleichen Beitrag als Regel eingefordert, das von demselben Uebrigbleibende zurückgelegt, dagegen das in einem Jahr Fehlende durch einen Nachschuß gedeckt, der aber ein gewisses Maaß nicht übersteigen darf, so daß, wenn dieß nicht zureicht, der Ersatz ebenfalls unvollständig bleibt. So nähert sich diese Einrichtung der folgenden (c).

b) Andere Gesellschaften haben die Beiträge **unveränderlich** festgesetzt, weßhalb bei ungewöhnlich großen Hagelschäden der Ersatz nicht vollständig ist (d). Der Versicherte kann hier für den Fall eines Schadens auf gar keine gewisse Vergütung rechnen und hierin liegt ein starker Abhaltungsgrund für Viele (e). Man sollte also den Beitrag so bestimmen, daß wenigstens ein gewisser Theil jedes Schadens unfehlbar vergütet wird, und in guten Jahren auf die Sammlung eines Hülfsvorraths bedacht sein.

Für beide Einrichtungen leistet offenbar ein erspartes oder mit Hülfe eines Staatszuschusses gewonnenes Hülfsvermögen (Reservefonds) sehr gute Dienste.

(a) Die Anzeige wird dem Geschäftsträger (Agenten) des Bezirkes gemacht und von ihm wird hierauf die Abschätzung veranstaltet; die Schätzer können in jeder Gegend, wo die Gesellschaft viele Mitglieder hat, schon vorher bestellt werden. In Mecklenburg (Stat. §. 10) werden sämmtliche 4 Taratoren aus den Mitgliedern der Gesellschaft genommen, in Bern stellt die Gesellschaft die eine Hälfte der Taratoren, der Beschädigte die andere (Stat. §. 53), in Baden (Freiburg) werden sie von dem Agenten vorgeschlagen und von der Direction genehmigt, §. 55.

(b) Die verschiedenen Fälle und Methoden lassen sich so erklären. I. Es sei der Anschlag $a = 1000$ fl., der vor dem Hagelschlag zu hoffende Ertrag $e = 800$ fl., die übrigbleibende Ernte $r = 300$ fl. Nun könnte der zu vergütende Schaden angesetzt werden:
1) auf $a - r = 700$ fl., der Beschädigte empfängt also mit Einschluß der 300 fl. den vollen Anschlag, d. i. mehr als er ohne den Unfall zu erwarten hatte;
2) auf $e - r = 500$ fl., es ist also für ihn gerade so, als wenn kein Hagel eingetreten wäre, er hat aber unnöthig hoch versichert,
3) auf $\frac{e-r}{e} \cdot a = \frac{2}{8} \cdot 1000$ fl. $= 625$ fl., folglich auf einen mittleren Betrag zwischen 1) und 2).

II. Es sei bei dem vorgenannten Werthe von a und r die zu erwarten gewesene Ernte $e = 1200$ fl. Hier wäre 1) wieder 700 fl., 2) $e - r = 900$ fl., der Beschädigte erhielte zuviel; 3) $\frac{e-r}{e} \cdot a = 750$ fl.

(c) Pariser Gesellschaft: höchstens 1½ Procent von Halmfrüchten und 3 Procent von Wein ꝛc. Bern, Statut §. 108 und Modificationen

Nr. 7: in der 1. Classe nicht über 2, in der 2. nicht über 3 (vorher 4) Procent. — Die Berliner Actiengesellschaft hatte im D. 1858—60
versicherte Summe 18·234 633 Thlr.
Prämieneinnahme 234 811 Thlr. = 1,²³ Proc.
Gewinn . . . 79 313 Thlr.
Die Leipziger Gesellschaft hatte 1641 bei einer Versicherungssumme von 16·693 000 Thlr. 1,³⁶ Proc. Schaden, 1840 nur 0,⁹ Proc., weshalb in diesem Jahre über ³/₄ des ordentlichen Beitrags (von ³/₄ Proc.) zurückgezahlt, in jenem aber 88¹/₃ Proc. nachgefordert wurden; 1842 mußte sie 100 Proc. Nachschuß verlangen und konnte doch die Schäden nicht voll ersetzen. 1855 forderte sie 32 Proc. Nachschuß, die Gesellschaft zu Schwedt 80, die Altenburger 20 Proc. der Prämie. 8 gegenseitige Gesellschaften in Deutschland hatten 1859 58 Mill. Thlr. versichert, die Schäden waren 609 448 Thlr. = 1,⁰⁴⁷ Proc., Mar. Neubrandenburg mit 15·377 900 Thlr. Versicherung.

(d) In Würtemberg wurden in 16 Jahren durchschnittlich 40 Proc. des ermittelten Schadens vergütet, in einem einzigen Jahre 100, in einem anderen nur 10 Proc. Die bad. Gesellschaft zu Freiburg ersetzte in 13 Jahren im D. der einzelnen Jahre nur 36 Proc. der Schäden, in 6 Jahren weniger als 30 Proc. Die Prämie für Getreide wurde nach und nach von ¹/₃ bis auf 1 Proc. erhöht, wie sie auch in Würtemberg bestimmt ist. Da die Schäden hier in 16jähr. D. 2,⁵⁰ Proc., in Baden 1834—46 2,⁴³ Proc. der versicherten Summe ausmachten, in Baiern in der nämlichen Zeit 1,⁷³ Proc., so zeigt sich, daß die Prämien nicht genügen. Man muß sich also entweder mit einem unvollständigen Ersatze begnügen (in Würtemb. soll er nach den Satzungen ³/₄ nicht übersteigen), oder sich zu höheren Beiträgen entschließen.

(e) Es ist unbillig, daß von einerlei Betrag des Schadens in einem Jahre weniger vergütet wird als in einem anderen.

§. 109.

Eine Versicherung des **Viehstandes** gegen Sterbfälle (a) ist, obgleich mit manchen Schwierigkeiten verbunden, doch sehr häufig ausgeführt worden (b) und für die Landleute, besonders die dürftigere Classe derselben, sehr wohlthätig (c); denn sie bewahrt dieselben vor der Bedrängniß, in welche sie durch den Verlust eines Viehstückes gerathen würden, und macht es auch dem ganz unbegüterten Landmanne möglich, das zur Anschaffung eines Thieres erforderliche Capital zu borgen, während, so lange die Gefahr des Viehsterbens auf den Gläubiger fällt, gewöhnliche Darleiher sich vor diesem Geschäfte scheuen und das dringende Bedürfniß des Landwirthes von einem Viehversteller zu einem wucherlichen Vertrage gemißbraucht wird. Die Viehverstellungen, die in vielen Gegenden ein schwerer Druck für die Landbewohner sind (d), lassen sich am leichtesten durch Leihcassen entbehrlich machen, die aber ohne Versicherungsanstalten nicht zu Stande kommen können. Große Gesellschaften haben mit erheblichen Schwierigkeiten zu kämpfen, zu denen hauptsächlich die Menge der entfernten Geschäftsführer, deren Beaufsichtigung sehr mühsam ist, die verschiedenen Verhältnisse einzelner Gegenden, die ansehnlichen Verwaltungskosten, und die Versuchung der Versicherten zur nachlässigen Behandlung der Thiere gehören. Deßhalb sind viele solche Versicherungsgesellschaften nach kurzer Dauer eingegangen (e). Kleine, auf eine Ortschaft oder doch einen engeren Bezirk beschränkte Gesellschaften haben sich am besten behauptet (f), weil sie eine sehr einfache Verwaltung haben, die Mitglieder sich gegenseitig überwachen und eine Versammlung aller Theilnehmer leicht zu veranstalten ist, allein bei starkem Verluste durch Seuchen genügen sie nicht, weshalb viele Ortsvereine diese Art von Sterbfällen ausschließen; für größere Landwirthe ist jedoch gerade die Versicherung gegen Seuchen besonders nützlich. Daher verdient die Gründung großer Gesellschaften, bei denen jene Schwierigkeiten mit Benutzung der bisherigen Erfahrungen durch gute Einrichtungen beseitigt werden, eifrig befördert zu werden. Die Mitwirkung der Regierung und die allgemeinen Verhältnisse solcher Gesellschaften sind nach den in §. 106 aufgestellten Sätzen zu beurtheilen. Die kleineren Gesellschaften bleiben jedoch hier außer Betracht, weil sie ganz dem freien Entschluß der Viehbesitzer, dem Beistande der Gemeindevorgesetzten sowie den Belehrungen der landwirthschaftlichen Vereine zu überlassen sind. Die Grundzüge für eine solche Anstalt sind folgende:

1) Die Versicherung bei den bisherigen Anstalten ist eine **gegenseitige**.

2) Am nöthigsten ist sie für Rindvieh und Pferde, doch sind auch bisweilen Schweine und Schaafe aufgenommen worden. Für jede Thierart wird eine abgesonderte Abtheilung gebildet, kranke, zu junge oder zu alte Thiere werden ausgeschlossen.

3) Der Anschlag der versicherten Thiere nach ihrem Verkehrswerthe wird bei jedem einzelnen Stück durch Sachkundige abgeschätzt, was zwar umständlicher, aber genauer ist, als wenn für jedes Geschlecht und Alter der Thiere mehrere Classen

gebildet werden, in welche jedes Stück durch Schätzer eingereiht wird (*g*).

4) Jeder Theilnehmer muß seinen ganzen Viehstand versichern lassen und die Abschätzung wird jährlich wiederholt.

5) Jede Erkrankung eines versicherten Thieres muß sogleich einem Beamten der Gesellschaft angezeigt werden, damit der Thierarzt beigezogen und eine angemessene Behandlung angewendet oder das Schlachten beschlossen werden könne. Die Unterlassung der Anzeige zieht den Verlust der Entschädigung nach sich.

6) Um die Viehbesitzer nicht zur Vernachlässigung ihres Viehes zu verleiten, ist es zweckmäßig, daß nur etwa $3/4$ oder $4/5$ des Anschlages vergütet werde (*h*). Was von dem umgekommenen Thiere benutzt werden kann, namentlich die Haut und in vielen Fällen das Fleisch, das wird abgeschätzt und von dem Anschlage abgezogen.

7) Die Entschädigungen werden nach erfolgter Untersuchung, ob der Unfall nicht etwa verschuldet sei, sogleich ausbezahlt, wozu ein Cassenvorrath nöthig ist. Die Beiträge werden so bestimmt, daß sie bei dem gewöhnlichen mittleren Belauf der Schäden einen Ueberschuß zur Deckung größerer Verluste gewähren (*i*) und jährlich oder halbjährlich auf die Theilnehmer umgelegt.

8) Den Versicherten sollten so wenig als möglich Nebenabgaben, Gebühren ꝛc. aufgelegt werden (*k*).

9) Der gute Erfolg hängt großentheils davon ab, daß in den einzelnen Bezirken und Orten Ausschüsse und Vorsteher gewählt werden, welche mit ähnlicher Sorgfalt wie bei den Ortsvereinen thätig sind und unter der Leitung des Hauptvorstandes stehen.

(*a*) Bergius, Magazin. I. Art. Affecuranz. — Bensen, Materialien, I, 259. 416. — v. Berg, Handb. III, 332. — Ryß, Ueber Vieh-Affecuranz-Credit-Anstalten. Würzb. 1831. — Bad. landw. Wochenblatt 1833, S. 177, 251 und an vielen späteren Stellen. — Lengerke, Annal., IX, 239. — Nachrichten über die Wirksamkeit und die Einrichtung kleiner Viehversicherungsvereine im K. Hannover 1853. — L. Rau im Amtl. Bericht über die XX. Versamml. der b. Landw. S. 181. (Braunschweig.) — Amtl. Bericht über die XXI. Versamml. S. 217.

(*b*) In Schlesien wurde eine solche Gesellschaft (gegen die Rindviehpest) 1765, in Ostfriesland 1782 errichtet.

(c) Der Viehstand ist ein ansehnlicher Theil des volkswirthschaftlichen Capitals. Man hat z. B. für das Großh. Hessen den Verkehrswerth der Pferde und des Rindviehs für 1858 auf 19²/₃ Mill. fl. angeschlagen (v. Dael, Zeitschr. f. d. landw. Vereine in Hessen, 1860 S. 2), während eine andere Schätzung mit Einschluß der anderen vierfüßigen Hausthiere sogar 25³/₄ Mill. fl. giebt (ebend. S. 300), also auf die O.-M. 128—168000 fl., auf den Kopf der Einw. 23,³—30,⁵ fl. Für Sachsen berechnet Reuning den Verkehrswerth so: Rindvieh 21·904000 Thlr., Pferde 9·489000, Schaafe 1·519000 Thlr., zusammen 32·913000 Thlr., also auf die O.-M. 211 912 fl., auf den Kopf der Einw. 27,¹ fl. — In Hannover war in 4 jähr. D. (1849—52) der Verlust bei Pferden 2,⁸⁴; bei dem Rindvieh 1,⁸⁶, bei Schweinen 5 Proc., in Würtemberg war er 1841—46 im D. 2,⁶³ Proc. In der hess. Provinz Starkenburg war der Versicherungsbeitrag für Rindvieh in 10 jährigem D. 2,⁶⁶ Proc. — In einigen mecklenburg. Kuhgilden war 1835—44 durchschnittlich der Verlust 3,⁹ Proc. der Kühe, der Jahresbeitrag 24 Sgr. von der Kuh, der Ersatz einer solchen 12,¹³ Thlr.

(d) Bad. landw. Wochenblatt, 1833, S. 23; 1836, S. 344. Am häufigsten werden solche Viehverstellungen, deren Nachtheil der wenig rechnende Landwirth nicht durchschaut, vermittelst des sog. Halbviehes veranstaltet. Ein Darleiher giebt dem Bauer ein Stück Vieh, von dem jedem Theile die Hälfte zugehören soll; nach einiger Zeit wird die Werthsvermehrung und das erzielte Jungvieh getheilt, wobei der Landwirth (Einsteller), der die Fütterung allein zu bestretten hatte und gewöhnlich seine Hälfte dem Versteller schuldig bleiben mußte, in der Regel sehr verkürzt wird. Z. B. ein fünfmonatliches Rind wird zu 10 fl. angeschlagen und als Halbvieh eingestellt. Nach 3 Jahren wird geschätzt die Kuh zu 50 fl., das erste zum Rinde aufgewachsene Kalb auf 20 fl., das 2. Kalb auf 6 fl. Summe 76 fl., wovon der Versteller mit 5 fl. Auslage 38 fl. erhält. Der Einsteller hat aber an seiner Hälfte nebst der Milch- und Düngernutzung keinen vollen Ersatz. Dieß Verhältniß wird wegen der sich daran knüpfenden weiteren Uebervortheilungen und Erpressungen noch verderblicher. Die bad. Viehversicherungen nehmen das Halbvieh theils gar nicht, theils nur die dem Einsteller gehörende Hälfte an.

(e) Beispiele größerer Gesellschaften, die sich erhalten haben: Provinz Starkenburg im Großh. Hessen, Statuten v. 24. Febr. 1847, bei Zeller, Die Wirksamkeit ꝛc. S. 126 des Anhangs. Baierische Pfalz seit 1849. Dresdener Gesellschaft.

(f) In Schleswig, Holstein und Mecklenburg bestehen viele kleine Kuhversicherungsgesellschaften (Kuhgilden) für einzelne Ortschaften. Die Theilnehmer sind größtentheils Taglöhner. Die älteste dieser Gilden wurde 1799 zu Knoop bei Kiel durch Nixen errichtet. v. Lengerke, Annal. X, 342. Im K. Hannover bestanden im Jahre 1852 474 Versicherungen, in denen 189 Pferde und 46580 Stück Rindvieh eingetragen waren. Im Canton Waadt waren 1837 35 Viehversicherungsgesellschaften. In Würtemberg zählt man 60 mit schriftlichen Satzungen und viel mehr ohne solche.

(g) Bei vielen Ortsvereinen wird nur die Zahl der erwachsenen Thiere berücksichtigt und das Jungvieh etwas niedriger angenommen, z. B. ein Rind von 1—2 J. zu ³/₅, von 2—3 J. zu ⁴/₅ der Kuh.

(h) In einigen bad. Gemeinden ⁷/₈. — Köln-Münster ³/₈, bei dem Aufblähen von Rindvieh und Schaafen nur 40 Proc.

(i) In den bestehenden Gesellschaften finden mancherlei Verschiedenheiten statt. Bei der Gesellschaft in Magdeburg zahlte man für Pferde in 4 Classen 2½—5 Proc., für Rindvieh 2½—3½ Proc. des versicherten Werths jährlich voraus. Blieb etwas übrig, so wurden 5 Proc. der Prämien zum Hülfsvorrath geschlagen, das Weitere den Theilnehmern bei ihren künftigen Prämienzahlungen zu Gute gerechnet. 10 Proc. kamen jährlich in den Hülfsvorrath. Reichten die Prämien und der Hülfsvorrath nicht, so wurde ein Nachschuß bis auf den Betrag der Prämien erhoben. — Dresden: Ackerpferde 4²/₃, Luxus- und Militärpferde 5⅓, Rindvieh nach der Gesundheit der Gegend ꝛc. 3⅓—5⅓ Proc. j. Prämie. Ueberschüsse fließen in den Hülfsvorrath, welcher, sowie er ein gewisses Maaß übersteigt, vertheilt wird; reicht die Jahreseinnahme und der halbe Reservefonds nicht hin, so wird der Ersatz unvollständig geleistet. Derselbe ist bei gefährlichen Krankheiten und Seuchen voll, bei manchen anderen Unfällen nur halb. — In der Provinz Starkenburg kann ein gewisser Beitrag vorausgehoben werden, man rechnet alle halbe Jahre ab und fordert das Fehlende ein.

(k) Hierin ist bei vielen größeren Gesellschaften gefehlt worden. Eine Vorausbezahlung (Legegeld), zur Sicherheit gegen die saumselige Entrichtung der Beiträge, ist jedoch zu rechtfertigen.

B. Landwirthschaftliches Creditwesen.

§. 110.

Der Grundeigenthümer ist oft genöthigt, fremdes Capital vermittelst einer Anleihe zu Hülfe zu nehmen, wozu ihm die Verpfändung seines liegenschaftlichen Vermögens eine Erleichterung darbietet (a). Ein solches Bedürfniß zu borgen zeigt sich in vielen Fällen 1) schon bei der Erwerbung von Ländereien und Gebäuden durch Ankauf oder Uebernahme bei Erbtheilungen, — 2) bei ungewöhnlich großen Ausgaben und Verlusten in Unglücksfällen, die ohne die aus dem Credite fließende Hülfe zur Veräußerung von Liegenschaften zwingen würden, — 3) zu beabsichtigten Grundverbesserungen, zu vermehrtem Aufwande für Wirthschaftsgebäude und im Falle der Bewirthschaftung durch den Eigenthümer zur Vermehrung des stehenden und umlaufenden Capitals. Bei dem heutigen Stande der landwirthschaftlichen Kunst erkennt man mancherlei Anwendungen eines größeren Capitals, bei denen der Reinertrag beträchtlich gesteigert wird (b), — 4) bei Ablösungen von guts- und zehntherrlichen Lasten, wo jedoch die Abkaufssummen in den Händen der Berechtigten zugleich als Angebot zu Liegenschaftskäufen oder Darlehen erscheinen. Die Zinsen der Unterpfandschulden (c) zehren in den beiden ersten Fällen einen Theil der Grundrente auf und schmälern sowohl den Unterhaltsbedarf der Grundeigenthümer, als die Mittel zur besseren Betreibung der Landwirthschaft. Durch die Anleihen aus der dritten der oben angegebenen Ursachen wird die allmälige Tilgung von der Steigerung des reinen Bodenertrages erleichtert. Die geborgten Summen können vom Schuldner nicht aus seiner Wirthschaft zurückgezogen werden, er geräth daher in Bedrängniß, wenn der Gläubiger kündiget und nicht ein anderer Capitalbesitzer die schuldige Summe vorstrecken will (d). Es ist deshalb sowohl für die gute Benutzung des Bodens als für die Erhaltung des Wohlstandes unter den Grundeigenthümern sehr wohlthätig, wenn die Staatsgewalt darauf hinwirkt, jener Classe die Benutzung geliehener Capitale unter leichteren Bedingungen möglich zu machen. Die Höhe des Zinsfußes bestimmt sich zwar im Allgemeinen aus dem Verhältniß der begehrten und angebotenen Menge von Leihsummen (I, §. 230), und der Unterpfandscredit eines jeden Eigenthümers findet in dem muthmaßlichen Verkehrswerth seiner Liegenschaften seine Gränze, allein es giebt doch Mittel, die Capitalisten mehr zu Darleihen auf Unterpfänder geneigt zu machen und hiedurch die Zinsenlast sowie die Nebenausgaben der borgenden Grundeigenthümer zu vermindern (e).

(a) Auch der Pachter ist nicht selten ist der Lage, dieß thun zu müssen, dieß bleibt aber hier außer Betracht, weil jener kein Unterpfand bestellen kann. Unterscheidung des crédit foncier und agricole bei Wolowski, s. (e).

(b) Die Abfindung der Miterben ist da, wo keine Theilung der Ländereien stattfindet, eine stets wiederkehrende Veranlassung der Verschuldung, die, wenn nicht etwa ein neuerworbenes bewegliches Vermögen hinzukommt, z. B. durch Heirath, nur durch den steigenden Reinertrag des Landes während der Lebenszeit des Besitzers wieder vermindert werden kann.

(c) Beispiele bei Dünkelberg, Die Landw. und das Capital, Wiesbaden, 1860.

(d) In mehreren Ländern ist daher der Kauf von unaufkündbaren Renten eingeführt worden, die auf einer Liegenschaft beruhen. Mittermaier, Priv.-R. §. 283. Diese lettres de rente sind namentlich im Canton Waadt sehr verbreitet, Dictionn. de l'écon. pol. I, 506. = Wolowski, Revue, 1852. I, 89.

(e) Es ist merkwürdig, daß der französische Grundeigenthümer im Allgemeinen für seine Schulden empfindliche Opfer bringen muß. Nach der 1846 angestellten Untersuchung (Moniteur Nr. 12) ist der Zinsfuß sammt

Proviſion ꝛc. in manchen Dep. 8, 10 und mehr Proc. Im Jahr 1850 wurde angenommen, daß die Unterpfandsanleihen mit enregistrement, honoraire, expédition, inscription etc. im Durchſchnitt auf 8 Proc. kommen. Die Maſſe der wirklichen Hypothekenſchulden (unter den aufgeführten 14 000 Mill. ſind viele nicht aufzurechnende Poſten) wird auf 8000 Mill. mit 640 Mill. Fr. Jahreslaſt angeſchlagen und wächſt jährlich ungefähr um 600 Mill. oder den beiläufigen Betrag der Zinſen. Moniteur 1850, Nr. 61. — Wolowski, Revue de législat. et de jurisprud. 1852, I, 302. Unter jenen 8000 Mill. Fr. ſind aber gegen 3500 Mill. auf Gebäude geliehen, deren Verkehrswerth zu 30 000 Mill. angeſchlagen wird, es bleiben alſo nur 2500 Mill. auf Ländereien ruhend, oder 5 Proc. von dem Verkehrswerthe derſelben. Die Zinſen zu 6 Proc. betragen 150 Mill. Fr. De Lavergne, Ec. rur. de la France, S. 468 — In Belgien war 1848 der Verkehrswerth der Ländereien 6649 Mill. Fr., der Betrag der Unterpfandsſchulden 440 Mill. = 6,6 Proc., der Verkehrswerth der Gebäude 1655,8 Mill., die Verſchuldung 357,9 Mill. = 21 Proc., Josseau, Des institutions de crédit foncier S. 411. — In Preußen fand man bei den Rittergütern in 6 Kreiſen der 6 öſtlichen Provinzen, daß der Verkehrswerth von 1837—57 von 6·895 000 auf 13·737 000 Thlr., die Verſchuldung von 5·498 000 auf 11·077 000 Thlr. geſtiegen war, ſo daß die Schulden anfangs 80, zuletzt 81 Proc. ausmachten. Wenzel und v. Lengerke, Landw. Calender 1859, II, 220.

§. 111.

Es giebt Zeitverhältniſſe, in denen der Unterpfandscredit der Grundeigenthümer in einem Lande geſchwächt iſt und deshalb die Hülfe der Staatsgewalt in höherem Grade in Anſpruch genommen wird. Dieß ereignet ſich bisweilen nach langen ſchweren Kriegen, in denen die Verſchuldung ſtark zunahm, beſonders wenn zugleich eine ungewöhnliche Wohlfeilheit der Bodenerzeugniſſe eintritt, die von fruchtbaren Jahren, oder von einer Vermehrung des Angebotes durch verſtärkten Anbau herrühren kann (a). Große Staatserſchütterungen führen zu ähnlichen Zuſtänden (b). Werden die Schuldzinſen für die geſunkene Grundrente zu beſchwerlich und iſt auch der Preis der Ländereien niedriger geworden, ſo können viele Grundeigenthümer ihr Land bei dem Andringen der Gläubiger nicht mehr behaupten, auch dieſe verlieren einen Theil ihres Vermögens und es entſteht eine Abneigung, auf Unterpfand zu leihen. In ſolchen Umſtänden hat man, von der Hoffnung auf baldige Beſſerung der Preiſe geleitet, öfters die Schuldner durch eine allgemeine Verfügung (Moratorium, Indult, sursis) gegen die Aufkündigung der Schulden von Seite der Gläubiger geſchützt (c). Dieſe werden hiedurch ſchwer verletzt, und zwar in noch höherem

Grabe, wenn zugleich die Zinszahlung eingestellt wird. Die Dauer der ungünstigen Zeitumstände läßt sich nicht voraussehen, auch hat die Erfahrung den Erfolg dieses Nothmittels zweifelhaft gemacht, denn der Mehrzahl der Schuldner wird durch das Moratorium nur augenblicklich geholfen und nach Ablauf desselben gehen die meisten von ihnen zu Grunde, die ohne eine solche Maaßregel nur etwas früher hätten weichen müssen. Haben sie früher ihre Ländereien unbedachtsam zu hoch erkauft, haben sie ihren Aufwand nach dem höheren Betrage der Grundrente eingerichtet, ohne auf Ersparnisse für schlimmere Fälle Bedacht zu nehmen, so kann ihre spätere Bedrängniß nur wenig gelindert werden. Wer im Verhältniß zu der neuen Abschätzung seines Grundvermögens zu tief verschuldet ist, dessen Fall läßt sich nicht abwenden. Eine vortheilhaftere Gestaltung der Preise, verstärkter Betriebseifer und Sparsamkeit der Grundeigenthümer lassen mit der Zeit eine Verbesserung in dem Zustande derselben erwarten, solche Mittel aber, die schon im gewöhnlichen Gange der Gewerbe nützlich sind den Unterpfandscredit zu befestigen (§. 110), werden in solchen Zeitabschnitten vorzüglich wohlthätig.

(a) Schon im Alterthum traten bisweilen solche Umstände ein und der Druck gegen die Schuldner war bei dem geringen damaligen Capitalvorrathe noch viel schwerer als unter den heutigen Verhältnissen. Verschuldung der kleinen Leute (Diakrier) an die reichen Gutsbesitzer (Pediäer) in Athen zu Solon's Zeit, der Plebejer an die Patricier in Rom um 494 v. Chr.

(b) Dieß zeigte sich in Frankreich nach der Umwälzung im Februar 1848. Auch in Deutschland gingen aus dieser Ursache die Preise der Liegenschaften herab, wozu in den folgenden Jahren die zunehmende Vorliebe für Unternehmungen im Gebiete der Gewerbe, der Fortschaffungsmittel, Versicherungen ꝛc. kam, so daß den Grundeigenthümern die Erlangung der nöthigen Darleihen erschwert wurde und viele der ersteren zu Grunde gingen. Angaben aus dem preuß. Staat bei Berndt, Der Credit für den ländlichen Grundbesitz, Berlin, 1849. — Rodbertus-Jagetzow, Die Handelskrisen und die Hypothekennoth der Grundbesitzer, Berlin, 1858 (ohne thatsächliche Belege).

(c) Belege geben Friedrichs II. dreijähriges Moratorium für Schlesien nach dem siebenjährigen Kriege, und das preuß. Edict vom 19. Mai 1807, welches in den Marken, Schlesien und Pommern bis Ende 1818, in Ost- und Westpreußen bis Ende 1821 bestand.

§. 112.

Die auf den Credit gerichteten Unternehmungen und Regierungsmaaßregeln vermögen keine neuen Capitale zu erzeugen, sondern nur den schon vorhandenen eine gute Anwendung zu verschaffen, indem die Besitzer verleihbarer Geldsummen (a) bewogen werden, dieselben solchen Personen zu leihen, von denen dieselben unmittelbar zur Hervorbringung oder zum Verkehre benutzt werden, I, §. 279. Um den Grundeigenthümern einen ihrem Bedürfniß entsprechenden Theil der verleihbaren Geld-Capitale zuzuführen, ihnen in Beziehung auf Zins und Tilgung die größte mit jenem Zweck vereinbare Erleichterung zu verschaffen, um auch vielleicht solche Leihsummen vom Auslande herbeizuziehen und zu neuen Ersparnissen im Lande zu ermuntern, ist vor Allem eine gute Einrichtung des Hypothekenwesens erforderlich, damit den Darleihern für ihre Forderungen volle Sicherheit verschafft werde §. 23. (b). Da jedoch der Capitalbesitzer, wenn er dem einzelnen borgenden Grundeigenthümer gegenüber steht, immer noch bisweilen in Schaden, oder wenigstens in lästige Verwickelungen kommen kann und daraus öfters eine Scheu vor einer solchen Anlegung von Geldsummen entsteht, so sind verschiedene Anstalten erdacht worden, welche zur Sicherstellung und Bequemlichkeit der Capitalisten beitragen und hiedurch zugleich den Grundeigenthümern nützen. Dahin gehören

A. die Hypothekenversicherungen. Die erste Anstalt dieser Art ist 1859 in Dresden durch eine Actiengesellschaft gebildet worden, welche es unternimmt, gegen ausbedungene Prämien die Unterpfandsgläubiger gegen die Verluste oder Verzögerungen im Zinsenbezuge sicher zu stellen, denen sie sonst ausgesetzt sein könnten. Wird diese Anstalt gut verwaltet und die Prämie so niedrig gestellt, als sie nach der Größe der übernommenen Gefahr und der angewendeten Bemühung sein kann, so läßt sich eine Ersparniß an Zins und Nebenkosten für die Borgenden erwarten, indem die von ihnen zu tragende Prämie sammt dem Zinse weniger betragen wird, als außerdem wegen der übertriebenen Besorgnisse der Capitalisten an Zins bezahlt werden müßte. Die Grundeigenthümer werden zugleich ausgedehnteren Credit erhalten und die Kündigung weniger zu fürchten haben. Die Geschäftsführung einer solchen Versicherungsgesellschaft erfordert vorzügliche Geschicklichkeit und Kenntniß sowohl der Rechtsverhältnisse als der Abschätzungsregeln.

Die Genehmigung setzt sorgfältige Prüfung der vorgelegten Satzungen voraus (c).

B. **Größere Creditanstalten**, welche zwischen den einzelnen Grundeigenthümern und den Capitalisten die Vermittlung übernehmen und hiedurch den letzteren eine verstärkte Sicherheit darbieten, woraus wieder für die Schuldner die Verminderung der Zinslast und die Befreiung von der Unannehmlichkeit der Kündigungen entspringt. Die Vortheile für die Capitalisten können in der sorgfältigen Abschätzung der Unterpfandsgegenstände, — in der leichten Einziehung der Zinsen zufolge der strengen Beitreibung der jährlichen Zahlungen von den Schuldnern, — in der die Wagniß des Darleihers vermindernden Stellung der Anstalt, welche als Unterpfandsgläubiger vieler Grundeigenthümer die Haftung gegen die Capitalisten übernimmt, — in der großen Ausdehnung der ganzen Anstalt bestehen, bei welcher einzelne Stockungen keinen störenden Einfluß ausüben. Zugleich läßt sich für die Schuldner eine leichte Tilgung in kleinen an die Creditanstalt zu leistenden Jahreszahlungen bewirken, von denen sogleich Zinsen angerechnet werden, so daß die Abzahlung nach dem Gesetz des Zinses-Zinses fortschreitet (d). Dagegen wäre es schädlich, die Grundeigenthümer zum Borgen zu ermuntern, weil sonst häufig auch solche Schulden gemacht werden würden, die weder nothwendig sind, noch zur Erhöhung des Bodenertrages dienen sollen.

(a) Diese sind nicht selbst die unmittelbar zur Gütererzeugung beitragenden Capitale, sondern zeigen das Vorhandensein der letzteren an und dienen, sie zu erwerben, I, §. 230. Eine künstliche Geldvermehrung durch Staats- oder Privatpapiergeld vermag daher die Capitalmenge nicht zu vergrößern. Schuldbriefe sind keine Umlaufsmittel und können deshalb nicht zu gewerblichen Unternehmungen benutzt werden. Aus diesen Gründen erscheinen mancherlei Entwürfe als unhaltbar, die aus einer Verwechselung von Geld und unmittelbar productivem Capital, oder von Verschreibungen und Papiergeld hervorgegangen sind.

(b) In Großbritanien ist das Hypothekenwesen noch so mangelhaft, daß man wenig auf Unterpfandsrechte (mortgage) darleiht und auch bei den Grundeigenthümern eine Abneigung gegen solche Anleihen besteht. „Es ist unmöglich zu wissen, daß eine Hypothekenurkunde sicher ist" (that a title is safe). Edinb. Rev. Nr. 216, S. 407. (1857).

(c) Die am 12. Sept. 1859 genehmigte Gesellschaft in Dresden ist das Werk des Dr. Engel, der in seiner Denkschrift 1858 den Gedanken dieses Unternehmens veröffentlicht hatte. Während der Grundeigenthümer nicht ohne Mühe und höhere Zinsen Darleihen über die Hälfte des angeschlagenen Verkehrswerthes erhält, sollen die nach einander gegebenen Hypothekendarleihen bis zu 70 (nach dem anfänglichen Plan bis 80) Proc. des Anschlages einander in Ansehung der Gefahr gleichgestellt werden. Der Entwurf des Urhebers ist in der Ausführung vereinfacht worden. Die Gesellschaft versichert 1) einzelne Unterpfandsforderungen gegen den bei einer Zwangsversteigerung möglichen Verlust, 2) den ganzen ermittelten Verkehrswerth für den Eigenthümer oder sämmtliche Hypothekengläubiger, 3) die pünctliche Verzinsung. Bei 2) ist z. B. die Prämie, wenn die Verschuldung bis 70 Proc. geht, 2 p. m. jährlich. Die Gesellschaft hat für jetzt 500 000 Thlr. Actiencapital. Ende Febr. 1862 waren 5'672 648 Thlr. versichert. Es sind Geschäftsträger in mehreren anderen deutschen Ländern aufgestellt, die Zeit ist jedoch noch zu kurz, um bedeutenden Erfolg erkennen zu lassen. Eine Schuldentilgungsanstalt wird beabsichtigt und eine Vermittlung von Unterpfandsanleihen (Börse) ist schon veranstaltet. Engel, Beleuchtung der Bedenken gegen die Hypothekenversicherung. 1859. — Lorenz, Gespräche über Hypothekenversicherung, Dresden, 1860. — Bericht über die dritte Generalversammlung . . . 1861. Bericht über die vierte Generalversammlung 1862. — Deutsche Vierteljahrsschrift, Nr. 95. S. 56. 1861.

(d) Hierüber in Allgemeinen Verhandl. des Congresses v. Abg. deutscher landw. Vereine. S. 112. — Preuß. Congreßbericht, I, 291. II, 306, 406.

§. 113.

Creditanstalten nach jenen Grundzügen (§. 112 B.) können auf dreifache Weise zu Stande gebracht werden:

I. von der Regierung. Hiezu ist im Allgemeinen kein Bedürfniß vorhanden, weil gut eingerichtete Privatanstalten für diesen Zweck genügen und sich auf einen beliebigen Umfang des Geschäfts beschränken können, während eine Staatsanstalt, um Allen gerecht zu werden, eine große Ausdehnung erhalten müßte und die Verwaltung derselben sehr mühsam sein würde. Daher sind neuerlich landwirthschaftliche Creditcassen des Staates fast (a) nur in Verbindung mit der Ablösung bäuerlicher Lasten angelegt worden, theils um diese große Umwandlung zu befördern, theils weil die eingehenden Ablösungscapitale von den Domanialgefällen die erforderlichen Geldsummen liefern (b);

II. von den Grundeigenthümern selbst, welche eine Gesellschaft (Creditverein) bilden. Diese nimmt von den Capitalisten Summen auf und leiht dieselben den einzelnen Mitgliedern wieder auf Hypothek. Jedes derselben ist also nicht blos Unterpfandsschuldner der Gesellschaft, sondern als Theilnehmer an derselben Mitgläubiger aller anderen Mitglieder und Mitschuldner gegen die Capitalisten, s. §. 114.

III. durch **Gesellschaften von Capitalisten**, so daß die auszuleihenden Summen theils aus den Einlagen der Mitglieder genommen, theils geborgt werden und die Gesellschaft als eine Leihbank (I, §. 292 a) erscheint, s. §. 120 a.

(a) Ausnahme: Dänische Creditcasse, 6. Juli 1785; nähere Bestimmungen v. 16. August 1786, Bergius, Landesges. IX, 256. Es wurden 750 000 Thlr. zu Vorschüssen an Landwirthe bestimmt, aber sie durften nur zu Verbesserungen des Gewerbsbetriebes verwendet und die vorschriftsmäßige Verwendung mußte nach Jahresfrist bei Strafe nachgewiesen werden. Zu Grundverbesserungen wurde für 2 Proc. Zinsen geliehen. Da man die Zinsen wieder auf gleiche Weise zum Ausleihen verwendete, so wuchs das Capital beträchtlich; v. Eggers, Memoiren über die dän. Finanzen, I, Nr. 2 (1800). — Der Vorschlag von de Türck und Proudhomme, eine große Staatscreditanstalt in Frankreich zu gründen, die den Grundeigenthümern Unterpfandscheine (bons hypothécaires) gegen Zins leihen und hiezu 2000 Mill. Fr. Papiergeld (bons hypothécaires) ausgeben sollte(!), wurde von Flandin als Berichterstatter der Nationalversammlung empfohlen, von L. Faucher und Thiers verständig bekämpft und am 11. Dec. 1848 verworfen. Gegen denselben auch Wolowski, De l'organisation du crédit foncier in dessen Revue de législat. 1849. II, 193. — Journ. des Écon. XXI, 401. — Albrecht, Ist eine Reorganisation des landw. Creditwesens nothwendig . . . . ? Nürnberg, 2. A. 1853. (Entwurf einer Staatsleihanstalt für Grundeigenthümer.)

(b) Vgl. §. 60 (c). — Die hannov. Creditanstalt (Ges. v. 9. Jun. 1848) leiht Grundeigenthümern, welche nicht in eine provincielle Creditgesellschaft aufnahmsfähig sind, zur Ablösung von Grundlasten bis zu ³/₄ des Reinertrags, zu anderen Zwecken gegen verpfändeten doppelten Werth, und giebt zinstragende Schuldbriefe aus, die als cedirte Obligationen über einen Theil der Forderung an die Schuldner betrachtet werden. Die Staatscasse haftet ferner bis zu ½ Mill. Rthlr. Bening in Rau und Hanssen, Archiv, N. F. IX, 272. — Die nassauische Landesbank trat durch Ges. v. 15. Febr. 1849 an die Stelle der 1840 errichteten Landescreditcasse; Dienstinstruction v. 14. April 1849. Diese Anstalt hat überhaupt die Geschäfte einer Bank. Sie leiht Grundeigenthümern vorzugsweise zur Ablösung von Reallasten, jedoch soweit ihre Mittel reichen auch für andere Zwecke, gegen doppelten Werth auf Zeitrenten mit wenigstens 1 Proc. Tilgung, wobei kleinere Grundeigenthümer den Vorzug erhalten. Der höchste Betrag einer solchen Darleihe ist 1852 auf 1000 fl. bestimmt worden. Die Darleihen auf Unterpfand gegen Zeitrenten beliefen sich Ende 1852 auf 1·352 933 fl. — Die gothaische Landescreditanstalt seit 1854 hat ebenfalls Darlehnsgesuche zu Ablösungen vorzüglich zu berücksichtigen. — Hieher ist auch die von den Provincialständen der Oberlausitz (K. Sachsen) gegründete Hypothekenbank zu rechnen, v. 13. Aug. 1844. Sie leiht bis zu 100 Thlr. herab und ist mit einer Tilgung verbunden. Die Borger empfangen die Pfandbriefe, um Abnehmer aufzusuchen. Die Besitzer der Pfandbriefe dürfen nicht kündigen.

§. 114.

Creditvereine der Grundeigenthümer (Creditinstitute, landschaftliche Creditanstalten, §. 113 II) sind seit dem 1770 in Schlesien gegebenen Beispiele (*a*) in mehreren Ländern errichtet worden (*b*). Die Berathung und Genehmigung ihrer Satzungen durch die Staatsgewalt und die fortdauernde Staatsaufsicht auf die Verwaltuug der Vereine erschien schon darum als unerläßlich, weil die bei diesen Anstalten vorkommenden Rechtsverhältnisse durch besondere gesetzliche Bestimmungen geregelt werden mußten. Die Einrichtung der älteren Creditvereine war im Wesentlichen diese (*c*):

1) Die Gesellschaft der Grundeigenthümer borgt von den Capitalisten, indem sie ihnen mit dem verpfändeten Grundvermögen aller Theilnehmer für Stamm und Zinsen haftet (*d*), und giebt wieder Darleihen an ihre Mitglieder auf Verlangen derselben gegen hypothekarische Sicherheit. Was zur vollständigen rechtlichen Sicherung der Pfandbriefs=Inhaber und der Gesellschaft nöthig ist, dieß ergiebt sich aus dem Hypothekenrecht jedes einzelnen Landes.

2) Nur Besitzer größerer, insbesondere ritterschaftlicher Güter sind zur Theilnahme berechtigt.

3) Jedem wird nur bis auf die Hälfte oder $2/3$ des abgeschätzten Verkehrswerthes seiner Ländereien Credit gegeben, damit bei dem Sinken der Preise derselben kein Verlust eintrete (*e*). Für die Abschätzung der verpfändeten Grundstücke werden ausführliche Regeln aufgestellt, welche von Zeit zu Zeit den veränderten Verhältnissen angepaßt werden müssen.

4) Die Capitalisten erhalten Pfandbriefe, d. h. Schuldbriefe, Obligationen, die im Namen des Vereins ausgestellt sind und den Belauf sämmtlicher hypothekarischer Darleihen an die Mitglieder nicht übersteigen dürfen (*f*).

5) Der Verein kann dem einzelnen Schuldner die Darleihen nicht aufkündigen. Ist den Pfandbriefbesitzern die Kündigung gestattet, so muß, wenn hievon Gebrauch gemacht wird, der Verein das Geld anderswo aufzunehmen suchen, es ist aber neuerlich das Kündigungsrecht der Gläubiger überall beseitigt worden, so daß die Erwerbung eines Pfandbriefes als ein Rentenkauf anzusehen ist (*g*).

6) Die Zinsen werden durch die Verwaltung des Vereins von den Schuldnern eingefordert und an die Gläubiger entrichtet.

7) Ist ein Mitglied durch Unglücksfälle in der Zinszahlung gehindert, so wird Nachsicht gegönnt, sonst aber werden keine Rückstände geduldet, und gegen säumige Zinszahlung wird von dem Verein mit Zwangsmitteln, als Sequestration oder Verkauf der verpfändeten Ländereien, vorgeschritten (*h*).

(*a*) Die schweren Leiden des siebenjährigen Krieges und die nachfolgende Wohlfeilheit des Getreides drückten die Grundeigenthümer; die Leihzinsen wurden auf 10 und mehr Procente hinaufgetrieben, neben 2 bis 3 Procent Mäklerlohn. Das Aufhören dieser Bedrängniß darf jedoch nicht allein dem Creditverein und dem Moratorium zugeschrieben werden, denn die guten Ernten in Schlesien (1770—1772) bei dem Mißwachse in anderen Gegenden trugen auch viel dazu bei; v. Struensee, Sammlung von Aufsätzen, die größtentheils wichtige Puncte der Staatswirthschaft betr., II, 414 (Liegnitz, 1777). = Abhandlungen über wichtige Gegenstände der Staatswirthschaft, I, 1—164, Berlin, 1800. (Struensee betrachtet die damalige Bedrängniß als Geldmangel, S. 22). Urheber des Plans war der Kaufmann Büring in Berlin.

(*b*) Schlesischer Creditverein v. 15. Juli 1770. — Neuer Verein, dessen Pfandbriefe mit B. bezeichnet sind, 8. Juli 1835. — Creditverein der Mark Brandenburg, 1777, in Bergius, Landesgesetze III, 78 und v. Berg, Handbuch des t. Polizeirechts V, 494. — Pommern, 1781. Neue (sehr ausführliche) Satzungen v. 1844, bei Josseau, S. 113. — Hamburg, 1782, in v. Berg, V, 253. — Westpreußen, 1787, Ostpreußen, 1788. — Lüneburg, 1791, in Bergius, L.=G., XIII, 108, und v. Berg, V, 869. — Esthland und Liefland, 1803. — Schleswig und Holstein, 1811, auf 16 Jahre gegründet, aber schon früher wieder aufgelöst. — Mecklenburg, 1818. Am 19. Dec. wurde dieser Verein aufgelöst und sogleich ein neuer errichtet, Statuten in Raabe, Gesetzsammlung für das Mecklenburg=Schwerinsche Lande, III, 848. — Großh. Posen, 1822. Zweiter Creditverein daselbst, 13. Mai 1857. — Provinz Gröningen, 1823. — Königreich Polen, Ges. v. 1. (13.) Juni 1825, neues Ges. vom 9. (21.) April 1838, beide bei Josseau, S. 18. 90. — Die hannov. Fürstenthümer, Kalenberg, Grubenhagen und Hildesheim 5. September 1825, Bremen und Verden, 1826, Ostfriesland, 27. Nov. 1828. — Der in Baiern beabsichtigte Verein (Gesetz v. 11. Sept. 1825, 6. Beilage des Landtagsabschieds, Satzungen des Vereins, genehmigt 25. April 1826. Geschäftsinstruction, 3. Juli 1826) ist nicht zu Stande gekommen, s. jedoch §. 120 a (*b*). — Würtemberg, 25. September 1825, bekannt gemacht 13. Dec. 1826. Royer, S. 93. — Galizien, 1841, ebend. S. 202 (die Satzungen gelten als vorzüglich gut). — Sachsen, erbländischer Creditverein vom 13. Mai 1844, ebend. S. 225. — Dänemark, 20. Juni 1850. — Das franz. Gesetz v. 28. Febr. 1852 enthält Vorschriften für Creditgesellschaften, die den Schuldnern auf Unterpfand und mit Tilgung durch Zeitrenten leihen und welche sowohl aus Borgenden (emprunteurs) als aus Darleihern gebildet werden können. Die erstere von beiden Arten ist nicht ausgeführt worden. — Landescreditanstalt in Gotha, 25. December 1853.

(*c*) Struensee, a. A. — Krünitz, Encykl. VIII, Art. Creditsystem. — Borowsky, I, 217. — Kraus, V, 91. — Gr. v. Soden, II, 439. Dess. Nationalhypothekenbank, Leipzig, 1813. — Lotz, Revision, II, §. 162—165. — v. Bülow=Cummerow, Betracht. über Metall=

und Papiergeld, S. 143 (Berlin, 1624). — Derf. Ueber Preußens landwirthsch. Creditvereine, 2. Aufl. 1843. — (Schellwitz) Denkschrift für Begründung eines Creditvereins der Rittergutsbesitzer im K. Sachsen, Leipzig, 1831. — v. Voß, Das Creditinstitut der kur- und neumärk. Ritterschaft. Berlin, 1835. — Weidemann, Krit. Beleuchtung des schlef. Landschaftssystems. Mersfeb. 1835. — Bergsöe, Motiveret Utkast til en Creditforening for Danske Grundbesiddere. Kjøbenhavn, 1839. — Wolowski, De la mobilisation du crédit foncier, Paris, 1839. Dessen Abhandl. v. 1848, f. (a). Derf. in f. Revue de législation, 1850. II, 97. 1852. I, 62. — Dictionn. de l'écon. polit. I, 497. — Kohlschütter in Rau und Hanssen, Archiv, VI, 210. — Amtl. Bericht über die 10. Versamml. der d. Landwirthe (1846), S. 123. — Nachrichten über die preuß. Creditvereine in Dieterici, Statist. Mittheilungen, 1849. — Hübner, Die Banken, 1853. S. 49. — Verhandlungen der 2 Kammern in Baiern, 1822. Beil. II, 1825. II und III. — Unter den zahlreichen Schriften, welche durch die Verhandlungen der bairischen Landstände veranlaßt wurden (meistens genannt in Steinlein, S. 74) können als die besseren angeführt werden: v. Aretin, Ausführliche Darstell. der bair. Creditvereinsanstalt. München, 1823 (vgl. jedoch Heidelb. Jahrb. 1824, Nr. 26). — (Bernoulli?) Ueber Creditvereine. Basel, 1823 (gegen Aretin). — Gr. v. Soden, Entwurf eines allgemeinen Creditvereins. M. 1823. — Beleuchtung einiger Bedenken, welche gegen den von dem Gr. v. Soden entworfenen Plan eines Creditvereins geäußert worden (herausg. v. Soden). Nürnb. 1824. — v. Hornthal, Ueber das Anlehensgeschäft der verein. bair. Gutsbesitzer. Bamberg, 1824. — v. Reindl, An die h. Kammer der Abgeordneten, 1825. — Gr. v. Arco, Auch ein Wort über Creditvereine. M. 1825. — (Hagen?) Ueber die Einrichtung eines Creditvereins der Gutsbesitzer im K. Baiern, v. e. Preußen. Nürnb. 1825 (vorzüglich). — Fahrmbacher, Entwurf einer Nationalleihanstalt. Landsh. 1825. — Folgende zwei Schriften gingen aus den von der franz. Regierung veranstalteten Erkundigungen hervor und enthalten die Satzungen mehrerer Vereine: Royer, Des institutions de crédit foncier en Allemagne et en Belgique, Paris, 1845. — Josseau, Des institutions de crédit foncier et agricole dans les divers états de l'Europe. Paris, 1851.

(d) Bei dem württemberg. Verein findet eine solche gegenseitige Haftung der einzelnen Mitglieder für die Schulden der anderen zwar nicht statt, aber es kann durch Fortsetzung der Tilgungsrenten auf zwei weitere Jahre, als der Plan erfordert, der nöthige Ersatz für Verluste geleistet werden.

(e) Von den preußischen Creditgesellschaften leiht nur die ostpreuß. ⅔, die anderen ½. — Französ. Gesetz v. 1852, §. 7: nicht über ½. — Die Pariser Gesellschaft (Crédit foncier) leiht sogar auf Kohlen und Wald nur ⅓.

(f) K. französ. Ges. §. 14: Ein Notar unterzeichnet alle ausgegebenen Pfandbriefe (lettres de gage) und überwacht hiedurch deren Summe.

(g) In Schlesien ist die Kündigungsbefugniß der Pfandbriefinhaber 1849, in anderen Provinzen etwas später bei der Herabsetzung des Zinsfußes aufgehoben worden, in Mecklenburg durch Ges. v. 19. Juni 1848. In Kriegszeiten könnte sie den Verein sehr in Verlegenheit bringen, so lange dagegen die Pfandbriefe über 100 stehen, ist ohnehin keine Kündigung zu erwarten; von Bülow-Cummerow, Ueber lantwirthsch. Creditvereine, S. 142.

(*h*) Bei der Sequestration wird, wenn das Gut in vernachläſſigtem Zu=
ſtande iſt, auf deſſen Verbeſſerung Bedacht genommen und die Verwal=
tung durch den Verein bis zum Erſaße der Auslagen fortgeſeßt. —
Vorſchriften für den Verkauf, über welchen im ſtreitigen Falle das
Gericht entſcheidet, im a. franz. Geſ. §. 32 ff.

§. 115.

Wenn gleich ſolche Creditvereine die überſpannten Erwar=
tungen, die man bisweilen von ihren Wirkungen gehegt hat,
nicht zu befriedigen vermögen, ſo haben ſie doch erhebliche Vor=
theile zu Wege gebracht:

1) Solche Grundeigenthümer, deren Umſtände noch nicht
rettungslos ſind, erhalten ohne Schwierigkeit und Koſten die
benöthigten Darleihen, ſind gegen Aufkündigung geſchützt, ent=
richten niedrige Zinſen und werden durch die Strenge, mit
welcher die Vorſteher des Vereins gegen die Säumigen ver=
fahren, zur Ordnung und Wirthſchaftlichkeit bringend gemahnt.

2) Die Gläubiger, die ſich nun nicht mehr bloß an einen
einzelnen Schuldner, ſondern an die ganze Geſellſchaft halten
können, empfangen ihre Zinſen pünctlich. Dieſe Sicherheit der
Darleiher gründet ſich nicht blos auf das einfache, abgekürzte
Verfahren, mit welchem die Geſellſchaft gegen unordentliche
Mitglieder ihre Rechte verfolgt, ſondern auch auf die Betrach=
tung, daß, wenn auch zufällig bei einem einzelnen Schuldner
wegen Unrichtigkeit der Tare ꝛc. etwas verloren werden kann,
dieß doch bei einer großen Anzahl von verbundenen Schuldnern
viel unwahrſcheinlicher iſt. Ein Beweis von der Anerkennung
dieſer Vortheile liegt darin, daß die Creditvereine für beträchtlich
niedrigere Zinſen Capitale aufnehmen konnten, als es einzelne
Grundeigenthümer vermögen (*a*).

(*a*) Die Zinſen ſanken auf das bei Staatspapieren von dem beſten Credit
ſtehende Maaß. Die weſt= und oſtpreußiſchen, kur= und neumärkiſchen
und pommerſchen Pfandbriefe wurden 1838 und 1839 auf 3½ Proc.
herabgeſetzt mit Kündigung für die nicht einwilligenden Gläubiger.
Die Gläubiger bezahlen fortwährend 4 Proc. und das überſchießende
halbe Proc. wird von der Vereinscaſſe zum Behufe künftiger Tilgung
verzinslich angelegt. — Der württembergiſche Creditverein hatte zu Ende
1859 4·341 683 fl. ausgeliehen, ſeine Schuld an die Darleiher war
4·073 000 fl., der reine Vermögensſtand 430 512 fl. Früher war der
Geſchäftsumfang viel größer, z. B. 1854 10⅕ Mill. ausſtehend,
9⅕ Mill. Schuld.

§. 116.

Diese Creditvereine waren jedoch in ihrer anfänglichen Einrichtung auch nicht frei von Nachtheilen (a).

1) Da die kleineren Grundeigenthümer nicht theilnehmen durften, so hatten sie Mühe, Darleihen zu erhalten und mußten höhere Zinsen bewilligen. Sie kamen also in eine schlimmere Lage. Es ist deshalb rathsam, den Kreis der Theilnehmer zu erweitern, oder für die kleineren Grundeigenthümer einen eigenen Creditverein zu gründen, wobei allerdings der häufige Besitzwechsel einzelner Stücke die Verwaltung erschwert (b).

2) Die größere Leichtigkeit des Borgens ohne Nöthigung zum Rückzahlen verleitete in günstigen Zeitumständen viele Grundeigenthümer, Darleihen zu nehmen, die sie nicht verständig verwendeten. Das Sinken des Zinsfußes trieb den Preis der Landgüter in die Höhe, während die Grundrente unverändert blieb (I, §. 223); dieß brachte den Schein eines größeren Vermögens hervor, durch den man in Versuchung kam, sich in Schulden zu stürzen und mehr Aufwand zu machen. Hiezu kam die Häufigkeit des Handels mit Landgütern, der nicht blos einen unfruchtbaren Güterumlauf unterhielt (I, §. 256), sondern auch eine nachlässige Behandlung der zum Wiederverkauf bestimmten Ländereien veranlaßte und den Preis derselben steigerte. Die Verschuldung des Grundeigenthums nahm deshalb stark zu (c).

3) Wurden durch Kriege oder andere Ereignisse die Grundrente und die Preise der Grundstücke bedeutend erniedrigt, so geriethen, zumal bei sorglosen Abschätzungen, die Vereine in Verluste und Verlegenheiten, kamen außer Stand, die aufgekündigten Darleihen pünctlich abzutragen, und der Credit der Pfandbriefe wurde geschwächt (d).

Die Beschlagnahme und Verwaltung (Sequestration) durch den Verein ist für den Schuldner drückend, auch ist es schwer, über den Betrag hinaus, auf den der Verein in Gemäßheit seiner Abschätzung Credit giebt, noch weiter geliehen zu erhalten (e), dieß sind aber unvermeidliche Beschwerden, mit denen man die großen Vortheile der Anstalt erkaufen muß.

(a) Kraus, a. a. O. — Die a. Schrift „Ueber die Einrichtung eines Creditvereins." — Ueber die Mängel der Abschätzungsgrundsätze, namentlich bei dem pommerschen Creditverein, v. Bülow-Cummerow, Ueber Preußens landschaftl. Creditvereine, S. 29. Es wird dort bis auf ⅔ des Anschlags geliehen, dieser aber sehr niedrig gehalten, was um so nachtheiliger ist, weil man sich auch bei anderen Veranlassungen, z. B. bei Erbtheilungen, auf die Vereinstare verläßt. Man achtet nicht auf die Bodengüte, legt zu niedrige Preise zu Grunde ɾc. — Uebrigens dürfte der jetzige gute Zustand des Landes, soweit er vergänglich und von dem Verhalten des Besitzers abhängig ist, allerdings nicht in Anrechnung gebracht werden.

(b) v. Aretin's Plan: Besitzer von Gütern, die auf 20 000 fl. geschätzt sind. — Satzungen des baier. Vereins, §. 7: einstweilen Güter von 10000 fl. und darüber. — Würtemberg, §. 3: zunächst Guts- und Gefällherrn, Gemeinden, Körperschaften; kleinere Landwirthe bis auf 1000 fl. Gutspreis herab, woferne die Gemeinde für die Zinsen haftet. — Ostpreußen, nach k. Genehmigung vom 4. Mai 1849, bis zu 500 Thlr. herab. Schlesien: bis auf 1 Morgen, Anleihe auf den halben Werth, auf sechsmonatliche Kündigung, k. Ordre vom 11. Mai 1811. — Kalenberg, Grubenhagen und Hildesheim nach k. V. v. 1838: alle vom gutsherrlichen Verbande befreiten oder erst zu befreienden Güter von mindestens 6000 Thlr. Anschlag. — Polen: nach dem Ges. v. 1825 bis auf 100 poln. — 28 südd. fl. Steuer oder die 5 fache Rente herab (2800 fl. Verkehrswerth), seit 1838 bis auf die Hälfte jenes Betrages. — Der neue Posensche V. von 1857 nimmt Güter bis zu 5000 Thlr. Grundtare auf. — Sächs. Verein: es wird auf Bauerngüter bis zu 2400 Steuereinheiten herab geliehen, nach der V. v. 1. Mai 1850 bis auf 1000 — 333 Thlr. Reinertrag. — Nach Fahrmbacher soll jede Stadt einen solchen Verein für die kleinen Grundeigner bilden. — Vorschlag eines Vereins für kleine Grundeigenthümer von Schneer, in Rau, Archiv, V, 315. — Für die Ausdehnung der Creditvereine auf alle Grundeigenthümer v. Bülow-Cummerow, a. a. O., S. 46. — In Preußen sollen die nach dem Edict v. 14. Sept. 1811 regulirten Bauerngüter nicht über ¼ ihres Werthes mit Hypothekenschulden belastet werden (§. 29 jenes Edicts), wovon jedoch unter besonderen Umständen Dispensation gegeben wurde, Koch, Agrargesetze, S. 32. Jene Beschränkung ist mit dem Edicte erloschen.

(c) Die hier geschilderten Folgen zeigten sich theilweise im preuß. Staate, besonders in Schlesien; v. Voß, a. a. O., S. 2; indeß kommt der gestiegene Preis der Ländereien zum Theil auch auf Rechnung der höheren Fruchtpreise. — In Schlesien waren 1776 10 Mill. Thlr. Pfandbriefe, 1805 24 Mill., 1815 30⅔, 1859 43,⁸ Mill. Die Pfandbriefe sämmtlicher preuß. Creditgesellschaften beliefen sich 1855 auf 119⅓ Mill. Thlr. Dieterici, Handb. der Statistik d. pr. St. S. 575.

(d) Da das Sinken der Güterpreise von Ursachen herrührt, welche nicht in menschlicher Gewalt stehen, so ist der Vorschlag des Gr. Soden, die Darleihen bis zu dem vollen Belaufe der Tarsumme zu bewilligen, um dadurch jene Preise unveränderlich zu machen und das Grundeigenthum zu „mobilisiren" (d. i. die vollständige Verschuldung desselben möglich zu machen), nicht zulässig. Gerade dieser Gedanke der „Mobilisirung" hat den Creditanstalten im Allgemeinen manche Gegner zugezogen, z. B. im a. Gratzer amtl. Bericht. — Der preuß. Indult der ost- und westpreußischen Vereine (Landschaften) wurde bis Weihnachten 1832 verlängert. — Bedenken gegen die Annahme einer vollständigen Pfandsicherheit bei Kohlschütter, a. a. O. S. 231.

(e) Kohlschütter, S. 222.

§. 117.

Die Wahrnehmung dieser Nachtheile hat zu zweckmäßigen Verbesserungen Anlaß gegeben. Die neuerlich errichteten oder umgestalteten Vereine zeichnen sich außer den strengeren Abschätzungsgrundsätzen (a) besonders durch die Einrichtung aus, daß die Schuldner neben den Zinsen jährlich noch einen weiteren kleinen Tilgungsbeitrag in die Vereinscasse entrichten müssen, §. 112 B). Diese Schuldentilgung durch eine Zeitrente (§. 60) ist höchst wohlthätig, weil sie eine Verminderung der Schulden auf die leichteste Weise herbeiführt (b). Wenn dadurch für den Augenblick die Last des Schuldners einigermaßen erhöht wird, so dient dieß zur Abhaltung von leichtsinnigem Borgen, und weil der Verein für niedrigere Zinsen geliehen erhält, als einzelne Grundeigenthümer, so verursacht er kaum eine höhere jährliche Ausgabe, als ohne ihn die bloßen Zinsen sein würden. Es wird nun möglich, sich nach Verlauf einer gewissen Zeit mit kleinen Abschlagszahlungen von der Schuld ganz zu befreien und somit diese sich häufig wiedererzeugende schwere Last der Grundeigenthümer zu beseitigen (c).

(a) Es ist nöthig, die Schätzungen zu erneuern, wenn sich in den landwirthschaftl. Verhältnissen dauernde Veränderungen zugetragen haben.

(b) Diese Maaßregel kam schon bei der Errichtung der älteren preußischen Creditvereine zur Sprache, wurde 1790 in den Tilgungsplan des lüneburgischen ritterschaftlichen Creditinstituts (v. Berg, V, 938) aufgenommen und im preuß. Staate zuerst bei der Errichtung des posen'schen Creditvereins (1822), dann (1839) auch in den älteren Vereinen bei Gelegenheit der Zinsherabsetzung eingeführt. — Der einzelne Schuldner kann seinem Gläubiger keine Abzahlungen von 1 oder 1½ Procent anbieten, er muß also die kleinen Ersparnisse sammeln und unfruchtbar liegen lassen, bis sie auf eine größere Summe, z. B. von 100 fl., anwachsen. Eine große Casse dagegen kann auch jene kleinen Tilgungsbeiträge sogleich wieder zur Einlösung von Obligationen anwenden, so daß die Tilgung mit der Benutzung des Zinseszinses schnell fortrückt. Wer jährlich 4 fl. Zinsen und 1 fl. zur Tilgung abgibt, trägt damit in 41 Jahren 100 fl. ab und bezahlt während dieser Zeit 205 fl.; ohne den Beistand des Vereins hätte er vielleicht in diesen 41 Jahren 5 Procent Zinsen, also zusammen ebensoviel bezahlen müssen, ohne daß seine Schuld sich gemindert hätte. — Gegen die Tilgung in Zeitrenten: v. Henning, Ueber Zwangsamortisation der Pfandbriefe, 1842. — Für dieselbe: Grübnau, Die Amortisation der Pfandbriefe, insbesondere der westpreußischen, Danzig, 1842. — Ob in einem schon bestehenden Creditverein den Mitgliedern wider ihren Willen die Verpflichtung auferlegt werden dürfe, außer den Zinsen noch einen Tilgebetrag aufzubringen, dieß hängt von dem Verhältniß ab, in welchem überhaupt ein Verein den Gesetzen zufolge zur Staatsgewalt steht.

(c) Allerdings erfolgt die völlige Befreiung nicht so schnell, als es nach dem angenommenen Plane geschehen sollte, weil die Mitglieder nach

Maaßgabe der eingetretenen Schuldenverminderung auch häufig wieder neue Darleihen in Anspruch nehmen (§. 118, Nr. 5), allein sie haben dafür auch den Vortheil dieser abermaligen Vorschüsse.

§. 118.

Die Verbindung eines Schuldentilgungsplanes mit den Creditvereinen erfordert folgende Bestimmungen:

1) Festsetzung des jährlichen Tilgungsbetrags der Schuldner. Da ein und derselbe Procentsatz nicht für die Vermögensumstände aller Schuldner gleich passend ist, so kann man mehrere Classen, z. B. von ½, 1 Proc. 2c. Tilgungsbeitrag neben den Zinsen anordnen, doch muß wenigstens eine gewisse Quote jährlich gegeben werden. Die hieraus entspringende Bequemlichkeit vergütet die Vermehrung der Geschäfte (a).

2) Art der Einlösung von Pfandbriefen. Es ist angemessen, alljährlich zunächst diejenigen Gläubiger abzuzahlen, welche es wünschen, und mit dem etwa noch vorhandenen Rest nach dem Loose Pfandbriefe einzuziehen (b).

3) Durch die fortlaufenden Berechnungen ist man im Stande, in jedem Augenblicke anzugeben, wie viel jedes Vereinsmitglied noch schuldig sei. Daher kann man auch größere abschlägliche Zahlungen, so wie die frühere gänzliche Abtragung gestatten (c).

4) Wie die Tilgung fortrückt, kann ein Theil der eingetragenen Hypotheken jedes Mitgliedes gelöscht werden (d).

5) Ist dieß nicht begehrt worden, so können die Mitglieder für den befreiten Theil ihres Grundvermögens im Falle neuer Bedürfnisse wieder neue Anleihen erhalten. Es ist jedoch bedenklich, dieß unbedingt zu bewilligen, weil es sonst möglich wäre, daß zuletzt, wenn die meisten Mitglieder ihre Schulden abgetragen haben und ausgetreten sind, nur noch wenige übrig bleiben, wobei weder die nöthige Verbürgung bestünde, noch auch die dem Tilgungsplane gemäße Anwendung der jährlichen Beiträge ausführbar wäre (e).

(a) Der Zeitraum der Tilgung ist bei einem Zinsfuße von

mit einer Rente von	3 Proc.	3½ Proc.	4 Proc.	4½ Proc.	5 Proc.
⅔ Proc.	57 J.	53 J.	49 J.	46 J.	43 J.
¾ "	54 "	50 "	47 "	44 "	31 "
1 "	46 "	43 "	41 "	38 "	36 "
1½ "	37 "	35 "	33 "	31 "	30 "
2 "	31 "	29 "	28 "	26 "	25 "

Posen: jährlich 1 Proc. zur Tilgung und 4 Proc. (jetzt 3½) Zinsen, in 41 Jahren sind alle Schulden bezahlt. — Polen: 4 Proc. Z. und 2 Proc. Tilgungsbeitrag, auf 28 Jahre berechnet. — Baiern: wenn die Anleihen für 4½ Proc. Zinsen zu erhalten sind, so ist der Tilgungszuschuß ¾ Proc., bei 5 Proc. Zinsen ½ Proc. — Würtemberg: der Schuldner zahlte anfänglich 5½ Proc., wovon 4½ Proc. für Zinsen. Wegen der Kosten und Gefahren, wurde die Tilgung auf 52 Jahre gesetzt. Da der Verein 1830 die Pfandbriefzinsen auf 4 Proc. und 1834 auf 3½ Proc. herabsetzte, so wurden die Bedingungen günstiger. Man kann jetzt borgen 1) gegen eine 50 jährige Rente von 4 fl. 43,³ Kr. Proc.; 2) gegen eine 53jährige Rente von 4 fl. 39,² Kr. Proc. nebst einer Vergütung für die Kosten. — Mecklenburg, neuer V. v. 1839: ¼ Proc. Verwaltungskosten und ebensoviel Tilgung; Zins einstweilen 3½ Proc. — Westpreußen, Cabinetsordre v. 7. Nov. 1841: 3½ Proc. Zins, ½ Proc. Tilgung, ¼ Proc. zu den Verwaltungskosten, ¼ Proc. zu einem Hülfsvorrathe. Ist dieser soweit angewachsen, daß seine Zinsen die Verwaltungskosten decken, so wird das volle Proc. zur Tilgung bestimmt. — Französ. Ges. v. 1852, §. 11: Zins nicht über 5 Proc., Tilgung 1 — 2 Proc.

(b) Satzungen des baier. V. §. 34. 35.

(c) Da jedoch der früher Austretende dem Vereine seine Theilnahme an Verbürgung für Verluste entzieht, so ist es angemessen, ihm dafür eine kleine Vergütung aufzulegen. Würtemb. §. 11.

(d) In diesem Behufe wird die Abtheilung der angenommenen Capitale in Serien zu 1 Mill. rl. nach der Zeitfolge vorgeschlagen, so daß immer nach der Abtragung jeder Serie die zugehörigen Hypotheken gelöscht werden, Schellwitz, S. 58. — Westpreußen, a. Cabinetsordre: Wenn die Tilgung 40 Proc. erreicht hat, so wird diese Summe gelöscht und dadurch auch die Verzinsung verringert.

(e) Diese Beschränkung ist nicht nachtheilig, weil der Schuldner nach der Löschung eines Theils der Hypothek selbstständig ein neues Capital aufnehmen oder sich einer anderen Gesellschaft anschließen könnte. Auch braucht die Gesellschaft nur dann die Mitwirkung zu neuen Anleihen zu verweigern, wenn dieselben in zu geringer Zahl begehrt würden, um eine Fortsetzung des regelmäßigen Tilgeschäfts zu gestatten.

§. 119.

Als Nebenpuncte bei solchen Creditgesellschaften verdienen noch folgende erwähnt zu werden:

1) Der Zinsfuß der auszugebenden Pfandbriefe wird von Zeit zu Zeit festgestellt und bekannt gemacht. Was den Abschluß der Verträge mit den Capitalisten betrifft, so giebt es 2 Arten des Verfahrens.

a) Die Verwaltung nimmt selbst die Gelder auf und stellt den Darleihern die Pfandbriefe zu. Dieß ist für die borgenden Grundeigenthümer eine Erleichterung und bewirkt, daß die einzelnen Anleihen unter gleichförmigeren Bedingungen zu Stande kommen, weil Begehr und Angebot von Leihsummen in größerer Masse erscheinen;

b) Es werden den Grundeigenthümern die begehrten Pfandbriefe eingehändigt, die sie selbst bei den Capitalisten unterbringen müssen.

Dieß ist bei den meisten Vereinen wegen der öfteren Schwankungen des Zinsfußes vorgezogen worden. Steht derselbe niedrig, so können die Pfandbriefe mit einem Aufgelde verkauft werden, im entgegengesetzten Falle muß sie der Vorgebende unter dem Nennbetrage (Pari) hingeben, und ist es billig, daß er auf diese Weise die Wirkungen der Zeitumstände empfindet, unter denen er eine Anleihe macht (*a*).

2) Die Vereinsverwaltung bedarf eines baaren Cassenvorrathes, um auf den Fall des Ausbleibens einzelner Zins- und Tilgungszahlungen für den Augenblick gesichert zu sein (*b*). Die nöthige Baarschaft kann aufgebracht werden durch Vorschuß aus der Staatscasse (*c*), — durch besondere Anleihen, oder durch den Vorschuß eines Bankhauses in einzelnen Fällen, — endlich auch durch einen Abzug, den man den Schuldnern an den für die Pfandbriefe eingenommenen Summen macht (*d*). Der aus diesen Abzügen gesammelte Cassenvorrath kommt, wenn die Verluste ihn nicht erschöpfen, den Mitgliedern wieder zu Gute.

3) Um mögliche Verluste ertragen zu können, ist ein Hülfsvorrath in Pfandbriefen nützlich, wozu man in den ersten Jahren den Tilgungsbeitrag verwenden kann, so daß dann die Tilgung erst von einem späteren Jahre ihren Anfang nimmt (*e*).

(*a*) Nur wenige Vereine, wie der würtembergische, haben die unter a) angegebene Einrichtung. Bei dem sächsischen hatten nur anfänglich die Grundeigenthümer die Wahl, ob sie die Geldsumme oder die Pfandbriefe annehmen wollten. Für die Ablieferung von Pfandbriefen an die Borgenden s. „Ueber Creditvereine" S. 94. — Dagegen von Reindel, S. 23. Satz. des baier. V. §. 4.

(*b*) Vgl. oben §. 114 (a)

(*c*) Friedrich II. gab dem schlesischen Verein 200 000 Thlr. — In Frankreich wurden 10 Mill. Fr. für die Creditgesellschaften bestimmt, Decret v. 22. Jan. 1852. Nach §. 5 des erwähnten Gesetzes dürfen der Staat und die Dep. auch zur anfänglichen Erleichterung einen gewissen Betrag von Pfandbriefen übernehmen.

(*d*) Baier. Satz. §. 8: 3 Procent Abzug, so daß der Schuldner 97 fl. erhält und sie für 100 verzinset.

(*e*) Schellwitz, S. 58: Aus dem Tilgebetrage für die ersten 5 Jahre, nach Abzug der Verwaltungskosten. — Mecklenburg: die Gläubiger erhalten 4 Proc., die Schuldner zahlen 4½ Proc., und der Unterschied wird nach Bestreitung der Kosten zum Reservefond bestimmt.

§. 120.

4) Die Verwaltungskosten (beiläufig ¼ Procent) müssen ebenfalls aus jährlichen Beiträgen der Mitglieder aufgebracht werden.

5) Es ist nicht nöthig, in jedem Pfandbriefe den einzelnen Grundeigenthümer, welcher die Darleihen erhält, und sein Gut besonders zu benennen, weil, unter Voraussetzung genauer Schätzung, die sämmtlichen Pfandbriefe durch die von den Schuldnern bestellten Unterpfänder im Ganzen hinreichend verbürgt sind (a).

6) Zur Leitung der Geschäfte gehört ein von den Mitgliedern gewählter, aus einer kleinen Zahl von Personen bestehender Ausschuß (Directorium). Die Regierung übt ihr Aufsichtsrecht zunächst durch einen Bevollmächtigten, der den Berathungen beiwohnt. Es ist nützlich, wenn in dem Ausschuffe des Vereines auch die Classe der Pfandbrief-Inhaber (Vereinsgläubiger) ihre Vertreter hat (b).

7) Zur Zuverlässigkeit der Schätzungen dient die Aufstellung einer dem jedesmaligen Stande der landwirthschaftlichen Abschätzungskunst entsprechenden Geschäftsanweisung (Instruction) (c).

8) Man hat noch manche künstlichere Einrichtungen in Vorschlag gebracht, die jedoch entweder die Festigkeit des Credits schwächen, oder sonst der einen oder anderen Classe von Theilnehmern Nachtheile bringen würden (d).

(a) Fahrmbacher, S. 24. — Baier. S. 38: Die Hypothekenurkunden werden bei Gericht niedergelegt und von demselben wird auf jedem Pfandbriefe die specielle Deckung bezeugt.

(b) Posen, §. 103: ein hiezu bestellter Rechtsgelehrter. — Württ. §. 24: 3 Pfandbriefbesitzer.

(c) Vorschläge hierzu bei v. Bülow-Cummerow, S. 54.

(d) Mehrere Entwürfe dieser Art in Baiern, unter andern 1) der Vorschlag, mit dem Creditvereine eine Zettelbank (I, §. 304) zu verbinden, deren Gewinnste die Tilgung der Hypothekenschulden erleichtern oder deren Operationen wenigstens den Curs der Pfandbriefe hoch erhalten sollten, v. Aretin, v. Hornthal, ebenso v. Bülow, S. 181; 2) der Antrag, 3procentige Pfandbriefe zu einem niedrigen Curse von 75 auszugeben, v. Reindel, a. a. O. Dagegen v. Arco, S. 14 ꝛc.

§. 120 a.

III. (§. 113). Gesellschaften, die das Darleihen auf Unterpfänder gewerblich betreiben, um wo nicht ansehnlichen Gewinn, doch sichere Verzinsung ihres eingezahlten Capitals zu erhalten, sind unter dem Namen der Hypothekenbanken bekannt. Das von den Theilnehmern eingeschossene Capital dient, das Geschäft in Gang zu bringen. Eine solche Gesellschaft steht als dritte Person zwischen den Capitalisten, die ihre Gläubiger, und den Grundeigenthümern, die ihre Schuldner sind, in der Mitte und hat in den Unterpfandsrechten, welche die letzteren ihr einräumen, die Bürgschaft für die von ihr ausgestellten Pfandbriefe. Die obigen für die Creditvereine angegebenen Sätze (§. 113—120) gelten größtentheils auch von diesen Unterpfandsbanken, nur daß die borgenden Grundeigenthümer nicht Mitglieder der Gesellschaft sind und unter einander in keiner Verbindung stehen. Kleine Gesellschaften dieser Art können ohne Mitwirkung der Regierung zu Stande kommen (a), größere Unternehmungen bedürfen jedoch der Staatsgenehmigung und einer Staatsaufsicht, die jedoch nicht in eine Leitung übergehen und die freie Bewegung innerhalb der satzungsmäßigen Befugnisse nicht hindern darf (b). Im Vergleiche der Hypothekenbanken mit den Creditvereinen (c) haben diese darin einen Vorzug, daß alle erzielten Gewinnste und Ersparnisse den Grundeigenthümern zu Gute kommen. Dagegen ist, besonders bei der Theilnahme vieler kleiner Grundeigenthümer, die Vertretung derselben in dem Gesellschaftsvorstande umständlich, dagegen die Verwaltung einer Actiengesellschaft einfacher, mehr auf Verbesserungen und geschickte Benutzung der Umstände bedacht und im Stande, andere Bankgeschäfte zu Hülfe zu nehmen, nur dürfen diese den Gang der Zinszahlungen und Tilgungen nicht gefährden oder stören. In Ermangelung eines Creditvereins oder wo derselbe den Bedürfnissen der Borgenden nicht genügend entspricht (d), ist daher die Errichtung von Hypothekenbanken nützlich und verdient zugelassen zu werden. In einem großen Staat ist von der Gründung mehrerer solcher Banken in den einzelnen Landestheilen mehr Vortheil zu erwarten als von einer einzigen großen (e). Zettelbanken genießen in dem Vorrechte des Ausgebens von Bankscheinen einen großen Vortheil und sind daher im Stande, den Grundeigenthümern unter billigen Bedingungen zu leihen. Manche Banken thun dieß freiwillig (*f*), auch kann es ihnen bei der Ertheilung ihres Privilegiums zur Pflicht gemacht werden (*g*).

(*a*) In Würtemberg entstand eine Anzahl kleiner Leihanstalten dieser Art, die aber zu sorglos und formlos eingerichtet waren und bald wieder zu Grunde gingen.

(*b*) In Frankreich wird diesem Grundsatze entgegen der Gouverneur vom Kaiser ernannt.

(*c*) Beide verhalten sich zu einander ungefähr wie die Prämien= und wechselseitigen Brandversicherungen, §. 24.

(*d*) Die Theilnahme an den Creditvereinen ist gewöhnlich so beschränkt, daß noch viele andere Anleihen auf anderen Wegen gesucht werden, besonders von den kleinen Grundbesitzern. In Sachsen waren nach v. Bose (Sammlung der wichtigsten Landesculturgesetze im Königreich Sachsen, 1850, S. 31) 50 Ritter= und 13 Bauergüter dem Verein beigetreten mit 378 702 Thlr. Steuereinheiten, d. h. 126 234 Thlr. Reinertrag. Nach Abzug der Reallasten ꝛc. war der abgeschätzte Verkehrswerth 3·012 565 Thlr., sie konnten also (zu ½) 1·506 282 Thlr. Credit erhalten, hatten aber nur 1·076 850 Thlr. wirklich aufgenommen. Es sind 971 Rittergüter vorhanden.

(*e*) Für diese Anstalten unter anderen Rodbertus=Jagetzow und Berndt a. a. O. — Drei solche Leihanstalten sind 1835 in Belgien auf Actien errichtet worden. Caisse hypothécaire (auf 60 Jahre, mit 12 Mill. Fr. Actiencapital; die Zeitrente der Schuldner begreift auch eine Vergütung von höchstens 1 Proc. für die Casse), C. des propriétaires (auf 99 J., mit 2 Mill. Fr. Capital: höchstens 1 Proc. Vergütung für die Casse; halbjährige Zeitrenten, zu 4 Proc. berechnet; die Capitalisten, welche der Casse Geld gegen 4proc. Obligationen leihen, erhalten die Rückzahlung nach dem Loose, und hiebei auch Prämien, für welche ¼ des Reinertrags verwendet wird; die Actionäre empfingen $18^{35}/_{36}$ 6 Proc., $18^{36}/_{37}$ 7½ Proc.), und banque foncière (Stock von 25 Mill. Fr., auf 99 J.; halbjähr. Zeitrenten). Die banque d'amortissement (8. Febr. 1837) und die b. immobilière (1834) zu Paris sind bald wieder eingegangen. Nach dem franz. Ges. v. 28. Febr. 1852 (§. 113 (*d*)) wurde eine Creditgesellschaft als banque foncière de Paris für die 7 Dep. des Pariser Appellhofes gegründet und am 30. Juli jenes Jahres genehmigt, ähnliche Banken entstanden zu Marseille und Nevers. Durch Vertrag und V. v. 10. Dec. 1852 erhielt jene den Namen Crédit foncier de France und wurde über 80 Dep. ausgedehnt. Von dem beabsichtigten Actiencapital von 60 Mill. Fr. ist erst die Hälfte ausgegeben, aber nur ¼ eingezahlt, das andere ¼ kann eingerufen werden. Die Gesellschaft versprach, 200 Mill. Fr. auszuleihen. Am Schlusse des Jahres 1861 waren 176·384 000 Fr. in Pfandbriefen und 14·866 000 Schuldbriefe von Gemeinden ausstehend (en circulation). Die meisten Darlehen sind gegen 50jährige Zeitrenten gemacht worden. Hiebei ist zu unterscheiden 1) die Leistung des Unterpfandschuldners, welcher bei 5proc. Pfandbriefen eine Zeitrente von $6,^{86}$ Proc. geben muß, bei 4proc. eine Rente von $5,^{05}$ Proc., bei 3proc. aber 5 Proc. auf 50 Jahre. 2) Die Art der Rückzahlung an den Darleiher. Bei den 5proc. Obligationen wird das Capital nach dem Loose im Nennbetrage abbezahlt, bei den 4proc.

wird dasselbe um ⅕ höher heimbezahlt, also 120 für 100 (avec lots élévés), bei den 3 proc. werden außerdem noch für einen Theil der ausgeloosten Pfandbriefe Prämien gegeben. Die 4 proc. Darleihen werden am häufigsten begehrt. Die ungleiche Entrichtung des Schuldners hängt mit den verschiedenen Preisen zusammen, die er beim Verkaufe der Pfandbriefe erhält, z. B. 1860 die 5 proc. in Pari, die 4 proc. zu 465 standen. Bemerkenswerth ist, daß der größte Theil der Anleihen im Seine-Dep. gemacht wird, z. B. 1860 ungefähr ¾, also meistens nicht zu landwirthschaftlichen Zwecken, sondern zu Bauten. Im Jahre 1859 wurden 33·887000, 1860 aber 69·489000 Fr. ausgeliehen, wovon die Communalobligationen 19 Mill. betrugen. Die Zahlungen der Schuldner erfolgten pünctlich, da in 5 Jahren nur 4 mal eine Sequestration verhängt und 3 mal ein Zwangsverkauf nothwendig wurde. 1857 wurde die Gesellschaft ermächtigt, nicht Geld, sondern Pfandbriefe an die Schuldner abzuliefern. Offenbar hat diese Anstalt für die französische Landwirthschaft noch keinen großen Nutzen hervorgebracht. Revue des deux mondes. XVII, 596. — Tooke, Geschichte der Preise 11, 370 der deutschen Uebers. — Jahresberichte in Block et Guillaumin, Annuaire de l'écon. pol., der letzte 1861. S. 565. Der Staat lieh der Pariser Gesellschaft 9·700000 Fr., den beiden anderen 300000 Fr. — Der Vorschlag des Engländers Shute (Economist. Jan. 1853) weicht darin ab, daß z. B. bei der Tilgung durch 25 jährige Zeitrente 25 einzelne Pfandbriefe für die einzelnen Jahrestilgungen ausgegeben werden sollen.

(*f*) Z. B. die Bank zu Lüttich, die 1850 3·434000 Fr. auf Unterpfand und gegen Zeitrenten ausgeliehen hatte.

(*g*) Die baierische Hypotheken- und Wechselbank ist verpflichtet, ⅗ ihres Fonds zu Anleihen auf Grund und Boden zu verwenden, sie darf höchstens 4 Proc. Zins nehmen und muß auf Verlangen Annuitäten bewilligen, Ges. v. 1. Juli 1834. Sie leiht gegen doppeltes Unterpfand und nur gegen Zeitrenten mit mindestens ½ Proc. Tilgung, mit der Befugniß des Schuldners, stärkere freiwillige Abschlagszahlungen zu machen. Ende 1852 hatte die Bank bei 5703 Hypotheken-Schuldnern 16·191329 fl. ausstehen. Hübner, die Banken, S. 28. 42. — Auch die Wiener Nationalbank soll nach k. V. v. 12. Octbr. 1855, Min.-Erlaß v. 21. Octbr. 1855 u. v. 20. März 1856 auf Unterpfandsrechte leihen, wozu 40 Mill. fl. ihres Vermögens bestimmt sind. Sie darf bis auf den 5 fachen Betrag dieser Summe leihen, baar oder in Pfandbriefen, auf die Hälfte des abgeschätzten Werthes, mit nicht weniger als ein Jahr Verfallzeit. Czörnig, Neugestaltung S. 282.

§. 120 b.

Leihanstalten, welche gegen Faustpfänder Vorschüsse auf kürzere Zeit geben, vermögen auch den Landwirthen gegen Verpfändung von Vorräthen solche Darleihen unter billigen Bedingungen zu bewilligen (a).

Für die am wenigsten begüterten Landwirthe, die das erforderliche Vieh nicht aus eigenem Vermögen erkaufen können und daher beim Verluste oder der ersten Anschaffung eines Viehstückes häufig schwere Bedingungen eingehen müssen und wucherlichen Kunstgriffen anheimfallen (§. 109), sind Viehleihcassen von großem Nutzen. Sie bewahren manchen Landbewohner vor dem Verarmen und stehen vielen beim Emporarbeiten in eine bessere Lage bei. Cassen von dieser Art sind leicht von Gemeinden zu unternehmen, deren Vorsteher jeden Einzelnen hinreichend im Auge haben, um sich vor Verlusten schützen zu können; doch sind auch größere Anstalten ausführbar, besonders in Verbindung mit Sparcassen, von denen die nöthigen Leihsummen erlangt werden. Das vorzüglichste Sicherungsmittel der Leihcasse liegt in der Bestimmung, daß das Vieh dem darum nachsuchenden Landmann nach seiner Auswahl angeschafft wird, aber bis zur Abtragung des Preises nebst Zinsen das Eigenthum der Anstalt bleibt. Gegen Unfälle dient die Versicherungsanstalt, §. 109. Der Verkauf des geliehnen Viehes wird nur unter dem Bedinge erlaubt, ein anderes Stück unter Mitwirkung der Vorsteher anzuschaffen, oder aus dem Erlöse die Forderung an die Casse abzutragen. Ohne die sorgfältige Mitwirkung der Gemeindevorstände würden aber solche Leihanstalten gefährdet sein und deßhalb ist ihr Gedeihen durch eine hierauf gerichtete Regierungsverordnung bedingt (b).

(a) Z. B. die von der schles. Landschaft 1848 gegründete Darlehnscasse. Preuß. Congreßbericht, II, 303.

(b) In Baden waren zu Anfang des Jahres 1836 32 Viehleihcassen, die meistens 6 Proc. Zinsen erhoben. Sie sind meistens wieder eingegangen. Mit der Sparcasse für Landgemeinden zu Heidelberg ist eine Viehleihcasse verbunden, welche eine Zeit lang viel genützt hat, jetzt aber in geringer Wirksamkeit steht, weil die Gemeindevorstände die Verbürgung für die ihnen angehörenden Schuldner ablehnen.

III. Landwirthschaftliche Arbeiter.

§. 120 c.

Die Zahl der zum Betriebe der Landwirthschaft mitwirkenden Lohnarbeiter (Gesinde und Tagelöhner) bleibt gewöhnlich nicht lange unter dem Bedarf, weil im Falle ihrer Unzulänglichkeit der höhere Lohn bald Arbeiter aus anderen Gegenden herbeilockt. Größere Grundeigenthümer können Arbeiterfamilien auf ihren Gütern ansiedeln, indem sie ihnen fortwährende Beschäftigung und die Nutzung eines kleinen Stückes Land zusichern, auch bieten die neuerlich sehr vervollkommneten landwirthschaftlichen Maschinen viele Gelegenheit dar, Arbeit zu ersparen. Die Regierung hat daher in der Regel nicht nöthig, die Vermehrung der Feldarbeiter durch besondere Mittel zu befördern, außer etwa in neu angebauten Ländern (a). Oefter findet sich das entgegengesetzte Mißverhältniß, nämlich eine solche Zunahme der Arbeiter, daß dieselben nicht vollständig beschäftigt sind, woraus dann Dürftigkeit und Verarmung entspringen. Neben den blos von Lohnarbeit lebenden Familien sind hier auch diejenigen in Betrachtung zu ziehen, die ein kleines Grundeigenthum haben, aber von demselben allein ihren Unterhalt nicht erwerben können. Vermag auch die Regierung in den meisten Fällen nicht unmittelbar die fehlende Beschäftigung zu geben, so ist doch ihre Mitwirkung und Anregung schon darum sehr nützlich, weil sie leichter als der einzelne Landwirth einen Ueberblick der in ganzen Landestheilen bestehenden Verhältnisse zu erlangen im Stande ist (b). Die Abhülfe gegen eine zu große Zahl von Feldarbeitern ist durch folgende Mittel möglich:

1) Uebersiedelung eines Theiles derselben in andere Gegenden, wo sie mehr Nahrungsquellen finden.

2) Ausdehnung des Baulandes durch Urbarmachungen, wozu in Ermangelung anderer Grundstücke die nahegelegenen Staatswaldungen, wenn ihre Naturbeschaffenheit dazu geeignet ist, benützt werden können (c).

3) Anwendung einer größeren Menge von Arbeitskräften auf dem schon angebauten Lande, was jedoch nur dann gemeinnützig ist, wenn die schwunghaftere (intensivere) Bodenbenutzung auch eine verhältnißmäßige Ertragserhöhung hervorbringt. Die Vermehrung der Arbeit geschieht entweder a) von den größeren Landwirthen, indem sie zu Grundverbesserungen oder zu den Verrichtungen des Pflanzenbaues, der Viehzucht und der weiteren Verarbeitung gewonnener Stoffe mehr Menschen in Thätigkeit setzen. Hier stößt der Landwirth in vielen Fällen auf eine Gränze, weil solche Geschäfte, die die meisten Arbeiter erfordern, im Großen zu schwer zu beaufsichtigen sind; — b) von den Feldarbeitern selbst für eigene Rechnung, auf eigenem oder gepachtetem Lande (d), durch Spatenbau, Dibbeln des Getreides (e), Gemüse-, Obstbau, Anbau von Handelsgewächsen, Seidenzucht ıc.

4) Einführung von anderen Geschäften, Füll- oder Nebenarbeiten, die in jeder Gegend nach den Umständen ausgewählt werden müssen. Es gehören hierher hauptsächlich solche Gewerksverrichtungen, die sich leicht im Kleinen, mit geringem Capital und mäßigem Grade von Geschicklichkeit betreiben lassen, Holzschnitzen, Korb- und Strohflechten, Weben und dergl.

(a) In Australien werden europäische Arbeiter auf Kosten der Colonie herbeigeführt.
(b) Congrès central d'agric. 1850, S. 95. 312. — Preuß. Congreßbericht, I, 143. II, 193. 212. — Rau in Verhandl. des Congresses v. Abgeordn. d. landw. Vereine, S. 75.
(c) Dieß ist auch ohne Zerstörung des Waldes möglich, z. B. Hackwaldbetrieb, — mehrjähriger Anbau von Getreide und Kartoffeln in den Zwischenräumen der reihenweise gepflanzten Waldungen.
(d) Es ist sehr wohlthätig, wenn den Tagelöhnern etwas Land überlassen wird, wie dieß von den größeren Gutsbesitzern oft geschieht.
(e) Rau, Die landw. Geräthe S. 50.

IV. Absatz der landwirthschaftlichen Erzeugnisse.

Einleitung.

§. 121.

Wo die Landwirthschaft nicht mehr blos zur eigenen Versorgung der Landleute mit Bodenerzeugnissen, sondern zugleich für den Verkauf derselben getrieben wird (I, §. 362. 363), da ist ihr Ertrag von den Erscheinungen auf dem Markt abhängig. Finden die Landwirthe einen starken Begehr von vielerlei rohen Stoffen, eine leichte Versendung an den Marktort, einen die Kosten übersteigenden Preis, einen bequemen und sicheren Verkauf, so werden sie zum fleißigen Anbau des Bodens mit Hülfe neuer Capitale und besserer Kunstmittel ermuntert. Da Getreide das Haupterzeugniß des Landbaues ist, so wird alles dasjenige, was den vortheilhaften Absatz der Früchte befördert, den Landwirthen besonders nützlich. Indeß darf man bei der Gesetzgebung über den Getreideverkehr eines Landes nicht allein den Vortheil dieser Classe in Betracht ziehen, sondern muß sich zugleich hüten, die Zehrer dem Mangel an Nährstoffen und einem unerschwinglich hohen oder häufig wechselnden Getreidepreise auszusetzen. Sowohl diese, bis zu einem gewissen Grade einander widerstreitenden Rücksichten, als die Verschiedenheiten im Ernteertrage und im Preise der Halmfrüchte von Jahr zu Jahr machen die Leitung des Getreideverkehrs schwierig (a).

(a) Dieser Gegenstand pflegt häufig besprochen zu werden, wenn Getreidetheuerungen einen Anstoß dazu geben, während in der Zwischenzeit die Untersuchungen hierüber oft ruhen. Von den sehr zahlreichen Schriften sind vorzüglich bemerkenswerth: 1) Deutsche: Bergius, Magazin, VI, Art. Lebensmittel, Magazinanstalten. — Philippi, Der vertheidigte Korn=Jude. Berlin, 1765. — Reimarus, Die wichtige Frage von der freien Aus= und Einfuhr des Getreides. Hamburg, 1771. Deß. Die Freiheit des Getreide=Handels. Frankf., 1791. — v. Münchhausen, Der freie Kornhandel. Hannover, 1772. — Hennings, Kleine ökon. und cameral. Schriften. II. Bd. Copenhagen, 1787. — Norrmann, Die Freiheit des Getreide=Handels. Hamburg, 1802. — Thaer, Einleitung zur engl. Landwirthschaft, II, 2. Abth. S. 114. — Heinse, Geist und Kritik der neuesten über Theuerung erschienenen Schriften. Zeitz, 1806. — Gr. Soden, Das idealische Getreidemagazin. Altenburg, 1813. Deff. Nationalökonomie I, 199. Deff. Die annonarische Gesetzgebung. Nürnberg, 1828 (mit einer sehr reichhaltigen Literatur des Gegenstandes). — (v. Schuckmann) Gutachten über Getreide-Ausfuhr=Verbote. Leipzig, 1809. 4. — Weinrich, Die Getreide-sperren und Landmagazine, auch eine Veranlassung der Theuerung. München, 1817. — Häcker, Ueber die Getreidetheuerung in den Jahren 1816 und 1817. Nürnberg, 1818. — v. Köpfen, Was ist Kornwucher? Berlin, 1818. — Lotz Handbuch, II, 291. — v. Mohl, Pol. I, 279. — Roscher, Ueber Kornhandel und Theuerungspolitik, 3. Aufl. 1852. — Schulze, Ueber den deutschen Kornhandel und die deutsche Volksbildung, Jena, 1848. 2) Französische: Herbert, Sur la police des grains. Berlin, 1755. Deutsch v. Hall: Versuch der allg. Kornpolizei, 1756. — (Chamousset) Observations sur la liberté du commerce des grains. Paris, 1759. — Représentation aux magistrats contenants l'exposition raisonnée des faits relatifs à la liberté du commerce des grains. Paris, 1760. — Galiani, Dialogues sur le commerce des grains. Paris, 1779. (Der Italiener G. gab dies Buch zuerst franz. heraus.) D. v. Beicht. Glogau, 1802. — Neckor, Sur la législation et le commerce des grains. Paris, 1775. — Say, Handb. IV, 323. — Dictionn. de l'écon. polit. I, 301. Art. Céréales von Molinari. — 3) Englische: Young, Polit. Arithm. S. 34. — Ad. Smith, II, 167. — Dirom, An inquiry into the cornlaws and corn-trade of Great-Britain, with a supplem. by Mackie. Edinb. 1796; im Auszuge bei Thaer a. a. O. — Campbell, On the proposed alteration of the corn-laws. L. 1814. — Jacob, Considerations on the protection required by british agriculture. 1814. Deff. Report on the trade in foreign corn. London, 1826. Deutsch: Bericht an den brit. geh. Rath., übers. von Richard. Aachen, 1826. Deff. Second report. 1828. D. Hamb. 1828. — Ricardo, On protection to agriculture. L. 1822. — Mill, Elements of pol. econ. S. 201 der 3. Ausg. (1826). — Reynolds, Practical observations on M. Ricardo's principles etc. 1822. — Whitmore, On the present state and future prospects of agricult.re 1822. — Torrens, An essay on the influence of the external corn-trade upon the production and distribution of national wealth. London, 1820. — Lowe, Ueber den gegenwärtigen Zustand von England, S. 5. — Edinb. Rev. Oct. 1824. Sept. 1826. Jan. 1834, (vermuthlich von Mac-Culloch). — Quarterly Review, LXIX, 269 (Dec. 1826). CI. (März 1834). — Mac-Culloch, Handbuch für Kaufleute, I, 74. Deff. Statement on corn-laws. 2. edit. 1841. Eine Angabe vieler Flugschriften, sowie eine Erörterung des Standes der Meinungen bei F. v. Raumer, Die Korngesetze Englands. Leipz. 1841. Ueber die brit. Korngesetze s. auch Kleinschrod, Großbrit. Gesetzgebung über Gewerbe ꝛc. 1836, S. 375. 4) Ueber die Niederlande: Recueil des précis, relatifs à la liberté illimitée du comm. des grains, à la Haye, 1823. — (Osiander) Beleuchtung des Kampfes über Handelsfreiheit und Verbotsysteme in den Niederlanden. Amsterdam, 1828. — den Tex, Twee voorlezingen over graanwetten en graanhandel, Amst. 1847. — Chevalier, Le blé in Séances et travaux de l'acad. des sciences morales et polit. XXIX, 335. 1854. — Rodriguez, Observaciones sobre la libertad de importar cereales estranjeros, Madrid, 1858. — Journ. des Econ. Juni 1858.

§. 122.

Wie eine dauernde, die Anbaukosten nicht ersetzende Wohlfeilheit des Getreides die Landwirthe in Schaden bringt, so ist eine beträchtliche Theuerung desselben für die übrigen Volksclassen drückend und für die Dürftigen die Ursache großer Bedrängniß, I, §. 191. Liegt es auch nicht in der Macht der Regierung, die aus der Ungleichheit der Ernten (a) entstehenden Preisschwankungen im Lande zu verhüten, so kann sie doch auf die Verringerung derselben und auf die Milderung ihrer Folgen hinwirken. Sie hat hierbei darnach zu streben

1) daß, wo ein Ueberschuß des einheimischen Erzeugnisses über den Bedarf vorhanden ist, durch Ausfuhr sowie durch Ankauf für längere Aufbewahrung das Angebot vermindert werde,

2) daß in minder ergiebigen oder völligen Mißjahren die Preiserhöhung in gewissen Gränzen gehalten werde (b). Hiezu trägt es bei, wenn a) der Getreidebau so ausgedehnt ist, daß in guten Jahren Ueberfluß, in schlechten noch der Landesbedarf oder nicht viel weniger gewonnen wird, — b) wenn der Verbrauch zeitig beschränkt wird, damit man desto leichter bis zur Ergänzung der Vorräthe ausreiche, wozu die beginnende Erhöhung des Preises eine fühlbare Mahnung giebt, — c) wenn Vorräthe aus früheren Jahren zu Hülfe genommen werden können und zeitig genügende Einfuhr Statt findet;

3) daß durch Erleichterung des Verkehres eine Ausgleichung der Vorräthe und der Preise zwischen den einzelnen Landestheilen erfolge.

(*a*) Es fehlt noch an genauen statistischen Angaben über den Ernteertrag verschiedener Jahre. Nach den Erkundigungen im preußischen Staat scheinen im Jahre 1846, wo die Mißernte starke Theurung verursachte, gegen eine Durchschnittsernte am Weizen 24, am Roggen 25, an den Kartoffeln 47 Proc. gefehlt zu haben. In Sachsen berechnete man in dem nämlichen Jahre den Ausfall bei Weizen auf 10, Roggen 21³/₄, Kartoffeln 23 Proc. In Belgien (Bulletin de la comm. de stat. IV, 175) soll der Ausfall beim Waizen 19, Mischkorn 38, Roggen sogar 60,⁶(?), bei Kartoffeln 32,³ Proc. gewesen sein und am Nahrungsbedarf sollen im Ganzen 45 Proc. gefehlt haben. Aus den auf den Heidelberger Markt gebrachten Vorräthen wäre der Ausfall von 1816 auf 40 Proc. anzunehmen. — Die Mißernte von 1855 in Preußen wird im Verhältniß zu einer vollen Ernte angegeben bei Weizen zu 61, Roggen 66, Gerste 95, Haber 98, Kartoffeln 61 Proc., aber der Durchschnittsertrag von 1848—58 soll von einer vollen Ernte bei diesen fünf Gewächsen 0,⁸³ — 0,⁹ — 0,⁵⁹ — 0,⁹⁹ — 0,⁸⁸ gewesen sein. Lüdersdorf, Annalen, 1858, I, 52. II, 445. Im Gr. Hessen war gegen den 10jährigen Durchschnitt der geringste Ertrag bei Weizen 82, Roggen 78,⁵. Spelz 75, Gerste 55, Kartoffeln 61 Proc. Zeller, Zeitschrift, 1860 S. 300.

(*b*) Einige Preiserhöhung ist zur Entschädigung des Landwirths nothwendig.

A. Auswärtiger Handel mit Bodenerzeugnissen.

§. 123.

Man hielt früherhin in Ländern, welche nicht schon regelmäßig einen Ueberfluß an Getreide hervorbringen, die **Ausfuhr** von solchen Früchten für nachtheilig, weil dadurch die Ernährung des Volkes gefährdet oder mindestens der Getreidepreis gesteigert werde. Von der Erschwerung der Ausfuhr erwartete man dagegen eine den Zehrern und vorzüglich den Gewerksarbeitern ersprießliche Wohlfeilheit der Lebensmittel. Diese Vorstellung war irrig. Eine solche Wohlfeilheit, wie man sie wünschte, würde die Grundrente schmälern und die Landwirthe bewegen, den Getreidebau einzuschränken, indem sie andere Nutzungen des Bodens vorziehen und das unergiebige Land zur Weide liegen lassen. Diese Verringerung des Angebotes hebt mit der Zeit wieder die Preise, unterdessen aber ist der Landbau in Verfall gerathen und der Landmann verarmt. Ist die Ausfuhr frei, so bringt die Aussicht auf auswärtigen Absatz eine Erweiterung des Getreidebaues zu Wege, wie die Erfahrung in vielen Ländern bewiesen hat. Den inländischen Zehrern entgeht nichts, denn die ins Ausland gehenden Massen würden gar nicht zum Vorschein gekommen sein, wenn die Ausfuhr nicht erlaubt gewesen wäre. Die Landwirthschaft kommt hierdurch empor, und das inländische Bedürfniß wird leichter befriedigt, auch finden die starken Schwankungen von großer Wohlfeilheit und Theuerung nicht mehr statt, vielmehr bleiben die Preise gleichförmiger als zuvor (a).

(a) Nachdem Sully die Getreideausfuhr in Frankreich ganz frei gegeben hatte (I, §. 22), blühte der Landbau 60 Jahre lang und es wurde ein solcher Ueberfluß von Früchten erzeugt, daß England sich regelmäßig damit versorgte. Colbert's Verbot der Ausfuhr, durch die Hungersnoth von 1662 veranlaßt, und die später von ihm nur beschränkt gegebene Ausfuhrerlaubniß, so wie seine andern Maaßregeln (I, §. 34) brachten es dahin, daß das Land verödete und das jährliche Erzeugniß von 70 auf 40 Millionen sétiers sank. In 113 Jahren, während deren der Getreideverkehr beengt war, traten 65 Theuerungsjahre ein, Norrmann, S. 33. — In England gab das Gesetz v. 1689 die Ausfuhr bei einem Preise von 48 Schilling und darunter für den Quarter Weizen nicht blos frei, sondern bewilligte sogar eine Prämie von 5 Schilling für den ausgeführten Quarter. Die Folgen für die Landwirthschaft waren sehr wohlthätig, die Preise schwankten wenig und zeigten im Durchschnitt ein fortwährendes Sinken, bis das Mißjahr 1756 eine Theuerung nach sich zog und ein Ausfuhrverbot veranlaßte. Doch kann die angegebene Beschaffenheit der Getreidepreise nicht blos aus der Ausfuhrfreiheit erklärt werden. Lowe, S. 223.— Toscana empfand dieselben Vortheile, als Leopold 1766 die Ausfuhr frei gab. Die Inschrift der Denkmünze, welche die Bürger von Florenz 1775 darauf prägen ließen, sagt: libertate frumentaria opes auctae. Neimarus, Die Freiheit ꝛc. S. 42. Hennings, S. 205.— Vortheile der freien Ausfuhr für Mecklenburg und Hildesheim, s. Norrmann, S. 263. — Crome, Ueber Ackerbau, Getreidehandel, Kornsperre und Landmagazine, S. 8 (Hildesheim, 1808). — Neuerlich hat sich in Schweden und Belgien der Getreidebau so sehr gehoben, daß noch etwas zur Ausfuhr übrig bleibt.

§. 124.

Nicht alle Länder können einen Ueberschuß an Getreide erzeugen, wie denn schon die Ausfuhr des einen Landes ein anderes einführendes voraussetzt. Wo die Bevölkerung hoch, oder die Fruchtbarkeit des Bodens und Klimas gering ist, oder wo vollends beide Umstände zusammentreffen, da muß die Einfuhr zu Hülfe genommen werden, um das Volk zu versorgen. Unter diesen Umständen steht natürlich der Getreidepreis höher als in Ländern von den entgegengesetzten Verhältnissen, und man kann die Zehrer der Nothwendigkeit nicht überheben, bei der Anschaffung ihres Bedarfes die größeren Fracht- oder Anbaukosten zu ersetzen, I, §. 178. In solchen Fällen hat man es ehedem für nothwendig erachtet, die Getreideausfuhr zu erschweren, damit der Bedarf des eigenen Landes in demselben erhalten werde. Allein auch hier sprechen erhebliche Gründe für die Freigebung der Ausfuhr, denn 1) dieselbe unterbleibt gewöhnlich von selbst, weil in dem angenommenen Falle die Preise in der Regel nicht niedrig genug sind und außerdem die Versendungskosten zu bestreiten sind, es müßte denn anderswo ein noch höherer Preis herrschen. 2) Die Gewißheit, daß man in sehr ergiebigen Jahren den Ueberfluß ungehindert im Auslande absetzen könne, sichert vor einer periodischen übermäßigen Wohlfeilheit und giebt eine stärkere Ermunterung zum Getreidebau. 3) Man trägt weniger Bedenken, Früchte von außen herbei zu holen, wenn man sie erforderlichen Falles auch wieder frei hinaus senden kann.

§. 125.

Der Getreideverkehr hat zufolge der in der neuesten Zeit eingeführten Erleichterungen der Waarenversendung eine solche Ausdehnung und Beschleunigung erlangt, die das Ausgleichen des Ueberflusses und Bedürfnisses selbst zwischen verschiedenen Erdtheilen bewirkt und manche Besorgnisse früherer Zeit beseitigt. Je mehr die Versendungsmittel (Land- und Wasserstraßen, Dampfschifffahrt, Eisenbahnen) vervollkommnet und vermehrt werden, desto weniger ist bei der Freiheit der Ausfuhr zu befürchten, weil man den Bedarf im Nothfalle leicht wieder aus andern Ländern ergänzen kann (a). Es ist aber billig, daß die Landwirthe, die sich die Wohlfeilheit des Getreides bisweilen gefallen lassen müssen, auch den Vortheil höherer Preise genießen, die meistens aus der geringeren Ergiebigkeit der Ernten herrühren. Wo insbesondere mehrere mittlere und kleinere Staatsgebiete von ähnlichen landwirthschaftlichen Verhältnissen an einander gränzen, da gewährt die Freiheit des Getreidehandels jedem derselben größere Sicherheit der Versorgung, zumal da die Mißernten sich selten sehr weit erstrecken und oft der Ueberfluß des einen Landes dem Mangel des andern zu Hülfe kommt. Man hat sich deßhalb in neuerer

Zeit im Allgemeinen mehr und mehr von der Nützlichkeit einer Aufhebung der Ausfuhrbeschränkungen überzeugt. Sie ist da am einleuchtendsten, wo

1) das Land einen so ausgedehnten Getreidebau und eine solche Lage der Getreidegegenden hat, daß die Zehrer sich jederzeit leicht vor den Ausländern versorgen können, oder

2) wo die Einfuhr leicht ist, oder sogar

3) ein ausgebreiteter Handel mit Getreide getrieben wird, wobei immer ansehnliche Vorräthe in Bereitschaft liegen und schon des Zwischenhandels wegen eine große Einfuhr stattfindet.

(a) Ein merkwürdiges Beispiel giebt die sehr starke Getreideeinfuhr in Frankreich aus Ungarn im Herbst 1861.

§. 126.

Es giebt Fälle, bei denen eine stärkere Befürchtung gehegt worden ist, daß durch die Ausfuhr in theuren Jahren die Preise hoch gesteigert werden könnten und der hieraus entstehende Nachtheil von dem Gewinn der Verkäufer aus dem auswärtigen Absatze nicht aufgewogen würde. Dieß könnte nur unter eigenthümlichen örtlichen Verhältnissen eintreten (a), wenn etwa 1) ein anderes Land, in welchem noch höhere Preise bestehen, so gelegen ist, daß ihm aus den Getreidegegenden des Staates noch ferner Brotfrüchte zugeführt werden können, während der Vorrath schon kaum mehr für das inländische Bedürfniß ausreicht, und zugleich 2) das Fehlende nicht leicht und schnell durch Einfuhr wieder zu erlangen ist, wovon die Ursache bald in den Ausfuhrbeschränkungen der Nachbarländer, bald in den Schwierigkeiten und der Langsamkeit der Zufuhr aus größerer Entfernung liegen kann (b), besonders im nördlichen Europa, wo der Winter die Schifffahrt unterbricht und die mangelhaften Landstraßen noch weiter verschlechtert. Bei dem heutigen Zustande der Fortschaffungsmittel sind jedoch Nachtheile der ungehinderten Ausfuhr unter solchen Umständen nur in viel geringerem Grade möglich als zuvor.

(a) Eifrige Hervorhebung solcher Umstände bei Galiani, a. a. O.
(b) Das südwestliche Deutschland kann auf dem Main, Neckar, Rhein sehr leicht Getreide ausführen, die Zufuhr dagegen war bisher wegen der

Alpen, der langsamen Schifffahrt zu Berg und der Entfernung weit schwerer. 1817 kam das bestellte Getreide in den preußischen Rheinprovinzen, zum Theil auch in Würtemberg zu spät an; auch in Frankreich traf das für 54 Mill. Fr. gekaufte erst nach der Ernte 1818 ein, so daß es mit Schaden verkauft wurde. Die Dampfschifffahrt und die Eisenbahnen haben diese Schwierigkeit schon um Vieles vermindert, so daß Getreide nicht allein aus Ungarn, sondern auch von den unteren Donauländern leichter herbeikommt.

§. 127.

Da die Nachtheile der erwähnten Art nicht fortdauernd, sondern nur in einzelnen theueren Jahren zu befürchten sind, so wäre es am einfachsten, auch in Ländern, die zu einer solchen Besorgniß Anlaß geben, in der Regel die Ausfuhr frei zu lassen und dieselbe nur vorübergehend je nach Bedürfniß zu untersagen. So verfuhr man auch sonst gewöhnlich und der vielfache Wechsel in den Regierungsmaaßregeln der angränzenden Staaten führte das wirkliche oder vermeintliche Bedürfniß einer solchen außerordentlichen Einmischung nicht selten herbei. Weil jedoch plötzliche Erschwerungen des Getreideverkehrs die Unternehmungen der Kaufleute und Landwirthe durchkreuzen, Verluste verursachen, eine Abneigung gegen diesen Handel bewirken und hiedurch auch dem Landbau schaden (§. 139), so ist eine feste Gesetzgebung vorzuziehen. Durch diese Erwägungen ist die gesetzliche Bestimmung hervorgerufen worden, daß eine Beschränkung der Ausfuhrfreiheit anfangen solle, wenn der Getreidepreis eine gewisse Höhe erreicht hat. Dieser Richtpreis darf nicht von einem einzelnen Tage und Orte entnommen werden, weil es sonst möglich wäre, ihn durch Kunstgriffe zu leiten, er muß vielmehr der Durchschnitt mehrerer Wochen sein. Für den Fall, daß das Getreide einen solchen Richtpreis erreicht, wird entweder die Ausfuhr ganz verboten (*a*), oder ein mit dem Getreidepreise steigender Zoll angeordnet. Das letztere ist angemessener, weil der Handel dabei weniger gestört und den Landwirthen der Vortheil des auswärtigen Absatzes nicht entzogen wird, auch dürfte der Zoll nur so hoch gesetzt werden, daß nach den bisherigen Erfahrungen die inländischen Zehrer dem benachbarten Auslande gleichgestellt werden (*b*). Indeß hat auch dieser mildere Grad von Beschränkung Manches gegen sich; es entstehen Verluste bei den schon abgeschlossenen Handelsgeschäften und die Nachbarländer werden zu Erwiderungsmaaßregeln gereizt. Bei einem leichten Verkehre zwischen den verschiedenen Landestheilen ist daher die völlige Freigebung der Ausfuhr vorzuziehen.

(a) In Großbritannien wurde nach öfterem Schwanken zwischen Freigebung und Verbot der Ausfuhr schon im J. 1436 unter Heinrich VI. verordnet, daß der Weizen frei hinausgehen dürfe, wenn sein Preis nicht mehr als 6²/₃ Schill. für den Quarter (12 Schill. 10³/₄ P. in heutigem Gelde) betrüge. Nach den französischen Gesetzen vom 16. Juli 1819 und 4. Juli 1821 waren die 39 Gränzdepartements und Corsica in 4 Classen gebracht, in denen die Ausfuhr bei einem Preise von 26 — 24 — 22 — 20 Fr. für das Hektoliter Weizen untersagt war. Vgl. I, §. 178 Note (e).

(b) Franz. Ges. v. 15. April 1832, s. §. 131 (b) Nr. II. Der Ausfuhrzoll sinkt bei einem Preise des Weizens unter 25 Fr. auf ¹/₄ Fr. herab, bei 30 Fr. steigt er schon auf 12 Fr. Nach dem Gesetz vom Juni 1861 ist die Ausfuhr ganz frei. — Im Kirchenstaat ist nach dem Ges. vom 15. Mai 1858 bei einem Weizenpreis des Rubbio unter 12 Scudi der Ausfuhrzoll 1 Bajocco (0,⁰¹ Sc.), bei 12—13 Sc. 1 Scudo, bei 13—14 Sc. 2, von 14 Sc. an ist die Ausfuhr verboten. — In Belgien hörte der Getreideausfuhrzoll 1857 auf. — Die Gesetzgebung des deutschen Zollvereins läßt sehr zweckmäßig die Ausfuhr ganz frei; nur Baiern erhob bis 1842 einen steigenden Zoll, welcher anfing, wenn der Scheffel Weizen 16 fl., Roggen 11 fl., Gerste 9 fl., Haber 5 fl. galt. Bei diesen Preisen betrug er resp. 9 — 6 — 6 — 3 Kr., sein maximum war 6 fl. — 5 fl. 24 Kr. — 3 fl. 36 Kr. — 2 fl. 24 Kr. bei einem Preise des Scheffels der vier Fruchtgattungen von 35¹/₂ fl. — 30¹/₂ fl. — 20¹/₂ fl. — 14 fl. und darüber. — Das Zollvereinsgebiet hatte im Durchschnitt von 1832—57 jährlich eine Ausfuhr von 9.407000 pr. Scheffel und eine Einfuhr von 3.358000 Scheffel Getreide aller Art und in diesen 25 Jahren war nur ein einziges (1847), in welchem die Einfuhr über die Ausfuhr stieg.

§. 128.

Auch von anderen Bodenerzeugnissen wurden sonst in den meisten Ländern Ausfuhrzölle erhoben, die jedoch nicht sowohl die Befriedigung dringender Bedürfnisse sichern, als vielmehr nach den Vorstellungen des Handelssystems die Gewerke befördern sollten, I, §. 36. Hieher gehören die Zölle von Wolle, Seide, Häuten, Flachs, Erzen und dergl. (a). Diese Maaßregel wäre nur unschädlich, wo ein großer inländischer Markt schon von selbst die Ausfuhr entbehrlich machte, oder wenn die auswärtigen Käufer den Zoll im höheren Preise der Waaren vergüteten. Dieß geschieht nicht leicht, weil man gewöhnlich die Wahl hat, ein rohes Erzeugniß aus mehreren Ländern zu

beziehen. Daher werden durch einen ansehnlichen Ausfuhrzoll
meistens die inländischen Preise herabgedrückt, bisweilen um
den ganzen Betrag dieses Zolles, es wird die Grundrente nebst
dem Gewerbsverdienst der Erzeuger geschmälert, die Hervorbringung der mit dem Zolle belegten Waare vermindert und
der Eifer zu Verbesserungen geschwächt. Um die Gewerke zu
befördern, sollte man nicht der Erdarbeit schaden. Der inländische Gewerksunternehmer steht auch schon gegen den fremden
dadurch im Vortheil, daß er die Rohstoffe mit geringeren Frachtkosten einkaufen kann. Ausfuhrzölle, die so niedrig sind, daß
sie keine nachtheilige Wirkung auf die Erzeugung roher Stoffe
äußern können, sind im besten Falle als eine zwecklose Belastung dieser Gewerbsclasse anzusehen. In der neuesten Zeit
hat man in Anerkennung dieser Grundsätze die meisten Ausfuhrzölle theils ganz aufgehoben, theils wenigstens sehr verringert;
die noch beibehaltenen treffen größtentheils nur Nebenerzeugnisse,
wie Häute, Haare und dergl., von denen sie jedoch besser ebenfalls beseitigt werden sollten (*b*).

(*a*) Das Verbot, die Seidengespinnste (Cocons) und die rohe Seide auszuführen, erfolgte in Piemont bei jenen 1651, bei dieser 1697. Die
Folgen waren für die Seidenzucht in hohem Grade schädlich. Man
nimmt an, daß ohne das Verbot die Cocons um 1/5 höher verkauft
würden, die Rohseide um 1/3 höher. Jenes beträgt gegen 5 Mill.
Lire (Franken) jährlich, den Landwirthen entgehen, dieß weitere
4·600000 Lire, G. Giovanetti, Della libera estrazione della seta
gregia dal Piemonto. 2. edit. Vigevano, 1834. Der heutige Ausfuhrzoll
von Rohseide ist 1 Fr. von 200 Pfund. — Das preuß. Zollgesetz von
1818 belegte die Schaafwolle mit einem Ausfuhrzoll von 3 Thlr., der
spätere Zoll des Vereins war 2 Thlr., von 1854 an ist er auf 1/3 Thlr.
herabgesetzt und für Heideschaafwolle an den Gränzen von Hannover
und Oldenburg auf 2½ Sgr. Ueber den Nachtheil des ersteren Zoll-
satzes Möglin'sche Ann. XV, 190. — v. Lengerke, Annalen,
IV, 12. — In Frankreich war bis auf die letzten Jahre noch eine
Anzahl von Ausfuhrverboten zu finden, z. B. Brennholz, Lohrinde,
Eisenerz, Lumpen, Holzkohlen; der Zoll beträgt von 100 Kilogramm
300 Fr. für Rohseide, 200 Fr. gesponnte Seide, — 50 Fr. Biber-,
Haasen-, Dachshaare, — 37½—15 Fr. Mastbäume (das Stück),—
30 Fr. Flockseide, Cocons, — 20 Fr. Horn, — 16 Fr. frische Häute,—
10 Fr. große Mühlsteine, — 3 Fr. Fohlen und junge Stiere,—
2¼ Fr. Blut, Dünger, Oelkuchen, — 1 Fr. frische Krapwurzeln, —
¼ Fr. sehr viele Dinge, als Wolle, Oele, Hopfen, Kleie, Eisen ꝛc.
Nach Ges. v. 14. und 18. Juli 1860 ist die Ausfuhr von Lohrinde,
Scheitholz, Holzkohlen erlaubt; Nutzholz (ausgenommen Nußbaumholz),
Steinkohlen, Coaks gehen zollfrei hinaus. — Oesterreich (Tarif vom
8. Dec. 1853) hat mehrere, aber meistens sehr niedrige Ausfuhrzölle.
Die beträchtlicheren sind vom Bruttocentner (im 20 fl. Fuß) 30 fl.
Rohseide, — 15 fl. Cocons, — 10 fl. gesponnte S., — 4 fl. Lumpen, —

3 fl. Kobalt- und Nickelerze, — 2½ fl. Felle und Häute, Seidenabfälle. — 1 fl. 30 Kr. Haare, Borsten, — 45 Kr. Knochen, Maulbeerblätter, roher Weinstein. — In Belgien sind verboten Lumpen, rohes Kochsalz, Seifensiederasche. — 50 Fr. von 100 Kilogr. geben Knochen, — 34 Fr. Roßhaare, — 6 Fr. Menschen-, Rindshaare, Holzkohle, — 4,²⁴ Fr. Werg, — 3,¹⁸ Fr. Borsten, — 3 Fr. Horn, — 2 Fr. Oelkuchen, Flintenschäfte, — 1 Fr. Blut, Därme, — ½ Fr. Klauen, Ziegenhäute, Haasenhaare, — 5 Cent. viele Gegenstände. — In den Niederlanden 3 fl. von 200 Pfd. Krappwurzeln.

(*b*) Bei der Zollbelegung ausgeführter Abfälle und Ueberbleibsel, wie Knochen, Lumpen, alte Fischernetze ɾc. leidet zwar kein Productionszweig, aber es kann der Eifer im Sammeln geschwächt werden. — Ueber Knochen insbes. Preuß. Congreßbericht I, 283. Der Tarif des d. Zollvereins hat noch folgende Ausfuhrzölle: 3 Thlr. Lumpen, — 1²⁄₃ Thlr. Häute, Pferdehaare, — ½ Thlr. Hasenbälge, Hasenhaare, vielerlei Abfälle, — ⅓ Thlr. Holzasche, Holzkohle, Wolle, — ⅛ Thlr. Galläpfel, Korkholz, Eisenerz, Galmei, Rinds- und Ziegenhaare, verschiedene Stoffe zu chemischem Gebrauch, Baumwolle, — ¹⁄₁₂ Thlr. (8¾ kr.) Schwefel, Salpeter, Harze und verschiedene andere Stoffe, Rinde und Lohe.

§. 129.

Die **Einfuhr von Getreide** ist unentbehrlich, wo das Landeserzeugniß nicht für den Verbrauch genügt, aber auch da wo jener Umstand nicht eintritt, hat die Freigebung der Einfuhr die nützliche Folge, daß jede Landesgegend sich auf die wohlfeilste Weise versorgen kann und dem Getreidehandel die nöthige freie Bewegung gesichert wird. In vielen Fällen hat der inländische Landwirth, der schon wegen der geringeren Frachtkosten im Vortheil steht, von der Getreideeinfuhr nichts zu besorgen. Es giebt indeß auch Fälle, wo die inländischen Landwirthe bei dem unbeschränkten Mitwerben des fremden Getreides etwas an ihrem Einkommen einbüßen. Sie verlangen daher durch einen Einfuhrzoll oder durch das Verbot der Einfuhr geschützt zu werden. Es liegt in der Natur der Sache, daß dagegen die anderen Stände im wohlfeilen Einkauf der Nahrungsmittel nicht gehindert zu sein begehren. Dieser hat auch in der That eine sehr gemeinnützige Seite, denn er verschafft allen Einwohnern eine Ersparniß, verbessert vorzüglich die Lage der arbeitenden Classe (I, §. 192), und wenn in Folge dessen bei der Vermehrung des Angebots von Arbeit der Lohn etwas herabsinkt, so können die Kunstwaaren wohlfeiler verkauft werden, wodurch ihr Absatz im Auslande sich erweitert (I, §. 205) und eine größere Menge von Arbeitern Beschäftigung erhält.

§. 130.

Bei jedem gegebenen Getreidepreise einer Gegend kann das schlechteste oder entlegenste Land nicht zum Getreidebau verwendet werden, das in einem gewissen Grade dankbarere deckt nur gerade die Anbaukosten, auf noch günstiger beschaffenen und gelegenen bleibt eine Rente für den Eigenthümer übrig. Die Annahme, daß es einen Preis gebe, unter dem der Getreidebau nicht mehr lohnend sei, gilt also nur von Ackerland einer gewissen Art und Lage. Der durchschnittliche Preis, der in einem Lande eine Zeit lang bestanden hat, wird bisweilen durch die Getreideeinfuhr erniedrigt, sei es daß dieselbe bisher durch Regierungsmaaßregeln, die nun aufgehört haben, erschwert war, oder daß aus anderen Ursachen die Einfuhr aus einem anderen Lande anfängt, in dem der Preis niedriger ist, z. B. wegen starker Zunahme des Anbaus in demselben, wegen verbesserter Fortschaffungsmittel ꝛc. Die nächste Wirkung ist eine Verringerung des Gewerbsverdienstes der Landwirthe, aus der bald eine Abnahme der Pachtzinse, also der Grundrente sowie der Preise des Landes folgen muß. Die unergiebigsten noch mit Getreide bestellten Felder werden nicht mehr hiezu benutzt werden. Da diese jedoch nur einen kleineren Theil der ganzen Ackerfläche ausmachen (a), so ist keine beträchtliche Verminderung des Getreideerzeugnisses zu erwarten, wohl aber eine Schmälerung des Wohlstandes der Grundeigenthümer, des von ihnen angewendeten Capitales und ihres Credites. Für die selbstwirthschaftenden Eigenthümer, also für den Bauernstand, ist der Nachtheil größer als für Pachter, die, wenn einmal die Pachtzinse herabgegangen sind, noch eben so gut bestehen können als zuvor. Die Ursachen, warum das fremde Getreide um niedrigeren Preis geliefert wird, als der bisherige inländische, können hauptsächlich folgende sein:

1) Geringe Bevölkerung, Fruchtbarkeit des Bodens und günstiges Klima eines anderen ausführenden Landes, in welchem nur erst die ergiebigsten Grundstücke mit reichem Humusvorrath angebaut werden und die Bewirthschaftung noch sehr extensiv ist.

2) Mangelhafter landwirthschaftlicher Betrieb zufolge der Unwissenheit oder Trägheit der Landwirthe, des Capitalmangels oder der Fesseln, die in rechtlichen Verhältnissen liegen.

3) Mangel an guten Straßen, was die Folge hat, daß die Gränzgegenden sich vom Auslande wohlfeiler versorgen als aus dem Innern (*b*).

4) Höhere Staats= und Gemeindelasten, wodurch der Unterhalt der Arbeiter und andere zur Betreibung des Landbaues nöthige Gegenstände vertheuert werden.

(*a*) In Braunschweig beträgt das Land der untersten (13.) **Bodenclasse** von 5 Ggr. Reinertrag 1 Proc., der 12. von 10 Ggr. 4²/₃ Proc., der 11. von 17½ Ggr. 5,⁸⁷ Proc., dagegen nehmen die 6—9. Classe von 40—100 Ggr. 47 Proc. der ganzen benutzten Fläche ein. **Festschrift für die XX. Versammlung S. 74.**

(*b*) Barcellona versorgt sich wohlfeiler mit americanischem Getreide, als durch Einkäufe in Lerida. Der 1819 begonnene Canal von Urgel, an der Segre, ist bestimmt, diesem Uebelstande abzuhelfen. **Jaubert de Passa**, Voyage en Espagne, I, 91—113.

§. 131.

Dem auf die wohlfeilere Erzeugung und den niedrigeren Preis des Getreides im Auslande (§. 130) gestützten Verlangen nach einem Zollschutze gegen die Getreideeinfuhr sind nachstehende Gründe entgegen zu setzen:

1) Die Stärke der in dem Einkommen der Grundeigenthümer und in dem Betriebe der Landwirthschaft zu erwartenden Störung hängt von dem Unterschiede des Preises ab, der vor und nach der Einfuhr stattfindet. Diesen Unterschied stellt man sich, ehe er eintritt, oft größer vor, als er wirklich gestaltet, denn

a) der niedrigere Preis im Auslande geht bisweilen in die Höhe, wenn eine beträchtliche Ausfuhr beginnt, weil die Ueberschüsse über den dortigen Landesbedarf von beschränkter Größe sind und zur Befriedigung eines stark vermehrten Begehres nicht hinreichen; auch die Schiffsfracht steigt bei ansehnlichen Sendungen;

b) der am Einfuhrplatze stattfindende Preis wird wegen der Frachtkosten im Innern des Landes höher;

c) bei fortdauernder Wohlfeilheit wird auch der Lohn der inländischen Feldtaglöhner und der für die Landwirthschaft arbeitenden Handwerker geringer.

2) Ein großer Theil des Getreideerzeugnisses wird bei den Landwirthen selbst verzehrt. Nur der Erlös aus dem zum Verkaufe gelangenden Theile hat auf den Gewerbsverdienst und die Grundrente Einfluß (a).

3) Es giebt in der Landwirthschaft mancherlei Mittel, die lästigen Wirkungen des gesunkenen Getreidepreises ganz oder theilweise abzuwenden und es liegt in demselben, wie die Erfahrung beweist, ein mächtiger Antrieb, solche Mittel in Ausführung zu bringen. Dahin gehören vorzüglich

a) Verbesserungen, die dahin zielen, die Erzeugungskosten zu erniedrigen, indem sie den Ertrag des Landes steigern oder die Ausgaben verringern, z. B. Grundverbesserungen, vortheilhaftere Anwendung der schon vorhandenen und Einführung neuer wohlfeilerer Düngemittel, vollkommenere Bearbeitung des Landes, Gebrauch arbeitsparender Maschinen und dergl. (b).

b) Aenderung in der Benutzung des Bodens, namentlich stärkerer Anbau von Futtergewächsen zur Vergrößerung der aus dem Viehstande fließenden Einnahmen (Milchwirthschaft, Mästung), ferner von Handels= und Gartengewächsen.

4) Dieser Eifer der Landwirthe kann mit Hülfe guter Regierungsmaaßregeln einen noch größeren Erfolg erlangen, indem die in §. 130 Nr. 2—4 angegebenen Ursachen eines höheren Preises der inländischen Mehlfrüchte entfernt werden.

5) Es ist keine Verpflichtung der Staatsgewalt vorhanden, den Grundeigenthümern eine gewisse Rente fortdauernd durch eine gesetzliche Anordnung auf Kosten der Zehrer zu sichern und eine kostbarere Gewinnung von Getreide auf undankbarem Boden im Gange zu erhalten, besonders da die Wohlfeilheit des allgemeinsten Nährmittels sehr wohlthätig ist und die freigegebene Einfuhr auch wieder eine Ausfuhr anderer Landeserzeugnisse nach sich zu ziehen pflegt.

(a) Mac Culloch (Handb. II, 94) rechnet so: Das brit. Reich verzehrt gegen 52 Mill. Quarter Getreide und erzeugt in guten Jahren auch soviel. Jeder Schilling, um den der Preis künstlich erhöht wird, kostet 2.600 000 Pfd. St. Mehrausgabe, oder wenigstens die Hälfte, wenn nur das halbe Erzeugniß auf den Markt kommt. 7 Schilling Preiserhöhung kosten also die Zehrer 9.100 000 Pfd. St., wovon etwa ⅕ den Grundeignern als Vermehrung ihrer Rente zufließt (zu wenig!).

(*b*) Das Beispiel von Großbritanien seit 1849 (§. 131 a (*b*)) zeigt, daß gerade die Beseitigung des Zollschutzes einen starken Antrieb zu Fortschritten giebt. Das Drainiren z. B. hat seitdem überaus große Verbreitung gefunden, ebenso der Gebrauch neuer Düngemittel wie Guano und doppeltphosphorsaurer Kalk und neuer oder verbesserter landwirthschaftlicher Maschinen. Viele Belege bei Caird, English agriculture, London, 1852.

§. 131 a.

Die Freiheit der Getreideeinfuhr ist demnach im Allgemeinen der nützlichste Zustand und bildet das Ziel, nach welchem die Regierung hinstreben soll. Nur einstweilen ist unter gewissen Umständen eine Beschränkung zu rathen,

1) wenn der Preisunterschied so groß ist, daß eine starke Abnahme des inländischen Getreidebaus und des Wohlstandes der Landwirthe zu besorgen, und die Versorgung des Volkes mit Nährstoffen mehr als bisher von der Einfuhr bedingt, also weniger gesichert wäre. Dieß müßte sich besonders in theuren Jahren nachtheilig zeigen, weil dann der Einkauf vom Auslande einen vergrößerten Aufwand erfordern würde;

2) wenn die von dem Kunstfleiß der Landwirthe, der Grundeigenthümer und der Staatsgewalt zur Verminderung der Erzeugungskosten anzuwendenden Mittel nur langsam wirken können und deßhalb für die erste Zeit eine Fürsorge gegen die Preiserniedrigung nöthig ist. Es verdient aber selbst in diesem Falle erwogen zu werden, ob nicht der Schutz gegen die freie Einfuhr den Eifer lähmen und die gewünschten Verbesserungen verhindern werde.

Diese Voraussetzungen werden bei einer unbefangenen Prüfung der Umstände mit Rücksicht auf die in §. 131 aufgestellten Sätze selten vorgefunden werden. Hat man sich ausnahmsweise von ihrem Dasein überzeugt und für einige Zeit ein Schutzmittel für den inländischen Getreidebau als nöthig anerkannt, so entsteht die Wahl zwischen einem festen Zolle und einem solchen, der sich bei dem Steigen der Fruchtpreise vermindert. Die letztere Einrichtung ist in mehreren Ländern darum vorgezogen worden, weil sie in wohlfeilen Jahren den Landwirthen den gewünschten Schutz verspricht, dagegen in Mißjahren ganz von selbst die Zehrer vor übermäßig hohen Preisen sichert, während ein fester Zoll sich in solchen Zeiten nicht wohl aufrecht halten läßt. Für diesen spricht aber, daß der Getreidehandel in einen gleichförmigen Gang kommt, während die veränderliche Stufenleiter des Zolles die Getreidehändler, bei niedrigeren Preisen bewegt, ihre Ankäufe im Auslande so lange aufzuschieben, bis der Preis hoch gestiegen und der Zoll niedrig geworden ist. Daher darf man von dem festen Zolle gleichmäßigere und zugleich durchschnittlich niedrigere Preise erwarten. Sobald jedoch der schützende Zoll als entbehrlich erkannt ist, sollte die Aufhebung desselben nicht verzögert werden (a).

(a) Ueber die Korngesetze einiger Staaten. I. Großbritanien. 1) In diesem Lande ist die Zweckmäßigkeit der Einfuhrbeschränkungen am häufigsten verhandelt worden und es hat ein mehrmaliger Wechsel der Regierungsmaaßregeln stattgefunden. Die Grundeigenthümer haben fortwährend eifrig behauptet, daß das Getreide im Lande nicht so wohlfeil gewonnen werden könne, als in anderen Ländern von schwacher Bevölkerung und fruchtbarem Boden, und die Unentbehrlichkeit eines Einfuhrzolles bei mäßigen Preisen wurde lange von der Regierung und dem Parlamente anerkannt. Zur Zeit der Pariser Friedensschlüsse galt das Gesetz von 1804, nach welchem 3 Sätze des Einfuhrzolles, nämlich 24½, 2½ und ½ Schilling bestanden, je nachdem der Quarter Weizen unter 63, oder zu 63—66 oder zu 66 und mehr Schilling verkauft wurde. Die starke Einfuhr in der letzten Zeit erregte Beunruhigung und veranlaßte das Gesetz von 1815, nach welchem die Einfuhr erst bei einem vierteljährigem Mittelpreise von 80 Schilling für Weizen und verhältnißmäßig für andere Mehlfrüchte erlaubt war. Rechnet man auch wegen des damaligen Curses der Banknoten gegen Gold (I, §. 312) ¼ ab, so bleibt noch ein Preis von 60 Schill. — 6 fl. 54 kr. für den preuß. Scheffel oder 7 fl. 43 kr. für den Zollcentner, für Deutschland schon ein hoher. In dem Mißjahre 1816 war am 1. August der Preis noch nicht hoch genug, die Einfuhr konnte also erst am 15. November erlaubt werden und weil die Sendungen nicht vor dem Frühjahr eintrafen, so ging unterdessen der Preis bis auf 5 Pfd. 4 Schill. (104 Sch.) in die Höhe. — 2) Das Gesetz v. 1822 (3. J. Ge. IV. c. 60) gestattete die Einfuhr bei einem Weizenpreise von 70 Schill., der Zoll war bei einem Preise von 70 bis an 80 Schill. 12 Schill., im ersten Vierteljahr der Einfuhr 17 Schill., bei 80 bis an 85 Schill. 5 Schill. (anfangs 10), von 85 Schill. an nur 1 Schill. Die Einfuhr wurde demnach 1824 für Haber, 1825 für Erbsen und Gerste freigegeben. Im Winter 1825/26 erhielten die Minister Erlaubniß, von den zollfrei gelagerten ausländischen Weizen 560000 Quarter in die Consumtion gelangen zu lassen, welches jedoch nur mit 300000 Qu. wirklich geschah. Da aber im Herbst 1826 Besorgnisse gehegt wurden, so gestattete man die Einfuhr von Haber und Gerste gegen Zusicherung geringer Zölle. Es lagen bereits große Vorräthe in Erwartung der Einfuhrerlaubniß in den Häfen. — 3) Das Gesetz v. 1828 (9 Ge. IV, c. 60) von Lord Glenelg (Ch. Grant) entworfen, hob das Einfuhrverbot ganz auf und ordnete nur steigende Zölle an. Der Zoll betrug von dem neuen (Imperial-) Quarter Weizen 1 Pfd. 8 P. bei einem Preise von 66 bis an 67 Schill. Für jeden Schilling, um den der Preis weiter sank, nahm der Zoll um 1 Schill. zu, aber bei einem höheren Preise

verminderte er sich stärker. Er war z. B. bei 70 Schill. 10 Sch. 8 P.,
bei 72 Sch. 2 Sch. 8 P., bei 73 Sch. 1 Sch. Der Zoll bei einem
Preise von 66 Schill. ließ dem auswärtigen Verkäufer noch 45 Schill.
4 P. übrig. 1 Schilling vom Imp. Quarter ist so viel als 6,⁶ kr.
vom ꝛc. Scheffel = 7,³ kr. vom Zollcentner. Daß die englische Landwirthschaft ohne jenen beträchtlichen Zollschutz nicht bestehen könnte,
war eine unrichtige Annahme. Nach den Angaben des zur Erkundi-
gung nach dem Festlande gesendeten Will. Jacob (s. §. 121) kam
der polnische Weizen in London im Durchschnitt auf 48 Schill. (160 Thlr.
die Last), nach neueren Consulatsberichten (1841) war der Preis in
Danzig 40, die Fracht 4 Schill. In Odessa war der Preis des Qu.
mindestens 24 Schill., die Kosten bis London 16 Schill. (nach den
erwähnten Berichten resp. 26½ und 10 Schill.) und der dortige
Weizen ist 7—8 Schill. schlechter als der englische; in Newyork und
Philadelphia war der Mittelpreis 1821—1831 39 Schill., Fracht
10 Schill. Man nahm überhaupt an, daß fremder Weizen in größerer
Menge nicht unter 48 Schill. in London zu haben sei, weshalb der
Einfuhrzoll ohne Bedenken weit niedriger gestellt werden könnte. Jacob
glaubte, eine Abgabe von 10—12 Schill. werde den Landwirthen der
Ostseeländer so wenig Gewinn übrig lassen, daß daraus keine Er-
munterung zur Ausdehnung des Getreidebaues entstehen könne. Die
eingeführten Massen waren auch keineswegs so groß, als man wähnte.
Vom 15. Juli 1828 bis 5. Juni 1841 wurden 13·475 652 Quarter
Weizen zum inländischen Verbrauche verzollt, also jährlich gegen 1 Mill.
Quarter, dabei in den 4 Jahren 1833—1836 i. D. nur 51 918 Qu.,
während man die Verzehrung zu 1 Quarter auf den Kopf anschlug.
Jacob, Considerations, S. 18. Jacob fand die Vorräthe aller
Orten unerwartet gering. Nach seiner Schätzung lagerten von Bremen
bis St. Petersburg nur 741 000 Qu. Weizen, wovon ¼ für die Eng-
länder nicht gut genug war und die übrigen ¾ die Einwohner von
England nur 10 Tage ernähren konnten. Hieraus leitete aber Jacob
gerade die Unentbehrlichkeit eines Zolles ab, weil, wenn die britische
Landwirthschaft nicht die gehörige Ermunterung und Ausdehnung erhielte, in minder reichen Jahren das Fehlende nur schwer und kostbar
durch Einfuhr beigeschafft werden würde; Zweiter Bericht, S. 83.
(Seitdem hat die Ausfuhr aus den nordamericanischen Freistaaten überaus viel zugenommen.) — Man tadelte an diesem Gesetze, daß das
starke Springen im Zollsatze den regelmäßigen Gang des Getreidehandels hindere. Der Kaufmann gewinnt, wenn er seine Vorräthe in
den öffentlichen Niederlagen läßt, bis der Preis höher steigt, nicht blos
durch diesen selbst, sondern zugleich durch die Abnahme des Zolles.
So stieg z. B. Sept. 1838 der Preis bis auf 73 Schill., und es
wurden sodann 1½ Mill. Qu. um einen Zoll von 1 und 2⅔ Schill.
in den Verkehr gebracht. Die Folgen waren ferner a) eine geringe
Staatseinnahme aus dem Zolle, indem z. B. 1828—1840 3·907 901 Qu.
bei dem minimum von 1 Schill., 2·788 277 Qu. bei 2 Schill. 8 P.,
1·994 102 Qu. bei 6 Schill. 8 P. versteuert wurden, zusammen 76 Proc.
der Einfuhr; b) die Unmöglichkeit, so plötzlich, stoßweise erfolgende
Einkäufe mit Waaren durch Wechsel zu bezahlen, weshalb starke Baar-
sendungen nöthig wurden, die der englischen Bank einen Theil ihres
Vorrathes entzogen. — 4) In dem Gesetz v. 29. April 1842 (5. Vict.
c. 11), von Peel beantragt, ward die Stufenfolge der Zollsätze (sliding
scale) beibehalten, aber gemildert. Fremder Weizen zahlte vom Qu.
bei einem Preise unter 51 Schill. 1 Pfd. St., bei 51—52 Schill.
19 Schill. u. s. f. immer 1 Schill. weniger, bis bei dem Preise von
73 Schill. und darüber der Zoll auf 1 Schill. sinkt. Für jeden von
290 englischen Marktorten wurden wöchentliche Preislisten mit Rücksicht

auf die verkauften Quantitäten aufgestellt und daraus die sechswöchigen Durchschnitte für das ganze Land gebildet, die man alle Wochen bekannt machte und die den Zoll regelten. Alle diese Gesetze wirkten auf den Landbau der Nord- und Ostseeländer nachtheilig und nöthigten die Bewohner, vom Weizenbau nach und nach abzugehen. Indeß litt auch die britische Ausfuhr hierunter, wie denn namentlich nach den Berichten Danziger Kaufleute der Verbrauch britischer Waaren in Preußen und Polen um das Jahr 1824 nicht mehr halb so groß war, als vor der Stockung des Kornhandels. Für Deutschland hatte die sliding scale den Vortheil, daß, sobald die Einfuhr mit einem niedrigen Zolle gestattet wurde, der Nähe wegen grade von dort große Sendungen nach England gemacht wurden. Peel hatte 56 Schill. als einen für den britischen Landwirth genügenden Preis angenommen. Sein Gesetz befriedigte aber die zahlreichen Vertreter des Fabrikwesens und Handels nicht, die das Verlangen nach freier Getreideeinfuhr immer nachdrücklicher geltend machten. Hiezu trug vorzüglich ein 1838 entstandener Verein (anti-cornlaw-league) bei, in welchem Richard Cobden die kraftvollste Wirksamkeit zur Leitung der öffentlichen Meinung entwickelte. Dieß gelang mehr und mehr und endlich trat selbst Rob. Peel auf diese Seite. 5) Das von ihm vorgeschlagene Gesetz v. 26. Juni 1846 (9. 10. Vict. c. 22) bestimmt: a) einen Zwischenzustand mit niedrigen Stufensätzen, wobei der Zoll höchstens 10 Schill. betragen durfte, b) vom 1. Febr. 1849 an eine feste Abgabe von 1 Schill. für den Quarter Weizen, was so wenig ist, daß es wie eine völlige Zollfreiheit angesehen werden darf. Die Mißernte von 1846 machte es nöthig, die Einfuhr sogleich freizugeben und erst vom 1. März 1848 bis zum 1. Februar 1849 wurde noch ein höherer Zoll als 1 Schill. erhoben. Manche Stimmen waren für einen niedrigen festen Zoll, der bei einem gewissen höheren Preise hinwegfallen müßte. Die Folgen der freien Einfuhr waren aber im Ganzen günstig. Die Lage der Lohnarbeiter verbesserte sich. Müssen auch die Feldarbeiter sich einen geringeren Lohn gefallen lassen, so leben sie doch mit demselben besser als zuvor, die Zahl der Armen nahm ab, die Gewerke sind blühend. Zwar blieb die plötzliche Aufhebung des Zollschutzes nicht ganz ohne nachtheilige Wirkungen, denn manche Landwirthe, die keine Verbesserung des Betriebes zu Hülfe nehmen (§. 130 (b)) oder keine anderen Gegenstände des Anbaus wählen konnten, geriethen bei den niedrigeren Fruchtpreisen in Verluste und Verlegenheit, von der sie nur eine Ermäßigung der Pachtzinse befreien konnte, allein im Ganzen verwirklichten sich die Befürchtungen für die britische Landwirthschaft nicht, auch die Grundrente hob sich theilweise bald wieder. Die Einfuhr von Weizen und Weizenmehl (dieß auf Körner umgerechnet, der Qu. W. zu 392 Pfd. Mehl, also der Centner Mehl von 112 Pfd. zu 2/7 Qu.) war im D. 1840—48 jährl. 4,703 650 Qu., im D. 1849—57 8,880 449 Qu., der Mittelpreis in beiden Perioden 57 Schill. 3 P. und 54 Schill. 5 P., die Preiserniedrigung betrug also nur 5 Proc., und obgleich sich die Einfuhr fast verdoppelte, so nahm der Anbau des Landes, der Viehstand, der Getreide- und Fleischverbrauch stark zu. Der Steueranschlag der Grundrente war 1848 46,7 Mill., 1857 47,4 Mill. Pfd. St. Unter den vielen englischen Schriften ist der Aufsatz von Porter in Edinb. Rev. Nr. 191 S. 140 vorzüglich zu beachten. Ueber den Verein von Manchester s. M. Bastiat, Cobden & la ligue. Paris, 1845.

II. Frankreich. Im Jahre 1814 fing man an, die Gränzdepartements in mehrere Classen zu theilen und für jede einen Preis festzusetzen, bei welchem die Ausfuhr untersagt sein sollte. 1819 wurde zugleich eine Stufenleiter für die Einfuhrzölle aufgestellt. Im Gesetz vom 4. Juli 1821 wurde der auswärtige Verkehr noch mehr erschwert. Die Ausfuhr war verboten, wenn das Hektol. Weizen in den 4 Gränzbezirken über 25 — 23 — 21 — 19 Fr. stand, die Einfuhr, wenn der Preis unter 24 — 22 — 20 — 18 Fr. war. Der Beweggrund hiezu lag in der starken Einfuhr aus Odessa. Seit dem Ges. v. 25. April 1832 besteht kein Einfuhrverbot mehr. Es wurden vier Classen von Gränzdepartements festgesetzt, nämlich I, die Dep. am Mittelmeere II, die südwestlichen und die Gränze gegen Sardinien und die Schweiz, III, Elsaß, Normandie, Picardie und die Westküste an der Loire und Charente, IV, die Gränzen gegen Baiern, Preußen, Belgien, ferner die nordwestlichen Dep. an der Nordsee. In I war der Richtpreis für einen gewissen Zollsatz immer am höchsten, in jeder folgenden Classe ist er je um 2 Fr. niedriger, z. B. I 26 Fr., II 24 Fr., III 22 Fr., IV 20 Fr., weshalb hier nur der Preis von Classe I angegeben zu werden braucht.

Preis in Cl. I.	Einfuhrzoll		Ausfuhrzoll
	zu Land und in französ. Schiffen.	in fremden Schiffen	
über 28 Fr.	0,25 Fr.	0,25 Fr.	*)
27—28 :	0,25 :	1,50 :	6 Fr.
26—27 :	0,25 :	1,50 :	4 :
25—26 :	1,25 :	2,50 :	2 :
24—25 :	2,25 :	3,50 :	0,25 :
23—24 :	3,25 :	4,50 :	: :
22—23 :	4,25 :	6 :	: :
21—22 :	6,25 :	7,50 :	: :

Der höchste Zoll war 21 Fr. 25 C., der in der ersten Classe bei 12 Fr. Preis eintrat. Der Zollsatz für andere Getreidearten richtete sich gleichfalls nach dem Weizenpreise, wobei der Roggen 60, Gerste 50, Haber 35 Proc. des Zolles von Weizen zu geben hatten. Man bemerkte bei der Berathung des Gesetzes, es könne Weizen aus Odessa mit der Fracht nicht unter 14½ Fr. nach Frankreich kommen, die dort zu verschiffende Menge sei nicht über 1·800000 Hekt. und bei freier Einfuhr in Marseille steige sogleich der Preis in Odessa. Auch hat vor 1820 die Einfuhr keine nachtheiligen Folgen gehabt. Thiers (Discours, 1651, gegen St. Beuve) glaubte das Hektol. könne aus Odessa für 18 Fr. geliefert werden und unter 20 Fr. könne man es in Frankreich nicht bauen. Dieß beträgt 5 fl. 11 kr. für den pr. Scheffel — 6 fl. 10 kr. für den Zollcentner. Mich. Chevalier hatte schon früher die Furcht vor dem Mitwerben der Ostsee- und Mittelmeer-Länder, sowie von Nordamerica bestritten, Des forces alimentaires des états etc. P. 1847. Die französische Landwirthschaft ist noch großer Verbesserungen fähig, die zum Theil durch die Halbpacht verhindert werden. Klima und Boden sind günstig, es müßte ein größeres Erzeugniß erzielt und an den Kosten erspart werden können! Der Jahresbedarf (mit Einschluß der Fütterung, Verarbeitung und Saat) wurde 1845 amtlich auf 120 Mill. Hektol. Weizen, Mengkorn und Roggen ermittelt, das Erzeugniß nach der amtlichen Statistik auf 109½ Mill., wozu aber noch 65 Mill. Hektol. Gerste, Haber, Mais, Buchweizen und trockne Südfrüchte kommen, so daß also in gewöhnlichen Jahren nach ihm da ist. Moreau de Jonnès (Journ. des Econ. XXIV, 245) gibt

---

*) Der Ausfuhrzoll bei einem Preise über 28 Fr. ist 2 Fr. mehr für jeden Fr. Preiserhöhung. Zur Vergleichung dient, daß 1 Fr. vom Hektoliter soviel beträgt, als 4,4 Sgr. vom pr. Scheffel oder 18½ Kr. vom Zollcentner Weizen.

an, daß 1788 der mittlere Rohertrag eines Hektaren 8 Hektoliter gewesen sei, jetzt 13—14; die a. Statist. von 1841 giebt 12,⁴⁵, in Nordfrankreich 13, in der Südhälfte 10,⁵ H. Man nimmt an, daß eine gewöhnliche Ernte den Nahrungsbedarf für 1 Jahr und 15 Tage, eine gute Ernte für 27 Tage, eine ganz reiche 56—60 Tage über 1 Jahr giebt. Im Durchschnitt 1815—1835 soll der Getreideertrag 174·736000 Hektol., der Verbrauch 169·670000 Hektol. gewesen sein. Schnitzler, De la création de la rich. I, 36. — Zufolge des Handelsvertrages mit Großbritanien wurde durch das Ges. v. 30. Mai 1861 die veränderliche Scala abgeschafft und ein fester Zoll verordnet, welcher von 100 Kil. Weizen beträgt 1) bei der Einfuhr in französ. Schiffen von Ländern außer Europa und von den europäischen Erzeugungsländern ¾ Fr., anderswoher oder in fremden Schiffen 1½ Fr., 2) zu Land aus europäischen Erzeugungsländern ½ Fr., anderswoher 1½ Fr. Anderes Getreide ist frei in den Fällen, wo der Weizen ½ Fr. giebt, sonst zahlt es 1 Fr.

III. In den Niederlanden führten die 1822 und 1823 angestellten Berathungen zu einem Einfuhrzoll, welcher vom 1. Jan. 1825 an auf 24 fl. von der Last Weizen erhöht wurde. Nach der Trennung von Belgien gab Nordniederland die Einfuhr frei, während Belgien sie beschränkte. 1835 wurde auch im ersten Lande ein Zoll wiederhergestellt, ungeachtet der Protestation der 52 großen Amsterdamer Handelshäuser. Das Land kann die Einfuhr nicht entbehren, die gegen ¼ des Verbrauches deckt, und der große Zwischenhandel mit Getreide sichert die eigene Versorgung; aber man glaubte der Landwirthschaft den Vortheil höherer Preise verschaffen zu müssen. Der Zoll war vom Hektol. (Mudde) Weizen bei einem Preise über 9 fl. ¼ fl., bei 8—9 fl. ½ fl., bei 5 fl. und weniger 3 fl. Im Jahre 1847 kam ein neues Gesetz zu Stande, welches auf die Last von 30 Mudden (54,⁸⁷ pr. Sch.) Weizen einen festen Einfuhrzoll von 8 fl., auf Roggen und Mais 6 fl. ꝛc. setzt.

IV. Belgien, Gesetz v. 31. Juli 1834: Weizen frei bei dem Preise von 20 Fr. für das Hektol., aber bei 15—20 Fr. ein Zoll von 37½ Fr. für 1000 Kilogr. (20 Centn.), ein zu starker Sprung! Das Gesetz v. 22. Jan. 1850 führte einen gewöhnlichen festen Zoll ein, der von 100 Kilogr. Weizen, Spelzkern, Hülsenfrüchten 1 Fr., von Roggen, Mais, Buchweizen, Pferdebohnen, Wicken 70 Cent., von Gerste, Spelz, Haber 60 Cent. betrug ꝛc. Das Ges. vom Januar 1857 verordnet einen festen Zoll von ½ Fr. für 100 Kilogr. Das Land bedarf noch der Einfuhr. Von 1841—50 sind i. D. 44·929566 Kil. Weizen, 16·214346 Kil. Roggen, 34·890440 Kil. Gerste und Haber, 1·614794 Kil. Mehl mehr ein- als ausgeführt worden und nur beim Buchweizen war eine Mehrausfuhr von 2·233553 Kil. Eine Durchschnittsernte dieser Früchte ist gegen 20 Mill. Hektol. oder g. 1284 Mill. Kilogr., der Verbrauch also ungefähr 1380 Mill. oder 318 Kilogr. auf den Kopf, so daß die Einfuhr ¹/₁₄—¹/₁₅ des Bedarfes liefert.

V. Deutscher Zollverein. Fester Einfuhrzoll vom preußischen Scheffel aller Mehlfrüchte 5 Sgr. — 17½ kr., an der sächs.-böhm. Gränze der Dresdner Scheffel Weizen nur 2 Sgr., Roggen ꝛc. 1 Sgr.; in Baiern an der Gränze von Berchtesgaden der baier. Scheffel 24 kr. Der bei höheren Preisen abnehmende Einfuhrzoll, den Baiern nach dem Ges. v. 28. Dec. 1826 hatte und auch noch im Zollverein behielt, hat aufgehört, wie er denn auch bei dem Getreidereichthum Baierns als überflüssig erscheinen mußte (1 fl. für den bair. Scheffel entspricht 15 kr. für den preuß. Scheffel).

VI. Oesterreich, Tarif v. 1853: Der Centner Weizen und Kern 20 kr., Mais, Roggen u. Hülsenfr. 15 kr., Gerste u. Haber 10 kr. (20 fl. F.)

§. 132.

Außer dem Getreidebau hat man auch die Gewinnung anderer, insbesondere sehr werthvoller Bodenerzeugnisse durch Einfuhrzölle zu begünstigen gesucht (a). Ein solcher Zoll ist aber, wenn bei vollkommnerem Betriebe die Stoffe im Lande eben so wohlfeil, als im Auslande gewonnen werden können, nicht blos überflüssig, sondern schwächt zugleich den Eifer zu solchen Verbesserungen und zwingt die Zehrer, ihren Bedarf theuerer zu kaufen, als es nöthig ist. Ist für die Volkswirthschaft die inländische Erzeugung eines Stoffes nicht so wichtig, als die wohlfeilste Erwerbung desselben zum Behufe weiterer Verarbeitung und zur Befriedigung eines Bedürfnisses, und können die Güterquellen des Landes ebenso leicht auf andere Gewerbe verwendet werden, so ist es für kein Uebel anzusehen, daß bei der Freigebung der Einfuhr ein einzelner Zweig der Erbarbeit einige Verminderung erleidet. Es mag indeß rathsam sein, einen schon bestehenden Zoll nur allmälig wegzuräumen, indem man ihn stufenweise erniedrigt. Demzufolge bleiben nur wenige Fälle übrig, in denen die Einführung oder Beibehaltung des Zolles gebilligt werden kann, obschon die Möglichkeit solcher Fälle im Allgemeinen nicht ganz in Abrede zu stellen ist. Manche Einfuhrzölle von Rohstoffen, die das Land ebenfalls erzeugt, sind aus der Annahme hervorgegangen, daß die verzehrten fremden Waaren kostbarer seien und folglich ihr Verbrauch als Luxus eine Besteuerung zulasse, so daß sich eine Finanzrücksicht einmischt (b).

(a) In England zahlte sonst die fremde Schaafwolle 6 P. vom Pfd., 1824 ward der Zoll auf 1 P. (5 fl. 33 kr. vom Zollcentner) herabgesetzt, 1845 ist er ganz beseitigt worden. Der Zoll von lebenden Thieren, frischem und gesalzenem Fleisch, Häute, Seite ꝛc. hörte nach dem Ges. v. 26. Jun. 1846 (9. 10. Vict. c. 23) auf. Nach dem Zollges. v. 28. Aug. 1860 bestehen nur noch Zölle von den verschiedenen Sorten des Nutzholzes, wobei die frühere niedrigere Belegung des Holzes aus britischen Besitzungen (vorzüglich Canada zu Gefallen) aufgehört hat. Die Abgaben von Hopfen (seit 1862 15 Sch. der Centner) und Tabaksblättern (das Pfund 3 Sch. mit 5 Proc. Zuschlag) sind als Steuerzölle zu betrachten. Seitdem ist im Durchschn. 1847—51 die Einfuhr von Ochsen 28 176 Stück, von Schaafen 144 851 Stück gewesen. Von gesalzenem Rindfleisch gingen 1844 und 1845 im Durchschnitt nur 4333 Ctr. zum inneren Verbrauche ein, 1847—51 aber 132 137 Ctr., von Speck 1845 2535 Ctr., 1847—51 261 363 Ctr.

Frankreich. Erst 1820 wurde ein Einfuhrzoll von 33 Proc. des Preises auf Schaafwolle gelegt, den man 1834 auf 20 Proc. ermäßigte. Bei der Einfuhr in fremden Schiffen oder zu Lande, und wenn die Wolle nicht in den Gränzländern erzeugt ist, kamen noch 3 Fr. auf 100 Kil. hinzu. Jene Abgabe von 33 Proc. war den Schaafzüchtern noch nicht einmal genug. Die Preiserniedrigung der Wolle, auf welche sich das Begehren eines Einfuhrverbotes stützte (z. B. Petition des Grafen Polignac, Dep.-K. Mai 1826), wird zum Theile dem Mangel an Geschicklichkeit der Franzosen in der Wollveredelung beigemessen. Die Preise der Wolle in Frankreich stiegen und sanken ganz unabhängig von den Veränderungen des Zolles (Muret de Bort in Enquête commerciale de 1834, III, 594); auch hat die Zollerhöhung nicht die gewünschte Abnahme der Einfuhr bewirkt. — Gegen einen in Procenten des Preises bestehenden Zoll hat man mit Recht erinnert, daß es dem bei dem Getreide befolgten Grundsatze gerade entgegen sei, die Abgabe bei niedrigen Preisen zu erniedrigen. Der hohe Zoll hat der französ. Tuchfabrication sehr geschadet, ohne der Landwirthschaft zu nützen. Bericht des damaligen Handelsministers Duchatel, Monit. 1834. Nr. 192. — Dictionn. du commerce, II, 1225 (1841). — Nach Ges. v. 5. Mai 1860 ist die Einfuhr von Wolle aus den Erzeugungsländern in französischen Schiffen und zu Lande frei, von anderen Ländern oder in fremden Schiffen werden 3 Fr. von 100 Kil. erhoben. Der bisherige französ. Zolltarif erhielt noch eine Menge von Schutzzöllen, die bei geschickterer Betreibung der Landwirthschaft entbehrlich sein würden. Der hohe Viehzoll (50 Fr. von einem Ochsen, 25 Fr. einer Kuh oder einem Pferde ꝛc.) hat der Viehzucht der Schweiz und des südlichen Deutschlands geschadet. Durch die V. v. 14. Septbr. 1853 ist der Zoll provisorisch von einem Ochsen auf 3 Fr., von einer Kuh auf 1 Fr. ꝛc. herabgesetzt worden. Auf französ. Schiffen gab Hopfen (100 Kil.) 60 Fr., trockene Krappwurzel 10 Fr., gebrechter Hanf 8 Fr., Flachs 5 Fr., Mohn- und Rapssamen zu Land 7,50 Fr., Sesam 7—14 Fr., Salzbutter 5, frische 3 Fr., frische Häute 3,80 Fr. ꝛc. Zu allen Zollsätzen kommt noch ein Zuschlag von 10 Proc. Britischer gehechelter Flachs und Hanf giebt nach dem Vertrage v. 18. Juli 1860 nur 3 Cent.

Zollverein. Der Centner Wein 14 fl., Butter, Käse 6 fl. 25 kr., Hopfen 4 fl. 22½ kr., Flachs, Hanf 17½ kr., Tabaksblätter bisher 5½ rl. (9 fl. 37½ kr.), von 1854 an 4 rl. = 7 fl. — Der pr. Scheffel Kleesaamen 17½ kr., Oelsaamen 4¼ kr., 1 Ochse 8 fl. 45 kr., 1 Kuh 5 fl. 15 kr., 1 Pferd 2 fl. 20 kr., 1 fettes Schwein 1 fl. 45 kr., 1 mageres 1 fl. 10 kr., 1 Hammel 52½ kr., ein anderes Schaaf 17½ fl.

Oesterreich. Tarif von 1853. Ein Ochse 4 fl., 1 Pferd, 1 Kuh 2 fl., der Centner Käse 5 fl., Butter 2 fl. 30 kr., Wachs 4 fl., Hopfen 2 fl. 30 kr., Flachs, Hanf, Oelsaamen 3 kr. Wolle frei.

Belgien. 100 Kil. trockene Pflaumen 9½—13½ Fr., Oelsaamen 5 Fr., Pferdehaare 2½—6 Fr., Borsten 4,20 Fr., Honig 9,50—11,50, Speck 5, Butter 6,40, Hanf roh 2, gehechelt 6,40 Fr., Flachs roh 50 St., geh. 10,60 Fr., Tabaksblätter 12,80 und mehr, Hopfen 1,30, 1 Pferd 15 Fr.

(*b*) Dieß gilt von dem Einfuhrzoll von Wein. Ist jedoch die Abgabe von fremdem Wein höher als die Steuer von inländischem, so wirkt der Unterschied zugleich als Schutzzoll ermunternd auf den Rebbau. Es kommt hiebei in Erwägung, daß viele an Abhängen liegende Rebgärten keine andere einträgliche Benutzung zulassen und daß, wenn im Lande guter Wein erzeugt wird, einige Vertheuerung des fremden unschädlich ist. Der Rebbau in Preußen ist durch den starken Einfuhrzoll sehr emporgekommen. Der Verbrauch von Rhein- und Moselwein war in den östlichen Provinzen zwischen 1810 und 1824 von 116058 auf

761544 Quart gestiegen. Krug, Staatsw. Anz. I, 1. S. 106. Durch die Zollvereinigung mit anderen rebbauenden Staaten änderte sich dieses wieder. Es ist überhaupt eine der nachtheiligen Folgen eines starken Zollschutzes, daß seine spätere durch die Umstände gebotene Aufhebung für die geschützten Gewerbe doppelt verderblich wird. Der erwähnte Zoll, der vom französ. Liter 19,6 kr. ausmacht, ist sehr hoch und könnte beträchtlich herabgesetzt werden, ohne (wegen der größeren Fracht der französischen und österreichischen Weine) den Preis der geringeren Weine noch weiter zu erniedrigen, da sie schon von dem Erzeugniß der besseren deutschen Rebgärten leiden. — Hieher gehört ferner der noch immer hohe Tabakszoll, der von dem Preise geringerer deutscher Blätter wohl 60—70 Proc. beträgt (a). Diese Abgabe, ein Gegenstand lebhafter Beschwerden von Seite des amerikanischen Staatenbundes, hat auf den deutschen Tabaksbau günstig gewirkt. Vorzügliche Blätter, besonders die zu Cigarrendecken brauchbaren, sowie die daraus verfertigten Cigarren wurden in beträchtlicher Menge ausgeführt. Seit der Handelskrise von 1847 ist jedoch der Preis der inländischen Blätter so niedrig, daß der Anbau sich stark vermindert hat und eine Zollherabsetzung keine Besorgnisse mehr erregen wird.

2. Innerer Verkehr mit Bodenerzeugnissen.

§. 133.

Da jede Ernte wenigstens den Getreidebedarf für ein ganzes Jahr liefern soll, so muß von ihr in jedem Zeitpuncte so viel vorräthig gehalten werden, als in dem noch übrigen Theil des Jahres zur Verzehrung erforderlich ist, außer wenn man sich auf leichte Zufuhr von außen verlassen kann. Die Zehrer haben größtentheils weder Mittel zur Anschaffung, noch Raum zur Aufbewahrung des Jahresbedarfes. Auch viele Landwirthe, besonders die kleineren, sind genöthigt, ihr Ernteerzeugniß bald zu verkaufen. Es ist daher nützlich, wenn eine Classe von Gewerbsleuten, (Kornhändler, Bäcker, Müller) zwischen die Erzeuger und Zehrer in die Mitte tritt, Vorräthe anschafft und dieselben zur Zeit des Bedürfnisses dem Verbrauch überliefert. Ihre Geschäfte können auf folgende Zwecke gerichtet sein:

1) Ankauf bald nach der Ernte, um dann später, bis zur nächsten Ernte hin, mit Gewinn wieder zu verkaufen. Werden hieburch die Preise erhöht, so vergütet sich dieß in den letzten Abschnitten des Erntejahres, und nach einer geringen Ernte ist es gut, daß man sogleich durch einige Preiserhöhung zu einem sparsameren Verbrauche gemahnt wird, ohne welchen die Unzulänglichkeit früher zum Vorschein käme und die Theuerung noch weiter gehen würde (a);

2) Ausgleichung des Ueberflusses und Mangels verschiedener Gegenden und Länder;

3) Aufkauf in reichen Jahren, um Vorräthe anzulegen, die späterhin nach spärlichen Ernten eine Aushülfe gewähren. Auch dieß ist sowohl den Landwirthen wegen des baldigen vortheilhafteren Absatzes, als den Zehrern in Mißjahren sehr nützlich.

Demnach sind die Unternehmungen des Getreidehandels im Ganzen genommen gemeinnützig (b) und die hiebei gemachten Gewinnste als eine Belohnung für die bessere Versorgung des Volks anzusehen, obgleich es nützlich ist, wenn dieser Zweck mit dem geringsten Aufwande der Zehrer erreicht wird.

(a) Schon der Umstand macht viel aus, daß man bei niedrigen Preisen feineres Mehl verzehrt und deßhalb mehr nahrhafte Stoffe in der Kleie läßt, auch die Viehmästung mehr mit Körnern betreibt.

(b) „Mag der Kornspeculant immerhin keine andere Absichten haben, als die seines individuellen Gewinnes, mag er sogar von höchst eigensüchtigen und wucherischen Beweggründen geleitet werden, er ist dennoch nicht weniger ein Wohlthäter für den Staat, als der geduldigste Erforscher des Wirkens der Natur im menschlichen Körper ꝛc." Jakob, Zweiter Bericht, S. 79.

§. 134.

Zu der Besorgniß, daß die Getreidehändler durch eine künstliche Vertheuerung von der Noth ihrer Mitbürger unmäßigen Vortheil ziehen könnten (a), ist wenig Grund vorhanden. Denn bei einem von so vielen Menschen hervorgebrachten Gegenstande, wie das Getreide, darf man auf ein ausgedehntes Mitwerben rechnen, welches dem Gewinn jedes einzelnen Kaufmanns Schranken setzt. Da eine reiche Ernte unaufhaltsam die Preise erniedrigt, so sieht sich der Getreidehändler genöthigt zur Vermeidung eines großen Verlustes seine Vorräthe noch vorher zu rechter Zeit abzusetzen. Sein eigener Vortheil treibt ihn an, dafür zu sorgen, daß zu jeder Zeit gerade eine verhältnißmäßige Menge in den Verbrauch gelange. Allerdings mag hin und wieder ein Kornhändler seine Magazine auch dann noch verschlossen halten, wenn die Theuerung bereits einen empfindlichen Grad erreicht hat. Allein dieß hat dann eine gute Wirkung, wenn die Ernte oder die Zufuhr noch entfernt, also eine sehr sparsame Verzehrung nothwendig ist, und wenn er mit dem Verkaufe allzulange zögert, so bestraft sich seine Habsucht durch die nachfolgende Wohlfeilheit von selbst. Deßhalb ist ein solches Verfahren nicht leicht so häufig, daß daraus nachtheilige Folgen im Allgemeinen entständen. Wenn auch an einzelnen Orten durch Aufkauf eine gemeinschädliche Preiserhöhung verursacht wird, so beträgt doch diese nicht viel, weil die Preise dem im Großen stattfindenden Verhältniß von Begehr und Angebot folgen und einzelne Handelsunternehmungen hierin wenig abzuändern vermögen. Nur dann, wenn die Regierung den Getreidehandel Einzelnen ausschließend gestatten, oder doch die Befugniß zu seiner Betreibung erheblichen Beschränkungen unterwerfen wollte (*b*), könnte den gefürchteten wucherlichen Kunstgriffen ein Spielraum offen stehen.

(*a*) Dieß sind die Merkmale im Begriff des Wuchers. Es ist ein häufiges Vorurtheil, jeden Getreidehändler darum für einen Wucherer zu halten, weil seine Ankäufe die Preise einigermaßen erhöhen, und man ist zu sehr geneigt, Theuerungen als Wirkungen wucherlicher Maaßregeln anzusehen, während sie genau betrachtet, von einer Abnahme des Angebotes oder einem, z. B. durch die Ausfuhr verstärkten Begehre herrühren.

(*b*) Früherhin waren solche Monopole nicht selten. In Spanien war der Getreidehandel nur den Fuhrleuten erlaubt, Jovellanos, S. 105.

§. 135.

Die Unkenntniß der Gesetze des Verkehres verleitete in früheren Zeiten zu Beschränkungen desselben, deren Unzweckmäßigkeit heutiges Tages keinem Zweifel mehr unterliegt. Dahin ist die Verfügung zu rechnen, daß Getreide nicht von einem Landestheil in den anderen gebracht werden durfte, oder daß wenigstens eine Zollabgabe von einer solchen Sendung erhoben wurde. Es ist vielmehr neuerlich ein anerkannter Grundsatz, daß dem Getreideverkehre durch das ganze Land freie Bewegung gestattet werden müsse (*a*).

Die Wochenmärkte für Getreide in einzelnen Städten sind von unbestrittenem Nutzen. Sie gewähren sowohl den Landwirthen als den Käufern große Bequemlichkeit, zeigen anschaulich das obwaltende Verhältniß des Angebotes zum Begehre und versperren hiedurch allen betrüglichen Vorspiegelungen so wie den zufälligen Täuschungen den Weg. Die Preise erhalten vermittelst der Märkte eine größere Gleichförmigkeit. Maaßregeln, welche den Besuch des Marktes bequem zu machen dienen, sind zweckmäßig, aber das Verbot, außer dem Markte Getreide zu verkaufen (**Marktzwang**), ist nicht zu billigen (*b*). Ein Markt zieht von selbst Verkäufer herbei, man kann es ihnen also anheimstellen, ob sie in einzelnen Fällen lieber zu Hause verkaufen wollen, zumal da man ohne eine höchst lästige Beaufsichtigung des Verkehrs keine Gelegenheit hat, den Abschluß von Hausverkäufen zu erkennen (*c*). Ansehnliche Städte veranlassen schon des eigenen Verbrauchs wegen einen beträchtlichen Marktverkehr. Sonst sind Orte an schiffbaren Gewässern oder an lebhaften Landstraßen, von denen fruchtbare Ebenen mit stark bevölkerten Berggegenden verbunden werden, vorzüglich zu Märkten geeignet. Die Erfahrung lehrt, daß unter vielen Marktplätzen eines Landes eine kleine Anzahl zufolge ihrer für den Getreideverkehr günstigen Lage große Ausdehnung erlangt und solche Märkte verdienen besonders sorgfältige Beförderung. Die nöthigen Einrichtungen sind zunächst von den Gemeindebehörden zu treffen, doch muß auch die Staatsbehörde durch Verordnungen und einzelne Verfügungen mitwirken. Die wichtigsten Erfordernisse sind:

1) ein geräumiger Platz, oder besser ein passendes Gebäude, in dem auch die nicht verkauften Vorräthe gelagert werden können und für dessen Benutzung eine mäßige Abgabe zu entrichten ist (*d*);

2) Anstellung des nöthigen Personals zur Beaufsichtigung, zum Messen, Wägen, Aufladen, Umstechen &c. (*e*). Dasselbe wird in Pflicht genommen und erhält eine Dienstanweisung (Instruction);

3) Festsetzung mäßiger Gebühren für alle hiebei vorkommenden Verrichtungen;

4) Verhütung alles dessen, was die Marktbesucher ohne Noth beschweren kann, z. B. Uebervortheilung beim Messen;

5) Schlichtung aller Streitigkeiten und Untersuchung aller Beschwerden durch ein Marktgericht;

6) Anordnung, daß alle Verkäufe nach Menge und Preis genau angegeben und verzeichnet werden, damit hieraus die richtigen Marktpreise ermittelt werden können, I, §. 182 (*a*).

(*a*) In Frankreich wurde dieser Grundsatz sogleich im Anfang der Revolution 1789 in Ausführung gebracht und nach manchen Abweichungen durch das Ges. v. 20. Prair. V. (1797) wieder hergestellt.

(b) In Frankreich wurde 1390 ein solches Verbot erlassen, überhaupt bestand dort mit Ausnahme eines kurzen Zeitraums unter Turgot (von 1776 an) eine Menge von Zwangsvorschriften. Der Aufkauf (accaparement) wurde 1793 sogar mit Todesstrafe und Vermögensconfiscation bedroht! Dictionnaire de l'éc. pol. Art. Céréales. Noch im Jahre 1794 (Ges. vom 7. Vendem. V.) wurde verordnet, daß alle Verkäufe auf dem Markt geschehen sollen, auch konnte der Maire den Landwirthen befehlen, ein gewisses, nach der Zahl der Pflüge zu bestimmendes Quantum auf den nächsten Markt zu führen, Fournel, II, 396. Während der Theuerung von 1812 wurde der Marktzwang in der V. v. 4. Mai abermals hergestellt, jedoch im nämlichen Jahr wieder aufgehoben. — In Paris dürfen keine Käufe im Großen außer der Kornhalle (halle aux blés) geschlossen werden; man darf den Schiffen oder Fuhrwerken nicht entgegen gehen, um zu kaufen, es ist verboten unter Weges, in den Wirthshäusern oder Straßen zu verkaufen ꝛc., V. v. 25. Nov. 1829, Elouin, II, 205. Aehnliche Vorschriften bestehen fast auf allen Kornmärkten.

(c) Beispiel: St. Gallen'sche V. über die Kornhausverwaltung in Rorschach, 2. März 1833. Kornmarktspolizei=V. für Rorschach, 24. Juli 1833, 12. Jan. 1835. Dieser Getreidemarkt, auf dem die für die nordwestliche Schweiz bestimmten Sendungen von Constanz, Ueberlingen, Friedrichshafen und Lindau, also aus Baden, Würtemberg und Baiern zusammentreffen, ist sehr beträchtlich.

(d) Z. B. die schöne Kornhalle mit hoher Kuppel in Paris; die Halle in Mainz, das Kornhaus zu Rorschach.

(e) In Rorschach 1 Kornhausverwalter, 1 Gredmeister (für die Absendung der verkauften Vorräthe), 23 Messer, 23 Sackaufheber, 16 Träger, 10 Lader, 23 Kornschütter, 1 Kornsteller, zusammen 98 Personen. — Pariser Kornhalle: 1 inspecteur en chef, 1 chef de contrôle, um alle Verzeichnisse der angekommenen und verkauften Vorräthe sammt den Preisen in Ordnung zu halten ꝛc., 1 Hausmeister (concierge). Der Verkauf geschieht theils von den Eigenthümern selbst, theils von ihren Commissionären (facteurs und factrices), deren 23 für Mehl, 16 für Getreide und andere Saamen angestellt sind. Elouin, Trebuchet et Labat, Dictionn. de Police, II, 203. — Das Verkaufen nach der Waage ist dem Messen vorzuziehen, weil das Gewicht mehr als das Raummaaß der in dem Getreide enthaltenen Menge nahrhafter Stoffe entspricht (nicht genau, wie die Versuche von Reiset beweisen, Dingler, Pol. J. CXXIX.). Es müssen hiezu von den Gemeinden gute Waagen angeschafft und verpflichtete Wäger angestellt werden; z. B. V. der Reg. in der baier. Pfalz v. 7. Mai 1847. In Baden ist 1861 das Wägen auf allen Märkten vorgeschrieben worden.

§. 136.

Ehemals hielt man es für eine unabweisliche Verpflichtung der Regierung, beträchtliche Kornmagazine zu unterhalten, zu denen man die aus Domänen und großen Grundgefällen herfließenden Getreideeinnahmen benützte. Indeß hat man in der neuesten Zeit diese Maaßregel aufgegeben, gegen die sich auch triftige Gründe geltend machen lassen (a).

1) Die Magazine des Staats sind mit beträchtlichen Kosten verknüpft, welche in den Zinsen der Ankaufssumme, — in den Ausgaben für die Aufsicht, Reinigung des Gebäudes und das Umstechen der Vorräthe, — in dem Aufwand für die Erhaltung der Gebäude, — endlich in dem Abgang durch Beschädigung von Mäusen, Kornwürmern, Nässe u. dgl. bestehen (*b*), woran sich auch die schwer zu vermeidenden Veruntreuungen schließen.

2) Um ein ganzes Volk einige Zeit zu ernähren, würden sehr große Vorräthe erforderlich sein, und die früheren Magazine, die bei weitem nicht diesen Umfang hatten, konnten also keine vollständige Wirkung haben (*c*). Es ließe sich aber nicht verantworten, wenn man nur für einzelne Orte oder Gegenden sorgen wollte.

3) Das Vorhandensein von Staatsmagazinen macht leicht die Zehrer sorglos und hält von Unternehmungen im Getreidehandel ab, der dagegen die Bedürfnisse des Volkes am besten zu befriedigen im Stande ist (*d*).

(*a*) Lotz, II, 347. — Für die Magazine u. a. Weber, Staatswirthsch. Versuch über die Theuerung, S. 165.

(*b*) Der Schwand, d. h. die Verringerung des Raummaaßes (Volumens) durch Eintrocknen (III, 156), ist kein wahrer Verlust, da nur Wasser verdunstet, und das getrocknete Getreide hat deßhalb einen höheren Werth und verdient deßhalb bezahlt zu werden, so wie das mit Ofenhitze ausgetrocknete russische Getreide in den norddeutschen und niederländischen Handelsplätzen aus gleicher Ursache höher bezahlt wird, als anderes. — Bei den zur Versorgung von Paris bestimmten Magazinen wurden den Unternehmern und Lieferern zur Vergütung der Kosten jährlich ungefähr 6½ Procent des Ankaufspreises bewilligt und die Gebäude von der Stadt unentgeltlich eingeräumt, so daß zusammen ein Aufwand von 10 Proc. anzunehmen ist, ohne die Zinsen. Say, Handb. IV, 334.

(*c*) Bei der Berechnung des Kornbedarfes eines Volkes muß man sich erst darüber verständigen, ob nur die Verwendung zur Speise, oder auch die Fütterung der Hausthiere, der Verbrauch zu Bier und Branntwein rc. eingerechnet sei. Ferner finden in allen diesen Hinsichten, besonders wegen der ungleichen Ernährungsart verschiedener Völker und Volksclassen und des nicht gleichmäßig verbreiteten Kartoffelbaues von Land zu Land, große Verschiedenheiten Statt. Rechnet man mit v. Malchus (Statistik, S. 97) in Weinländern 4½, in Bierländern 5½ preuß. Scheffel Getreide aller Art auf den Kopf der Einw. und für ¾ der Pferdezahl 40 Scheffel auf das Stück, ferner auf 1 Mill. Menschen 100 000 Pferde, so beträgt beides resp. 7½ und 8½ oder durchschnittlich 8 preuß. Scheffel für den Kopf der Einwohner, so daß für Deutschland (zu 44 Mill. Einw.) ein Kornbedarf von 352 Mill. Sch. heraus kommt. — Der Verbrauch in den mahlsteuerpflichtigen Städten des preuß. Staates war nach den Steuerrechnungen auf den Kopf
1831 65,³⁶ Pfd. Weizen und 240,⁶ Pfd. Roggen
1852⅝ 97,⁸⁷ ,,   ,,   245,¹⁵ ,,   ,,

Dieterici nimmt für den ganzen Staat gegen 85 Pfd. Weizen und 240 Pfd. Roggen, Handb. der Statistik des preuß. Staates. S. 258. Nach vielen Erfahrungen kann man im südwestlichen Deutschland den Nahrungsbedarf eines Menschen auf 2 bad. Malter = 5½ pr. Scheffel Halmfrüchte (Weizen oder Kern und Roggen) setzen, wozu noch der Bedarf für andere Zwecke kommt. Für Sachsen werden 3 dresd. Scheff. (= 2 bad. M.) nach Reuning, oder 3,⁵ dresdn. Scheff. nach Engel angenommen (Jahrb. f. Statistik, I, 506, 1853). Schulze (a. a. O.) schlägt den ganzen Bedarf zu 10 preuß. Scheffel auf den Kopf an. — Den Verbrauch von Frankreich hat man früher auf 60 Mill. sétiers = 93,⁰ Mill. Hektol. — 170 Mill. Sch. geschätzt (Fournel, Lois rurales, II, 445), welches nur 5½ Sch. für den Kopf ausmacht. Die Pferdezahl ist dort für die Mill. Menschen 68 000 und nach Abzug ihres Bedarfes bleiben nur 3¼ Sch. auf den Kopf für die Nahrung übrig. Nach den Recherches statistiques sur la ville de Paris kamen im Durchschn. von 1800—1820 auf den Kopf jährlich 335 Pfd. Brod, welches gerade auch 3½ Sch. Weizen entspricht. Dureau de Lamalle (in der Acad. des sciences, 9. April 1832) setzt den Verbrauch auf dem Lande zu 1⅓ Pfd., in Städten zu 1¼ Pfd., oder jährlich zu 6 u. 5 preuß. Scheffel, in Paris jährlich auf 343 Pfd. Neuster Ueberschlag (§. 131 (b) Nr. 11): 120 Mill. Hekt. oder 6 Sch. auf den Kopf. Hiezu kommen noch gegen 3 Mill. Hekt. für Bier und 23,⁴ für die Aussaat. Für Paris rechnet Husson (Les consommations de Paris, 1856. S. 106) täglich 493 Grammen oder jährlich 359 Pfd. Brod, was gegen 346 Pfd. oder 4 preuß. Scheffel Weizen giebt. Hiezu kommen gegen 14 Pfd. Kuchen, Nudeln u. dgl. — In Großbritannien wird der Nahrungsbedarf der Menschen, je nachdem sie von der einen oder anderen Getreideart leben, auf 1 Qu. (5¼ Scheff.) Weizen, oder 1⅜ Qu. Gerste, oder 1⅛ Qu. Roggen oder 2⅞ Qu. Haber berechnet, vgl. §. 131. — In Sardinien werden 4 Hektol. — 7,² pr. Sch. angenommen, außer an der Küste, wo man viel Fische verzehrt, und da wo man bei jedem Imbiß Wein trinkt. M. Gregor, Commerc. statist. I, 1093. — Die für Schweden angenommene Verzehrung von 2½ Tonnen auf den Kopf (Forsell, S. 107) giebt 7½ preuß. Scheffel. — In Baiern wurde die Verzehrung von Getreide aller Art auf 8½ Mill. Scheffel oder 2 Scheffel = 8 preuß. Scheffel für den Kopf gesetzt, ohne Haber 1,⁵⁴ baier. — 6,¹ preuß. Scheffel.

(d) Vgl. den Commissionsbericht der franz. Dep.-Kammer auf den Vorschlag, Magazine in jedem Dep. anzulegen, 16. Juli 1829.

§. 137.

Die obrigkeitliche Sorge für Kornvorräthe wird desto eher entbehrlich, je leichter und schneller nöthigenfalls Früchte vom Auslande herbeigebracht werden können und je mehr auf die bei Kornhändlern (§. 133) und begüterten Landwirthen liegende Getreidemenge zu rechnen ist (a). Der Getreidehandel war bisher weniger beliebt, als viele andere Handelszweige und dieß läßt sich aus seinen Eigenthümlichkeiten leicht erklären. Außer der Ungunst der öffentlichen Meinung zufolge alter Vorurtheile

(§. 134) ſtanden ihm die verhältnißmäßig hohen Frachtkoſten, die koſtbare Aufbewahrung der erforderlichen großen Maſſen und die Möglichkeit des Verderbens, ferner die große Verſchiedenheit der Ernten von Jahr zu Jahr und die Schwierigkeit, das Ergebniß derſelben in mehreren Ländern zeitig genug vor dem Winter zu erfahren, die öfters verſpätete Ankunft beſtellter Vorräthe u. dgl. im Wege (*b*), auch traten in ihm bisweilen anſehnliche Verluſte ein. Nur an ſolchen Plätzen, welche Waſſerſtraßen haben, pflegte er fortdauernd im Großen betrieben zu werden. Hierin hat ſich jedoch in der neueſten Zeit durch die Beſchleunigung und die geringeren Koſten der Sendungen ſowie durch die ſchnelle Mittheilung von Nachrichten viel geändert (*c*), der Getreidehandel leiſtet daher heutiges Tages zur Verſorgung der Völker mehr als ehemals. Gleichwohl läßt ſich nicht behaupten, daß die kaufmänniſchen Veranſtaltungen in dieſem Gebiete andere Magazine ganz überflüſſig machen. In früheren Zeiten wurden neben den Vorräthen der Domänenämter (§. 136) auch von Gutsherren und Verwaltungen geiſtlicher Beſitzungen große Maſſen von Zins- und Zehntgetreide aufgeſpeichert, die in Mißjahren einen Theil des Ausfalls deckten und eine ſtarke Vertheuerung verhinderten. Da dieß aufgehört hat, ſo kann es unter beſonderen örtlichen Verhältniſſen, z. B. in Gegenden, die regelmäßig einer Zufuhr aus der Ferne bedürfen und bei zufälligen Unterbrechungen derſelben durch ſtarke Korntheuerung leiden, wohlthätig ſein, wenn von anderen Unternehmern außerhalb des Getreidehandels Magazine angelegt und in einem mehr gemeinnützigen Sinne verwaltet werden. Sie können dazu dienen, in ungünſtigen Jahren ein zu ſchwaches Angebot auf den Märkten zu verſtärken und hiedurch der Theuerung eine Schranke zu ſetzen, ohne daß dadurch eine, den Getreidehandel entmuthigende Preiserniedrigung bewirkt werden könnte. Zu jenem Zweck vermag ſchon eine ſehr mäßige Menge von feilgebotenem Getreide zu genügen. Es kommt in ſolchen Zeiten viel auf die herrſchende Meinung an, und wenn es gelingt, die Beſorgniß einer weiteren Preiserhöhung zu entfernen, den aus Angſt entſtehenden Begehr zu vermindern und die Getreidebeſitzer von unverſtändigem Zurückhalten ihrer Vorräthe abzumahnen, ſo iſt dieß ſchon ſehr vortheilhaft.

(*a*) Wenn ⅙ des Getreidebedarfs von Deutschland, also etwa 58 Mill. pr. Scheff. (§. 136), aufgespeichert werden sollten, so wären diese in wohlfeilen Jahren für 116—173 Mill. fl. zu kaufen, wovon die Zinsen zu 4 Proc. schon 6,³—9,⁴ Kr. auf den Kopf betragen, ohne die anderen Kosten.

(*b*) Ausführliche Schilderung dieser Umstände bei Roscher, Ueber Kornhandel und Theuerungspolitik, 3. A. S. 12.

(*c*) Großbritanien führte z. B. 1859 11¼ Mill. Quarters Mahlfrüchte ein, wozu Rußland, Frankreich, Nordamerica, Preußen, Moldau u. Wallachei, Schweden und Dänemark die stärksten Beiträge lieferten.

§. 138.

Da wo es nach den vorstehenden Bemerkungen rathsam ist, sich nicht ganz auf die Vorräthe der Getreidehändler zu verlassen, können Magazine, die einen kleinen Theil des Jahresbedarfes enthalten (*a*), auf mehrfache Weise zu Stande gebracht werden.

1) Einzelne Gemeinden sind im Stande, den Einkauf, die Aufbewahrung, Verwaltung und Beaufsichtigung einfacher und wohlfeiler zu bewerkstelligen, als die Regierung (*b*). Unter günstigen Umständen kann der Unterschied des Verkaufs- und Einkaufspreises die sämmtlichen Kosten vergüten (*c*), besonders wenn man, mit Rücksicht auf die vorhandenen und zu diesem Zwecke dienlichen Gebäude, die zweckmäßigste und wohlfeilste Art der Aufbewahrung anwendet (*d*).

2) Der Vorschlag, den Landwirthen von Seite der Staatsgewalt zu befehlen, daß sie je nach der Morgenzahl ihrer Ländereien eine gewisse Menge Getreide bis zur nächsten Ernte alljährlich aufbewahren und auf obrigkeitliches Begehren für einen gewissen Preis abliefern, wäre mühsam auszuführen und für die Landwirthe sehr belästigend; man könnte aber ohne Zwang mit den Landwirthen übereinkommen, daß ihnen für die Aufbewahrung eine Vergütung gegeben würde (*e*).

3) Landwirthe und Getreidezehrer könnten sich verbinden, auf gemeinschaftliche Rechnung Vorräthe zu halten, so daß jene sogleich einen Theil des Ankaufspreises, z. B. die Hälfte, bezahlt erhalten (*f*).

4) Es ließen sich auch Magazine bilden, deren Inhalt von den einzelnen Zehrern eingeliefert oder mit dem von denselben eingezahlten Gelde angeschafft und ihnen später, gegen Ersatz

der Aufbewahrungskosten, zurückgegeben würde (*g*), — oder auch von Actiengesellschaften (*h*).

(*a*) Wo man sehr große Vorräthe zu Stande bringen wollte, scheiterte das Unternehmen gewöhnlich an der Kostbarkeit und Schwierigkeit.

(*b*) In Würtemberg bestanden Magazine dieser Art, die in jeder Gemeinde gehalten werden mußten, schon seit dem 16. Jahrhundert, v. Berg, Polizeirecht, III, 172. — In Frankreich befahl 1577 Heinrich III. den Stadtgemeinden, wenigstens den vierteljährigen Ortsbedarf vorräthig zu halten, und es wurde ihnen erlaubt, hiezu Geld aufzunehmen. Es ist nicht bekannt, wie weit dies in Ausführung kam. Unter Ludwig XV. legte die Regierung Magazine und Mühlen zur Versorgung von Paris an; diese Anstalt hörte 1759 auf, sowie auch die von dem Nationalconvent 1793 verordneten Bezirksmagazine nicht lange bestanden. Nach der Theuerung von 1801 wurde auf Staatskosten ein Vorrath aufbewahrt, der in dem Mißjahre 1811 aufgezehrt wurde. 1813 legte man aufs Neue in einem hiezu bestimmten Gebäude (groniers d'abondance) ein Magazin an, welches auf 250000 metrische (Doppel=) Centner gebracht werden sollte. Im October 1828 wurde der Betrag der Vorräthe zur allgemeinen Beruhigung bekannt gemacht. Sie enthielten 146 477 metr. Centner Getreide und 25 000 Säcke Mehl, zusammen soviel als 202 000 Ctr. Getreide; dieser Vorrath war im folgenden Sommer aufgezehrt und wurde nicht mehr erneuert. Block, Diction. S. 1490. — Die Pariser Bäcker sind verpflichtet, eine gewisse Menge Mehl theils zu Hause, theils in einem öffentlichen Vorrathsgebäude liegend zu erhalten, so daß ¼ ihres jährlichen Verbrauches dadurch gedeckt wird, die 1. Classe 540 Säcke zu 157 Kil., V. v. 1. Nov. 1854, nachdem ähnliche Vorschriften schon im Jahre X. (1802) gegeben worden waren. — Nach Lenoir (De la probabilité d'une disette prochaine, 1828) soll man 1 Mill. Hekt. in Silos aufbewahren. Das Hekt., in guten Jahren zu 16 Fr. gekauft, käme nach 10 Jahren nur auf 26½ Fr. zu stehen (ohne Baukosten), während man 1816 u. 1817 über das Doppelte bezahlen mußte.

(*c*) Skizze der Geschichte eines in München bestandenen Getreidemagazins. München, 1816. — Briegleb, Das Nürnberger städtische Getreidemagazin, 1852. (Dasselbe hat seiner Bestimmung bisher nicht entsprochen.)

(*d*) Hauptmethoden: 1) Das Austrocknen durch Ofenhitze, wozu Intieri und du Hamel besondere Vorrichtungen angegeben haben, ist neuerlich wieder von Sedlmayer empfohlen worden (bis 30—36° R. Wärme und selbst noch etwas mehr, wobei die Keimkraft nicht zerstört wird). 2) Das Aufschütten in niedrigen Lagen auf Böden, die dem Luftzuge ausgesetzt sind, mit öfterem Umstechen. Dieß allergewöhnlichste Verfahren erfordert viel Bodenraum, bei 1 Fuß Höhe der Haufen der preuß. Scheff. gegen 1½ Qu. Fuß ohne Gänge und Treppen. 3) Das luftdichte Einschließen in Behälter, die keine Feuchtigkeit zulassen; a) unterirdische, ausgemauerte oder auch in trockenem Thonboden blos gegrabene Höhlungen, die Silos in Spanien (σειρος, Varro, de re rust. I, 57), und die Matamoren im Orient, bestimmt für Magazine, die längere Zeit, z. B. mehrere Jahre, uneröffnet bleiben sollen, jedoch bedenklich, weil es schwer hält, Insecten und Feuchtigkeit ganz abzuhalten. Ist der Silo sorgfältig angelegt und wird das Getreide ziemlich trocken eingebracht, so hält es sich gut, wie manche Erfahrungen beweisen, z. B. bei den Silo's der Grubengewerkschaft in Mansfeld.

Um dem Getreide die Feuchtigkeit zu entziehen, wird nach Doyère und Persoz das Vermengen oder Aufschichten mit Aezkalk empfohlen. b) Trockene Gebäude über der Erde, z. B. alte Thürme, nach Faggot und v. Fellenberg. Dieselben können inwendig mit verlötheten Blei- oder Zinkplatten belegt werden. 4) Das öftere Lüften und Bewegen in großen radförmigen Cylindern, die zum Theil mit Drahtgeflecht umgeben sind und öfters umgedreht werden, nach de Valery, Allier, Hebert und Bodmer, oder in großen Thürmen mit quer durchgehenden Luftzügen und Bewegung der ganzen Masse durch Herabsinken, wenn man unten etwas hinwegnimmt. Diese Einrichtung ist von Sinclair beschrieben (nicht von ihm erfunden) und neuerdings in Oesterreich bewährt gefunden worden, nach Bujanovics. Nach neueren erprobten Vorschlägen von Rollet, Huart, Pavy und Audéoud wird das Getreide in solchen Behältern öfters abgelassen, gereinigt und oben neu aufgeschüttet. — 5) Mehl ist in Fässern leichter aufzubewahren und erfordert wenig Raum, weil die Fässer auf einander gestellt werden können. Encyclopéd. méthod. Abth. Agricult. A. Conservation des grains von Tessier (1793). — Targioni-Tozetti, Lezioni di agricultura V, 3. (Firenze, 1804). — Sinclair, Grundgesetze des Ackerb., S. 757. — Marechaur in Dingler's Polyt. Journ. V, 2. u. 3. Heft. — Terneaur, Das beste Mittel gegen zu niedrige Getreidepreise a. d. Franz. 1821. — St. Fare-Bontemps, Résumé de toutes les expériences faites pour constater la bonté du procédé proposé par le C. Dejean. P. 1824. — Dingler, Polyt. Journ. XV, 1. S. 86. — Voit, Ueber die Aufbewahrung des Getreides. Augsb. s.a. (1825) — v. Bujanovics, Ueber die verschiedenen Methoden der Aufbewahrung des Getreides, Pesth. 1846. — Rollet, Ueber die Aufbewahrung des Getreides und Mehls, D. v. Steinmann, 1847. — Zu 4) insbesondere Dingler, LXVII, 384. LXVIII, 76. LXXIII, 362. CII, 13. CXXXV, 19 (Huart). — Wilda, Landw. Centralbl. 1860. I, 281 (Pavy). — Barral, Journ. d'agric. 1860. 1. 243 (Audéoud). — Zu 5) Reuning in Rau und Hanssen Archiv. N. F. VI, 137; Briegleb a. a. O. S. 23.

(e) Kurmainz.-Verordn. zu Erfurt, 15. Nov. 1799. Weber, Staatsw. Versuch über die Theurung, S. 176. — Diese Einrichtung wird vom Gr. Soden in seinen §. 121 genannten Schriften als „idealisches Getreidemagazin" empfohlen. Dagegen Lotz, II, 353. — Die österreichischen sog. „unterthänigen Contributionsschüttböden" bestanden anfangs aus dem Betrage der einmaligen Aussaat, den die bäuerlichen Landwirthe in jeder Herrschaft oder auf jedem Staats-Gute in 3 Jahresterminen zu ⅓ auf einen dazu angewiesenen Kornboden abliefern sollten; daraus wurde ihnen in Nothfällen, Mißwachs ꝛc. ein Vorschuß gegen Ersatz nach der Ernte, mit einer „Aufgabe" von 1/10 des Betrages gegeben, und was auf diese Weise neben dem Stamme selbst einging, wurde verkauft. Die Einrichtung ist seit 1788 zwangsweise in Mähren und Böhmen eingeführt, 1793 wurde die jährliche Einlieferung auf 5 Proc. der Aussaat herabgesetzt. In Oesterreich unter der Enns wollte man dieß durch freiwilligen Entschluß der Unterthanen zu Stande bringen, was aber nicht gelang, Schopf, I, 183 ff. Nach der Aufhebung des Unterthanenverbandes wurde die Errichtung von Gemeindemagazinen lebhaft empfohlen, V. v. 19. Jul. 1849, v. Stubenrauch, II, 203. — Vorschlag, daß die Gemeinden die einzelnen Begüterten durch eine Entschädigung bestimmen, einen gewissen Vorrath zu halten, den sie verkaufen, wenn der Preis auf einen gewissen Betrag gestiegen ist. Say, Handb. IV, 337.

(f) Fr. R. Schulze, Die Magazinirung, Leipz. 1847.

gewählt zu sein. Sie haben demnach eine nicht gehörig geordnete Doppelstellung, worunter die freie Vereinsthätigkeit leidet. Dieser Uebelstand würde beseitigt, wenn jene Stelle mit den gewählten Vertretern der Vereine zusammenwirkte.

(*f*) Schaafzüchter-, Bienen-, Garten-, Obst-, Rebbau-, Weinveredelungsvereine ꝛc.

§. 147.

Gut eingerichtete und verwaltete Landgüter, auf denen die Kunstregeln in ihrer Verwirklichung sichtbar werden, geben einen starken Antrieb zur Nachahmung und vermögen in der Umgegend die Landwirthschaft auf eine höhere Stufe zu erheben. Es ist deßhalb nützlich, in solchen Gegenden, wo die Landwirthschaft noch am meisten zurück ist, wo es an gründlich gebildeten wohlhabenden Landwirthen fehlt, Mustergüter anzulegen, welche Männern von erprobter Kenntniß und Geschicklichkeit anvertraut werden (*a*). Der Anblick des guten Erfolges verschafft den Verbesserungen des Betriebes leichter Eingang, als der Unterricht, und zerstreut allmälig die Vorurtheile der Landleute. Zu solchen Mustergütern können Domänen benutzt werden, es hat sich jedoch auch ausführbar gezeigt, für diesen Zweck Privatgüter zu benutzen, deren Besitzer eine Geldunterstützung empfangen und in ihrer Wirthschaftsführung unter eine Aufsichtscommission gestellt werden (*b*).

Ein der neuesten Zeit angehörendes Hülfsmittel sind die sog. Versuchsstationen, d. h. Landgüter, auf denen mit Hülfe von Männern, welche in den Naturwissenschaften ganz einheimisch sind, Versuche zur Erweiterung des landwirthschaftlichen Wissens angestellt werden (*c*). Sie werden entweder von der Regierung oder von Vereinen gegründet.

(*a*) Ferme exemplaire zu Roville (Dep. Meurthe), unter der Bewirthschaftung von Math. de Dombasle († 1843), mit Hülfe einer Actiengesellschaft, welche ein Capital von 45 000 Fr. zusammenschoß und das Gut für 6000 Fr. pachtete. (Vgl. §. 98.) Mustergüter von Napoleon III. zu Vincennes und Fouilleuse. — Musterwirthschaft bei Dalamanara in Griechenland, auf einem Staatsgute, seit 1829. Revue encycl., März 1830. S. 751. — Kleine Mustergüter in Rußland, mit Zöglingen der Ackerbauschulen besetzt, jedes Gut unter 1 Vorsteher und 3–4 Gehülfen, die eine sechsjährige Lehrzeit bestanden haben. Beyer, Allg. Zeit. für Land- und Hauswirthe, 1841. Nr. 31.

(*b*) Dieß ist im preuß. Staate geschehen. In den Provinzen Preußen und Posen waren 1859 73 bäuerliche Musterwirthschaften, von denen 12 in

ständig bleiben (*d*). Im ersten Falle wird der oberste Vereins-
ausschuß mit der obersten volkswirthschaftlichen Staatsbehörde
oder dem Landwirthschaftsrathe (§. 45 Nr. 2.) in Verbindung
gesetzt. Er bedarf zur fortdauernden Besorgung der Geschäfte
eines angestellten Personals. Soweit ein landwirthschaftlicher
Verein aus Staatsmitteln unterstützt wird, ist eine Mitwirkung
des betreffenden Ministeriums angemessen, um für gute Verwaltung jener Summe zu sorgen (*e*). Auch Vereine für einzelne Zweige der Landwirthschaft verdienen Begünstigung (*f*).

(*a*) v. Beckedorff in v. Lengerke, Ann. I, 221. — Preuß. Congreßbericht, I, 34. II, 289. — Großbritanien und Frankreich haben schon
länger viele solche Vereine, worunter die 1761 gestiftete Société royale
d'agriculture zu Paris. Die Royal society of agriculture in England
hat überaus viel geleistet. — Aufzählung der älteren deutschen Gesellschaften in Beckmann, Landwirthschaft, §. 10. — Neuere, mit den
Regierungen in näherer Verbindung stehend: landw. Verein in Baiern,
9. Oct. 1810, mährisch-schles. Ges. 29. Aug. 1811, Wiener landw.
Ges. (Statuten v. 19. Juni 1812), würtemb. landw. Verein, 30. Juni
1817, steiermärk. Ges., v. Febr. 1819 (mit 25 zugehörigen Filial-
vereinen), badischer landw. Verein, 1. Aug. 1819, kurhessischer, 29. Juni
1821, Ges. zu Görz, 9. Nov. 1825 ꝛc. — Im preuß. Staate zählte
man 456 Vereine, worunter 11 für ganze Regierungsbezirke und
5 Provincialvereine. In Oesterreich befinden sich 12 selbstständige
Hauptvereine in den Provinzen. In Baiern besteht ein General-Comité
mit 8 Kreis-Comités, — in Sachsen 4 Kreisvereine mit einem gemeinschaftlichen Generalsecretär und 21 Zweigvereinen, — in Würtemberg
62 Oberamtsvereine, die sich zu 11 Gauvereinen verbunden haben, —
im Großh. Hessen 3 Provincialvereine. Baden hatte bis jetzt nur
Bezirks- (Amts-) Vereine. — In Belgien sind 69 Bezirksvereine
(comices agricoles), aus deren jedem ein Mitglied in dem landwirthschaftlichen Provincialrathe (commission provinc. d'agric.) sitzt. Dieser
versammelt sich wenigstens zweimal jährlich. Jede Provincialcommission
ernennt 2 Mitglieder in den obersten Landw. Rath, conseil supérieur
d'agric. (§. 45 (*c*)). Außerdem 30 nicht in dieser Gliederung einge-
fügte landw. Vereine. Situation de la Belg. IV, 3. Die Statuten
der genannten österr. Vereine bei Schopf, I. Bd.

(*b*) Die Leipziger ökon. Ges. hat ein eigenes Versuchsgut eingerichtet, auf
welchem ein geschickter Chemiker angestellt ist.

(*c*) Pabst und Schweitzer, Amtl. Bericht über die Versammlung deutscher Landwirthe zu Dresden, 1838. S. 44.

(*d*) In Preußen, Sachsen und Großh. Hessen hat man es zweckmäßig gefunden, daß jede Provinz einen selbstständigen Verein mit einem geschäfts-
leitenden Ausschusse bilde. In diesem Falle ist jedoch eine Verbindung
der Provincialvereine nöthig, die der oberste Landwirthschaftsrath bewirken kann.

(*e*) Die in einigen süddeutschen Staaten errichteten sog. landwirthschaftlichen Centralstellen sind eigentlich Staatsbehörden zur Besorgung
gewisser Theile der Landwirthschaftspflege, aber sie handeln zugleich als
Vorstände der landwirthschaftlichen Vereine, ohne von diesen hiezu

ganze Land erstrecken (a). Sie gedeihen am besten als freie Privatanstalten, ohne lästige Beengung, aber von der Regierung unterstützt. Zu ihrem Wirkungskreise gehören Berathungen über Verbesserungen im Gewerbsbetriebe, — Veranstaltung von Versuchen (b), — Herausgabe von Zeitschriften, die theils für wissenschaftlich gebildete, theils für kleinere Landwirthe bestimmt sein können, nur aber nicht beide Bestimmungen gut mit einander verbinden lassen, ferner von gemeinfaßlichen Unterrichtsbüchern (c), — Ankündigung und Ertheilung von Preisen für gewisse gemeinnützige Unternehmungen, — Besprechungen über landwirthschaftliche Gegenstände, zu denen viele Landwirthe beigezogen werden, zum Austausche von Erfahrungen und zur Belehrung, — Ausstellung von Bodenerzeugnissen, Vieh, Geräthen, Maschinen ꝛc. — Anschaffung von Hülfsmitteln zum Gebrauche der Mitglieder, als Baum- und Rebschulen, Bücher, Modelle, Geräthe, Sämereien, Sammlungen von Bodenarten, — Sammlung und Zusammenstellung von Nachrichten zur Landeskunde in landwirthschaftlicher Hinsicht und dgl. Die Mittel fließen aus den jährlichen Beiträgen der Vereinsmitglieder und aus einem Zuschusse der Staatscasse. Diese benutzt die Vereine zur Einholung von Gutachten, gestattet ihnen auch Vorschläge zu Maaßregeln im Gebiete der Gesetzgebung und Verwaltung zu machen. Ein solcher Verein vermag am meisten zu nützen, wenn er eine zweckmäßige Verzweigung hat, so daß seine Grundlage aus Bezirks- oder selbst Ortsvereinen besteht, deren Mitglieder sich leicht öfters versammeln können. Hier erhalten viele Landwirthe eine Anregung und die örtlichen Verhältnisse werden am besten berücksichtigt. Da jedoch die Vereine kleiner Bezirke zum Theil nicht genug vielseitig und gründlich gebildete Landwirthe unter ihren Mitgliedern zählen können, so ist es rathsam, daß Abgeordnete dieser Vereine in einem größeren Landestheile zusammentreten, wodurch also Kreis- oder Provincialvereine entstehen. In diesen findet sich nicht nur mehr Einsicht und Umsicht versammelt, sondern es ist auch möglich, mehr Hülfsanstalten der oben erwähnten Art zu Stande zu bringen. Von der Größe des Landes wird es abhängen, ob die Provincialvereine durch gewählte Vertreter sich wieder zu einem allgemeinen Landesverein an einander schließen oder selbst-

Lehrunterricht statt. Diese sogenannten „Landbaumänner" sind theils unentgeldlich aufgenommen, theils bezahlen sie für dreijährigen Aufenthalt 100 fl. Da sie für ihre Arbeiten einen Tagelohn, manche andere Beihülfe und bei gutem Verhalten eine Jahresprämie erhalten, so können sie zur Noth ohne Zuschuß bestehen. Der baare Aufwand ist gegen 1900 fl., wovon etwa 400 fl. als Lehrgeld abgehen, s. die in (s) genannte Schrift: Die k. w. Lehranstalt Hohenheim, S. 69. Vgl. v. Weckherlin in v. Lengerke's Amtl. Bericht über die Versammlung deutscher Land- und Forstwirthe zu Potsdam, S. 81. — Die guten Wirkungen dieser Schule ermunterten im Jahre 1842 zur Gründung zweier anderen Schulen ähnlicher Art zu Ellwangen und Ochsenhausen, später kam noch eine vierte in Kirchberg hinzu. Die Zöglinge (10 bei jeder Schule) zahlen kein Lehrgeld und erhalten die Kost für ihre Arbeit. Der Vorsteher erhält Besoldung und freie Wohnung, ist aber zugleich Pachter der zugehörigen Domäne. Die übrigen Ausgaben von 1600 fl. für Ellwangen und Ochsenhausen bestreitet eine Stiftung; V. v. 28. Mai 1842, die Staatscasse schießt 1858/61 für die drei letztgenannten Schulen noch 5825 fl. zu. — Großh. badische Ackerbauschule Hochburg bei Emmendingen (Oberrheinkreis), Gesetz v. 22., Verfügung v. 24. April 1846. Verordnung v. 4. Oct. 1859. Festschrift für die XXI. Versammlung. der d. Landwirthe S. 124. Der Unterricht nimmt im Winter, die Uebungsarbeit im Sommer mehr Zeit hinweg. Die Zöglinge bezahlen im 1. Jahr 178, im 2. 109 fl., Dürftige, wenn würdig, erhalten aber 40 fl. Nachlaß. Das Gut hat 332 Morgen. — Empfehlung der fermes-écoles in Frankreich, V. vom 23. Juli 1847. Im Jahr 1848 waren deren schon 25 vorhanden. — Rütti bei Hofwyl (Bern, Priv.). — Schöppenstadt in Braunschweig, Frauenbreitungen in Meiningen, Trutsch in Böhmen, sämmtlich Priv. — Bemerkungen gegen die Ackerbauschulen wegen ihrer Kostbarkeit bei Zeller, Bildung des Bauernstandes, 1850, S. 22.

(m) Die Erfahrung lehrt, daß die gut unterrichteten Zöglinge solcher Schulen auch anregend auf ihre Aeltern wirken. Sollte aber diese Anleitung allgemein werden, so müßten die Volksschullehrer besonders dazu vorbereitet werden. Vgl. preuß. Congreßbericht, I, 47. 473. II, 140. 416. — Die auf der XXI. Versammlung der deutschen Landwirthe zu Heidelberg (1860) abgelegte Probe bewies anschaulich die Möglichkeit eines guten landw. Unterrichts durch Volksschullehrer, Amtl. Bericht S. 131.

(n) K. Gärtnerschule zu Schöneberg bei Berlin, 27. Sept. 1823. Drei Classen: 1) Gemeine Gärtner, 2) Kunstgärtner, welche außer den Unterrichtsgegenständen der ersten auch die Treibhäuser und dergl. behandeln lernen, 3) Gartenkünstler, botanisch und ästhetisch weiter ausgebildet. Außerdem sind im preuß. Staat noch 3 Gärtner-, 1 Flachsbau-, 6 Wiesenbau-, 1 Garten- und Krappbau-, 1 Schäfer-, 1 Bienen-Schulen. Gartenbauschule in Karlsruhe seit 1853, ang. Festschrift S. 132. — Vorschlag einer Schule für Rebbau und Weinbehandlung, Göriz in Staatswiss. Zeitschr. 1851. S. 666.

§. 146.

Landwirthschaftliche Vereine haben sich längst sehr wirksam erwiesen, dieß Gewerbe zu befördern, besonders wenn sie, wie die neueren Vereine mehrerer Staaten, sich über das

Studirenden kommen.) — Baumstark, Ueber staats- und landw. Akademieen. Greifsw. 1829. — Heinrich, Ueber Zweck und Wirksamkeit landw. Lehrinstitute, Breslau, 1847. — Hartstein, Ueber Zweck und Einrichtung höherer landw. Lehranstalten, Bonn, 1852. (Enthält auch eine Beschreibung von Poppelsdorf.) — Uebersicht der landw. Unterrichtsanstalten in Deutschland, Menzel und Lüdersdorff, Landw. Kalender, 1829. II, 273. — Frh. v. Liebig hat wiederholt gegen die Anstalten dieser Art einen scharfen Tadel ausgesprochen (Augsb. allg. Zeitung 1861. Nr. 88 Beil.), der durch die Erfahrung widerlegt wird. Aus jenen Anstalten sind sehr viele vorzügliche Landwirthe hervorgegangen und die von jenen gegen manche Lehrsätze Liebig's im Gebiete der landwirthschaftlichen Chemie erhobenen Zweifel sind der tieferen Ergründung des Gegenstandes förderlich. — Cirencester in England (Grafsch. Glocester, Privatanstalt). — Grignon bei Versailles (1827, Unternehmen einer Actiengesellschaft). (Vorher war die Thierarzneischule zu Alfort bei Paris die einzige Stelle in Frankreich, wo man Landwirthschaft lehrte.) Im J. 1848 wurde beschlossen, in jedem der nach landw. Verhältnissen abzutheilenden Bezirke von Frankreich (höchstens 20) eine Lehranstalt (école régionale) zu errichten, ferner eine sehr vollständige Hauptlehranstalt zu Versailles. Diese wurde durch V. vom 17. Sept. 1852 wieder aufgehoben. — Central-Landw. Schule in Aranjuez, seit 1856. — Lehranstalt zu Marimont bei Warschau.

(*f*) Hohenheim hat auch verschiedene Gewerksanstalten, nämlich eine Fabrik von Ackergeräthen, eine Kunstmühle, Branntweinbrennerei, Brauerei, Rübenzucker- und Kartoffelstärke-Fabrik, Essigsiederei, Seidenhaspelung.

(*g*) Z. B. Dreißigacker bei Meiningen, Tharand bei Dresden, Neustadt-Eberswalde, Hohenheim, Nancy 1824.

(*h*) Die Gränze zwischen diesen und den höheren Schulen ist zwar nicht leicht zu bestimmen, weil es Uebergänge zwischen beiden giebt, doch muß man eine solche Mittelclasse anerkennen, zu welcher z. B. die 8 Staatsanstalten dieser Art (écoles moyennes d'agric.) in Belgien gehören, wovon 4 mit Gymnasien oder Gewerbschulen verbunden sind, Rapport sur l'organisation de l'enseignement industriel en Belgique, 1852, S. 86. 185. — Lehranstalt zu Wiesbaden, Landwirthschafts- und Gewerbschulen in den 8 baierischen Kreisstädten ꝛc. Hier ist auch schon eine halbjährige Lehrzeit (im Winter, wie in Wiesbaden) nützlich. — Vorschlag, durch reisende Lehrer an verschiedenen Orten Unterricht geben zu lassen, Bonnet in Congrès central, 1844, S. 53.

(*i*) Unrichtig, weil mehr als bloßer Ackerbau gelehrt wird und dieser Name das Unterscheidende dieser Anstalten nicht ausdrückt. Man könnte sie, um die Eitelkeit zu schonen, Schulen dritter Classe oder landw. Arbeitsschulen, Lehrgüter ꝛc. nennen, fermes-écoles in Frankreich.

(*k*) Für diese Einrichtung preuß. Congreßbericht, I, 67. In Preußen sind es lauter Privatanstalten, die vom Staate einen Zuschuß erhalten. Es waren im Jahre 1859 deren 21 vorhanden. Der Staat verwendet überhaupt 20000 Rthlr. auf diese u. a. niedere landw. Schulen. — Vier solche écoles pratiques in Belgien, wo der Staat die Lehrer und den Unterhalt der Schüler bezahlt. Die Schule zu Haine-St. Pierre (wo sich eine Maschinenfabrik befindet) ist zum Unterricht in der Verfertigung von landw. Geräthen bestimmt, ang. Rapport, S. 193.

(*l*) Hohenheim hat zugleich eine niedere Lehranstalt, worin 25 junge Leute zu Unterverwaltern, Aufsehern und zum bäuerlichen Betriebe vorbereitet werden. Hier ist praktische Einübung die Hauptsache, doch findet auch

Musterwirthschaft (§. 147) arbeiten zu lassen, sind empfehlenswerth.

6) Leichtfaßliche, für den Bauernstand berechnete Schriften und Aufsätze können eine sehr wirksame Anregung zum Fortschreiten geben, vgl. §. 146.

(*a*) Die Meinungen über die beste Einrichtung dieses Unterrichtes sind noch sehr verschieden, wie es z. B. die Verhandlungen des französischen Central=Congresses zeigen, 1844 S. 53, 1850 S. 230. 271. — Pabst, Ueber die Bildung zum Landwirthe. Stuttgart, 1829. — Elsner, Die Bildung des Landwirthes. 1838. — Löbe, Die landw. Lehranstalten Europas. Stuttgart, 1849.

(*b*) Besonders in Deutschland, wo die Landwirthschaftslehre anfangs mit der Botanik verbunden, dann (seit 1727) als Bestandtheil der Kameralwissenschaft ein Lehrgegenstand war. Die deutschen Verwaltungsbeamten zeichnen sich unter anderen durch privatwirthschaftliche Kenntnisse vor denen des Auslandes aus und haben zur Emporhebung der Landwirthschaft viel beigetragen. Die Wirksamkeit eines Beckmann (Göttingen), Karsten (Rostock), Jordan (Wien), Burger (Klagenfurt), Weber (Breslau), Schulze (Jena), Sturm (Jena, Bonn), Geier (Würzburg), Lowe (Edinburg) u. A. ist sehr fruchtbar gewesen. Es ist auch leicht, dem Unterrichte mehr Ausführlichkeit und praktische Richtung zu geben, wenn dem dafür angestellten Lehrer die erforderlichen Hülfsmittel verschafft werden. Hanssen, Agriculturae doctrina cathedris universitatum vindicata. Altonae, 1832. 4°.

(*c*) Braunschweig, Prag, Wien, Brünn, Krakau, Ofen, Chemnitz, das conservatoire des arts et métiers in Paris, mehrere Gewerbschulen in Sachsen, Johanneum in Graz.

(*d*) Das beste Mittel hiezu ist der Aufenthalt bei einem guten Landwirthe, der nur einige Zöglinge hat und sie daher zu allen Verrichtungen anleiten und mit dem ganzen Zusammenhange der Wirthschaft bekannt machen kann. Nach dieser Art der Erlernung ist aber immer noch der Besuch einer Lehranstalt zur gründlichen Ausbildung zu empfehlen.

(*e*) Die drei ersten im Anfang des 19. Jahrhunderts gegründeten Anstalten stifteten A. Thaer zu Mögelin bei Freienwalde (Prov. Brandenburg) im Jahre 1804, E. v. Fellenberg zu Hofwyl bei Bern und Graf Festetics zu Kesthely in Ungarn. Die erste derselben besteht noch. Preußen hat an solchen Schulen die sog. Academieen des Landbaus zu Mögelin (Privatanstalt) und Eldena bei Greifswald (seit 1835), die höhere Lehranstalt zu Poppelsdorf bei Bonn (1847), beide letztere mit den nahen Universitäten in Verbindung, Proskau in Schlesien (1847), Waldau in der Provinz Preußen, Regenwalde in Pommern (Privatanstalt). — Oesterreich: k. Lehranstalt zu Altenburg in Ungarn (1849). — K. sächs. Lehranstalt zu Tharand, Privatanstalt zu Lützichena, k. württ. zu Hohenheim (1818), k. baierische zu Weihenstephan (früher in Schleißheim). — Die Anstalten in Jena und Göttingen sind mit beiden Universitäten verbunden; hannov. Staatslehranstalt zu Ebstorf. — Ueber Hohenheim s. Die k. würtemb. Lehranstalt für Land= und Forstwirthschaft in H. Stuttg. 1842. (H. hat 999 M. Land, welches Staatsgut ist. Hiervon bilden jetzt 824 M. die Fläche der eigentlichen Gutswirthschaft. Der im Staatsvoranschlage enthaltene Aufwand für diese Anstalt war für 1858/61 10 532 fl., wozu die Lehrgelder der

b) **Mittlere Landwirthschaftsschulen** für solche Zöglinge, die auf mittleren oder kleineren Gütern an den Arbeiten selbst theilnehmen sollen und für deren Vorbereitung ein Unterricht in den Regeln des besten Betriebes in einer minder streng wissenschaftlichen Form und mit einem geringeren Maaße von Hülfskenntnissen genügt. Solche Anstalten sind vorzüglich für den wohlhabenden Bauernstand berechnet. Sie erfordern nicht eine so reiche Ausstattung wie die bei a) genannten (*h*).

c) **Niedere Landwirthschaftsschulen**, unrichtig **Ackerbauschulen** genannt (*i*), in denen der Lehrunterricht sehr abgekürzt ist, die Zöglinge aber zugleich zur Arbeit im Felde und Hofe angehalten, an Fleiß und Ordnung gewöhnt und in allen Verrichtungen genau eingeübt werden. Deßhalb ist ein längerer Aufenthalt nöthig als in den mittleren Schulen und jede Anstalt kann nur eine gewisse Anzahl von Schülern beschäftigen. Hier werden kleine, selbstarbeitende Landwirthe, ferner Gutsaufseher, Oberknechte ꝛc. gebildet. Wegen der kleinen zulässigen Schülerzahl sind mehrere solcher Schulen erforderlich und die Erfahrung zeigt, daß sie auch gut als Privatunternehmungen mit einer Staatsunterstützung zu Stande gebracht werden können (*k*). Als Staatsanstalten verursachen sie mehr Kosten, doch ist der Unterschied geringer, wenn der Vorstand zugleich Pachter ist, als wenn die Bewirthschaftung auf Staatsrechnung geschieht. Freiplätze auf Staatskosten machen es möglich, daß unbegüterte Schüler theilnehmen (*l*).

3) Auch die **Volksschulen** auf dem Lande können für diesen Zweck benutzt werden, indem z. B. der Unterricht in der Naturgeschichte und Naturlehre vorzugsweise auf Gegenstände der Landwirthschaft gerichtet wird. Die älteren Knaben werden auch mit Nutzen in den sog. Fortbildungsschulen mit den wichtigsten Regeln des Betriebes bekannt gemacht (*m*).

4) Für einzelne, der Emporbringung vorzüglich bedürfende Gewerbszweige sind besondere Flachsbau-, Wiesenbau-, Gärtner- und Schäfer-Schulen ꝛc. nützlich. (*n*).

5) **Unterstützungen** für einzelne fähige junge Landwirthe, um solche Gegenden zu besuchen, wo sie viel Lehrreiches zu sehen haben, z. B. Belgien, oder um sie einige Zeit auf einer

der Landwirthschaft in Berührung kommen, leistet jedoch auch für die wissenschaftliche Bildung ausübender Landwirthe gute Dienste, besonders da die letzteren auf der Hochschule sich auch mit verschiedenen anderen Gebieten des Wissens bekannt machen können. Der Nutzen solcher Vorträge für beide Classen von Schülern ist durch die Erfahrung hinreichend dargethan (*b*). Wer die allgemeinen Grundsätze und die Hülfslehren erlernt hat, kann die ihm noch fehlende Anschaulichkeit, Vollständigkeit des Wissens und eigene Uebung sich leichter erwerben, und dieser Unterricht nützt auch denen, die mit der Ausübung des Betriebes schon bekannt sind. Auf polytechnischen Schulen läßt sich die nämliche Einrichtung treffen (*c*).

2) **Eigene Landwirthschaftsschulen**, in denen eine ausführliche Unterweisung gegeben und dazu ein wohl eingerichtetes Landgut benutzt wird. Es lassen sich drei Classen unterscheiden:

a) **Höhere Schulen mit einem ganz wissenschaftlichen Unterrichte**, sogenannte **landwirthschaftliche Institute oder Academieen**. Diese sind zwar, wie man neuerlich anerkennt, nicht im Stande, den Zöglingen zugleich volle Uebung und Geschicklichkeit zu geben (*d*), indessen haben sie doch schon sehr viel Gutes geleistet, indem sie Landwirthe, die größere Güter bewirthschaften wollen, zu einem rationellen Verfahren anleiten (*e*). Die Regeln des besten Betriebes werden hier ausführlich und mit ihrer Begründung durch Naturwissenschaften und Mathematik entwickelt, zugleich aber wird Anschauung der Gegenstände und Verrichtungen und Gelegenheit gegeben, sich mit den Verhältnissen eines wohlgeordneten Landgutes vertraut zu machen. Weil jedoch dieses nothwendig auf gegebene örtliche Verhältnisse berechnet sein muß und also nicht vielseitig genug ist, so erfordert die Vollständigkeit, daß auch solche Gegenstände, Methoden ꝛc. gezeigt werden, welche in anderen Umgebungen Nutzen gewähren. Hiezu dienen Gärten, Versuchsfelder, Modell- und Naturaliensammlungen, mancfaltige Viehrassen, Gewerksanstalten und dgl., weshalb solche Anstalten ziemlich kostbar sind (*f*). Forstschulen von ähnlicher Bestimmung müssen vom Staate in walbreichen Gegenden angelegt werden (*g*).

genaue Beachtung örtlicher Umstände und manchfaltige Kenntnisse mehr und mehr verbreiten, so läßt sich eine große Steigerung des Bodenertrags erwarten, die sowohl zum Unterhalte der anwachsenden Volksmenge als zur Bereicherung der Landwirthe dient. Werden Einrichtungen für jenen Zweck schon von Einzelnen oder von Privatvereinen gegründet, so hat die Regierung nur dazu beizutragen, daß sie die größte Wirksamkeit erlangen, sonst gehört die Sorge für diese Belehrung unter die Aufgaben der Regierung. Die landwirthschaftlichen Verrichtungen und Erscheinungen sind in dem jetzigen Jahrhunderte mit dem Beistande der Naturwissenschaften so gründlich erforscht und auf allgemeine Grundsätze zurückgeführt worden, daß das frühere Mißtrauen gegen die wissenschaftliche Behandlung dieses Gewerbes sich mehr und mehr verliert. Ein geordneter Unterricht eines Theiles der Landwirthe ist ein sehr wirksames Mittel, den Betrieb dieses Gewerbes auf eine höhere Stufe zu erheben, während die durch bloße Einübung auf einem Landgute erworbene Geschicklichkeit in vielen Fällen mangelhaft bleibt. Dieser Unterricht äußert seinen nützlichen Einfluß nicht blos bei denjenigen, die ihn genossen haben, sondern durch Beispiel, Rath und Beistand derselben allmälig in weiterem Kreise der Landwirthe.

(a) Selbst in England ist von Caird (1851) noch viel Fehlerhaftes wahrgenommen worden.

§. 145.

Es giebt verschiedene Arten des landwirthschaftlichen Unterrichts je nach dem Bildungsgrade und der Stellung derjenigen Personen, für die er bestimmt ist (a).

1) **Lehrvorträge auf Universitäten** geben zwar gewöhnlich eine auf die Hauptgegenstände beschränkte Kenntniß, auch lassen sich im Hörsaale keine eigenen Uebungen der Schüler und weniger Anschauungen veranstalten, als auf einem Landgute, dagegen findet sich dort eine vorzüglich gute Gelegenheit zur Erlernung der Hülfswissenschaften. Dieses Unterrichtsmittel ist zunächst zur Vorbereitung für alle Classen von Staatsbeamten bestimmt, die in ihrem Wirkungskreise mit

§. 143.

Die Regierung vermag weder die Preise der Dinge zu beherrschen, noch einzelne Classen von Gewerbtreibenden bei den häufigen Preisveränderungen vor Verlusten zu bewahren, kann also bei einer großen Wohlfeilheit nur darauf hinwirken, daß jene natürlichen Gegenwirkungen (§. 142) befördert und die Uebelstände des Augenblicks gemildert werden.

1) Die Anlegung von Magazinen verdient zwar Ermunterung, indeß kann sie nur auf kurze Zeit die Preise heben, bis die Magazine gefüllt sind.

2) Es ist nöthig auf Erweiterung des Absatzgebietes bedacht zu nehmen, um den am meisten leidenden Gegenden behülflich zu sein, z. B. durch Verbesserung der Land- und Wasserstraßen und Beseitigung der von dem Gebrauche derselben zu entrichtenden Abgaben.

3) Die auf die Grundeigenthümer und Landwirthe gelegten öffentlichen Lasten müssen in richtigem Verhältniß zu dem verminderten Einkommen derselben ermäßigt, und dafür die Leistungen der anderen, von den Umständen mehr begünstigten Classen vermehrt werden (a).

(a) Einstweilige Verminderung der Grundsteuer, Nachlaß von verschiedenen Staatsabgaben ꝛc.

V. Belehrung und Ermunterung.

§. 144.

Ein großer Theil der Landwirthe betreibt ihr Gewerbe in der hergebrachten Weise, ohne auf Fortschritte bedacht zu sein, und das übliche Verfahren sowie die Beschaffenheit der dabei angewendeten Hülfsmittel ist häufig noch sehr mangelhaft (a). Es steht daher der Regierung ein weites Feld offen, um ohne Zwang großen Erfolg zu bewirken, indem sie die Kenntniß des vortheilhaftesten Verfahrens und die Ueberzeugung von der Güte desselben den einzelnen Landwirthen nahe bringt. Wenn sich das Nachdenken über die Gründe der Verrichtungen, die feilheit jener Stoffe nicht aus jener allgemeinen Ursache (a), sondern aus besonderen Verhältnissen im Landbau zu erklären; es kann das Angebot durch eine Reihe guter Ernten, sowie durch die vorausgegangene Erweiterung und Vervollkommnung des Feldbaues oder die erleichterte Einfuhr vergrößert, zugleich auch die Nachfrage wegen der Abneigung gegen den Getreidehandel oder wegen des gehemmten Absatzes nach anderen Ländern vermindert worden sein (b). Jenes Mißverhältniß zwischen den Fruchtpreisen und den Kosten des Anbaues sowie den Preisen der anderen Güter kann jedoch nicht lange fortdauern (I, §. 168), weil

1) die Wohlfeilheit der Lebensmittel eine stärkere Zunahme der Volksmenge und damit zugleich einen stärkeren Begehr der ersteren nach sich zieht (c),

2) die Landwirthe sich durch Verbesserungen und Wechsel der Betriebsart zu helfen suchen, §. 131. 3),

3) der Arbeitslohn (I, §. 199) sowie die Preise anderer inländischer Güter nach und nach herabgehen, bis das Gleichgewicht wieder hergestellt ist, endlich auch

4) Mißjahre in dem einen oder anderen Lande sowie andere Ursachen einer Preiserhöhung nicht ausbleiben können.

(a) Die Wohlfeilheit der 1820r Jahre wird von Gr. von Soden, v. Bülow-Cummerow, v. Seutter u. A. hieraus abgeleitet. Nach der Meinung des Letzten (S. 22) hätte die Geldmenge in Deutschland abgenommen und der Ueberrest zugleich an Werth (Preis) verloren! Es ist zwar wahrscheinlich, daß in jenem Zeitraume die Verminderung der europäischen Geldmenge eine allgemeine Wohlfeilheit hervorgebracht hat (I, §. 171. 277a), allein bei dem Getreide müssen noch besondere Ursachen mitgewirkt haben, da dasselbe stärker im Preise gesunken war, als andere Dinge. — Alle Gründe, welche blos auf die wirthschaftlichen Verhältnisse Deutschlands passen, erscheinen wegen der Allgemeinheit jenes Uebelstandes als unzureichend zur Erklärung.

(b) In dem Zeitraum von 1820—30 war zu den fruchtbaren Jahren und den Wirkungen einer großen Zunahme des westeuropäischen Landbaues das Angebot des südrussischen Getreides hinzugekommen. — Der Kartoffelbau hatte in mehreren Ländern den Getreidebedarf vermindert (I, §. 192), doch war dieß nur eine Nebenursache, die im südlichen Europa ganz wegfiel (dagegen Zimmermann, a. a. O.).

(c) Wenn Deutschland jährlich $^3/_4$ Proc. Volksvermehrung hat, so macht dieß, zu 7 Sch. auf den Kopf, einen neuen Begehr von 23 Mill. Sch., wozu gegen 327 000 pr. Morgen Getreidefeld oder ungefähr die doppelte Fläche von Acker und Wiese erforderlich sind.

(§. 130), selbst ihr landwirthschaftliches Capital wird angegriffen, und die nachtheilige Wirkung erstreckt sich auf die Unterpfandsgläubiger, sowie auf diejenigen Handwerker, Kaufleute ꝛc., die von den Landwirthen und Grundeigenthümern Absatz erhalten. Dagegen entsteht für die übrigen Stände aus dem wohlfeilen Ankauf von landwirthschaftlichen Rohstoffen eine Ersparniß, aus der sie neue Capitale bilden oder ihren Gütergenuß vermehren können. Die Stadtbewohner gewinnen also im Ganzen genommen (b), und da theuere Zeiten gerade die entgegengesetzte Wirkung hervorbringen, so streben beide Zustände, sich in ihren Folgen auszugleichen. Indeß erfolgt dieß nur langsam, und zur Erleichterung der Landwirthe ist eine schnellere Hülfe wünschenswerth.

(a) Die nach der Theuerung von 1816 und 1817 eingetretene Wohlfeilheit hat in den verschiedenen Ländern von Europa das Nachdenken vieler Schriftsteller auf sich gezogen und hin und wieder seltsame, der Volkswirthschaftslehre widerstreitende Erklärungen gefunden. Zur Vergleichung der verschiedenen Ansichten dienen: v. Knobelsdorf, Vorschläge zur Erreichung mittlerer feststehender Getreidepreise. Berlin, 1824. — (Dätzel) Was ist die Ursache der außerordentlichen Wohlfeilheit? 1824. — Faust, Kornvereine, Kornhäuser, Kornpapiere. Bückeburg, 1824. — Scudori, Memoria sulla rendita rurale. Palermo, 1824. — de Marivault, De la situation agricole de la France. Paris, 1824. — Colotta, Alcuni pensieri sulla economia agraria della Toscana, in der Antologia, Firenze, 1825. Gennaro. — Gr. von Soden, Ideen über die Mittel, das Sinken des Preises der landwirthschaftlichen Erzeugnisse zu hemmen. Nürnb. 1825. — Schüler, Ueber unterirdische Getreidemagazine. Würzb. 1825. — Lips, Ueber den gegenwärtig tiefen Stand der Getreidepreise. Nürnberg, 1825. — v. Seutter, Ueber das bisherige Sinken der Getreidepreise. Ulm, 1825. — Thaer, Mögelin'sche Annalen, XIII, 85 (von Thaer) XIV, 229 (v. Zimmermann), XV, 251 (v. Klebe), XIV, 142 (von einem Ungenannten, vorzüglich gut). — Buchholz, N. Monatsschrift, 1825. Febr. S. 322.

(b) Während ein Theil der Handwerker eine Verminderung des Absatzes empfindet, sehen diejenigen, welche von dem Luxus der Städter ihre Nahrung ziehen, ihre Geschäfte im Zunehmen.

§. 142.

Da eine Verminderung des Metall- und Papiergeldes alle Waaren zugleich und ungefähr in gleichem Verhältnisse wohlfeiler machen müßte (I, §. 268), so ist eine blos auf die Erzeugnisse der Landwirthschaft beschränkte, sowie eine über die Preiserniedrigung der anderen Waaren hinausgehende Wohl-

(a) Hiezu dienen die Ernteberichte der Unterbehörden, auf Berathung mit den verständigsten Landwirthen gegründet. Die landwirthschaftlichen Vereine können hiebei sehr viel nützen. Es hat mehrmals sehr geschadet, daß man sich anfangs in der Beurtheilung der Ernte getäuscht hat, wie 1846 in Frankreich, wo man das Mißrathen des Roggens übersah, de Romanet in Compte rendu etc. XV, 471. — Das z. B. in Preußen übliche Verfahren, alljährlich blos zu erfragen, wie sich die Ernte zu einer mittleren durchschnittlichen verhalte (§. 122 (a)), empfiehlt sich durch seine Einfachheit, aber die Unbestimmtheit dessen, was für eine mittlere Ernte gelten soll, ist der Genauigkeit schädlich, es sollte daher auch diese Größe ermittelt werden. Neuerlich sind Vorschläge gemacht worden, um zugleich den wahren (absoluten) jährlichen Ernteertrag zu erforschen, Wochenblatt zu den Annalen der preuß. Landw. 1861, S. 37 ff.

(b) Nach Baiern wurden vom Herbst 1816 an bis zum Sommer 1818 über Hof eingeführt 45 483 baier. Scheffel Roggen, 29 928 Scheffel Gerste, 11 978 Scheffel Weizen, fast ausschließend aus Rußland. Die Anschaffungskosten können wohl nicht unter 4 Mill. fl. angenommen werden, und in Aschaffenburg mag eine ähnliche Quantität herbeigekommen sein, wie auf der Elb- und Saalstraße.

(c) Stecken aus der Hand (Dibbeln) und Reihensaat, vgl. §. 120 (e).

(d) Das Verbot, frisches Brot zu verkaufen, ist aus der Erfahrung hervorgegangen, daß dasselbe in größerer Menge verzehrt zu werden pflegt als das ältere. Roscher, Ueber Kornhandel S. 113. — Die Kleie enthält gute Nährstoffe, daher ist es vortheilhaft, sog. schwarzes Mehl zu verbacken oder Kleienwasser zuzusetzen.

(e) Zollfreie Zulassung des Reißes, Benutzung des Malzteiges, der Oelkuchen. Im britischen Reiche ist während der Theuerung der 1840er Jahre viel Mais aus Amerika herbeigeholt worden, an dessen Verzehrung sich die Dürftigen bald gewöhnt haben, und der nun fortwährend in Gebrauch ist.

§. 141.

Große Wohlfeilheit der Bodenerzeugnisse, wenn sie nur Folge einer oder zweier reicher Ernten ist, findet in der baldigen nachfolgenden Erhöhung des Preises nach minder ergiebigen Ernten ihre Vergütung. Eine anhaltende Wohlfeilheit dagegen ist für die Landwirthe so sehr empfindlich, daß man sich häufig mit den dagegen zu ergreifenden Regierungsmaaßregeln beschäftigt hat (a). Die Meinungen hierüber sind noch mehr getheilt, als bei den Mitteln gegen die Theuerung, weil sowohl die Ursachen der Wohlfeilheit als die Größe des in ihr liegenden Nachtheiles schwerer zu erkennen sind und ein solcher Zustand seltener erscheint. Bei einem ungewöhnlich niedrigen Preise der landwirthschaftlichen Erzeugnisse erhalten die Landwirthe und Grundeigner ein geringeres Einkommen

§. 140.

Demnach bleiben vorzüglich folgende Maaßregeln übrig:

1) Die Regierung muß bei der Vermuthung einer Mißernte zeitig genaue Nachrichten über den Getreideertrag in den verschiedenen Landestheilen einziehen (*a*), um daraus mit Rücksicht auf den Ueberrest von früheren Jahren zu beurtheilen, ob eine Zufuhr von außen nöthig sein werde.

2) Erscheint eine Einfuhr als Bedürfniß, so ist es nöthig, das Fehlende bald, wo möglich noch vor Winter, auf die wohlfeilste Weise anzukaufen und herbeizuführen, wozu geräuschlose Einkäufe in einer für das Angebot des Einkaufsplatzes nicht unverhältnißmäßigen Menge zu empfehlen sind. Es ist am einfachsten, wenn dieß durch Getreidehändler auf eigene Rechnung geschieht. Ist aber die Gefahr dringend und die Zeit kostbar, so daß die Regierung selbst für diese Anschaffung sorgen zu müssen glaubt, so wird dieselbe am vortheilhaftesten durch vertraute inländische Kaufleute ausgeführt, die man dazu bevollmächtigt. Weniger zweckmäßig sind Ankäufe der einzelnen Gemeinden, wobei auch eher ein Preisaufschlag wegen der Vermuthung eines stärkeren Begehres zu fürchten ist (*b*). Die erkauften Vorräthe werden dann nach und nach um den Kostenbetrag oder nach den Umständen auch mit Verlust an die Bäcker abgegeben, mit denen ein entsprechender Brodpreis verabredet wird.

3) Den dürftigen Familien, z. B. den Lohnarbeitern ist es besonders wohlthätig, wenn ihnen aus den von der Regierung angeschafften Kornvorräthen Brod zu einem niedrigen Preise verschafft wird.

4) Die kleineren Landwirthe, welche sich wegen der Aussaat von Sommergetreide und von Steckkartoffeln in Verlegenheit befinden, werden durch einen Vorschuß von Getreide bis zur Ernte unterstützt. Zugleich sollte in solchen Jahren auf sparsameres Verfahren bei der Aussaat hingewirkt werden (*c*).

5) Man sucht den Nahrungsbedarf durch Verbesserungen im Mahlen und Backen zu vermindern (*d*) und neben den gewöhnlichen noch andere Nährstoffe zu Hülfe zu nehmen (*e*).

hatten nicht die gehofften Wirkungen, denn wenn gleich die Vorräthe im Lande blieben, so kamen sie doch nicht zu Markte, sondern wurden noch eifriger zurückgehalten, weil die Besitzer auf noch höhere Preise warteten, auch ward die Sperre von anderen Staaten oft erwidert und so die Hülfe aus der Einfuhr verhindert (*e*). Ein mit dem Steigen der Preise zunehmender Ausfuhrzoll (§. 127) in solchen Ländern, wo die Ausfuhr in einzelnen Zeitpuncten Besorgnisse erweckt, ist minder gewaltsam und deßhalb der Sperre vorzuziehen, doch erscheint auch dieß Mittel in der Regel als entbehrlich. Das Verbot des Branntweinbrennens aus Getreide und Kartoffeln könnte nur in dringenden Nothfällen gerechtfertigt werden, weil es viele ebenfalls sehr nützliche Anwendungen des Branntweins und Weingeists verhindert und ein wichtiges Gewerk bedrückt, weßhalb billiger Weise eine Entschädigung für die Branntweinbrenner erforderlich wäre.

(*a*) Auch hier treffen Rücksichten auf die Versorgung des Volkes und auf die Bewahrung der Landwirthschaft vor nachtheiligen Anordnungen zusammen, §. 121. — B. Weber, Staatswirthschaftl. Versuch über die Theuerung und Theuerungspolizei. Gött. 1807. — de Tocqueville, Recherches sur les moyens de prevenir le retour des crises en matière de subsistances. Paris, 1847. — Roscher, a. Schrift Ueber Kornhandel und Theuerungspolitik.

(*b*) Elsner, II, 239. — Wo leichtere und schwerere Bodenarten ziemlich gleichmäßig neben einander vorkommen, da ist schon die Gefahr viel geringer, indem bei großer Dürre noch die letzteren, bei großer Nässe noch jene einigen Ertrag geben. Die nassen Jahre wie 1816 u. 1817 sind die verderblichsten, weßhalb der fleißigere Anbau des Sandbodens von vorzüglicher Nützlichkeit ist.

(*c*) Z. B. bei Rössig, Theuerungspolizei, Leipzig, 1802.

(*d*) In Frankreich sind im Laufe mehrerer Jahrhunderte solche Mittel bei Theuerungen angewendet worden, Dictionn. de l'écon. polit. a. a. O. Am 4. Mai 1792 wurde ein Maximum des Getreidepreises festgesetzt, welches anfänglich aus dem Durchschnitte des Preises der vier ersten Monate dieses Jahres bestand, dann monatlich niedriger werden sollte. Auch am 8. Mai 1812 wurde ein Maximum vorgeschrieben. — In Theuerungszeiten hat man nicht selten Maaßregeln angeordnet, die man selbst nicht für zweckmäßig hielt, blos um die aufgeregten Gemüther zu beruhigen. Es ist versucht worden, die Kunstgriffe, durch welche habsüchtige Getreidehändler den Preis steigern wollen, mit Verboten zu verhüten, z. B. das Verbreiten falscher Nachrichten zu jenem Zwecke, das Angeben falscher Preise, das Abschließen von heimlichen Käufen vor Anfang des Marktes sowie von Differenzgeschäften in der Form eines Kaufes, das Ueberbieten des von dem Verkäufer selbst geforderten Preises ꝛc. Bair. V. v. 30. Aug. 1857.

(*e*) Ein Ausfuhrverbot ist zugleich eine Härte gegen solche Nachbarländer, bei denen der Ueberfluß in besseren Jahren willkommenen Absatz findet.

(*g*) **Briegleb** a. a. O. S. 21. — Man hat öfters gerathen, zur Verminderung der Kosten das Ausgeben von Papiergeld zu Hülfe zu nehmen und die Magazine mit Zettelbanken in Verbindung zu setzen, in den §. 141 genannten Schriften v. Gr. Soden, v. Seutter, Faust, Schlier u. A.

(*h*) Die Gründung einer solchen Gesellschaft wird gerathen von C. G. vom Hagen, Die Silobanken. Erfurt, 1854.

C. Maaßregeln bei ungewöhnlichen hohen und niederen Getreidepreisen.

§. 139.

Für die bei einer Theuerung der Nahrungsmittel zu ergreifenden Maaßregeln lassen sich zwar allgemeine Regeln aufstellen, doch müssen bei der Anwendung derselben die besonderen Umstände eines Landes, die Hülfsmittel der Regierung und die Zeitverhältnisse berücksichtigt werden (*a*). Die Gefahr öfterer Theuerungen wird durch die Manchfaltigkeit der angebauten Nahrungsmittel, die gute Betreibung des Feldbaues und die heutige Leichtigkeit der Versendung vermindert (*b*). Die Vorstellung, daß die Theuerung mehr von wucherlichen Künsten als von Umständen herrühre, die außer der menschlichen Gewalt liegen (*c*), hat zur Empfehlung verschiedener Zwangsmittel geführt, die ihre Bestimmung nothwendig verfehlen mußten, weil sie, ohne die Vorräthe zu vergrößern, nur die Zehrer in Furcht setzten, die Getreidebesitzer vom Verkaufe abhielten und dadurch die Preise noch weiter steigerten. Wenn bisweilen eine augenblickliche Theuerung eintrat, während die Vorräthe noch zureichend waren, so war dieß wahrscheinlich mehr die Folge von unbegründeten Besorgnissen, als von Aufkäufen der Getreidehändler. Unter die früherhin getroffenen Veranstaltungen, welche theils als unzweckmäßig, theils sogar als drückend gegen die Landwirthe und Getreidehändler zu betrachten sind, gehören: die Besichtigung und Aufzeichnung aller Vorräthe mit einer auf die Verheimlichung gesetzten Strafe, — der Zwang zum Verkaufe, — die Bestimmung eines nicht zu überschreitenden Preises (Marimum) u. dgl. (*d*). Andere Maaßregeln sollten die Verminderung der inländischen Vorräthe durch Ausfuhr oder Verbrauch für andere Zwecke verhüten. Die fast in allen Ländern zur Zeit der Theuerung eingeführten Korn-Ausfuhrverbote (Sperren) der Provinz Preußen soweit durchgeführt waren, daß sie keiner Aufsicht mehr bedurften. v. Lengerke, Ann. XI, J. Suppl. S. 55. — Menzel u. Lüdersdorff, Landw. Calender 1859. II, 279.

(c) Z. B. chemische Untersuchungen des Bodens, der Düngemittel und Futterstoffe, Dünge-, und Fütterungsversuche und dgl.

Zweites Hauptstück.
Pflege einzelner Zweige des landwirthschaftlichen Gewerbes.

Einleitung.

§. 148.

Die frühere Undeutlichkeit des Begriffs von Polizei (§. 6 a) war die Ursache schädlicher Mißgriffe. Man unterschied nicht gehörig zwischen den Gegenständen der eigentlichen oder Schutzpolizei und der Volkswirthschaftspflege. Bei jenen sind zur Verhütung bedeutender Gefahren für Person oder Eigenthum viele Gebote und Verbote mit Strafandrohung nothwendig, während bei den volkswirthschaftlichen Zwecken nach Hinwegräumung der Hindernisse dem Erwerbseifer freier Spielraum gelassen werden kann und nur wenige Zwangsvorschriften nöthig sind. Zufolge der Vermengung beider Gebiete hat man oft auch die Vervollkommnung der Landwirthschaft durch Befehle zu erzwingen versucht, die bei genauer Prüfung meistens als unnöthig, oft auch schädlich erscheinen. In der sog. Feldpolizei finden sich noch bisweilen rein polizeiliche Vorschriften mit anderen gemischt, die auf volkswirthschaftlichen Gründen beruhen und daher von den ersteren ausgeschieden werden sollten.

I. Feldbau.

§. 148 a.

Der Feldbau, d. h. die Verbindung des Acker- und Wiesenbaues, wozu auch die Behandlung der Weiden gehört, wenn dieselben vorhanden sind, steht in genauem Zusammenhange mit der Viehzucht (IV.), und beide zusammen bilden die Hauptbeschäftigung des eigentlich sogenannten Landwirthes. Auf sie beziehen sich zunächst die zur Verbesserung der landwirthschaftlichen Gebäude und der Dorfwege, ferner zu Beförderung der Zurundungen (§. 98) zu treffenden Maaßregeln. In Ansehung der Gebäude ist es nützlich, daß Muster einer zweckmäßigen und wohlfeilen Bauart mit Rücksicht auf die örtlichen Bedürfnisse jeder Gegend aufgestellt und die Baumeister zur Ausführung derselben ermuntert werden (a). Sind besondere Fehler in einer Gegend üblich, so wird auf die Vermeidung derselben bei Neubauten hingewirkt. Regelmäßigkeit und Zierlichkeit bei landwirthschaftlichen Bauten können zwar nur eine untergeordnete Rücksicht erhalten, verdienen aber dennoch da, wo andere Zwecke nicht darunter leiden, befördert zu werden, weil sie günstig auf die Gewohnheiten und die Selbstachtung des Bauernstandes wirken. Die Herstellung und Erhaltung der Dorfwege wird von den Gemeindevorstehern geleitet und kann nicht ohne einigen Zwang zur guten Ausführung kommen (b).

(a) Die Einrichtung der zu einem Gehöft gehörigen Gebäude muß nach klimatischen und Betriebsverhältnissen, z. B. im Gebirge oder in der Ebene und je nach dem Umfang der Wirthschaft verschieden sein, und es ist auf Bequemlichkeit, Holzsparung, Feuerfestigkeit, Gesundheit der Wohnungen und Ställe vorzüglich zu achten. Der Bau aus Lehmziegeln (Lehmpatzen) oder gestampfter Erde verdient für Geringbegüterte Empfehlung.

(b) Verbindungswege zwischen den Ortschaften erfordern die Mitwirkung der Straßenbaubeamten des Staats, damit sie gut in einander greifen. Den Gemeindemitgliedern sollte es frei gestellt werden, ihren Antheil an dem Wegbau zu bezahlen oder durch eigene Arbeit zu leisten. Gasparson, Wie kann der Landmann seine Dorfwege verbessern? 2. Aufl. Cassel, 1822.

§. 149.

Was in Bezug auf einzelne Verbesserungen des Ackerbaues von der Regierung zu thun sei, dieß ist aus dem Zustande des in jedem Landestheile üblichen Betriebes in Vergleich mit den Regeln der Landwirthschaftslehre abzunehmen. Manche frühere Maaßregeln erscheinen nach geläuterten Grundsätzen als unnöthig und selbst unzweckmäßig (a). Sind die landwirthschaftlichen Vereine in eifriger und einsichtsvoller Wirk samkeit, so können ihnen manche Maaßregeln überlassen werden, zu denen sie dann nur besondere Unterstützung erhalten (b). Von einzelnen Beförderungsmitteln sind unter anderen zu nennen (c):

1) Sorge für Einführung der besten Werkzeuge und Maschinen, die man nöthigenfalls vom Auslande kommen läßt. Ausstellungen, Wettversuche und Prämien dienen zur Ermunterung der Verfertiger und zur Verbreitung der erprobten Geräthe im Lande (d).

2) Anregung zur zweckmäßigsten Benutzung der düngenden Stoffe, z. B. zur guten Einrichtung der Miststätten (e), Prämien für Auffindung von Mergel, Zuschüsse zur Erbauung von Kalköfen ꝛc.

3) Mitwirkung zur Einführung eines besseren Verfahrens im Anbau und der Behandlung einzelner Arten von Gewächsen, z. B. des Leins und Flachses, des Tabaks, Hopfens ꝛc.

(a) Beispiele: die fürstl. freier. V. v. 6. Mai 1653, daß die Aecker sturzweise gebaut werden sollen, v. 3. Juli 1764 und 9. Juni 1765, daß bei Strafe die Aecker und Weinberge nicht nachlässig gebaut oder öde gelassen werden, vielmehr alle Arbeiten zu rechter Zeit geschehen sollen; v. 22. März 1768, Verbot des Gypsens, auf Privatländereien zurückgenommen, 4. Juni ej.; v. 3. Aug. 1769, Verbot des Krappbaues.

(b) Im bad. Odenwald zeigte sich unter den Ursachen der Verarmung eine auffallende Nachlässigkeit in der Betreibung des Feldbaues. Die Regierung stattete die Vereinsabtheilung im Unterrheinkreise mit Geldmitteln aus, um dort die Landwirthschaft nachdrücklich emporzuheben und dieß brachte bald gute Früchte.

(c) Die für Urbarmachung und Bodenverbesserungen dienlichen Maaßregeln (§. 102) beziehen sich ebenfalls größtentheils auf Acker- und Wiesland.

(d) Die Anwendung guter Pflüge hat eine große volkswirthschaftliche Wichtigkeit wegen der dadurch entstehenden Ersparung an Arbeitskraft und des zugleich erhöhten Bodenertrages: Mac Culloch, Statist. account, II, 464. — Göritz in Zeitschr. für die gesammte Staatswissenschaft 1846. I, 97. — Rau, Die landw. Geräthe S. 6.

(e) Modelle, Belohnungen, Einfluß der Ortsvorgesetzten richten viel aus. Strafandrohungen sind nur zulässig, wo Rücksichten der Gesundheitspolizei hinzutreten, wie bei dem Ueberlauf der Mistjauche (Pfuhl) auf die Dorfgassen.

§. 150.

Der Wiesenbau (a) nimmt eine vorzügliche Sorgfalt der Staatsgewalt in Anspruch, weil

1) viele Wiesen bisher nachlässig behandelt worden sind und von einer besseren Benutzungsweise derselben eine große Vermehrung des Bodenertrages zu erwarten ist. Nächst der Entfernung des stockenden Wassers (§. 103) wird ein starker Wuchs der Wiesenpflanzen besonders durch wiederholtes Tränken mit fließendem Wasser befördert und es ist besser, dieß durch zweckmäßig geleitete Bewässerung hervorzubringen, als es dem Zufall zu überlassen (*b*). Gute Bewässerung vermag den Heuertrag der Wiesen sehr zu vergrößern (*c*) und macht die Düngung derselben zum Theil entbehrlich, besonders wenn das benutzte Wasser an organischen Stoffen reich ist (*d*). Wo sie besteht, da kann der Stallmist größtentheils den Aeckern und Gärten zugewendet werden, auf denen er mehr fruchtet, und es kann ein größeres Futtererzeugniß, welches zur Verstärkung des Viehstandes dient, mit geringeren Kosten erzielt werden.

2) Die Bewässerung läßt sich in vielen Fällen nicht durch den Eigenthümer einer einzelnen Wiese allein zu Stande bringen, denn er bedarf hiezu der freien Verfügung über das nöthige fließende Wasser, er wird, wenn er das Ufer besitzt, oft durch Berechtigungen Anderer gehindert, und darf die Zu- und Ableitung des Wassers nicht über fremde Grundstücke bewirken. Sehr oft muß der Zuleitungsgraben an einer höheren Stelle des Flusses oder Baches angebracht werden, um das Wasser mit dem gehörigen Gefälle auf die Wiesen zu führen, auch sind häufig kostbare Einrichtungen (Schleusen ꝛc.) erforderlich. Gelingt eine freiwillige Verabredung aller Eigenthümer der anstoßenden Ländereien nicht, so kann die gewünschte Verbesserung nicht ohne Beistand gesetzlicher Anordnungen zur Ausführung kommen.

Dieser Gegenstand ist in der neuesten Zeit mit Eifer behandelt worden, (*e*) wobei die Gesetze und anderen Maaßregeln derjenigen Länder, welche die höchste Ausbildung der Bewässerungskunst zeigen, als Vorbilder benutzt werden können (*f*). Außer der Geschicklichkeit in der guten Benutzung des Wassers erheischen die Bewässerungen auch ein ansehnliches Capital, daher kommen viele Unternehmungen erst in späteren Entwicklungsperioden der Volkswirthschaft zur Ausführung.

(*a*) Schwerz, Anleit. zum prakt. Ackerbau, I, 281. — v. Lengerke, Anleitung zum prakt. Wiesenbau, 2. Aufl. 1843. — Vincent, Der rationelle Wiesenbau, 1846. — Häfener, Der Wiesenbau, 1847. — Fries, Lehrb. des Wiesenbaus, 1850. — Ueber Bewässerungen sind mehrere besondere Schriften vorhanden, z. B. Patzig, Der praktische Rieselwirth, 1840. — Lauter, Anleitung zur Behandlung der Wässerwiesen, 1851. — Nach de Lavergne, hat Großbritanien (wegen des feuchteren Klima's) 8 Mill. Hekt. Wiesen auf 11 Mill. Hekt. Acker, Frankreich 4 Mill. Hekt. Wiese und 26 Mill. Hekt. Acker.

(b) Wiesen an Strömen erhalten durch die unregelmäßig eintretenden Ueberschwemmungen von selbst die nöthige Befeuchtung.

(c) Es läßt sich für diese Ertragsvermehrung keine allgemeine Regel angeben, aber sie wird durch viele Erfahrungen nachgewiesen. Ein preuß. Morgen guter Wässerwiese kann leicht von zwei Schnitten 30 Ctr. Heu geben, bei drei Schnitten noch beträchtlich mehr. Dagegen trifft man viele schlechte Wiesen, die nur $^1/_4$ jenes Ertrags oder noch weniger geben: bald sind sie sumpfig, bald zu trocken, und in diesem Falle wäre die Umwandlung in Aecker vorzuziehen, wenn sich keine Bewässerung einrichten läßt. In Frankreich ist der mittlere Ertrag auf 25 Doppel- (metrische) Centner von Hekt. = 12,^{7} Ctr. v. pr. M. angeschlagen, aber in 9 Dep., die meisten gebirgig sind, in denen wahrscheinlich kein Mangel an Wassergefälle ist, soll jener 16$^1/_2$ m. Ctr. = 8 Ctr. vom pr. Morgen sein (Amtl. Statistik). In Belgien dagegen werden 43,^{4} m. Ctr. = 22 Ctr. v. pr. M. angegeben (Amtlich). — In Baden ist von 401 000 M. Wiesen nur $^1/_4$ gut bewässert, $^1/_4$ sumpfig, $^1/_2$ ohne Wässerung, Vogelmann, S. 7. — Im Gr. Hessen wurden von 1840 — 1856 13 309 M. Wiesen verbessert, was eine Werthserhöhung von ungefähr 1·231 000 fl. bewirkte, Zeller, Die Wirksamkeit der landwirthsch. V. S. 167. — In Südfrankreich und Piemont schätzt man die Erhöhung des Reinertrags durch die Wässerung auf 50 Fr. für den Hektar, in der Lombardei auf 76 Fr. (6 u. 8. fl. auf den pr. M.), woraus sich dort 5$^1/_2$ Mill., hier 23·940 000 Fr. schon bewirkte Zunahme der Rente berechnet. Die für das Wasser bezahlten Preise geben keinen sicheren Maaßstab, weil sie bei geringem örtlichem Begehr weit unter dem Werthe bleiben können. In Südfrankreich werden für den Hektar jährlich 12, 24, 33, ja 40—50 Fr. bezahlt, in Piemont 12—26 Fr., in der Lombardei ist die Abgabe 20 Fr. und mehr, bis 40 Fr., oder für 1 Liter Wasser ($^1/_{27}$ bad. Cub. F.) in der Secunde 24 Fr. Nadault de Buffon, III, 159. 473.

(d) Dieß ist bei dem Quellwasser am wenigsten, bei manchen Flüssen mit geringem Fall, ferner bei Bächen und Flüssen nach starkem Regen oder nach der Schneeschmelze am meisten der Fall; die sog. Trübwässerung. — Die Wässerwiesen geben ein minder nahrhaftes Heu als die mit thierischen Auswürfen gedüngten, aber doch ein viel besseres als die sumpfigen, und jener Unterschied wird durch die größere Menge überwogen.

(e) v. Closen, S. 190—201. — Schenk, Abh. über den Wiesenbau. Fulda, 1826. S. 33—98. — Amtl. Bericht über die 6. (Stuttgart.) Vers. deutsch. Land- und Forstw. S. 256. — Zeller, Das Wiesenkulturgesetz. Darmst. 1843. — Volz, Entwurf eines Gesetzes über die Benutzung der Gewässer für Landwirthschaft u. Gewerbe. Tüb. 1843. — Niebuhr in Rau u. Hanssen, Archiv, N. F. II, 29. — Hirschfeld, Ein Beitrag zur Bestimmung der rechtl. Verhältnisse des Wassers, Altona, 1846. — Vogelmann, Das Gesetz über die Bewässerungs- und Entwässerungs-Anlagen im Gr. Baden, 1851. — Beispiele neuer Gesetze: Gr. Hessen v. 7. Octbr. 1830 bei Zeller, a. a. O. — Preuß. Ges. v. 15. Nov. 1811 (über Aufstauen bei Mühlen ꝛc.) u. v. 28. Febr. 1843 (über die Privatflüsse). — Bäd. G. v. 13. Febr. 1851 bei Vogelmann a. a. O. — Baier. Ges. I. v. 28. Mai 1852 (über die Benutzung des Waffers) und Gef. II, vom nämlichen Tage über Bewäfferung und Entwäfferung.

(*f*) Schon die Aegypter, Babylonier, Hebräer und Perser waren hierin sehr bewandert, **Reynier, Ec. publ. et rur. des Perses**, S. 257. — Die Araber, welche die Kunst von jenen Völkern gelernt zu haben scheinen, haben in Spanien, vorzüglich bei Valencia, vorzügliche Wäfferungen angelegt, welche so wie die zugehörigen Gefetze von den chriftlichen Königen beibehalten wurden. **Jaubert de Passa**, Voyage en Espagne dans les années 1816—19 ou recherches sur les arrosages, Paris, 1823. II B. — Zu der vorzüglichen Bewäfferung der lombardifchen Ebene wurde vielleicht fchon von den Römern der Grund gelegt, aber von den großen Wäfferungscanälen ift der ältefte, der naviglio grande vom Ticin bis Mailand, erft 1177—89 angelegt worden. Die bewäfferte Fläche der Lombardei ift 315000 Heft. = 1·228500 pr. M. **Burger, Reife durch Oberitalien**, II, 49. — v. **Rumor, Reife durch die öftl. Bundesftaaten in die Lombardei**, 1838, S. 87. — **Nadault de Buffon, Des canaux d'arrosage de l'Italie septentrionale dans leurs rapports avec ceux du midi de la France**, Paris, 1843. III B. und 1 Kupferband. — **Cattaneo in dem Giornale dell' instituto Lombardo**, XVI, 171. 1847. — In Deutfchland find die Provinz Lüneburg, namentlich das Amt Suderburg, und der ehmals naffauifche Kreis Siegen in preuß. Weftfalen alte Sitze der Bewäfferungskunft, die fich von da aus weit verbreitet hat.

§. 150 a.

Die zur Bewäfferung erforderlichen gefetzlichen Beftimmungen find hauptfächlich nachftehende:

1) Die Befugniffe der Uferbefitzer und anderer Berechtigter zur Benutzung des Waffers und die damit zufammenhängenden Verbindlichkeiten müffen genauer, als man es früherhin für nöthig erachtete, beftimmt werden (*a*).

2) Kann ein Bewäfferungsunternehmen nur durch gemeinfchaftliche Veranftaltung auf einer größeren Fläche ausgeführt werden, und ift die Nützlichkeit außer Zweifel, fo darf von der Mehrheit der Betheiligten, wenn fie zugleich den größeren Theil der Fläche befitzt, auch die Minderheit zur Mitwirkung genöthigt werden, wie bei anderen wichtigen Verbefferungen (§. 100), doch in der fchonendften Weife (*b*). Der Entwurf zu einer folchen Anlage wird von denjenigen Grundeigenthümern, welche die Ausführung derfelben beabfichtigen, der Verwaltungsbehörde übergeben, welche fowohl die Zweckmäßigkeit zu prüfen als die irgendwie Betheiligten zu vernehmen hat.

3) Die Eigenthümer aller durch eine und diefelbe Vorrichtung (Hauptzuleitungsgraben ꝛc.) zu bewäffernden Grundftücke werden in eine unter Aufficht der Staatsbehörde ftehende

Genossenschaft vereinigt, die, wenn sie zahlreich ist, aus ihrer Mitte Vorsteher zur Besorgung der Geschäfte wählt, in allgemeinen Versammlungen Beschlüsse faßt, Beiträge zu den Kosten auf die Mitglieder umlegt u. dgl. (c). Nur hiedurch wird es möglich, das Unternehmen ohne Störung durch Gemeinde- oder Bezirksgränzen als ein Ganzes planmäßig zu Stande zu bringen und der so erregte Gemeinsinn trägt zur Ueberwindung mancher Schwierigkeiten bei.

4) Zur Erwerbung der für Schleusen, Schöpfgräber, Leitungsgräben u. dgl. erforderlichen Grundstücke wird nöthigenfalls wie bei den Entwässerungen (§. 104) eine Zwangsabtretung gegen vollständigen Ersatz nach der Abschätzung durch Sachverständige angeordnet, wenn die zu erwartende Erhöhung des Bodenertrages so erheblich ist, daß das Unternehmen als in hohem Grade gemeinnützig erscheint (d). Sind bloß Zu- oder Ableitungsgräben durch Grundstücke nicht betheiligter Eigenthümer zu führen, so genügt es, diese zur Uebernahme einer Dienstbarkeit (Servitut) zu Gunsten der Wässerungsgesellschaft zu verpflichten, ebenfalls gegen vollen Ersatz des hierin liegenden Nachtheils und mit billiger Rücksicht darauf, daß durch die Richtung und Bauart der Gräben die Grundeigenthümer so wenig als möglich in der Benutzung ihres Landes gestört werden (e).

(a) Dahin gehört z. B., daß unter gewissen Bedingungen der Eigenthümer des einen Ufers eines Flusses oder Baches zur Bewässerung auch das andere Ufer zu Hülfe nehmen darf, baier. Ges. I §. 86, 87, — ferner die Verpflichtung des Uferbesitzers, das benutzte Wasser wieder in den alten Lauf zurückzuleiten, bad. Landr. (Code Napol.) Art. 644.

(b) Hess. Ges. §. 6: Die Besitzer des größeren Theils der Wiesenfläche können beschließen. — Bad. Ges. §. 1 und baier. Ges. 11 §. 16: Die Eigenthümer von ⅔ der Grundfläche. Nach dem baier. Ges. muß der Kostenantheil der durch Zwang herbeigezogenen Minderheit nöthigenfalls von den Anderen vorgeschossen werden, auch ist eine Forderung von Rückerstattung zulässig, wenn das Unternehmen den erwarteten Nutzen nicht gewährt, §. 17. 18.

(c) In Spanien bilden die Anwohner an jedem Bewässerungscanal eine Genossenschaft, gremio. Der „königliche Canal" (acequia real) von Moncada z. B. steht unter den Bürgermeistern der nächsten 12 Ortschaften; diese ernennen 1 Verwalter oder Syndicus (eequiero real), mehrere Aufseher (vehedores), 1 Schreiber, 3 Wächter. Die bewässerte Strecke ist 6048 pr. Morgen groß. — Die Syndici der 7 großen Canäle bilden das seit alten Zeiten bestehende Wassergericht (Cort de los Acequieros oder de la Seo), welches sich alle Donnerstage unter dem Portal der Hauptkirche von Valencia versammelt und über Vergehungen an ten Canälen, Schleusen u. dgl. erkennt. Jaubert de P. II, 114. — Syndicate (Ausschüsse, Vorstände) der neueren französ. Wässerungs= gesellschaften von Vaucluse, St. Pons ꝛc. von 1841, 1842, 1843, Nadault de Buffon III, 352. — Aehnliche Genossenschaft der An= wohner am Lintheanal, S. 103 (a). — Genossenschaften, welche drei Bevollmächtigte und einen Verrechner wählen, bad. Ges. §. 14 ff. — Aehnlich baier. Ges. II, §. 2.

(d) Dieß ist die wichtigste Bestimmung, ohne welche viele Verbesserungen unterbleiben müssen. Sie kommt daher in allen angeführten Gesetzen vor.

(e) Nach dem venezianischen Ges. v. 1455 mußte man dem Eigenthümer das zu einer Wasserleitung nöthige Land um den doppelten Werth ver= güten. Die mailändischen Gesetze v. 1502 und 1541 verlangen den Ersatz des Werthes und 1/4 darüber, ferner die Vergütung des ander= weitigen Schadens. Ebenso französ. Ges. v. 20. April 1604. Sardin. Gesetzb. v. 1837 §. 627: 1/5 darüber. Der Grund hiezu scheint darin zu liegen, daß bei der eingeräumten Dienstbarkeit der Eigenthümer die Steuern und anderen Lasten des zur Wasserleitung verwendeten Landes zu tragen hat. Nadault de Buffon III, 58. 123. — Nach dem preuß. Ges. v. 1843 §. 25. 26 kann der Unternehmer der Bewässerungs= anlage die Servitut auf einem fremden Grundstück verlangen, der Eigen= thümer desselben aber auch das Eigenthum des erforderlichen Landes selbst gegen Entschädigung abtreten. Diese besteht in dem abgeschätzten Betrage unter Zusatz von 1/4 desselben, §. 45. — Bad. Ges. §. 3: es kann Abtretung oder Dienstbarkeit gefordert werden. — Das baier. Ges. §. 89 giebt mehrere Bedingungen, unter denen die Dienstbarkeit angesprochen werden darf, z. B. daß die Leitung nicht durch Gebäude, Höfe oder Gärten geht, wie es auch im franz. Ges. v. 29. April 1845 vorgeschrieben ist.

§. 150 b.

5) Die größte Schwierigkeit liegt in den schon bestehenden Berechtigungen zur Benutzung des Wassers für gewerbliche Zwecke, hauptsächlich für Mühlen u. a. Fabriken und Berg= werke, zumal da solche Berechtigte meistens sich im Besitze einer größeren Wassermenge befinden als sie gerade nöthig hätten. Diese Rechte haben allerdings, wie alle anderen im Staate, Anspruch auf Beschützung, sowie zugleich die auf sie gestützten Gewerbsunternehmungen als Zweige der Hervorbringung ge= schont zu werden verdienen (a), auch giebt es Fälle, in denen eine Gewerksanstalt volkswirthschaftlich höher anzuschlagen ist als die Vermehrung des Heuerzeugnisses, allein es treten auch viele Fälle entgegengesetzter Art ein (b). Es ist die Eigen= thümlichkeit des fließenden Wassers, daß an ihm Jeder nur ein beschränktes Nutzungsrecht haben kann, weil Viele auf den Gebrauch des nämlichen Wasserlaufes angewiesen sind, und daß daher die gemeinnützigste Verwendung erstrebt werden muß. Wo der Gebrauch einer Wassermasse für den landwirthschaft=

lichen Zweck einen weit größeren Vortheil verspricht, da läßt sich eine Zwangsabtretung des Wasserrechts rechtfertigen (c). Es ist daher bei einem solchen Widerstreite der gewerblichen Zwecke eine unbefangene und gründliche Untersuchung und Abwägung des auf beiden Seiten anzunehmenden Vortheils und Nachtheils nöthig, wobei nicht allein die Größe des Erzeugnisses, sondern auch die Menge des angewendeten Capitals, der beschäftigten Arbeiter und andere wirthschaftliche Umstände, sowie auch die von den Betheiligten geltend gemachten Gründe in Betracht kommen müssen (d). Eine erzwungene Einschränkung oder gänzliche Entziehung solcher Berechtigungen ist, wie sich von selbst versteht, nur gegen vollständige Entschädigung zulässig, und wenn diese richtig ausgemittelt wird, so unterbleiben schon solche Bewässerungen, welche bei jener Schadloshaltung keinen Gewinn mehr versprechen, auch würde ein geringer Mehrertrag zur Anwendung eines Zwanges keinen genügenden Grund geben. Gesammelte Erfahrungen werden späterhin zu einer gerechten und volkswirthschaftlich zweckmäßigen Entscheidung solcher Widerstreitsfälle sicherere Anhaltspuncte geben, als man sie bis jetzt hat. Es lassen sich hiebei folgende Unterschiede aufstellen.

a) Hat der Berechtigte über mehr Wasser zu verfügen, als er jetzt benutzt, so entgeht ihm nur die Gelegenheit zur künftigen leichten Vergrößerung seines Werkes und die Sicherheit vor Störungen, z. B. in großer Trockenheit; die Entschädigung für die Abtretung des Ueberflusses ist also nach diesen Umständen zu bemessen (e).

b) Ist der Berechtigte im Stande, durch bessere Werkeinrichtungen mit einer geringeren Wassermenge sein Gewerbe ungeschmälert fortzusetzen, so müssen ihm alle Kosten und Beschwerden vergütet werden, die eine solche Veränderung nach sich zieht (f).

c) Ist dieselbe schwierig oder unausführbar, so daß das Gewerbe beeinträchtigt werden würde, so bleibt, wenn keine andere Vereinbarung gelingt, nur die Abtretung der ganzen Gewerksanlage übrig (g).

6) Für die Beiträge der Genossenschaftsmitglieder zur Bestreitung der Kosten ist der Antheil eines jeden an der

bewässerten Fläche der einfachste Vertheilungsmaaßstab. Da aber derselbe in einzelnen Fällen zur Unbilligkeit führt, wenn z. B. der Nutzen zu ungleich ist, oder ein Theil der Ländereien viel größere Kosten verursacht, so soll es gestattet sein, einen anderen Maaßstab zu wählen, z. B. nach Classen der Grundstücke (*h*).

7) Das bei der Ausführung eines Entwässerungsplanes zu beobachtende Verfahren wird gesetzlich geregelt. Die Regierung schreibt bei der Genehmigung solche Bedingungen vor, welche zur Verbürgung des guten Erfolges nothwendig sind.

8) Die Gesellschaft muß zur Besorgung der Wässerungen und überhaupt zum Schutze der Wiesen einen oder mehrere Wärter halten, auch eine Wässerungsordnung aufstellen, welche die Zeit und Art des Wassergebrauches genau regelt (*i*).

(*a*) Eine lebhafte Schutzrede für die Gewerke gegen die Forderungen der Wiesenbesitzer ist die a. Schrift von Volz, ferner: Gutachten des Ausschusses der württemb. Wasserwerkbesitzer über Tit. 12 und 13 des Entwurfs eines Landesculturgesetzes, Stuttg. 1553. — Vergleichung der beiderseitigen Ansprüche bei Vogelmann, S. 17—31.

(*b*) Bei Orange (Dep. Vaucluse) haben die Triebwerke 6 Tage wöchentlich das Wasser eines Flusses, 1 Tag die Wiesen und es werden 258 Hekt. bewässert. Man könnte also in den 6 Tagen noch 1548 Hekt. bewässern und zu 126 Fr. (?) einen Mehrertrag von 195000 Fr. ziehen, während jene Werke nicht voll 30000 Fr. einbringen. De Gasparin, Cours d'agric. I, 482. (Der Unterschied bleibt ansehnlich, auch wenn man nur die Hälfte, 63 Fr., Mehrertrag annimmt.)

(*c*) Unter gewissen Umständen könnte dieselbe auch gegen die Wiesenbesitzer zu Gunsten einer Gewerksanlage bewilligt werden.

(*d*) Die Vortheile der Bewässerung sind in dem angef. Gutachten (*a*) zu niedrig angeschlagen worden, vgl. §. 150 (*c*). — Die meisten Angaben über den Wasserbedarf zu einer guten Wässerung sind zu unbestimmt, auch macht die Art der Wässerung, des Bodens, Klima's ꝛc. großen Unterschied. Man muß sich ferner verständigen, ob man das auf die Wiese wirklich fließende, oder das für dieselbe von einem Flusse abgeleitete Wasser im Sinne hat, weil von diesem noch ein ansehnlicher Verlust abgeht, ferner ob nur das wirklich von der Wiese festgehaltene, oder das darauf geführte und dann wieder ablaufende Wasser gemeint ist. Nach mailändischen Erfahrungen reicht 1 Cub. F. Wasser in der Secunde zur Bewässerung von ungefähr 210 pr. M. das Jahr hindurch hin. In Belgien braucht 1 Hektar $2^{1}/_{2}$—3 Liter fortwährenden Wasserzufluß, (Défrichement des terres incultes S. 32), also reicht man mit 1 Cub Fuß (27 Liter) auf $10,^{8}$—$13,^{5}$ Hekt. = 42—$52^{2}/_{3}$ pr. M. — Auch deutsche Erfahrungen führen auf 40 bad. — 56 pr. M., wobei jedoch der größte Theil des Wassers wieder in den Bach zurückkehrt (Abwasser). Die Zahlen bei Vogelmann S. 43 zeigen 91 bad. — 128 pr. M. an. Dagegen gehen 17—20 Cub. F. Wasser in der Secunde bei 3—5 F. Geschwindigkeit mit ununterbrochene Pferdekraft (aus den Sätzen bei Wallace, The Practical mechanics pocket guide S. 22 berechnet), womit z. B. 200 Water- oder 300 Mulespindeln sammt den Vorbereitungsmaschinen bewegt werden, **Karmarsch, Handb. II, 1104. 1108.** — Bei den älteren Mühlen ist das Wasser viel unvollständiger benutzt als bei neueren mit besseren Räderwerken. Als Triebkraft wirkt allerdings das Wasser das ganze Jahr hindurch, zur Bewässerung nur einen Theil des Jahrs, dagegen giebt es enge Thäler mit starkem Wassergefäll, in denen keine Wiesen Raum finden, folglich die Anwendung für Gewerke freien Spielraum findet.

(*e*) Nach dem baier. Ges. I, §. 62 kann dasjenige Wasser in Anspruch genommen werden, welches der Ufereigenthümer oder Berechtigte nicht selbst benutzt, und die Besitzer von Triebwerken können verpflichtet werden, gegen Entschädigung Wasser abzugeben, insoferne für ihr Gewerbe kein erheblicher Nachtheil daraus entsteht. — Das preuß. Ges. v. 1843 §. 16 giebt den Besitzern der Triebwerke gegen die Ufersbesitzer nur da ein Widerspruchsrecht, wo sie einen speciellen Rechtstitel auf das ganze Wasser oder eine Quote desselben haben, oder wo ihr Gewerbe leiden würde. Dieß wird von Volz a. a. O. mit Recht getadelt, indem auch die Verjährung den Berechtigten Schutz geben sollte.

(*f*) Bad. Ges. §. 4: Entziehung des einem Anderen zustehenden Wassers gegen Entschädigung ist nur dann erlaubt, wenn „der Berechtigte sein Gewerbe etwa mit Verbesserung seiner Einrichtungen, in gleichem Umfang wie bisher" forttreiben kann. Aber schon die bad. Mühlenordnung v. 18. März 1822 hatte die Besitzer von Wasserwerken verpflichtet, solche Einrichtungen zu treffen, daß die größte Wirkung hervorgebracht und dem Wasser der möglichst freie Lauf gelassen wird. — Preuß. Gesetz v. 1843 §. 34 ff.: Der Triebwerksbesitzer kann nicht zu Veränderungen der inneren Vorrichtungen, wohl aber zur Umgestaltung der Stauwerke, des Gerinnes und Wasserrades auf Kosten der Provocanten angehalten werden.

(*g*) Uebereinstimmend das bad. Ges. §. 4. — Der Ankauf der Mühle ꝛc. ist in solchen Fällen das einfachste Mittel. Sie kann sodann mit gemindertem Wasserrechte wieder verkauft werden. Vgl. Schenk, S. 42.

(*h*) Uebereinstimmend baier. Ges. II, §. 13. — Für die Umlegung nach der Morgenzahl Stuttg. landw. Versammlung. S. 265 des Amtl. Berichts. — Festsetzung durch Schiedsrichter, bad. Ges. §. 18.

(*i*) Beisp. bei Zeller a. a. O. — Baier. II. Ges. §. 10: der Ausschuß der Genossenschaft bildet den Wiesenvorstand, der sogar Strafen bis 10 fl. androhen darf.

§. 150 c.

Von anderen Beförderungsmitteln des Wiesenbaues sind vorzüglich zu nennen:

1) Herbeiziehung und Anstellung von kundigen Wiesenbaumeistern, die den Wiesenbesitzern Rath und Beistand leisten.

2) Anordnung eines Unterrichtes im Wiesenbau, um sowohl unter den kleineren Landwirthen diese Geschicklichkeit zu verbreiten, als auch Wiesenbaumeister und Aufseher zu bilden (*a*).

3) Aufstellung musterhafter Wiesenanlagen auf Staatsgütern, als Vorbilder.

4) Vorschüsse an Gemeinden und Genossenschaften, welche größere Unternehmungen der im §. 150 erwähnten Art anfangen (*b*).

5) Anlegung größerer Bewässerungscanäle, besonders wenn sie zugleich zur Schifffahrt dienen, auf Staatskosten, wobei dann eine Abgabe für das zu Bewässerungen benutzte Wasser erhoben wird (*c*).

(*a*) Dieser Unterricht wird mit Uebungen bei neuen Wiesenanlagen in Verbindung gesetzt. Er muß sich sowohl auf das Abwägen (Nivelliren) und Feldmessen, als auf die Umgestaltung der Wiesen zum Behufe der Wässerung und auf die gute Benutzung der Wiesen beziehen. Ein solcher Unterricht ist mit gutem Erfolge in Darmstadt gegeben worden, Zamminer im Amtl. Bericht über die Vers. zu Karlsruhe, S. 58. — Vgl. §. 145.

(*b*) Dieß ist z. B. in Belgien geschehen. Das baier. Ges. II. v. 28. Mai 1852 §. 15 stellt ebenfalls solche Vorschüsse aus Central- oder Kreisfonds in Aussicht.

(*c*) Die großen Canäle in der Lombardei gehören sämmtlich dem Staate. In diesem Falle wird der für eine gewisse Wassermenge zu entrichtende Preis festgesetzt und für jeden Grundeigenthümer durch sorgfältige Wassermessung ermittelt; in der Lombardei gegen 20 Fr. für 1 Hekt. jährlich. — Belgische Canäle, s. §. 104. Auch hier ist eine Abgabe von der Benutzung des Wassers bei einem neuen Canale angeordnet worden, Kummer, Création de prairies irrigables, 1851 S. 94. — Nach den Vorschlägen von R. Baird Smith (Agricultural resources of the Punjab, London, 1849) würden in dieser jetzt britischen Provinz neue Canäle mit einer Abgabe von 1 Rupee (2 Schill.) für den Acre großen Nutzen stiften, wie die schon vorhandenen Wässerungen schließen lassen.

II. Gartenbau.

§. 151.

Der Bau der Gartenkräuter (I, §. 379) nützt nicht allein seiner Erzeugnisse willen, sondern giebt manche Gelegenheit, durch Nachahmung einzelner in ihm angewendeter Kunstmittel den Ackerbau zu vervollkommnen. Indeß erfordert jener wenig Pflege der Regierung, weil die Freiheit in der Benutzung des Landes und die Leichtigkeit des Absatzes, welche theils gute Straßen, theils die Nähe volkreicher Städte gewährt, schon eine starke Ermunterung geben. Doch sind Gartenbauschulen nützlich (§. 145 (*n*)), besonders wenn der Gemüsebau in einem Lande noch weniger gut betrieben wird. Die Obstzucht (I, §. 381) bedarf mehr der Aufhülfe, da sie meistens nicht von besonderen Gärtnern, sondern von gewöhnlichen Landwirthen und zwar von Besitzern kleiner

Güter getrieben wird und gerade in dieser Verbindung mit dem Feldbau ihr größter Vortheil liegt. In vielen Gegenden ist die Beschaffenheit der Obstsorten so wie die Verwendung der Früchte einer Verbesserung fähig, in anderen ist zunächst eine größere Ausdehnung des Obstbaues zu erstreben. Beförderungsmittel sind (*a*):

1) Unterweisung in der Obstzucht. Die Dorfschullehrer können für diesen Zweck benutzt und in den Landgemeinden Schulgärten angelegt, auch einzelne vorzügliche Lehrer dieses Zweiges angestellt werden (*b*).

2) Anlegung von Baumschulen auf Veranstaltung des Staats, wenn die Privatbaumschulen nicht genügen, um Stämme von guten, den örtlichen Verhältnissen am meisten entsprechenden Obstsorten wohlfeil in die Hände der Landwirthe zu bringen (*c*). Die Vorsteher dieser Baumschulen können auch beauftragt werden, den Gemeinden und den einzelnen Landwirthen in der Obstbaumzucht behülflich zu sein.

3) Verordnung, daß öde Gemeindeplätze, die sich zu keiner anderen einträglicheren Benutzung eignen, mit Obstbäumen besetzt werden sollen.

4) Sorge für Anpflanzung solcher Bäume längs der Landstraßen. Für ihre Erhaltung ist neben den nöthigen polizeilichen Verhütungsmitteln des Baumfrevels die Einrichtung dienlich, daß sie nicht auf der Straße selbst, sondern auf den anstoßenden Grundstücken gesetzt werden und den Eigenthümern derselben gehören.

5) Prämien für diejenigen, welche die meisten und besten Anpflanzungen machen.

(*a*) Die älteren Verordnungen nahmen, ohne sonderlichen Erfolg, Zwangsgebote zu Hülfe, z. B. preuß. Edict von 1764 und 1766, in Bergius, Landesges. I, 35. II, 201. — Die neueren suchen mehr vermittelst der Ermunterung zu wirken, z. B. baier. V. v. 20. Juni 1826, in Jaup's Staatsboten, 1826. I, 22.

(*b*) Kreisgärtner in der Kurmark seit 1770, zum Unterricht der Landleute.

(*c*) Preuß. Landesbaumschule zu Potsdam, 1823. Zur leichteren Bestreitung des Aufwandes werden Zuschüsse von Actionären angenommen, welche dafür die veredelten Stämme um niedrigere Preise erhalten. — Man muß die Sorten für das Klima jeder Gegend auswählen, ferner die feinen Tafelsorten von denjenigen unterscheiden, welche weniger empfindlich und für den Verbrauch der arbeitenden Classen vorzüglich geeignet sind. — Der Empfänger unentgeldlich vertheilter Obststämme darf zur guten Behandlung derselben angehalten werden.

§. 152.

Der Erfolg des Rebbaues (I, §. 379, 380) wird zwar zunächst von der Beschaffenheit des Klimas und Bodens bedingt, hängt aber doch auch sehr von der fleißigen und zweckmäßigen Behandlung ab (a) und kann durch verschiedene Maaßregeln verstärkt werden, zu denen die Regierung desto mehr mitwirken muß, je weniger in einer Gegend durch Vereine oder wohlhabende und eifrige Rebbesitzer geschieht.

1) Die Anlegung neuer Rebgärten überhaupt zu erschweren, oder insbesondere da zu verbieten, wo man der Bodenbeschaffenheit wegen keinen Vortheil davon erwartete, ist ein nicht zu rechtfertigender Zwang (b).

2) Um die Anpflanzung solcher Rebensorten welche in jeder Gegend als die angemessensten erkannt werden (b) zu befördern, sind Rebschulen nützlich, die nöthigenfalls auf Staatskosten angelegt werden, auch die Austheilung von Setzlingen (c). Zur Verdrängung von Sorten, welche zwar vielen, aber schlechten Wein geben, genügt eine Warnung (d).

3) Die besseren Methoden der Anlegung von Rebgärten, des Schnittes und der Befestigung der Reben an Pfähle, Rahmen ꝛc. werden am besten durch Beispiel verbreitet, wozu, wenn es an anderen Mustern fehlt, Domanialrebgärten benutzt werden können (e).

4) Für die Gewinnung wohlfeiler und dauerhafter Rebpfähle läßt sich von Seite der Forstbeamten Sorge tragen (f).

5) Die Lese mußte, so lange der Weinzehnte bestand (§. 67), in jedem Flurbezirk gleichzeitig vorgenommen werden, und hiebei hatte man darauf zu sehen, daß nicht vor der eingetretenen Reife der meisten Trauben, und überhaupt so spät gelesen werde, als es Jahreszeit, Wetter und Beschaffenheit der Trauben nur irgend zulassen. Nach der Ablösung des Zehnten kann jedem Eigenthümer die Zeit der Lese frei gestellt werden, welches darum großen Vortheil gewährt, weil die Reife bei Verschiedenheiten der Traubensorten, der Lage, der Erdart ꝛc. nicht zu gleicher Zeit erfolgt (g).

6) Bei dem Keltern und der Leitung der Gährung werden aus Unkunde Fehler begangen, zu deren Vermeidung gemein-

verständliche Belehrungen dienlich sind (*h*). Der Zwang, sich gewisser Keltern bedienen zu müssen (Bannkeltern), ist schädlich (*i*).

(*a*) Metzger, Der rheinische Weinbau, Heidelb. 1827. — v. Babo, Der Weinbau, Frankfurt, 1842. — Dornfeld, Die Wein- und Obstproducenten Deutschlands, 1852. Auch die Schriften über den Rebbau einzelner Länder sind sehr lehrreich, z. B. Hörter über die Rheingegend, Schams über Ungarn, Lullin über das Waadtland, Brönner über Süddeutschland und Frankreich.

(*b*) Alte badische und würtemb. Verordnungen, v. Berg, III, 290. Frankreich, Arrêt des Staatsrathes von 1731. Fournel, I, 242. — Man fürchtete theils die Schmälerung des Getreide-, Futter- und Waldbaues, theils die Wohlfeilheit des Weins und den Nachtheil für den guten Ruf desselben. Noch gewaltsamer ist es, Rebland von Amtswegen aushauen zu lassen, was Pombal in Portugal gethan haben soll und Domitianus beabsichtigte: Ad summam quondam ubertatem vini, frumenti vero inopiam existimans nimio vinearum studio negligi arva, edixit, ne quis in Italia novellaret, utque provinciis vineta succiderentur relicta, ubi plurimum, dimidia parte; nec exsequi rem perseveravit. Sueton. in Domitiano C. 7.

(*c*) Die Sorten müssen mit Rücksicht auf Boden, örtliches Klima, ebene oder abhängige Lage, Richtung des Abhanges gegen die Himmelsgegenden ꝛc. ausgewählt werden, worin man häufig noch sehr zurück ist. Reben von ungleicher Reife sollten nicht durch einander gepflanzt werden. Vergl. Schübler im Correspondenzblatt des würtemb. l. V. 1826. II, 228. — Dornfeld, S. 145.

(*d*) Speierische Verordnungen von 1783 (Samml. IV, 310. 318.) geboten die Ausrottung.

(*e*) Reynier (Écon. publ. & rurale des Grecs, S. 445) bemerkt, daß die Griechen überall die Reben niedrig zogen, die Römer hoch, wie es in Italien geschieht. Die hochgezogenen Reben sind wenigstens im deutschen Klima unvortheilhaft. — Nachtheile stark schattender Bäume in gutem Reblande; Befehl, sie auszurotten (zu gewaltsam), s. speierische V. vom 16. März 1772, gemildert den 7. Dec. eod. Samml. IV, 177. 186.

(*f*) Anbau der Akazie, welche sich durch ihre Schnellwüchsigkeit zu diesem Behufe empfiehlt und in dem Weinklima an geschützten Orten wohl gedeiht. — Weiden zu Anbinden der Reben.

(*g*) Je später gelesen wird, desto zuckerreicher wird der Most, desto geistiger der Wein. Schübler fand das specifische Gewicht des Mostes von Drollingertrauben am 22. Oct. 1825 zu 1,^{075}, am 6 Nov. zu 1,^{106}, ein für Deutschland seltener Grad der Dichtigkeit. Aehnliche Erfahrungen machte Walz, s. Dornfeld S. 349. — Auch da, wo kein Zehnte gegeben wird, findet man angemessen, das zu frühe Lesen vor der Reife zu verbieten, theils damit nicht der schlechtere hiebei gewonnene Wein den Ruf guter Weinorte verderbe, theils weil, wenn die Lese einmal angefangen hat, der Zugang zu den benachbarten Rebgärten offen steht und Diebstähle schwer zu verhüten sind. Letzteres ist der Hauptgrund, und deßhalb werden die mit Mauern ganz eingeschlossenen Rebgärten von dem Banne ausgenommen. Fournel, II, 77. — Der Anfang der Lese wird durch den Gemeinderath bestimmt. Späteres Lesen steht jedem frei. Dornfeld S. 281. — Daß von dem Eintritt der Reife an auch dem Eigenthümer der Zugang in die Rebgärten verwehrt wird, ist hauptsächlich zur Sicherung des Zehntherrn angeordnet worden.

(*h*) B. des Stuttgarter Stadtraths vom 10. Aug. 1826, daß die Bütten, in denen der Wein auf den zerstampften Trauben stehen bleibt, bedeckt werden müssen. Die Empfehlung offener Gährbütten durch Liebig scheint sich nicht bewährt zu haben. — Absonderung fauler Beeren, sorgfältige Zerquetschung; Einsetzen einer in Wasser geleiteten Röhre in den Spund des Fasses, um die Kohlensäure ohne Luftzutritt entweichen zu lassen ꝛc. — Den Fehlern, welche bei der Gährung begangen werden, ist die geringe Haltbarkeit der meisten italienischen Weine zuzuschreiben. — F. G. Gmelin, Grundsätze der richt. Behandlung der Trauben bei der Bereitung der Weine in Würtemb. 1822. — Serviere, Die Getränkekunde. Frankfurt, 1824. — Hörter II, 138. — Dornfeld S. 311.

(*i*) Maaßregeln der Sicherheitspolizei in Bezug auf den Weinbau sind die Aufsicht zur Verhütung des Diebstahles und die Veranstaltung von Räucherungen, um dem Schaden von Spätfrösten vorzubeugen.

III. Waldbau.

§. 153.

Die Sorgfalt der Regierung für die Waldungen bezieht sich, abgesehen von den Domanialforsten, theils auf die Beschützung derselben gegen mancherlei Beschädigungen (Forstschutz, eigentliche Forstpolizei), theils aber auf die in volkswirthschaftlicher Hinsicht gute Benutzung derselben. In den Forstordnungen älterer und neuerer Zeit sind die auf diese beiden Zwecke gerichteten Maaßregeln mit einander verschmolzen. In den ältesten Zeiten waltete eine große Sorglosigkeit in Bezug auf Erzeugung und Verbrauch des Holzes, sowie sie noch jetzt in waldreichen sehr gering bevölkerten Ländern Statt findet. Als die schädlichen Folgen dieser Vernachlässigung fühlbar wurden, hielt man es für nothwendig, die Bewirthschaftung der Privatwaldungen einer starken Bevormundung zu unterwerfen, ungefähr wie die Privatbergwerke (§. 33), so daß jene zum Theil wie die Staatswaldungen behandelt und von den Forstbeamten beaufsichtigt wurden. Erst in der neuesten Zeit hat man sich die Aufgabe gesetzt, das richtige Maaß der staatlichen Einwirkung auf die Forstwirthschaft der Bürger aufzusuchen und unnöthige Einschränkungen der letzteren aufzuheben (*a*).

In den meisten Staaten ist die Oberaufsicht auf die Privatforstwirthschaft und die Leitung des Domanialforstwesens einer und der nämlichen Oberbehörde übertragen. Diese Verbindung zweier ihrem Zwecke nach verschiedener Thätigkeiten ist in Bezug auf die erforderliche Sachkenntniß nützlich, bringt aber eine Gefahr mit sich, daß Rücksichten auf den Vortheil der Staatscasse sich in die Verfolgung jener polizeilichen und volkswirthschaftlichen Zwecke zu sehr einmischen (b).

(a) v. Berg, III, 134. — Gr. Soden, I, 109. — Murhard, Ideen über wichtige Gegenst. aus dem Gebiete der Nation.-Oek. S. 180. — v. Jakob, Polizeigesetz. II, §. 191. — Hundeshagen, Forstpolizei, 1831. 3. Ausg. v. Klauprecht, 1840. — Pfeil, Grundsätze der Forstwirthschaft in Bezug auf Nationalökonomie und Finanzwissensch. I. Bd. 1822. Deff. Forstschutz und Forstpolizeilehre, 1831. Deff. Die Forstpolizeigesetze Deutschlands und Frankreichs, 1834. — Müller, Verf. zur Begründ. eines allgem. Forstpolizeigesetzes. Nürnberg, 1825. — Schenk, Volkswirthschaftspflege, II. — G. L. Hartig, Entwurf einer Forst- und Jagdordnung. Berlin, 1833. — Krause, Ueber Forstgesetzgebung in Deutschland, 1834. — Arnsperger, Die polizeiliche Beaufsichtigung der Privatwaldungen im Gr. Baden, 1838. — Arnsperger u. Gebhard, Forstl. Zeitschrift, I, 3. — v. Mohl, Polizei, II, 229. — Grebe, Die Beaufsichtigung der Privatwaldungen von Seite des Staats, Eisenach, 1845. (vorzüglich gehaltreich). — v. Berg, Die Staatsforstwirthschaftslehre, 1850. S. 244. — Ueber die Forstwirthschaft einzelner Länder: Hannover, Festgabe für die Mitglieder der 15. Versammlung deutscher Land- und Forstwirthe, 1852, 2. Theil. — Die Forstverwaltung Badens, Karlsruhe, 1851 (Amtlich). — Braunschweig: Festgabe für die 20. Versammlung. 1858. S. 171. — Die Forstverwaltung Baierns, München, 1861 (Amtlich, sehr ausführlich). Beispiele neuer Forstgesetze: Frankreich, Code forestier v. 31. Juli 1827 Ordonnance d'éxécution v. 1. Aug. 1827. (Die Ausgabe des Code von de Vaux und Foelix, P. 1827, II. Bd., enthält zugleich die Kammerverhandlungen und die älteren Gesetze). — Baden, 28. Dec. 1833 und Gesetz vom 27. April 1854. — Canton Waadt, 12. Juni 1835. — Baiern, 28. März 1852, Vollzugs-V. v. 29. Juni 1852. — Oesterreich, 3. Dec. 1852.

(b) Eine unter dem Ministerium des Innern stehende Forstpolizeidirection wurde in Baden durch V. v. 1. Mai 1834 errichtet, aber durch V. v. 10. April 1849 wieder aufgehoben.

§. 153 a.

Die Forstwirthschaftspflege unterscheidet sich in Ansehung der in ihr herrschenden Regeln beträchtlich von den Maaßregeln für andere Zweige der Landwirthschaft. Die Gründe dieser Abweichung sind aus folgenden Umständen abzuleiten:

1) Das Holz ist zum Brennen, zum Bauen und mancherlei anderen Verwendungen von großem Werthe und eine schnelle Vertheurung desselben wird deßhalb lästig empfunden, I, §. 385.

2) Die Wälder wirken in gewissen Fällen günstig auf die Naturbeschaffenheit und Fruchtbarkeit der Länder (§. 157).

3) Ihre Erzeugnisse (Gras, Streu, Mast) vermögen dem Feldbau eine Hülfe zu gewähren.

4) Wegen der großen für menschlichen Gebrauch erforderlichen Holzmasse, besonders in dem Klima des mittleren und nördlichen Europas, wird die Versorgung aus entfernten Waldungen durch die ansehnlichen Frachtkosten erschwert. (a).

5) Der langsame Wuchs des Holzes und das Erforderniß eines ansehnlichen Vorrathes von stehendem Holze (I, §. 389. 390) machen eine planmäßige Fortsetzung der Forstwirthschaft durch lange Zeiträume nothwendig, weil sonst die nachtheiligen Folgen einer fehlerhaften Behandlung der Waldungen noch in späterer Zeit fühlbar sind.

6) Die Holzgewächse gedeihen noch gut auf solchen Stellen, die zur Erzeugung anderer nutzbarer Pflanzen wenig tauglich sind. Auf diesem sog. **unbedingten Waldboden** stellt sich sowohl die Grundrente des Waldgrundes (I, §. 386) als der Holzpreis in der Nähe der Waldungen niedrig, und der letztere ist dann überhaupt niedrig, wenn zugleich in einem größeren Lande dieser Waldboden gut unter die einzelnen Bezirke vertheilt ist. In den Ebenen haben die mit losem Sande bedeckten Flächen, in den Gebirgen die Bergrücken bis zu einer gewissen Höhe und die steilen Abhänge derselben die natürliche Bestimmung zum Holzwuchse.

(a) Die bad. Klafter (144 C. F., worin nach gewöhnlicher Annahme gegen 100 C. F. Derbmasse) Buchenscheitholz wiegt gegen 37, Nadelholz 27³/₄ Centner. Werden 50 C. F. als Bedarf eines Kopfes angenommen, so betragen diese 23 und 17³/₄ Centner.

§. 154.

Die Zwecke, auf welche die Staatsgewalt bei der Pflege der Forstwirthschaft Bedacht zu nehmen hat, sind demnach folgende:

1) Inländische Gewinnung des Holzbedarfes, außer wo etwa das Fehlende leicht, sicher und mit mäßigen Kosten vom Auslande bezogen werden könnte, wie dieß z. B. in kleinen Staaten oft der Fall ist.

2) Eine volkswirthschaftlich vortheilhafte Benutzung des Bodens; hiezu gehört, daß

a) der unbedingte Waldboden wirklich zur Holzgewinnung verwendet und der auf demselben stehende Wald gut bewirthschaftet wird, zunächst für die Befriedigung des Landesbedürfnisses, sodann, wenn noch ein Ueberschuß von Holz erzeugt wird, zum auswärtigen Verkehre,

b) daß dagegen von dem für einträglichere Zweige des Landbaues brauchbaren Boden kein größerer Theil dem Holzanbau gewidmet wird, als es, wenn der unbedingte Waldboden nicht zureicht, zur Versorgung der Einwohner erforderlich, oder als es zu einem vortheilhaften Absatz in das Ausland nützlich ist. Dieß wird dann erreicht, wenn die vorhandenen Waldungen den Regeln der Kunst gemäß behandelt und der Holzverbrauch sparsam eingerichtet wird.

3) Zugleich sollen aber die Waldeigenthümer in ihrer Freiheit nicht unnöthig beschränkt, sondern nur solchen Geboten und Verboten unterworfen werden, welche zur Verhütung dauernder volkswirthschaftlicher Nachtheile unerläßlich sind (a).

(a) Die Nichtbeachtung des 2. und 3. Hauptzweckes hat jene unbedingte Vorliebe für die Waldungen veranlaßt, bei der man oft das Holz um seiner selbst willen hoch zu schätzen schien, als wäre es nicht blos eines der Mittel für menschliche Absichten. So gerieth man auf übermäßige Zwangsmaaßregeln gegen die Waldbesitzer.

§. 155.

Unter den Privatwaldungen im weiteren Sinne sind in Bezug auf das Bedürfniß einer Einwirkung der Staatsgewalt diejenigen, welche **den Gemeinden, den kirchlichen und anderen Stiftungen** gehören, von denen zu unterscheiden, welche sich im **Eigenthum einzelner Bürger** befinden (Privatwaldungen im engeren Sinne). Jene müssen immer unter der näheren Aufsicht oder Bevormundung der Staatsforstbehörden bleiben, denn der Staat hat überhaupt darauf zu achten, daß das Vermögen solcher moralischer Personen seiner Bestimmung auf alle Zeiten ungeschmälert erhalten und gut verwaltet werde, und dieß ist bei den Waldungen besonders nöthig, weil man nicht darauf rechnen kann, daß die jedesmaligen Stiftungs- und Gemeindevorsteher sowie die Mitglieder der Gemeinden sich von selbst aus Rücksicht auf die Nachhaltigkeit in der gegenwärtigen Benutzung die nöthigen Beschränkungen auferlegen (a). Es ist folglich dafür zu sorgen, daß diese körperschaftlichen Waldungen im Wesentlichen nach ähnlichen Regeln behandelt werden, wie die Staatsforsten. Je größer also der Theil der ganzen Waldfläche ist, der sich im Eigenthume des Staates und der Corporationen befindet, desto mehr ist auch abgesehen von der Handlungsweise einzelner waldbesitzender Bürger die Herrschaft der Grundsätze einer guten Forstwirthschaft gesichert (*b*). Die Staatsaufsicht auf die Gemeinde- und Stiftungswaldungen ist in folgender Weise anzuordnen:

1) Die zur Bewirthschaftung derselben von den Verwaltern dieses Vermögens bestellten Förster bedürfen der Staatsgenehmigung, zu welcher der Nachweis der erforderlichen Kenntnisse gehört. Die Gemeinde- und Stiftungs-Vorsteher können die Bewirthschaftung ihrer Waldungen auch den Staatsforstbeamten nach besonderer Uebereinkunft übertragen.

2) Die Betriebs- und Culturplane werden auf Veranstaltung und unter der Mitwirkung der Vorsteher von Forstmännern entworfen, von den Staatsbehörden geprüft und genehmigt. Es muß hiebei soweit, als es mit der Nachhaltigkeit vereinbar ist, auf die jedesmaligen Holzbedürfnisse und den Vermögenszustand der Gemeinden und anderen Körperschaften Rücksicht genommen werden (*c*).

3) Für die ganze Behandlung dieser Waldungen werden Verordnungen und Dienstanweisungen aufgestellt, um die forstwirthschaftlichen Kunstregeln zu verbindlichen Vorschriften zu erheben (*d*). Oeftere Besichtigung durch höhere Forstbeamte dient den Vollzug dieser Vorschriften zu überwachen. Dagegen kann die Verwendung der Walderzeugnisse, z. B. der Verkauf, den Gemeinde- und Stiftungsverwaltungen überlassen werden.

4) Die Ausrodung erfordert Staatserlaubniß, vgl. §. 157.

5) Ueber die Theilung solcher Waldungen s. §. 95.

(*a*) „Für die planmäßige Bewirthschaftung von Gemeinde- und Corporationswaldungen ist wenig Sinn vorhanden, an vielen Orten wurden die angewiesenen Schläge überschritten, für die Bepflanzung ausgedehnter Blößen nichts gethan, die früheren Culturen nicht gepflegt, ja eine Gemeinde schlug sogar eine früher gemachte Pflanzung mit der Sense ab!" Zweiter Rechenschaftsbericht des Regierungsrathes an den großen Rath von Zürich für 1832, S. 18.

(b) Die Waldfläche ist nach Procenten so vertheilt:

	Staat	Gemeinden u. Stiftungen	Einzelne
Braunschweig 1856 ...	60	23	7,²
Kurheff. (Hildebrand)	69,7	20,9	15
Hannover 1852 ...	53,6	23,6	22,8
Baiern 1861	34	16	50
Württb. (Memminger)	31,6	37,8	30,4
Gr. Hessen	31,6	39,9	29,3
Frankreich 1850 ...	13,8	21,2	65
Baden 1856	17,2	50,7	32,1
Oesterreichische Alpenländer, 1853 (Wessely)	16	26	58
Belgien 1846	7,1	27,4	65,5

In Baden sind 13 Proc. der ganzen Waldfläche oder 38 Proc. der Privatwaldungen im Besitze der Standes- und Grundherren. Auf 1 Kopf der Einwohner kommt etwas über 1 Morgen Waldfläche. Das Holzerzeugniß auf den Kopf ist zu 0,⁸⁵ Klaftern geschätzt. Arneperger, a. a. O. S. 66.

(c) Man hat nicht wenig Mühe, gegen die oft sehr dringenden und gegründeten Anforderungen der Gemeinden auf jetzigen Genuß der Haupt- und Nebennutzungen die Grundsätze einer nachhaltigen Bewirthschaftung durchzuführen. C. for. Art. 90: Diejenigen Forsten der Gemeinden oder établissements publica werden unter das régime forestier gestellt, die man einer nachtheiligen Behandlung fähig erachtet, auf den Antrag der Forstbehörden und nach Vernehmung der Gemeinde- oder Stiftungsräthe. Nach der Ord. von 1669 wurde ¼ jeder Gemeindewaldung auf dem besten Boden zum Hochwalde (futaie) bestimmt, das Uebrige zum Niederwalde (taillis). — Bad. Forstg. §. 73 ff.: Förster und Gemeinderath entwerfen den Plan gemeinschaftlich, das Forstamt prüft und genehmigt ihn. Der Gemeinderath übergiebt im April das Verzeichniß seines Holzbedarfs, im August muß der Beschluß erfolgen. Besondere Gesuche um einen Holzhieb im Laufe des Jahrs werden nicht berücksichtiget, mit Ausnahme dringender Fälle. Der Förster nimmt bis Ende Octobers die Anweisung des zu fällenden Holzes vor, er verzeichnet das aufgearbeitete und zugerichtete Holz. Von allen Geschäften, die er im Walde vornimmt, die bloße Aufsicht ausgenommen, giebt er dem Gemeinderathe vorher Nachricht, damit dieser eine Mitwirkung anordnen könne. Vgl. die Auszüge aus anderen Forstgesetzen bei Pfeil, Die Forstpolizeigesetze, und baier. Forstges. v. 28. März 1852 Art. 6 ff. Baier. B. v. 29. Juni 1852. — Im Canton Waadt bewirthschaften die Gemeinden ihre Wälder selbst, die Betriebspläne werden aber vom Staatsrathe genehmigt und die Forstinspectoren sehen darauf, daß die Hiebe nicht jenes erlaubte Maaß überschreiten. Geschieht dieß dennoch, so können sie sogleich vorläufig Einhalt thun; auch ist den Gemeinden untersagt, einen Kahlhieb vorzunehmen. Diejenigen Gemeinderäthe, welche die Vorschriften des Forstgesetzes verletzen, oder ihre Wälder durch zu starke oder übel eingerichtete Hiebe verderben würden, werden von der Forstcommission dem Staatsrathe angezeigt. Ges. §. 56 ff. 127 ff.

(d) Das bad. Forstgesetz enthält viele solche technische Vorschriften über das Haubarkeitsalter und dgl. Für die Staatswaldungen sind gesetzliche Bestimmungen unnöthig, weil hier Verwaltungsvorschriften hinreichen, für Privaten sind sie größtentheils nicht bindend, sie nützen daher hauptsächlich in Bezug auf die Gemeindeforsten, damit die Förster gegen die Zumuthungen der Gemeindevorsteher durch die gesetzliche Regel geschützt seien. Die von Pfeil (a. a. O. S. 2 und 49) getadelte Aufnahme solcher technischer Bestimmungen, die mit den Fortschritten der Wissenschaft bald unverträglich werden können, hat auch bei der Berathung des Gesetzes schon Widerspruch gefunden, Verhandl. der 1. Kammer von 1833, Protokoll I, 108.

§. 156.

Einzelne Staatsbürger dürfen in der Bewirthschaftung ihrer Waldungen keiner so starken Bevormundung unterworfen werden, als Körperschaften, denn die Eigenthümer sollen in der Verfügung über ihr Vermögen nicht weiter beschränkt werden, als es wichtige höhere Rücksichten gebieten, auch ist es zweckmäßig, den Staatsforstbeamten unnöthige Geschäfte zu ersparen. Es kann daher in der Regel den Einzelnen die Wahl des Hoch-, Mittel- und Niederwaldbetriebes, die Umtriebszeit, Stärke und Einrichtung des Hiebes ꝛc. überlassen werden. Mag auch eine einzelne Betriebsart unter gewissen Umständen als die gemeinnützigere erscheinen (I, §. 391), so ist dieß doch kein hinreichender Grund, den Eigenthümern eine andere Bewirthschaftungsweise zu untersagen, die sie für vortheilhafter halten, und ein solcher Zwang würde lästige Verwicklungen, Versuche zur Umgehung der Vorschriften und Unlust am Waldbesitz verursachen (a). Die älteren Anordnungen, welche den Waldeigenthümer bei vielen Maaßregeln von dem Staatsforstbeamten abhängig machten und ihn sogar verpflichteten, die einzelnen zu hauenden Bäume von dem Beamten bezeichnen zu lassen (Anweisungsrecht), sind daher nicht mehr zu rechtfertigen.

Dennoch läßt die Aufhebung aller Beschränkungen manche in Hinsicht auf die oben genannten Zwecke (§. 154) gemeinschädliche Folgen befürchten, die nur nicht in allen Zeiten und Ländern in gleicher Stärke zum Vorschein kommen (b). Die Handlungsweise des einzelnen Waldbesitzers, mag sie nun auf Berechnung des in kurzer Frist zu ziehenden Gewinnes an Capital und Zins, oder auf Leichtsinn und Unwissenheit beruhen, zieht bisweilen den Untergang von Waldungen nach sich, deren Erhaltung für die Volkswirthschaft Bedürfniß ist, und ist dann ungefähr wie der Raubbau in den Bergwerken zu betrachten (§. 38). Die Staatsgewalt, da sie das Ganze der Volkswirthschaft überblickt und nicht blos die Gegenwart, sondern auch die kommenden Geschlechter in Bezug auf Erzeugung und Verzehrung des Holzes zu berücksichtigen hat (c), darf daher auch den einzelnen Waldbesitzern zum Wohle der Gesammtheit einige Einschränkungen auferlegen. Wieweit sie hiebei eingreifen dürfe, dies hängt zum Theile von veränderlichen Umständen ab. Dahin gehört unter anderen die Größe der im Eigenthume der Einzelnen befindlichen Waldfläche (§. 155) und die Entbehrlichkeit oder Unentbehrlichkeit derselben zur Befriedigung des inländischen Holzbedürfnisses, ferner der Grad von Kenntniß, Sorgfalt und Vorsicht dieser Waldeigenthümer. Wo Privatwaldungen sich großentheils in den Händen solcher begüterter Familien befinden, in denen eine nachhaltige Bewirthschaftung zur Gewohnheitsregel geworden ist, da ist ein freierer Spielraum unschädlich. Bei kleinen Waldstücken ist es dagegen nicht der Mühe werth, sie in Aufsicht zu nehmen.

(a) Arnsperger, S. 31. — Grebe, S. 76. — Beck, Die Waldschutzfrage in Preußen, Berlin, 1860 (gegen unnöthige Beschränkungen der Eigenthümer). — Aeltere Forstgesetze unterwarfen oft die Privatwaldbesitzer den nämlichen Vorschriften, welche in großer Ausführlichkeit für die Staatswaldungen gegeben waren, z. B. die württemberg. Forstordnungen des 16. Jahrhunderts und die franz. Ordonnance sur le fait des eaux et forêts 13. Aug. 1669. Tit. 26 §. 1 ıc. sowie viele spätere Verordnungen in der Sammlung Ordonnances de Louis XIV sur le fait etc. 1753.

(b) Das preuß. Edict zur Beförderung der Landescultur v. 14. Sept. 1811 §. 4—6 verordnet die unbedingte Freiheit in der Benutzung und Urbarmachung des Waldes. — Das bad. Forstgesetz v. 1833 führte keine völlige Freiheit der Privatwaldungen ein, dennoch verleitete die plötzliche Aufhebung der gewohnten Bevormundung zu manchen beklagenswerthen Mißgriffen, die das Gesetz von 1854 hervorriefen.

(c) Le gouvernement a le droit de garantir des caprices d'une génération l'ouvrage des générations précédentes et l'espoir de celles à venir. Motive des Ges. vom 9. Flor. XI (1803) im Mémorial forestier, 1803. S. 168.

§. 157.

Welche Beschränkungen der Privatforstwirthschaft durch ein volkswirthschaftliches Bedürfniß gerechtfertigt seien, dieß muß durch nähere Prüfung der einzelnen Aufsichtsmaaßregeln nachgewiesen werden. Unter denselben sind hauptsächlich diejenigen in Erwägung zu ziehen, welche die Erhaltung der Wälder betreffen.

1) Es ist nicht nöthig, daß die ganze Waldfläche beibehalten werde, denn die zunehmende Bevölkerung bedarf einer größeren Menge von Bauland und es können ohne Nachtheil solche Wälder, deren Boden gut zum Feldbau tauglich ist, in Acker- oder Grasland umgewandelt werden, besonders in der Nähe der Ortschaften, wenn zugleich die übrigbleibenden Waldungen gut gepflegt und die oben nicht besser zu benutzenden Strecken zur Holzzucht verwendet werden, auch die Versendung des Holzes wohlfeiler und im Verbrauche desselben mehr Sparsamkeit herrschend wird. Viele einzelne Rodungen sind daher zweckmäßig, allein andere ziehen solche dauernde Nachtheile nach sich, daß es nicht rathsam ist, die Zerstörung der Wälder ganz dem Belieben der Eigenthümer zu überlassen. Dieß ist besonders da einleuchtend, wo sich schutzpolizeiliche Rücksichten mit den volkswirthschaftlichen verbinden, indem die Rodungen Gefahren für die Personen und das Eigenthum herbeiführen können. Zwar liegt es in den meisten hieher gehörenden Fällen schon im Vortheil der Eigenthümer, den Wald fortbestehen zu lassen, allein es ist keine genügende Beruhigung, daß Mißgriffe dieser Art sich an ihren Urhebern selbst bestrafen und dann Andern zur Warnung dienen, denn der Schaden kann von der Art sein, daß es der Regierung vielmehr zukommt ihn zu verhüten. Die Erfahrung hat namentlich nachstehende Regeln begründet:

a) Waldungen auf hohen Bergrücken dienen sowohl zur Abhaltung kalter Winde und hiedurch zur Milderung des Klima's, als zur fortdauernden Anziehung und Festhaltung der atmosphärischen Feuchtigkeit, wodurch sie den Bächen und Flüssen fortdauernde Nahrung verschaffen, während von entwaldeten Bergen in einzelnen Zeitpuncten verheerende Gießbäche herabstürzen (a). Auch in Ebenen geben Waldungen Schutz vor rauhen Winden (b).

b) An Abhängen wird durch die Zerstörung der Wälder das Hinabschwemmen des entblößten Bodens, das Ueberschütten und Verwüsten der unteren Grundstücke, auch die Erhöhung und Versandung der Flußbetten verursacht (c).

c) Auf losem Sandboden ist, wenn sich noch keine Humus=
decke gebildet hat, das Hinwegwehen des Sandes und das
Ueberdecken benachbarter Grundstücke zu besorgen (d).

d) Es giebt Stellen, auf denen keine andere Benutzung
so zweckmäßig ist, als zum Holzwuchs, wo aber der zerstörte
Wald aus örtlichen Ursachen schwer wieder herzustellen ist (e).

Aus diesen Gründen ist es nöthig, zu verordnen, daß Wald=
robungen mit Ausnahme kleiner Waldflächen nicht ohne eine
vorausgegangene Staatserlaubniß für jeden einzelnen Fall vor=
genommen werden dürfen, eine Beschränkung, die ziemlich all=
gemein als unumgänglich anerkannt wird (f). Es wäre zur
Beförderung eines gleichförmigen Verfahrens der Staatsbehörden
und zur Sicherung gegen die Willkür der Beamten und Be=
hörden nützlich, wenn die verschiedenen Fälle, in denen die Er=
laubniß zu einer Robung versagt werden darf, im Gesetze näher
bezeichnet würden; aber es ist schwer, sie vollständig anzugeben,
und eine Untersuchung über den Grad des zu besorgenden Nach=
theils ist bei den einzelnen Gesuchen meistens nicht zu ver=
meiden (g). Manche Robungen werden nur dazu beabsichtigt,
um aus dem Verkaufe des ganzen Holzvorrathes ein Capital
zu ziehen, wozu besonders dann eine Versuchung vorhanden
ist, wenn der Wald erst kürzlich wohlfeil erkauft worden ist (h).
In solchen Fällen wird öfters der entholzte Boden ganz ver=
nachlässigt, es entstehen Oedungen und der Ertrag des Landes
wird fortdauernd vermindert. Es ist deshalb zweckmäßig, zu
bestimmen, daß die gerodeten Stellen in einer gewissen Zeit
entweder zu einer anderen Art des Anbaues benutzt oder wieder
zu Wald angelegt werden müssen (i).

(a) Italien ist durch unvorsichtiges Roden kälter geworden, es hat mehr
Orcane und Hagelwetter. Die Hochebene von Meriko zeigt dasselbe.
In mehreren Gegenden von Südfrankreich hat der Oel= und Weinbau
durch die Entblößung der Gipfel gelitten, weil diese Gewächse jetzt
öfter erfrieren. Manche Flüsse haben jetzt einen viel veränderlicheren
Wasserstand als sonst, sind im Sommer sehr seicht und schwellen nach
Regen stark an. Island hatte vor Alters Wälder und Getreidebau,
beide sind aber verschwunden. Korfu hat aus gleicher Ursache größere
Ungleichheit der Temperatur, Kleinasien und Syrien sind wasserarm
geworden, weil kahle Berge die Wolken nicht so stark anziehen als
bewaldete. Dieß beweisen auch die baumleeren und im Sommer ver=
dorrten Hochebenen in Castilien. Aehnliche Erfahrungen vom Versiegen
der Quellen und der Zunahme der Trockenheit hat man auf Teneriffa,

Ascension, Trinidad, Martinique, Hayti, Mauritius, in Nordamerica u. s. w. gemacht. Der See Tacarigua in Venezuela, der keinen Ausfluß hat, wurde bei der fortschreitenden Entwaldung immer kleiner, und stieg wieder, als jene stillstand und die gerodeten Flächen sich mit Holz überzogen (Boussingault). Das fortgesetzte Roden wird also mit der Zeit wieder schädlich, nachdem die anfangende Lichtung der großen Waldungen vortheilhaft gewirkt hat. Große Vernachlässigung der Wälder in der Türkei und ähnliche Folgen (Boué in Berghaus, Annalen, CLXX, 48); so auch in Neapel 1807—1811, als dort die Rodungen freigegeben waren, v. Raumer. — Bannforsten gegen Lawinen .in den Hochgebirgen. — Reichhaltige Sammlung von Erfahrungen giebt Bronn, Geschichte der Natur II, 466 (1843), viele Beiträge auch bei Hohenstein, Der Wald, Wien, 1860. — Einzelne Belege unter anderen bei Delabergerie, Histoire de l'agricult. franç. Paris, 1815. S. 74—77. — Gautieri, Dello influsso de' boschi sullo stato fisico de' paesi, e sulla prosperità della nazioni, Mil. 1817. — Rauch, Régénération de la nature végétale, Paris, 1818. — Castollani, Dell' immediata influenza delle selve sul corso dell' acqua. Torino, 1819. II. == Hesperus, 1825. Nr. 224.— Congrès central, 1844 S. 427. — Kasthofer, Bemerkungen auf einer Alpenreise, S. 271. — Pfeil, I, 425. — Moreau de Jonnés, Recherches sur les changemens produits dans l'état physique des contrées par la destruction des forêts, Brux. 1825, deutsch von Wibenmann, Tübingen, 1828. — Hundeshagen, Forstpolizei, S. 294. — Comte, Traité de la propriété, 1834. Cap. 13. — Becquerel, Des climats et de l'influence qu'exercent les sols boisés et non boisés. Paris, 1853.

(b) Es ist daher öfters vorgeschlagen worden, große Ebenen mit Waldstreifen zu durchziehen, z. B. von E. M. Arndt.

(c) Schon Leonardo da Vinci bemerkte, daß die Flüsse in bewohnten Gegenden mehr Erde fortführen und niederfallen lassen, als in menschenleeren. Allgemeine Klagen über das Versanden der Flußbetten in unserem Zeitalter. Die Erhöhung des Linthbettes (§. 103) nahm stärker zu, seittem im Canton Glarus die Baumwollenfabrication emporkam, welche die Volkszahl vergrößerte und die Rodungen vermehrte. — Erdfälle; Escher in v. Leonhard's Mineralog. Taschenbuch 1821. S. 631. — Klagen über zahlreiche Wasserrisse (ravins) in vielen Gegenden von Frankreich, wo z. B. in den beiden Alpen-Departements die öfter wiederholten Wassergüsse alle gute Erde von den steilen entwaldeten Abhängen hinwegnehmen und fast das ganze Land unfruchtbar machen. — Giornale dell' Istituto Lombardo, XIV, 65 (1846). — Becquerel S. 316. — v. Berg, S. 310. — de Lavergne, Econ. rurale de la France. S. 290. (Empfiehlt, die neu zu bewaldende Gegend unter besondere Aufsicht zu stellen, Rodungen und Schaafweide zu untersagen und passende Holzarten anzufäden; der größte Theil des fast ertraglosen Landes gehöre armen Gemeinden.)

(d) Z. B. an den Küsten der Ostsee, und noch neuerlich bei Alzenau im baier. Unterfranken, Müller, S. 21.

(e) Die Hitze an mittäglichen Abhängen, die Kälte und der Wind in frei- und hochliegenden Gegenden können die Ursache hievon sein. In Schottland waren vor Alters, wie die in allen Theilen des Landes noch sichtbaren Reste bezeugen, viele Waldungen, deren Stelle jetzt weite Haiden einnehmen. Auch Irland war sonst schön bewaldet, Mac Culloch, Stat. acc. I, 526. — Klagen in Frankreich: Pour une ou deux récoltes on réduit des terres propres aux bois en landes stériles, Dolabergerie, S. 77 aus dem Dep. Ober-Garonne und dem ehemaligen Dep. Montblanc; im Dep. Vaucluse 130000 Hekt. Oedung. Die vielen Waldzerstörungen rührten zum Theile auch von polizeilichen Absichten her, indem man Räuber ꝛc. vertreiben wollte, wie noch 1796 ein franz. General vorschlug, alle Wälder in Südfrankreich als Schlupfwinkel der Royalisten und Aristokraten zu vernichten. Der Minister des Innern erklärte, dieß sei ein expédient fâcheux, welches man indeß den Gemeinden anheim stellen müsse! Dolabergerie, a. a. O.

(*f*) Eine Geldstrafe würde bei einer großen Fläche nicht genug abhalten, wenn nicht die Verpflichtung zur Wiederherstellung des Waldes hinzukäme. — Die früheren strengen Verbote des Rodens in Frankreich wurden durch das Gesetz v. 29. Sept. 1791 aufgehoben. Die schädlichen Folgen desselben wurden sehr fühlbar, weshalb das Gesetz vom 9. Flor. XI (1803) das Einholen der Erlaubniß auf 20 Jahre wieder einführte; doch waren Waldungen unter 2 Hektaren frei, wenn sie nicht auf dem Gipfel oder Abhang eines Berges lagen; ebenso neu angelegte Waldungen bis zum 20. Jahre. (Dieß ist billig, weil in einem solchen Falle noch kein hinreichender Grund vorhanden ist, den Eigenthümer zur Erhaltung zu verpflichten.) Der Code forestier Art. 219. 220 verlängert das Verbot auf weitere 20 Jahre, und es besteht noch jetzt. Man muß ½ Jahr zuvor die Anzeige bei dem Unterpräfecten machen, daß man roden wolle. Erhält man in dieser Zeit keine Antwort, so ist die Rodung erlaubt. Der Zuwiderhandelnde verfällt in eine Geldstrafe von 500—1500 Fr. für den Hektar und muß den Wald wieder herstellen. Ausgenommen sind (Art. 223) junge Wälder bis zum 20. Jahre, — geschlossene Parke, — Wälder unter 4 Hekt. (15,⁶ pr. M.). — Aehnliche Anordnungen in Bern, 7. Jan. 1821. Luzern, 25. Aug. 1824. Bündten, 30. Dec. 1824. Neapolit. Gesetze v. 18. Oct. 1819 und 21. Aug. 1836. Oesterr. Forstgesetz §. 2 (1—5 fl. Strafe vom Joch). — Bad. Forstgesetz §. 89: „Die Zerstörung oder Ausrotung eines Waldes ist untersagt, wenn nicht der Eigenthümer zuvor die, ohne Angabe der Gründe nie zu versagende Erlaubniß zur Culturveränderung von der Staatsforstbehörde erhalten hat." Ausgenommen sind abgesonderte Waldungen unter 25 M. — Der Vorschlag, von jeder Waldrodung eine Abgabe von mindestens 120 Fr. auf den Hekt. zu erheben, wurde vom Congrès central 1850 mit Recht verworfen, ungeachtet der Klagen über die Abnahme der Waldungen S. 254, 289, 376 der Verh.

(*g*) Forstgesetz des Canton Waadt §. 170: Die Ausrodungen und der Kahlhieb solcher Waldungen sind verboten, deren Boden zu jeder anderen Benutzung untauglich ist (impropre), oder die auf steilen Abhängen liegen und deren Rodung oder unvorsichtige Bewirthschaftung Nachtheil für den Waldboden selbst oder für benachbarte Grundstücke haben kann, es sei durch Erdfälle oder Lawinen oder durch Begünstigung von schädlichen Wasserströmungen. — Baier. Forstgesetz §. 35: Rodungen werden erlaubt, wenn 1) das Land zu einer besseren Benutzung taugt, 2) der Wald nicht zum Schutze gegen Naturereignisse nöthig ist, 3) die Forstberechtigten zustimmen. Als Schutzwaldungen, deren Rodung unzulässig ist, werden in §. 36 solche bezeichnet, welche auf hohen Bergen und an Abhängen, auf Steingeröll des Hochgebirges liegen, zur Verhütung von Bergstürzen und Lawinen oder gegen Sturmwind und Versandung, sowie zur Erhaltung der Quellen und Flußufer dienen. — In Frankreich trug Anisson-Duperron in den Jahren 1833, 1834 und 1836 auf ein ähnliches Gesetz an. Nach dem Berichte von Gillon

(Dev.=K. 15. Jan. 1835) sollten aufgeführt werden 1) Gefahr des Hinabschwemmens der Erde, 2) Versiegen der Quellen, die zur Versorgung eines Wohnplatzes dienen, 3) Schutz gegen Flugsand, Seewinde, Sturzbäche und Lawinen. 1836 beschränkte A. D. den Antrag auf die Waldungen auf Bergen und Sanddünen, aber auch dieß ging nicht durch, wegen der Verschiedenheit der Ansichten und der Besorgniß, daß theils das Verfahren zu umständlich, theils überhaupt die große Erleichterung des Rodens noch nicht rathsam sei. — Eben so wenig würde es zureichend sein, nach dem Rathe des franz. Congrès central (1850 S. 57), sogleich jetzt alle diejenigen Waldungen im Lande zu bezeichnen, die nicht ausgestockt werden dürften (Bannwälder). Grebe, S. 100. Auf dem franz. landw. Congreß von 1849 war beantragt worden, daß in jedem Departement der Neigungswinkel der Abhänge festgesetzt werden solle, bei dem die Rodung unbedingt zu verbieten sei. Vorschläge von Collot (Journal des Econom. März und April 1854): Verbot des Rodens von Wäldern, die bis 1000 Met. von den Ortschaften entfernt sind in Gemeinden von weniger als 5 Proc. Waldfläche, — oder die unter 1000 M. von einer Quelle, einem Bach oder Fluß entfernt sind und mehr als 100 M. über dem Wasserspiegel liegen, oder bei 15—20 Proc. Steigung (d. i. 6½ bis 11½ Grad), oder auf Boden, der nicht zu den beiden ersten Classen der Güte gehört. — In Frankreich sind von 1791—1850 1'115277 H. gerodet und nur 385541 H. neu angelegt worden. — Eine Entschädigung für die verweigerte Erlaubniß kann nicht angesprochen werden.

(*h*) Pfeil, I, 437. „Es kann nichts Verderblicheres geben, als diejenigen Waldveräußerungen, wo blos die Bestände der Gegenstand der Speculation sind, indem das ganze Grundstück niedriger verkauft wird, als der Werth des Holzes beträgt rc." — Lo vandalisme, qui a spéculé sur la destruction de nos forêts, . . . (im Dep. der oberen Vienne), Revue encyclop. März 1829, S. 592. — Die Versuchung zu einem solchen Verfahren ist auch bei hohen Holzpreisen vorhanden, weil dann der Holzbestand auch höher verkauft werden kann.

(*i*) Bad. Ges. v. 27. April 1854 §. 69: Die ausgestockte Fläche muß innerhalb der bei Ertheilung der Genehmigung zu bestimmenden Frist in landwirthschaftliches Geländ umgewandelt werden.

§. 157 a.

2) Eine solche Behandlung eines Waldes, die denselben nach und nach unfehlbar zerstören würde (Waldverwüstung, Abschwendung, Devastation) darf schon darum nicht gestattet werden, weil sie, nur langsamer, die Wirkung einer Rodung haben und eine Umgehung der in §. 157 angegebenen gesetzlichen Vorschrift bilden würde. Bei Waldungen, deren Rodung aus den angegebenen Gründen (§. 157) nicht untersagt werden würde, fällt allerdings dieser Grund einer Einsprache gegen die Verwüstung hinweg, doch müßte jener Umstand erst in dem einzelnen Falle nachgewiesen und anerkannt werden. Ueberdieß läßt sich annehmen, daß aus einer ver-

wüstenden Behandlung wegen ihrer dauernden Folgen der Volkswirthschaft ein weit größerer Nachtheil zugefügt wird, als der
dem Eigenthümer daraus zufließende Nutzen beträgt, denn es
wird auf lange die Holzerzeugung und der Ertrag einer gewissen Fläche vermindert. Die Erwägung, daß ein solches
Verfahren oft nur von der Unwissenheit oder Nachlässigkeit des
Eigenthümers herrührt, muß zur Empfehlung des erwähnten
Verbotes beitragen (a). Das Gesetz muß den Begriff der
Holzverwüstung so bezeichnen, daß keine verschiedene Auslegung
des Verbotes eintreten kann, obschon eine Aufzählung aller
unter jenen Begriff fallenden Mißgriffe schwierig ist (b). Wenn
der Waldeigenthümer trotz der ihm gegebenen Mahnung die
verwüstende Behandlung fortsetzt, so macht er sich straffällig (c).
Ist der von einer Verwüstung zu besorgende Nachtheil wegen
der örtlichen Umstände groß und hat der Eigenthümer schon
den bevorstehenden Vorschriften zuwider gehandelt, so kann auch
eine vorübergehende stärkere Beaufsichtigung zum Bedürfniß
werden (d).

3) Größere Blößen, d. h. Flächen, auf denen der Wald
zerstört ist und die öde liegen bleiben, verursachen einen fortdauernden Verlust am Volkseinkommen. Entstehen sie erst neu
durch Verletzung der bestehenden Vorschriften über die Waldverwüstung, so ist der Zwang zur Wiederherstellung des Waldes
durch Saat oder Pflanzung ohne Zweifel zulässig. Rühren
aber Blößen aus einer früheren Zeit her, in welcher keine
gesetzliche Verbindlichkeit bestand, ihre Entstehung zu verhüten,
so geht die Nöthigung zu einem Capitalaufwande für den
Holzanbau, den der Eigenthümer nicht aus eigenem Antriebe
unternehmen will, zu weit. Eher ist eine für solche Fälle an-
geordnete Zwangsabtretung der mit großen Blößen vermengten
Waldungen an die Gemeinde oder den Staat zu billigen,
wenn diese den Anbau der Blößen bewirken wollen und der
Eigenthümer sich nicht selbst zu demselben entschließt und ihm
nicht in Berücksichtigung besonderer Umstände Frist gegeben
wird (e).

4) Auch die Zertheilung eines Waldes unter mehrere
Eigenthümer soll von besonderer Staatsgenehmigung abhängig
gemacht werden, denn wenn die einzelnen Antheile so klein

22*

werden, daß sie keine gute Bewirthschaftung gestatten, so leidet die Holzerzeugung. Solche Theilungen pflegen auch nur da vorzukommen, wo ein Wald sich im gemeinschaftlichen Eigenthum Mehrerer befindet (*f*).

(*a*) Nach den Ermittelungen der Forstbehörden ist in Baden ¹/₁₀ der Waldfläche verödet oder durch schlechte Bewirthschaftung herunter gekommen. Im bad. Odenwalde betragen diese verdorbenen Waldungen über die Hälfte aller derjenigen, die sich im Besitze einzelner Personen mit Ausschluß der Standes- und Grundherren befinden. Begründung des Gesetzentwurfs v. 1854. — Ueber die Holzverwüstung in Norwegen **Niemann**, Forststatistik des dän. Staats S. 145.

(*b*) Man rechnet dahin auch den Kahlhieb in Waldungen, die der Beschützung wegen nicht gerodet werden dürfen (baier. Forstges. §. 40, österr. Forstges. §. 6, bad. Forstges. neuer §. 90 von 1854), das Uebermaaß der Nebennutzungen und dgl. — **Arnsperger**, S. 19. **Grebe**, S. 105.

(*c*) Bad. Ges. v. 27. April 1854, neuer §. 90 des Forstges.: „wenn die Bewirthschaftung eines Waldes die Zerstörung desselben befürchten läßt, insbesondere wenn derselbe auf eine Weise abgetrieben wird, daß die sofortige Wiedererziehung eines jungen Waldes durch natürlichen Saamenabfall oder durch Stockausschlag nicht erwartet werden kann, oder wenn die Forstnebennutzungen beharrlich auf eine Art ausgeübt werden, daß eine Waldzerstörung zu besorgen ist, so hat die Forstbehörde ein solches Verfahren sofort einzustellen." — Oesterr. Forstges. §. 4. Die Strafe der Verwüstung ist höher, wenn die Holzzucht ganz unmöglich gemacht, als wenn sie nur gefährdet ist.

(*d*) Nach den neuen §§. 90—90b des bad. Forstges. kann bei gewissen Regelwidrigkeiten ein Waldeigenthümer auf Antrag der Forstbehörde nach Erkenntniß des Bezirksamtes auf mindestens 10 Jahre unter Beförsterung gestellt werden.

(*e*) Vgl. §. 157 (*a*). — Baier. Forstges. §. 42: Waldblößen, welche nach Verkündigung des gegenwärtigen Gesetzes entstehen und nicht culturfähig sind, müssen aufgeforstet . . . werden. — In Frankreich wurde vom conseil gén. d'agric. vorgeschlagen, der Staat möge die Stellen durch Zwangsabtretung an sich bringen, nach 6 Jahren aber die Zurücknahme gegen Kostenersatz dem früheren Eigenthümer gestatten. Nach **Lacave-Laplagne** waren 1846 über 2½ Mill. Hekt. Waldblößen, wovon über 1½ Mill. den Gemeinden gehörten. Nach Abzug der nackten Felsen oder der auf andere Art zu benutzenden Flächen bleiben 1¼ Mill., die sich zur Waldanlage eignen, wobei die Kosten derselben ungefähr 76 Fr. p. Hekt. (gegen 9 Fr. der pr. M.) betragen würden. Es ist billig, dem Eigenthümer, wenn es ihm an Mitteln fehlt, einen Vorschuß zu geben, wie dieß in der Eifel durch die preuß. Regierung geschieht. — Bad. Forstges. neuer §. 90a von 1854: „Alle culturfähigen Waldflächen, welche sich in einem Zustande befinden, der die Vornahme von Culturen erfordert, um eine vollständige Bestockung herbeizuführen, sowie die ausgestockten, aber innerhalb der bestimmten Frist nicht in landwirthschaftliches Geländ umgewandelten Flächen müssen durch Culturen wieder in Waldbestand gebracht werden." Wenn der Eigenthümer den Anbau ungeachtet der Mahnung nicht vornimmt, so geschieht dieser von Amtswegen, der Staat schießt die

Kosten vor und der Eigenthümer hat sie zu verzinsen, auch später zu vergüten.

(*f*) Oesterr. Forstges. §. 21. — Baier. Forstges. §. 20. Die Zustimmung (der F. Polizeistelle) darf nicht verweigert werden, wenn die einzelnen Theile auch noch nach der Vertheilung einer regelmäßigen Bewirthschaftung fähig bleiben.

§. 158.

Die frühere Verwechslung von Holztheuerung und Holzmangel hat in der Pflege der Forstwirthschaft eine Aengstlichkeit hervorgebracht, von der man in neuerer Zeit zurückgekommen ist. Das Steigen des Holzpreises ist eine nothwendige Folge volkswirthschaftlicher Vorgänge, es hängt mit der Volksvermehrung und der allgemeinen Erhöhung der Grundrente zusammen und könnte daher ohne einen nicht zu rechtfertigenden Zwang nicht verhindert werden (*a*). Obschon diese Holzvertheuerung, wenn sie rasch erfolgt, von lästigen Wirkungen begleitet ist (I, §. 385), so läßt sie doch keinen wahren Holzmangel besorgen, weil mit diesem augenblicklichen Uebel von selbst verschiedene Milderungs- oder Heilmittel eintreten:

1) Die Waldeigenthümer erhalten einen Antrieb, ihre Forsten zu erhalten, gut zu benutzen und zu vermehren, also die Holzerzeugung zu erweitern, vorzüglich auf unbedingtem Waldboden, wo die Wahl zwischen mehreren Benutzungen hinwegfällt. Je mehr ein Land von solchem Waldboden hat, desto eher findet das Steigen des Holzpreises eine Gränze, die dagegen in fruchtbaren Ebenen viel entfernter ist, I, §. 386.

2) Es erfolgen Zufuhren aus Gegenden, in denen die Waldrente niedriger steht (I, §. 214), und zwar aus desto größerer Entfernung, je besser die Land- und Wasserstraßen sind. Durch Verbesserung dieser Straßen werden die Holzpreise in den verschiedenen Gegenden einigermaßen ausgeglichen und die Zehrer in den waldarmen Landestheilen haben hievon ebensoviel Nutzen als die Waldeigenthümer in holzreichen Bezirken, §. 166. Freilich wird hiedurch auch die Ausfuhr des Holzes erleichtert, was dann wenigstens das Einkommen der Waldbesitzer vermehrt.

3) Man bemüht sich, holzsparende Einrichtungen zu treffen und Ersatzmittel des Holzes zu Hülfe zu nehmen, §. 164.

(a) Die Holzvertheuerung im südlichen Deutschland, die etwa seit 1836 die stärksten Fortschritte gemacht hat, ist als die Folge mehrerer zusammenwirkender Umstände anzusehen, wohin die schonendere Behandlung vieler Gemeindeforsten, die stärkere Ausfuhr von Bau= und Nutzholz auf den Wasserstraßen (z. B. nach Südfrankreich auf dem Rhonecanal), die von dem starken Anwachse der Volksmenge und den vermehrten Fabriken herrührende Ausdehnung des Begehres, die fortgesetzten Rodungen, der Bedarf für die Eisenbahnen ꝛc. gehören. Der besonders zufolge der Eisenbahnen zunehmende Verbrauch der Steinkohlen hat dem fortdauernden Steigen der Holzpreise Einhalt gethan. Justi (Polizeiwiss. I, 85 ff.) bemerkt schon 1760, das Holz gelte 6—8 mal soviel als vor 100 Jahren. Bei der Theilung der vier anhaltischen Linien erhielt Bernburg die Harzwaldungen mit 6000 Thlr. angeschlagenem Reinertrag, der 1747 schon 66000 Thlr. betragen habe und zu Justi's Zeit wohl 100000 Thlr. sei! Der Verf. erkennt, daß bei zu geringem Holzpreis alle Ermunterungen zu Anpflanzungen vergeblich seien. Der Preis müsse so sein, daß ein „Ackerholz, wenn man die Nutzung von 30—50 Jahren zusammenrechnet, ebensoviel jährlich einträgt, als ein Acker von der 3. oder geringeren Classe" im Durchschnitt. Er glaubt, ein Preis von 2 Thlr. für die Klafter (216 C.=Fuß) weiches und 3 Thlr. für hartes im Walde sei ein richtiges Verhältniß.

§. 159.

Da die erwähnten natürlichen Gegenmittel der Holzvertheuerung nur langsam wirken, so könnte bei einem raschen Fortschreiten derselben wenigstens vorübergehend eine Bedrängniß der dürftigeren Einwohner, die Lähmung nützlicher holzverzehrender Gewerke und eine Zunahme des Holzdiebstahls, der die vorhandenen Waldungen gefährdet, eintreten I, §. 385. Unter solchen Umständen sind zur einstweiligen Minderung dieser Nachtheile hauptsächlich nachstehende Regierungsmaaßregeln zu empfehlen:

1) Eifrige Beförderung neuer Waldanlagen auf Staatsgütern (III, §. 147) und Gemeindeländereien,

2) Erleichterung der Holzversendung §. 166.

3) Ermunterung zum Gebrauche anderer Heizstoffe, §. 164 Nr. 2.

Als Mittel für den Nothfall, zu denen die Regierung nicht leicht ihre Zuflucht zu nehmen braucht, können noch genannt werden:

a) Die weitere Ausdehnung der in §. 157 a genannten Aufsichtsmaaßregeln auf einige Zeit, so lange die Ungewohnheit der freien Bewirthschaftung zu größeren Fehlgriffen verleitet (a).

b) Die Anlegung eines Ausfuhrzolles auf Holz, als vorübergehende Maaßregel. Ein solcher Zoll sowie eine andere Erschwerung der Holzausfuhr ist im Allgemeinen nicht rathsam, weil dadurch die Rente des Waldbodens herabgedrückt wird, besonders in entlegenen Wäldern, und weil die künstliche Erniedrigung des Holzpreises den Eifer zur guten Bewirthschaftung der Waldungen schwächt (*b*).

(*a*) Pfeil (Forstpolizeigesetze, S. 166) zeigt, daß in den westlichen Provinzen des preußischen Staates nicht die nämliche Freiheit der Waldwirthschaft rathsam sei, wie in den östlichen, wozu schon der Umstand viel beiträgt, daß in diesen die Waldungen größtentheils aus Nadelholz bestehen und daher weit leichter zu behandeln sind.

(*b*) Waadtl. Ges. v. 21. Mai 1835: So lange nicht der Betrieb aller Wälder nach dem Gesetze regulirt ist, darf die Holzausfuhr nur mit besonderer Genehmigung der Forstcommission auf den Bericht des Forst-Inspectors geschehen. Der Ausfuhrzoll wird alle 5 Jahre nach den Holzpreisen regulirt. Die Erlaubniß kann einem Privaten versagt werden, wenn er heimlich Holz ausgeführt, oder den Erlaubnißschein auf einen Anderen übertragen oder zuviel begehrt hat (qui auraient exagéré leurs demandes). — Auch in Unterwalden ist die Holzausfuhr an die Staatsgenehmigung gebunden.

§. 160.

Die Maaßregeln der Regierung zur Beschützung der Waldungen gegen widerrechtliche Handlungen und Naturübel (Forstschutz) gehören ihrem Zwecke nach in das Gebiet der eigentlichen oder Schutzpolizei (*a*), stehen aber mit der aus volkswirthschaftlichen Gründen angeordneten Staatsaufsicht (§. 157. 157 a) in enger Verbindung und werden wegen der dazu nöthigen Kenntniß der forstwirthschaftlichen Kunstregeln nicht von den gewöhnlichen Organen der Polizei, sondern von dem Forstpersonal ausgeübt. Es sind hiebei nicht allein schädliche Handlungen solcher Personen zu verhüten, denen die Waldungen ganz fremd sind, sondern auch die Uebergriffe der zu Nebennutzungen verschiedener Art Berechtigten, §. 161 ff. Die nächste Bewachung der Waldungen geschieht von den Waldhütern, welche durch die Eigenthümer bestellt werden, unter Aufsicht der Bezirksförster und der höheren Forstbeamten, III, §. 145. Obgleich in der Regel die Staatsgewalt nur da für den Schutz des Privateigenthums sorgt, wo die Einzelnen sich nicht selbst die nöthige Sicherheit verschaffen können, so hat es sich doch

in vielen Staaten bei den Privatwaldungen als zweckmäßig
bewährt, daß den Eigenthümern auferlegt wird, Waldhüter von
den erforderlichen Eigenschaften aufzustellen, welche von der
Forstbehörde bestätigt und in Pflicht genommen werden (b).
Die Gründe für diese Anordnung liegen nicht allein darin,
daß die Aussage der Waldhüter zur Bestrafung der Waldfrevel
Glaubwürdigkeit haben muß, sondern auch in der Gefahr, die
für andere Waldungen entsteht, wenn für irgend eine Stelle
widerrechtliche Handlungen aus Mangel an Bewachung zur
Gewohnheit werden, ferner in der volkswirthschaftlichen Schäd-
lichkeit einer Vernachlässigung, die, um eine geringe Ausgabe
zu sparen, die Holzproduction in Gefahr setzt. Zu den nöthigen
polizeilichen Verboten solcher Handlungen, wodurch dem Walde
eines Anderen ein Schaden zugefügt werden kann (c), muß
auch eine gesetzliche Bestimmung über die Verbindlichkeit des
Jagdberechtigten zum Ersatze des Wildschadens in den Waldungen kommen (d). Unter Forstpolizei im weiteren Sinne
wird die ganze Sorge der Staatsgewalt für die Erzeugung
und Verwendung des Holzes sowie für den Verkehr mit demselben verstanden. Nach der engeren Begränzung des Begriffes
von Polizei (§. 6 a) ist die Forstpolizei von der Forstwirthschaftspflege zu unterscheiden.

(a) §. 153. — Die Forststrafgesetze enthalten sowohl reinpolizeiliche, als zur
Rechtspflege gehörende Bestimmungen. Die letzteren sind die zahlreicheren,
z. B. gegen Frevel an stehendem Holze, Diebstahl des schon gehauenen
Holzes, unbefugtes Weiden, Harzreißen und dgl.; polizeilich sind die
Verbote des Feueranzündens, der Nachtweide, des Hauens und Ab-
führen des Holzes bei Nacht, des Bauens in der Nähe des Waldes 2c.

(b) Diese Vorschrift gehört zu den ersten, die in Frankreich gegeben wurden,
als man von der unbedingten Freiheit der Privatwaldbehandlung wieder
abzugehen anfing, a. Ges. v. 9. Flor. XI §. 15. — Code f. Art. 177:
Privaten, welche einen Waldhüter haben wollen, müssen ihn
vom Unterpräfecten bestätigen und vor Gericht beeidigen lassen. —
Bad. Forstges. §. 179 ff.: Nur volljährige Leute von gutem Rufe
können gewählt werden. Sie werden von dem Bezirksamt nach Vernehmung der Forstbehörde bestätigt, erhalten eine Instruction und
werden vereidigt. In Gemeindewaldungen wird der Gehalt des Hüters
mit Zustimmung der Forstbehörde festgesetzt. Mehrere Eigenthümer
können gemeinschaftlich einen Hüter annehmen. Die bisherigen An-
zeige- oder Pfändungsgebühren sind aufgehoben (vgl. III, §. 145 (c)).
Die Forstbehörde kann die Entlassung eines Hüters in einem Privat-
walde verlangen. Die Hälfte der Geldstrafen für die in einem Walde
verübten Frevel wird dem Eigenthümer als Beitrag zu den Hütungs-
kosten ausgezahlt, §. 183. — Baier. Forstges. §. 118: Bestätigung

durch die Forstpolizeibehörde nach erholtem Gutachten der F.-Aemter, auch bei Privatwaldungen. §. 117: Anzeigegebühren und Antheile an den Geldstrafen sind aufgehoben.

(*c*) Der Eigenthümer selbst kann nur wegen solcher schädlichen Handlungen verantwortlich gemacht werden, die unter den Begriff von Verwüstung gehören, oder zugleich andere Waldbesitzer bedrohen.

(*d*) Man glaubte ehemals nicht, daß Schaden im Walde eine Ersatzverbindlichkeit des Jagdberechtigten begründe, weil der Wald die Heimath des Wildes sei. Das bad. Wildschadenges. vom 31. Oct. 1833 §. 12, verordnet, daß derjenige Schaden in Waldungen zu ersetzen sei, der eine neue Besaamung oder Anpflanzung in einem besäeten oder bepflanzten Districte nöthig macht, oder in Verjüngungsschlägen eine Blöße bewirkt. Der Ersatz besteht 1) in den Kosten der neuen Cultur, 2) in dem weiteren Verluste durch Entbehrung des jährlichen Zuwachses.

§. 161.

Die Berechtigungen, Dienstbarkeiten, Servituten (*a*), mit denen die Waldungen häufig belastet sind (§. 70), entstanden in einer Zeit, wo bei der Fülle des Holzes die Regeln einer guten Forstwirthschaft noch nicht gekannt oder nicht beachtet wurden. Jene Berechtigungen waren ein zweckmäßiges Mittel, verschiedene Ansprüche an einen und denselben Wald mit einander zu vereinigen, mancherlei Bedürfnisse zu befriedigen und den Waldgrund vollständig zu benutzen. Als aber im Verlaufe der Zeit die vermehrte Volksmenge und der gestiegene Holzpreis eine sorgfältigere Behandlung der Forsten nothwendig machte, wurde Manches als nachtheilig erkannt, was früherhin unschädlich schien. Die Beseitigung solcher Hindernisse wird aber durch dieselbe Aenderung der Umstände erschwert, weil jetzt auch die Nutzungen des Waldes für die Berechtigten eine größere Wichtigkeit erhalten haben. Die in Beziehung auf die Berechtigungen zu treffenden gesetzlichen Anordnungen müssen von allen Waldungen gelten, wem auch das Eigenthum derselben zustehen mag. Es sind hiebei, wie bei anderen Berechtigungen auf landwirthschaftlich benutzten Flächen, zweierlei Vorschriften zu unterscheiden:

1) Festsetzung derjenigen Schranken, in denen eine Berechtigung ausgeübt werden muß, damit der Wald selbst erhalten, und also die regelmäßige Hauptnutzung durch den Eigenthümer nicht zerstört werde. Eine solche Begränzung der Dienstbarkeiten giebt keinen Anspruch auf Entschädigung (§. 74) — (*b*).

2) Wird eine noch weitere Einschränkung der Servituten, die nicht gerade für die Erhaltung der Wälder nothwendig ist, darum als nothwendig anerkannt, weil ohne sie die Holzerzeugung nicht auf die vollkommenste Weise betrieben werden kann, so muß mit der Verbindlichkeit der Berechtigten, sich solchen Vorschriften zu unterwerfen, zugleich ihr Recht auf Entschädigung ausgesprochen, die Art der Ausmittlung derselben angegeben und die gänzliche Ablösung erleichtert werden, §. 163.

(*a*) Pfeil, Die Befreiung der Wälder von Servituten. Züllichau, 1821. 2. Ausg.: Anleitung zur Ablösung der Waldservituten. Berlin, 1844. — Deff. Forstschutz, S. 232. Deff. Forstpolizeigesetze, S. 182. — Hundeshagen, Forstpolizei, S. 152. — Krause, Ueber die Ablösung der Servituten und Gemeinheiten in den Forsten. Gotha, 1833. — Schenk, II, 398. — v. Berg, S. 178.

(*b*) Waadtländ. Forstges. §. 203: Die Servituten müssen geregelt werden de manière à en assurer la jouissance au propriétaire du droit, sans nuire à la forêt grevée. — Das bad. F.=G. §. 102 geht zu Gunsten der Berechtigten weiter: „Giebt der Rechtstitel, auf welchem die Berechtigung beruht, derselben einen bestimmten größeren Umfang, als innerhalb welchem sie nach den Vorschriften der Forstpolizei im Interesse der Waldcultur künftig noch ausgeübt werden darf, so kann der Berechtigte .. eine Entschädigung fordern." — Baier. F.=G. §. 25: „Forstberechtigungen können den Waldbesitzer in der nachhaltigen Bewirthschaftung des Waldes sowie in den durch die Boden= und klimatischen Verhältniße gebotenen Veränderungen der Holz= und Betriebsarten nicht hindern. §. 26: F.=Berechtigungen, welche die nachhaltige Bewirthschaftung des W. beeinträchtigen, sind auf Antrag des Verpflichteten für einen bestimmten Zeitraum entsprechend zu ermäßigen. Eine Entschädigung . . . findet bloß dann statt, wenn die Ermäßigung durch unnachhaltige Bewirthschaftung von Seite .. der Waldbesitzer veranlaßt worden ist." Hiezu Vollzugs=V. v. 19. Juni 1852. §. 4 ff.

§. 161 a.

Die nähere Betrachtung der wichtigeren Waldberechtigungen zeigt, daß dieselben für die Forstwirthschaft nicht in gleichem Grade störend sind. Die Regeln, nach denen dieselben in gewisse Schranken zu bringen sind, finden auch ihre Anwendung auf die Benutzung der Gemeindewaltungen durch die einzelnen Ortsbürger.

I. **Rechte auf Benutzung der Bäume.**

1) **Beholzungsrecht**, wobei der Berechtigte bald eine gewisse Quote des Holzertrages, bald den Bedarf für einen gewissen Zweck ansprechen darf. a) Eine der Größe nach unbestimmte Berechtigung muß auf Antrag des Eigenthümers in

ein gewisses Maaß gebracht werden (a), wobei die bisherige durchschnittliche Leistung, oder, wenn das Holz zur Befriedigung eines gewissen Bedürfnisses bestimmt ist, der Umfang des letzteren unter Annahme einer sparsamen Verwendung ausgemittelt wird (b). Bezieht sich die Berechtigung auf einzelne, nicht jährlich eintretende Fälle, so ist jedesmal der Bedarf nachzuweisen (c).
b) Hätte der Berechtigte mehr Holz zu fordern, als der Wald nachhaltig geben kann, so müßte die Berechtigung bis auf diesen Umfang eingeschränkt werden (d). c) Erstreckt sich das Recht auf eine Holzsorte, die man nicht ohne Nachtheil für die gute Bewirthschaftung erziehen kann, z. B. weil die erforderliche Bodenart fehlt, so kann der Belastete eine Umwandlung in eine andere Holzsorte oder in eine Geldabgabe begehren.

2) Das Recht auf solche Holzsorten, die nicht in dem regelmäßigen Hiebe begriffen sind, bedarf einer genaueren Bestimmung. a) Zu dem Raff- und Leseholz gehören keine noch saftigen und keine dicken Aeste, weshalb das Ausschneiden nicht zulässig ist (e). b) Der Windbruch und Windfall schließt die bloß umgebogenen Stämme und Aeste aus. c) Bei dem Abraum (dem Reisig der gefällten Bäume) muß die Dicke der dazu gehörenden Aeste angegeben sein, um Streit und Uebergriffe zum Nachtheil des Waldeigenthümers zu verhindern. Unter dieser Bedingung ist diese Dienstbarkeit wie die vorhergehende für die Holzzucht unschädlich. d) Das Ausgraben der Stöcke darf an steilen Abhängen und da, wo ein Anflug zu schonen ist, nicht stattfinden.

3) Das Harzscharren sollte nur bei Bäumen von einem gewissen Alter und nicht alljährlich zugelassen werden (f).

(a) Preuß. Gemeinh. Th. O. §. 118. 119. — Bad. F.-G. §. 107. — Baier. F.-G. §. 27.

(b) Im preuß. Staate sind folgende Erfahrungssätze für den Bedarf an Brennholz gefunden worden: ein Gut von 12—1800 pr. M. Ackerland 50 Klaftern Kiefernscheite, 90—120 M. 10 Kl., 30—60 M. 6 Kl., ein Kossäte unter 30 M. 4½ Kl., ein Taglöhner ohne Land 2½ Kl. Hartig, Entwurf, S. 73.

(c) Der Waldeigenthümer kann eine Nachweisung des Bauholzbedarfes nach der Schätzung von Sachverständigen fordern, bad. F.-G. §. 112. Code for. Art. 64 (für Staatswaldungen), waadtländ. F.-G. §. 208. baier. F.-G. §. 28. Das abgegebene Bauholz muß binnen 2 Jahren verwendet werden, sonst fällt es zurück, wenn nicht längere Frist erbeten wird, Code f. Art. 84. waadtl. F.-G. §. 210. bad. §. 108. baier. §. 28.

(d) Wenn der Berechtigte selbst gerade so viel erhält, als der Zuwachs beträgt, so bleiben dem Eigenthümer doch die Nebennutzungen und die Aussicht auf den, bei sorgfältiger Bewirthschaftung möglichen Mehrertrag. — Das bad. F.-G. §. 107 behält bei dieser Beschränkung dem Berechtigten nur dann eine Entschädigung vor, „wenn der Waldeigenthümer durch Verminderung des nachhaltigen Bestandes den Ertrag unter das Maaß der Berechtigung herabgebracht hat." Ebenso baier. F.-G. s. §. 161 (b).

(e) Code forest., Art. 80. 120 (bois mort, sec et gisant). Bad. F.-G. §. 119: kein abgestorbenes Holz über 5 Zoll Dicke. — Schneiteln (Abnehmen von Aesten der Nadelbäume zur Streu) in Oesterreich, F.-G. §. 12.

(f) 50jährige Stämme, Festsetzung der Zahl von Einschnitten durch den Förster, Wiederholung nur nach 2 Jahren, bad. Forstges. §. 49. 50.

§. 162.

II. Rechte zur Benutzung anderer auf dem Waldboden befindlicher Gegenstände.

1) Ueber die **Waldweide,** (§. 74.) gelten nachstehende Erfahrungsregeln: a) Das junge Holz bedarf so lange, bis es dem weidenden Vieh entwachsen ist, nothwendig der Schonung. Eine einfache gesetzliche Bestimmung der Schonungszeit ist nicht überall zweckmäßig, und wenn sie für alle Fälle die erforderliche Sicherheit geben soll, so entzieht sie in manchen Waldungen den Berechtigten mehr Weideraum, als nöthig wäre (a). Daher sollte das Gesetz nicht blos auf verschiedene Holz- und Betriebsarten Rücksicht nehmen, sondern auch bei einer jeden derselben statt einer unveränderlichen Zahl von Jahren ein maximum und minimum bestimmen (b). Die Weideplätze werden jährlich angewiesen. Wenn der Eigenthümer die Betriebsart oder die Holzart abändert, so darf er ohne Entschädigung keine längere Schonungszeit ansprechen, als der frühere Zustand mit sich brachte. b). Die Zahl des einzutreibenden Viehes wird zufolge örtlicher Untersuchung bestimmt (c). c) Das Vieh darf nicht ohne Aufsicht, nicht vereinzelt weiden, und es muß auf einem Wege zu den Weideplätzen geführt werden, wo es keine jüngeren Schläge berühren kann. d) Die Weide sollte nicht vor dem Mai anfangen (d). e) Ziegen sollten nicht in den Wäldern geduldet werden, in Ansehung der Schaafe aber geht die in mehreren Forstgesetzen enthaltene unbedingte Ausschließung derselben auch von Holzbeständen, die dem Viehe „aus dem Maule gewachsen sind", weiter, als es nöthig ist; das Holz wird sogar den

Schaafen eher unerreichbar (e); doch sollte das Eintreiben von Rindvieh und Schaafen zugleich nicht erlaubt sein.

2) Das Hinwegnehmen der Waldstreu für die Düngergewinnung schwächt den Holzwuchs, indem es die für denselben nützliche Humusdecke des Bodens vermindert oder ganz zerstört. Bei starker Streubenutzung wird sogar der Fortbestand der Waldungen gefährdet (f). Es ist aber hier schwer, bei den verschiedenen Abstufungen des Nachtheils gerade dasjenige Maaß der Einschränkung zu bezeichnen, welches ohne Entschädigung festgesetzt werden darf. Geht die Berechtigung gewisser Ortschaften oder einzelner Hausbesitzer auf die Streumenge, die sie zur Bereitung des für ihre Feldwirthschaft erforderlichen Stallmistes bedürfen, so muß jene aus dem mittleren Viehstande nach Abzug des durchschnittlichen Stroherzeugnisses ermittelt werden, was jedoch schwierig ist (g). Bei unbestimmten Berechtigungen muß man sich begnügen, die nöthigsten Schonungsregeln vorzuschreiben, welche die Wälder in gutem Stande erhalten, und dadurch auch den Berechtigten die Fortdauer ihrer Streugewinnung sichern. Es wird deshalb das Streusammeln erst in den Wäldern von einem gewissen Alter (h), nicht mehrere Jahre nach einander auf demselben Platze (i) gestattet und einige Jahre vor dem Hiebe ausgesetzt; auf magern Boden oder steilen Abhängen muß es bisweilen eine Zeit lang ganz untersagt werden, eiserne Werkzeuge werden verboten und bestimmte Tage zum Streusammeln festgesetzt (k).

3) Die Benutzung des Grases sollte in ganz jungen und dichten Beständen nur ohne den Gebrauch schneidender Werkzeuge, durch Ausraufen, geschehen (l).

4) Mast und Sammeln der Eicheln und Buchnüsse. Dieß darf nur da geschehen, wo die Früchte nicht zur Besaamung nothwendig sind. Die Zahl der einzutreibenden Schweine wird jährlich nach der Ergiebigkeit der Mast von dem Forstbeamten festgesetzt und die Benutzung einige Monate unter steter Aufsicht eines Hirten gestattet (m).

(a) Pfeil, Forstpolizeigef. S. 251. Auf gutem Boden kann die Weide früher beginnen, weil das Holz schneller aufwächst.

(b) Im Hochwalde ist mehr Raum für die unschädliche Weide als im Niederwalde, im Fehmelbetriebe ist das Eintreiben des Viehes überall nach=

theilig und dieß erklärt schon den schlechten Zustand vieler Wälder
früherer Zeit. — Nach der französ. Ordonnanz von 1669 Tit. 19 §. 1
darf kein Schlag beweidet werden, den nicht das Forst-Amt für hin=
reichend erwachsen (défensable) erklärt hat. Ebenso Code forestier Art. 67,
nur daß der Recurs an den Präfecturrath frei steht. Jährlich wird vor
dem 1. März bekannt gemacht, welche Waldbezirke zur Weide geöffnet
sind, Art. 69. — Bad. F.-G. §. 31. 121: Die Schonungszeiten gehen
im Hochwalde bei Laubholz bis zum 35., bei Nadelholz bis zum 30.,
im Niederwalde bei hartem Holze bis zum 25., bei weichem bis zum
12. Jahre. — Dieß übersteigt das Bedürfniß, wie es gewöhnlich an=
genommen wird, z. B. Pfeil, (Forstschutz, S. 294): Hochwald,
Eichen 15—30 Jahre, Buchen 15—25, Fichten, Tannen 16—25,
Kiefern 16—20, Niederwald, Eichen 10—16, Birken 8—12 ꝛc.
Hundeshagen (Waldweide und Waldstreu, S. 61): Buchen= und
Eichenhochwald für Rindvieh und Pferde 18—24, für Schaafe 14—18 J.,
Kiefern resp. 12—16 und 9—12 Jahre ꝛc. Cotta: Buchen und
Tannen $1/8$ — $1/4$ der Fläche, Eichen $1/9$ — $1/6$, Kiefern, Fichten $1/{18}$ — $1/5$.
Dafür ist in dem angeführten bad. Ges. dem Berechtigten ein Ent=
schädigungsanspruch eingeräumt, wenn sein Rechtstitel einen größeren
Umfang der Berechtigung enthält, §. 106. — Nach dem preuß. Edict
vom 14. Sept. 1811 §. 27. 28 soll die Schonungsfläche hauptsächlich
durch das Bedürfniß der Wiedercultur bestimmt werden. — Oest. F.-G.
§. 10: Hochwald mindestens $1/6$, Mittel= und Niederwald mindestens $1/5$.

(*c*) Code for. Art. 68. — Die Thiere erhalten ein Zeichen und eine Glocke,
Art. 73. 75, wie in der Ord. a. a. O. §. 6. 7, s. auch Fournel I, 500.
II, 150.

(*d*) Bad. Forstg. §. 33: nur vom Mai bis zum October.

(*e*) Schon die franz. Ord. v. 1669 Tit. 19 §. 13 verbietet das Eintreiben
beider Thiergattungen bei Strafe von 3 Liv. vom Stück und Confiscation
der Thiere. Der Cassationshof hat erkannt, daß die Erlaubniß des Eigen=
thümers die Strafbarkeit des Eintreibens nicht aufhebt; Fournel, Lois
rurales, II, 152. Uebereinstimmend Code for. Art. 78. Doch ist hier
dem Weideberechtigten eine Entschädigung vorbehalten, und es kann das
Eintreiben in einzelnen Oertlichkeiten von dem Könige erlaubt werden.
— Ebenso bad. F.-Ges. §. 36. Dagegen Pfeil, F.-Polizeiges. S. 277,
F.-Polizeiges. S. 241, wo auch die Ziegen einigermaßen in Schutz ge=
nommen werden. — E. André in Oekon. Neuigkeiten, 1831. Nr. 70. —
Im Fichtenwalde ist von den Schaafen wenig zu besorgen, v. Berg S. 221.

(*f*) Die aus dem Blätterabfall entstehende Humusschicht schützt den Boden
vor dem Austrocknen durch Sonnenwärme und Winde, zieht Feuchtig=
keit an, verdünstet Kohlensäure und ersetzt dem Boden einen (allerdings
kleinen) Theil der ihm entzogenen Mineralstoffe. — Hundeshagen
(Die Waldweide und Waldstreu, S. 9 ff.) nimmt an, daß 1 Centner
Streu, die man im Buchenhochwalde jährlich wegnimmt, den Zuwachs
um 3—7 Cubikfuße vermindere. Sorgfältige Berechnungen mit Rücksicht
auf das Alter, in welchem die Streubenutzung beginnt, und auf die
häufigere oder seltenere Wiederholung, v. Wedekind, in Karlsr. amtl.
Bericht, S. 188. — Aehnliche Nachrichten bei Jäger, Die Land= und
Forstw. im Odenwalde, S. 226. — Ueber die Nachtheile der Streu=
berechtigung v. Berlepsch im Amtl. Bericht über die XX. Versammlung
d. Landw. (Braunschweig, 1858) S. 102. — Preuß. Gem.-Theil.-O.
§. 140: „Von Berechtigungen, deren Werth zu rechen, kann der Werth
niemals höher berechnet werden, als die Berechtigung bei Beobachtung
der Forstpolizeigesetze hat benutzt werden können."

(g) Der landwirthschaftliche Werth der Laubstreu ist ungefähr ¼ — ⅓, der der Nadelstreu ½ — ¾ des gleichen Gewichtes Stroh. Ob der Landwirth bei der Bestimmung des Streubedarfes sich sein Stroherzeugniß abziehen lassen, oder ob ihm dessen Verkauf gestattet sein solle? Pfeil, Forstschutz, S. 305.

(h) Bad. F.-G. §. 41: Im Hochwalde das Laubholz mit 40, das Nadelholz mit 30 Jahren, im Niederwalde das harte mit 15, das weiche mit 12 Jahren. — Nach Waldmann (Amtl. Bericht über die XV. Vers. S. 103) sollen die jungen Bestände bis zur Hälfte der Haubarkeit geschont werden. Oest. F.-G. §. 11: nicht in Durchforstungs- und Verjüngungsschlägen.

(i) Waldmann: alle 4—5 Jahre. — Dieß ist nicht einmal den Berechtigten nothwendig schädlich, weil durch die schonendere Streunutzung der Holzwuchs und somit die Erzeugung von Blättern verstärkt wird. — Oest. F.-G. §. 13: höchstens alle 3 Jahre.

(k) Bemerkenswerth ist der Vorschlag, das Streurechen durch Lohnarbeiter vornehmen, das Ergebniß zu Gunsten der berechtigten Gemeinde versteigern zu lassen, und sodann den Erlös unter die Mitglieder zu vertheilen. Die Absicht ist hiebei, die übliche Verschwendung der Streu zu verhüten, die allerdings wegfällt, wenn man diesen Stoff nicht mehr unentgeltlich erlangt; v. Wedekind in Karlsr. amtl. Bericht, S. 97.

(l) Bad. F.-G. §. 39: nur in Schlägen außer der Schonungszeit.

(m) Code for., Art. 66 ff. Bad. F.-G. §. 44 ff.

§. 163.

Sind die Waldberechtigungen in gewisse Gränzen gebracht, so ist ihre gänzliche Ablösung bei den einzelnen Arten nicht in gleichem Grade bringend.

1) Das Beholzungsrecht kann am leichtesten durch Abtretung eines Stückes Wald abgelöst werden, indem man nach genauer Abschätzung diejenige Fläche ermittelt, auf welcher gerade ein der Berechtigung entsprechender Reinertrag an Haupt- und Nebennutzungen jährlich erzeugt wird (a). Da jedoch kleine Waldstrecken keine gute Bewirthschaftung zulassen, so ist dieses Mittel nur da ganz unschädlich, wo eine beträchtliche Waldfläche abgetreten wird, die, wie bei einer Gemeinde, unter einer einzigen Verwaltung bleibt, oder wo etwa der Antheil des Berechtigten an einen Wald desselben anstößt. In anderen Fällen treten die von einer Zerstückung der Forsten geltenden Rücksichten (§. 159) auch hier ein, und es sollte daher wenigstens nicht der Antrag des Waldeigenthümers allein diese Art der Abfindung bewirken können.

2) Die Benutzung des abgängigen und abfälligen Holzes ist für den Eigenthümer darum lästig, weil beim Sammeln

jener Holzarten auch Entwendungen anderer schwer zu verhindern sind. Ein Abkauf durch Waldabtretung wird von dem Eigenthümer nicht leicht gewählt, eine Geldentschädigung aber ist wegen der Wahrscheinlichkeit einer fortdauernden Holzvertheurung für die Berechtigten kein befriedigender Ersatz, weßhalb eine Holzabgabe (Holzdeputat), z. B. von Reisholz, die angemessenste Entschädigungsart sein würde.

3) Die Berechtigung zum Harzscharren ist zur Schonung des Nahrungsstandes der Pechsieder nur allmälig zu entfernen, wegen der schädlichen Wirkungen auf die Güte des Holzes ist aber die Ablösung bei höheren Holzpreisen unvermeidlich.

(a) C. for. Art. 63. 118: Die Beholzungsrechte (droits d'usage en bois) können durch cantonnement (Waldabtretung) entfernt werden, und die Größe des abzugebenden Waldes wird in Ermanglung einer Vereinbarung durch die Gerichte bestimmt. Diese Verfügung stammt aus dem Gesetz vom 19—27. Sept. 1790 her. Der landw. Congreß von 1850 trug nach Chevandier's Vorschlag darauf an, daß zur Ermittlung der Entschädigungssumme für den Berechtigten (usager) nicht das 20:, sondern das 25fache des Verkehrswerths der Holzabgabe genommen werde. Die Ablösung geschieht dann durch Hingabe einer Waldfläche von gleichem Werthe. — Bad. F.-G. §. 134: Der Entschädigungstheil darf gegen den Willen des Berechtigten nicht aus getrennten Stücken bestehen. — Waadtländ. F.-G. §. 193: Der Berechtigte hat die Wahl zwischen dem 20fachen Geldbetrage und einem Waldstücke. — Ueber die Ausmittlung s. vorzüglich Hundeshagen, Forstpolizei, S. 169 ff.

§. 163a.

4) Die Streuberechtigung verursacht auch nach der ohne Entschädigung zulässigen Beschränkung (§. 162) eine Verminderung des Holzwuchses und auch die auf jenes Maaß zurückgeführte Weideberechtigung bleibt noch mit Nachtheilen verbunden, zumal da man durch sie bei der Wahl der Wirthschaftsmethode beengt wird. Die weitere Verminderung oder gänzliche Entfernung beider Dienstbarkeiten ist also für die Holzerzeugung offenbar vortheilhaft (a); dagegen leisten aber Streu und Weide für die Düngergewinnung und Viehzucht gute Dienste. In früheren Zeiten, als das Holz fast preislos war, gewöhnten sich die Landwirthe an diesen Beistand der nahen Wälder und die ganze Wirthschaftseinrichtung in waldreichen Gegenden stützte sich darauf, weßhalb das plötzliche Aufhören dieser Hülfe lästige Störungen hervorbringen, namentlich den Viehstand sowie den Bodenertrag schmälern würde (b),

obgleich es keinem Zweifel unterliegt, daß die Landwirthschaft bei guter Einrichtung die Weide und Waldstreu entbehren kann. Es läßt sich annehmen, daß bei einer richtigen Schätzung des Verkehrswerthes von Streu und Weide für die Feldwirthschaft der Waldeigenthümer nur dann die Ablösung verlangen wird, wenn der höhere Holzpreis ihm dieselbe noch vortheilhaft macht und ihn in den Stand setzt, eine genügende Entschädigung anzubieten. Doch könnten selbst bei dieser Voraussetzung die Berechtigten bisweilen in Verlegenheit gerathen, wenn sie mit der Geldentschädigung in ihrer Nähe keine Gelegenheit finden, den Heu- und Strohbedarf einzukaufen und wenn sie die Weide nicht sogleich durch Stallfütterung ersetzen können. Es ist deßhalb zweckmäßig, unter solchen Umständen den Landwirthen zu den nöthigen Veränderungen Zeit zu lassen, zu denen der Futterbau auf dem Felde, die Anwendung von Ersatzmitteln der Waldstreu (z. B. Torf, Erbstreu), die Verbesserung der Wiesen und der Düngerbehandlung, die Urbarmachung von Ländereien u. dgl. gehören (c). Wenn also eine Ablösung jener Berechtigungen von dem Waldbesitzer begehrt wird und die Berechtigten derselben widersprechen, so muß das Gutachten von Sachverständigen darüber erhoben werden, ob dem Antrage ohne Nachtheil für den Feldbau und die Viehzucht Folge gegeben werden kann. Im Verneinungsfalle wird dann die Befreiung (Purification) der Waldungen um einige Jahre verschoben und unterdessen darauf hingewirkt, daß jene Umänderungen im landwirthschaftlichen Betriebe ausgeführt werden. Man könnte auch eine allmälige Abschaffung der genannten Nebennutzungen verabreden. Eine freie Vereinbarung beider Theile ist das beste Auskunftsmittel (d) und die Abfindung in Land hat für die Berechtigten vor der Ablösung mit einer Geldsumme Vorzüge.

5) Die Mastgerechtigkeit verhindert die Umwandlung in Nieder- oder in Nadelwald und verdient daher ebenfalls, wie die Weide- und Streu-Servitut behandelt zu werden.

(a) Gründe für die Unzulänglichkeit einer Beschränkung dieser Dienstbarkeiten und für die Ablösung derselben in Amtl. Bericht über die XX. Versammlung a. a. O.

(b) Hundeshagen, Waldweide, S. 110. — Pfeil, Forstw. I, 151. — Werth der Laubfütterung in Gebirgen, Rath zur Anlegung von Futterwäldern: Kasthofer, Bemerk., S. 129—134.

(c) Knaus, Ueber die Mittel, um die Waldstreu für die Landwirthschaft möglichst entbehrlich zu machen. Amorbach, 1839. — Walz, Ueber die Waldstreu, Stuttg. 1852. — Seelig im Archiv, N. F. X, 103. — Die Erdstreu hat in den letzten Jahrzehnten große Aufmerksamkeit erregt und ihre Vorzüge werden durch Payen's neueste Versuche über die Einsaugung des Harns durch verschiedene Körper bestätigt. Dingler, Pol. J. CXXX, 224.

(d) Nach dem C. for. §. 64. 120 können alle Servituten außer dem Beholzungsrechte in Geld abgelöst werden. Aber die Weide ist da unablösbar, wo sie für eine Gemeinde zur „absoluten Nothwendigkeit geworden ist"; wenn der Waldeigenthümer dieß bestreitet, so entscheidet der Präfecturrath, nachdem er eine Untersuchung de commodo et incommodo veranstaltet hat. — Bad. F.-G. §. 135: Die Ablösung findet da nicht statt, wo durch sie „der Nahrungsstand des Berechtigten wesentlich gefährdet wird." Nach §. 136 entscheidet hierüber das Staatsministerium. — Das waadtländ. F.-G. §. 194 enthält keine Beschränkung dieser Art. Bei Servituten außer dem Beholzungsrechte hat aber der Berechtigte zwischen Capital und Land die Wahl.

§. 161.

Während im Allgemeinen Maaßregeln, welche die Sparsamkeit befördern, mit der Pflege der hervorbringenden Gewerbe nicht zusammenhängen und einem anderen Abschnitt der Volkswirthschaftspolitik angehören (§. 357), greift die Holzsparung (a) in die Zwecke der Forstwirthschaftspflege ein, macht einen Theil der Waldfläche entbehrlich und mindert die Folgen der Holzvertheuerung, sie ist daher hier zu betrachten. Zwangsmaaßregeln sind nur gerechtfertigt, wo zugleich polizeiliche Zwecke, z. B. Feuerversicherung, in Betracht kommen, oder wo die Gemeindewaldungen betheiligt sind. Dagegen ist es dienlich, zum Auffinden von Mitteln zur Holzersparung zu ermuntern, z. B. durch Preisaufgaben, Veranstaltung von Versuchen u. dgl., sodann die besten Mittel zur allgemeinen Belehrung bekannt zu machen, auch in ihrer Anwendung bei den öffentlichen Anstalten und in den Staatsgewerben vorauszugehen. Diese Mittel finden Anwendung

1) beim Zugutemachen des Holzes: — Gebrauch der Säge beim Fällen und beim Zertheilen der Stämme,

2) beim Verbrennen, wobei noch sehr viel ausgerichtet werden kann. Dahin gehören hauptsächlich: Verbesserung der Oefen und Herde (b); — zweckmäßige Einrichtung der Meiler und Verkohlungsöfen; — Einführung der Gemeindebackhäuser auf dem Lande; — Verbannung der zur Beleuchtung dienenden Späne

(Schleißen); — Ermunterung zum Gebrauche anderer Heizstoffe, die oft bei unzweifelhafter Nützlichkeit aus Vorurtheil oder Unwissenheit wenige Verbreitung finden (c);

3) beim Bauen und Verarbeiten: Verbot, neue Häuser aus über einander gelegten Balken und neue Holzdächer zu errichten, etwa mit Ausnahme einzeln stehender Häuser in waldreichen Gebirgsgegenden; — Empfehlung der steinernen oder Lehmziegel-Wände, des steinernen Fußes der Häuser, damit die Schwelle trocken zu liegen komme; — Abschaffung der hölzernen Wasserröhren, der Zäune von gutem Spaltholze, der Knüppelwege; — steinerne Tröge, Krippen (diese auch wohl irden); — Vermeidung einer für die erforderliche Tragkraft unnöthigen Dicke der Balken, worauf viele Regeln der Baukunst gerichtet sind; — Erziehung gekrümmter Hölzer, um zum Schiffbau, zu Radfelgen 2c. die Krümmung nicht durch Ausschneiden bilden zu müssen, wobei viel verloren geht; — Schutz des in die Erde oder in das Wasser kommenden Holzes vor dem Modern durch Einbeizen (d); — häufigerer Gebrauch des Eisens zu Geländern, Thorflügeln, Brücken, Räderwerken und andern Maschinentheilen 2c.

(a) Büttner, Ueber Holzersparung. Berlin, 1830.

(b) Kröncke's Rath, daß der Staat eine Commission zur Ausmittlung der besten Art von Oefen und Herden anordnen solle (Unters. über den Werth des Holzes, S. 26), ist nicht beachtet worden, indeß hat man die Feuerungen neuerlich sehr vervollkommnet. — Benutzung der heißen Luft zum Gebläse, — gedörrtes Holz.

(c) Die Torf- und Steinkohlenfeuerung in Stubenöfen, Herden, Ziegel- und Kalkbrennereien u. dgl. erfordert einige Abänderungen im Baue, die aber leicht zu treffen sind. Auch die Auffindung neuer Torflager, die richtige Behandlung der Torfstiche, die Anwendung der Torfkohle, das Pressen des frischgestochenen Torfes verdienen befördert zu werden. Die Torfstiche der Gemeinden werden unter Aufsicht der Forstbeamten gestellt, damit sie in regelmäßigem Betrieb kommen. In der neuesten Zeit ist in mehreren Ländern Vieles geschehen, um die Torfbereitung zu verbessern. Dahin gehört vorzüglich das Verfahren von Weber in Staltach am Starnberger See in Oberbaiern und von Erter am Haspelmoor ohnweit Augsburg. Der Torf ist übrigens von sehr ungleicher Güte. Die badischen Sorten zeigen von 40—60 Proc. Kohlenstoff und von 0,⁹—14,⁷ Proc. Asche. Eiselen, Anleit. zum Ziegelbrennen mit Torf. Berlin, 1802. — Moser, Die Torfwirthschaft im Fichtelgebirge. Nürnberg, 1826. — Vogel, Der Torf, seine Natur und Bedeutung. Braunschweig, 1859. — Dullo, Torfverwerthungen in Europa, 1861. — Die Forstverwaltung Baierns, 1861. S. 487. — Neßler im bad. landw. Correspondenzbl., 1860. S. 142. 1861. S. 78.

(*d*) Früheres Kyanisiren des Holzes (nach Kyan) mit Sublimatlösung (Doppelt-Chlorquecksilber), — Einlassen einer Auflösung von holzsaurem Eisenoxyd in die Gefäße des Holzes (nach **Boucherie**), Beizen mit Chlorzink (**Burnett**), Theeröl (**Bethell**).

§. 165.

Zur Beförderung der Holzzucht durch einzelne Grundeigenthümer dient:

1) Verbreitung von Kenntnissen hierüber, wozu die zunächst für die Bildung von Staats-Forstbeamten bestimmten Forstschulen (§. 145) beitragen können.

2) Prämien für Saat und Pflanzung von Forstgewächsen in solchen Gegenden, wo eine Vergrößerung der Waldfläche zu wünschen ist, Erleichterung des Anschaffens von Saamen, Anlegung von Pflanzschulen, wo die Pflänzlinge nicht aus den jungen Beständen in hinreichender Menge genommen werden können (*a*).

3) Aufstellung von Mustern solcher Anlagen auf Staatsländereien, besonders auf Flächen, die für den Feldbau wenig Werth haben, z. B. Sandstrecken, Flußufern, ferner auf den öden Gemeindeländereien, woferne der Boden nicht besser zur Obstzucht benutzt werden kann (*b*).

4) Um die inländischen Gerbereien mehr in Aufnahme zu bringen, ist die Anlegung und der gute Betrieb von Eichenschälwaldungen erforderlich, wozu in Bezug auf Privatwaldungen außer einer Belehrung und Ermunterung auch die Anlegung von Rindenmärkten nützlich ist (*c*).

(*a*) Ein Beispiel giebt Großbritanien, Prämien von der Gesellschaft zur Beförderung der Gewerbe. Auch in Frankreich wurden (22. Fruct. J. V) Ehrenmünzen von Gold und Silber für Pflanzungen von Obstbäumen, Eichen, Rüstern, Buchen ꝛc. versprochen.

(*b*) Circular des französ. Ministers des Innern (**François de Neufchateau**) vom 25. Vend. VII bei **Fleurigeon, Code administratif.** Section de l'administr. II. 1001.

(*c*) In Norddeutschland hat der Gerberverein für die Herstellung von Schälwaldungen mit ungefähr 15jährigem Umtriebe mit Erfolg gewirkt. Im südwestlichen Deutschland, z. B. in der Neckar- und Saargegend sind solche schon zahlreich zu finden. Rindenmärkte zu Hirschhorn (Großh. Hessen) und Heilbronn (Würtemberg).

§. 166.

In Ländern oder Gegenden, die mehr unbedingten Holzboden haben, als zur Befriedigung des jetzigen Holzbedürfnisses erforderlich ist, muß man dem Holze Absatz und eine vortheilhafte Verwendung zu verschaffen suchen, weil dadurch nicht allein der Bodenertrag erhöht, sondern auch die eifrigere Pflege der Waldungen von Seite ihrer Eigenthümer befördert wird. Hieher gehören:

1) die Begünstigung solcher Gewerke, welche viel Holz als Verwandlungs- oder als Hülfsstoff (zum Verbrennen) verzehren, III. §. 149 (a).

2) Die Erleichterung der Fortschaffung des Holzes, sowohl im Lande, um das Holz aus den waldreichen Gegenden mit geringen Frachtkosten in andere Landestheile zu bringen, als zur Ausfuhr. Die erforderlichen Landstraßen und Schifffahrtscanäle müssen in der Regel von der Regierung hergestellt werden. Auch andere Mittel, als Leitungen zum Hinabgleiten von Bergen (Holzriesen, Rutschen), hölzerne Fahrbahnen, Floßgräben ꝛc., werden, wenn sie zum Vortheil der Staatswaldungen bestimmt sind, auf Kosten der Staatscasse eingerichtet, III, §. 149. Nr. 1. Wo sich große Privatwaldungen befinden, können jene Anstalten von einzelnen Besitzern derselben oder von Privatgesellschaften zu Stande gebracht werden (b); hat dieß aber Schwierigkeiten, so ist es zweckmäßig, wenn die Regierung die Einrichtungen herstellt und die Benutzung gegen eine Gebühr gestattet. In Ermanglung größerer Gewässer werden Bäche benutzt, deren Ufer nöthigenfalls eine Befestigung erhalten und die mit Sammelteichen und Schwellungen versehen werden, oder neu gegrabene Floßcanäle gute Dienste leisten. Das Flößen von Langholz erfordert eine größere Wassermenge und einen geraderen Lauf des Flusses als das Scheitholzflößen.

(a) Das Verkohlen im Walde giebt zur Versorgung der Hüttenwerke eine ansehnliche Ersparung an Frachtkosten, da die Kohlen nur ¼—⅕ vom Gewichte des Holzes haben. Die Köhlerei kann verbessert werden. Schübler, die Holznoth, 1861. S. 32.

(b) Beschreibung der großen Schwemmanstalt auf der Herrschaft Krummau in Böhmen. Wien, 1831. (20000 Klafter langer Flößcanal, den der Fürst von Schwarzenberg erbauen ließ.) — Baiern hat viele gute Triftungs- (Floß-) Anstalten in der Alpengegend und im baierischen Walde, die zum Theil von Privatpersonen in bestimmter Reihenfolge nach dem Verflößen des Holzes aus den Staatswaldungen benutzt werden. Ueber die oberbaierschen Seen wird das Floßholz in großen Balkenrahmen (Scheeren) gebracht. Die Forstverwaltung Baierns. S. 275. ff. — Triftanstalten an der Salzach, Enns, Traun, dem Inn ꝛc. im österreichischen Gebirgslande, an der Murg im bad. Schwarzwalde. — Jägerschmitt, Handb. für Holztransport- und Floßwesen. Karlsruhe, 1827. II. — Ueber die Triften: österr. F. G. §. 26 ff.

IV. Thierzucht.

§. 167.

Die Zucht der größeren Hausthiere (**Viehzucht**) verdient die Aufmerksamkeit sowohl wegen des beträchtlichen Gebrauchswerthes der thierischen Stoffe, die auch meistens leicht fortzuschaffen sind (*a*), als wegen ihres Eingreifens in den Landbau durch die Arbeitskräfte der Pferde und des Rindviehes und durch den Ersatz, den der Boden im Miste für einen Theil der ihm entzogenen Nährstoffe der Gewächse erhält (*b*). Durch die Viehzucht erhält das Grasland und das Futterfeld seine Rente. Der Viehstand läßt sich leichter als andere Theile des landwirthschaftlichen Capitals vermehren, wenn nur eine größere Menge von Futter gewonnen wird (*c*). Da aber bei jeder Thierart die zugehörigen Unterarten (Rassen, Stämme, Schläge ꝛc.) von ungleichem Werthe für die landwirthschaftlichen Zwecke sind, so ist es für den Reinertrag wichtig, daß überall die nützlichsten Rassen gehalten werden, die ungefähr wie bessere Werkzeuge und Maschinen zu betrachten sind. Die meisten Landwirthe haben nicht die Mittel, sich diese guten Rassen selbst zu verschaffen, und auch die Kenntniß derselben ist nicht allgemein verbreitet, während die Regierung durch Veranstaltungen im Großen mit verhältnißmäßig geringem Aufwande darauf hinwirken kann (*d*). Die Anstalten zur Bildung geschickter Thierärzte (**Veterinärschulen**) und die Sorge für die Ansiedlung solcher Aerzte in den verschiedenen Gegenden des Landes gehören zwar zur beschützenden Staatsthätigkeit (Polizei), verdienen aber hier wegen ihres großen volkswirthschaftlichen Erfolges erwähnt zu werden.

(*a*) Ausgenommen Milch, weßhalb in der Nähe größerer Städte die Rindviehzucht, so weit es der Milchverbrauch erfordert, eben so große Rente abwerfen muß, als der Anbau und Verkauf von Pflanzenstoffen.

(*b*) Werden die thierischen Stoffe, Fleisch, Fett ꝛc. im Lande verzehrt und die menschlichen Auswürfe gut benutzt, so ist der Ersatz, den der Boden für das gebaute Futter bedarf, im Ganzen genommen vollständig. Dasselbe gilt von Getreide. Bei guten Viehrassen und gutem Betriebe der Viehzucht müssen die Arbeit, die Erzeugnisse und die Auswürfe der Thiere zusammen die Kosten ihres Unterhaltes vergüten, so daß die Viehzucht nicht als ein nothwendiges Uebel betrachtet zu werden verdient.

Aber eine solche Ausdehnung derselben, wodurch sie zum vorherrschenden Zweige der Landwirthschaft wird, ist nicht unter allen örtlichen Verhältnissen vortheilhaft.

(c) Für 1 Centner lebendes oder Gesammtgewicht der Thiere sind täglich gegen 3 Pfd. Heu oder anderes auf Heuwerth umgerechnetes Futter nöthig, jährlich also ungefähr 11 Ctr. 1 Stück Großvieh von 8 Ctr. reicht hin, 4,5 pr: M. gut zu düngen, wozu aber gegen 90 Ctr. Heuwerth Futter gehören.

(d) v. Hazzi, Ueber die Veredlung des landw. Viehstandes. Münch. 1824. — Schmalz, Thierveredlungskunde. Königsberg, 1832. — Die ältere, kürzlich noch von Menzel (Landw. Hülfscalender für 1859, II, 171) und v. Weckherlin (Thierproduction, I, 26) in Schutz genommene Ansicht, daß nur Thiere aus „constant" gewordenen Rassen zur Veredlung tauglich seien, ist neuerlich auf den Grund vieler Erfahrungen erschüttert und es ist dargethan worden, daß auch vorzügliche Thiere, die nicht einer solchen in sich ausgebildeten Rasse angehören, ihre guten Eigenschaften vererben können, s. v. Nathusius in Amtl. Bericht über die XX. Versammlung (Braunschweig) S. 254, Ders., Die Rassen des Schweins, 1860. S. 26. Settegast, Ueber Thierzüchtung, 1859.

§. 168.

Die Emporbringung der **Pferdezucht** (a) nützt nicht allein der Landwirthschaft, sondern auch der Staatsvertheidigung, weil zu dieser gute Reit- und Zugpferde erforderlich sind und die einheimische Aufzucht eine weit sichere Quelle der Versorgung ist als der Ankauf von außen III, §. 76. Zu den verschiedenen Arten des Gebrauches sind theils stärkere (schwere), theils leichter gebaute Pferde nöthig. Gute Pferde leisten mehr und sind dauerhafter als schlechtere (b). Ebenen und Hügel-Gegenden, die an trockenen Weideplätzen reich sind, und in denen die Grundrente noch niedrig steht, eignen sich am besten zur Pferdezucht, die nicht allein auf größeren Landgütern, sondern auch auf mittleren und kleinen ausführbar ist und auch einen einträglichen Gegenstand der Ausfuhr geben kann (c). Um vorzügliche Pferde zu ziehen, muß die einheimische (Land-) Rasse, die in den meisten Ländern noch viel zu wünschen übrig läßt, durch Beschäler (Hengste) einer besseren Rasse veredelt werden. Wo nicht begüterte Landwirthe die Aufzucht ausgezeichneter Pferde in solcher Ausdehnung betreiben, daß jeder Landwirth Gelegenheit hat, gute Beschäler zu benutzen (d), da ist eine Beihülfe der Regierung nöthig. Zu diesem Zwecke dienen:

1) **Stammgestüte**, wo Pferde der besseren Rassen aufgezogen werden. Hier ist sorgfältig auf gute Auswahl und

Reinhaltung des Stammes sowie auf naturgemäße Behandlung zu sehen, um stets die erforderliche Anzahl von edlen Beschälern zu gewinnen. Solche Gestüte erfordern große Weideflächen, gute Stallungen, wohlunterrichtete Verwalter ꝛc., und sind deßhalb im Vergleich mit dem Erlöse aus dem Verkaufe der herangezogenen Thiere ziemlich kostbar (e).

2) **Landgestüte**, d. h. die Einrichtung, daß Beschälhengste zum Gebrauche der Pferdezüchter gehalten und in den verschiedenen Landestheilen aufgestellt werden, III, §. 79. Der Nutzen eines guten Landgestütes zur Verbesserung des Pferdeschlages ist durch die Erfahrungen mehrerer Länder zur Genüge dargethan. Es gehört hiezu (f), a) daß die Veredlung nach einem festen Plane mit Beschälern eines, den örtlichen Verhältnissen am besten entsprechenden Schlages betrieben werde, was durch den Beistand eines guten Stammgestütes sehr erleichtert wird (g); b) daß nur die besseren Landstuten mit den Beschälern des Gestütes gepaart werden, nach vorgängiger Besichtigung und Auswahl (h); c) daß die Benutzung der Beschäler unentgeltlich oder doch gegen ein mäßiges Sprunggeld und ohne andere lästige Bedingungen gestattet werde, die eine Abneigung gegen die Pferdezucht erregen können (i).

(a) Huzard, Instruction sur l'amélioration des chevaux en France. Paris, a. X. (1802). — v. Hazzi, S. 16. 73. — Ammon, Handb. der ges. Gestütskunde und Pferdezucht. Königsb. 1833. — de Girardin in Congrès central 1844. S. 375. — Genauere Statistik der Pferdezucht in Engel, Statist. Jahrb. I, 201, vgl. auch Kotelmann, Preuß. Landw. S. 96, Sick, Beiträge z. Statistik d. Landw. des Königreich Würtemb. S. 160. In Sachsen waren 1853 82,5 Proc. der erwachsenen Pferde mit Ausnahme der Militärpferde zur Landwirthschaft, 10,5 zum Lohnfuhrwerk, 6,8 zum Luxus verwendet. — Bei 1/12 oder 1/15 jährlichem Abgang der erwachsenen Pferde müßten, da wenigstens erst mit 3 Jahren die Arbeitsfähigkeit beginnt, zur Ergänzung immer 20—25 Proc. Fohlen vorhanden sein. Im preuß. Staate betrugen 1849 die Fohlen bis zu 3 Jahren 20 Proc. der erwachsenen Pferde, in der Prov. Preußen 26,7 Proc. (max.), in der Rheinprovinz 13,5 Proc. (min.), in Südfrankreich 12, Nordfrankreich 14,8 Proc. in Sachsen nur 6,3 Proc., im österreich. Staate 1861 und zwar in Siebenbürgen 23, Ungarn 21, Galizien 20, Böhmen und Mähren 19 Proc., dagegen in Oesterreich ob der Enns 9,0, unter der Enns nur 5,7 Proc. (Czörnig). In Baden waren 1855 die Fohlen unter 3 Jahren zwischen 14,9 (Seekreis) und 7,4 (Oberrheinkreis) Proc. der erwachsenen Pferde, im Mittelrheinkreis 11,3, Unterrheinkreis 8 Proc. Dieß zeigt die Unzulänglichkeit der inländischen Aufzucht in vielen Ländern.

(b) In Deutschland nimmt man eine mittlere Lebensdauer des Pferdes von 18 Jahren an (Kleemann, Landw. Verh. S. 206. Engel, a. a O.

S. 301.), in England mehr (25 nach Girardin), in Belgien und Frankreich nur 12, Congrès de 1844. S. 385. Dieß rührt von der minder guten Raſſe, von den ſchlechteren Straßen, der großen Anſtrengung ꝛc. her und verurſacht einen anſehnlichen Unterſchied in den Koſten der Nachſchaffung.

(c) Weiden ſind übrigens kein unbedingtes Erforderniß, ſie können durch Tummelplätze erſetzt werden. In Baden hatten im Jahr 1840 84 Gemeinden ſolche Fohlengärten.

(d) Z. B. in England, wo es keine eigentlichen Geſtüte giebt und blos von Landwirthen die Pferdezucht auf einer hohen Stufe erhalten wird. Gr. v. Veltheim, Bemerkungen über die engl. Pferdezucht. Braunſchweig, 1820. Deſſ. Abhandl. über die Pferdezucht Englands, 1833 (neue Bearbeitung des erſteren Buches). — v. Knobelsdorf, Ueber die Pferdezucht in England. Berlin, 1820. — Auch Holſtein hat keine öffentlichen Geſtüte.

(e) Die edelſten Raſſen ſind die orientaliſchen, vorzüglich die arabiſchen, ſodann die engliſchen Vollblutpferde (races-horses) von nachweislicher rein arabiſcher, perſiſcher oder afrikaniſcher Abſtammung, ſeit Karl II. häufig gezogen. Da man bei ihrer Züchtung vorzüglich auf die Schnelligkeit für Wettrennen Rückſicht nahm, ſo wurden andere Eigenſchaften, die zur Güte eines Arbeitspferdes gehören, weniger beachtet. Die Vorzüglichkeit der Vollblutpferde zur Veredlung iſt faſt allgemein anerkannt und ſie wird durch den Einfluß des Landgeſtütes zu Celle auf die Pferdezucht im K. Hannover überzeugend nachgewieſen. Indeß ſind in jeder Gegend ſolche Beſchäler zu wählen, deren Eigenſchaften auch für die Ausdauer in der Arbeit günſtig ſind. Durch Kreuzung mit den Landraſſen entſtehen gute Mittelſchläge, die theils für ſchwere, theils für leichtere Arbeit zweckmäßig ſind. Solche Mittelraſſen ſind z. B. die engliſchen Jagd- und Kutſchenpferde, die franz. Percherons und andere. Vergl. v. Spörken im Amtl. Bericht über die 15. Verſ. S. 197. — Frieſiſche und normanniſche Pferde zur Zucht großer, ſtarkknochiger Zugpferde. — Die zahlreichſten Geſtüte hat der öſterreichiſche Kaiſerſtaat, wo ſich jetzt (1853) 5 landesherrliche Militär- und 2 Hofgeſtüte befinden, jene 1837—46 mit ungefähr 1400 Zuchtſtuten, neben (1829) 64 ungariſchen, 160 ſiebenbürgiſchen, 20 galiziſchen Privatgeſtüten ꝛc. Die größten Geſtüte des Staates ſind Mezöhegyes in Ungarn und Radautz in Siebenbürgen. v. Erdelyi, Beſchreibung der einzelnen Geſtüte des öſterr. Kaiſerſtaates. Wien, 1829. — Hain, Handb. d. Stat. des öſterr. Kaiſerſtaates. II, 98. — Frankreich hat 3 Geſtüte, le Pin, Pompadour und Roſières. — Preuß. Hauptgeſtüte zu Trakehnen (Oſtpreußen), Neuſtadt an der Doſſa und Gradiz bei Torgau. — Mecklenburg, Geſtüte zu Redevin. — In Württemberg erſetzen königliche Privatgüter die öffentlichen Geſtüte.

(f) v. Gemmingen, Ueber Landgeſtüte. Karlsruhe, 1831. — Ammon, S. 185. — (Vogelmann) Die Pferdezucht im Gr. Baden. 1843. 4⁰. (Vertheidigung des badiſchen Landgeſtütes.) — Haubner in v. Lengerke's Annal. XXIII, 29. — v. Rüdt in Feſtſchrift für die XXI. Verſamml. S. 165. — Neue Organiſation des baier. Landgeſtütes, V. vom 27. Sept. 1829. — Neue V. für das bad. Landgeſtüte, 25. März 1836.

(g) Die vielen Mißgriffe, die man ſonſt beging, namentlich das planloſe Kreuzen mit Hengſten aus mancherlei Raſſen, machten allen Aufwand unnütz. Hieraus erklärt ſich der Streit über die Zweckmäßigkeit der Landgeſtüte überhaupt. Vgl. z. B. Correſpondenz-Blatt des württ. landw. Vereins 1822, II, 83. 1823, I, 1. Der Ankauf von Hengſtfohlen, wenn er mit der nöthigen Umsicht vorgenommen wird, kann neben der Aufzucht in Stammgestüten mit Nutzen zu Hülfe genommen werden. — Die schlechte Behandlung der von den Gestütsbeschälern bedeckten Stuten ist nicht selten eine Ursache des geringeren Erfolges, der jedoch auch in fehlerhaften Einrichtungen bei dem Landgestüt begründet sein kann und dessen Ursachen genaue Erforschung verdienen. Man hält ein mäßiges Sprunggeld für zweckmäßig, um die Besitzer von Zuchtstuten zur größeren Sorgfalt zu ermuntern. In Baden sind, den Aufzeichnungen zufolge, 1833—1842 von den bedeckten Stuten 37 Proc., 1854—58 36½ Proc. Fohlen gefallen. Statt des Sprunggeldes wird jetzt von jedem lebensfähig gebornen Fohlen eine Gebühr von 3 fl. 30 kr. erhoben. Im österr. Staate erhielt man von den belegten Stuten in Venedig 68, Lombardei 67, Siebenbürgen 63, Mähren 62,⁷ Böhmen 56,⁷ Ungarn 47,⁸ Proc. Fohlen (Hain). Preußen 1852: von 41 821 gedeckten Stuten 21 512 lebende Fohlen — 51 Proc., v. Lengerke, Annal. XXIII, 216, in Sachsen 1851 nur 30 Proc. lebende Fohlen, s. aber Haubner a. a. O. S. 34. Sprunggeld 1 Thlr. — In Belgien kamen 1840—49 jährlich 42 belegte Stuten auf 1 Beschäler aus dem Landgestüt und man erhielt von den Stuten nur 31 Proc. Fohlen, von Privatbeschälern in Brabant und Ostflandern aber 78 Proc. — In Hannover wurden 1850 von 100 gedeckten Stuten an 60 Fohlen erhalten. Hier ist das Sprunggeld 16 Sgr., bei Vollbluthengsten höher, außerdem werden für jedes erhaltene Fohlen 2½ Rthlr. entrichtet. In Frankreich brachten 1848 und 1849 die von Gestütsbeschälern bedeckten Stuten 48 Proc. Fohlen, die von Privatbeschälern bedeckten 1847 33 Proc.

(h) Für die übrigen Stuten bleiben die von Privaten (Gaureitern) gehaltenen Hengste, bei denen ebenfalls, wo es sich nöthig zeigt, angeordnet werden kann, daß sie nur nach vorgängiger amtlicher Besichtigung und Bezeichnung gebraucht werden dürfen. Baier. V. vom 18. Juni 1818, §. 9. — A. bad. V. von 1836, §. 16. Nach der bad. V. v. 21. Aug. 1860 wird in Gegenden, wo keine Beschälstelle des Landgestüts besteht, zum Ankauf eines guten Privatbeschälers die Hälfte des Preises unverzinslich vorgeschossen und in jedem der ersten 5 Jahre ¹/₁₀ hievon abgeschrieben. — Franz. V. v. 16. Jan. 1825: Die Besichtigung ist nicht nothwendig, sie giebt aber Anspruch auf eine jährliche Prämie von 1—300 Fr. für die gut befundenen Hengste. — Nach Ammon darf man in der Beschälzeit (gewöhnlich März bis Juni) in Landgestüten 50, höchstens 70 Stuten auf 1 Hengst rechnen. — Frankreich hatte 1849 1259 Gestüts- und 414 von den Behörden zugelassene Privatbeschäler. Zum Ersatz der 2½ Mill. erwachsener Pferde wären jährlich 250 000 neugeborne Fohlen erforderlich, die gegen 4000 Hengste erforderten. — Hannover 1852: 211 Hengste im Landgestüt, wovon 48 Vollblut, gegen 260 Privathengste, die von einer „Köhrungscommission" geprüft werden. — Belgien 63 Beschäler in 25 Stationen, aus dem Gestüt Tervueren. Der Sprung ist unentgeltlich. 1850 waren 848 approbirte Beschäler vorhanden. — Preußen 1852: 1030 Beschäler; 3,² und 1 Rthlr. Sprunggeld. — Oesterreich 1687—46: 1817 Beschäler. — Baden 1854—58: im D. 106 Hengste des Landgestüts, auf jeden 47 belegte Stuten; 1860 waren 46 Privatbeschäler zugelassen.

(i) Ehemals mußten die, durch herrschaftliche Beschäler erzielten Pferde an den Staat um einen festen Preis abgeliefert, oder durften doch nicht ohne Erlaubniß anderweitig verkauft werden. In Baden bildeten sonst die in der Nähe von Karlsruhe liegenden Gemeinden einen Bezirk, in dem die Landwirthe an dem Gestütsverbande Theil nehmen konnten. Sie durften nur die Beschäler des Landgestütes brauchen und ihre Zuchtstuten sowie die Mutterfohlen nicht außerhalb des Bezirkes verkaufen, wenigstens nicht ohne besondere Erlaubniß; auch mußten sie alle Hengstfohlen, die nicht in das Landgestüt gekauft werden, verschneiden lassen, hatten aber auf jährliche Prämien Anspruch.

§. 169.

Andere Ermunterungsmittel der Pferdezucht sind:

1) Ausstellungen und Prämien, welche jährlich für die Aufzucht der vollkommensten Pferde jedes Geschlechtes und Schlages nach genauer Besichtigung aller vorgeführten Thiere ertheilt werden (a).

2) Vorsorge, daß in Berggegenden, wo sich Ueberfluß an guten nicht zu steilen Weideplätzen findet, Fohlenweiden mit den nöthigen Gebäuden, der erforderlichen Wartung und ärztlichen Aufsicht eingerichtet werden, damit die Landwirthe in den stärker bevölkerten Gegenden ihre Fohlen gegen mäßiges Weidegeld daselbst bequem und sicher den Sommer hindurch unterbringen können (b).

3) Anregung zur Anlegung von kleineren Fohlenweiden durch die Gemeinden, um den jungen Pferden wenigstens die nöthige Bewegung zu verschaffen.

4) Einkauf der für Reiterei, Geschütz- und Fuhrwesen erforderlichen Pferde im Lande, falls dieß ohne beträchtliche Vermehrung der Ausgabe geschehen kann.

5) Wettrennen für inländische Pferde, um unter den begüterten Grundeigenthümern die Lust zur Aufzucht von Pferden edler Rasse zu erhalten. Da indeß die Erziehung und Vorübung (Trainirung) von Rennpferden kostbar ist, also ansehnliche Preise und Wetten erforderlich sind, um eine genügende Ermunterung zur Theilnahme zu geben, so ist dieselbe für Rennen nach englischer Weise nothwendig nur ziemlich beschränkt, auch hängt die höchste Geschwindigkeit mit der Arbeitsfähigkeit und Dauerhaftigkeit der Pferde nicht ganz zusammen, weshalb die Rennen jene große Wichtigkeit nicht haben, die ihnen öfters beigelegt worden ist (c).

(a) Angef. baier. V. von 1818 und 1829. Es werden in Lande Bezirke gebildet, höchstens 20, und in jedem findet eine jährliche Vertheilung von Hengst- und Stutenpreisen (10—20 baier. Thaler) statt. —

Baden (ehemals nach a. V. von 1836 im ersten Gestütsbezirke in der Nähe von Karlsruhe) 4 Stutenpreise jährlich zu 50 fl., 6 Preise für Stutenfohlen zu 22 fl. — Belgien, in jedem Arrondissement jährlich 3 Preise von 500, 400 und 200 Fr., in jeder Provinz 2 von 300 und 400 Fr.

(*b*) Beispiele seit 1823 in Würtemberg. S. Correspondenzblatt, 1823, I, 119. 178. 1824, 1, 98.

(*c*) v. Hazzi, Ueber die Pferderennen. München, 1826. — Baiern und Oesterreich nahmen die Rennen nach dem Beispiele der Italiener schon frühe an, zuerst bei Kirchenfesten; schon 1436 ward ein solches als Hoffest in München gehalten. In Großbritanien erhielten sie ihre Ausbildung; die französischen Vorschriften kommen den englischen noch am nächsten. Neuerlich hat man in Mecklenburg, Preußen und Frankreich, auch in Würtemberg, die englischen Rennen nachgeahmt, ohne daß sie bis jetzt eine große Wirkung geäußert hätten. Die Preise sind theils von den Landesfürsten gestiftet, theils von den Theilnehmern aufgebracht. Die baierischen Rennen sind, nach Hazzi's Darstellung, sehr unvollkommen eingerichtet und von geringem Nutzen. Auch ist die mittlere Geschwindigkeit der baierischen Pferde nur $26^{3}/_{4}$ baier. = $26^{3}/_{4}$ engl. Fuß in der Secunde, die der englischen durchschnittlich 44 Fuß, (der Childers durcheilte sogar bisweilen $82^{1}/_{2}$ Fuß). Doch ist in Ländern, die viele große Gutsbesitzer haben, eine vortheilhafte Einwirkung der Rennen nicht zu läugnen.

§. 170.

Die **Zucht des Rindviehes** verdient eine sorgfältigere Beförderung von Seite der Staatsgewalt, als sie gewöhnlich erhält, weil dasselbe bei seiner mehrfachen Nützlichkeit auf Landgütern jeder Größe gehalten wird, daher in größerer Zahl vorhanden ist, als die Pferde (*a*), und folglich die Wahl der besten Stämme (Schläge, Rassen) auf das Einkommen der Landwirthe großen Einfluß ausübt, der mittlere und kleine Landwirth aber sich ohne fremde Hülfe nicht mit guten Zuchtstieren versorgen kann. Bei der hierauf gerichteten Sorgfalt ist genau darauf Rücksicht zu nehmen, welcher der drei Zwecke: Milchnutzung, Mästung und Arbeit, in jeder Gegend vorzüglich hervortritt, weil kein einzelner Stamm zu allen diesen Zwecken gleich tauglich ist (*b*). Die zu empfehlenden Maaßregeln sind hauptsächlich:

1) Anschaffung und Aufstellung vorzüglicher Stämme auf den Staatsgütern, um sie in der Umgegend zu verbreiten, oder Staatszuschuß zu der Anschaffung durch Privatpersonen.

2) Belehrung über die Fehler, welche bei der Aufzucht am häufigsten begangen werden. (*c*).

3) Oeftere Ausstellungen in kleineren und größeren Landesbezirken und für das ganze Land, mit Ertheilung von Prämien für die Besitzer der besten Zuchtstiere, Ochsen und Kühe, und mit Vergütung für das Hin- und Herbringen der Thiere. Diese Ausstellungen haben sich zur Anregung des Wetteifers und zum Bekanntwerden der vorzüglichsten Rassen und Unterabtheilungen derselben (Stämme) sehr nützlich gezeigt: Sie erfordern Mitwirkung der Regierung, wo nicht die landwirthschaftlichen Vereine hinreichend dafür sorgen (*d*).

4) Verpflichtung der Gemeinden, gute Zuchtstiere in hinreichender Anzahl zu erhalten, mit der Anordnung, daß dieselben von Sachverständigen besichtiget werden (*e*).

(*a*) Preußen z. B. hatte 1849 3,⁴, Frankreich 1845 3,⁵, Belgien 4mal soviel Rindvieh als Pferde, Sachsen 1853 an 6,⁵, Baden 1855 9mal soviel; es kommen auf 1 Pferd in Galizien 1,³, in Böhmen 4,⁷, Siebenbürgen 1,⁵, Ungarn 8, Mähren 13,⁶ Stück Rindvieh. Es kamen auf 1 Stück Rindvieh pr. M. Acker, Garten und Grasland: in Oesterreich ob der Enns 3,⁹, unter der Enns 4,¹, Steiermark 4,⁸, Böhmen 5,⁴, Galizien 5,⁷, Mähren 7,³, Ungarn 7,⁸, Venezien 8, — im preuß. Rheinland 7,⁵, Westfalen 8,⁶, pr. Sachsen 12, Brandenburg 14, Preußen und Posen 16,⁴, — Baden 1855 5,⁷, — Sachsen 6¹/₃, — Belgien 7,⁹⁶. Man erkennt hieraus, welcher Zunahme der Viehstand noch fähig ist, wenn die Futtergewinnung stärker wird. — Auf 1000 Einwohner kommen Stücke Rindvieh im Zollverein 396 (max. 600 in Baiern), in Deutsch-Oesterreich 279, Ungarn 391, in Baden 443 (max. 631, Seekreis). Es ist auch lehrreich, das Maaß der Vermehrung des Rindviehstandes zu erforschen und es mit der Volksvermehrung zu vergleichen.

(*b*) Zur Milchgewinnung sind in Großbritanien die Rassen von Alderney und Airshire, in Deutschland die algauer, montafuner, schwyzer und friesische Rasse, in Frankreich die race Cotentine (Dep. Manche) vorzüglich geschätzt. Zur Mästung zeichnet sich am meisten die Durham-Rasse (shorthorns) durch ihre auffallende Schnellwüchsigkeit aus, welche eine große Ersparung an Fütterungskosten möglich macht. Diese Rasse verbreitet sich neuerlich rasch in Frankreich und Deutschland, zumal da es innerhalb derselben auch milchreiche Stämme giebt. L. Rau, Abh. über das Durhamvieh, 1857. Die Rasse von Devonshire ist zur Arbeit vorzüglich gut, aber auch zu den beiden anderen Zwecken wohl geeignet, sowie die Rasse von Salers in Frankreich. In Deutschland sind Kreuzungen des einheimischen Rindviehes (Landrasse) sowohl mit der Gebirgs- (Alpen-) als mit der Niederungs- (friesischen) Rasse vorgenommen worden und es entstehen hiedurch gute Mittelschläge, welche man leicht erhalten und noch verbessern kann, während man bei der Einführung einer fremden Rasse wegen der Verschiedenheit des Klimas, Futters 2c. bisweilen Schwierigkeiten findet.

(*e*) Hauptsächlich das zu frühe Anspannen und die magere Fütterung. — Vorzüge der Stallfütterung. — Prämien für die Anwendung der Kühe zum Ziehen, wo man noch Vorurtheile dagegen hegt, z. B. durch die Landwirthschaftsgesellschaft zu Celle.

(*d*) In Großbritanien ist das Letztere der Fall und die Cattleshows haben viel genützt. — Große Viehausstellungen in Frankreich mit Staatsunterstützung. — Im Canton Zürich wurden 1854 Preise an die Besitzer von 122 guten Zuchtstieren und 200 Zuchtschweinen ertheilt, für jene von 18—45 Fr.

(*e*) Daß die Gemeinde für die erforderlichen Zuchtstiere sorgt, ist ein Beispiel einer nützlichen Gemeinschaft (Association), aber es wird oft aus Unverstand und übelangewendeter Sparsamkeit der Zweck nur unvollkommen erreicht. Es sollten ungefähr nur 60—80 Kühe auf einen starken, gegen 30 auf einen jungen oder alternden Stier kommen, die Stiere kraftvoll und gut unterhalten sein, wozu wenigstens durch Ermunterung, Beispiel und Belehrung viel geschehen kann. Jährliche Besichtigung durch den Thierarzt, nach dem aargauischen V. v. 14. Mai 1819 (bei Hazzi, Ueber die Veredlung ic. S. 90), Bern, V. vom 11. Jan. 1826, gr. heff. V. v. 2. Oct. 1839, — oder durch ein Schauamt, an welchem neben dem Thierarzte auch erfahrene Landwirthe theilnehmen, rheinpreuß. V. v. 16. Febr. 1848. Der Unterhalt der Zuchtstiere sollte nicht dem Wenigstfordernden, sondern einem zuverlässigen Landwirthe übertragen werden. Dieß ist in der bad. V. vom 8. Sept. 1860 ausdrücklich bestimmt worden, die Gemeinde soll sich das Recht vorbehalten, die Entfernung eines unbrauchbaren Stieres zu verlangen. Höchstens 80 Kühe auf 1 Stier. Wo die Haltung eines Zuchtstieres Reallast eines Grundeigenthümers ist, da ist von diesem in der Regel nicht zu erwarten, daß er mehr thut, als wozu er angehalten werden kann, es ist daher rathsam, die Last ablösen und die Verpflichtung an die Gemeinde übergehen zu lassen, welche dafür die Entschädigungssumme erhält, Bad. Ges. vom 3. Aug. 1837.

§. 171.

Schaafzucht. Seit der Einführung der feinwolligen Schaafe in Deutschland (*a*) entstand eine Vorliebe der Regierungen für diesen Gegenstand, die zwar im Allgemeinen nützlich war, jedoch zu einer zu großen Begünstigung der Weiderechte (§. 72) Anlaß gab, und dennoch wegen der Unkunde in der richtigen Behandlung der Merinosheerden anfangs wenig fruchtete. Neuerlich, nachdem man einen kunstmäßigeren Weg eingeschlagen hat, machte die Schaafzucht ohne alle lästigen Zwangsmittel gute Fortschritte. Sie wird vermöge des großen Verbrauchs von feiner Wolle vortheilhaft für Gegenden, in denen sich große Landgüter befinden und die Grundrente nicht hoch ist (*b*), obschon sie den hohen Gewinn, den sie unter günstigen Absatzverhältnissen einige Zeit lang trug, nicht fortdauernd abwerfen kann (*c*). Sie hat ohne Zweifel eine Mitwirkung der Regierung anzusprechen, indeß macht die hohe Ausbildung, welche sie neuerlich in Deutschland durch den Wetteifer der größeren Landwirthe erreicht hat, manches Beförderungsmittel entbehrlich, welches in andern Ländern oder Zeiten noch Bedürfniß sein mag.

(*a*) Nach dem mißlungenen Versuche Friedrichs II. (1748) wurden die spanischen Schaafe zuerst in Sachsen (1765), dann in Oesterreich (1775), Würtemberg (1786), Baden und Ansbach (1789) eingebürgert. Nach Schweden kamen die Merinos schon 1723, nach Frankreich (Rambouillet) 1786.

(*b*) Stark bevölkerte Länder mit kleinen Grundbesitzungen haben wenig Schaafe, weil dieselben Weide erfordern und vortheilhafter im Großen gezogen werden, besonders die feinwolligen, welche in Züchtung und Behandlung viele Sorgfalt heischen und empfindlicher sind. Gebirgsländer sind für Schaafe am wenigsten, trockene Hügel und Hochebenen am meisten passend. Im preuß. Staat hatte 1855 die Provinz Pommern gegen 4600, Posen 4100, Sachsen 4000, Schlesien 3260, Brandenburg 3190, dagegen Westfalen 1250, Rheinland nur 1010 Schaafe auf der Quadratmeile und hier hatte seit 1816 eine Abnahme stattgefunden, im ganzen Staat eine Vermehrung von 1/8 Proc. der anfänglichen oder 58 Proc. der mittleren Zahl. In Oesterreich hatten auf der österr. Quadratmeile im J. 1857 Ungarn 2149 Schaafe (max.), Siebenbürgen 1988, Böhmen 1407, Mähren 1215, Desterr. unter der Enns 1023, ob der Enns 724, Steiermark, Kärnthen, Krain 576, Tirol 519 (min.). Das Königreich Sachsen hatte 2012 Schaafe auf der Quadratmeile (abnehmend wegen der Ablösungen), Würtemberg nur 1300. In England und Wales sollen nach Hubbard (Porter, Progress S. 174) 1828 gegen 25 Mill. Schaafe gewesen sein, also 9160 auf der Quadratmeile! überdieß sind es zum Theile große langwollige Schaafe. Zweifel gegen diese Angabe im Amtl. Bericht über die Industrie=Ausstellung II, 51. Lavergne (Essai sur l'écon. rur. de l'Anglet. 1854 S. 17) nimmt für England 30 Mill. an. Hier hat die Rücksicht auf den starken inländischen Fleischverbrauch mehr Einfluß als anderswo.

(*c*) Bei der Wohlfeilheit des Getreides in den 1820r Jahren war die Schaafzucht eine Hauptstütze der Landwirthschaft auf größeren Besitzungen. Die Vorliebe für höchst geschmeidige und feine Tücher und Zeuge gab vorzüglich der Wolle der Electoralschaafe (sanftwolligen Merinos, am vollkommensten in Sachsen und Preußen, und in der Heerde von Naz in Frankreich) einen hohen Preis. Die höchste Feinheit ist so schwer zu erreichen und zu erhalten, daß nur der kleinste Theil der Landwirthe es dahin brachte, weßhalb diese Richtung der Schaafzucht die einträglichste war. So lange das Pfund hochfeiner Wolle 2³/₄ bis 3 fl. galt, war der Gewinn ansehnlich. Thaer berechnete bei einer Heerde von 1200 Stück sämmtliche Kosten auf 1786 Thlr., den Rohertrag bei mittelfeiner Wolle (12 Thlr. für den Stein oder 22 Pfd.) auf 2586 Thlr., bei feiner (den Stein zu 20 Thlr.) auf 4233 Thlr., also war im letzten Falle der Reinertrag dreimal so groß. Möglin'sche Annal. XVIII, 355. Neuerlich hat man gelernt, durch bessere Tuchbereitung aus Mittelwolle geschmeidigere und schönere Tücher zu machen, als sonst, weßhalb von 1846 an die hochfeine und feine Wolle im Preise sank, die ordinäre aber noch stieg. Die rasch anwachsende Zufuhr von australischer und südafricanischer Wolle nach Großbritannien hat den dortigen Absatz der deutschen ansehnlich gemindert. Großbritannien erhielt 1830 nicht voll 2 Mill., 1839 10, 1850 schon 39 und 1860 59 Mill. Pfd. Wolle von Australien, aus Deutschland dagegen wurden 1836—40 i. D. 24·925 000 Pfd.,

1859 nur noch 12 Mill. Pfd. eingeführt, so daß Deutschland im letztgenannten Jahr nur 9 Proc. der britischen Wolleinfuhr lieferte. Tables of Revenue, XX A S. 128. v. Patow, Die Wollproduction des deutschen Zollvereins, 1851. Indeß ist die deutsche hochfeine Wolle die beste, ihr Preis in London war früher gegen 50 Proc. und ist jetzt noch ⅓ höher als der australischen und daher die Zucht feinwolliger Schaafe noch immer belohnend. Man hat neuerlich gelernt, neben der Wollfeinheit zugleich auf den Wollreichthum und auf den Fleischertrag der Schaafe mehr zu achten, und die früher am höchsten geschätzte Electoralrasse ist durch kunstmäßige Züchtung mit Rücksicht auf die beiden letzteren Zwecke verändert worden, überhaupt hat man die Rassen nach den örtlichen Verhältnissen sorgfältiger ausgewählt. Zur Mästung gelten, da die langwolligen Leicesterschaafe in dem deutschen Klima nicht gut gedeihen, die englischen Southdowns für die vortheilhaftesten. Die Abnahme der deutschen Woll-Ausfuhr wird durch die zunehmende inländische Verarbeitung aufgewogen.

§. 172.

Zur Beförderung der Schaafzucht in Ländern, wo ein Aufschwung derselben zu erwarten ist, dienen außer der Freigebung der Wollausfuhr (§. 128) vorzüglich:

1) Anlegung von Stammschäfereien der nützlichsten Rassen, welche rein erhalten, mit sorgfältiger Auswahl bei der Paarung fortgepflanzt und zur Veredlung der inländischen Heerden durch Ausleihen oder Verkauf von Zuchtwiddern (Stören) sowie von Zuchtschaafen um mäßige Preise benutzt werden, doch nur da, wo nicht schon Privatschäfereien in dieser Hinsicht genügen (a).

2) Belehrung über die Grundsätze, nach welchen die verschiedenen Schaafrassen behandelt werden müssen, am besten in der Form eines leichtfaßlichen Katechismus (b). Prämien sind minder nothwendig, weil der nach dem Feinheitsgrade abgestufte Wollpreis und der gute Fleischverkauf die Stelle derselben vertreten (c).

3) Anlegung von Wollmärkten, verbunden mit Wasch- und Sortirungsanstalten, welche auch dazu benutzt werden können, den Schaafzüchtern Vorschüsse auf die Wollenvorräthe zu geben (d).

(a) Im vorigen Jahrhundert wurden die Merinosheerden nicht genug vor der Vermischung mit deutschen Landschaafen bewahrt, indem man glaubte, es könnten schon nach einigen Generationen Zuchtwidder aus den Blendlingen (Bastarden) gebraucht werden. Meine Stammheerden haben zur Nachzucht von Widdern für die Veredlung der einheimischen grobwolligen Schaafe viel genützt und werden erst entbehrlich, wenn die veredelten Heerden die Fähigkeit erlangt haben, sich durch sich selbst (Inzucht) in gleicher Vollkommenheit zu erhalten. Treffliche Schäfereien auf den sächs. Domänen zu Lohmen, Stolpen, Rennersdorf ꝛc., auf dem preuß. Staatsgute Frankenfelde. Franz. Staatsschäfereien zu Rambouillet, Montcavrel, Perpignan, Lahayevaur (Vogesen). — Ueber die Vermehrung der Schaafe und besonders der Veredlung im preußischen Staate s. §. 72 (c).

(*b*) Schriften dieser Art von Daubenton, Tessier. Thaer (Handb. für die feinwoll. Schaafzucht, Berl. 1811), Schmalz (Anleit. zur Zucht, Pflege und Wartung edler und veredelter Schaafe. Königsberg, 1825). — Elsner, Schäferkatechismus, 1832. — Auch Schäferschulen, §. 145.

(*c*) Dieß setzt jedoch zollfreie Wollausfuhr voraus.

(*d*) Zum Vorbilde dient die Pariser Anstalt; s. Verhandl. des Vereins zur Beförderung des Gewerbfl. im preuß. Staate, 1622, S. 65. — v. Hazzi, S. 85.

§. 173.

In Ansehung der kleineren Hausthiere beschränkt sich die Theilnahme der Regierung darauf, daß sie für die Herbeischaffung besserer Rassen Sorge trägt, die Landwirthe mit deren Vorzügen und der Art, sie zu behandeln, bekannt macht, fehlerhafte Gewohnheiten zu verbannen sucht, und ebenfalls den Eifer mit Hülfe von Prämien belebt. Die Schweinezucht hat vorzügliche volkswirthschaftliche Wichtigkeit, auch für die kleinen Landwirthe (*a*), während die Ziegenzucht hauptsächlich in Berggegenden und für die unterste Classe der Landbewohner Nutzen leistet (*b*). — Die Emporbringung der Bienenzucht kann den Vereinen überlassen werden, da dieser Betriebszweig in Gegenden, wo es an Bienenpflanzen nicht fehlt, keine Schwierigkeiten hat. — Die früheren Versuche, die Seidenzucht in Deutschland einheimisch zu machen, brachten keinen dauernden Erfolg zu Wege. Dieß Mißlingen rührte zum Theil von zufälligen Ursachen her, z. B. von Fehlern im Verfahren, Mangel an gutem Absatz und gehässigen Eindrücken der gebrauchten Zwangsmittel (*c*), indeß stehen in Deutschland auch klimatische Schwierigkeiten der Seidenzucht im Wege, die kaum erwarten lassen, daß diese eine beträchtliche Ausdehnung gewinnen werde (*d*). Sie kann jedoch als Nebenbeschäftigung in Arbeiterfamilien, von Weibern und Kindern, betrieben werden, die Wartung der Raupen füllt nur einige Monate im Jahre aus und wenn keine übeln Zufälle eintreten, so ist der Reinertrag ermunternd (*e*). Daher ist es rathsam, der Seidenzucht soviel Ermunterung zu geben, daß diejenigen Personen, für die sie eine nützliche Beschäftigung darbietet, sich ihr leicht zuwenden können. Die hiezu dienlichen Mittel, welche in Ermangelung von Privatvereinen (*f*) durch die Regierung anzuwenden sind, bestehen außer der auch hier sehr wirksamen Belehrung (*g*) in folgenden:

1) Verbreitung der weißen Maulbeerbäume durch Vertheilung von jungen Stämmen und Prämien, Anpflanzung an Eisenbahnen ꝛc. (*h*);

2) Anschaffung und Vertheilung von Eiern, sog. Grains;

3) Erleichterung des Absatzes von Gespinnsten (cocons), wozu die Anlegung von Haspelungsanstalten (filande) gute Dienste leistet.

(*a*) Ueber die Beförderung der Schweinezucht in Sachsen, Hanssen im Archiv, N. F. IV, 185. — Engel, Jahrbuch, I, 336. — Vorzügliche englische Schweineraßen.

(*b*) In Sachsen haben sich 1847–50 die Ziegen bei den Grundeigenthümern um 7, bei den Unangesessenen um 35 Proc. vermehrt, aber freilich besaßen diese 1850 nicht voll 6½ Proc. aller Ziegen. Engel, S. 358. — Tibetanische Ziegen, deren feiner, unter den Haaren stehender Flaum zu den Kaschmir-Shawls gebraucht wird, wurden 1819 durch Ternaur nach Frankreich gebracht, nachdem die Regierung für den Fall des Gelingens die Uebernahme von 100 Stück um ansehnlichen Preis zugesagt hatte. Obschon diese Thiere nicht so vortheilhaft sind als die Merinos, so könnten sie doch an der Stelle der gemeinen Ziege Nutzen bringen, oder mit derselben gekreuzt werden. Sie hielten bei Unterseen im Canton Bern das Klima einer Höhe von 1800 Fuß über dem Meere aus.

(*c*) In der Rheinpfalz wurden 1774: 45725 Pfd. und 1789: 37137 Pfd. Cocons gewonnen. Man mußte sie an die privilegirte Seidenbau-Gesellschaft zu Heidelberg für bestimmten Preis (30 fr. das Pfd.) abliefern. Die erzwungenen Maulbeerpflanzungen erregten Unzufriedenheit, zumal da die genannte Gesellschaft den Alleinhandel mit Maulbeerstämmen führte, und dieß trug vielleicht mehr als der Krieg zum Untergange der Seidencultur bei. Wundt, Geschichte der Stadt Heidelberg, I, 98. (1805). — Verhandl. des bad. landw. Vereins XVI, 167. — Am eifrigsten wurde das Emporkommen dieses Gewerbzweiges im preuß. Staate unter Friedrich II. betrieben. Es ergingen Befehle zur Anpflanzung von Maulbeerbäumen, vorzüglich auf den Kirchhöfen, wo die Geistlichen und die Schullehrer dazu angehalten wurden, ferner auf den Ländereien der Gemeinden und Stiftungen. Es wurden Plantagen-Inspectoren ernannt, Prämien gegeben, Vorräthe von Eiern beigeschafft und Haspel- (Tirage-) Anstalten errichtet, aber diese reichten nicht hin und die schlecht gehaspelte Seide fand keinen Absatz. 1768 wurde eine k. Immediat-Landseidenbau-Commission errichtet. Dennoch verfiel der Seidenbau, als späterhin die Prämien aufhörten. Borowsky, II, 452. — In Oesterreich wurde unter Maria Theresia und Joseph II., in Baiern 1609 und dann nochmals unter Karl

Theodor, in Baden-Durlach 1766 Aehnliches versucht, aber ohne bleibenden Erfolg. — In England scheiterten unter Jacob I. und Karl I. die Versuche, weil man die Blätter des schwarzen Maulbeerbaums anwendete. — Die neuerdings in Deutschland und England wieder belebten Bestrebungen können mehr fruchten, weil man sowohl von technischer Seite als in Ansehung der Regierungsmaaßregeln mit mehr Einsicht zu Werke geht.

(*d*) Die Raupen werden vom starken Temperaturwechsel, z. B. nach Gewittern, leicht getödtet. Das Bedürfniß geheizter Stuben erschwert das Unternehmen. Wohleingerichtete, mit Lüftungsmitteln ꝛc. ausgestattete Gebäude (magnaneries), wie sie in Frankreich schon bestehen (nun auch hie und da in Deutschland), scheinen das beste Mittel zu sein, welches aber nur im Großen anwendbar ist.

(*e*) Im preuß. Staate werden jährlich 20—30 Centner Seide gewonnen, hauptsächlich von Schullehrern. In einem bekannt gewordenen Falle berechnete sich der Verdienst für Gewinnung von 39 Pfd. Seide bei einem Preise von 1 Thlr. für den Centner Blätter nach Abzug der Auslagen auf 114 Thlr. v. Türk in v. Lengerke, Annal. I, 128. Vgl. v. Nagel, Die ermunterte Seidenzucht in Baiern. München, 1826.

(*f*) Verein zur Beförderung des Seidenbaues in Preußen seit 1845 und ähnliche Vereine in den einzelnen Provinzen.

(*g*) Conte Dandolo (berühmter Kenner und Beförderer der Seidenzucht), Dell' arte di governar i bachi da seta. Milano, 1819. 3. Ausg., franz. von Bonafous. Lyon, 1821. — v. Hazzi, Lehrbuch des Seidenbaus für Deutschland. München, 1826. — v. Kees, Darstell. des Fabrikwesens, I, 410. — v. Türk, Vollständige Anleitung zur zweckmäßigen Behandlung des Seidenbaus. Potsdam, 1829. III B. — Kurze Anleitung zur Erziehung des Maulbeerbaums und zum Seidenbau, Berlin, 1851. — Netz, Anleitung zur Erziehung der Seidenraupen, Darmstadt, 1855.

(*h*) Baier. V. vom 11. Jan. 1826: Bewilligung von 6000 fl. für 2 Jahre zu diesem Zwecke. — Der weiße Maulbeerbaum kommt auf steinigem und magerem Boden fort. Wo die Seidenzucht verbreitet ist, da wird es einträglich, Pflanzungen zum Verkaufe dieser Blätter anzulegen. Es ist bis jetzt kein anderes gleich brauchbares Nahrungsmittel der Seidenraupen aufgefunden worden. Die Erfahrung, daß man schon von 2jährigen Stämmchen die Blätter verfüttern kann (Jahresbericht über die Wirksamkeit des preuß. Seidenbau-Vereins, 1853 S. 10), ist sehr nützlich. In Ostindien werden sogar die Maulbeerbäume wie Futterpflanzen gesäet und gemäht.

§. 174.

In der Jagd zeigt sich der geringste Grad von Sorgfalt des Menschen für die fortdauernde Gewinnung von Thieren, doch macht bei zunehmender Bevölkerung die Abnahme des Wildstandes das Bedürfniß einiger Pflege desselben fühlbar. Durch diese unterscheidet sich die sogenannte **zahme Jagd** von der **wilden**, I, §. 356. Jene ist keines derjenigen Gewerbe, die mit Hülfe von Regierungsmaaßregeln emporgehoben werden können, vielmehr nimmt ihr Ertrag bei der Verminderung der

Waldungen ab, zumal da man das Wild nur in solcher Anzahl erhalten darf, daß die Gefahr von Beschädigungen der Feldfrüchte wegfällt. In dieser Gränze liefert jedoch die Jagd eine nutzbare Zugabe zu den Nahrungsmitteln und Verwandlungsstoffen (a), weßhalb ihre gänzliche Zerstörung dem Volkseinkommen einen Verlust zufügen würde. Die hergebrachte Einrichtung, daß das Jagdrecht nicht als Ausfluß des Grundeigenthums galt, sondern dem Staate oder einzelnen größeren Gutsbesitzern zustand (III, §. 192), war für die Erhaltung der Jagd zweckmäßig, jedoch für die Grundeigenthümer nicht ohne Nachtheil, weil das Wild sowie die Ausübung der Jagd oft Schaden an den Gewächsen anrichtete. Bei der neueren Aufhebung der Jagdberechtigungen (III, §. 193) hat man für nöthig erachtet, zu verordnen, daß die Jagd nicht von jedem Grundeigenthümer auf seinen Grundstücken selbst ausgeübt werden dürfe, vielmehr in einer ganzen Gemeindemarkung zu Gunsten der sämmtlichen Grundeigenthümer verpachtet werden müsse. Den bisherigen Berechtigten gebührt eine Entschädigung, welche gesetzlich geregelt werden muß. Eigenthümer einer größeren zusammenhängenden Fläche dürfen die Jagd selbst benutzen (b).

(a) Pelze, Haare, z. B. von Hasenbälgen, Häute, Geweihe ꝛc.
(b) Die Gesetze vieler Staaten seit 1848 stimmten in der Hauptsache überein. In Oesterreich (Patent v. 7. März 1849) bilden 200 Joch, in Preußen (Ges. v. 31. Oct. 1848, 7. März 1850) 300 M., in Baiern (Ges. v. 30. März 1850) 240 T. in flachem Lande, 400 im Hochgebirge, in Baden (Ges. v. 2. Dec. 1850) 200 M. die Fläche, welche zur selbstständigen Ausübung berechtigt. — Neuerlich ist in einigen Ländern das Jagdrecht wieder hergestellt und nur eine Ablösung desselben befördert worden.

§. 175.

Die Regierung übt über die Jagden (a) eine Aufsicht aus, welche man den Wildbann nennt. Dieß beruht nicht allein auf einem polizeilichen Grunde (Verhütung des Wilddiebstahls, des Wildschadens an Feldfrüchten, so wie der Beschädigung von Menschen und Thieren), sondern auch auf einem volkswirthschaftlichen. Die Erhaltung des Wildstandes wird nämlich dadurch bedingt, daß gewisse Regeln bei der Ausübung der Jagd allgemein beobachtet werden, denn das unwirthschaftliche Verfahren des Einen würde die Vorsicht der andern unnütz machen; es muß daher die nöthige Gleichförmigkeit anbefohlen werden. Doch sollten die Vorschriften sich nicht weiter erstrecken, als es zur Erreichung der angegebenen Zwecke nothwendig ist. Dahin gehören von volkswirthschaftlicher Seite:

1) Vorschrift einer gewissen Hegezeit für jede Art des Wildes, mit Rücksicht auf Geschlecht und Alter, die schädlichen Thiere ausgenommen, deren Ausrottung begünstigt werden muß (a). Die Jagd auf eine einzelne Art des Wildes kann, wenn Gefahr ihrer gänzlichen Ausrottung vorhanden ist, einige Zeit lang ganz untersagt werden.

2) Verbot solcher Arten, die Thiere zu erlegen oder zu fangen, welche dem Wildstande mehr schaden, als sie eintragen (b).

(a) Beispiele Bergius, Mag. V, 172. — Meyer, Forstdirectionslehre, §. 501. — Die Forstverwaltung Baierns. S. 508. — Vgl. Mittermaier, §. 213. — Die Feldjagd schließt sich in Baiern und Baden mit dem 2. Febr., ihr Anfang wird dort, zwischen dem 15. Aug. bis 8. Sept. von der Kreisregierung festgesetzt, hier ist er am 23. August.

(b) Z. B. lärmende Arten der Jagd in der Setz- und Heckzeit, Ausnehmen der Eier u. dgl. — Man ist in solchen Verboten zu weit gegangen, weil man den landesherrlichen Jagden zu Liebe die Privatjagden auf alle Weise einzuengen suchte. — Anordnungen zur Verhütung der Jagdfrevel, z. B. die Jagdpässe, sind polizeilicher Art.

§. 176.

Auch für die Fischerei in Gewässern, deren Benutzung nicht einem Einzigen allein zusteht (a), sind Einschränkungen nothwendig, damit nicht einzelne Berechtigte zum Nachtheil für andere und für die ganze Volkswirthschaft durch rücksichtslosen Betrieb des Fischfanges die Wiedererzeugung der Fische vermindern oder verhindern (b). Dahin ist zu rechnen:

1) Verbot des Fanges in der Laichzeit (c);

2) Schonung der Brut, weßhalb die Größe der Maschen in den Netzen vorgeschrieben und der Verkauf von Fischen unter einem gewissen Maaße untersagt wird (d);

2) Verbot solcher Mittel zum Fischfange, wodurch die Gewässer verödet werden würden (e).

Die künstliche Fischzucht verdient von der Regierung nachdrücklich befördert zu werden, wozu besonders die Errichtung von Musteranstalten auf Staatskosten oder eine Unterstützung kundiger Privatunternehmer nützlich sein wird (f).

(a) Fischteiche, Gewerbscanäle u. dgl. bedürfen keiner Staats-Aufsicht, weil hier die Handlungsweise des Eigenthümers Anderen nicht schadet.

(b) Bergius, Mag. III, 111. — v. Berg, III, 380. — Mittermaier, §. 233. — Zeller, Polizeiw. IX, 1. — Diese Einschränkungen gelten für alle Arten des Betriebs, sei es durch die Berechtigten selbst, oder durch deren Pachter oder durch mehrere in einem Staats- oder Gemeinde-Gewässer zugelassene Fischer. Die Fischereiordnungen enthalten nicht bloß Bestimmungen der hier bezeichneten Art, sondern auch schutzpolizeiliche Vorschriften, um Entwendungen und Beschädigungen zu verhüten, z. B. Verbot, in Forellenbäche oder Teiche Enten zu lassen, die Rechen zum Aufhalten der Fische wegzunehmen ꝛc. Gr. heff. Fischerei-Ordn. v. 13. Nov. 1860. — Es ist übrigens unvermeidlich, daß wegen der Dampfschifffahrt und der vermehrten Wasserwerke, auch wegen des Wasserablaufes aus chemischen Fabriken die Fische in den fließenden Gewässern sich vermindern.

(c) Ausgenommen etwa solche Seefische, die nur während der Laichzeit in gewisse Gewässer kommen und deren Sprößlinge wieder in das Meer zurückkehren, wie der Maifisch (clupea alosa) im Mai den Rhein und unteren Neckar besucht. Für Forellen kann die Schonungszeit vom 1. April bis 1. Jun. gesetzt werden, für Karpfen, Hechte ꝛc. März bis Junius, Salmen Sept. bis Dec. — Vorschlag, vom Oct. bis Dec. nur die leicht kenntlichen männlichen Lachse und Forellen auf den Markt zu bringen. Wochenbl. zu den Annalen d. preuß. Landw. 1861. S. 30.

(d) Franz. Ord. v. 1669: bei den einzelnen Arten der Fische 5—6 Zoll Länge zwischen Auge und Schwanz. — V. der Regierung des bad. Unterrheinkreises v. 8. Jul. 1859: Maschen mindestens 1¹/₃ Zoll = 4 Centimeter ins □. Fische unter ³/₄ Pfd. und Aale unter 1 Pfr. dürfen nicht verkauft, sondern müssen aus dem Netze wieder in das Wasser geworfen werden. — Kleine Fischarten bleiben natürlich ausgenommen.

(e) Nachtfischen, betäubende Mittel, Stechgabeln ꝛc.

(f) Diese deutsche Erfindung verbreitet sich seit 1852 von Frankreich aus. Sowohl die Eier (Rogen) als der Saame (Milch) werden durch gelindes Streichen der Fische ausgeschieden und mit einander gemischt, dann die befruchteten Eier in Gefäße gebracht, die mit fließendem Wasser in Verbindung stehen. Die Brut wird dann in Teiche oder fließende Gewässer gesetzt. Anleitung zur künstl. Vermehrung der Fische, a. d. Holländ. Darmstadt, 1854. — Zeller, Zeitschr. 1855. S. 223. — Bad. landw. Centralbl. 1860. S. 229.

Nachtrag zu §. 147 Note (a): Napoleon III. errichtete Musterhöfe zu Vincennes (auf bisher ödem Lande) und Fouilleuse bei St. Cloud (aus vielen zusammengekauften Stücken).

Berichtigung. Auf S. 284 ist zur Ueberschrift: „Innerer Verkehr mit Bodenerzeugnissen" statt 1) zu setzen: B).

www.ingramcontent.com/pod-product-compliance
Lightning Source LLC
Chambersburg PA
CBHW030345230426
43664CB00007BB/544